U0809019

中国社会科学年鉴

中国宗教研究年鑑 2017

ALMANAC OF RELIGIOUS STUDIES IN CHINA

郑筱筠 主编

中国社会科学出版社

图书在版编目（CIP）数据

中国宗教研究年鉴．2017／郑筱筠主编．—北京：中国社会科学出版社，2022.11

ISBN 978－7－5227－0926－0

Ⅰ．①中…　Ⅱ．①郑…　Ⅲ．①宗教—研究—中国—2017—年鉴　Ⅳ．①B928.2－54

中国版本图书馆 CIP 数据核字（2022）第 202054 号

出 版 人　赵剑英
责任编辑　姜阿平
责任校对　李　惠
责任印制　张雪娇

出　　版　中国社会科学出版社
社　　址　北京鼓楼西大街甲 158 号
邮　　编　100720
网　　址　http://www.csspw.cn
发 行 部　010－84083685
门 市 部　010－84029450
经　　销　新华书店及其他书店

印刷装订　三河市东方印刷有限公司
版　　次　2022 年 11 月第 1 版
印　　次　2022 年 11 月第 1 次印刷

开　　本　787×1092　1/16
印　　张　34.5
插　　页　2
字　　数　1000 千字
定　　价　298.00 元

凡购买中国社会科学出版社图书，如有质量问题请与本社营销中心联系调换
电话：010－84083683
版权所有　侵权必究

《中国宗教研究年鉴》委员会成员名单

（按姓氏笔画排序）

顾问委员会成员名单

马西沙（中国社会科学院世界宗教研究所）
李天纲（复旦大学）
杨慧林（中国人民大学）
吴云贵（中国社会科学院世界宗教研究所）
卓新平（中国社会科学院世界宗教研究所）
金　泽（中国社会科学院世界宗教研究所）
金宜久（中国社会科学院世界宗教研究所）
洪修平（南京大学东方哲学与宗教文化研究中心）
曹中建（中国社会科学院世界宗教研究所）
傅有德（山东大学）
詹石窗（四川大学道教与宗教文化研究所）
魏道儒（中国社会科学院世界宗教研究所）

编纂委员会成员名单

刘成有（中央民族大学哲学与宗教学学院）
李利安（西北大学）
李　林（中国社会科学院世界宗教研究所）
李建欣（中国社会科学院世界宗教研究所）
杨维中（南京大学）
杨富学（敦煌研究院）
汪桂平（中国社会科学院世界宗教研究所）
张风雷（中国人民大学）
张志刚（北京大学）
陈进国（中国社会科学院世界宗教研究所）

郑筱筠（中国社会科学院世界宗教研究所）
赵法生（中国社会科学院世界宗教研究所）
晏可佳（上海社会科学院宗教研究所）
龚　隽（中山大学哲学系）
盖建民（四川大学道教与宗教文化研究所）
梁恒豪（中国社会科学院世界宗教研究所）
董　群（东南大学人文学院）
曾传辉（中国社会科学院世界宗教研究所）
游　斌（中央民族大学哲学与宗教学学院）
嘉木扬·凯朝（中国社会科学院世界宗教研究所）

目　录

第四篇　年度推荐论文

第五篇　年度著作

第六篇　年度新闻

第七篇　年度会议

第八篇　年度研究数据

第九篇　论文索引

第十篇　年度信息

第十一篇　附　　录

Contents

Chapter Ⅳ Annual Recommended Papers

Chapter Ⅴ Annual Books

Chapter Ⅵ　Annual News

Chapter Ⅶ　Annual Conferences

Chapter Ⅷ　Annual Research Data

Chapter Ⅸ　Indeces

Chapter Ⅹ　Annual Information

Chapter Ⅺ Appendix

序 言

为中国特色哲学社会科学事业立传

——写在《中国哲学社会科学学科年鉴》系列出版之际

（一）

2016 年 5 月 17 日，习近平总书记《在哲学社会科学工作座谈会上的讲话》中正式作出了加快构建中国特色哲学社会科学的重大战略部署。自此，中国特色哲学社会科学学科体系、学术体系、话语体系的构建进入攻坚期。

2022 年 4 月 25 日，习近平总书记在中国人民大学考察时强调指出，“加快构建中国特色哲学社会科学，归根结底是建构中国自主的知识体系”。这为我们加快构建中国特色哲学社会科学进一步指明了方向。

2022 年 4 月，中共中央办公厅正式印发《国家哲学社会科学“十四五”规划》。作为第一部国家层面的哲学社会科学发展规划，其中的一项重要内容，就是以加快中国特色哲学社会科学为主题，将“中国哲学社会科学学科年鉴编纂”定位为“哲学社会科学学科基础建设”，从而赋予了哲学社会科学学科年鉴编纂工作新的内涵、新的要求。

从加快构建中国特色哲学社会科学到归根结底是建构中国自主的知识体系，再到制定第一部国家层面的哲学社会科学发展规划，至少向我们清晰揭示了这样一个基本事实：中国特色社会主义事业离不开中国特色哲学社会科学的支撑，必须加快构建中国特色哲学社会科学、建构中国自主的知识体系。加快构建中国特色哲学社会科学、建构中国自主的知识体系是一个长期的历史任务，必须持之以恒，实打实地把一件件事情办好。

作为其间的一项十分重要且异常关键的基础建设，就是编纂好哲学社会科学学科年鉴，将中国特色哲学社会科学事业的发展动态、变化历程记录下来，呈现出来。以接续奋斗的精神，年复一年，一茬接着一茬干，一棒接着一棒跑。就此而论，编纂哲学社会科学学科年鉴，其最基本、最核心、最重要的意义，就在于为中国特色哲学社会科学事业立传。

呈现在读者面前的这一《中国哲学社会科学学科年鉴》系列，就是在这样的背景之下，由中国社会科学院集全院之力、组织精锐力量编纂而成的。

（二）

作为年鉴的一个重要类型，学科年鉴是以全面、系统、准确地记述上一年度特定学科或学科分支发展变化为主要内容的资料性工具书。编纂学科年鉴，是哲学社会科学发展到一定阶段的产物。

追溯起来，我国最早的哲学社会科学年鉴——《中国文艺年鉴》，诞生于上个世纪30年代。党的十一届三中全会之后，伴随着改革开放的进程，我国哲学社会科学年鉴不断发展壮大。40多年来，哲学社会科学年鉴在展示研究成果、积累学术资料、加强学科建设、开展学术评价、凝聚学术共同体等方面，发挥着不可替代的作用，为繁荣发展中国特色哲学社会科学作出了重要贡献。

1. 为学科和学者立传的重要载体

学科年鉴汇集某一学科领域的专业学科信息，是服务于学术研究的资料性工具书。不论是学科建设、学术研究，还是学术评价、对外交流等，都离不开学科知识的积累、学术方向的辨析、学术共同体的凝聚。

要回答学术往何处去的问题，首先要了解学术从哪里来，以及学科领域的现状，这就离不开学科年鉴提供的信息。学科年鉴记录与反映年度内哲学社会科学某个学科领域的研究进展、学术成果、重大事件等，既为学科和学者立传，也为学术共同体的研究提供知识基础和方向指引，为学术创新、学派形成、学科巩固创造条件、奠定基础。学科年鉴编纂的历史越悠久，学术积淀就越厚重，其学术价值就越突出。

通过编纂学科年鉴，将中国哲学社会科学界推进学科体系、学术体系、话语体系建设以及建构中国自主知识体系的历史进程准确、生动地记录下来，并且，立此存照，是一件非常有意义的事情。可以说，学科年鉴如同学术研究的白皮书，承载着记录、反映学术研究进程的历史任务。

2. 掌握学术评价权的有力抓手

为学界提供一个学科领域的专业信息、权威信息，这是学科年鉴的基本功能。一个学科领域年度的信息十分庞杂，浩如烟海，不可能全部收入学科年鉴。学科年鉴所收录的，只能是重要的、有价值的学术信息。这就要经历一个提炼和总结的过程。学科年鉴的栏目，如重要文献（特载）、学科述评、学术成果、学术动态、统计资料与数据、人物、大事记等，所收录的信息和资料都是进行筛选和加工的基础上形成的。

进一步说，什么样的学术信息是重要的、有价值的，是由学科年鉴的编纂机构来决定。这就赋予了学科年鉴学术评价的功能，所谓“入鉴即评价”，指的就是这个逻辑。特别是学科综述，要对年度研究进展、重要成果、学术观点等作出评析，是学科年鉴学术评价功能的集中体现。

学科年鉴蕴含的学术评价权，既是一种权力，更是一种责任。只有将学科、学术的评价权用好，把有代表性的优秀成果和学术观点评选出来，分析各学科发展面临的形势和任务、成绩和短板、重点和难点，才能更好引导中国特色哲学社会科学的健康发展。

3. 提升学术影响力的交流平台

学科年鉴按照学科领域编纂，既是该领域所有学者共同的精神家园，也是该学科领域最权威的交流平台。目前公认的世界上首部学术年鉴，是由吕西安·费弗尔和马克·布洛赫在1929年初创办的《经济社会史年鉴》。由一群有着共同学术信仰和学术观点的历史学家主持编纂的这部年鉴，把年鉴作为宣传新理念和新方法的学术阵地，在年鉴中刊发多篇重要的理论成果，催发了史学研究范式的演化，形成了法国“年鉴学派”，对整个西方现代史学的创新发展产生了深远影响。

随着学科年鉴的发展和演化，其功能也在不断深化。除了记载学术共同体的研究进展，还提供了学术研究的基本参考、学术成果发表的重要渠道，充当了链接学术网络的重要载体。特别是学科年鉴刊载的综述性、评论性和展望性的文章，除了为同一范式下的学者提供知识积累或索引外，还能够对学科发展趋势动向作出总结，乃至为学科未来发展指明方向。

4. 中国学术走向世界的重要舞台

在世界范围内，学科年鉴都是作为权威学术出版物而被广泛接受的。高质量的学科年鉴，不仅能够成为国内学界重要的学术资源、引领学术方向的标识，而且也会产生十分显著的国际影响。

中国每年产出的哲学社会科学研究成果数量极其庞大，如何向国际学术界系统介绍中国哲学社会科学研究成果，做到既全面准确，又重点突出？这几乎是不可能完成的任务。学科年鉴的出现，则使不可能变成了可能。高质量的学科年鉴，汇总一个学科全年最重要、最有代表性的研究成果、资料和信息，既是展示中国哲学社会科学研究成果与现状的最佳舞台，也为中外学术交流搭建了最好平台。

事实上，国内编纂的学科年鉴一直受到国外学术机构的重视，也是各类学术图书馆收藏的重点。如果能够站在通观学术界全貌之高度，编纂好哲学社会科学各学科年鉴，以学科年鉴为载体向世界讲好中国学术故事，当然有助于让世界知道“学术中的中国”、“理论中的中国”、“哲学社会科学中的中国”，也就能够相应提升中国哲学社会科学的国际影响力和话语权。

（三）

作为中国哲学社会科学研究的“国家队”，早在上世纪70年代末，中国社会科学院就启动了学科年鉴编纂工作。诸如《世界经济年鉴》《中国历史学年鉴》《中国哲学年鉴》《中国文学年鉴》等读者广为传阅的学科年鉴，迄今已有40多年的历史。

2013年，以国家哲学社会科学创新工程为依托，中国社会科学院实施了“中国社会科学年鉴工程”，学科年鉴编纂工作由此驶入快车道。至2021下半年，全院组织编纂的学科年鉴达到26部。

进入2022年以来，在加快构建中国特色哲学社会科学、贯彻落实《国家哲学社会科学“十四五”规划》的背景下，立足于更高站位、更广视野、更大格局，中国社会科学院进一步加大了学科年鉴编纂的工作力度，学科年鉴编纂工作迈上了一个大台阶，呈现出一幅全新的学科年鉴事业发展格局。

1. 哲学社会科学学科年鉴群

截至2023年5月，中国社会科学院组织编纂的哲学社会科学学科年鉴系列已有36部之多，覆盖了15个一级学科、13个二三级学科以及4个有重要影响力的学术领域，形成了国内规模最大、覆盖学科最多、也是唯一成体系的哲学社会科学学科年鉴群。

其中，《中国语言学年鉴》《中国金融学年鉴》《当代中国史研究年鉴》等10部，系2022年新启动编纂。目前还有将近10部学科年鉴在编纂或酝酿之中。到“十四五”末期，中国社会科学院组织编纂的学科年鉴总规模，有望超越50部。

2. 学科年鉴的高质量编纂

从总体上看，在坚持正确的政治方向、学术导向和价值取向方面，各部学科年鉴都有明显提高，体现了立场坚定、内容客观、思想厚重的导向作用。围绕学科建设、话语权建设等设置栏目，各部学科年鉴都较好地反映了本学科领域的发展建设情况，发挥了学术存史、服务科研的独特作用。文字质量较好，文风端正，装帧精美，体现了学科年鉴的严肃性和权威性。

与此同时，为提高年鉴编纂质量，围绕学科年鉴编纂的规范性，印发了《中国哲学社会科学学科年鉴编纂出版规定》，专门举办了年鉴编纂人员培训班。

3. 学科年鉴品牌

经过多年努力，无论在学术界还是年鉴出版界，中国社会科学院组织编纂的哲学社会科学学科年鉴系列得到了广泛认可，学术年鉴品牌已经形成。不仅成功主办了学术年鉴主编论坛和多场年鉴出版发布会，许多年鉴也在各类评奖中获得重要奖项。在数字化方面，学科年鉴数据库已经建成并投入使用，目前试用单位二百多家，学科年鉴编纂平台在继续推进中。

4. 学科年鉴工作机制

中国社会科学院科研局负责学科年鉴管理，制定发展规划，提供经费资助；院属研究单位负责年鉴编纂；中国社会科学出版社负责出版。通过调整创新工程科研评价考核指标体系，赋予年鉴编纂及优秀学科综述相应的分值，调动院属单位参与年鉴编纂的积极性。

学科年鉴是哲学社会科学界的学术公共产品。作为哲学社会科学研究的“国家队”，编纂、提供学科年鉴这一学术公共产品，无疑是中国社会科学院的职责所在、使命所系。中国社会科学院具备编纂好学科年鉴的有利条件：一是学科较为齐全；二是研究力量较为雄厚；三是具有“国家队”的权威性；四是与学界联系广泛，主管120家全国学会，便于组织全国学界力量共同参与年鉴编纂。

（四）

当然，在肯定成绩的同时，还要看到，当前哲学社会科学学科年鉴编纂工作仍有较大的提升空间，我们还有很长的路要走。

1. 逐步扩大学科年鉴编纂规模

经过40多年的发展，特别是“中国社会科学年鉴工程”实施10年来的努力，哲学社会科学系列学科年鉴已经形成了一定的规模，覆盖了90%的一级学科和部分重点的二三级学科。但是，也不容忽视，目前还存在一些学科年鉴空白之地。如法学、政治学、国际政治、区域国别研究等重要的一级学科，目前还没有学科年鉴。

中国自主知识体系的基础是学科体系，完整的学科年鉴体系有助于完善的学科体系和知识体系的形成。尽快启动相关领域的学科年鉴编纂，抓紧填补相关领域的学科年鉴空白，使哲学社会科学年鉴覆盖所有一级学科以及重要的二三级学科，显然是当下哲学社会科学界应当着力推进的一项重要工作。

2. 持续提高学科年鉴编纂质量

在扩张规模、填补空白的同时，还应当以加快构建中国特色哲学社会科学、建构中国自主的知识体系为目标，下大力气提高学科年鉴编纂质量，实现高质量发展。

一是统一学科年鉴的体例规范。学科年鉴必须是成体系的，而不是凌乱的；是规范的，而不是随意的。大型丛书的编纂靠的是组织严密，条例清楚，文字谨严。学科年鉴的体例要更加侧重于存史内容的发掘，对关乎学术成果、学术人物、重要数据、学术机构评价的内容，要通过体例加以强调和规范。哲学社会科学所有学科年鉴，应当做到“四个基本统一”：名称基本统一，体例基本统一，篇幅基本统一，出版时间、发布时间基本统一。

二是增强学科年鉴的权威性。年鉴的权威性，说到底取决于内容的权威性。学科年鉴是在对大量原始信息、文献进行筛选、整理、分析、加工的基础上，以高密度的方式将各类学术信息、情报传递给读者的权威工具书。权威的内容需要权威的机构来编纂，来撰写，来审定。学科综述是学科年鉴的灵魂，也是年鉴学术评价功能的集中体现，必须由权威学者来撰写学科综述。

三是要提高学科年鉴的时效性。学科年鉴虽然有存史功能，但更多学者希望将其作为学术工具书，从中获取对当下研究有价值的资料。这就需要增强年鉴的时效性，前一年的年鉴内容，第二年上半年要完成编纂，下半年完成出版。除了加快编纂和出版进度，年鉴的时效性还体现在编写的频度上。一级学科的年鉴，原则上都应当一年一鉴。

3. 不断扩大学科年鉴影响力

学科年鉴的价值在于应用，应用的前提是具有影响力。要通过各种途径，让学界了解学科年鉴，接受学科年鉴，使用学科年鉴，使学科年鉴真正成为学术研究的好帮手。

一是加强对学科年鉴的宣传。“酒香也怕巷子深”。每部学科年鉴出版之后，要及时举行发布会，正式向学界介绍和推出，提高学科年鉴的知名度。编纂单位也要加大对学科年鉴的宣传，结合学会年会、学术会议、年度优秀成果评选等活动，既加强对学科年鉴的宣传，又发挥学科年鉴的学术评价作用。

二要在使用中提高学科年鉴的影响力。要让学界使用学科年鉴，必须让学科年鉴贴近学界的需求，真正做到有用、能用、管用。因此，不能关起门来编学科年鉴，而是要根据学界的需求来编纂，为他们了解学术动态、掌握学科前沿、开展学术研究提供便利。要确保学科年鉴内容的原创性、独特性，提供其他渠道提供不了的学术信息。实现这个目标，就需要在学科年鉴内容创新上下功夫，不仅是筛选和转载，更多的内容需要用心策划、加工和提炼。实际上，编纂学科年鉴不仅是整理、汇编资料，更是一项学术研究工作。

三是提高学科年鉴使用的便捷性。当今网络时代，要让学科年鉴走进千万学者中间，必须重视学科年鉴的网络传播，提高学科年鉴阅读与获取的便捷性。出版社要重视学科年鉴数据库产品的开发。同时，要注重同知识资源平台的合作，利用一切途径扩大学科年鉴的传播力、影响力。在做好国内出版的同时，还要做好学科年鉴的海外发行，向国际学术界推广我国的学科年鉴。

4. 注重完善学科年鉴编纂工作机制

实现学科年鉴的高质量发展，是一项系统工程，需要哲学社会科学界的集思广益，共同努力，形成推动学科年鉴工作高质量发展的工作机制。哲学社会科学学科年鉴编纂，中国社会科学院当然要当主力军，但并不能包打天下，应当充分调动哲学社会科学界的力量，开展协调创新，与广大同仁一道，共同编纂好学科年鉴。

学科年鉴管理部门和编纂单位不仅要逐渐加大对学科年鉴的经费投入，而且要创新学科年鉴出版形式，探索纸本与网络相结合的新型出版模式，适当压缩纸本内容，增加网络传播内容。这样做，一方面可提高经费使用效益，另一方面，也有利于提升学科年鉴的传播力，进一步调动相关单位、科研人员参与学科年鉴编纂的积极性。

随着学科年鉴规模的扩大和质量的提升，可适时启动优秀学科年鉴的评奖活动，加强对优秀年鉴和优秀年鉴编辑人员的激励，形成学科年鉴工作良性发展的机制。要加强年鉴工作机制和编辑队伍建设，有条件的要成立专门的学科年鉴编辑部，或者由相对固定人员负责学科年鉴编纂，确保学科年鉴工作的连续性和编纂质量。

出版社要做好学科年鉴出版的服务工作，协调好学科年鉴编纂中的技术问题，提高学科年鉴质量和工作效率。除此之外，还要下大力气做好学科年鉴的市场推广和数字产品发行。

说到这里，可将本文的结论做如下归结：学科年鉴在加快构建中国特色哲学社会科学、建构中国自主知识体系中的地位和作用既十分重要，又异常关键，我们必须高度重视学科年鉴的编纂出版工作，奋力谱写哲学社会科学学科年鉴编纂工作新篇章。

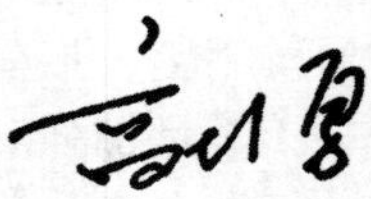

第一篇

政策法规

李克强签署第686号国务院令 公布修订后的《宗教事务条例》

中华人民共和国国务院令

第686号

《宗教事务条例》已经2017年6月14日国务院第176次常务会议修订通过，现将修订后的《宗教事务条例》公布，自2018年2月1日起施行。

总理　　李克强

2017年8月26日

宗教事务条例

（2004年11月30日中华人民共和国国务院令第426号公布
2017年6月14日国务院第176次常务会议修订通过）

第一章　总则

第一条　为了保障公民宗教信仰自由，维护宗教和睦与社会和谐，规范宗教事务管理，提高宗教工作法治化水平，根据宪法和有关法律，制定本条例。

第二条　公民有宗教信仰自由。

任何组织或者个人不得强制公民信仰宗教或者不信仰宗教，不得歧视信仰宗教的公民（以下称信教公民）或者不信仰宗教的公民（以下称不信教公民）。

信教公民和不信教公民、信仰不同宗教的公民应当相互尊重、和睦相处。

第三条　宗教事务管理坚持保护合法、制止非法、遏制极端、抵御渗透、打击犯罪的原则。

第四条　国家依法保护正常的宗教活动，积极引导宗教与社会主义社会相适应，维护宗教团体、宗教院校、宗教活动场所和信教公民的合法权益。

宗教团体、宗教院校、宗教活动场所和信教公民应当遵守宪法、法律、法规和规章，践行社会主义核心价值观，维护国家统一、民族团结、宗教和睦与社会稳定。

任何组织或者个人不得利用宗教进行危害国家安全、破坏社会秩序、损害公民身体健康、妨碍国家教育制度，以及其他损害国家利益、社会公共利益和公民合法权益等违法活动。

任何组织或者个人不得在不同宗教之间、同一宗教内部以及信教公民与不信教公民之间制造矛盾与冲突，不得宣扬、支持、资助宗教极端主义，不得利用宗教破坏民族团结、分裂国家和进行恐怖活动。

第五条 各宗教坚持独立自主自办的原则，宗教团体、宗教院校、宗教活动场所和宗教事务不受外国势力的支配。

宗教团体、宗教院校、宗教活动场所、宗教教职人员在相互尊重、平等、友好的基础上开展对外交往；其他组织或者个人在对外经济、文化等合作、交流活动中不得接受附加的宗教条件。

第六条 各级人民政府应当加强宗教工作，建立健全宗教工作机制，保障工作力量和必要的工作条件。

县级以上人民政府宗教事务部门依法对涉及国家利益和社会公共利益的宗教事务进行行政管理，县级以上人民政府其他有关部门在各自职责范围内依法负责有关的行政管理工作。

乡级人民政府应当做好本行政区域的宗教事务管理工作。村民委员会、居民委员会应当依法协助人民政府管理宗教事务。

各级人民政府应当听取宗教团体、宗教院校、宗教活动场所和信教公民的意见，协调宗教事务管理工作，为宗教团体、宗教院校和宗教活动场所提供公共服务。

第二章 宗教团体

第七条 宗教团体的成立、变更和注销，应当依照国家社会团体管理的有关规定办理登记。

宗教团体章程应当符合国家社会团体管理的有关规定。

宗教团体按照章程开展活动，受法律保护。

第八条 宗教团体具有下列职能：

（一）协助人民政府贯彻落实法律、法规、规章和政策，维护信教公民的合法权益；

（二）指导宗教教务，制定规章制度并督促落实；

（三）从事宗教文化研究，阐释宗教教义教规，开展宗教思想建设；

（四）开展宗教教育培训，培养宗教教职人员，认定、管理宗教教职人员；

（五）法律、法规、规章和宗教团体章程规定的其他职能。

第九条 全国性宗教团体和省、自治区、直辖市宗教团体可以根据本宗教的需要按照规定选派和接收宗教留学人员，其他任何组织或者个人不得选派和接收宗教留学人员。

第十条 宗教院校、宗教活动场所和宗教教职人员应当遵守宗教团体制定的规章制度。

第三章 宗教院校

第十一条 宗教院校由全国性宗教团体或者省、自治区、直辖市宗教团体设立。其他任何组织或者个人不得设立宗教院校。

第十二条 设立宗教院校，应当由全国性宗教团体向国务院宗教事务部门提出申请，或者由省、自治区、直辖市宗教团体向拟设立的宗教院校所在地的省、自治区、直辖市人民政府宗教事务部门提出申请。省、自治区、直辖市人民政府宗教事务部门应当自收到申请之日起30日内提出意见，报国务院宗教事务部门审批。

国务院宗教事务部门应当自收到全国性宗教团体的申请或者省、自治区、直辖市人民政府宗教事务部门报送的材料之日起60日内，作出批准或者不予批准的决定。

第十三条 设立宗教院校，应当具备下列条件：

（一）有明确的培养目标、办学章程和课程设置计划；

（二）有符合培养条件的生源；

（三）有必要的办学资金和稳定的经费来源；

（四）有教学任务和办学规模所必需的教学场所、设施设备；

（五）有专职的院校负责人、合格的专职教师和内部管理组织；

（六）布局合理。

第十四条 经批准设立的宗教院校，可以按照有关规定申请法人登记。

第十五条 宗教院校变更校址、校名、隶属关系、培养目标、学制、办学规模等以及合并、分设和终止，应当按照本条例第十二条规定的程序办理。

第十六条 宗教院校实行特定的教师资格认定、职称评审聘任和学生学位授予制度，具体办法由国务院宗教事务部门另行制定。

第十七条 宗教院校聘用外籍专业人员，应当经国务院宗教事务部门同意后，到所在地外国人工作管理部门办理相关手续。

第十八条 宗教团体和寺院、宫观、清真寺、教堂（以下称寺观教堂）开展培养宗教教职人员、学习时间在3个月以上的宗教教育培训，应当报设区的市级以上地方人民政府宗教事务部门审批。

第四章 宗教活动场所

第十九条 宗教活动场所包括寺观教堂和其他固定宗教活动处所。

寺观教堂和其他固定宗教活动处所的区分标准由省、自治区、直辖市人民政府宗教事务部门制定，报国务院宗教事务部门备案。

第二十条 设立宗教活动场所，应当具备下列条件：

（一）设立宗旨不违背本条例第四条、第五条的规定；

（二）当地信教公民有经常进行集体宗教活动的需要；

（三）有拟主持宗教活动的宗教教职人员或者符合本宗教规定的其他人员；

（四）有必要的资金，资金来源渠道合法；

（五）布局合理，符合城乡规划要求，不妨碍周围单位和居民的正常生产、生活。

第二十一条 筹备设立宗教活动场所，由宗教团体向拟设立的宗教活动场所所在地的县级人民政府宗教事务部门提出申请。县级人民政府宗教事务部门应当自收到申请之日起30日内提出审核意见，报设区的市级人民政府宗教事务部门。

设区的市级人民政府宗教事务部门应当自收到县级人民政府宗教事务部门报送的材料之日起30日内，对申请设立其他固定宗教活动处所的，作出批准或者不予批准的决定；对申请设立寺观教堂的，提出审核意见，报省、自治区、直辖市人民政府宗教事务部门审批。

省、自治区、直辖市人民政府宗教事务部门应当自收到设区的市级人民政府宗教事务部门报送的材料之日起30日内，作出批准或者不予批准的决定。

宗教活动场所的设立申请获批准后，方可办理该宗教活动场所的筹建事项。

第二十二条 宗教活动场所经批准筹备并建设完工后，应当向所在地的县级人民政府宗教事务部门申请登记。县级人民政府宗教事务部门应当自收到申请之日起30日内对该宗教活动场所的管理组织、规章制度建设等情况进行审核，对符合条件的予以登记，发给《宗教活动场所登记证》。

第二十三条 宗教活动场所符合法人条件的，经所在地宗教团体同意，并报县级人民政府宗教事务部门审查同意后，可以到民政部门办理法人登记。

第二十四条 宗教活动场所终止或者变更登记内容的，应当到原登记管理机关办理相应的注销或者变更登记手续。

第二十五条 宗教活动场所应当成立管理组织，实行民主管理。宗教活动场所管理组织的成员，经民主协商推选，并报该场所的登记管理机关备案。

第二十六条 宗教活动场所应当加强内部管理，依照有关法律、法规、规章的规定，建立健全人员、财务、资产、会计、治安、消防、文物保护、卫生防疫等管理制度，接受当地人民政府有关部门的指导、监督、检查。

第二十七条 宗教事务部门应当对宗教活动场所遵守法律、法规、规章情况，建立和执行场所管理制度情况，登记项目变更情况，以及宗教活动和涉外活动情况进行监督检查。宗教活动场所应当接受宗教事务部门的监督检查。

第二十八条 宗教活动场所内可以经销宗教用品、宗教艺术品和宗教出版物。

第二十九条 宗教活动场所应当防范本场所内发生重大事故或者发生违犯宗教禁忌等伤害信教公民宗教感情、破坏民族团结、影响社会稳定的事件。

发生前款所列事故或者事件时，宗教活动场所应当立即报告所在地的县级人民政府宗教事务部门。

第三十条 宗教团体、寺观教堂拟在寺观教堂内修建大型露天宗教造像，应当由省、自治区、直辖市宗教团体向省、自治区、直辖市人民政府宗教事务部门提出申请。省、自治区、直辖市人民政府宗教事务部门应当自收到申请之日起30日内提出意见，报国务院宗教事务部门审批。

国务院宗教事务部门应当自收到修建大型露天宗教造像报告之日起60日内，作出批准或者不予批准的决定。

宗教团体、寺观教堂以外的组织以及个人不得修建大型露天宗教造像。

禁止在寺观教堂外修建大型露天宗教造像。

第三十一条 有关单位和个人在宗教活动场所内设立商业服务网点、举办陈列展览、拍摄电影电视片和开展其他活动，应当事先征得该宗教活动场所同意。

第三十二条 地方各级人民政府应当根据实际需要，将宗教活动场所建设纳入土地利用总体规划和城乡规划。

宗教活动场所、大型露天宗教造像的建设应当符合土地利用总体规划、城乡规划和工程建设、文物保护等有关法律、法规。

第三十三条 在宗教活动场所内改建或者新建建筑物，应当经所在地县级以上地方人民政府宗教事务部门批准后，依法办理规划、建设等手续。

宗教活动场所扩建、异地重建的，应当按照本条例第二十一条规定的程序办理。

第三十四条 景区内有宗教活动场所的，其所在地的县级以上地方人民政府应当协调、处理宗教活动场所与景区管理组织及园林、林业、文物、旅游等方面的利益关系，维护宗教活动场所、宗教教职人员和信教公民的合法权益，保护正常的宗教活动。

以宗教活动场所为主要游览内容的景区的规划建设，应当与宗教活动场所的风格、环境相协调。

第三十五条　信教公民有进行经常性集体宗教活动需要，尚不具备条件申请设立宗教活动场所的，由信教公民代表向县级人民政府宗教事务部门提出申请，县级人民政府宗教事务部门征求所在地宗教团体和乡级人民政府意见后，可以为其指定临时活动地点。

在县级人民政府宗教事务部门指导下，所在地乡级人民政府对临时活动地点的活动进行监管。具备设立宗教活动场所条件后，办理宗教活动场所设立审批和登记手续。

临时活动地点的宗教活动应当符合本条例的相关规定。

第五章　宗教教职人员

第三十六条　宗教教职人员经宗教团体认定，报县级以上人民政府宗教事务部门备案，可以从事宗教教务活动。

藏传佛教活佛传承继位，在佛教团体的指导下，依照宗教仪轨和历史定制办理，报省级以上人民政府宗教事务部门或者省级以上人民政府批准。天主教的主教由天主教的全国性宗教团体报国务院宗教事务部门备案。

未取得或者已丧失宗教教职人员资格的，不得以宗教教职人员的身份从事活动。

第三十七条　宗教教职人员担任或者离任宗教活动场所主要教职，经本宗教的宗教团体同意后，报县级以上人民政府宗教事务部门备案。

第三十八条　宗教教职人员主持宗教活动、举行宗教仪式、从事宗教典籍整理、进行宗教文化研究、开展公益慈善等活动，受法律保护。

第三十九条　宗教教职人员依法参加社会保障并享有相关权利。宗教团体、宗教院校、宗教活动场所应当按照规定为宗教教职人员办理社会保险登记。

第六章　宗教活动

第四十条　信教公民的集体宗教活动，一般应当在宗教活动场所内举行，由宗教活动场所、宗教团体或者宗教院校组织，由宗教教职人员或者符合本宗教规定的其他人员主持，按照教义教规进行。

第四十一条　非宗教团体、非宗教院校、非宗教活动场所、非指定的临时活动地点不得组织、举行宗教活动，不得接受宗教性的捐赠。

非宗教团体、非宗教院校、非宗教活动场所不得开展宗教教育培训，不得组织公民出境参加宗教方面的培训、会议、活动等。

第四十二条　跨省、自治区、直辖市举行超过宗教活动场所容纳规模的大型宗教活动，或者在宗教活动场所外举行大型宗教活动，应当由主办的宗教团体、寺观教堂在拟举行日的30日前，向大型宗教活动举办地的设区的市级人民政府宗教事务部门提出申请。设区的市级人民政府宗教事务部门应当自受理之日起15日内，在征求本级人民政府公安机关意见后，作出批准或者不予批准的决定。作出批准决定的，由批准机关向省级人民政府宗教事务部门备案。

大型宗教活动应当按照批准通知书载明的要求依宗教仪轨进行，不得违反本条例第四条、第五条的有关规定。主办的宗教团体、寺观教堂应当采取有效措施防止意外事故的发生，保证大型宗教活动安全、有序进行。大型宗教活动举办地的乡级人民政府和县级以上地方人民政府有关部门应当依据各自职责实施必要的管理和指导。

第四十三条 信仰伊斯兰教的中国公民前往国外朝觐，由伊斯兰教全国性宗教团体负责组织。

第四十四条 禁止在宗教院校以外的学校及其他教育机构传教、举行宗教活动、成立宗教组织、设立宗教活动场所。

第四十五条 宗教团体、宗教院校和寺观教堂按照国家有关规定可以编印、发送宗教内部资料性出版物。出版公开发行的宗教出版物，按照国家出版管理的规定办理。

涉及宗教内容的出版物，应当符合国家出版管理的规定，并不得含有下列内容：

（一）破坏信教公民与不信教公民和睦相处的；

（二）破坏不同宗教之间和睦以及宗教内部和睦的；

（三）歧视、侮辱信教公民或者不信教公民的；

（四）宣扬宗教极端主义的；

（五）违背宗教的独立自主自办原则的。

第四十六条 超出个人自用、合理数量的宗教类出版物及印刷品进境，或者以其他方式进口宗教类出版物及印刷品，应当按照国家有关规定办理。

第四十七条 从事互联网宗教信息服务，应当经省级以上人民政府宗教事务部门审核同意后，按照国家互联网信息服务管理有关规定办理。

第四十八条 互联网宗教信息服务的内容应当符合有关法律、法规、规章和宗教事务管理的相关规定。

互联网宗教信息服务的内容，不得违反本条例第四十五条第二款的规定。

第七章 宗教财产

第四十九条 宗教团体、宗教院校、宗教活动场所对依法占有的属于国家、集体所有的财产，依照法律和国家有关规定管理和使用；对其他合法财产，依法享有所有权或者其他财产权利。

第五十条 宗教团体、宗教院校、宗教活动场所合法使用的土地，合法所有或者使用的房屋、构筑物、设施，以及其他合法财产、收益，受法律保护。

任何组织或者个人不得侵占、哄抢、私分、损毁或者非法查封、扣押、冻结、没收、处分宗教团体、宗教院校、宗教活动场所的合法财产，不得损毁宗教团体、宗教院校、宗教活动场所占有、使用的文物。

第五十一条 宗教团体、宗教院校、宗教活动场所所有的房屋和使用的土地等不动产，应当依法向县级以上地方人民政府不动产登记机构申请不动产登记，领取不动产权证书；产权变更、转移的，应当及时办理变更、转移登记。

涉及宗教团体、宗教院校、宗教活动场所土地使用权变更或者转移时，不动产登记机构应当征求本级人民政府宗教事务部门的意见。

第五十二条 宗教团体、宗教院校、宗教活动场所是非营利性组织，其财产和收入应当用于与其宗旨相符的活动以及公益慈善事业，不得用于分配。

第五十三条 任何组织或者个人捐资修建宗教活动场所，不享有该宗教活动场所的所有权、使用权，不得从该宗教活动场所获得经济收益。

禁止投资、承包经营宗教活动场所或者大型露天宗教造像，禁止以宗教名义进行商业宣传。

第五十四条　宗教活动场所用于宗教活动的房屋、构筑物及其附属的宗教教职人员生活用房不得转让、抵押或者作为实物投资。

第五十五条　为了公共利益需要，征收宗教团体、宗教院校或者宗教活动场所房屋的，应当按照国家房屋征收的有关规定执行。宗教团体、宗教院校或者宗教活动场所可以选择货币补偿，也可以选择房屋产权调换或者重建。

第五十六条　宗教团体、宗教院校、宗教活动场所、宗教教职人员可以依法兴办公益慈善事业。

任何组织或者个人不得利用公益慈善活动传教。

第五十七条　宗教团体、宗教院校、宗教活动场所可以按照国家有关规定接受境内外组织和个人的捐赠，用于与其宗旨相符的活动。

宗教团体、宗教院校、宗教活动场所不得接受境外组织和个人附带条件的捐赠，接受捐赠金额超过10万元的，应当报县级以上人民政府宗教事务部门审批。

宗教团体、宗教院校、宗教活动场所可以按照宗教习惯接受公民的捐赠，但不得强迫或者摊派。

第五十八条　宗教团体、宗教院校、宗教活动场所应当执行国家统一的财务、资产、会计制度，向所在地的县级以上人民政府宗教事务部门报告财务状况、收支情况和接受、使用捐赠情况，接受其监督管理，并以适当方式向信教公民公布。宗教事务部门应当与有关部门共享相关管理信息。

宗教团体、宗教院校、宗教活动场所应当按照国家有关财务、会计制度，建立健全会计核算、财务报告、财务公开等制度，建立健全财务管理机构，配备必要的财务会计人员，加强财务管理。

政府有关部门可以组织对宗教团体、宗教院校、宗教活动场所进行财务、资产检查和审计。

第五十九条　宗教团体、宗教院校、宗教活动场所应当依法办理税务登记。

宗教团体、宗教院校、宗教活动场所和宗教教职人员应当依法办理纳税申报，按照国家有关规定享受税收优惠。

税务部门应当依法对宗教团体、宗教院校、宗教活动场所和宗教教职人员实施税收管理。

第六十条　宗教团体、宗教院校、宗教活动场所注销或者终止的，应当进行财产清算，清算后的剩余财产应当用于与其宗旨相符的事业。

第八章　法律责任

第六十一条　国家工作人员在宗教事务管理工作中滥用职权、玩忽职守、徇私舞弊，应当给予处分的，依法给予处分；构成犯罪的，依法追究刑事责任。

第六十二条　强制公民信仰宗教或者不信仰宗教，或者干扰宗教团体、宗教院校、宗教活动场所正常的宗教活动的，由宗教事务部门责令改正；有违反治安管理行为的，依法给予治安管理处罚。

侵犯宗教团体、宗教院校、宗教活动场所和信教公民合法权益的，依法承担民事责任；构成犯罪的，依法追究刑事责任。

第六十三条 宣扬、支持、资助宗教极端主义，或者利用宗教进行危害国家安全、公共安全，破坏民族团结、分裂国家和恐怖活动，侵犯公民人身权利、民主权利，妨害社会管理秩序，侵犯公私财产等违法活动，构成犯罪的，依法追究刑事责任；尚不构成犯罪的，由有关部门依法给予行政处罚；对公民、法人或者其他组织造成损失的，依法承担民事责任。

宗教团体、宗教院校或者宗教活动场所有前款行为，情节严重的，有关部门应当采取必要的措施对其进行整顿，拒不接受整顿的，由登记管理机关或者批准设立机关依法吊销其登记证书或者设立许可。

第六十四条 大型宗教活动过程中发生危害国家安全、公共安全或者严重破坏社会秩序情况的，由有关部门依照法律、法规进行处置和处罚；主办的宗教团体、寺观教堂负有责任的，由登记管理机关责令其撤换主要负责人，情节严重的，由登记管理机关吊销其登记证书。

擅自举行大型宗教活动的，由宗教事务部门会同有关部门责令停止活动，可以并处10万元以上30万元以下的罚款；有违法所得、非法财物的，没收违法所得和非法财物。其中，大型宗教活动是宗教团体、宗教活动场所擅自举办的，登记管理机关还可以责令该宗教团体、宗教活动场所撤换直接负责的主管人员。

第六十五条 宗教团体、宗教院校、宗教活动场所有下列行为之一的，由宗教事务部门责令改正；情节较重的，由登记管理机关或者批准设立机关责令该宗教团体、宗教院校、宗教活动场所撤换直接负责的主管人员；情节严重的，由登记管理机关或者批准设立机关责令停止日常活动，改组管理组织，限期整改，拒不整改的，依法吊销其登记证书或者设立许可；有违法所得、非法财物的，予以没收：

（一）未按规定办理变更登记或者备案手续的；

（二）宗教院校违反培养目标、办学章程和课程设置要求的；

（三）宗教活动场所违反本条例第二十六条规定，未建立有关管理制度或者管理制度不符合要求的；

（四）宗教活动场所违反本条例第五十四条规定，将用于宗教活动的房屋、构筑物及其附属的宗教教职人员生活用房转让、抵押或者作为实物投资的；

（五）宗教活动场所内发生重大事故、重大事件未及时报告，造成严重后果的；

（六）违反本条例第五条规定，违背宗教的独立自主自办原则的；

（七）违反国家有关规定接受境内外捐赠的；

（八）拒不接受行政管理机关依法实施的监督管理的。

第六十六条 临时活动地点的活动违反本条例相关规定的，由宗教事务部门责令改正；情节严重的，责令停止活动，撤销该临时活动地点；有违法所得、非法财物的，予以没收。

第六十七条 宗教团体、宗教院校、宗教活动场所违反国家有关财务、会计、资产、税收管理规定的，由财政、税务等部门依据相关规定进行处罚；情节严重的，经财政、税务部门提出，由登记管理机关或者批准设立机关吊销其登记证书或者设立许可。

第六十八条 涉及宗教内容的出版物或者互联网宗教信息服务有本条例第四十五条第二款禁止内容的，由有关部门对相关责任单位及人员依法给予行政处罚；构成犯罪的，依法追究刑事责任。

擅自从事互联网宗教信息服务或者超出批准或备案项目提供服务的，由有关部门根据相关法律、法规处理。

第六十九条　擅自设立宗教活动场所的，宗教活动场所已被撤销登记或者吊销登记证书仍然进行宗教活动的，或者擅自设立宗教院校的，由宗教事务部门会同有关部门予以取缔，有违法所得、非法财物的，没收违法所得和非法财物，违法所得无法确定的，处5万元以下的罚款；有违法房屋、构筑物的，由规划、建设等部门依法处理；有违反治安管理行为的，依法给予治安管理处罚。

非宗教团体、非宗教院校、非宗教活动场所、非指定的临时活动地点组织、举行宗教活动，接受宗教性捐赠的，由宗教事务部门会同公安、民政、建设、教育、文化、旅游、文物等有关部门责令停止活动；有违法所得、非法财物的，没收违法所得和非法财物，可以并处违法所得1倍以上3倍以下的罚款；违法所得无法确定的，处5万元以下的罚款；构成犯罪的，依法追究刑事责任。

第七十条　擅自组织公民出境参加宗教方面的培训、会议、朝觐等活动的，或者擅自开展宗教教育培训的，由宗教事务部门会同有关部门责令停止活动，可以并处2万元以上20万元以下的罚款；有违法所得的，没收违法所得；构成犯罪的，依法追究刑事责任。

在宗教院校以外的学校及其他教育机构传教、举行宗教活动、成立宗教组织、设立宗教活动场所的，由其审批机关或者其他有关部门责令限期改正并予以警告；有违法所得的，没收违法所得；情节严重的，责令停止招生、吊销办学许可；构成犯罪的，依法追究刑事责任。

第七十一条　为违法宗教活动提供条件的，由宗教事务部门给予警告，有违法所得、非法财物的，没收违法所得和非法财物，情节严重的，并处2万元以上20万元以下的罚款；有违法房屋、构筑物的，由规划、建设等部门依法处理；有违反治安管理行为的，依法给予治安管理处罚。

第七十二条　违反本条例规定修建大型露天宗教造像的，由宗教事务部门会同国土、规划、建设、旅游等部门责令停止施工，限期拆除，有违法所得的，没收违法所得；情节严重的，并处造像建设工程造价百分之五以上百分之十以下的罚款。

投资、承包经营宗教活动场所或者大型露天宗教造像的，由宗教事务部门会同工商、规划、建设等部门责令改正，并没收违法所得；情节严重的，由登记管理机关吊销该宗教活动场所的登记证书，并依法追究相关人员的责任。

第七十三条　宗教教职人员有下列行为之一的，由宗教事务部门给予警告，没收违法所得和非法财物；情节严重的，由宗教事务部门建议有关宗教团体、宗教院校或者宗教活动场所暂停其主持教务活动或者取消其宗教教职人员身份，并追究有关宗教团体、宗教院校或者宗教活动场所负责人的责任；有违反治安管理行为的，依法给予治安管理处罚；构成犯罪的，依法追究刑事责任：

（一）宣扬、支持、资助宗教极端主义，破坏民族团结、分裂国家和进行恐怖活动或者参与相关活动的；

（二）受境外势力支配，擅自接受境外宗教团体或者机构委任教职，以及其他违背宗教的独立自主自办原则的；

（三）违反国家有关规定接受境内外捐赠的；

（四）组织、主持未经批准的在宗教活动场所外举行的宗教活动的；

（五）其他违反法律、法规、规章的行为。

第七十四条 假冒宗教教职人员进行宗教活动或者骗取钱财等违法活动的，由宗教事务部门责令停止活动；有违法所得、非法财物的，没收违法所得和非法财物，并处1万元以下的罚款；有违反治安管理行为的，依法给予治安管理处罚；构成犯罪的，依法追究刑事责任。

第七十五条 对宗教事务部门的行政行为不服的，可以依法申请行政复议；对行政复议决定不服的，可以依法提起行政诉讼。

第九章　附则

第七十六条 内地与香港特别行政区、澳门特别行政区和台湾地区进行宗教交往，按照法律、行政法规和国家有关规定办理。

第七十七条 本条例自2018年2月1日起施行。

关于进一步治理佛教道教商业化问题的若干意见

国宗发〔2017〕88 号

在我国，佛教道教历史悠久，信教群众众多，影响广泛。近年来，佛教道教发展总体平稳，但在新形势下一些问题日益凸显，社会反映最强烈的是商业化问题。这个问题如果处理不好，不仅违反宗教政策和法律法规，扰乱正常的宗教活动秩序，损害佛教道教清净庄严的形象，而且败坏社会风气，滋生权力寻租、灰色交易等腐败行为。为深入贯彻全国宗教工作会议精神，进一步治理佛教道教商业化问题，提出以下意见：

1. 佛教道教活动场所必须坚持非营利性质。严禁商业资本介入佛教道教，任何组织或者个人不得投资或承包经营佛教道教活动场所，不得以“股份制”“中外合资”“租赁承包”“分红提成”等方式对佛教道教活动场所进行商业运作并获取经济收益，禁止将佛教道教活动场所作为企业资产打包上市或进行资本运作。佛教道教活动场所用于宗教活动的房屋、构筑物及其附属的教职人员生活用房不得转让、抵押或者作为实物投资。任何组织或者个人捐资修建佛教道教活动场所，不享有该场所的所有权、使用权，不得从中获取经济利益，不得借此干预场所的内部事务，该场所必须交由佛教道教界管理使用。佛教道教活动场所内不得设立只对少数人开放的会所。

2. 任何组织和个人不得假借佛教道教名义开展活动、谋取利益。非宗教活动场所、非宗教团体、非宗教院校不得开展宗教活动，不得收取宗教性捐献。历史上曾经是佛教寺庙、道教宫观，现未登记为宗教活动场所的，不得以佛教道教名义举行开光、祈福、进香等活动，不得以功德箱等形式募集和收取宗教性捐献。以佛教道教活动场所为主要游览内容的景区，不得利用佛教道教活动场所收取高价门票。从严控制兴建佛教道教主题内容的文化景区，兴建此类景区，须严格履行有关法定手续，并充分听取政府宗教事务部门和佛教道教界意见，接受当地宗教事务部门的政策指导和行政监督。禁止以佛教道教名义进行商业宣传，严禁行业协会、商会、公司企业冠以佛教、道教名称。严禁假冒或雇用假冒佛教道教教职人员进行宗教活动、骗取钱财。

3. 继续整治滥塑大型露天宗教造像。任何组织或者个人不得投资修建或承包经营大型露天宗教造像。严禁在宗教活动场所外修建大型露天宗教造像，从严控制在宗教活动场所内修建大型露天宗教造像。对于违反《宗教事务条例》、城乡建设规划和文物保护规定，不符合宗教仪轨或造型粗劣的大型露天宗教造像，应当予以拆除，有违法所得的，没收违法所得。未经批准建造的大型露天宗教造像一律不得对外开放，不得开展宗教活动，不得收取门票和宗教性捐献。已经批准开放的，必须交由宗教界管理使用，不得进行商业运作、宣传并从中获取经济利益。

4. 制止乱烧香、乱放生活动。严禁佛教道教教职人员和旅游从业人员等以任何名义诱导、胁迫游客和信教群众烧高香、抽签卜卦，炒作售卖“头香”“头钟”。依法查处劣质违规燃香类产品，规范香烛经营。佛教道教团体、场所和教职人员要倡导文明敬香，优化寺观环境。属于文物保护单位的佛教道教活动场所要将文明敬香作为保障文物安全的重要措施之一。佛教道教界要进一步规范放生活动，引导信教群众树立保护环境的理念。严禁利用放生活动开展商业性经营，坚决禁止各类违反法律法规、破坏生态环境、危害人身安全的放生活动。佛教道教界以外的组织和个人不得以佛教道教名义开展放生活动。

5. 依法加强互联网宗教信息服务管理。从事互联网宗教信息服务，应当经省级以上政府宗教事务部门审核同意后，按照国家有关互联网信息服务管理和宗教事务管理的相关规定办理。非宗教活动场所、非宗教团体、非宗教院校和个人设立的互联网宗教信息平台不得组织宗教活动，不得开展“网上烧香”、“网上礼佛敬佛”、网上功德箱募款和售卖佛教道教衍生商品等活动，不得接受宗教性捐赠。宗教活动场所、宗教团体、宗教院校设立的互联网宗教信息平台接受宗教性捐赠，应当遵守《宗教事务条例》、《社会团体登记管理条例》和《宗教活动场所财务监督管理办法（试行）》等相关规定。

6. 规范佛教道教活动场所经营活动。佛教道教活动场所内可以经销佛教道教用品、艺术品和出版物，开展与其宗教宗旨、习俗相符的经营活动。经营活动的收益用于佛教道教活动场所的自养、与其宗旨相符的活动以及公益慈善事业。政府宗教事务部门要引导佛教道教界增强法律意识，在法律政策范围内开展与其教义教规相符的经营活动，依法加强对场所设立的素餐馆、法物流通处等经营网点的监管。有关单位和个人在佛教道教活动场所内设立商业服务网点、举办陈列展览、拍摄电影电视片和开展其他活动，应当事先征得该场所同意。

7. 加强佛教道教团体和场所财务监督管理。佛教道教团体、场所应当执行国家统一的财务、税收、资产、会计制度，开设单位银行结算账户，依法办理税务登记，如实申报收入状况、资金使用情况等重要信息。符合非营利组织免税资格认定条件的，可依法申报税收减免。佛教道教团体和场所兴办的经济实体，要按照国家有关规定独立进行财会登记核算并照章纳税。政府宗教事务部门要指导佛教道教活动场所建立健全财务管理组织，制定完善财务和资产管理、会计核算、功德箱管理等制度，引入社会监督管理机制，加强财务公开，以适当方式向信教群众公布财务收支和接受、使用捐赠情况。

8. 支持佛教道教界正确认识和处理商业化问题。鼓励和支持佛教道教界深化教风建设，完善教规制度，引导教职人员遵规守戒，弘扬崇尚节俭的优良传统，抵制商业逐利和奢靡之风，不断提升教职人员素质，纠正信仰淡薄、戒律松弛等问题，惩治教风不正、借教敛财等行为。支持佛教道教团体、院校和场所加强对教职人员的监督管理，引导教职人员把时间和精力用在提升自身宗教修养、开展宗教教务上，不得直接参与商贸活动、为商业活动站台。佛教道教教职人员从事违法犯罪活动，依法追究其法律责任。鼓励和支持佛教道教界增强服务信教群众意识，按民主原则管理团体、场所事务，实现财务、人事、活动等方面管理规范化，维护清净庄严的形象。

9. 辩证看待宗教的社会作用。各级党委政府要正确理解和把握党的宗教工作基本方针，各级党政干部要严守政策法规红线，不得支持参与“宗教搭台、经济唱戏”，不得以发展经济、促进旅游和繁荣文化名义助长“宗教热”。严禁党政机关和工作人员从宗教事务中谋取利益，坚决惩治腐败。禁止党政领导干部违规干涉宗教内部事务、参与经营活动，违者由纪检监察机关和组织人事部门按照有关规定给予党纪政纪处分和组织处理，涉嫌犯罪的移交司法机关。

10. 依法依规处理佛教道教商业化问题。政府宗教事务部门和公安、规划、住房和城乡建设、文化、工商、旅游、文物、网信等部门要加强各自领域的监管和治理力度。对存在商业化问题的佛教道教活动场所，政府宗教事务部门要依照《宗教事务条例》和其他法律法规，视情节轻重采取警告、责令改正，直至依法吊销其宗教活动场所登记证书等措施予以整改。对存在商业化问题的其他场所和组织，其主管部门负主要治理责任，要依照相关法律法规，采取没收违法所得、给予治安管理处罚、追究刑事责任等措施依法查处。政府宗教事务部门要主动公布政策和信息，扩大社会知晓面，支持媒体曝光揭丑，运用舆论力量推动治理工作；要推动佛教道教活动场所基本信息公告和悬挂统一标识牌工作，方便公众查询识别，接受社会监督；要指导佛教道教团体做好教职人员认定、证书颁发和基本信息网络查询等工作，维护佛教道教的正常秩序。

国家宗教局、中央宣传部、中央统战部、中央网信办、国家发改委、公安部、财政部、住建部、国家税务总局、国家旅游局、证监会、国家文物局

2017 年 11 月 3 日

第二篇

研究综述

2017年度马克思主义宗教观研究学科发展综述

谢　添

党的十八大以来，以习近平同志为核心的党中央，根据新的国际国内形势，创造性地提出并深刻阐述了中国特色社会主义宗教理论。这一理论的提出，标志着我们党对宗教问题的认识提高到了一个新的水平。只有坚持和发展中国特色社会主义宗教理论，研究和解决现实问题，才能推动宗教工作健康发展。

一　重要观点综述

我国的马克思主义宗教学自创建以来，取得了一定的进展。近年来，随着该学科研究人员队伍的日益壮大，一批含金量高的研究成果逐渐呈现出来。截至2017年12月，全年发表马克思主义宗教观相关主题文章100余篇。以下重点介绍几篇代表性文章，及重要理论观点。

曾传辉在《坚持我国宗教中国化方向重在深化文化认同》一文中强调，坚持我国宗教中国化方向是积极引导宗教与社会主义社会相适应向文化认同的层面深化和扩展。其核心内涵就是要求信仰不同宗教的公民都要拥护党的领导，拥护社会主义制度，崇尚社会主义核心价值。在此基础上，从文化上来谈宗教中国化，至少包括信仰价值中国化、信仰符号中国化和信仰实践中国化三个层面。①

陈村富在《马克思主义无神论的形成轨迹和基本思想》一文中提到，以往的无神论可分为四种形态，在人类历史上起过解放思想、塑造先进文化、提升人的精神诉求等的积极作用。但是，在社会历史领域却背离了唯物论，因而是不彻底的无神论。马克思主义唯物史观的创立，标志着科学的、彻底的无神论的形成。他将马克思主义无神论概括为五个要点。为此，在理论上应分清一种学说形成的起点与学说体系内在层次之间关系的起点。历史上任何一个完整的理论，其学说可以划分为核心、基本理论、派生理论等几个层次。马克思主义哲学的理论核心就是辩证的、实践的唯物主义，贯彻到社会历史领域就是社会存在决定社会意识，经济基础决定上层建筑。马克思主义政治经济学从批判古典经济学出发，剩余价值学说的逻辑起点是商品的两重性，核心是剩余价值论。马克思主义无神论的形成与成熟受制于唯物史观的形成与成熟。文章详细叙述了这个过程。②

李海林在《“我国宗教坚持中国化方向”：马克思主义宗教观中国化的新发展》一文中认为，“我国宗教坚持中国化方向”是马克思主义宗教观中国化的新发展，推进了马克

---

① 曾传辉：《坚持我国宗教中国化方向重在深化文化认同》，《宗教学研究》2017年第3期。

② 陈村富：《马克思主义无神论的形成轨迹和基本思想》，《世界宗教研究》2017年第3期。

思主义宗教观中国化的深度和广度。有利于促进马克思主义宗教观和中国具体国情的深度结合；有利于我国在复杂的国际形势中把握宗教主动权；有利于宗教与社会主义社会相适应向深层次拓展；有利于将中国元素融入宗教领域，从而体现了“强国梦”“中国梦”的时代呼声和中国的全面自信。既有对马克思主义宗教观中国化一般原则、途径和方法的继承，也有根据国内外形势进行的深化和创新。①

唐晓峰在《马克思主义宗教批判理论及其对当代无神论教育的启示》一文中指出，马克思主义为人们认识世界、改造世界提供了宏观的理论框架及基本原则、立场和方法，这些观点对于我们当代人的宗教分析、宗教工作均具有认识论、方法论及具体实践层面的指导意义，同时也决定了我们进行无神论宣传过程中所应该持有的根本立场和基本原则。马克思无神论的若干观点让我们认识到：（1）无神论的宣传教育应与宗教发展根源的分析结合起来；（2）无神论的推广应与宗教学研究结合起来；（3）坚持无神论应与坚持宗教与社会主义社会相适应结合起来。②

何虎生、张杰在《论中国特色社会主义宗教理论体系的层次、内涵及特点》一文中提到，研究中国特色社会主义宗教理论体系性必须深入分析它的内在逻辑和结构层次，深刻理解和把握各部分内容的丰富内涵，阐明各部分在中国特色社会主义宗教理论体系中的地位。新时期以来，中国特色社会主义宗教理论经过长期实践的检验和打磨，已经形成了一套独特的、完整的系统体系。具体地说，它包含了党对宗教属性的系统阐释、对宗教问题的精准研判、对宗教工作的顶层设计、对历史经验的科学总结，分别是中国特色社会主义宗教理论体系的理论根基、特色优势、实践路径、思想精髓，体现了科学性与创新性、时代性与针对性、实践性与指导性、开放性与凝练性的特色。③

江峰在《试析马克思恩格斯对宗教有神论信仰认知的辩证发展历程》一文中认为，马克思恩格斯对宗教有神论信仰的原初肯定本身就隐含着诸多否定性因素，关注现实的此岸之“人”，重视现实的生存之“理”，追寻现实的探索之“路”，促使他们迅速向无神论和共产主义转变。马克思恩格斯晚年注重宗教有神论信仰的价值考察，将其原生态视为原始人类凝聚原生力的精神支柱，将其进化态视为文明人类生存绵延的异己力量，将其衍扩态视为现代人类生存易于理解并接受的意识形式，从而进一步完善了他们的新唯物主义宗教观。④

李岁科在《论宗教中国化的内涵、原则和发展建议》一文中指出，坚持宗教中国化发展方向是习近平同志在中央统战工作会议和全国宗教工作会议两次工作会议提出的重要指示，是新形势下对我国宗教工作提出的新要求。宗教中国化要求引导宗教与当今中国的基本国情和时代发展规律相适应，服务于社会主义建设事业。在实践中若能遵循宗教中国化的原则和推进宗教中国化的发展，既有助于党的宗教政策完善，又有助于我国的宗教工作提升。⑤

---

① 李海林：《“我国宗教坚持中国化方向”：马克思主义宗教观中国化的新发展》，《宗教学研究》2017 年第 3 期。

② 唐晓峰：《马克思主义宗教批判理论及其对当代无神论教育的启示》，《世界宗教研究》2017 年第 4 期。

③ 何虎生、张杰：《论中国特色社会主义宗教理论体系的层次、内涵及特点》，《中国宗教》2017 年第 6 期。

④ 江峰：《试析马克思恩格斯对宗教有神论信仰认知的辩证发展历程》，《宗教学研究》2017 年第 3 期。

⑤ 李岁科：《论宗教中国化的内涵、原则和发展建议》，《天津市社会主义学院学报》2017 年第 1 期。

二 重要会议综述

为推动中国特色社会主义宗教理论的学习和研究，准确把握中国特色社会主义宗教理论的丰富内涵和核心要求，正确运用中国特色社会主义宗教理论指导新形势下的宗教工作，学术界和宗教界等各相关领域开展了多种形式的学术活动。现对影响较大的三次会议分别综述如下。

（一）中国特色社会主义宗教理论研讨会

2017 年 5 月 16—17 日，中国特色社会主义宗教理论研讨会在河南省郑州市举行。此次会议由国家宗教事务局主办，河南省宗教事务局承办。国家宗教事务局局长王作安，河南省委常委、统战部部长陶明伦出席会议并讲话。来自中宣部、中央统战部等中央和国家机关有关部门的代表，各省（区、市）政府宗教工作部门有关负责人，各全国性宗教团体有关负责人，中国社会科学院、中国人民大学等科研院校专家学者，以及国家宗教事务局有关部门负责人参会。

王作安在讲话中指出，习近平总书记明确提出中国特色社会主义宗教理论，对坚持和发展马克思主义宗教观、增强坚持走中国特色解决宗教问题道路的自信、指导做好新形势下的宗教工作，都具有十分重大的现实意义和深远的历史意义。他指出，学习领会中国特色社会主义宗教理论，首先要从中国特色社会主义宗教理论开辟了马克思主义宗教观的新境界、凝结了几代中央领导集体的艰辛探索，以及作为做好新形势下宗教工作的行动指南等方面来准确把握其历史定位。

王作安强调，中国特色社会主义宗教理论，是与马克思主义宗教观一脉相承又与时俱进的科学体系，具有鲜明的中国特色。坚持和发展中国特色社会主义宗教理论，应当坚持三条重要原则。一是必须坚持马克思主义宗教观。要认真学习马克思主义关于宗教的基本观点，坚持它的立场观点方法，坚持实事求是的精髓，切实解决真学真懂真信真用的问题。二是必须坚持从我国国情和实际出发。中国特色社会主义宗教理论根植于中国社会实际。必须提高政治站位，深刻认识宗教工作在党和国家工作全局中的特殊重要性，从巩固党的执政地位和扩大党的执政基础的高度思考处理宗教问题。要坚持社会主义核心价值观的引领，支持我国各宗教自觉接受中华优秀文化浸润。三是必须坚持以问题为导向。要有强烈的问题意识和鲜明的问题导向，善于运用中国特色社会主义宗教理论指导解决宗教领域的矛盾和问题，同时通过解决宗教领域的矛盾和问题，不断丰富和发展中国特色社会主义宗教理论。

王作安要求，坚持和发展中国特色社会主义宗教理论，必须深入学习领会和贯彻落实习近平总书记关于宗教工作的新理念新思想新要求，着重把握其核心要义。要坚持党的宗教工作基本方针，坚持我国宗教中国化方向，构建积极健康的宗教关系，提高宗教工作法治化水平，支持宗教团体加强自身建设，坚决抵御境外利用宗教进行渗透，坚持党对新形势下宗教工作的领导。要推动宗教工作部门重视学习、研究、贯彻中国特色社会主义宗教理论，不断开辟马克思主义宗教理论新境界，不断推动宗教工作取得新成就。

陶明伦提到，党的十八大以来，河南省委、省政府把做好新形势下的宗教工作作为重大政治责任，制定关于加强和改进新形势下宗教工作的实施意见，做到“导”之有方、

“导”之有力、“导”之有效，党同宗教界的爱国统一战线更加巩固。下一步，河南将认真学习贯彻全国宗教工作会议特别是习近平总书记重要讲话精神，坚持和发展中国特色社会主义宗教理论，用马克思主义立场观点方法来认识和对待宗教、研究和处理问题、指导和推动实践，切实提高新形势下宗教工作水平。

会上，河南省宗教事务局等 8 个省区市宗教工作部门代表、各全国性宗教团体有关负责人及部分专家学者分别发言。河南省宗教事务局局长贾瑞琴同志以“在法制轨道上坚持我国宗教中国化实践路径思考”为题目，作大会交流发言。会议还对《中国特色社会主义宗教理论干部读本（征求意见稿）》提出意见建议。

（二）马克思主义宗教观研讨会（2017）

2017 年 5 月 20—22 日，由中国社会科学院世界宗教研究所主办、河南省宗教事务局协办的以“坚持宗教中国化方向”为主题的马克思主义宗教观研讨会（2017）在郑州召开。会议目的是为了深入学习和贯彻习近平总书记在 2016 年 4 月全国宗教工作会议上强调“积极引导宗教与社会主义社会相适应，一个重要的任务就是支持我国宗教坚持中国化方向”的讲话精神，发挥学术界专长，着眼长远问题，并对现实问题进行学理思考，从实践到理论再从理论到实践，坚持不懈地进行理论创新来研究和发展中国特色社会主义理论。

河南省宗教事务局贾瑞琴局长在开幕式致辞中指出，河南是人口大省、宗教大省，做好宗教中国化工作至关重要，中国特色社会主义宗教理论是支持我国宗教坚持中国化方向的遵循和指南；政府工作部门与学术研究部门之间的密切合作，有助于把宗教工作做得更好，期待未来能有更大的发展。

中国社会科学院学部委员、世界宗教研究所所长卓新平研究员在主题讲话中强调，倡导坚持宗教中国化是解决中国宗教问题的一把非常关键的钥匙，要从读马克思主义经典作家著作、坚持马克思主义宗教观中国化、发展中国特色社会主义宗教理论三方面入手，重点研究事关我国改革发展稳定的宗教理论和实践问题，以实际行动贯彻习近平总书记致中国社会科学院建院 40 周年的贺信精神。

来自国家宗教事务局、河南省宗教事务局、河南省社会科学院、上海社会科学院、四川省人民政府参事室、香港中文大学、中国人民大学、中央民族大学、新疆师范大学、辽宁大学、浙江大学、北京大学、北京工商大学、湘潭大学、郑州大学、河南财经政法大学、安阳师范学院、西南民族大学、南开大学、内蒙古工业大学、内蒙古农业大学、西南大学、华南农业大学及中国社会科学院马克思主义研究院、中国社会科学院研究生院等单位和会议主办方的专家学者近 50 人出席会议，围绕“坚持宗教中国化方向”主题，分别就习近平总书记关于宗教治理方面的重要论述、中国特色社会主义宗教理论的新发展、马克思主义宗教批判理论及其对当代无神论教育的启示、宗教中国化的法治视角、提高宗教治理法治化水平、宗教中国化的政治认同与文化认同、政教关系视域中的宗教中国化、佛教中国化的历史路径和经验教训、天主教和基督教的中国化进程、伊斯兰教中国化的历史和现状等畅所欲言、各抒己见，并在互动环节展开热烈讨论。

中国社会科学院世界宗教研究所党委书记赵文洪研究员在会议闭幕式总结讲话中强调指出，马克思主义宗教观研究具有高屋建瓴、全面深入、公正无偏的天然优势，相关研究者在不断强化自身中华文化基因的同时，坚持为人民做学问的理念，为国家和民族的长远利益、根本利益殚精竭虑，就完全可以在理论联系实际、为国家长治久安及我国宗教中国化问题建言献策等方面大有作为。

此次研讨会是学术界对于习近平总书记2016年全国宗教工作会议讲话精神学习体会的一次集中展示，在努力尝试中国特色话语风格、关注最迫切的现实问题、自觉为党和国家分忧等方面较之以往更上一层楼，显示了我国马克思主义宗教理论研究已呈日趋成熟态势，在为相关党政部门实际工作提供智力支持方面也有长足进步。

（三）“中华文化与宗教中国化”论坛

2017年9月6日，为贯彻2016年全国宗教工作会议精神，由中华文化学院（中央社会主义学院）、中华宗教文化交流协会联合主办的“中华文化与宗教中国化”论坛在京举行。

习近平总书记在全国宗教工作会议上指出，积极引导宗教与社会主义社会相适应，一个重要的任务就是支持我国宗教坚持中国化方向。在此次论坛上，我国五大宗教团体负责人、宗教领域的专家学者表达了一个共同的认识：真正认同并融入中华文化共同体与中华民族共同体是宗教中国化的方向，也是宗教与中国特色社会主义社会相适应的基本要求。

参加论坛的专家学者认为，只有坚持中华文化共识底线，才能不断塑造各自宗教的时代精神，树立中国宗教的文化自信。宗教中国化需要各大外来宗教与中国文化的深度融合，用中国人的思维、信仰体验、文化资源和生活习俗建立中国特色的宗教理论，在实践中增强中国意识、中国精神和中国话语。宗教中国化的理论构建，对于当前和未来中国宗教和世界宗教都具有重要的理论意义和实践价值。

中央社会主义学院党组书记、第一副院长潘岳，国家宗教事务局副局长陈宗荣出席了此次论坛。

2017年度宗教学理论研究综述

赵广明　张晓梅　周　齐　梁恒豪　李华伟

一　宗教哲学

（一）宗教史研究：宗教改革500周年

宗教改革史研究是最近三十年来学术界的热点，成果极丰，2017年又恰逢宗教改革500周年纪念，国内外历史和宗教学界围绕这一主题有丰富而隆重的学术研讨活动和出版项目，可谓盛况空前。耶鲁大学Carlos Eire教授的《多元宗教改革：现代早期的世界，1450—1650》① 探讨了西方文明从中世纪向现代的转型，作者对新教改革和天主教改革的异同及关联有独到见解，并分析了宗教改革时代的一些主题如何在今天仍然影响和塑造着世界范围内的政治、经济和文化。杜伦大学Alec Ryrie教授的新作《新教：造就现代世界的信仰》② 也是从现代社会之形成的角度全面考察宗教改革的深远意义，书中对西方自由主义神学的流变及其在世界范围内的影响的梳理十分到位，对新教作为一种世界宗教在现代世界的多样形态（如南非、韩国和中国）有准确的观察。华威大学Peter Marshall教授的《异端与信徒：英格兰宗教改革史》③ 则生动地体现了近年来宗教改革史研究的大趋势：注重不同地区、不同国家的独特经验。富勒神学院Oliver Crips教授的《拯救加尔文主义：改革宗传统的扩张》④ 从系统神学的角度考察加尔文主义当中一些最为困难的题目，试图表明这一思想传统远比人们通常认为的更加多样化和有弹性。伯明翰（阿拉巴马）神学院的Peter Leithart教授的《新教主义的终结》⑤ 批评了新教主义内含的分裂倾向及其危险，表达了对当代美国社会教派滋生和冲突状况的忧虑。

国内学界对宗教改革的相关讨论，则注重从“基督教在中国”的视角出发，考察当代中国社会的宗教思想和生活状况，以及宗教与社会主义社会相适应等议题。宗教改革与中国当代的宗教经验密切相关，进入中国的基督教，无论天主教还是新教，都是以“改革后的”教派形态传播的；宗教改革的影响远不限于基督教的范围之内，而是涉及传统宗教、本土信仰以及当代民众一般意义上的宗教生活形式。宗教改革500年后的今天，人类并没有真正解决宗教身份认同差异带来的人群矛盾、敌对和暴力冲突，宗教身份认同与

---

① Carlos Eire, *Reformations*: *The Early Modern World*, *1450 - 1560*, New Haven, CT: Yale University Press, 2016.

② Alec Ryrie, *Protestants*: *The Faith that Made the Modern World*, New York: Viking, 2017.

③ Peter Marshall, *Heretics and Believers*: *A History of the English Reformation*, New Haven, CT: Yale University Press, 2018.

④ Oliver Crisp, *Saving Calvinism*: *Expanding the Reformed Tradition*, Westmont, IL: InterVarsity Press, 2016.

⑤ Peter J. Leithart, *The End of Protestantism*: *Pursuing Unity in a Fragmented Church*, Grand Rapids, MI: Baker Publishing Group, 2016.

世俗社会的国家民族身份认同之间的不匹配导致的巨大社会资源消耗，在近年来甚至有加重的趋势。基督教世界经历了漫长而艰难的过程试图寻求和解的方案，达成一种相对稳定但依旧存在脆弱局部的平衡，在今天全球化、宗教复兴和宗教多元的世界图景中，其经验和教训仍然很有启发意义。基督教在当代中国，以其中国化的特有方式得以幸免于它在欧洲宗教改革历史中遭遇并持续至今的碎片化和教派冲突，但这并不意味着今天的中国社会中没有潜藏着同样的宗教和社会撕裂风险。与此同时，今日世界上也大概再没有第二个国家，能像当代中国这样对改革有如此深刻的全民认识和总体乐观的态度。在理论研究中，学界越来越强调“宗教改革”的多义性，重视不同地区、不同人群迥异的处境、经历和应对，而在实践中，中国理应能够走出一条自己的、独特的宗教改革道路，当代中国的现实条件决定了这些并非妄想，而是切实的可能性。

（二）国内宗教哲学研究

2017 年国内宗教哲学的主要研究成果集中在康德宗教哲学、伊斯兰哲学与儒家和道家的对比研究、佛教哲学等领域。

1. 康德宗教哲学

李秋零教授在《奥古斯丁视域中的康德人性根本恶理论》① 一文中认为，在对人性恶的本质、起源的分析中，启蒙思想家康德与早他一千多年的神学家奥古斯丁表现出惊人的一致，二者都认为人性恶的根源在人的自由意志。唯有在如何消解恶的问题上，神学家与启蒙思想家才差异巨大，这其中包含着启蒙对基督教思想的消化吸收与解构。

李明辉教授、赵广明研究员对康德情感思想的研究有突破，② 展现出康德道德哲学和宗教哲学研究新的可能性。李明辉辨析了情感在康德前批判时期、批判时期以及《道德形而上学》等不同时期著述中的不同道德含义，对其“康德的情感皆感性”的一贯观点是个突破。赵广明通过对《实践理性批判》特别是审美判断力批判中情感之纯粹性与自由性的分析，提出“自由情感”，将之视为道德、政治与信仰的存在论根基，并为理解“四端”乃至于儒家（儒教）道德根基的转化指出了新的方向。

傅永军教授、舒远招教授则集中探讨了康德神义论问题。③ 傅永军认为，康德的神义论意在对神的正义性提供一种实践理性的新解释，将神义论关注的重点由恶与上帝之间的关系，转移到实践理性的终极目的的追求与上帝存在之间的条件性关联上，认信上帝之正义的理由是信之为真的实践命令，而非认之为真的理性命令，人因为自身的道德实践而必然需要这种神义论。这是立足实践自由思考信仰问题的启蒙思路，而尚文华的专著《希望与绝对：康德宗教哲学研究的思想史意义》④（这是继赵广明《康德的信仰》⑤、傅永军

---

① 李秋零：《奥古斯丁视域中的康德人性根本恶理论》，载金泽、赵广明主编《宗教与哲学》（第六辑），社会科学文献出版社 2017 年版。

② 参见李明辉《康德论同情》，载金泽、赵广明主编《宗教与哲学》（第六辑），社会科学文献出版社 2017 年版；赵广明《情感的道德意义及孟子“四端”说重释》，《齐鲁学刊》2017 年第 5 期。

③ 参见傅永军《康德神义论探赜》，载金泽、赵广明主编《宗教与哲学》（第六辑），社会科学文献出版社 2017 年版；舒远招《康德道德神学中的正义问题》，载金泽、赵广明主编《宗教与哲学》（第六辑），社会科学文献出版社 2017 年版。

④ 尚文华：《希望与绝对：康德宗教哲学研究的思想史意义》，江苏人民出版社 2017 年版。

⑤ 赵广明：《康德的信仰》，江苏人民出版社 2008 年版。

《绝对视域中的康德宗教哲学：从伦理神学到道德宗教》① 之后，大陆出版的又一部康德宗教哲学研究专著），则更偏重信仰思路，认为哲学是关于自由的学问，而宗教则更深地扎根于绝对者，宗教哲学尤其是康德的宗教哲学就是要在人的自由存在中追问绝对者的意义。该书围绕“希望与绝对”这一主题，试图考察绝对者的意义如何穿透自由个体的生存。舒远招则对康德道德神学中的正义观提出了不同理解，认为在康德那里，神的正义就在于智慧地分配幸福，至善的智慧本身即正义，但康德又明确声称神的正义仅仅在于对罪恶的惩罚，为此，舒远招认为，神的正义不仅在于罚恶，而且在于赏善。

2. 伊道、伊儒对话

伊斯兰哲学与道家哲学的对比研究，集中在王希研究员和刘一虹研究员对井筒俊彦及其《苏非主义与道家》一书的介绍与研究上。② 王希认为，井筒俊彦倡导的比较哲学方法，立足于各大哲学传统核心概念的对比，在语义分析的基础上着眼于东方哲学内在的“共时性结构”，从而概括出整个东方哲学的思想底蕴和精神特质。王希的文章主要介绍了井筒俊彦的东方哲学的主要理论架构及其代表作《苏非主义与道家》。刘一虹的论文，重点是结合《苏非主义与道家》，考察伊斯兰教在中国的本土化问题，涉及伊斯兰教与儒家、道家的文化交融，以及宗教与哲学的关系。

关于伊斯兰与儒家的对话与会通，韩星教授和沙宗平教授分别有一篇专论：韩星《伊斯兰教与儒家文化的会通》③，沙宗平《“圣人之教，东西同，今古一”——“以儒诠经”伊斯兰教与中国传统文化之“文化会通”》④。

3. 佛教哲学

2017 年佛教哲学研究比较突出的是中观、唯识的研究。虽然，中观、唯识研究历来不衰，但也总有发掘不尽的问题和有新意的诠释。

近代中国佛学非常注重中观、唯识研究，对推动近代中国佛教发展起了重要作用。丁建华、洪修平的《佛教“空有之争”的嬗变及哲学义涵》⑤ 一文，就对近代中国佛学研究中“空有之争”讨论及其意义进行了梳理，试图溯源及分析相关的“空有之争”讨论来寻求佛学理论的规律性理路，并认为中国近代佛学相关“空有之争”，实际是“通过探究佛教根本义以凸显佛教特有价值以参与社会文化转型的意义，并为近现代佛教文化的复兴提供了哲学理论、学术基础和研究范式”。

而叶少勇的《龙树中观哲学中的几个关键概念》⑥ 一文则回溯到中观义理的基础概念，如“缘起”、“中道”、“不立自宗”和“二谛”，认为龙树原本的理论皆拱卫其认识论虚无主义立场，“其中道观是由彻底否定以远离二边”，“其二谛理论只是为了教化权

---

① 傅永军：《绝对视域中的康德宗教哲学：从伦理神学到道德宗教》，社会科学文献出版社 2015 年版。

② 参见王希《井筒俊彦的东方哲学及其〈苏非主义与道家〉》，载金泽、赵广明主编《宗教与哲学》（第六辑），社会科学文献出版社 2017 年版；刘一虹《“伊儒”“伊道”文化交融中的哲学与宗教问题——兼评井筒俊彦的〈苏非主义与道家〉》，载金泽、赵广明主编《宗教与哲学》（第六辑），社会科学文献出版社 2017 年版。

③ 韩星：《伊斯兰教与儒家文化的会通》，载金泽、赵广明主编《宗教与哲学》（第六辑），社会科学文献出版社 2017 年版。

④ 沙宗平：《“圣人之教，东西同，今古一”——“以儒诠经”伊斯兰教与中国传统文化之“文化会通”》，载金泽、赵广明主编《宗教与哲学》（第六辑），社会科学文献出版社 2017 年版。

⑤ 丁建华、洪修平：《佛教“空有之争”的嬗变及哲学义涵》，《哲学研究》2017 年第 1 期。

⑥ 叶少勇：《龙树中观哲学中的几个关键概念》，《世界哲学》2017 年第 2 期。

便，而不是对空观做重新布局”。因此，“龙树的思想与后世中观论师以二谛为框架的理论体系有巨大差异”。这是中观义理诠释研究的一种颇具新意的解释。

杨维中的《中观学语言哲学刍议》[①]、《名言及其意义的生成与消解——唯识学的语言哲学论析》[②] 和程文联的《中观视角下的语言学转向》[③]，则是中观学与语言哲学的关联研究。前两文是作者社科基金项目的阶段性成果。一篇聚焦在实相与言诠悖论的佛教自身语言哲学问题，具体分析了隋代三论大师吉藏提出的单、复、重复、竖深四种四句理论，认为吉藏开出了一种体用观，实相之理虽绝于言诠，但仍可由“用”入手悟入此“体”。另一篇则是对于在最高真理不可言诠的前提下，唯识学如何将其理论着落在“名言”何以生成问题上的研究。后文，却是由中观视角考察语言哲学。认为以中观视角来进行“语言游戏”，或可“避免语言学内部悖论”。而且“剥离了实在论，语言哲学将给今天的后现代语境带来更为丰富、自由、开阔的言说路径”。

姚彬彬的《玄奘所传唯识学“无种姓”说的内在逻辑》[④] 一文，分析了玄奘“无种姓”说的理论逻辑，认为玄奘一系唯识学对于种子来源的问题采“本有”和“始起”之二类兼有说，但其批评始起说的理据是认定众生初始的无漏种子不能通过后天熏习而成，与其“无种姓”之说直接相关。种姓是否“本有”关乎修行且诠释纷纭，亦近代唯识研究的重要论题，该文虽深入在玄奘唯识学研究，但问题线索则直通近现代。

张云江的《唐君毅与牟宗三佛学思想的比较》[⑤] 一文，以唐、牟对“佛性”及圆教判别等问题的阐释为例，条理清晰地比较了二人的佛教哲学思想的不同，认为唐、牟都是在各自的哲学体系中完成了对中国佛教思想的哲学途径的“现代格义”。并且直言，整体上看，唐君毅的佛教哲学诠释与思想判析比牟宗三更为注重学术性。

二　宗教心理学

2017 年，中国的宗教心理学研究在稳步推进的基础上呈现诸多亮点，取得了可喜的进展。《宗教心理学》辑刊和宗教心理学论坛继续发挥着重要的学术研究平台作用，越来越多的学者关注并投入宗教心理学的研究领域，学术专著和论文的数量和质量都有显著提升，研究主题呈现多元化、本土化特征，研究方法上理论思辨和科学实证并重，学术研究观照社会现实，具有鲜明的时代感。在此，择要简述学科进展如下。

（一）专著

1. 刘欢的《道教仪式音乐及其心理影响机制探析》[⑥] 一书从道教科仪的核心内容和功能出发，通过心理学的视角对中国道教仪式进行探知，试图寻找通向研究道教音乐功能“象牙塔”的捷径。

---

① 杨维中：《中观学语言哲学刍议》，《安徽大学学报（哲学社会科学版）》2017 年第 3 期。

② 杨维中：《名言及其意义的生成与消解——唯识学的语言哲学论析》，《江苏行政学院学报》2017 年第 3 期。

③ 程文联：《中观视角下的语言学转向》，《中国佛学》2017 年第 1 期。

④ 姚彬彬：《玄奘所传唯识学“无种姓”说的内在逻辑》，《中国哲学史》2017 年第 2 期。

⑤ 张云江：《唐君毅与牟宗三佛学思想的比较》，《西南民族大学学报（人文社会科学版）》2017 年第 2 期。

⑥ 刘欢：《道教仪式音乐及其心理影响机制探析》，宗教文化出版社 2017 年版。

2. 陈青萍、周济全的《膜拜危害的心理学预警思考》① 一书采用实证方法研究和论述了膜拜团体发展演变规律、膜拜团体精神控制方法、膜拜成员心理演化机理及其反复原因、膜拜活动社会预警防控体系等。

（二）译著

铃木大拙等的《禅与心理分析》② 一书根据1957年日本禅学大师铃木大拙与心理分析学家弗洛姆等展开的东西方思想对话整理而成。铃木大拙对禅与心理分析展开独到精辟的论述，令人拍案叫绝，而弗洛姆总结了铃木大拙阐明的禅宗要点，并通过对禅与心理分析的比较，认为两者在拯救心灵创伤，寻求人生诸多答案，充分把握世界，自我迈向身心健康之路等方面，都具有异曲同工之妙。

（三）辑刊

金泽、梁恒豪主编的《宗教心理学》（第三辑）③ 聚焦经典宗教心理学家的思想、国内外学科发展前沿理论和方法、不同宗教的心理学探究、国内宗教心理学的实证研究以及学科发展相关的综述，既关注历史又观照现实，既研究理论又重视方法，既有跨文化的研究也有跨宗教的研究，重视理论和实践层面的整合，持续为宗教心理学学科建设贡献力量。

（四）论文

1. 重要人物的宗教心理思想是常见常新的研究重点。2017年，与马克思、弗洛伊德、荣格、埃里克森、马斯洛、霍尔、王夫之等思想相关的学派理论、比较探讨乃至实际应用受到宗教心理学界的关注。

2. 核心理论、关键概念、方法论仍然是学者研究的焦点。2017年，对精神分析、（原型）分析心理学、人格（人性）理论、认同理论、身心关系理论、文化心理学、超个人心理学、修行心理学、中国（本土）化等理论探讨，宗教性、精神性、自我、人际交互、意义、苦难、主观（精神）幸福感、临终关怀等概念的研究如心理测量、实验研究，以及对实证研究的批判等方法论反思是学者关注比较多的。

3. 对不同宗教和民族的心理学关注是学界比较容易切入的研究进路。佛教、基督教、伊斯兰教、民间信仰、不同民族的心理探究内容丰富，异彩纷呈。

4. 部分学者的研究观照社会现实，具有鲜明的时代感。对儿童、老年人、失独人群、高中生、大学生的宗教心理探究观照当今中国社会发展现实，网络宗教、恐怖主义等主题的心理研究紧贴当今时代主题，理论意义和现实意义比较强。

（五）会议

1. 2017年4月22—23日，由中国社会科学院世界宗教研究所、中国宗教学会主办，湖南第一师范学院马克思主义学院、中南大学宗教文化研究中心协办的“宗教与心理健

① 陈青萍、周济全：《膜拜危害的心理学预警思考》，中国社会科学出版社2016年版。

② ［日］铃木大拙、［美］弗洛姆、［美］马蒂诺：《禅与心理分析》，孟祥森译，海南出版社2017年版。

③ 金泽、梁恒豪主编：《宗教心理学》（第三辑），社会科学文献出版社2017年版。

康：理论和实践”学术研讨会在长沙槲梨陶公庙召开。此次会议围绕“宗教与心理健康”的理论和方法、儒道传统文化与心理健康、宗教与心理健康相关的实证研究、佛教心理学等相关专题展开学术研讨，内容涵盖社区心理学视角、弗洛伊德宗教观、禅宗参禅的心理生理学解读、儒家君子人格、宗教心理学概念方法、宗教经验、宗教认同、道学虚静修道的心理保健功能、心理暗示下的“术数信仰”、修心炼性与道德践行意蕴、儒佛道“修心”的启示、修验道的作法仪式与求道者的精神构造、道家道教对当代心理学的贡献、道术坐忘的“虚”“实”辩证、道家的身心养生观、佛教互联网谣言传播的社会心理机制、中国人心目中“上帝”面孔的性别二态线索研究、宗教信仰、宗教参与与精神健康、祈祷与心理治疗的个案探讨、实证研究方法背后的中国文化因素、唯识宗“五位百法”的主要内容及其在宗教心理学上的意义、《坛经》的心性思想、佛教放生实践的心理治疗意义、佛教般若的内涵与启示、正念与心理治疗、藏传佛教的心理功能研究、以佛修心及“治心三经”佛教政策的宗教心理学审视等。会议最后，与会专家学者围绕宗教心理学学科发展、宗教心理学辑刊建设、宗教心理学论坛举办等主题建言献策。

2. 6 月 15—17 日，中央民族大学宗教研究院、美国富勒心理研究所、中国科学院心理研究所联合主办的“第十一届中美文化与宗教心理学研讨会”在中央民族大学举行。研讨会旨在推动具有中国本土特色的宗教、文化心理学学科建设，鼓励从不同的宗教、文化视角，共同促进宗教、文化心理学发展，为中美宗教、文化心理学双边交流合作创设新的平台，70 多位学者参与研讨。

3. 2017 年 11 月 3 日，由苏州戒幢佛学研究所主办的“第七届戒幢论坛”，在庄严的西园寺三宝楼戒幢讲堂盛大开幕。此次论坛的主题是“佛法与心理治疗”之生死学、正念，采用主题讲座与专家研讨的方式进行。共有来自佛教界的法师与心理学界的专家学者及各界嘉宾、听众等四五百人参与。

总之，在 2017 年度，宗教心理学从学科建设、学术交流、研究队伍、学术会议等方面取得了相当的进展，理论、概念、方法等领域都有创新性的探究，对社会现实问题的观照体现了该领域学者的宽阔视野和人文情怀。相对而言，由于该学科在国内没有明确的发展定位，研究难度比较大，而研究力量相对分散，大部分学者缺乏研究的专注度和持续性，是该学科的进一步发展必须着力解决的问题。

三 宗教社会学

（一）现实关怀：跨学科的多元研究

1. 宗教与国家安全、宗教风险研究

宗教与国家安全这一新研究领域的开拓，主要由复旦大学徐以骅教授及其团队完成。徐以骅教授等完成的《宗教与中国国家安全研究》[①] 一书，是这一领域的典范之作。在该书中，徐以骅提出了“信仰中国”“地缘宗教”“公共外交”等概念和策略，以对应于中国国家安全的隐性防线、宗教与中国对外安全战略、中国宗教走出去的新方式。

在宗教与国家安全方面，还有两本专著问世。刘骞的《后冷战时代的宗教文明与国

---

① 徐以骅等：《宗教与中国国家安全研究》，时事出版社 2016 年版。

家安全》一书[①]，分析了传统宗教文化、意识形态、宗教性安全威胁、宗教问题安全化对中国国家安全的影响。秦倩的《宗教非政府组织在中国：实践与法律》一书[②]，分析了中国宗教非政府组织的存在、实践活动所涉及的法律和政策问题，尤其是宗教非政府组织的法律地位问题。

关于宗教风险的研究，显示出学界对宗教现状的理论兴趣和现实关怀。郑筱筠研究员及其课题组在这方面已经发布了不少成果，如郑筱筠《"一带一路"战略与宗教风险研究——基于可能性和必要性视角》[③]从理论高度对"一带一路"倡议实施中宗教风险问题进行了讨论，王皓月分析了"一带一路"沿线国家宗教风险的基本类型[④]，刘义则研究了土耳其的宗教风险[⑤]。

2. 宗教极端主义与恐怖活动研究

随着"伊斯兰国"的崛起，对宗教极端主义、宗教与恐怖活动关系的研究，在西方世界多了起来。2017 年，有两部著作被翻译过来，即《黑旗：ISIS 的崛起》[⑥]和《慕尼黑的清真寺》[⑦]。

与这两部注重叙事的作品不同，金泽研究员从理论的高度，分析了宗教极端主义产生的原因，并指出，不能将极端思想与极端行动等同起来，应将宗教思想上的极端主义与政治行动中的恐怖主义区分开来。金泽研究员分析了宗教极端主义与恐怖主义之间的复杂关系，指出了宗教极端主义在宗教思潮光谱中的位置。他指出，现有的仅限于宗教领袖之间的宗教对话模式是远远不够的，"更需要的是在不同国家或地区（尤其是在多族群多宗教共存的国度）内部通过对话缓解分歧、增进理解，形成有效的化解矛盾的社会机制"[⑧]。

（二）理论探索与经验研究

1. 全球现代性与宗教、灵性和世俗：比较宗教学的视野与探索

杜赞奇出版了《全球现代性的危机：亚洲传统和可持续的未来》一书[⑨]，基于全球视野，反思起源于欧洲教派社群的以民族国家为中心的现代性。书中，亚洲的宗教传统被置于政治文化、道德实践、民族国家建设及话语建构之中来讨论。该书对源自宗教改革的民族国家模式提出了批评，提醒人们注意亚洲传统的存在及其合理性和当下意义。

2. 西方理论与中国回应

针对中国学界习用功能主义范式来研究宗教而未考虑这一范式对中国宗教研究带来的不良影响，李向平撰写了《中国宗教社会学研究的功能主义偏向》一文进行分析、批判。

---

① 刘骞：《后冷战时代的宗教文明与国家安全》，中国社会科学出版社 2017 年版。

② 秦倩：《宗教非政府组织在中国：实践与法律》，上海人民出版社 2017 年版。

③ 郑筱筠：《"一带一路"战略与宗教风险研究——基于可能性和必要性视角》，《世界宗教研究》2016 年第 6 期。编者按，本文刊发时，国内学界与新闻出版界尚未将"'一带一路'战略"统一为"'一带一路'倡议"。特此说明，下同。

④ 王皓月：《"一带一路"沿线国家宗教风险的基本类型》，《中国宗教》2017 年第 3 期。

⑤ 刘义：《"一带一路"背景下土耳其的宗教风险研究》，《世界宗教文化》2017 年第 4 期。

⑥ ［美］乔比·沃里克：《黑旗：ISIS 的崛起》，钟鹰翔译，中信出版社 2017 年版。

⑦ ［美］伊恩·约翰逊：《慕尼黑的清真寺》，岳韦译，上海译文出版社 2017 年版。

⑧ 金泽：《论宗教与政治》，《宗教学研究》2017 年第 3 期。

⑨ ［美］杜赞奇：《全球现代性的危机：亚洲传统和可持续的未来》，黄彦杰译，商务印书馆 2017 年版。

李向平回顾了社会学预设的功能概念以及涂尔干、帕森斯、默顿在宗教社会学研究中的贡献，分析了功能主义的宗教社会学的理论特征，落脚于对采取功能主义思路的杨庆堃所提出的“制度宗教”与“扩散宗教”这一概念的反思。①

李峰的专著《个体、组织与社会结构：宗教社会学视野中的探索》一书之第一部分五篇文章，分别从宗教与现代性、组织视角、宗教与社会结构、神人关系等方面，基于中国宗教现实对西方理论进行了回应。② 彭睿的《现代经济学在宗教社会学中应用之刍议》一文将现代经济学引介、运用到宗教社会学当中去，指出在中国大众宗教中运用这一理论方法的前景。③

3. 定量研究

与往常一样，由于受制于包括数据库较少等各种因素，关于宗教问题的定量研究成果相对较少。基于 CGSS 数据，李峰对宗教信仰和生育意愿的关系进行了探讨④，韩彦超则探讨了不同宗教与一般信任之间的不同关系⑤。基于长三角宗教信仰调查数据的分析，黄海波分析了宗教与信任的关系，并以数据讨论了基督教中国化的相关问题。⑥ 胡安宁从中位数的视角分析了宗教多元化与宗教参与的关系，他得出结论说：宗教多样化会对宗教的影响力产生负面的影响，也即宗教多元削弱了宗教的影响力。⑦

（三）学科建设

1. 宗教社会学专业委员会的成立

2017 年 1 月，中国社会学会宗教社会学专业委员会成立大会在华东师范大学闵行校区举行。大会宣布了会长、副会长及秘书长、副秘书长、常务理事名单，确立了中国社会学会宗教社会学专业委员会的架构。这标志着宗教社会学的制度化程度进一步提高。

2. 三大宗教社会学论坛

作为宗教社会学领域内制度性的学科会议，宗教社会学三大论坛分别顺利召开，起到了凝聚学科力量、夯实学科基础的作用。在 2017 年 7 月 15—16 日举行的中国社会学会年会上，由宗教社会学专业委员会主办的“中国社会宗教信仰变迁”论坛在上海大学宝山校区召开，分为“信仰方式”“民间信仰与佛教”“信仰实践”“量化研究”“理论探索”等主题进行讨论。2017 年 7 月 15—16 日，由中国人民大学主办的第 14 届宗教社会科学年会“当代宗教的特质与全球影响”在北京举行。年会的第一场，采取高师宁、魏德东、

---

① 李向平：《中国宗教社会学研究的功能主义偏向》，载金泽、李华伟主编《宗教社会学》（第四辑），社会科学文献出版社 2016 年版。

② 李峰：《个体、组织与社会结构：宗教社会学视野中的探索》，上海人民出版社 2017 年版。

③ 彭睿：《现代经济学在宗教社会学中应用之刍议》，载金泽、李华伟主编《宗教社会学》（第四辑），社会科学文献出版社 2016 年版。

④ 李峰：《宗教信仰影响生育意愿吗？基于 CGSS 2010 年数据的分析》，《世界宗教研究》2017 年第 3 期。

⑤ 韩彦超：《策略信任视角下的宗教与一般信任：基于 2012 中国综合社会调查的实证研究》，《世界宗教文化》2017 年第 4 期。

⑥ 黄海波：《信任视域下的宗教：兼论基督教中国化——基于长三角宗教信仰调查数据的分析》，《世界宗教研究》2017 年第 3 期。

⑦ Anning Hu, “Religious Pluralism and Religious Participation: A Median-based Approach to the Non-Substantive Problem”, *Quality & Quantity: International Journal of Methodology*, Vol. 52, No. 3, 2018.

李华伟三人对谈的形式，以纪念宗教社会学家彼得·贝格尔。

由中国社会科学院世界宗教研究所主办的第五届宗教社会学论坛——“宗教与社会结构”于2017年9月15—17日在北京举行。此次论坛的主题是“宗教与社会结构”。与会专家学者指出，将宗教放回到社会之中进行研究，是马克思主义的立场和方法论要求。大家讨论指出，对宗教与社会结构的研究是宗教社会学的重要课题，也是中国特色社会主义宗教理论的重要组成部分。

2017年度佛教研究综述

孙颖新

2017年度佛教研究硕果累累，在汉传佛教的研究、藏传佛教和南传佛教的研究以及域外佛教与交流对话等研究领域都涌现了一批新的研究成果。与此同时，佛教中国化和人间佛教等问题成为2017年度的研究热点。

一　佛教研究的热点问题

2017年度佛教研究的热点主要集中在佛教中国化、人间佛教、赵朴初与当代佛教等几个方面，发表出版了不少科研成果。

（一）佛教中国化

佛教中国化的问题，是2017年度学术界的研究热点之一。有关佛教中国化的研究论文有多篇，其中最具代表性的文章有：魏道儒的《中国人对佛教文化的贡献》① 一文从不同方面、多种视角探索、分析和总结了中国人对佛教文化的贡献，指出中国人对佛教文化的贡献主要在于，保存了佛教文化资料、弘扬了佛教文化、丰富和发展了佛教文化。通过全面、系统地研究这一问题，指出中国人对佛教文化的贡献是长期的、巨大的、不可替代的、具有世界意义的。正因为有了这样的贡献，佛教才能从一个地方宗教发展成为亚洲宗教，进而发展成为世界宗教；当代世界佛教才能具有这样的内在精神和外在风貌；我们今天才能对佛教历史文化具有如此丰富的知识。加强研究中国人对佛教文化贡献的过程、具体途径、具体方式和具体内容，加强研究中国人对佛教文化的保存、弘扬和丰富，有利于树立对中华民族传统文化的自觉、自信和自尊，有利于为今天中国文化走向世界提供可资借鉴的历史经验。

纪华传的《坚持佛教中国化的历史根源与时代意义》② 一文指出佛教中国化的过程既是佛教不断适应中国社会的过程，同时也是中华文化对外来的佛教文化创造性吸收和发展的过程。该文认为佛教中国化的原因主要有两个，一是佛教与中国固有的文化在精神上相融相通，二是佛教为中国社会所需。文章从政治、佛教义理、僧团制度、民众信仰、文化交流五个方面，概要论述了佛教中国化的内容，认为佛教作为中国优秀传统文化的重要组成部分，在今天新的时代形势下，应该重新认识佛教中国化，发挥佛教的优良传统，继续坚持中国化方向，积极与以社会主义核心价值观为内核的当代中国文化相适应，积极与社

---

① 魏道儒：《中国人对佛教文化的贡献》，《世界宗教文化》2017年第5期。

② 纪华传：《坚持佛教中国化的历史根源与时代意义》，《世界宗教文化》2017年第5期。

会主义社会相适应，不负时代，发挥其应有的积极贡献。

（二）人间佛教

人间佛教的问题是2017年度的研究热点之二。魏道儒的《印顺法师“人间佛教”思想的内涵和特点》[①] 一文指出印顺法师是重要的“人间佛教”理论奠基人之一。他在继承、借鉴太虚“人生佛教”基础上发展和完善了自己的“人间佛教”思想。印顺法师的“人间佛教”思想具有旺盛的生命力，至今为中外佛教界的众多领袖所继承和弘扬。该文对印顺法师提出“人间佛教”的历史背景和思想内涵及特点进行了细致的分析，认为“人间佛教”思想具有很强的开放性和实践性，倡导“以人为本”是其思想的精髓。印顺法师把尊重人的思维方式和价值取向贯穿“人间佛教”学说的始终，这是对佛教关爱众生优良传统的进一步发展。

周晓璐、胡永辉的《近代围绕〈印度之佛教〉的争论及其学术史意义》[②] 一文指出，太虚大师与印顺法师围绕《印度之佛教》争论的具体问题集中在印度佛教史的分期、人间佛教等方面，与王恩洋先生的争论主要集中在对“空、有两宗何为了义”的不同看法。这场争论集中反映出争论各方对中国佛教未来发展的态度和看法，影响了之后人间佛教的理论发展和实践。

（三）赵朴初与当代佛教

2017年是赵朴初居士诞辰110周年纪念，秉承太虚法师嘱托的赵朴初先生于20世纪末叶将人间佛教思想定为中国当代佛教的指导方针，对赵朴初与当代佛教的研究是2017年度的热点之三。圣凯的《悲智双运与内外互动：赵朴初有关中国佛教国际交流的智慧内涵》[③] 一文探讨了赵朴初中国佛教国际友好交流的思想与实践；彰显中国佛教国际交流传统的功能：弘扬佛法功能、文明交流功能、弥补国家外交功能和私人情谊的柔性外交功能；赵朴初是根植于悲智双运的佛教原则与内外互动的政治原则，从事与探讨中国佛教的国际友好交流的。

李晓龙的《论赵朴初人间佛教思想的“中国化”向度》[④] 一文指出宗教中国化的根本属性是长期性，当代中国宗教依旧面临着中国化的问题，具体而言中国宗教要达成对当代中国的国家认同、民族认同、核心价值文化认同。赵朴初的人间佛教思想集中体现了佛教的当代中国认同，它将“人间佛教”的核心内容（佛教人本关怀哲学和人学菩萨道教法）置于社会主义文化语境中重新涵化，表达了中国佛教对社会主义核心价值观的接契，对社会主义政治制度、现代化建设事业的认同；进而倡导中国佛教自利利他、庄严国土、利乐有情，服从服务国家民族最高整体利益，服务当代中国的经济发展、文化繁荣、社会和谐、民族团结、祖国统一、中外友好交往。赵朴初的人间佛教思想可为当代中国宗教中国化提供有益借鉴。

---

① 魏道儒：《印顺法师“人间佛教”思想的内涵和特点》，《法音》2017年第7期。

② 周晓璐、胡永辉：《近代围绕〈印度之佛教〉的争论及其学术史意义》，《世界宗教文化》2017年第3期。

③ 圣凯：《悲智双运与内外互动：赵朴初有关中国佛教国际交流的智慧内涵》，《世界宗教文化》2017年第2期。

④ 李晓龙：《论赵朴初人间佛教思想的“中国化”向度》，《世界宗教研究》2017年第3期。

二　汉传佛教的研究

（一）佛教历史与文献的研究

佛教历史与文献的研究始终是佛教研究的基础与重点，“中国社会科学院学部委员专题文集”之魏道儒《唐宋佛学》[①] 一书集中收录了作者近年来研究中国唐宋时期天台宗和禅宗的论文，代表了当代中国佛教研究的最高水准。

对汉传佛教文献的研究有释真定的《〈金光明经玄义〉译解》[②] 一书，译解者对智顗大师的《金光明经玄义》进行解读，通过题解介绍全书内容、版本源流、历代注疏等问题，译解部分为全书主体，逐段解读经文。王招国的《佛教文献论稿》[③] 一书收录了作者近年来撰写的十四篇论文，所研究的文献种类有敦煌遗书、日本古写经以及一些珍稀刻本。每篇论文均从文献学的角度进行论述，涉及内容包括考订文献作者、追溯版本源流、分析文本系统、评述文献价值等方面。黄仁瑄校注的《大唐众经音义校注》[④] 一书以高丽藏本为底本，校以慧琳本、碛砂藏本等，对唐释玄应的《大唐众经音义》进行了校勘和注释，考证古今字、异体字等；梳理引书文字；揭示对音材料的语言属性，标识源语。为音韵学、训诂学、俗文字学、辞书学的研究工作提供了很好的素材。书中详细注明了慧琳转录本与玄应原本的歧异，给观察分析玄应音义和慧琳音义的不同性质提供了极大方便；书稿对梵文译音成分一律注明梵文源词的拉丁文转写，找不到源词的也加以说明。王孺童编的《金陵刻经处刻经题记汇编》[⑤] 一书是对金陵刻经处历年刻印书籍的书末刻录题记所做的整理汇编。所收题记时间跨清末、民初至中华人民共和国成立后，包含信息量巨大，足以全面展现刻经处从创建至今的各个历史阶段“刻注题记”的结构和特点，以及当时文人学者之风貌与活动情况，具有较高的文化以及史料研究价值。

杨富学、张田芳的《敦煌本〈秀禅师劝善文〉考释》[⑥] 一文通过对两件敦煌写本的考证，认为神秀北宗禅自唐朝后期衰败后并未消亡，直到北宋早期尚在敦煌有所流行。孙伯君的《裴休〈发菩提心文〉的西夏译本考释》[⑦] 一文确认了黑水城出土的西夏文 Инв. №. 6172 号文献译自裴休所撰《发菩提心文》，这是裴休所撰作品在西夏文文献中第一次得到确认，这一发现对研究《发菩提心文》文本的流传以及唐代兴盛的华严禅在西夏的传行具有重要参考价值。赵文的《鸠摩罗什所传“念佛三昧”之丝路源流》[⑧] 一文从《大智度论》的相关讨论入手，通过比较其与《般舟三昧经》的相关之处，指出鸠摩罗什所传的“菩萨念佛三昧”，可能受到当时来自塔里木盆地丝路南道的大乘念佛实践之影响。同时，通过比较《坐禅三昧经》念佛三昧与中亚出土梵语禅经中念佛部分的异同，指出“声闻念佛三昧”，应当是基于与此梵语禅经密切相关的丝路北道说一切有部念佛而

---

① 魏道儒：《唐宋佛学》，中国社会科学出版社 2017 年版。
② 释真定：《〈金光明经玄义〉译解》，上海古籍出版社 2017 年版。
③ 王招国：《佛教文献论稿》，广西师范大学出版社 2017 年版。
④ 黄仁瑄：《大唐众经音义校注》，中华书局 2017 年版。
⑤ 王孺童：《金陵刻经处刻经题记汇编》，中西书局 2017 年版。
⑥ 杨富学、张田芳：《敦煌本〈秀禅师劝善文〉考释》，《世界宗教文化》2017 年第 2 期。
⑦ 孙伯君：《裴休〈发菩提心文〉的西夏译本考释》，《宁夏社会科学》2017 年第 4 期。
⑧ 赵文：《鸠摩罗什所传“念佛三昧”之丝路源流》，《世界宗教文化》2017 年第 4 期。

成立的。李申的《敦煌〈坛经〉几处校勘和标点问题》① 一文讨论了敦煌《坛经》几个版本以及校本的标点与校勘问题。对“本官”还是“本贯”、“作佛法”还是“作佛”、“真心”还是“直心”、“心在住”还是“心不在住”、“住漕溪山”还是“往漕溪山”、“遍相付嘱”还是“递相付嘱”，以及“无记空”还是“无记。空……”等校勘和标点问题，提出了自己的见解，可供有关学者深入研究参考。计晓云的《〈维摩诘经讲经文〉中的文殊信仰——以贞松堂藏本及国图藏〈文殊问疾〉为考察中心》② 一文指出，敦煌遗书中现存 8 篇《维摩诘经讲经文》，其中演绎《文殊问疾》的共有两篇：罗振玉贞松堂藏本《维摩诘经讲经文·文殊问疾（第一卷）》及国家图书馆藏 BD15245 号（新 1445）《维摩诘经讲经文·文殊问疾（第二卷）》。该文从这两卷讲经文之间的关联、写作年代以及其尊崇文殊的文化现象等方面进行了考察。

（二）佛教史重要人物及其相关研究

王亚荣的《道宣评传》③ 一书全面研究介绍道宣的生平事迹。全书以时代变迁和佛教发展为双重背景，以道宣的著作作为主要的资料依据，分十章评述，书末附有道宣年谱。林有能的《禅宗六祖慧能迹址探真》④ 一书以考察慧能一生求法、弘法的行迹和现存遗址为重点，力求“厘清六祖慧能迹址的来龙去脉和变化”。

杨维中的《明代唯识学、华严宗大师高原明昱行历及其贡献考述》⑤ 一文对高原明昱的生平事迹、著述、弘扬唯识学的活动及其法脉传承进行了全面考证。圣凯的《僧贤与地论学派——以〈大齐故沙门大统僧贤墓铭〉等考古资料为中心》⑥ 一文以近年出土的《大齐故沙门大统僧贤墓铭》为中心，结合小南海石窟和北响堂石窟的刻经，梳理了僧贤的生平与思想。吴海萍的《苏轼交往金山寺圆通长老、宝觉禅师考》⑦ 一文对苏轼交往的金山寺僧人圆通长老和宝觉禅师进行了细致的考证。杨曾文的《元代邢州开元寺万安广恩禅师》⑧ 一文对元代邢台开元寺开山祖万安广恩禅师的事迹、禅净不二和禅净双修的思想及其法系——“贾菩萨宗”做了考察和论述。圣圆的《赞宁的生平及其所处时代的社会环境和思想背景》⑨ 一文简明扼要地回顾了赞宁的一生，讨论了他所处时代的社会环境和思想背景，论述了赞宁思想特征的形成原因。景天星的《晚明山西佛教视野中的妙峰禅师》⑩ 一文介绍了妙峰禅师的生平弘法活动，在晋南的早期经历与学佛因缘，在晋中的佛教行状，在晋北大的佛教活动，最后总结了妙峰法师对山西佛教文化的贡献。田常红、

① 李申：《敦煌〈坛经〉几处校勘和标点问题》，《五台山研究》2017 年第 3 期。

② 计晓云：《〈维摩诘经讲经文〉中的文殊信仰——以贞松堂藏本及国图藏〈文殊问疾〉为考察中心》，《宗教学研究》2017 年第 2 期。

③ 王亚荣：《道宣评传》，宗教文化出版社 2017 年版。

④ 林有能：《禅宗六祖慧能迹址探真》，商务印书馆 2017 年版。

⑤ 杨维中：《明代唯识学、华严宗大师高原明昱行历及其贡献考述》，《世界宗教研究》2017 年第 2 期。

⑥ 圣凯：《僧贤与地论学派——以〈大齐故沙门大统僧贤墓铭〉等考古资料为中心》，《世界宗教研究》2017 年第 4 期。

⑦ 吴海萍：《苏轼交往金山寺圆通长老、宝觉禅师考》，《世界宗教文化》2017 年第 4 期。

⑧ 杨曾文：《元代邢州开元寺万安广恩禅师》，《中国佛学》2017 年第 1 期。

⑨ 圣圆：《赞宁的生平及其所处时代的社会环境和思想背景》，《中国佛学》2017 年第 1 期。

⑩ 景天星：《晚明山西佛教视野中的妙峰禅师》，《法音》2017 年第 9 期。

徐仪明的《杨岐方会禅法试析》[①] 一文概括了其禅法特色，一是灵活自然、随机施教、立处即真、随处解脱；二是自性具足、当下即得、作风纯真、无二无别。文章指出，正是由于杨岐方会禅法具有鲜明的特色，才能够达到建宗立派的水平与地位，并在其门弟子的代代相传中不断发扬光大，最终在中国禅宗发展史上获得举足轻重的地位。汪斌的《杨岐方会对临济禅法的继承与发展》[②] 一文通过比较杨岐方会与临济宗师禅法的异同，来看杨岐方会禅法对临济宗风的保持与发展，说明杨岐方会禅法的独特性。而杨岐方会提出的"立处即真"为顿悟的心性论，并非标新立异的独创，而是对南禅临济宗的继承。通过对杨岐方会所处时代困境的思考，提出的"四一法门"的教学论和"脚跟下修行"的功夫论，进而扩大为对禅学思想生命的思考，由此了解到杨岐方会禅法特色为开宗立派提供的意义与价值。陈明波的《云叟行端禅师思想浅析》[③] 一文从元叟行端的禅学思想入手，结合其生平经历，对其博赡宏富的深邃思想以及他对当时元代及其后的禅宗发展的影响做了简要探析。李凯的《憨山德清的"齐物"思想略述》[④] 一文认为，憨山德清对"齐物"思想的判定，有故意扬佛抑庄之嫌。最为突出地表现在，他将《庄子》中的"真宰"等概念诠释为阿赖耶识，从而认定庄子执著阿赖耶识，然而这种诠释缺乏文本依据。憨山德清之所以故意扬佛抑庄，很大程度上是出于对当时过度推崇《庄子》的时代风气的抵制。韩焕忠的《憨山〈观老庄影响论〉浅析》[⑤] 一文指出，憨山《观老庄影响论》站在佛教的立场上，对涉及《老子》与《庄子》的诸多问题进行了全面的论述。其中提出的对老庄思想的总体看法，后来在对《老子》和《庄子》的注解和疏释中得到落实和体现。杨本华的《憨山德清三教圆融观探析》[⑥] 一文指出憨山德清的三教圆融思想是不断借鉴了三教发展过程中的多家思想凝练而成，特别是宋代僧人契嵩的本迹论、五乘观等诸多理论，这是德清三教圆融思路的重要方面。德清在融通三教的同时又对诘难三教融合或是三教间互相攻讦的言论做了回应，尤其是针对明末佛教的诸多问题，提倡学佛需要兼学其他百家思想，可以说不仅中兴了禅宗，更于当时佛教发展大有裨益。彭瑞花的《论鉴真对菩萨戒的弘传》[⑦] 一文对鉴真的律学传承、弘扬菩萨戒的主要活动以及正式将菩萨戒传入日本等情况进行了介绍。李铭佳的《高僧隐元东瀛开宗的现代启示——刍议黄檗宗东传日本的条件》[⑧] 一文对隐元东瀛开宗并弘播中国文化的重要条件进行了分析和介绍。蔡晓菁的《吉藏生平考》[⑨] 一文从吉藏现存著作中的自述和《续高僧传》中的吉藏传记着手，总结吉藏历经陈朝到唐朝的丰富人生，考证他从幼年至老年四个阶段的行迹和作品，以及其作品撰述的前后顺序，有助于更好地理解吉藏思想。

---

① 田常红、徐仪明：《杨岐方会禅法试析》，《宗教学研究》2017 年第 2 期。
② 汪斌：《杨岐方会对临济禅法的继承与发展》，《五台山研究》2017 年第 3 期。
③ 陈明波：《云叟行端禅师思想浅析》，《五台山研究》2017 年第 1 期。
④ 李凯：《憨山德清的"齐物"思想略述》，《五台山研究》2017 年第 3 期。
⑤ 韩焕忠：《憨山〈观老庄影响论〉浅析》，《中国佛学》2017 年第 1 期。
⑥ 杨本华：《憨山德清三教圆融观探析》，《中国佛学》2017 年第 2 期。
⑦ 彭瑞花：《论鉴真对菩萨戒的弘传》，《法音》2017 年第 10 期。
⑧ 李铭佳：《高僧隐元东瀛开宗的现代启示——刍议黄檗宗东传日本的条件》，《法音》2017 年第 10 期。
⑨ 蔡晓菁：《吉藏生平考》，《中国佛学》2017 年第 2 期。

（三）佛教哲学与思想的研究

佛教哲学与思想始终是佛教研究的重要领域，2017 年度因明研究也有新的突破。陈森田著，吴汝钧审订的《佛教中观学百论的哲学解读》① 一书对佛教中观派的主要论著之一《百论》进行了深入研究。张文良的《东亚佛教视野下的华严思想研究》② 一书着重从“东亚佛教”的视野出发，对近年在日本、韩国新发掘的思想史料进行考辨。围绕华严学的核心概念“心”“性”“法界”“缘起”“一乘”“圆融”等展开论述，通过考察这些概念的内涵及嬗变，透视东亚华严思想的结构特征及内在逻辑。

学愚的《菩萨范式及其转换》③ 一文分析了不同时期的佛教思想及其实践，论证菩萨道是所有不同时期佛教的一贯之法，亦是当代人间佛教实践的指导思想。许春梅的《〈因轮抉择论〉探微》④ 一文基于因明的佛教背景，通过对陈那论师整体思想的把握，用西方逻辑分析方法，结合古汉语的句法结构，厘清陈那论师的逻辑部分和教化部分，探讨了九句因和因三相理论，以及三支作法基本规式。张忠义、张家龙的《论印度陈那新因明体系的逻辑性质》⑤ 一文根据玄奘翻译的印度陈那的《因明正理门论》文本，应用现代的逻辑分析方法阐明了陈那新因明体系的逻辑性质是“初步的演绎论证 + 类比论证”，进一步揭示出郑伟宏先生的“除外说或最大类比说”的问题所在。郝金广的《论天台宗“十乘观法”的两种运用逻辑》⑥ 一文论述了天台宗止观修习的重要方法“十乘观法”在不同的所观境中呈现出不同的运用逻辑，在观阴界入等境中侧重强调十法圆备的整体运用，在观病患境、观禅定境中则强调重重抉择的逻辑。两种不同的运用逻辑实际是理论建构、重为初心和证悟为要、灵活抉择的差别。此外，还有鹿博的《佛学语境中“照”义涵的解析》⑦ 一文指出，“照”在佛教语境中，其缘起关系“弥勒之间”，铺展意味宗教情境生成，延续牵涉“止”“观”功夫。就缘起层面讲，“照”的生成，直系佛学本体论建构——“随照立尘”。而其铺展，一方面指向宗教情境生起，另一方面，意味着当修行者达致“自照”，佛与修行者即通过光的授受，实现绝对精神的授受和流转。谢飞的《〈楞伽经〉的“心”义辨析》⑧ 一文指出，求那跋陀罗所译《楞伽经》专以“一切佛语心”为其品名，意在以“心”立经所宗。素传达摩以此四卷《楞伽经》传法，亦属以此“心”播宗。及至后世法裔慧能转依《金刚般若经》为其宗经，禅宗“心要”稍有“变化”。考及《楞伽经》所说“心”义，实摄两端，以梵语词观之，即作 hrdaya 与 citta。由此二者不同，亦可见作为后期大乘经典的《楞伽经》融合如来藏思想与唯识思想的特点。贾晋华的《〈小品般若经〉远离说与郭象朝隐论之比较研究》⑨ 一文从文本和历史进行考证，认为郭象可能阅读过《小品般若经》的两个早期译本及其他早期汉译佛典，并受到

① 陈森田著，吴汝钧审订：《佛教中观学百论的哲学解读》，台湾：学生书局 2017 年版。

② 张文良：《东亚佛教视野下的华严思想研究》，国际文化出版公司 2017 年版。

③ 学愚：《菩萨范式及其转换》，《世界宗教研究》2017 年第 3 期。

④ 许春梅：《〈因轮抉择论〉探微》，《世界宗教文化》2017 年第 4 期。

⑤ 张忠义、张家龙：《论印度陈那新因明体系的逻辑性质》，《哲学研究》2017 年第 2 期。

⑥ 郝金广：《论天台宗“十乘观法”的两种运用逻辑》，《世界宗教研究》2017 年第 5 期。

⑦ 鹿博：《佛学语境中“照”义涵的解析》，《世界宗教文化》2017 年第 5 期。

⑧ 谢飞：《〈楞伽经〉的“心”义辨析》，《世界宗教文化》2017 年第 5 期。

⑨ 贾晋华：《〈小品般若经〉远离说与郭象朝隐论之比较研究》，《宗教学研究》2017 年第 1 期。

其一定影响。这一影响帮助郭象完成玄学统一自然和名教的历史使命。杨祖荣的《〈物不迁论〉二题》[①]一文从《物不迁论》“不来不去”的论证以及“住”和“往”等理论概念入手，联系历代注疏，具体辨析其内涵。存德的《瑜伽教说的“别时意”与净土教——兼论印度大乘佛教的成佛论》[②]一文指出，无著着眼于瑜伽教说多闻熏习的重要性，而提出别时意说，将“念佛事”和“发愿事”归结为别时意。此论说的提出严重地影响了净土念佛发愿教说的弘扬，直接关系到净土教的发展，所以净土教对此积极地做出了回应。观净土教的回应虽然未必符合别时意的本意，但体现了净土教的根本宗意。此两种思想的交涉，其实是对印度大乘佛教两种成佛论的一种解说。郝金广的《天台“一念心”的教观分析》[③]一文指出，天台宗非常注重“一念心”的教观意义，通过对“一念心”概念的分析重构，赋予了它实相的内涵。对“一念心”所代表的实相内涵，我们可以通过体相用三个维度来加以把握，它们分别以一念无明法性心、一念三千、性具善恶为核心观念，相互支撑，圆融互即，构成了基于“一念心”的实相理论。相应地，观“一念心”也成为极具天台特色的修行理念和方法。思和、虢侗的《五蕴学说初探——五蕴界说及其三重结构管窥》[④]一文依据佛典，特别是《阿含经》严格界定了五蕴、五取蕴两个概念，指出在逻辑上它们具有“属—种”之间的层级关系，并以“五蕴—五取蕴结构解析图”予以标示。此外，还梳理了五蕴学说的三种三重结构关系，亦分别以三个系统图予以表示。黎晓铃的《佛教“理事圆融”与理学“理一分殊”对比研究》[⑤]一文指出，在西方哲人的眼中，形而上的“理”与形而下的“事”是对立为二的。而东方佛教华严宗的“理事圆融”以及理学的“理一分殊”都用各自的理论证明了，理融于事，事包含着理，理事之间不可分割，无须对立。但值得关注的是，拥有同样理事关系的理学与华严宗之间依然存在分歧。姚彬彬的《玄奘所传唯识学“无种姓”说的内在逻辑》[⑥]一文指出玄奘传唯识学所立“无种姓”之说，与作为其唯识学体系核心理论的种子论之间具有严密的内在逻辑关系。

（四）佛教信仰与仪式的研究

圣凯的《中国佛教信仰与生活史》[⑦]一书系统阐述了中国佛教的信仰与生活方式，探讨了佛教信仰中国化的历程。太史文著，张煜译《〈十王经〉与中国中世纪佛教冥界的形成》[⑧]一书以敦煌文献为基础，以中晚唐之际出现的佛教伪经《佛说十王经》为贯通全书的主题，对《佛说十王经》及中国中世纪佛教冥间观念的形成进行了详细的分析与考辨。

王颂的《五台山文殊信仰与华严初祖崇拜》[⑨]一文通过对华严宗初祖杜顺与五台山的关系的分析，认为杜顺通过五台山获得了神圣地位，而五台山则通过杜顺被确立为华严宗

---

① 杨祖荣：《〈物不迁论〉二题》，《中国佛学》2017年第1期。

② 存德：《瑜伽教说的“别时意”与净土教——兼论印度大乘佛教的成佛论》，《中国佛学》2017年第1期。

③ 郝金广：《天台“一念心”的教观分析》，《中国佛学》2017年第1期。

④ 思和、虢侗：《五蕴学说初探——五蕴界说及其三重结构管窥》，《中国佛学》2017年第1期。

⑤ 黎晓铃：《佛教“理事圆融”与理学“理一分殊”对比研究》，《中国佛学》2017年第1期。

⑥ 姚彬彬：《玄奘所传唯识学“无种姓”说的内在逻辑》，《中国哲学史》2017年第2期。

⑦ 圣凯：《中国佛教信仰与生活史》，江苏人民出版社2017年版。

⑧ ［美］太史文：《〈十王经〉与中国中世纪佛教冥界的形成》，张煜译，上海古籍出版社2017年版。

⑨ 王颂：《五台山文殊信仰与华严初祖崇拜》，《世界宗教研究》2017年第1期。

的圣山。五台山文殊信仰与华严宗构建起了稳固的相互关联，并对后世产生了深远影响。孙应杰的《僧伽生平和僧伽信仰考》① 一文从唐代道宣律师所记载的僧伽参加佛教活动的史料入手，考证了僧伽的生平，考察了僧伽生前与各阶层人士的关系，分析了僧伽信仰产生的根源。姚卫群的《文殊信仰与佛教智慧》② 一文指出文殊信仰在不同时期、不同地域中的表现形态是有差别的，对这方面内容的梳理和分析在佛教研究中很有意义，能为今天我们正确理解和对待佛教提供有益的借鉴和启示。成叙永的《金刚界曼荼罗与新的八大灵塔信仰的融合：朝阳北塔塔身浮雕研究》③ 一文认为金刚界四方佛的五佛冠体现了辽代独有的造型特征和宗教意义，而八大灵塔基于与佛顶尊胜陀罗尼信仰结合而盛行的辽代独有信仰。周齐的《明初佛乐与相关佛教政策以及信仰倾向的关系——以〈献佛乐章〉等佛乐为例》④ 梳理了明初佛乐创作及其与佛教政策和时代信仰倾向的背景关系。王鹤琴的《中国佛教罗汉信仰早期形态研究》⑤ 一文指出，至迟在南朝，中国已有单尊罗汉崇拜和团体罗汉崇拜两种类型的罗汉信仰并行。中国早期罗汉信仰涵盖社会各个阶层且尤盛于南方，或许与《十诵律》在南方的流行有关。方广锠的《〈中国佛教仪式研究——以斋供仪式为中心〉序》⑥ 一文指出，宗教仪轨，即宗教仪式，是宗教外化形式中最重要的部分。

（五）佛教与社会、政教关系、僧职制度的研究

刘淑芬的《慈悲清净：佛教与中古社会生活》⑦ 一书对中国中古时期（3—10 世纪）在佛教强烈影响之下，人民生活的各个层面予以研究。在讲述中古时期中国佛教信仰组织、佛教团体所参与的社会事业和社会救济的同时，还对唐代实施“年三月十”（佛教的三长斋月和每个月的十斋日）、天下普断屠杀问题进行讨论，分析了宦官的佛教信仰及其对佛教发展的影响。刘敬的《清初士林逃禅现象及其文学影响研究》⑧ 一书透过清初士林逃禅这一社会现象，揭示了深层的宗教文化属性，寻绎其在历史、宗教、文化、文学等层面的发展脉络，进而对产生于文学领域的实际影响、特殊价值及其背后的宗教文化动因展开针对性研究。

夏德美的《东晋政教关系论战的起因、性质和影响——以沙门致敬王者问题为中心》⑨ 一文对东晋时期沙门是否应该致敬王者的论战这一问题，从东晋之前沙门与王者的关系、东晋时期沙门致敬王者问题的时代答案和东晋沙门致敬王者论战的本质和影响三个方面予以深入分析，指出这一场论战其意义并不限于佛教处理教权与王权关系的范围，也

---

① 孙应杰：《僧伽生平和僧伽信仰考》，《世界宗教研究》2017 年第 1 期。

② 姚卫群：《文殊信仰与佛教智慧》，《五台山研究》2017 年第 2 期。

③ 成叙永：《金刚界曼荼罗与新的八大灵塔信仰的融合：朝阳北塔塔身浮雕研究》，《故宫博物院院刊》2017 年第 2 期。

④ 周齐：《明初佛乐与相关佛教政策以及信仰倾向的关系——以〈献佛乐章〉等佛乐为例》，《世界宗教研究》2017 年第 5 期。

⑤ 王鹤琴：《中国佛教罗汉信仰早期形态研究》，《宗教学研究》2017 年第 1 期。

⑥ 方广锠：《〈中国佛教仪式研究——以斋供仪式为中心〉序》，《世界宗教研究》2017 年第 2 期。

⑦ 刘淑芬：《慈悲清净：佛教与中古社会生活》，商务印书馆 2017 年版。

⑧ 刘敬：《清初士林逃禅现象及其文学影响研究》，人民出版社 2017 年版。

⑨ 夏德美：《东晋政教关系论战的起因、性质和影响——以沙门致敬王者问题为中心》，《世界宗教研究》2017 年第 2 期。

为历代王朝处理其他宗教与政治的基本关系树立了参照样板。王荣湟的《明清丛林僧职制度研究》[①]一文认为明清丛林僧职制度承继宋元制度文化传统，组织管理更加规范化、制度化，呈现出多元并存的局面，在中国寺院制度发展史上有着重要而不可忽视的历史地位。乔佳的《中国佛教童行制度的特色与异化反思——以唐宋时期为重点》[②]一文指出宋代以降童行制度出现严重的异化现象，并导致僧团素质下降，其原因在于童行出家年龄标准的差异化、童行出家功利化的价值取向、童行试经制度的内在影响。许效正的《清末庙产纷争中的官、绅、僧、民——1905 年广州长寿寺毁学事件透视》[③]一文通过对长寿寺毁学事件的研究，分析了清末庙产纷争中社会各阶层之间的复杂关系。洪修平的《略论居士佛教对中国佛教文化的贡献》[④]一文从佛教初传居士对佛教在中土的传播、推动佛教的中国化、促其融入中华文化，以及明清以来中国佛教趋于衰落之后居士对佛教文化的复兴所起的作用这几个片段，论述了居士佛教对中国佛教文化的重要贡献，对当前中国佛教文化的发展提供了一定的历史借鉴和参考。张越、周建波的《中古时期寺院金融的发展及其启示》[⑤]一文通过对中古时期寺院金融兴衰的考察，得到了有益于当代金融业发展的重要启迪。向宁的《佛教互联网舆情观点演化机制的行动者中心模型研究》[⑥]一文以“法门寺文化景区微博改名事件”为背景，通过行动者中心建模的方法，探究了互联网宗教舆情观点演化的内在机制。徐颖、缪方明的《隋唐时期佛教对科技发展的作用之探讨》[⑦]一文在考述隋唐时期佛教兴盛之种种原因的基础上，着重就智顗、玄奘、一行等为代表的隋唐佛教徒所翻译的佛经中含有大量与科技知识相关的内容展开论述，以展示深广圆融的佛法究竟是如何推动隋唐时期的科技发展。李良松的《佛医食疗养生文献论要》一文从佛教经、律、论三藏中摘取有代表性的文献资料，分作佛经中的食疗养生文献、佛律中的食疗养生文献、佛论中的食疗养生文献和佛经食疗养生医案选论四个方面来论述，将佛教之饮食与疾病诊疗及养生保健的关系作了较为全面的展示。同时，对佛教的四食、五药也作了相应的诠释。[⑧]

（六）区域佛教

侯冲的《“白密”何在（云南汉传佛教经典文献研究）》[⑨]一书汇集了作者在国内外学术会议和期刊上发表的十四篇学术论文，在回顾大理密教研究学术史的基础上，根据对大理佛教经典、图像、金石和传世资料的综合研究，在跨地域研究视野下，对大理佛教史料的种类、属性及其所反映的汉地佛教因素进行了全新的、全面的探讨。李瑞哲的《论

---

① 王荣湟：《明清丛林僧职制度研究》，《世界宗教研究》2017 年第 3 期。

② 乔佳：《中国佛教童行制度的特色与异化反思——以唐宋时期为重点》，《世界宗教文化》2017 年第 3 期。

③ 许效正：《清末庙产纷争中的官、绅、僧、民——1905 年广州长寿寺毁学事件透视》，《世界宗教文化》2017 年第 3 期。

④ 洪修平：《略论居士佛教对中国佛教文化的贡献》，《五台山研究》2017 年第 3 期。

⑤ 张越、周建波：《中古时期寺院金融的发展及其启示》，《世界宗教研究》2017 年第 4 期。

⑥ 向宁：《佛教互联网舆情观点演化机制的行动者中心模型研究》，《世界宗教文化》2017 年第 5 期。

⑦ 徐颖、缪方明：《隋唐时期佛教对科技发展的作用之探讨》，《科学与无神论》2017 年第 1 期。

⑧ 李良松：《佛医食疗养生文献论要》，《五台山研究》2017 年第 1 期。

⑨ 侯冲：《“白密”何在（云南汉传佛教经典文献研究）》，广西师范大学出版社 2017 年版。

小乘佛教说一切有部在龟兹的流行》① 一文从佛教文献以及龟兹现存的石窟等佛教遗迹判断，古代龟兹佛教属于小乘佛教。冯敏的《唐代沿“丝绸之路”入华粟特人的文化认同与佛教信仰》② 一文对佛教在中亚、西亚的传播进行了简述，介绍了唐代以前“丝绸之路”与入华粟特人的佛教信仰的情况，通过考古等实物证明入华粟特人对佛教的接受，以及对中华文化的认同。刘闯的《空间置换：后周开封限佛原因探析》③ 一文在认知都城开封的特殊性、后周太祖与世宗连续裁废寺院的基础上，结合开封的城市建设，通过对不同时期寺院的地理分布、世宗限佛后对寺院处置的考察，认为后周在开封的限佛活动主要是为获取旧城内部分寺院所占土地进而缓解官方用地紧缺的困境，创建新寺院并非统治者的主观愿望，更多的是为了安置裁废寺院与在京新受戒的众多僧尼。官方转换旧城空间的努力，在北宋初对佛教政策发生改变后仍在进行，而等觉禅寺的迁址就是很好的证明。张祝平的《宋代杭州佛教中国化的特征、影响因素及其对后世佛教发展的影响》④ 一文指出，两宋时期是佛教中国化、世俗化、平民化的重要阶段，与儒家政治文化妥协、主动适应平民社会需求和佛教仪轨鲜明的民族化倾向等是宋代杭州佛教中国化进程加速的具体表现。这既受制于当时杭州地区经济、政治、文化等层面相关因素的深刻影响，也是宋代杭州佛教吸取历次法难深刻教训，在政治态度取向上自觉转向与政权相合，进而赢得统治阶层以及下层民众对其更多认同和支持的一种策略。尤其是宋代杭州佛教通过调整其义理来迎合世俗社会主流文化的革新举措，对其获取传教上的主动与优势有着不可估量的作用。这实际上也为后世中国佛教的发展提供了基本的经验和价值遵循。赵改萍的《北齐时期山西的佛教》⑤ 一文指出在北齐统治的28年中，帝王积极建寺开窟，僧人躬亲阐理弘法，民众纷纷捐资造像，致使山西佛教兴盛起来，成为自北魏佛教发展以来的又一个黄金时期。这一时期山西佛教发展在带有较强政治色彩的同时，又不断渗透至大众中去；佛寺林立、石窟成群的同时，又呈现出地域与时间上的不平衡。许效正的《晚清黄梅佛教的社会融合度》⑥ 一文根据《乾隆黄梅县志》和《光绪黄梅县志》中的记载，从庙宇数量、庙产来源和废庙修复等方面，对晚清时期黄梅佛教的社会融合度进行初步剖析。晚清时期，佛教寺院遍布黄梅县各村，在全县民众的信仰体系中占据优势地位，僧人与士绅关系密切，佛教已经成为黄梅文化的有机组成部分。释圣贤的《大同佛教文化的个性》⑦ 一文提出大同佛教文化有三大个性：一是国家特性，即在不同历史时期国家政权对佛教的影响；二是民族特色，即北方游牧文化与中原农耕文化的交织；三是边塞特点，最直接的体现就是自金代开始逐步走向三教合一之路，佛教文化与民间信仰合流。黄崑威的《北魏平城佛教与草原丝绸之路略论》⑧ 一文对平城地区北魏时期的佛教历史状况进行了简要介绍，并对草原丝绸之路上的佛教传播史进行了梳理。文章认为丝绸之路不仅是经贸之路，

---

① 李瑞哲：《论小乘佛教说一切有部在龟兹的流行》，《世界宗教研究》2017 年第 4 期。

② 冯敏：《唐代沿“丝绸之路”入华粟特人的文化认同与佛教信仰》，《法音》2017 年第 2 期。

③ 刘闯：《空间置换：后周开封限佛原因探析》，《五台山研究》2017 年第 1 期。

④ 张祝平：《宋代杭州佛教中国化的特征、影响因素及其对后世佛教发展的影响》，《中国佛学》2017 年第 2 期。

⑤ 赵改萍：《北齐时期山西的佛教》，《五台山研究》2017 年第 2 期。

⑥ 许效正：《晚清黄梅佛教的社会融合度》，《法音》2017 年第 1 期。

⑦ 释圣贤：《大同佛教文化的个性》，《法音》2017 年第 2 期。

⑧ 黄崑威：《北魏平城佛教与草原丝绸之路略论》，《法音》2017 年第 3 期。

而且是联系沿线各国在人文领域的精神、文化的纽带。丝绸之路与宗教传播有着密不可分的关系。

（七）佛教考古与艺术

赖永海、王月清主编的《中国佛教艺术史》[①]一书对汉魏两晋至晚清民国近两千年来各个时期的典型艺术样式进行风格分析，探讨了各个时期最具代表的佛教艺术形式和内容。金建荣的《中国南北朝时期佛教造像背光研究》[②]一书对中国南北朝时期，不同地域佛教造像的背光形制、内容与纹样等进行了系统研究。邹蕴的《佛教与文学、乐舞、戏曲·华夏文库》[③]一书研究了佛教传入中国后，与本土的文学、乐舞和戏曲的交流、碰撞与融合。罗宏才主编的《佛教艺术模式与样式》[④]一书系统地对佛教艺术模式、样式进行了深度研究。塚本善隆、长广敏雄等著，汪帅东译介的《房山云居寺研究》[⑤]一书译自1935年3月出版的日文本，是东方文化学院京都研究所的塚本善隆等六位学者基于1934年前往北京房山云居寺进行的实地考察而撰述的，书中配有近百幅照片、插图和拓片，由此能够目睹房山云居寺与石经山的历史旧貌，为考证云居寺与石经山原有建筑布局和单体建筑形式提供了有力依据，具有极其重要的学术价值。四川省文物考古研究院等编《四川散见唐宋佛道龛窟总录——自贡卷》[⑥]一书概述了自贡地区造像的位置、时代和龛窟分布以及各龛窟的具体情况，如位置、时代、形制、造像内容、保存状况、题记等。各地点的描述顺序按照由北向南、由西向东的规律编排。

《世界宗教文化》2017年第2期发表了一组关于佛教艺术的研究文章，对造像、刻经、画像等相关问题展开了深入研究。马旭明的《1657年隐元禅师付即非源流手迹考释》[⑦]一文对1657年隐元禅师付即非源流及信件进行了考释，这一珍贵文献是研究隐元东渡初期活动的重要史料，极具研究价值。惟善的《千臂千钵文殊图像探析》[⑧]一文考察了佛钵、释迦及文殊三者间的关系，认为其中所蕴含的佛钵信仰及传法思想是促使千臂千钵文殊产生的主要原因。胡吉连的《关于山东北朝佛教摩崖刻经书法的图像学研究——以“大空王佛”为例》[⑨]一文尝试借助图像学的分析方法，对山东北朝佛教摩崖刻经进行研究，尤其是通过“大空王佛”等刻经所呈现出的类型性特征进行阐释，探讨了其书、刻方式以及其体现出的佛教思想，对山东北朝佛教刻经的历史、佛教史意义进行了深入分析。谷卿的《论石濂大汕自画像及其画学渊源——以〈行迹图〉为中心的研讨》[⑩]一文

---

① 赖永海、王月清主编：《中国佛教艺术史》，南京大学出版社2017年版。

② 金建荣：《中国南北朝时期佛教造像背光研究》，东南大学出版社2017年版。

③ 邹蕴：《佛教与文学、乐舞、戏曲·华夏文库》，中州古籍出版社2017年版。

④ 罗宏才主编：《佛教艺术模式与样式》，上海大学出版社2017年版。

⑤ ［日］塚本善隆、长广敏雄等：《房山云居寺研究》，汪帅东译介，北京联合出版公司2017年版。

⑥ 四川省文物考古研究院等编：《四川散见唐宋佛道龛窟总录——自贡卷》，文物出版社2017年版。

⑦ 马旭明：《1657年隐元禅师付即非源流手迹考释》，《世界宗教文化》2017年第2期。

⑧ 惟善：《千臂千钵文殊图像探析》，《世界宗教文化》2017年第2期。

⑨ 胡吉连：《关于山东北朝佛教摩崖刻经书法的图像学研究——以“大空王佛”为例》，《世界宗教文化》2017年第2期。

⑩ 谷卿：《论石濂大汕自画像及其画学渊源——以〈行迹图〉为中心的研讨》，《世界宗教文化》2017年第2期。

通过对石濂大汕《行迹图》的分析，指出其并不以刻画描摹相貌样态为目的，而是用以表达像主的意趣志向、塑造作者的自我形象，且含有明显的遗民意识。

三 藏传佛教、南传佛教的研究

藏传佛教的研究重点主要在历史、典籍、寺院、重要人物与教派思想等几个方面。尕藏加的《西藏宗教》[①] 一书指出，了解西藏宗教应该从雍仲本教开始，因为本波教是青藏高原固有的区域性文化，是藏族传统文化的重要组成部分。印度佛教未传入青藏高原之前，本波教文化是藏族地区的正统宗教文化。沈卫荣的《藏传佛教在西域和中原的传播：〈大乘要道密集〉研究初编》[②] 一书通过对元明清三代宫廷藏传密教仪轨集成文本《大乘要道密集》的分析，重构了 11—15 世纪藏传密教在西域和中原传播的历史。尕藏加的《藏传佛教石刻大藏经考述——以青海果洛石经墙为例》[③] 一文，介绍了藏传佛教石刻大藏经这种特殊的经书形式。吴明娣、陈南的《冲突与调和——藏传佛教人骨法器在内地的流传及其影响》[④] 一文梳理了人骨法器源流，阐明了人骨法器随藏传佛教在内地流传的过程中所引起的观念上的冲突始终存在，反映了中华文化既具有排他性，又具有包容性。何杰峰的《多罗那他对"宗义"思想的阐释——以〈中观他空思想要论〉为中心》[⑤] 一文明确了觉囊派与藏传佛教其他教派在教理思想上的不同，为藏传佛教觉囊派的中兴提供了理论基础和现实指导。曾汉辰的《帕木竹巴·多杰嘉波与息解派渊源初探》[⑥] 一文探讨了多杰嘉波与息解派之间的渊源，钩沉了 12 世纪西藏佛教部派初创时期噶举、息解两教派之间关系，并推断多杰嘉波所获息解教法习自帕当巴桑杰的女弟子玛姬夏玛或玛姬拉准。霍巍的《唐蕃会盟与吐蕃佛教》[⑦] 一文指出唐蕃长庆会盟的成功，与吐蕃佛教有着重要的关联。会盟之际，吐蕃佛教高僧充分运用宗教力量协同运作，起到了关键性的引导作用，客观上达到了与其他历次会盟不同的长远效果。金雷的《哲布尊丹巴转世考疑》[⑧] 一文就哲布尊丹巴呼图克图是否是多罗那他的转世问题作一探讨，从三方面考证了哲布尊丹巴的转世问题。

南传佛教因其独特的历史地位和现实意义受到了越来越广泛的关注，相关研究成果丰硕。郑筱筠、康南山主编的《首届南传佛教高峰论坛文集》[⑨] 汇集了首届南传佛教高峰论坛的学术研讨成果，论文主要分为南传佛教与国际和平、南传佛教与文化交流、南传佛教与环境保护、南传佛教黄金纽带的传承与弘扬等几个主题。郑筱筠的《多元共生的德宏

---

① 尕藏加：《西藏宗教》，五洲传播出版社 2004 年版。

② 沈卫荣：《藏传佛教在西域和中原的传播：〈大乘要道密集〉研究初编》，北京师范大学出版社 2017 年版。

③ 尕藏加：《藏传佛教石刻大藏经考述——以青海果洛石经墙为例》，《青海民族研究》2017 年第 3 期。

④ 吴明娣、陈南：《冲突与调和——藏传佛教人骨法器在内地的流传及其影响》，《世界宗教研究》2017 年第 5 期。

⑤ 何杰峰：《多罗那他对"宗义"思想的阐释——以〈中观他空思想要论〉为中心》，《中国佛学》2017 年第 2 期。

⑥ 曾汉辰：《帕木竹巴·多杰嘉波与息解派渊源初探》，《宗教学研究》2017 年第 3 期。

⑦ 霍巍：《唐蕃会盟与吐蕃佛教》，《世界宗教研究》2017 年第 1 期。

⑧ 金雷：《哲布尊丹巴转世考疑》，《世界宗教文化》2017 年第 4 期。

⑨ 郑筱筠、康南山主编：《首届南传佛教高峰论坛文集》，中国社会科学出版社 2017 年版。

佛教文化发展——以孟中印缅经济走廊为视域》① 一文指出，多元共生既是云南德宏佛教在中国佛教文化分布格局中发展的特色，更是德宏佛教在孟中印缅经济走廊之国际文化体系中发挥文化影响力的内生性发展动力，文章分三个方面详细阐述了德宏地区民族、宗教和谐相处，形成其立体多元共生的文化格局；汉传佛教、南传佛教并立，南传佛教派别门类齐全，形成其多元共生特色；在孟中印缅经济走廊中，多元共生的助推力使德宏具有独特的文化区位优势和文化影响力。程恭让、释慧如的《南传大藏经相应部〈女人相应〉思想主题的价值及其新译》② 一文对南传大藏经相应部六处品中十部分相应经之第三部分相应经即《女人相应》的思想主题及该经的新译情况做了详细介绍。

四　域外佛教与交流对话

印度佛教是中国佛教之源，周广荣的《四部怛特罗考源》③ 一文对秘密佛教发展史上最为流行的经典或教法分类体系“四部怛特罗”的分类渊源及其与印度其他宗教修习体系之间的关联进行了深度研究。该文将“事、行、瑜伽、无上瑜伽”这四部怛特罗教法体系置于印度广阔的印度宗教文化背景下，进行溯源抚流的研究，指出它与湿婆悉昙多派、毗湿奴五夜派的四分教法体系，《薄伽梵歌》中的三种瑜伽，以及《瑜伽经》中的事仪瑜伽等不同时期的教法修习体系，有着密不可分的继承与发展关系。吕建福的《陀罗尼句门及其影响》④ 一文指出陀罗尼句门起源于陀罗尼文句，受陀罗尼字门影响而形成。该文阐述了陀罗尼句门对后世密教的深刻影响，或以句门概括其教义体系，或将句门改造为金刚菩萨形象，建构曼荼罗。叶少勇的《龙树中观哲学中的几个关键概念》⑤ 一文基于龙树的《中论颂》等著作，考察其哲学体系中“缘起”、“中道”、“不立自宗”和“二谛”几个关键概念，指出这些理论皆捍卫其认识论虚无主义立场，即一切概念唯是空名而无所指对象。朱成明的《“有宗”与“无宗”的对立和梵佛本源精神的一致性》⑥ 一文指出“有宗”与“无宗”的区分是古印度人对自身知识和实践情势的自我理解。作为固有传统，这一区分在宗教层面虽得到现代学界的接受，但从哲学层面看，它并不充分。在对两者作出充分的语文学及哲学分析后，这一区分可以追踪到印度宗教哲学的“实事本身”——超越、至真。通过对奥义书哲人与佛陀教诲的原则性回溯，可以看到“有”“无”大防是宗派性和教条性区分，而在本源精神上，奥义书（及商羯罗）与佛陀（及龙树）的智慧保持着根本的一致。胡静的《韩国近代佛教礼仪改革小考——以龙城禅师的佛教礼仪观为中心》⑦ 一文联系韩国佛教礼仪近代化改革进程中遇到的基本问题，探讨了韩国近代禅宗代表、宗教改革家龙城禅师的佛教礼仪改革观。孙少飞的《石濂大汕赴越南弘法探析——基于〈海外纪事〉的考察》⑧ 一文着力研究了中越佛教交流史上石濂大汕

① 郑筱筠：《多元共生的德宏佛教文化发展——以孟中印缅经济走廊为视域》，《中国宗教》2017 年第 8 期。

② 程恭让、释慧如：《南传大藏经相应部〈女人相应〉思想主题的价值及其新译》，《法音》2017 年第 5 期。

③ 周广荣：《四部怛特罗考源》，《世界宗教文化》2017 年第 4 期。

④ 吕建福：《陀罗尼句门及其影响》，《宗教学研究》2017 年第 3 期。

⑤ 叶少勇：《龙树中观哲学中的几个关键概念》，《世界哲学》2017 年第 2 期。

⑥ 朱成明：《“有宗”与“无宗”的对立和梵佛本源精神的一致性》，《世界哲学》2017 年第 5 期。

⑦ 胡静：《韩国近代佛教礼仪改革小考——以龙城禅师的佛教礼仪观为中心》，《世界宗教文化》2017 年第 2 期。

⑧ 孙少飞：《石濂大汕赴越南弘法探析——基于〈海外纪事〉的考察》，《世界宗教文化》2017 年第 4 期。

的弘法活动。[越]释寿乐的《越南佛教文化——在多样性中统一》① 一文指出越南佛教文化是越南民族文化构成的重要部分，一是慈悲、喜舍、宽容，二是道法与民族紧密联系。王鹰的《艾香德开放的宗教兼并论》② 一文从艾香德与近代中国佛教僧侣的对话、撰写的宗教比较学著作等多个角度进行了考察，指出艾香德一直试图以基督徒和宗教对话者的双重视角，在基督信仰和宗教理解、神学定位和传教实践、情感体认和理智思辨的斡旋中展开独特的宗教对话。司聃的《中斯佛教交流研究评析》③ 一文指出在中斯两国悠久的历史往来中，佛教文化因素不可忽视，两国交流史带有强烈的佛教因缘，中斯佛教交流研究对当下有积极启发。吕昂的《“一带一路”与中印佛教文化的交融互鉴》④ 一文指出佛教文化是中国文化输出的一张名片，也是“一带一路”各国共同的文化财富。佛教文化的精神与“一带一路”所提倡的丝路精神是相合的。达义的《佛教文化与文明对话》⑤ 一文就佛法西渐的实际层面和理论层面做出了思考和探讨。文章回顾了佛教文化与西方文明对话的五十年历程，介绍了加拿大佛教与中国佛教的对话等情况，提出西方和东方都需要多元化的事业，认为佛教所提倡的诸理念能够净化心灵、启迪智慧、提高精神境界、给人类带来永恒的幸福，展望了佛教未来的发展。瑞法的《佛教与世界和平——佛教在美国的传播及其发展趋势》⑥ 一文指出，19 世纪末至 20 世纪中后，佛教各派传承派系相继传入美国，三大语系佛教都有其所代表的寺院、中心及信众，信众包括传统的亚裔和非亚裔美国人。该文对民族裔佛教、输入的佛教和输出的佛教这三大类别佛教在美国的历史、现状及未来的发展趋势作出简要概括。

综上所述，2017 年度佛学研究稳步发展，在各研究领域都推出了颇具建树的新成果。

---

① [越]释寿乐：《越南佛教文化——在多样性中统一》，《法音》2017 年第 1 期。

② 王鹰：《艾香德开放的宗教兼并论》，载王潇楠、陈进国主编《北京宗教研究》（第一辑），中国社会科学出版社 2017 年版。

③ 司聃：《中斯佛教交流研究评析》，《世界宗教研究》2017 年第 2 期。

④ 吕昂：《“一带一路”与中印佛教文化的交融互鉴》，《世界宗教文化》2017 年第 4 期。

⑤ 达义：《佛教文化与文明对话》，《法音》2017 年第 7 期。

⑥ 瑞法：《佛教与世界和平——佛教在美国的传播及其发展趋势》，《法音》2017 年第 7 期。

2017年度道教研究综述

张　鹏

2017年度国内道教研究成果丰富，不论是学术专著、外文专著翻译，期刊论文的发表，还是学术会议的举办，都有力地推动了国内道教学术的发展。在学术观点的争论与探讨、国际道教学术的交流上都取得了一定的进展。

5月10—12日在武当山举办的“第四届国际道教论坛”，以“道通天地，德贯古今”为主题，分设有5个议题：道法自然与生态伦理、仙道贵生与身心健康、上善若水与社会公益、洞天福地与生态环保、有容乃大与文明互鉴。100多位代表紧扣道教自身发展建设与对外合作交流的主题展开热烈的讨论。

12月9日，在浙江温州举办“陶弘景养生思想学术交流会”。多位专家学者围绕养生文化的发掘与保护、陶弘景思想的传承与创新、陶弘景养生思想在当代社会的意义及发展方向等议题展开讨论，探索温州道教乃至于全国道教养生文化发展的新途径。

12月10—12日，首届西北道教论坛在西安隆重举办。论坛主题为“文明互鉴 道衍西北——西北道教与‘一带一路’建设”，论坛期间，200余名全国著名专家学者和道教界高道与企业家围绕“一带一路”建设与西北道教的使命和担当、新时代西北道教及其未来、西北道教文化的当代价值、道教思想与现代企业管理等进行探讨。

12月23日中国社会科学院世界宗教研究所与中岳庙联合举办了“道教文化与社会主义核心价值观”研讨会。来自全国的专家学者齐聚河南中岳庙，探讨道教文化如何与社会主义核心价值观相适应，以及道教文化对构建和谐社会与促进协调发展的重要作用。

除此之外还有不少与道教相关的会议，在此不一一列举。下面我们主要对2017年公开出版与发表的道教学术研究成果进行总结。综述分为道经文献与道教史研究、海外道教学译著与汉学家研究、道教义理与科仪研究、道教的境外传播与现状研究、全真道与地方道家史研究、道教艺术研究等几个方面。

一　道经文献与道教史研究

这一部分是传统道教研究的重点，是研究相对成熟，同时又是争议聚讼较多的地方。王承文的《汉晋道教仪式与古灵宝经研究》（中国社会科学出版社）一书分为上下两编。内容大多为作者回应近些年关于道教斋戒仪式的起源与古灵宝经相关争议问题的论文总结。上编作者围绕道教斋戒仪式展开，探讨汉晋道教仪式神圣空间的建构、斋戒仪式的起源、国家祭祀对道教斋戒仪式的影响，以及道教斋戒仪式与佛教的关系等，认为汉晋道教仪式主要来源于中国本土的斋戒制度。下编则是围绕《灵宝经目》展开，论证古灵宝经的分类与内在关系、元始旧经与仙公新经出世的先后问题，以及陆修静对灵宝经的整理及信仰转变问题，认为敦煌本《灵宝经目》反映了古灵宝经出世时的本来面目，未经过陆修静的调整。两组经典在尊崇的经典与主神上具有相承性与连贯性。并从文献学与宗教教义思想的角度，论证元始旧经出世略早于仙公新经，且二者均是东晋末刘宋初“葛氏道”创作的经典。

王皓月的《析经求真：陆修静与灵宝经关系新探》（中华书局）一书，以《真文赤书》《人鸟五符》《玉京山步虚经》《诸天自然内音玉字》四部经典为中心，考察东晋南朝时期道教经典的内容和相互关系。其针对学术界争论已久的《灵宝经目》中“元始旧经”与“仙公新经”分类与造作问题提出了自己的看法：认为陆修静使用“敷演”的手法直接参与了灵宝经的创作；其敷演的目的，是借助《灵宝经》赋予天师道教法和礼仪的神圣性。

刘屹的《中国道教史研究入门》（复旦大学出版社）是一本旨在指导研究生进入道教史研究的入门工具书。作者介绍了中国道教史研究的基础问题，如学科定位、基本立场、学术视野等。重点是介绍学术写作所需要注意的问题，如学术规范、学术史的梳理、对于道教基本史料的时空意识等，最后作者列举了部分重要学者与著作。

夏先忠在《六朝上清经用韵研究》（西南交通大学出版社）一书中指出，早期道教经典用韵的特征可以为历史语音研究提供一手资料，作者通过对用韵的研究推断出文本的作成时代，这为难以考订成书年代的早期道经的断代，甚至对于早期道教的重大问题的突破提供了新的思路与方法。

成娟阳的《三界津梁：道教科仪文献的文学研究》（中南大学出版社）一书以《道藏》中的科仪文献为研究对象，分别研究文牍类、咒颂类、启白类文献的文体特征与使用方法，并比较与分析其仪文格式与科仪仪节。

王宗昱的《李荃和袁淑真阴符经注疏关系考辨》（载《宗教学研究》）一文，通过对李荃的《黄帝阴符经疏》与袁淑真的《黄帝阴符经集解》的文本传抄与改写的考订，认为两个本子有前后抄袭的现象，二者来源于同一祖本，且经过多次改动。

二　海外道教学译著与汉学家研究

利用文学作品研究道教是西方学者的特色。柯睿著，白照杰译的《李白与中古宗教文学研究》（齐鲁书社）一书，通过对李白作品的详细注释，改变了以往学者论述道教对李白作品影响时，仅作其政治上不受束缚、生活上轻松的“漫画式”描述而通过对六篇作品的翻译与解释，展示道教对李白的思想的重大影响，以及李白在诗歌中如何运用宗教文献和实践的知识，证明李白作品的“道教性”。

劳格文著，蔡林波译，白照杰校译的《中国社会和历史中的道教仪式》（齐鲁书社）一书，通过道教的仪式来考察中国文化。作者特别推崇人类学的研究方法，主张把文献批判与田野调查相结合，书中认为道教仪式实质上是中国社会和中国精神的沉淀，而通过对道教仪式的研究可以一瞥中国社会与中国精神。同时作者从道教仪式本身的内容，考察其与中国传统宇宙观的关系，以及两者如何对中国社会产生影响。

由日本著名汉学家酒井忠夫著，曾金兰译的《道家·道教史的研究》（齐鲁书社）一书，分为前后两个部分。前篇，作者以历史学家的视角和方法研究道教，为读者呈现了道教的起源与发展脉络，并分析了道教史上的重要问题，特别注重探讨道教与佛儒，以及政教之间的关系。后篇，作者以文化人类学以及宗教社会学的方法，研究宋以后出现的非官方的、非精英的民众宗教结社文化。作者认为，宋以后新儒教与新道教同时展开，中国善书的编撰，就与这两种新宗教有关。

吉瑞德著，蔡觉敏译的《早期道教的混沌神话及其象征意义》（齐鲁书社）一书，从“混沌”入手，探本溯源，旁征博引，破解中国道教中的神秘符号与现象。作者发现了早期道教典籍同样的符号及其结构，揭示了这些符号背后反映的宇宙观与救赎观。

三浦国雄著，王标译的《不老不死的欲求——三浦国雄道教论集》（四川人民出版社）一书是三浦国雄的论文集。全书分四个部分，包括道教与儒教的交流（考察了道教与儒佛的关系）；经典研究（以《北斗经》《悟真篇》《玉枢经》为核心）；功法研究（对炼丹法、睡功法、周天法进行了研究）；主题研究（则以洞天福地为对象，认为洞天福地源于道士的想象，而这种想象既有古老文化的来源，又对中国文化产生了重大的影响）。

穆瑞明著，曾维加译的《佛教和道教的“厨经”研究》（载《宗教学研究》）通过对佛教的《三厨经》与道教的《五厨经》的比较，研究天厨的内涵，分析两种厨经的异同之处，总结出厨会传统演变的社会学景象。

除此之外，还有三篇研究海外汉学家的作品。胡锐的《20世纪海外道教学术观的演变：以马伯乐道教学术遗稿的版本分析为中心》（载《宗教学研究》）一文以马伯乐学术遗稿的四个版本为线索，分析说明20世纪至今海外道教学术观的确立、发展、争鸣与变化趋势。张粲的《法国经院汉学鼻祖雷慕莎的道教研究》（载《宗教学研究》）一文又通过梳理雷慕莎对《太上感应篇》与《道德经》的译介与诠释，及其对欧洲国家的影响，揭示雷慕莎在道家与道教思想传播欧洲的独特作用。潘琳的《理雅各的道教研究及其转变》（载《宗教学研究》）一文以理雅各的手稿本为对象，研究其在看待道教思想时的模糊与矛盾。

三　道教教义与仪式研究

程乐松的《中古道教类书与道教思想》（宗教文化出版社）一书以隋唐前后出现的几部道教类书——《无上秘要》《三洞珠囊》《上清道类事相》《道教义枢》《要修科仪戒律钞》为对象，分析隋唐时期道教思想与信仰形态的转变问题，重点探讨了中古道教的变化，即道教由启示原创到体系化整理与创新的阶段变化；在国家政治环境的推动下，道教的官方化与制度化；以及佛道信仰互涉与思想竞争所带来的教义思考方式与表达方式的转变。在其第二部作品《身体、不死与神秘主义：道教信仰的观念史视角》（北京大学出版社）一书中，作者提出用观念史的视角研究道教信仰，改变了以往道教研究以历史为线索的叙述模式。作者认为道教以一系列的核心观念为基础，这些观念在道教发展的不同阶段在不断变化，但却保持着独特性，其试图用身体、不死与神秘主义作为主题展开观念史研究，进而研究这些观念在道教外的信仰与思想，理解道教在整合、融汇、改造特定观念的模式，以及道教信仰在适应于融入不同的文化与社会中的路径。

同程乐松研究道教观念史相同，沈文华的《从“长生不死”到“成真合道”——道教宗旨演变的历史考察》（载《世界宗教研究》）一文也是从道教的核心信仰出发，认为道教的宗教信仰与理念有从“长生成仙”到“成真合道”转变的历史过程。

戈国龙的《道教内丹学论“先天一气”》（载《宗教学研究》）一文梳理了道教内丹

学关于“先天一气”的理论，认为“先天一气”是内丹学返本还原修炼体系中从后天回归先天的一个过渡状态，是修炼成仙的必由之路。张广保的《道教与嵩山中岳庙的国家祭祀》（载《宗教学研究》）一文通过梳理中岳庙所承担的国家祭祀活动，研究道教渗入国家祭祀仪典的线索，从而论证了道教对于国家政治文化方面的影响。张泽洪的《道教禹步与周易论析》（载《世界宗教研究》）一文梳理了道教禹步的起源与功能，并对道教禹步所蕴含的周易八卦原理进行了深刻分析。吕鹏志的《酆都山真形图新探》（载《世界宗教研究》）一文在前人研究的基础上，结合《道藏》、墓葬碑刻、田野资料，对墓葬出土的《酆都山真形图》的内容与使用方法，作了更为较为详尽的考释与说明。郝光明的《古灵宝经中济世思想的转变》（载《宗教学研究》）一文从文本分析出发，分析阐述古灵宝经从“道术济世”向“善功济世”的转变。白照杰的《唐前期（618－755）道教法位制度厘证》一文通过对《三洞奉道科诫仪范》的整理以及唐代碑刻资料，确证道教法位制度在唐代的普及性。丁常春的《民国道教内丹学之三教合一论》（载《宗教学研究》）一文论述了民国时期道教内丹学在各种宗教的冲击下，形塑三教合一论的过程。赵建勇的《金元大道教史新考》（载《世界宗教研究》）一文通过对碑文等新材料的分析，考订金元时期真大道的相关史实及教义特点。

道教科仪方面，姜守诚的《中国近世道教送瘟仪式研究》（人民出版社）一书论述了北宋以来道门的驱瘟的历史及其仪式的源流，梳理了宋元时期道教送瘟仪式的起源，着重分析了神霄派的两种送瘟仪式，又对明清时期闽台地区的几种道教习俗进行了文献考察与田野调查。最后主要探讨了我国台湾南部的王醮科仪的内容与文化意义。

四 道教的境外传播与现状研究

金勋主编的《中韩道教文化比较研究》（宗教文化出版社）是一本论述中韩道教文化比较研究的论文集，主要以韩国新道教大巡真理会的“大巡”思想及其经典《典经》为研究对象，论述其宗教思想及文化内涵，并与中国道教相比较。

黄勇的《高丽王朝的道教机构》（载《宗教学研究》）一文以高丽王朝的道教机构划为研究对象，把高丽道教机构分为中央与地方、官署与非官署等几类，分别介绍其功能与作用。

宇汝松的《道教南传越南研究》（齐鲁书社）一书对道教南传越南的历史过程及越南自主之后道教的历史与现状进行了研究。该书分析了越南本土文化对于道教仙道信仰的接受，又分析越南境内道教与儒佛之间的关系，以及道教在传播越南过程中本土化与越南化的过程。同时还考察了越南新兴宗教高台教中的道教因素。

五 全真道与地方道教史

王丽英的《岭南道教论稿》（社会科学文献出版社）一书主要是作者在20世纪90年代以来发表的有关岭南道教研究系列论文的集结，也有一些修订与增补。全书分四个专题。包括道教南传岭南的缘由考察、岭南道教史上若干重要人物考察、岭南道教的综合研究以及岭南道教资源的开发研究。

田茂泉的《清代道教“龙门中兴”研究——以秦陇鄂蜀及东北为中心的考察》（民主

与建设出版社）一书通过对清代陕甘、湖北、四川、东北地区全真道发展的史料梳理，构建清代“龙门中兴”的大图景，并试图把“龙门中兴”与清代政治社会背景，以及金元时代道教发展的历史经验结合起来，评价清代道教的“龙门中兴”。

郭武的《〈金莲正宗仙源图讚〉碑文与明清全真道宗派“字谱”》（载《世界宗教研究》）一文通过对英国牛津大学藏《金莲正宗仙源图讚》碑文拓片及相关文献的研究，认为全真七子的宗派字谱在明代嘉靖年间已经完全形成，推动了学术界关于道教字谱形成时间及历史过程的研究。李大华的《论华南全真道教的宗派关系》（载《宗教学研究》）一文从张三丰的全真弟子关系、武当真武庙在广东的流行、口述历史等方面，论证全真教在明代传入华南的历史。刘成群的《全真教与金末儒学重估思潮》（载《宗教学研究》）一文选择金末元初全真道教为考察对象，研究其与儒学群体之间关系的冲突与调整。尹志华的《清代宗室与道教》（载《宗教学研究》）一文分类介绍了清朝宗室人物与道教的关系，从皈依道门、认同斋醮、与道士交往、受道士资助等各方面阐述清朝宗室与道教的关系。汪桂平的《清末民国高道葛月潭的维新思想与实践》（载《宗教学研究》）一文以清末民初的高道葛月潭为对象，研究道士在社会剧变下的应对。马平安的《长生、济世及一统：郑观应与近代道教》（载《世界宗教研究》）一文介绍了作为道教俗家弟子的郑观应，在近代道教的传播与转型过程中的作用。

六　道教艺术研究

费杰成的《颜子山混元道教文化洞稿》（中国社会科学出版社）一书以创立于南宋、流传于南阳的颜子山地区的混元道教为研究对象，考察其历史源流、教义思想、重要人物。书中最大的特色是介绍了田野调查所得的混元道教音乐资料，并对这些资料进行了音乐学、民俗学的研究。

张鲁君的《〈道藏〉图像研究》（齐鲁书社）一书对《道藏》中的图像进行分类研究，把《道藏》图像分为神仙图像、修炼图像、其他图像三种，每种还有分类。作者通过对图像的描述，结合道书进行解读，并在此基础上对图像的宗教含义与功能进行解析。邢飞的《道教符箓书写形式探析》（载《宗教学研究》）一文采用书法艺术理论研究道教符箓的书写，探讨道教符箓的艺术特色。

总体上看，首先，关于道教文献考订与道教史的研究依然是2017年度道教研究的重点，特别是古灵宝经的研究仍旧是学术争论的热点，六朝隋唐道教是道教研究最为成熟的部分，但同时也是争论最多的部分，针对六朝斋戒制度、古灵宝经的出世与分类问题的争论是道教研究最值得关注的内容之一。其次，海外道教著作的翻译，海外汉学家的研究，也成了2017年度道教研究的一个新的亮点。越来越多的海外道教学名著翻译过来，反映了我国学者对国外研究的重视，也使得道教研究成为国际学术交流的重要组成部分。不足之处则是大部分翻译的作品的时效性不是很好，虽然大部分译著都是名著，但大都是很多年前的作品，那些反映国际道教学前沿的研究应该更多地被大家关注。最后，对于东亚地区的道教传播与现状的研究，也成了近年道教研究的新动态。中国本土传统宗教的境外传播，为新的国际学术交流提供了很好的议题，同时也为加强与“一带一路”沿线地区的学术人文交流提供平台，可以成为未来道教研究着力的地方。

2017年度基督宗教研究综述及问题反思

唐晓峰

基督宗教研究作为宗教学的一个分支学科如果以20世纪80年代作为起点的话，那么经过30余年的发展，如今已经明显跨越了以翻译介绍为主的初期阶段，同时也在一定程度上摆脱了同情式理解与诠释的成长期，目前正处于一个独立的方法论建构转型过程中，在此阶段研究队伍日益壮大成熟，专业分工越来越精细，研究队伍日益年轻化、国际化，研究内容涉及教义思想、重要人物、历史文献、经典研究、现状调研等方方面面，研究范围涉及社会学、历史学、心理学、哲学、文学、法学、国际关系学、艺术学等多个领域，形成了诸多交叉学科，在此基础上也呈现出诸多有待研究的学术领域、有待整合的研究力量及方法、有待阐明的学术立场以及亟待构建的学术平台，这一切均预示着一个崭新的基督宗教研究学科即将走向成熟。下面以2017年度国内基督宗教的学术成果为例对此加以说明。2017年，国内学术界共发表以基督教为主题的各类文章1500余篇，其中学术论文近千篇，出版专著及研究辑刊30余种，主题集中于基督教史研究、教义思想研究、现状调研、圣经研究等，通览这些学术成果，具有以下几个明显特征。

一　基督宗教研究的客观立场愈加明晰

基督宗教研究是宗教学研究的重要门类之一。宗教学研究的立场应是辩证的、客观的。公正、客观、辩证也应该成为基督宗教研究所坚守的重要准则。基于这种立场，对于基督宗教的认识和研究应该结合其产生发展的历史及社会背景；应该辩证地看待基督宗教作为人类的精神信仰现象在人类发展史上的社会作用；同时，应该科学理性地看待其教义教理。基督宗教是一种超越性的信仰形态，具有独特的社会关切及奉献牺牲的倾向，但它在表现人类超越的精神信仰的同时，也形成了诸多教义教理、仪式风俗、信仰实践，如何客观、全面地理解这些论述和实践背后蕴含的文化及社会内涵，这不仅需要一种比较宗教学的客观、辩证的立场，更需要多学科方法的引进。这点在2017年度学界所发表的有关基督宗教的研究成果中可以清晰得见。值得一提的是，2017年度很多学者关注到了马克思主义经典作家本人关于基督宗教的立场及观点，比如马克思早年的宗教情怀与人道思想、恩格斯《反杜林论》中的宗教思想及晚年宗教观等。同时，很多成果是站在国家文化发展战略、社会和谐稳定的基础上进行写作的，如“基督教中国化”问题仍旧延续前几年的讨论热度，有多篇高质量的论文发表：卓新平撰写的《基督教中国化与中华民族命运共同体建设》、黄海波撰写的《信任视域下的宗教：兼论基督教中国化——基于长三角宗教信仰调查数据的分析》、王帅的《中国东正教的现状与反思——兼论东正教中国化问题》等，这些论文从基督教的公共参与、神学思想建设、基督教中国化路径与方法、问题与对策等角度对这一主题进行了深入讨论。另外，个别文章还探讨了基督教传播过程中影响国家统一以及社会稳定的若干因素，比如基督教渗透问题、“台独”背后的教义神学、“一带一路”的宗教风险等。

二　处境关怀的理念更加明确

作为人文社会科学的重要组成部分，基督宗教研究不能仅仅是静态的文献整理、抽象的理论研究，更不能不切实际地进行头脑中的革命。现状的研究离不开理论的指导，反过来基础性研究也离不开社会关怀的理念，离不开田野的观察、访谈、参与。2017 年度，受国际热点事件的影响，学者们的理论研究多了些现实关切的视角，很大一部分著述都谈到了美国的政治与文化，其中以董江阳的《迁就与限制：美国政教关系研究》、张惠玲的《新基督教右翼与当代美国政治》为代表。《迁就与限制：美国政教关系研究》一书依据大量历史事实和法院判例，深入系统地研究了美国政教关系：（1）在历史中的探索与发展；（2）在司法中的应用与实践；（3）在理智中的解释与反思。该书结合历史、宗教与法律，对美国政教关系问题作出了全方位跨学科性的系统研究。《新基督教右翼与当代美国政治》一书重点对当代美国新基督教右翼运动如何兴起与发展、如何适应世俗化政治、如何通过政治参与改变美国公共政策进行了分析，认为一个强大的新基督教右翼将在今后相当长的时间里继续在美国社会发挥作用，其发展趋向及影响值得继续关注。在这个领域还有高春常的《“在荒野里看见耶稣”：美国黑奴宗教叙事研究》以及译著《圣经造就美国》[①] 等著作问世。此外，当代世界宗教格局中的基督宗教也逐渐进入学者的视界。卓新平、竺易安（Elisa Giunipero）、刘国鹏主编的《当代世界中的基督宗教》概要描绘了基督宗教三大派系在当代世界史和宗教史中的地位、作用及影响。还有多篇论文关注了俄罗斯的东正教与国家政治间的互动、韩国教会的海外传教风波、巴基斯坦的基督徒群体、拉美的解放神学、东南亚华人基督教、日本及非洲等地区的教会方面的议题。

对于中国各地域基督教现状的考察仍是 2017 年度社会学者、人类学者的兴趣所在，其中以少数民族地区的基督教最受关注。有关傈僳族、景颇族、哈尼族、苗族、朝鲜族、新疆民族地区的基督教发展均得到了深入探讨，其中涉及少数民族社区建设、文化融合、语言艺术等多个方面。而对于留守老人和儿童、女性信徒、大学生这些群体的基督教信仰研究也有多篇成果发表。其他以区域个案进行社会学诠释的文章主要涉及基督教信仰与基层建设、家庭关系、人际交往、传播路径、城镇化等内容。廖翔慧的《追寻文明交融的起点——成都平原天主教的家庭支持研究》是此类调研的代表性专著，该书以家庭支持为媒介探讨两种文明的成功交融，尝试对文明传播的政治对抗观有所补遗，以家庭支持为媒介探讨外来宗教在具有地缘代表性的中国西南都市辐射区域生根发芽的路径和繁衍传承的动力，尝试对宗教社会学的研究有微观的补遗。值得一提的是，学者们的研究还涉及部分城市的家庭教会，比如广州的青年家庭教会、深圳的家庭教会以及陕北的商人团契。

在此领域，中国社会科学院世界宗教研究所基督教研究室亦进行了大量工作：（1）2017 年度，研究室成员对贵州省的基督宗教现状做了全面调研。（2）设立山东齐鲁神学院调研基地，并合作召开基督教中国化学术座谈会，以其学术理论对宗教工作、宗教

---

① ［美］杰瑞·纽科姆：《圣经造就美国》，林牧茵译，复旦大学出版社 2017 年版。

信仰、基督教中国化的实践提供理论的参照及引导。（3）在深入调研的基础上，基于理论的分析完成多篇高质量的学术成果。目前基督教中心承担了中央统战部、国家宗教事务局等多部门的国情调研项目，比如中央统战部的“城市基督教研究”、国家宗教事务局的“基督教工商团契研究”等，研究室成员参与编写的《基督教中国化研究》成为该领域唯一一本专业辑刊。2017 年度，基督教研究室发表的现状调研报告《中国宗教报告》（2016）包括唐晓峰的《广东省潮汕地区基督教现状及反思》、王美秀的《浅谈山西省天主教的现状、问题与趋势》、石衡潭的《潮汕教会与海外教会的互动及其特征》等。

三 基础性研究得到进一步加强并有所突破

人文学科的根基体现于史料编纂、思想研究、历史研究等基础性研究领域。2017 年度，在这些领域，学者们一如既往地付出大量心血，出版了多部有影响力的研究成果，近半专著集中在基础研究，同时在一些全新的研究领域、研究方法上均有所突破。下面分别从基督教思想和基督教史两个方面加以梳理。

（一）基督教思想

2017 年度发表的研究成果中，基督宗教发展史上重要的人物及其思想研究仍占据很大比例，斐洛、奥利金、格里高利、埃瓦格里乌斯、波爱修斯、奥古斯丁、阿塔那修、托马斯·阿奎那、马丁·路德、加尔文、茨温利、依纳爵、约翰·纽曼、朋霍费尔、施莱尔马赫、克尔凯戈尔、布尔特曼、拉纳、蒂利希等的思想均得到阐发，同时一些基督教的神学思想议题，比如灵肉观、人性论、十字架神学等都得到深入解读。其中以徐弢撰写的《基督教哲学中的灵肉问题研究》为代表，该书从基督教的经典和教义中归结出基督教哲学在灵肉问题上的两大信仰前提：一是灵魂的不朽及其对肉身的优越性；二是肉身的价值及其与灵魂的统一性。从这两大前提的张力及引发的系列神学争论入手，作者全面梳理历代基督教哲学在灵肉问题上的代表性论述。在这方面还有多部重要译著出版，比如《基督教与西方思想》（三卷本）①、《加尔文与现代政治的基础》②、《基督教神学导论》（第 5 版）③、《早期基督教思想的精神：寻求上帝的面》④。

中国的基督教思想研究始终是学界研究的弱项，在 2017 年度，虽无太多起色，但有多篇论文发表，多集中在人物思想研究，这些论文包括《杨廷筠的基督论》《罗文藻及其在“礼仪之争”中的历史地位与影响》《论贾玉铭的“自立合一”思想》《民国广州基督徒知识分子与基督教中国化的努力——以钟荣光、张亦镜为例》《爱国基督徒刘子如社会服务思想评析》《许扬美与基督教中国化——全球地域化的视角》等。

---

① ［美］科林·布朗、史蒂夫·威尔肯斯、阿兰·G. 帕杰特：《基督教与西方思想》（三卷本），查常平、刘平、胡自信译，上海人民出版社 2017 年版。

② ［美］拉尔夫·C. 汉考克：《加尔文与现代政治的基础》，何涛译，华夏出版社 2017 年版。

③ ［英］阿里斯特·麦格拉斯：《基督教神学导论》（第 5 版），赵城艺、石衡潭译，北京联合出版公司 2017 年版。

④ ［美］罗伯特·路易斯·威尔肯：《早期基督教思想的精神》，陈知纲译，中国社会科学出版社 2011 年版。

（二）基督教史

在基督教史研究领域，情况正好相反。世界基督教史的研究受研究视域、研究语言等制约，罕见突破，其中以古代东方教会的研究最为薄弱。尽管如此，2017 年度学界在此领域还是有所贡献，这要归功于 2017 年恰逢宗教改革 500 周年，以此为契机，有关宗教改革研究的论文几乎占去半壁江山。这些论文涉及宗教改革与现代政治、宗教改革与世俗化、摩拉维亚基督教和资产阶级国家的兴起、牛津运动对宗教改革的反思及其现代意义、宗教改革对英语语言传播的影响以及对于圣经翻译的影响等。此外，早期教会的历史也是历史学者们关注的话题，其中涉及古代晚期基督教社会犹太人的法律地位、早期基督教会从受迫害的宗教到成为“国教”的历史、早期拜占庭帝国基督教会聂斯脱利争端中的政治因素、早期大公会议中的教皇特使及其历史作用、古代埃及基督教会的历史变迁、宗教视角下罗斯与拜占庭关系研究、拜占庭帝国对俄罗斯民族文化的影响等主题。在此领域，一些重要的历史事件和议题也受到关注，比如基督教对美国废奴运动的影响、明治时代基督教对日本社会的影响、巴尔干地区东正教会的民族国家化、近代基督教在印第安人社会传播、17—18 世纪法国天主教与易洛魁人萨满教的碰撞等。2017 年度，世界基督教史的专题研究有两部代表作值得一提，一为徐晨超撰写的《盎格鲁－撒克逊人基督教化研究》，该书不但梳理了盎格鲁－撒克逊人基督教化的历史，还从丧葬风俗、死后世界观念、赎罪文化和圣徒奇迹等方面阐述教会对多神教文化的改造。另一部著作是吴功青、徐诗凌撰写的《等待复活：早期欧洲墓葬概观》，该书从两处基督徒墓葬的历史、构造和相关习俗入手，揭示出基督教精神在墓葬中的根本体现，并反映出基督徒从古代晚期到近代的生活处境与思想观念变迁。

中国基督教史在众多历史专家的参与下，在基督教学科初创时期便始终占据学科中的关键位置，2017 年度更是成果丰硕，据不完全统计，该领域共出版专著 4 部，译著 2 部，分别为：伍玉西所著的《明清之际天主教书籍传教研究（1552—1773）》，该书是对明清之际天主教传教士在中国采取的一种称为“书籍传教”的传教新方法的全面研究；薛理勇的《西风落叶：海上教会机构寻踪》，该书比较系统地介绍了上海与天主教和基督教有关的教堂、教会医院和教会学校等机构的分布和变迁的历史；其他几部专著均为地方基督教史类，包括陈伟的《杭州基督教史》，谭厚锋、林建曾、伍娟的《贵州基督教史》以及左芙蓉的《华北地区的圣公会》。译著包括章开沅、马敏编译的《贝德士：中国基督教史著述选择》、柏理安著毛瑞方译的《东方之旅：1579—1724 耶稣会传教团在中国》。另外，由黄光域主编的《基督教传行中国纪年（1807—1949）》也在 2017 年度出版，该书从 1807 年英国伦敦会传教士马礼逊抵达广州写起，至 1949 年停笔，涉及在华基督教相关人物和团体机构近 19000 个。所收内容包括：1. 各国来华布道的差会——名称、国别、宗派、开教、立会设堂等；2. 历年来华的传教士——姓名、身份、驻在地、调转及相关事工等；3. 教会所办医院、学校、慈善机构、报纸杂志及社会文化团体；4. 相关教案；5. 编者认为应该收录的其他资料。这几部著作具有极其重要的史料价值。

有关中国基督教史的学术论文为数众多，主要集中在传教机构及传教士研究、区域基督教史、专题研究、文本考据等方面，包括《传教士顾福安康藏研究综述》《土话传教与词典编著：近代巴黎外方传教士对贵州布依语与黑苗语的实践与研究》《赫士的科学与信仰——一位在华 62 年的美国传教士》《基督教内地会对近代甘宁青穆斯林的传教运动述论》《清末民初西方传教士在彝族地区活动的积极意义》《被排斥的外来者：青州赈灾中的英国浸礼会与江南士绅》《反日运动在山东：基于五四时期驻鲁基督教青年会及英美人士的考察》《晚清基督教传教士眼中的“性善论”——以〈教务杂志〉为中心》《北伐时期的长沙基督教述论》《抗美援朝与湖南省基督教“三自”运动》《近代献县天主教传行考论（1856—1900年）》《近代广东潮汕地区基督徒人口特征研究》《基督教长老会与台湾原住民运动》《六十年研究检视：基督宗教与中国近代教育事业》《基督教与医疗》《抗战期间中华基督教会与南洋华人教会关系初探》《明清奥古斯丁中文传记》等，另外利玛窦、傅兰雅、理雅各、柏格理等人的相关思想及信仰实践也得到了深入阐释。

在中国基督教史研究领域，景教的研究虽然成果不多，但始终受人关注，徐晓鸿在《天风》杂志上重新释读了《尊经》《志玄安乐经》《序听迷诗所经》等唐代景教文献，杨富学的《唐代两京、敦煌景教写本文献研究述评》、葛承雍的《从新疆吐鲁番出土壁画看景教女性信徒的虔诚》、牛汝极的《新发现的十字莲花景教铜镜图像考》以及《17世纪末到18世纪初“大秦景教”碑情况介绍：卜弥格和刘应发挥的作用》等论文都较具新意，具有重要的历史考据价值。此外，还有个别论文关注了与景教相关的聂斯托里派的发展问题，如《聂斯托里派在萨珊波斯的发展及其原因》，这为研究中国景教问题提供了重要的国际视野。

2017年度，多部学术辑刊的出版为基督宗教研究提供了重要的学术平台，这些辑刊包括《基督教文化学刊》（第37辑）、《基督教学术》（第十六辑）、《基督教思想评论》（总第22辑）、《东正教研究》（第一辑）、《基督宗教研究》（第二十二辑）。此外宗教文化出版社还出版了一部《基督教常识》，从神学内容到宗教礼仪，从象征符号到教堂建筑，从教会建立到宗教改革，几乎包含了基督教的历史、教义、艺术等诸多方面的基础知识。

中国社会科学院世界宗教研究所基督教研究室在上述研究领域同样成绩斐然，除出版《基督宗教研究》《东正教研究》辑刊外，还参与了大百科全书基督教词条的撰写及修订工作。2017年度，研究室成员已经初步完成了《剑桥基督教史》（九卷本）的翻译工作。2017年度，在此领域发表的论文包括王美秀的《20世纪后半期基督教与罗马天主教会的关系——以世界基督教会联合会与罗马教廷的对话合作为例》，刘国鹏的《中国天主教的本地化：历史视野、现实境遇及其困境》《罗马教廷的教会法地位、历史演变及当今变革》《从“卡普拉事件”看刚恒毅对梵蒂冈传教政策的贯彻》，周伟驰的《奥古斯丁复形说的东传及其问题》《明清奥古斯丁中文传说》，石衡潭的《20世纪中国东正教历史、现状与发展趋势》，杨华明的《本笃十六世的神学思想简介》，王梓译的《论早期基督教关于受难与死亡的两种观点》等。

四 跨学科跨文化研究日趋深入

人类精神现象的多样性决定了人的超越性信仰同样多元，基督宗教信仰便是其一。宗教学作为一门学科，本身便有比较研究的意味。只有在这种比较研究的基础之上，宗教发生、发展及未来趋势的基本规律才得以总结和呈现，基督宗教只是宗教学研究的一个对象，而不是目的，从学术层面来说，通过对基督宗教这一信仰现象的研究，我们旨在掌握相关知识的同时，丰富宗教学的学科方法及体系，故对于基督宗教的研究需要与其他宗教的研究相互借鉴、贯通，不但如此，还应该将基督宗教置于其所处社会文化处境中加以分析、了解，进行一种跨宗教、跨文化的研究，而不是就宗教本身谈宗教，就基督教本身谈基督教，陷入一座神学研究的藩篱，基督教的研究不能因为基督教与其他宗教分殊而将自己孤立。2017 年度，基督宗教研究领域，这种跨学科跨文化的交流研究向更深入、广阔、实效的方向发展。这种跨宗教、跨文化的对话以三部著述为代表。一为中央民族大学游斌教授主编的《道教—基督教对话与比较经学（比较经学第七辑)》，该书以“道教—基督教对话与比较经学”为题，邀请十几位专家学者对此主题进行了多方面的探讨，并将论文结集出版。另外，由吉恩·格林、史蒂芬·帕杜、杨克勤主编，段素萍译的《处境基督论：语境、天道和人性》也在大陆得以翻译出版，该书从历史处境出发，探讨了基督论的革新与信条式处理的辩证关系；赵敦华主编，杨克勤、王梓编的《经典解读与世界文明》一书探讨了主要世界进行圣经研究的基本原则等问题，具体包括主要世界进行圣经研究的基本原则，强调不能以神的普世性来反对文化之特殊性的经文依据等，同时解释了具有不同文化身份的外邦人何以能够成为亚伯拉罕的后裔从而进入普世的神圣之约。另外，该书通过探讨圣经、圣礼与伦理的关系，描述了经文的含义在实践活动中产生意义的过程。

除以上几部系统之作外，更多的跨文化研究集中在儒耶对比研究上，包括传教士如何来处理儒耶关系问题。这些论文包括《儒家与基督教思维方式之比较》《成圣路径内化的中西差异——以马丁·路德的因信称义与王阳明的致良知为例》《儒家君子人格与基督教义人位格之比照》《儒家和基督教教育思想比较研究》《儒耶会通视域下的孟子与保罗生死关怀之比较》《中西文化对勘视域下的“群己”之辨——儒家的群体主义与基督教的个体主义之比较》《理雅各中国典籍翻译：基督教情结与中西宗教比较研究》《中西文化对勘视阈中的礼法之辨——儒家的礼治传统与基督教的法治传统之比较》《个人主义与集体主义比较维度中的〈论语〉与〈圣经〉》《〈论语〉与〈圣经〉伦理思想比较研究》等，此外还有少数论文讨论了耶佛、耶道、耶回对比问题，比如《传教士视阈下的佛教与基督教相似因素述论》《重审耶佛对话的两种模式》《早期希伯来宗教和道家哲学幸福观比较研究——以〈希伯来圣经〉〈老子〉〈庄子〉为中心》《理雅各〈道德经〉译解中“以心见心”之辨》《〈易经〉与〈圣经〉对话：论清初耶稣会士白晋对〈蒙卦〉的诠释》《信仰方式的私人性与公共性——以民间信仰与基督教为例》《晚清新教传教士视野下的中国穆斯林》《从文化反思到自我表述：清末“回耶对话”再考察》等。

中国社会科学院世界宗教研究所基督教研究室多年来邀请各宗教、各学科专家讲座、交流，研究室出版物邀约跨学科的稿件，同时研究室成员尽可能将各学科的方法应用到自己的研究中。当然，这种跨宗教、跨学科间的交流也将成为基督教研究室未来发展的一个重要趋向。目前研究室石衡潭副研究员在基督教与中国文化对比领域出版了多部专著，2017 年度，还发表了《基督教与中国文化》一文。

五　政、教、学三届交流的学术平台逐渐得以构建

首先，宗教学研究某种程度上面临着“不识庐山真面目，只缘身在此山中”及“隔山看山”的两难境地，学者很难获得第一线的宗教工作经验，同样当研究教义教理时，学者又不可能参与到信仰体验中。对于任何一种体验来说，某种程度上都反映了站在其立

场上的真实性，对某一主题的看法在学术研究上，往往起到一定的互补作用。学术理论只有应用到具体的宗教工作实践中，以及付诸对信仰的观察及研究中才能检验其有效性，才能做出客观公允的评判，政界、教界才可获得学界的支撑及理论的升华。其次，无论是政界，还是教界，均储备有众多研究人才，突出表现在语言的禀赋、文本研究、教义神学研究等方面，政界的优势在于宗教现状的研究、政教政策的领会以及马克思主义宗教观的研究。无疑这些研究力量的整合对于中国学界基督教的研究是件幸事。抱着这种预期，中国社会科学院世界宗教研究所基督教研究室着眼于以下几个方面的工作。（1）开展课题合作。如上所述，研究室人员承担了政府部门委托的多项课题，而教界一些研究人员也参与到研究室的翻译工作中。在一些图书的编辑及审读过程中，三方也多进行合作，给予不同立场的指导。（2）平台的共享。学术会议上，各界研究人员均可参与，互通有无，互助提升，在学术刊物上刊发各界符合学术标准的论文，将各界的研究成果展现给更多的读者，学者的文章亦可刊于政界和教界的内部刊物，拓展相关团体的学术视野。（3）学术报告。学界将基督教研究的相关理论、现状分析、问题解决的相关建议提供给政界教界思考，而政界在政策法规的宣传指导方面又为学者提供政策指导。教界对于其信仰的诠释又能为学界的研究提供重要信息。（4）基地的设立。基地的设立是地方宗教管理部门、基督教界以及地方学界共同努力的结果，也是三界关于宗教工作、宗教研究友好合作的交流平台。2017 年，除刊物的出版、相关部门课题合作等外，中国社会科学院世界宗教研究所基督教研究室多次召开由政、教、学三界共同参与的学术会议，比如 2017 年 9 月 5—6 日，与北京市基督教两会共同主办了“宗教革新与社会发展”国际学术会议；2017 年 11 月 18—20 日，与北京大学、清华大学、南开大学、河南大学、安阳师范学院共同召开了“基督宗教研究论坛（2017）”。2017 年 4 月 12 日，基督教研究中心在山东神学院建立调研基地。

六　圣经及基督教文学研究异军突起

2017 年度基督宗教研究领域值得关注的是，圣经研究及基督教与文学关系研究持续升温。其研究队伍不断壮大的同时，各类圣经主题的学术会议亦层出不穷，也带来了丰硕的研究成果，其中涉及圣经思想源流考证、圣经义理研究、圣经翻译研究、圣经叙事解析、圣经研究范式梳理等多个主题。这些成果分别为《圣经的史前记载：其意义与形成》《斐洛哲学与〈约翰福音〉序言中的“道”》《Said：语词、父性和存在——从哲学角度看〈圣经〉译本中 λογοσ、Word 和“道”的互训》《14—17 世纪英国〈圣经〉翻译的世俗化》《英国宗教改革时期英语〈圣经〉的翻译、出版与传播》《浅析马丁·路德翻译〈圣经〉的原则及影响》《天国是“努力”进入的吗？——〈马太福音〉11 章 12 节的翻译问题》《〈圣经〉“南京官话译本”考论》《白日昇、徐若翰汉语〈圣经〉研究》《西教与中土接榫：施约瑟与晚清圣经汉译研究》《吴经熊、蒋介石与近代中国的〈圣经〉翻译——以〈圣咏译义初稿〉为例》《新教传教士与 19 世纪汉语圣经诠释的开端》《〈圣经〉中的法律问题初探》《辨析〈马太福音〉中的“义”》《旧约先知书中先知角色的多重性》《文化记忆理论视角下的〈旧约〉节日书写》《〈出埃及记〉叙事的文学统一性》《〈路加福音〉14：1－6 中作为修辞技巧的沉默》《“亚伯拉罕献祭以撒”的叙事话语分析》《欧洲近代圣经研究范式转型回眸》《哥特瓦尔德的马克思主义希伯来圣经批评理路》等。2017

年，冯象在之前多年翻译圣经成果的基础之上，出版了《圣诗撷英》一书，从希伯来《圣经》和《新约》中撷取五十首有代表性的诗章，逐一讲解、注释和评论。

在基督教与文学互动关系研究方面，同样硕果累累，林季杉出版了《T. S. 艾略特基督教思想研究》一书，着力挖掘布拉德雷与休姆作为艾略特早期诗学的两个重要思想源头与基督教的关系，分析了艾略特成为基督徒之后的中晚期诗学与基督教的关系，深入探讨了艾略特对基督教与文学、基督教与文化、基督教与人文主义之关系的理解，竭力展示了艾略特后期代表作《四个四重奏》背后的基督教神秘主义思想。其他讨论世界著名文学家及作品与基督教信仰间互动的论文还包括《从家庭秩序看狄更斯与基督教文化》《福克纳的基督教思想探源》《维多利亚初期英国社会的恢宏篇章——基督教视角下的〈谢莉〉》《〈苔丝〉中基督教文化与古希腊文化的冲突和融合》《劳伦斯小说〈虹〉和〈羽蛇〉中基督教文化的立场归属与界定》《“漂泊”与“禁忌”：屠格涅夫小说的基督教命题》《莎剧与基督教：〈哈姆雷特〉鬼魂身份之研究》《叶芝诗歌作品中的基督教元素探析》《东正教会对伏尔泰圣经批判的驳斥——以帕里奥斯的〈解药〉为例》《中俄宗教文化元素在托尔斯泰及其作品中的改写与接受——以〈战争与和平〉为例》《从语言文化学角度分析俄语圣经成语》《〈罪与罚〉与东正教——从第四部第四章说起》《陀思妥耶夫斯基的自由问题：“人神”还是“神人”?》《普希金文学作品的宗教渊源——以〈驿站长〉为例》《圣愚文化中的梅什金与异僧文化中的贾宝玉之形象比较》等，这种探讨也扩展到中国文学领域，赛珍珠、北村、许地山、老舍的基督教情怀再次被提及，这类研究集中在《影响、回应与再创造——1992 年以来的“基督教与中国现当代文学”研究》一文中。2017 年度，还有几篇基督教与艺术方面的论文发表，关涉电影、建筑、音乐、图画象征等领域，数量不多，但立意新颖。

综观 2017 年度基督宗教研究成果，我们发现基督教思想研究、基督教史研究一如既往是基督宗教研究的主流，当之无愧成为宗教学这一分支学科的基础。同时作为这一基础研究的重要组成部分，经典的研究也在 2017 年度进一步得到加强，圣经研究维持了前两年的热度，向着纵深层面发展。中国基督宗教现状研究理应像前几年一样成为学界研究的热门话题，但由于近年来该领域研究的敏感性及出版政策的影响，成果数量下降明显。另外，在此过程中，跨宗教、跨文化研究日益系统化、精细化，基督教文学方面的研究异军突起，向着更广的范围扩展。2017 年度的学术成果表明基督宗教研究日益向多学科方法、多研究领域、更加专门精细的研究方向发展，其中体现的研究客观性、辩证性日益突出，其作为宗教学学科有机构成的格局得到进一步加强，基督宗教研究的中国主体意识已经初步彰显。当然 2017 年度的研究成果也凸显了该学科在中国基督教思想史、世界基督教史尤其是早期东方教会史、宗教格局中的基督宗教发展、欧美以外国家基督宗教发展、天主教研究、东正教研究、景教研究等领域的不足，这些研究领域亟待日后加强。

2017年度儒教研究综述

张宏斌

近几年儒教乃至儒学宗教性的问题研究在某种程度上来说仍然呈现出多元的状态，山东大学儒学高等研究院公布了其确定的2015—2017年儒学研究的十大热点，其内容分别是：两办（中共中央办公厅和国务院办公厅）印发《关于实施中华优秀传统文化传承发展工程的意见》，以儒学为代表的中国传统文化复兴正式升格为国家战略；重建中国的政治哲学，“贤能政治”引发全球热议；钩沉逝去的礼制礼俗，为儒家古礼再返现代生活重新奠基；安乐哲《儒家角色伦理学》中译本出版，西方学界呼吁“第二次启蒙”；国际学者对中国哲学方法论进行阶段性反思，中西比较在角力中前行；学界争夺“大陆新儒家”定义权，儒学研究应否允许多派并存；儒学所主导的社会形态再定性，“传统中国专制说”是否成立；“五经”“四书”何者为本，“汉宋之争”进入新的轮回；王阳明研究迅速升温，“知行一体”的心学思想被用来针砭空谈流弊；部分马克思主义学者强调“儒马之辨”，儒学在意识形态领域的地位有待进一步厘定。①

但就2017年度而言，学界争夺“大陆新儒家”定义权，儒学研究应否允许多派并存；儒学所主导的社会形态再定性，“传统中国专制说”是否成立；“五经”“四书”何者为本，“汉宋之争”进入新的轮回；王阳明研究迅速升温，“知行一体”的心学思想被用来针砭空谈流弊，这四点是格外重要的议题。

一　新时期儒家思想现代价值的研究

中国儒家传统文化博大精深，在生活方式和价值观念等方面对中国社会产生了重要且深远的影响。在多元文化互相激荡的新时期，对儒家思想进行发掘，对于中国文化自信和核心价值的建构具有积极的现实意义。社会主义核心价值观是对社会主义核心价值体系的高度概括，也是它的核心内容，可以反映出社会主义核心价值体系的内涵和要求。而我国传统文化与社会主义核心价值体系存在着不可分割的联系，传统文化是社会主义核心价值体系产生的根基，我国在建设社会主义核心价值体系时也要重视传统文化的影响，发挥好传统文化的积极作用。而儒家思想作为传统文化的重要内容，与社会主义核心价值观有着深厚的历史渊源。因此，我国要重视儒家思想，注意提取其中的有益精华去完善社会主义核心价值体系。②

《儒家伦理中的“四观”与当前公务员的思想道德建设》一文，提到了儒家思想在当

---

① http://www.chinanews.com/cul/2017/09-20/8336107.shtml，访问时间：2018年4月。

② 许杨：《儒家思想在社会层面的核心价值及对当代社会的积极影响分析》，《北方文学》2017年第12期。

代的具体应用和使用价值。“伴随中国社会主义市场经济建设的深化发展，人们的价值观念也发生着变化，这给我国公务员思想道德建设带来很大冲击。从本土文化根基中汲取营养，加强我国公务员队伍思想道德建设，无疑是一条既不可以绕开又行之有效的路径。儒家伦理中的义利观、礼仁观、理欲观、群己观等‘四观’所含有的积极思想，就能够在我国公务员抵御应对市场经济冲击中发挥很好的效用。当前我国公务员思想道德体系的价值构建，应该将其作为基本的文化基因和思想元素加以批判继承。”①

对王阳明的研究在近几年也是热点，例如，笔者在《知行合一与社会主义核心价值观》一文中，认为“知行合一”是中国传统思想的精华，也是中国古代哲学的一个命题，历代哲人均对其有着独特的注解和时代阐释。时至今日，面对世情、国情、党情的深刻变化，习近平总书记在多次重要讲话中倡导“知行合一”，他对“知行合一”既有与时俱进的理论深化，更有真切的实践探索，极大地丰富了知行合一的内核。习近平总书记关于知行关系、知行合一的精彩论述尤其集中体现在践行社会主义核心价值观中。②

二　大陆新儒家的“康有为研究”

在某种意义上，“新康有为主义”这个概念是张旭提出的。他把当代研究康有为思想，乃至研究制度儒学以及研究经学和公羊学的一派人笼统地称为“新康有为主义者”。此种意义上的“新康有为主义”亦未能完全点出作为大陆新儒家的“新康有为主义者”的学术特质。学界多以 2014 年在江苏太仓召开的“康有为与现代中国的建构”为主题的会议为“新康有为主义”登场的标志。实际上，在更早一些时候，在中国思想界已经出现了“新康有为主义”。③

三年来，这种思潮更是趋于成熟，甚至有学者认为其与大陆新儒家的主张是重合的，也就是说在这种意义上“新康党”就是大陆新儒家。“2004 年 7 月，当代中国的大陆新儒家学派通过贵阳儒学会讲公开集体亮相，成为中国现代保守主义思潮发展的新阶段、新形态。”④ 十余年后，如陈明所言，在“闭门造车，出门合辙”的“这样一种对康有为问题、康有为思路的理解的基础上，干春松、唐文明、曾亦以及陈壁生和我才臭味相投，成为‘康党’。……十年前……大陆新儒家还只是泛泛而言，十年后情况大变。但我要说，只有在‘康党’或新康有为主义者聚集成型，大陆新儒家才获得了诸多的学派特征——蒋庆也有相关论述，他用的是‘成熟’这个词。讲这些东西，是对我们致思背景的一个交代，对我们问题意识的一次澄清”。⑤

新一代的“新康有为主义”的基本纲领是，将康有为确立为“现代新儒学的鼻祖”，发掘康有为的政治儒学范式在政治哲学上的深刻含义。它体现为两个最为根本的命题：一个是在文化地域空间上“以政治儒学与心性儒学之分”区分“大陆新儒家与港台新儒

① 邹玲玲、王文奎：《儒家伦理中的“四观”与当前公务员的思想道德建设》，《北方文学》2017 年第 18 期。

② 张宏斌：《知行合一与社会主义核心价值观》，《世界宗教文化》2017 年第 4 期。

③ 曾海龙：《从现代新儒家到大陆新儒家——以“新康有为主义”为中心的考察》，《国际儒学论丛》2017 年第 2 期。

④ 方克立等：《大陆新儒学思潮平议》，《中国社会科学报》2014 年 7 月 30 日。

⑤ 《首届两岸新儒家会讲专题》，《天府新论》2016 年第 2 期。

家”，一个是在历史时间分期上区分“现代儒学与古典儒学”。①

经历了2015度、2016年，尤其是2016年《天府新论》编辑部联合四川省儒学研究中心举办的首届“两岸新儒家会讲”之后，2017年大陆新儒家的康有为研究依然注重康有为思想对当下问题的观照。曾亦、郭晓东所著《春秋公羊学史》的出版，是“新康有为主义”在学理上的一次重要建构，对推进公羊学乃至经学的研究将产生重要作用，也有助于为“新康有为主义”夯实理论基础，对继续扩大“新康有为主义”的影响会产生重要的推动作用。

唐文明在《儒教文明的危机意识与保守主题的展开》一文中指出，晚清士大夫阶层对于儒教文明的危机意识到甲午战败达到了一个高峰，康有为将之概括为“保国、保种、保教”，获得了广泛的共鸣。比较一下张之洞、康有为和严复的保守方案，会发现三者在具体理解和具体主张上各有侧重，各有异同。具体来说，张之洞的保守方案重心在保国，严复的保守方案重心在保种，康有为的保守方案重心在保教。“保国、保种、保教”的主题也规定了中国现代思想的基本方向，是晚清思想界留给我们的一笔极其重要的精神遗产。所以，他在文章中进一步指出，如果说张之洞方案的主导倾向正可用一个“保”字来概括的话，那么，康有为方案的主导倾向用一个“改”字来概括最为恰当。在“种”与“教”的关系问题上，康有为和张之洞类似，都以华种为儒教所润泽而形成，也都在文明的高度上看待儒教的意义。一个关键性的差异出现在“教”与“国”的关系问题上。在康有为那里，“教”与“国”不是一回事，二者有着根本的不同，现实中看到的“教”与“国”的合一，实际上是适当的制度安排的结果。具体来说，现实中看到的儒教国家化与国家儒教化，实际上是汉武帝“罢黜百家，表彰六经”的后果。康有为也重视三者的统一性，但也强调三者各自皆有相对独立的一面。②

当然一些不属于大陆新儒家观点的研究也在这一年中形成了对话，关于张之洞的“保”有学者则认为，张之洞用“政教相维”来归纳上古的“以君兼师”以及中古的“以教为政”，并且强调“政教相维”才是“古今之常经，中西之通义”。张氏的旨趣显然在于：当今之世的晚清帝国所面临的“古今中西”问题可用“政教相维”四字来获得彻底解决，因为，“政教相维”正是贯穿“古今中西”的普世价值。其所谓“政教相维”显然偏重于泯除政教二元的对立，与“以君兼师”“以教为政”的传统保持一致，在此意义上，这是偏向于政教一元论下的“依赖”说，而不同于政教二元论下的“依赖”说。③

可见，实际上“新康有为主义则跳出以辛亥共和革命与五四新文化运动为开端的20世纪进步史的思想史叙事框架，重返身遭甲午战争重创前后洋务运动与戊戌变法的一代晚清儒家所面临的一系列文化与政治的困境，给出一种全然不同于港台新儒家重建现代儒学的可能性”。④

---

① 张旭：《大陆新儒家与新康有为主义的兴起》，《文化纵横》2017年第3期。

② 唐文明：《儒教文明的危机意识与保守主题的展开》，《清华大学学报（哲学社会科学版）》2017年第4期。

③ 吴震：《近代中国转型时代“政教关系”问题——以反思康有为“孔教”运动为核心》，《杭州师范大学学报（社会科学版）》2017年第2期。

④ 张旭：《大陆新儒家与新康有为主义的兴起》，《文化纵横》2017年第3期。

三　对“大陆新儒家”的批判和反思

近年来，大陆新儒家对于很多问题都提出了自己的主张和建言，这些也在某种程度上引来了各方的注意和批判。现时大陆学界对“新康有为主义”以大陆新儒家为旗帜多有批评，主要有两方面的原因：一是对政治儒学的否定或担忧；二是对他们被冠以大陆新儒家之名不满。前者出于学术立场的差异，或可理解，后者则完全出于争夺名号之需。与“新康有为主义”立场不同或认同心性儒学为儒家主流的学者，大可以继续以现代新儒家为旗。大陆新儒家所主张者，并不是否定现代新儒家，而是开辟与现代新儒家不同的理论面向，呈现儒家思想本身之复杂性与多样性。[①] 例如，有学者认为，“大陆新儒家不是继承和发展儒家思想，而是儒家思想的断裂，是以狭隘民族主义的‘中西对抗’掩盖‘古今之变’的人类文明走向，借‘反西方’之名，行‘反现代’之实，用‘文化’来拒绝‘文明’。近年来，大陆新儒家围绕‘康有为与现代中国建构’‘康有为与制度化儒学’等主题，开展了多次大型学术活动，试图论证康有为就是‘政治儒学’的代表人物。以证明自己的‘儒家宪政’渊源有自”。[②] 显然，这个评价比较中肯，狭隘的民族主义与“新康有为主义”结盟以诉诸政治与宗教的政教合一是“康党”的显著特征。“大陆新儒家”之所以“结盟康党”而抬出康有为，是因为“新康有为主义”的“学派特征”，其不但表明“大陆新儒家”的“思想成熟”，而且这个“学派特征”容易实现“康党”之“政治”目的。[③]

而儒家内部也开始反思自身，有学者认为大陆新儒家的主张与现在一些儒教思潮是不同的，所以将与大陆新儒家相异的激进主张称为“新儒教”。

有学者认为，近年来，中国的儒学研究中出现了“新儒教”这么一种危险的思潮和倾向。批判主要围绕三个大问题展开：一是“新儒教”的政治特征，这部分是直接批判“新儒教”的；二是真正的儒家传统；三是作为儒家传统的一种现代性表达的儒家自由主义。由李明辉引起的关于“大陆新儒家”的论战，笔者本人也参与了，指出“大陆新儒家”是一个有待界定的概念。大家也都认为，“大陆新儒家”这个称谓不能专属于李明辉所批评的那么“一小撮人”；中国大陆改革开放以来的儒家都可称为“大陆新儒家”。任剑涛认为，李明辉所指称的“大陆新儒家”应当叫“大陆新儒教”。笔者赞同这个说法，因为“新儒教”这个标签更能标识他们的价值观，即某种“复魅”（re-enchantment）的企图；而且，他们所“复”之“魅”实质上并不是作为“祛魅”（disenchantment）对象的前现代的价值，而是某种现代性的东西，即笔者所称的“现代性的怪胎”——极权主义。就此而论，他们其实不是在“复魅”，而是在“造魅”，即制造一种新的政治魑魅。

黄玉顺在《儒家自由主义对“新儒教”的批判》一文中指出，李明辉所批评的“大陆新儒家”，应该叫“新儒教”；同时，“新儒教”还应包括另外一些号称“儒学”的思潮。在政治上，“新儒教”是极权主义、国家主义和民粹主义的混合物。因此，“新儒教”

---

① 张旭：《大陆新儒家与新康有为主义的兴起》，《文化纵横》2017 年第 3 期。

② 《济南大学学报》学术评价专栏“编者按”，2016 年第 6 期，第 18 页。

③ 鞠曦：《“结盟康党”与“贼儒合流”——“大陆新儒家”反思》，《济南大学学报（社会科学版）》2017 年第 3 期。

是打着“儒家传统”的旗号反儒家传统，其本质是抗拒现代文明价值。真正的儒家传统，要求顺应社会历史的时代转换，根据博爱精神（仁）和正义原则（义）来重建社会规范及其制度（礼制）。“新儒教”的对立面是儒家自由主义，主张根据真正的儒家传统，承认并发展出八大现代文明价值：个体、自由、平等、博爱、民主、共和、宪政、法治，并对大陆新儒家的思想进行批判和反思。①

实际上，新儒家真正成为一股重要的思潮是最近十来年的事情，最近三四年来表现尤为活跃。可以说，其是当下中国最活跃的思想群体。与此同时，左右两派也有不少人加入儒家的行列。新儒家的勃兴主要有三个方面的原因：一是社会乱象的催逼使人们认识到了借助儒家进行道德重建的重要性和必要性；二是执政高层对儒家思想主动表示了亲和态度；三是商业力量的介入，已经使复兴国学（儒学是其中最重要的组成部分）成为一门有利可图的生意。因此，肖强在儒教这个问题上，反对蒋庆的儒教说，同情地理解陈明的公民宗教说，但认为其具体内涵尚待严密论证。在21世纪的中国，要从头构建一个宗教，事实上相当困难。在某种程度上，作者赞成秋风关于儒家是一种文教的主张。这里的要点在于，从现实的角度考虑，中国人重建道德伦理离不开对儒家价值的再次激活，但如果依赖权力这只看得见的手来激活，结果只会适得其反。② 落实在“新儒教”身上，对于中国大陆来讲，这三点标志性的特征在政治上是极其危险的：第一点是极权主义，这一定要挑明；第二点是国家主义；第三点是民粹主义问题。简言之，在政治上，“新儒教”是极权主义、国家主义和民粹主义的一种混合物。③

作为当代中国文化保守主义思潮中的一派，“大陆新儒家”关于“政治儒学”“儒教宪政”等设想以眼光向内的方式对20世纪以来蔚然成风的以西释中、以西范中学术路向的集中反思，对于促进儒学政治资源的研究和发掘起到了推动作用。从儿童读经、学术讨论、宣教祭祖等“大陆新儒家”倡导的活动来看，应当说也产生了一定的社会影响。但是，反对西化，确立文化主体地位并不能逻辑地成为全面复古的充分理由，从一个极端走向另一个极端的结果就是：既不能推动儒学的复兴，也不能实现中华民族的复兴，反而会将我们带到传统自身曾经遭遇的危机之中。第一，“大陆新儒家”的文化决定论陷入了唯心主义的窠臼。第二，“大陆新儒家”的思想路线引向了政治复古主义的困境。第三，“大陆新儒家”的单一视域走入了文化霸权主义的误区。④

四 “返本”的研究成为2017年度的主流

在这一年中，儒教研究出现了较多的经典的新注新译以及义理研究，在经历过多年的“儒教还不是教”的研究之后，儒教学者们开始“返本”，去找寻自己的理论根源，甚至是试图建构自己的意义体系，从源头开始去找寻儒教重建的可行性之路和现代价值。

结合前面所述，大陆新儒家的依托主要为经学，尤其是公羊学，重视对五经之阐发；

① 黄玉顺：《儒家自由主义对“新儒教”的批判》，《东岳论丛》2017年第6期。

② 肖强：《当代大陆新儒家批判——以蒋庆、康晓光、余东海、陈明、秋风为例》，《文史哲》2017年第1期。

③ 黄玉顺：《儒家自由主义对“新儒教”的批判》，《东岳论丛》2017年第6期。

④ 乔瑞：《儒学激进主义的歧途与儒学发展的当代思考——大陆新儒家思潮最新动向研判》，《学术论坛》2016年12期。

而现代新儒家则主要依托四书，重视孟子与宋明理学。无论是早期的大陆新儒家如蒋庆，还是后起的“新康有为主义者”如曾亦、郭晓东等，多是经学尤其是公羊学方面的研究专家。[①]

曾亦、郭晓东所著的《春秋公羊学史》其旨就在于“然孔子以前，本无‘经’名。唯经孔子之删订，《诗》、《书》、《礼》、《易》与《春秋》者，遂为天地之常经，至于恒久至道之所凝焉。时孔子当周道疲弊之际，虽美周文之盛，犹假托殷道以损益之，此其改制之大旨，然唯《春秋》能发明之”。正如曾亦所论，昔周公当殷周之际，立传子之法，而有周一代之文物典章，莫不从此出。孔子继其道，乃发明亲亲大旨，而于周人尊尊之义稍损益焉，而此后两千余年中国道路，遂由此开辟矣。晚清以降，西方之自由、平等与民权诸观念传入中国，传统之家庭、宗族遂为崩溃，个体因从中解放出来，成为纯粹自由之存在。然现代国家乃得在此自由个体之基础上抟聚而成，而为“自由人之联合体”，此实为现代中国建构之基本目标。盖自周、孔以来，此诚吾国前所未有之大变局也，而中国道路亦面临一新抉择矣。殷周之际，个体渐自氏族中解放出来，而组成个体家庭，而家庭遂成为社会之基本单位。今则不然，个体再度得以解放，而为国家之公民，然家庭不过若旅宅，其解体常在一线之间而已。周以前，个体不过因血缘而抟聚成氏族，今则借地缘而抟聚成国家矣。三千年为一大循环，长素所为改制之事，不过发其端而已，其后继其志者，或有其人焉。[②] 类似的研究还有谷继明的《周易正义读》的序中也说：“夫冲远以特异之资，兴于隋世。造士元之门，渊通见礼；擅东都之席，才美被嫉。李唐革命，斯文重整。冲远遂敷陈嘉谟，喻诸易卦；箴谏东宫，托以孝经。及考律议礼，既首出乎群儒；删定义疏，最有功于先圣。其《周易正义》，卓尔冠冕；笔削之勤，异乎四经。摈虚玄而祛浮诞，会二氏而兴儒雅。落叶以归其根，宗主辅嗣；抱素而畅其华，博取康成。于是上推天道，下明人事，权舆三教，钤键九流。斯固宣王之苗裔，程朱之先驱者也。学者欲明经通《易》，《正义》其可舍诸？”[③]

肖航所著的《王道之纲纪——〈白虎通义〉政治思想研究》一书认为中国思想史上，汉代是承前启后的重要时代。《白虎通义》作为汉章帝“称制临决”的重要文献，在中国经学史、儒学史上具有特别显著的政治意义。该书以“人间秩序”作为《白虎通义》政治思想研究的切入点，从基层社会秩序与政府职能两个层面分析《白虎通义》的政治思想，在宇宙论、历史观、伦理价值等方面对汉代相关理念进行了分梳条理，尤其着力于对中国社会影响深远的“三纲六纪”“三皇五帝”“皇帝王霸”“政治”“自由”等概念进行了经史两方面互相印证的阐释。[④]

姚中秋疏通《孝经大义》，以推明圣人立孝为教之大义。其间以西方神教、哲学相对照，以见圣人之教之易简而广大，无所不通，欲知人类普适的教化之道，其唯孝之教欤？[⑤] 张祥龙教授指出，“家”往往是政治哲学和社会学研究的对象，但如果不讲到哲学

---

① 曾海龙：《从现代新儒家到大陆新儒家——以“新康有为主义”为中心的考察》，《国际儒学论丛》2017 年第 2 期。

② 曾亦、郭晓东：《春秋公羊学史》，华东师范大学出版社 2017 年版。

③ 谷继明：《周易正义读》，上海人民出版社 2017 年版。

④ 肖航：《王道之纲纪——〈白虎通义〉政治思想研究》，商务印书馆 2017 年版。

⑤ 姚中秋：《孝经大义》，中国文联出版社 2017 年版。

的根底，就是不完善的。“孝”不只是文化或者伦理现象，“家”也不只是一个社会单元。因此，要把“家”和“孝”看作人类生存的源头，进一步，也是社会和国家的源头。然而，近代西方理解家和国的思路，却恰好相反，而这一思路的影响反而是巨大的。霍布斯的《利维坦》和《论公民》，就可以看作从“国”的契约方式返回理解“家”的思路。霍布斯的问题恰是抓住了家和国的交界点，也令他感到家的问题的确是牵一发而动全身。关于“孝”在中西方思想史中的地位问题，他认为，西方哲学史中核心的存在论—认识论的路线，都是对“孝”的讨论，只在伦理和法律领域涉及“家”的问题；而中国的《易经》讲“乾坤生六子”，可见中国思想的核心就是“家”的问题。“家”是“孝”的源头，而“孝”是“家”的完成，借助“孝”才能把家提升为“真态”的家。一个民族想要赢得历史地位、获得生存自觉，就要靠独特的“家”。对于人来说，没有孝，“慈”也就不会长久。慈更接近动物式的本能，但没有孝的反哺，就不能发展成家。①

湖南大学岳麓书院院长肖永明教授等的新著，以《四书》诠释为主题，以观照儒学演进为归旨，选取从汉唐至晚清的重要个案、节点进行分析，借以展示《四书》诠释史的诸面相。②

除了上述关于早期经典的研究，2017 年度儒教研究仍旧侧重于对宗教性问题的具体研究。例如，儒教思想含天命鬼神论、修养论、教化论、祭祀论、佛道观等。《礼记》是汉代儒教思想代表经典之一，其儒教思想以礼为核心，可谓“礼教”思想。《礼记》里认为，礼是人沟通天地鬼神的中介，礼乐修养、礼义修养是礼修养的两大内容，“教学”是提高礼修养的重要途径，礼的教化则将礼经学的研究传播、礼乐制度的推行作为主要内容，即使宗教性很强的祭礼，人文性、理性特征也十分突出。③ 孔子的“鬼神思想”是中国传统文化中的一个重要问题，历来争论颇多，如何理解与认识这个问题对我们研究与继承儒家思想至关重要。《孔子鬼神思想》（第十五辑）辑录了孔子关于鬼神问题的大部分论述，以及孔子之后儒者们对“敬鬼神而远之”等论述的基本注释和理解。④

这一现象的出现，表面上看似因为近代以来中国面临的问题主要来自外部，即西方资本主义列强的经济和军事侵略，似乎只要中国具备了强大的抵抗外侮的实力，一切就都可以恢复原状了。照此理解，中国的应变之策与努力方向就是最大可能地获得力量，所以才有了“师夷长技以制夷”的药方。费正清的“刺激—反应”分析模式大体上便属于此类历史认知。但外因终究只是变化的条件，内因才是变化的关键。中医里有内伤外感之说，即外邪之所以能入侵成病实乃内部正气虚损、免疫力低下所致。故要治愈此病先须内扶正气，正气足自然外邪消，恢复健康。治一人之病当如此，治一国之病亦当如此。⑤

五　对儒教或儒学宗教性不同进路的探讨

儒学宗教性，本质上是儒学现代化的问题，是儒学脱离意识形态如何生存的问题。汉

① 张祥龙：《家与孝：从中西间视野看》，生活·读书·新知三联书店 2017 年版。

② 肖永明、陈峰等：《〈四书〉诠释与儒学演进》，中华书局 2017 年版。

③ 张茂泽：《〈礼记〉的儒教思想》，《广西大学学报（哲学社会科学版）》2017 年第 1 期。

④ 李申主编，朱俊艺选编：《孔子鬼神思想》（第十五辑），国家图书馆出版社 2017 年版。

⑤ 吴飞：《汉学读本》序二，知识产权出版社 2017 年版。

代开始生发的儒学宗教性，就是儒学适应当时社会的“现代化”，向上走政教之路，向下渗入民间信仰。从儒学与民间信仰两者的关系看，儒学不是只有政治控制和道德伦理，而是有信仰的，儒学的发展是多方向的。巫儒分离、独尊儒术、儒民互补、儒道互补、三教合一、四教会通，都只是儒学发展的一个阶段，当代新儒家提出的儒学宗教性也无非是“五四”以后面对儒学危机而采取的一种“自我救赎”。儒学的根本精神还是它的经世致用，是它对社会和现实的高度契合，是它对政治思想的敏感，儒学现代化也应该本着这种精神，因势利导，而不是抱残守缺。① 儒教是否是宗教或者说是什么样的宗教一直被讨论，比如陈明的公民宗教说、秋风的文教说，持此观点的还有林存光。他认为儒教是一种文教，并以梁漱溟先生为例，进行了有关的研究和探讨。②

石顺林的《从民间葬礼出发重新认识儒教》一文虽也是讨论儒教是不是宗教，但更多地从其功能的角度去考察，作者以自身的调查经验及所掌握的各地农村的调查资料来看，多数农村地区的葬礼，都是由儒教和佛道二教（或之一）配合完成。三教并行不悖，且主次分明。这充分表明了民间信仰强烈的混合特点——三教不单在信仰、教义上有融合，在实践中也常常混杂在一起。这与“三教合一”的历史传统可以说是一脉相承的。而且不得不说，丧葬是儒教研究的一个新的热点。③

六　国外关于中国儒学、儒教的研究

2017 年度也出现了一些国外学者关于中国儒学、儒教的研究，诸如日本学者、韩国学者。实际上这些国家都属于儒家文化圈，他们的研究有助于我们了解自身，起到他山之石的效果，同时也有助于我们拓宽研究的视野和思路，在研究方法上也有所助益。

近代以来，日本学术界针对中国历史、中国思想史作了深入研究。二战结束以后，在这些研究领域先后出现了激烈的学术论争，比如非常有名的时代区分论争就是其中之一。论争的目的，也可以说学者们最关心的，就是希望澄清中国历史亦即传统中国社会的特质为何，这种特质是否与世界历史发展的普遍性相符合等问题。还有学者试图探讨中国历史的特殊性究竟有什么样的作用。尤为重要的是，在思考上述问题时，学者们倾向于从整体上、体系上对中国历史作全面阐释。日本学者的这种研究姿态与风靡学术界的马克思主义历史观有相通之处，即首先探讨经济结构、生产关系等层面的问题，然后在此基础上评价中国的政治文化、政治风土。需要特别指出的是，在上述研究背后，另有一个侧面如影相随，即在认识和理解近现代中国的同时，积极评价以儒教为媒介的传统王朝国家体制以及为之服务的知识阶层，对儒教的作用也倾向于作肯定性价值判断。④

在日本，“废黜百家”这一历史事件被高度概括为“儒教国教化”，被写进了各种历史课本和中国思想史、中国哲学史的教科书，也发生了一些学术上的争论。邓红对“儒教国教化”的各家论著和观点进行梳理，并对产生争论的原因、焦点、方法论做出适当的评价，认为这是一场“虚拟争论”。不过在探讨、论争中取得了许多学术成果，值得借

---

① 杨清虎：《神体儒用：儒学与民间信仰的融会》，《宁夏社会科学》2017 年第 3 期。

② 林存光：《论儒教作为一种文教：孔子、儒学与儒教问题评论集》，学习出版社 2017 年版。

③ 石顺林：《从民间葬礼出发重新认识儒教》，《大理大学学报》2017 年第 7 期。

④ ［日］伊东贵之：《我们是如何认识传统中国的：学术论争与儒教之影》，《社会科学战线》2017 年第 4 期。

鉴。他山之石可以攻玉。在中国，同样也应该取消以“废黜百家，独尊儒术”这种“诗一样的语言”来表述的不科学的概念，改为以比较准确精密的诸如“董仲舒对策的历史意义”“儒学在中国历史上的地位”之类的思想史命题来表述。①

荒木见悟的《佛教与儒教》一书除了在华严学、禅学、朱子学、阳明学都各有精辟的见解之外，在中国思想史研究的重要性尚可就数端观之：（1）就儒释关系而言，此书仍为目前最重要的参考资料之一。盖儒释关系的研究往往因为各自立场的不同，未能客观公正地看待彼此得失所在。自20世纪初期开始，三教关系一直是日本汉学界夙所关心的重要范畴。（2）儒释关系、“真如/现象”（本来性/现实性）之牵缠、宋明以后禅宗思想的演变都已于此书中略见雏形。（3）就研究方法而言，此书以“华严—禅—朱子学—阳明学”为发展主线虽然过于单纯，但难得的是：在四十年前即已注意思想动态的发展，以及不同思想传统之延续与断裂。

韩国学者张闰洙在《儒教的家族观与后现代意义》一文中着重考察了儒教的家族观对于当代的意义，他认为对家族的研究历来以分析现象和把握实际状况为主。然而，这种研究模式很难准确地把握家族的正体性并揭示其方向性。基于这种问题意识，其试图通过儒教的家族观确立家族的正体性以展望未来。儒家的全部实践伦理都是从家族出发的，在这个意义上可以说家族占据着儒教社会的中心地位。儒教的家族是“道德的共同体”，家族成员是“关系的自我”。因此，也可以在道德行为的实践和普及上获得儒教家族的存在意义。儒家非常重视家族成员所具有的“关系”意识，并将这种意识扩大到社会乃至国家。人们可以从儒教的这种家族观中看到克服人际关系的疏远化和形成积极的“关系性”人性的可能性。当然，在儒教的家族观中也还残存着传统时代消极的文化因素，适应现代社会也有很多问题。但是，儒教家族观中的未来指向性的后现代理念价值还是值得充分关注的。这对我国的儒教研究有所裨益。

① 邓红：《“废黜百家”与“儒教国教化”——日本学术界关于“儒教国教化”的争论》，《衡水学院学报》2017年第3期。

2017年度伊斯兰教研究综述

晏琼英

2017年度我国伊斯兰教研究总的特点是：国际伊斯兰教研究不可避免地与诸多国际政治、地区热点问题以及反恐相关联，体现出学科交叉以及与现实的紧密关系；国内伊斯兰教研究多以伊斯兰教中国化为核心展开；就伊斯兰教学科本身的研究，译介多，原创少。

一 伊斯兰教相关出版物

（一）伊斯兰经典、思想和学术

华文出版社2017年9月出版的《安萨里传》[①] 以鸟瞰式的笔调，介绍伊斯兰教里程碑式的人物安萨里，对其生平事迹、时代背景、学术活动及改革思想都有涉及。除了正面论述这位"第一个千年维新家"的主要思想和贡献，亦对一些不实之词、学术误区乃至思想偏见正本清源，从而还这位思想家及其学术文化贡献应有的公道与客观。

安萨里本人的著作《知识之书》[②] 也被译介，这本书里安萨里强调真知是关乎人得救的知识，需要从先知道统中去学习才能获得，与普通的信息和知识迥异。作者将真知贯穿于功修、习俗、毁坏、拯救四个部分，认为只有那些在信仰、净化和彻悟方面达到很高层次的人，才能通过灵性揭示真知而非通过理性获得。通过展示内在知觉生命的道路，安萨里想唤醒根植于人们内在的知觉或灵智，并提醒人们知识是通向崇拜和仆人身份的根本路径。所以安萨里这部著作对知识的讨论，并不是提供一种大全或者全景式的理论模式或者解释，而是鼓励读者要超越所有的障碍和帷幕，进入真知或灵智，最终达到生命的完满。

除此之外，关于伊斯兰教历史上著名思想家的译介还有商务印书馆"伊斯兰哲学译丛"系列之一的《穆斯林三贤哲——哈佛大学伊斯兰哲学讲座》[③]。该书以伊斯兰哲学史上关键的三个人物（伊本·西那、苏赫拉瓦迪、伊本·阿拉比）为贯穿整个伊斯兰哲学史脉络的"点"，以敏锐的洞见、立足原典的解读，深入浅出地介绍了伊斯兰哲学的历史图景。其中贯穿了纳塞尔教授对伊斯兰哲学史的独特理解方式和研究进路，即强调立足神圣传统观的阐释方法，把伊斯兰哲学视为与西方哲学传统并列的另一种具有鲜活生命力和创造力的人类智识传统，颠覆了此前占据主导地位的"东方主义"研究进路。

---

① ［叙］萨利赫·艾哈迈德·沙米：《安萨里传》，张维真译，华文出版社2017年版。

② 安萨里：《知识之书》，康有玺译，宁夏出版社2017年版。

③ ［美］赛义德·侯赛因·纳塞尔：《穆斯林三贤哲——哈佛大学伊斯兰哲学讲座》，周传斌译，商务印书馆2017年版。

（二）伊斯兰宗教研究

马彦芳译《读懂伊斯兰》① 一书以词条统领全书，介绍了先知穆罕默德的生平、《古兰经》及其教义、伊斯兰功修、伊斯兰礼拜场所、伊斯兰律法、伊斯兰政治与社会、伊斯兰礼仪、伊斯兰神秘主义、伊斯兰的未来等议题。

《伊斯兰教什叶派》②，译自英文版，英文版译者是作者的学生、著名的宗教哲学家赛义德·侯赛因·纳斯尔（Sayyed Hossein Nasr）。该书是伊朗著名伊斯兰哲学家阿拉玛·塔巴塔巴伊的代表作，全面介绍了伊斯兰教什叶派的由来及其哲学思想。该书经由纳斯尔译介到英语世界后，一直是西方最受欢迎的、认识伊斯兰教什叶派的权威著作。

（三）穆斯林史学名著

华文出版社整理出版了《历史概论》③。该书为历史哲学名著，约成书于1378年。全书大部分篇幅阐述文明在宗教、社会、经济、艺术、科学等方面不同历史发展阶段的作用和影响。其中既含有历史理论，又有哲学问题。全书包括《绪论》和正文6篇。《绪论》为史学概论，主要讲历史不仅是政治变迁的总汇和朝代记录，而且是民族道德和文化发展的写真。正文涵盖了人类文明、原始社会、国家政治、都市社会、生活方式、学术文教等方面。文中还提出了一条历史发展的新理论，即肯定了气候、地理等物质条件对道德等精神力量的作用。伊本·赫勒敦的著名历史哲学巨著是《阿拉伯人、波斯人和柏柏尔人的历史》。其中《历史概论》（亦译《历史绪论》）被译成多种文字出版。他的学说为欧洲哲学家、历史学家和社会学家所推崇，称他是“人类历史哲学和社会学的奠基人之一”。阿拉伯学者誉他为“伊斯兰划时代的史学哲人”。

（四）伊斯兰文明观察

中国台湾地区近些年非常注意伊斯兰教方面图书的译介。八旗文化出版“认识伊斯兰”系列丛书，2017年出版了两本重要的译著。

《先知之后：伊斯兰千年大分裂的起源》④ 作者是心理学家和中东问题专家，该书追述公元7世纪伊斯兰教出现初期的故事，寻找逊尼派和什叶派分裂的源头。

《古兰似海：用生活见证伊斯兰圣典的真谛》⑤。作者作为西方世俗女性，以《古兰经》“我使你们成为许多民族和宗族，以便你们互相认识”为初衷，通过与印度裔伊斯兰学者 Mohammad Akram Nadwi 共同研读《古兰经》，站在跨文明对话的最前沿，找寻对话的可能，挖掘出伊斯兰崇尚和平的特性以及对女性尊重而非迫害的历史事实，拆解了“圣战”、一夫多妻等常见的刻板印象。

此外，还有三本译著：《中断的天命：伊斯兰观点的世界史》⑥ 一书就伊斯兰教过去、

---

① ［英］茹给叶·华莉丝·马克苏德：《读懂伊斯兰》，马彦芳译，宁夏人民出版社2017年版。

② ［伊朗］阿拉玛·塔巴塔巴伊：《伊斯兰教什叶派》，姚继德译，云南大学出版社2017年版。

③ ［突尼斯］伊本·赫勒敦：《历史概论》，陈克礼译，华文出版社2017年版。

④ Lesley Hazleton：《先知之后：伊斯兰千年大分裂的起源》，夏莫译，台北：八旗文化2017年版。

⑤ Carla Power：《古兰似海：用生活见证伊斯兰圣典的真谛》，叶品岑译，台北：八旗文化2017年版。

⑥ ［美］塔米姆·安萨里：《中断的天命：伊斯兰观点的世界史》，苑默文、刘宜青译，广场出版2017年版。

现在和未来，在一个广阔的层面挑战了人们对于伊斯兰教与世界如何相互塑造的习惯性认知，从而成为在“9・11”之后一本重要的必读书。《麦加，伊斯兰千年圣城：文明的崛起与变调，穆斯林最深沉的倾诉》[①] 是作者年近七十的新著，阐述了对麦加的历史定位以及对其古今纠结的再思考。《伊斯兰怎么了：地图解读跨越千年的穆斯林文化》[②] 也是对伊斯兰文化千年发展的介绍和思考。

（五）中国伊斯兰教研究、回族研究、西域中亚文明研究

中国社会科学院世界宗教研究所原研究员冯金源的《中国伊斯兰教概论》[③] 对伊斯兰教在中国的发展状况做了介绍。

王作安、陈广元编纂的《伊斯兰教中道思想国际研讨会文集》是中华宗教文化交流协会与中国伊斯兰教协会于2016年7月20日在新疆乌鲁木齐共同举办的“伊斯兰教中道思想国际研讨会”的论文集成。大会以“倡导中道思想，反对极端主义”为主题，就伊斯兰教所面临的严峻现实，针对世界一些地方频发的暴力恐怖活动，从经典教义角度，深入研讨伊斯兰教的中道思想，分享各国反对极端主义的成功经验。

《世界的信使——元明回商研究》[④] 为教育部“人文社科研究规划项目”结题成果，以元代和明代回商为研究对象，全面梳理和研究了在此期间回商的活动全貌和历史变迁，既有宏观把握，又有微观研究。全书从族群构成、商业活动、宗教文化等多视角讨论了回商从元到明的历史发展进程，指出回商在元代达到高峰，对当时的政治、经济、社会产生了巨大的影响，而进入明代后又实现了重大经营转换。作者将这一发展转变放在回族形成过程中进行考察，关注二者之间的关联，探讨了商业转型对回族民族形成的重要意义。

高惠珠著的《阿拉伯的智慧：信仰与务实的交融》[⑤] 一书，用当代视野，以伊斯兰文明为主线、引经（《古兰经》）据典（阿拉伯典故），并以文化比较的方法，对阿拉伯人在解决人类社会生存所必然面临的种种基本问题同取得成功的智慧给予介绍。

《传统、调适与现代——中国伊斯兰家庭文化研究》[⑥] 一书探讨了中国伊斯兰家庭文化的内容、特点、发展趋势及现实意义。在阐述伊斯兰教产生的背景及特征之后对伊斯兰家庭文化的婚姻生活、夫妻之道、亲子之道、孝悌理念、教育理念、商业文化、饮食文化等主要内容给予介绍，提出中国伊斯兰家庭文化对促进家庭和睦稳定、社会文明和谐、构建学习型社会、弘扬孝文化、缓解老龄化压力等方面的现实意义。

《西北地区信奉伊斯兰教民族婚俗舞蹈研究》[⑦] 一书以生活在中国西北地区的撒拉族、回族、维吾尔族婚礼中的民间舞蹈为研究对象，在大量一手调查资料、文献资料的基础上，试图分析撒拉族的《堆依奥依纳》、回族的《宴席舞》和维吾尔族的《纳孜尔库姆》

---

① Ziauddin Sardar：《麦加，伊斯兰千年圣城：文明的崛起与变调，穆斯林最深沉的倾诉》，高平唐译，台北：联经出版有限公司2017年版。

② 私市正年：《伊斯兰怎么了：地图解读跨越千年的穆斯林文化》，林长宽审定，李欣怡译，台北：世潮出版有限公司2017年版。

③ 冯金源：《中国伊斯兰教概论》，宁夏人民出版社2017年版。

④ 杨志娟：《世界的信使——元明回商研究》，人民出版社2017年版。

⑤ 高惠珠：《阿拉伯的智慧：信仰与务实的交融》，华文出版社2017年版。

⑥ 马少卿：《传统、调适与现代——中国伊斯兰家庭文化研究》，人民出版社2017年版。

⑦ 马盛德：《西北地区信奉伊斯兰教民族婚俗舞蹈研究》，中华书局2017年版。

这三种婚俗舞蹈各自兴衰的过程。着重从三种婚俗舞蹈所依存的民族历史发展背景、它们与伊斯兰教教义之间的关系、它们在婚礼中的礼仪作用、它们所受到的伊斯兰教审美观的影响、三种婚俗舞蹈兴衰的自身原因等方面，分析了三者各自的异同，从而试图揭示它们在历史兴衰过程中的真实状态和各自发展的内在动因。

《西北地区穆斯林妇女社会参与研究——基于甘肃省回族、东乡族妇女的个案研究》[①]一书以西北民族地区穆斯林散杂居与聚居的甘肃省兰州市和临夏回族自治州广河县为主要田野点，通过对当地回族、东乡族穆斯林妇女在经济、政治、宗教文化、教育等各个领域社会参与的探讨和分析，提出西北穆斯林妇女可通过社会参与和转变传统观念等方式实现传统角色的转换、改善社会性别关系和提高穆斯林妇女自身的社会地位，并促进穆斯林妇女的全面发展。

《中亚文明史（修订版 六卷本）》[②] 由联合国教科文组织编写，是以全面描述中亚文明为主题的重要历史文献。该书揭示了中亚地区从文明之初到当今时代各种文化的兴盛与衰落。

（六）中东研究

中东研究是伊斯兰教研究的热点之一，也是学科交叉较为突出的领域，这一领域的专著和译著也较为丰富。张信刚的《大中东行纪（修订版）》[③] 一书指出，“大中东”是人类文明最早出现的地区，是历史上不同文明冲突与交融最为显著的地区，是当今世界各种矛盾集中表现的地区。通过追述大中东各国的历史与文化，并以人类历史的纵深视野和国际政治的视野，探究中东、北非、高加索等地区硝烟不息的历史缘由和现实原因。

《阿拉伯黄皮书：阿拉伯发展报告（2015—2016）》[④] 是北京语言大学阿拉伯研究中心组织编纂的年度报告，致力于对当前阿拉伯世界重大动向及地区国家形势进行跟踪研究和深度剖析，并力求达到三个目标：提升对阿拉伯世界的国别和区域研究水平，向社会普及阿拉伯国家基本知识，为政府机构和企业提供决策参考。该书是该系列出版的第三本年度报告，主要内容分为五个部分：第一篇是总报告，综合分析阿拉伯国家乱局纵深发展的态势；第二篇是专题篇，剖析当前阿拉伯世界的若干地区热点问题；第三篇是国家篇，评估阿拉伯世界主要国家当前形势；第四篇是国际关系篇，探讨美国、俄罗斯、欧盟等外部大国及国家集团与中东的互动；第五篇是“一带一路”专题，重点分析了“一带一路”倡议实施与中国中东战略的关系。

《阿拉伯研究论丛（2016 年第 2 期总第 4 期）》[⑤]，分为三部分，主题分别是国别与区域话题聚焦：“伊斯兰”、世俗化与国际政治，阿拉伯语言、文学，阿拉伯社会、文化。第一部分主要是聚焦阿拉伯国际热点问题和历史研究，涉及极端组织“伊斯兰国”、阿拉伯国家的民主化进程、苏丹政治现代化研究等。第二部分主要涉及阿拉伯语言文学，文章主

---

① 马桂芬：《西北地区穆斯林妇女社会参与研究——基于甘肃省回族、东乡族妇女的个案研究》，人民出版社 2017 年版。

② 联合国教科文组织编：《中亚文明史（修订版 六卷本）》，中译出版社 2017 年版。

③ 张信刚：《大中东行纪（修订版）》，广西师范大学出版社 2017 年版。

④ 罗林：《阿拉伯黄皮书：阿拉伯发展报告（2015—2016）》，社会科学文献出版社 2017 年版。

⑤ 周烈、肖凌编：《阿拉伯研究论丛（2016 年第 2 期总第 4 期）》，社会科学文献出版社 2017 年版。

题包括“埃及六十年代辈”作家述评、回族穆斯林语言中的阿拉伯语音译词语、阿拉伯半岛沙漠环境对阿语隐喻的影响、阿拉伯语语法派别述评、纳吉布·马哈福兹的存在主义絮语、沙特中篇小说《欢痛》的创作心理状态等。第三部分的主题为阿拉伯社会文化，主要文章主题包括浅析五四新文化运动与埃及近代文学复兴、黎巴嫩地理环境二元特征与文化遗产、“一带一路”背景下阿拉伯商人中国文化的融入、黎巴嫩智库发展现状及对我国智库的启事。

《中东两千年》[①] 一书以浑厚的历史研究功力和新颖的开阔历史视野，不仅为读者客观地展现了一部中东地区两千年来的兴衰、荣辱和发展的史诗，也对这段历史中具有特色和富有启发意义的功业、事件、趋势和成就给予公正的评价。该书弱化政治因素，着力于中东地区在社会、经济以及文化上的转变，史料丰富。《中东死生门：巴以行走观察》[②] 通过100多张触及人心的图片，突出在任何时空皆相同的人的故事。描绘出中东百年旧怨的画像，揭示根本的冲突是：土地、政治与身份。作者同年的另一本书《走出中东：全球民主浪潮的见证与省思》[③] 中以一线经验丰富的国际新闻记者的身份，作者走过土耳其、埃及、巴林、利比亚、伊朗、尼泊尔……记录下尼泊尔改制、伊拉克重建、“阿拉伯之春”、乌克兰战争、委内瑞拉的阴影、列支敦士登公投、英国女王存废等全球重大变革事件。在身历16个国家，访问135位人物后，周轶君由中东落笔，荡至全球各大新闻热点地区，为这个时代正在经历的逆转、混乱与动荡，做了普遍描绘。她以客观、真实、思辨的笔触，记录下每个人在历史转折中的处境、变迁中的笑声与泪影。

此外，还有《炮弹下的渴望：加沙走廊轰炸日记》[④]，作者以亲历者的身份、冷静的口吻讲述2014年7月以色列六年来对袈裟走廊地区发动的第三次轰炸，也是最为惨烈的一次。其目的是“希望让那些应该让大家知道的故事得以保存。希望我们年轻一代，恢复友好和平的关系，而不是把彼此当作仇敌看待”。《中东纪事》[⑤] 的作者是1999年至2004年初中央电视台驻外记者，参与了开罗记者站的建立。常驻埃及的5年，作者和同事报道了很多重要历史事件，包括伊拉克战争、巴以冲突、以色列从南黎巴嫩撤军、土耳其地震、阿尔及利亚地震、海湾空难等；采访了很多历史见证者，也包括很多在战争中挣扎的平民百姓。该书是十几年后作者的回忆文字。

《黑旗：ISIS的崛起》[⑥] 是2016年第100届普利策奖获奖作品，作者深入中东恐怖策源地ISIS，还原“伊斯兰国”黑暗崛起之路。

什叶派研究对于理解纷繁复杂的中东政治具有十分重要的意义。《海湾阿拉伯什叶派政治发展研究》[⑦] 较为详细地梳理了伊拉克、沙特、巴林和科威特四个海湾阿拉伯国家的什叶派政治发展，尤其着重研究了伊拉克什叶派百年以来的政治沉浮。在此基础上，考察了阿拉伯什叶派乌里玛的政治参与，分析了伊朗和中东教派矛盾的复杂影响，总结了阿拉伯什叶派政治发展的特点，并以民族国家理论审视了阿拉伯什叶派问题的内在根源。

---

① ［英］伯纳德·路易斯：《中东两千年》，郑之书译，国际文化出版社2017年版。

② 周轶君：《中东死生门：巴以行走观察》，中信出版社2017年版。

③ 周轶君：《走出中东：全球民主浪潮的见证与省思》，中信出版社2017年版。

④ ［巴勒斯坦］穆罕默德·奥默：《炮弹下的渴望：加沙走廊轰炸日记》，温泽元译，中信出版社2017年版。

⑤ 刘茁野：《中东纪事》，北京联合出版社2017年版。

⑥ ［美］乔比·沃里克：《黑旗：ISIS的崛起》，钟鹰翔译，中信出版社2017年版。

⑦ 李福泉：《海湾阿拉伯什叶派政治发展研究》，生活·读书·新知三联书店2017年版。

关于土耳其的研究聚焦于历史，有三本译著。《奥斯曼帝国的衰亡：一战中东，1914—1920》[①] 一书通过战争亲历者的视角，讲述了一战中东的重大军事政治斗争。从奥斯曼帝国向俄国开战这一灾难性行动，到被驱逐的亚美尼亚人的苦难；从英国入侵阿拉伯半岛，到阿拉伯人起义及奥斯曼帝国最终的分崩离析，战壕里的恐怖经历和大后方的惶恐生活相互交织，揭示了一段充满死亡气息的动荡历史。《奥斯曼帝国闲史》[②] 从大草原上游牧部落的逐步抱团称霸起笔，历经君士坦丁堡之战、苏丹兄弟相争、塞尔维亚大征服等重大事件，直至20世纪初凯末尔的奇迹崛起，详述奥斯曼帝国六百年兴起、繁盛而至衰亡的神秘命运。该书以剑桥学者的冷静专业口吻，对历史过程进行有条不紊的展开；同时作者出于对奥斯曼帝国的迷恋，又跳脱一般学术著作的刻板，而是倾力将这一重要帝国描述为一个有血有肉有个性的对象，通过征引相关著作、游记和通信内容，提供了大量罕见细节，呈现出一个令人耳目一新又必须信服的独特的奥斯曼帝国形象。《帝国的背影：土耳其简史》[③] 2017年4月16日，土耳其修宪公投结束，全民同意改总理制为总统制，给予总统更大权力，引发世界哗然。一个国家的宪法改革为何牵动全球？土耳其的政局变动对世界政治又有何影响？著名历史学家诺曼·斯通从1000年前写起，讲述土耳其的沧桑往事。从11世纪安纳托利亚地区的塞尔柱人写到21世纪申请加入欧盟的土耳其，从奥斯曼土耳其帝国写到土耳其共和国，更对"一战"后的土耳其因东西方、宗教、传统和现代化等因素而充满动荡和冲突，甚至影响国家定位，进行了鞭辟入里的分析。

（七）文明对话：伊斯兰与西方

汪波的《欧洲穆斯林问题研究》[④] 对"二战"结束之后欧洲穆斯林人口的由来、当下的处境以及面临的危机和挑战给予了分析，其中涉及移民融入以及难民危机和极端主义蔓延等热点问题。

《慕尼黑的清真寺》[⑤] 描述了慕尼黑清真寺与恐怖活动有着令人不安的联系。从20世纪80年代开始，数起被制止的暴恐策划以及马德里和伦敦的恐怖事件中，嫌疑对象都是在欧洲出生的第二代或第三代年轻穆斯林，这让调查人员万分震惊。对慕尼黑穆斯林的争夺，给西方带来了一种致命的意识形态。伊斯兰激进主义，作为一种高度政治化的暴力的思想体系，为恐怖主义提供了温床。在2001年纽约和华盛顿的恐怖袭击中，西方直接体会了这种暴力。

20世纪70年代和80年代，美国曾试图争取穆斯林在阿富汗对抗苏联，著名的基地组织就是在那时诞生的。但慕尼黑清真寺还要往前推三十年，那是冷战之初。在当时的德国，穆斯林卷入的是一场心理战，一场观念之争。在整个西欧，穆斯林人数在1500万—2000万，是美国穆斯林人数的四倍。这种人口结构的变化并没有逃过伊斯兰世界的眼睛。著名的伊斯兰激进主义组织就是穆斯林兄弟会，正是穆兄会，把清真寺变成了一个实现党

---

① ［英］尤金·罗根：《奥斯曼帝国的衰亡：一战中东，1914—1920》，王阳阳译，广西师范大学出版社2017年版。

② ［英］杰森·古德温：《奥斯曼帝国闲史》，罗蕾、周晓东、郭金译，江苏人民出版社2017年版。

③ ［英］诺曼·斯通：《帝国的背影：土耳其简史》，刘昌鑫译，中信出版社2017年版。

④ 汪波：《欧洲穆斯林问题研究》，时事出版社2017年版。

⑤ ［美］伊恩·约翰逊：《慕尼黑的清真寺》，岳韦译，上海译文出版社2017年版。

派目标的基层政治组织。而穆兄会在西方几乎所有的活动，都起源于运作慕尼黑清真寺的那一小群人。穆兄会已经把自己的根系深深地扎进了西方社会。没有人能说得清西方对穆兄会既迷恋又排斥的心态。

《伊斯兰和世俗国家——伊斯兰法的未来议定》[①] 介绍了当代著名的穆斯林学者和人权活动家阿布杜拉·艾赫迈德·安那伊姆对世俗国家中伊斯兰法的地位的阐述，探究和设想了发挥伊斯兰法的一种积极和可持续作用的路径。

来自法国知名历史学家阿敏·马卢夫的阿拉伯三部曲值得关注。《非洲人莱昂的旅程》[②] 是穆斯林世界的《巨流河》，集传记、历史小说与探险小说于一体。还有另外两部：《阿拉伯人眼中的十字军东征》[③] 和《撒马尔罕》[④]。阿敏·马卢夫作为西方世界里的阿拉伯人和阿拉伯世界里的基督徒，他的作品有其独特的历史意识，自始至终都在追寻伊斯兰文化与世界文化的和平共处这一命题，他在向世界介绍伊斯兰世界与伊斯兰文化的同时，也试图通过作品寻找当今世界面临一系列宗教民族问题的历史根源。在《撒马尔罕》一书中，马卢夫将虚构与历史交织在一起，升华了人们对东方的想象。然而，作者所要传达的重要的信息则是相互矛盾、彼此对立的两个世界、两个时代的相遇和融合。这里的东方已经褪去了异国风情的浪漫面具，而这里的西方却设计出新的世界模式，这样的两个世界能否最终实现融合？

（八）伊斯兰建筑艺术

2017 年度有三本专著介绍伊斯兰建筑。《印度伊斯兰时期城市与建筑》[⑤] 属于“喜马拉雅城市与建筑文化遗产丛书”，由南京工业大学建筑学院教授汪永平及其团队著写。该书详细地介绍和分析了印度伊斯兰时期 11 座历史城市的发展演变和典型传统建筑概况、实例，总结出印度伊斯兰时期城市形态和建筑设计的特征。解析此期印度伊斯兰城市和建筑的建设理论，为读者了解研究印度伊斯兰时期的城市和建筑提供了参考。《建筑艺术卷：伊斯兰建筑装饰艺术》[⑥] 是“新疆艺术研究”辑刊之一，主要内容包括：库车清真大寺、和田加满清真寺、库尔勒加满清真寺、叶城大清真寺、于田艾提尕尔大清真寺、阿克苏栏杆罕尼卡清真寺、阿克苏阿音科乡麦吾拉纳·加玛力丁·布哈拉麻扎和清真寺、洛浦县大清真寺、阿图什麦西提清真大寺等。马玮的《视觉：中国著名清真寺》[⑦] 一书收录了全国著名的国宝级清真寺以及省宝清真寺 50 座，是对它们的系统整理及视觉再现。该书获 2017 年第七届天鹤奖国际创新设计大赛提名奖。

---

① ［美］阿卜杜拉·艾赫迈德·安那伊姆：《伊斯兰和世俗国家——伊斯兰法的未来议定》，吕耀军编译，中国社会科学出版社 2017 年版。

② ［法］阿敏·马卢夫：《非洲人莱昂的旅程》，黄思思、凌子涵、彭广恺译，民主与建设出版社 2017 年版。

③ ［法］阿敏·马卢夫：《阿拉伯人眼中的十字军东征》，黄思思、凌子涵、彭广恺译，民主与建设出版社 2017 年版。

④ ［法］阿敏·马卢夫：《撒马尔罕》，黄思思、凌子涵、彭广恺译，民主与建设出版社 2017 年版。

⑤ 汪永平：《印度伊斯兰时期城市与建筑》，东南大学出版社 2017 年版。

⑥ 左力光：《建筑艺术卷：伊斯兰建筑装饰艺术》，新疆美术摄影出版社 2017 年版。

⑦ 马玮：《视觉：中国著名清真寺》，商务印书馆 2017 年版。

二 期刊学术论文

根据知网统计，2017 年度发表以伊斯兰教和穆斯林为主题的学术论文近 500 篇。可以明显看出，在国内伊斯兰教研究方面，“伊斯兰教中国化”“去极端化”，以及以典籍和人物研究为依托的回儒对话是 2017 年度的研究热点。

此外，2017 年国内伊斯兰研究领域取得学位的硕士、博士学位论文共 67 篇，是自 2007 年以来数量最少的一年，不及 2016 年 146 篇的一半。这些论文涉及了伊斯兰教研究的各个领域，区域研究方面中亚、中东、欧洲和土耳其是热点地区，探讨了从宗教运动的复兴到宗教与政治的互动关系等议题。国内的地方伊斯兰教研究关注的范围更广泛，采用的学科研究方法也更多样，涉及宗教变迁、传统经典解读、慈善救济、书法建筑艺术、音乐美学以及心理学各领域。

在国际伊斯兰教研究方面，“伊斯兰国”“中东”“欧洲穆斯林移民”“难民”问题是研究热点，其中与“伊斯兰国”相关的论文数量超过 60 篇，对后“ISIS”时期，恐怖分子可能回流欧美、中亚、东南亚、南亚的各种预警是研究重点。

三 学术会议

2017 年度，中国社会科学院世界宗教研究所伊斯兰教研究室主办了如下几次学术研讨会。

在 2017 年 5 月 25 日举行的“伊斯兰教与欧美社会”学术研讨会上，来自不同领域的专家学者对当下热点的欧美穆斯林移民和难民问题进行了热烈的研讨。这也是国内首次就该领域进行的研讨。

2017 年 9 月 5 日，由中国社会科学院学部主席团主办，中国社会科学院世界宗教研究所、北京市基督教两会、中国宗教学会联合承办的“中国社会科学论坛（2017）”暨“宗教革新与社会发展国际学术会议”在北京举行，中国社会科学院世界教研究所伊斯兰教研究室主办了其中伊斯兰分论坛的学术研讨会，来自国内外学者就伊斯兰教的改革与本土化发表了论文。

京津冀“坚持伊斯兰教中国化方向”福德论坛于 2017 年 10 月 30 日在北京举办。契合党的十九大精神，会议研讨了“和平中道——传承伊斯兰教优良传统”“文明互鉴——伊斯兰教中国化的历史进程”“互融互通——伊斯兰文化与中国传统文化”“对外交流——‘一带一路’与中国伊斯兰教研究”“传承发展——近现代伊斯兰文化发展之路”等议题。

第三届“全国伊斯兰教学术研讨会”于 2017 年 11 月 19—21 日在北京召开，此次会议的主题是“伊斯兰教与中国文化”。会议由中国社会科学院世界宗教研究所伊斯兰教研究室、中国宗教学会主办，来自全国一百多位专家学者出席会议。在两天半的研讨中，与会代表结合伊斯兰教与中国文化的关系，从以下七个议题深入探讨了伊斯兰教中国化问题：1. 伊斯兰教与中国传统文化，2. 经堂教育的传统与衍新，3. 伊斯兰教与中国社会，4. 回儒会通与汉文译著，5. 中国穆斯林与近代新文化运动，6. 宗教本土化的理论与实践，7. 宗教本土化的国际视野。

四　国外研究

在 sage 期刊数据库中，可以检索到 2017 年度发表于各种学术期刊的相关论文和书评 2584 篇，其中社会科学和人文科学类研究的 467 篇，社会学研究的 165 篇，政治和国际关系领域研究的 130 篇，大众传播和媒体研究的 116 篇，教育类研究的 62 篇，文化研究的 58 篇，其他心理、健康、犯罪学、经济与发展方面研究的各 40 篇。从研究内容的侧重来看，虽然涉及政治和国际关系领域的研究成果数量高居第二位，但是国外伊斯兰教研究更注重“本”与“体”，对犹太教、基督教和伊斯兰教三大一神教的比较研究也渐入佳境，越来越多的学者能够客观看待它们之间内在的关联，探讨神学上的互通从而为实现和平互谅服务。另外，全球化背景下，在便捷的虚拟空间，穆斯林的诸多思潮、运动如何以自己特定的方式回应机遇和挑战、地方性和全球化如何互动也是学者的兴趣之一。

五　对未来研究领域和研究方法的思考

未来需要中国学者更多在中东、欧美、南亚、东南亚和中亚进行田野工作，能够以中国学者自己的视角、一手的研究资料做出客观准确的研究，真正服务于国家利益，提升中国学术软实力。

在伊斯兰教中国化的时代背景下，需要更好地挖掘中国伊斯兰教历史的、地方的、文化的资源，拓展并深化对中国伊斯兰教独特文化品相的认知，这将有利于更好地团结穆斯林群众，更好助力中华民族的伟大复兴。对新出现的研究领域要投入更多关注，比如网络媒体特别是自媒体的影响，虚拟世界和真实现实的互动等。

最后、最重要的，依然需要加大对伊斯兰教基础理论的研究力度和投入，只有更深入扎实的基础理论研究才能为其他相关学科的发展提供真正可信可靠的基石。

2017年度宗教艺术学学科发展综述

嘉木扬·凯朝 等

2017年宗教文化与艺术学科发展与研究主要体现在佛教艺术（包括各地佛教诸派艺术内容，如汉传佛教、蒙藏佛教、南传佛教），道教艺术与民间信仰艺术，基督教艺术，伊斯兰教艺术等。具体综述如下。

一 佛教艺术

佛教艺术研究按照教派分为汉传佛教艺术、蒙藏佛教艺术、南传佛教艺术，每一个教派相关的研究成果，按照艺术形态分为美术、音乐和乐舞三个类别进行分述。

（一）汉传佛教领域

1. 汉传佛教美术

汉传佛教美术长期以来一直是宗教艺术研究的重点，这部分的研究成果，从数量上看也是最多的。2017年度的汉传佛教美术研究成果主要体现在佛教艺术通史、区域性佛教艺术、丝绸之路佛教艺术以及佛教艺术个案研究等方面。

（1）佛教艺术通史以及佛教艺术研究的方法论、文化含义的研究

赖永海、王月清主编的《中国佛教艺术史》① 放眼中国本土文化与域外文化交流、融合的大背景，阐述了佛教传入东土后，中国佛教艺术的种类、形成、发展、流变及其影响，力图反映佛教文化艺术在中华文化历史图景中的整体风貌和独特景致，具有重要的学术价值。费泳的《汉唐佛教造像艺术史》② 以时代区域为依凭，对中土佛教造像风格之演变、造像断代沿革之轨迹等艺术论题的阐述，颇有建树。李熙灿《佛教文化与艺术》③ 介绍中国佛教诸多基本面，涉及佛教起源、基本思想，到宗派与典籍，再到历史与人物、艺术与建筑等，时间跨度为两千年，涵盖汉传、藏传、南传三大语系。全书布局中正，取舍有度。书中所述，虽皆引自佛家典籍，但采用白话叙述，深入浅出，故事性较强。罗宏才主编的《佛教艺术模式与样式》④ 系中国首部集纳资深专家学者系统对佛教艺术模式、样式进行深度研究获得重要成果的学术著作，系统讨论了样式在佛教艺术的发展、传播中的作用。

---

① 赖永海、王月清主编：《中国佛教艺术史》，南京大学出版社2017年版。

② 费泳：《汉唐佛教造像艺术史》，湖北美术出版社2017年版。

③ 李熙灿：《佛教文化与艺术》，学苑出版社2017年版。

④ 罗宏才主编：《佛教艺术模式与样式》，上海大学出版社2017年版。

何劲松的《关于禅意书画的几点思考》[①] 一文从禅意书画涉及的基本范畴、玄禅背景下书法艺术的自觉、玄禅背景下绘画艺术的自觉、禅学与书画艺术的总体演进方向等方面对禅意书画的内涵作了新的阐发与探究。张总的《风格与样式——中国佛教美术中四家样说简析》[②] 一文是对中国佛教美术内风格与样式之分析，唐张彦远《历代名画记》提出了中国佛教美术的四家样，但是其中含有风格与样式的区别，另外近现代人文科学中美术史与古代画史等本质有所不同，使用的概念、范畴也都有不同，因此，厘清这些问题对于古代佛教艺术史有着重要的意义。此外还有一些相关论文，例如李四龙的《世界史与解经学的并重 当代佛教研究的方法论与新领域》[③] 以及包艳、汪小洋的《宗教艺术的文化增殖及内在逻辑》[④] 等都对佛教美术的研究方法进行了深入讨论。

（2）区域性的佛教艺术研究重点依然为敦煌、云冈等地石窟艺术

在这方面的重点成果有：《云冈石窟佛造像：典藏卷》[⑤]，该著作汇集了五百余张精美图片，再现了云冈石窟最宝贵的艺术精华，同时也是展现云冈石窟研究积六十年之功的重要成果，是近年来关于云冈石窟的重要工具书。段文杰的《敦煌石窟艺术研究（精）》[⑥] 是一部有关敦煌石窟艺术研究的论文集。书稿以专题形式论述了敦煌艺术的分期、特征、源流、变化，以及所反映的时代状况、艺术成就、历史价值，通过考察外来文化与民族传统的相互作用，探讨了敦煌艺术创作的方法、表现技法和佛教艺术美学等。赵晓星的《吐蕃统治时期敦煌密教研究》[⑦] 整理了与吐蕃统治时期敦煌密教有关的大量文献与图像资料，对吐蕃时期的敦煌密教进行了一次系统的研究。上篇为以敦煌文献与图像为中心的综合研究，下篇是以莫高窟第 361 窟为中心的石窟个案研究。该书的研究对敦煌密教发展史有重要的意义。杨郁如的《敦煌隋代石窟壁画样式与题材研究》[⑧] 从图像样式与题材两方面具体研究隋代石窟艺术的创新与变革，在石窟的布局样式与图像样式研究上，又特别关注到北齐风格的影响。作者在研究中发现，隋代石窟艺术中丰沛的创造力并非只是单纯地接受中、西因素，而是因为新的图式、题材、思想的传入，刺激莫高窟原有的样式、题材等出现了新的发展。《法华经》是重要的大乘经典之一，自东汉传入中国后广泛传播，被尊为“诸佛之密藏，众经之实体”。张元林所著的《北朝—隋时期敦煌法华图像研究》[⑨] 系统地考察了北朝时期敦煌《法华经》艺术的表现形式及其所反映的信仰思想及背景。王惠民的《敦煌佛教与石窟营建》[⑩] 为“敦煌与丝绸之路石窟艺术”丛书之一，按照敦煌石窟在不同历史时期营建年代的先后顺序，对各时期石窟的形制与营建、石窟特点和其蕴含的特定文化意涵等做了系统的梳理、归纳和研究，是一部对敦煌佛教与石窟营建进行专项研究的专业性和代表性著作。阴氏是活跃在敦煌历史上一个特殊的家族，这个家

---

① 何劲松：《关于禅意书画的几点思考》，《世界宗教文化》2017 年第 5 期。

② 张总：《风格与样式——中国佛教美术中四家样说简析》，《敦煌研究》2017 年第 3 期。

③ 李四龙：《世界史与解经学的并重 当代佛教研究的方法论与新领域》，《中国宗教》2017 年第 8 期。

④ 包艳、汪小洋：《宗教艺术的文化增殖及内在逻辑》，《甘肃社会科学》2017 年第 4 期。

⑤ 云冈石窟研究院编：《云冈石窟佛造像：典藏卷》，青岛出版社 2017 年版。

⑥ 段文杰：《敦煌石窟艺术研究》（精），甘肃人民出版社 2017 年版。

⑦ 赵晓星：《吐蕃统治时期敦煌密教研究》，甘肃教育出版社 2017 年版。

⑧ 杨郁如：《敦煌隋代石窟壁画样式与题材研究》，甘肃教育出版社 2017 年版。

⑨ 张元林：《北朝—隋时期敦煌法华图像研究》，甘肃教育出版社 2017 年版。

⑩ 王惠民：《敦煌佛教与石窟营建》，甘肃教育出版社 2017 年版。

族具有所有敦煌大族的共性，即以家族为单位，为巩固家族的地位做出不懈努力，也为敦煌的社会、经济和文化做出了应有的贡献。在敦煌历史的舞台上，阴氏家族又展现出了自身个性，从北朝至曹氏归义军各时期，莫高窟都保存有其开窟造像的痕迹。张景峰的《敦煌阴氏与莫高窟研究》① 即是一本研究敦煌阴氏家族的专著。

敦煌以外，其他区域性佛教艺术研究还有《普陀山建筑艺术与宗教文化》② 一书，它基于作者恩斯特·柏石曼1906—1909年在中国游历期间实地考察的研究成果，向读者展现出普陀山各寺庙迥异的建筑风格与特点。除文字描述外，作者还在其间穿插了共112幅珍贵的普陀山照片，以及105张精确的测绘图。形象直观的视觉形象与生动详细的文字描述共同勾勒出一副清晰完整的普陀山寺庙图景。彭明浩的《云冈石窟的营造工程》③ 一书从营造工程的视角，考察云冈石窟各类工事活动的关系，注重空间层次及打破、避让等遗迹现象，可视为考古层位学在石窟研究中的具体应用，与考古类型学结合，或有助于更为全面完整地考察石窟。麦积山石窟最早洞窟的年代，始终是困扰麦积山研究者的难题。魏文斌的《麦积山石窟初期洞窟调查与研究》④ 一书较为客观地介绍了每个洞窟的全部内容，并为其年代判断、题材内容的考证提供了较好的资料。吴荭的《北周石窟造像研究》⑤ 一书从北周石窟寺类型分析、北周各石窟寺比较、北周单体造像研究、南朝造像与北周石窟及单体造像的关系等方面对北周石窟造像的源流及艺术特点等作了深入研究。

硕博士学位论文方面，侧重于某些重要题材的单独研究，如杨磊的《北魏石窟造像中的“飞天”形像演变研究》⑥、闫德朋的《北魏云冈飞天雕塑造型形式探究》⑦、赵文娟的《巩义石窟寺北魏后期飞天艺术样式的中土化研究》⑧ 皆以云冈石窟、巩义石窟中的飞天作为研究对象。刘丽莉的《太和十三年贾法生兄弟造金铜二佛并坐像研究》⑨、马兰的《北朝造像碑“释迦诞生”图像研究》⑩ 都关注到了北朝时期重要的造像题材。张铭的《麦积山石窟第4窟研究》⑪ 选取单个洞窟进行综合分析，推进了麦积山石窟的空间、图像研究。

此外，还有一些在期刊发表的文章研究云冈石窟、麦积山石窟。如范军的《云冈石窟北魏前期佛教雕塑中的印度佛教艺术样式及其设计》⑫；武大明的《云冈石窟早期佛教造像的多元化因缘》⑬ 就构成云冈石窟之皇家工程在雕造背景、多元化因缘、艺术特征审美价值等方面加以论述。武秉政的《云冈石窟的佛教造像艺术研究》⑭ 研究了云冈石窟中

---

① 张景峰：《敦煌阴氏与莫高窟研究》，甘肃教育出版社2017年版。
② ［德］恩斯特·柏石曼：《普陀山建筑艺术与宗教文化》，史良、张希晅译，商务印书馆2017年版。
③ 彭明浩：《云冈石窟的营造工程》，文物出版社2017年版。
④ 魏文斌：《麦积山石窟初期洞窟调查与研究》，甘肃教育出版社2017年版。
⑤ 吴荭：《北周石窟造像研究》，甘肃教育出版社2017年版。
⑥ 杨磊：《北魏石窟造像中的“飞天”形像演变研究》，云南艺术学院，硕士学位论文，2017年。
⑦ 闫德朋：《北魏云冈飞天雕塑造型形式探究》，山东工艺美术学院，硕士学位论文，2017年。
⑧ 赵文娟：《巩义石窟寺北魏后期飞天艺术样式的中土化研究》，北京服装学院，硕士学位论文，2017年。
⑨ 刘丽莉：《太和十三年贾法生兄弟造金铜二佛并坐像研究》，华东师范大学，硕士学位论文，2017年。
⑩ 马兰：《北朝造像碑“释迦诞生”图像研究》，华东师范大学，硕士学位论文，2017年。
⑪ 张铭：《麦积山石窟第4窟研究》，兰州大学，博士学位论文，2017年。
⑫ 范军：《云冈石窟北魏前期佛教雕塑中的印度佛教艺术样式及其设计》，《设计》2017年第13期。
⑬ 武大明：《云冈石窟早期佛教造像的多元化因缘》，《山西档案》2017年第3期。
⑭ 武秉政：《云冈石窟的佛教造像艺术研究》，《美与时代·美术学刊》2017年第4期。

的佛教造像，并阐述了它们之间的关系。李梅的《跨文化视域下的北魏“褒衣博带式”佛衣设计意涵——以麦积山147窟主佛造像为例》① 一文以麦积山147窟主佛造像为例，从设计与体验美感及象征意义等维度探究文化和设计意涵的内在联系，为跨文化佛衣设计思想研究提供了新思路。

（3）丝绸之路佛教艺术研究依然是研究的热点

随着“一带一路”倡议的实施与推进，丝绸之路沿线佛教艺术研究逐渐成为国内外学界的热点。2017年度，在这一领域发布的重要研究资料有湖北省博物馆编《佛像的故乡：犍陀罗佛教艺术》② 选取“佛像的故乡——犍陀罗佛教艺术展”中南京大报恩寺遗址博物馆等机构珍藏的六十余件艺术珍品，反映了犍陀罗佛教艺术的不同形式和题材，让读者了解犍陀罗佛教艺术的艺术价值与文化价值。日本学者栗田功的《大美之佛像：犍陀罗艺术》③ 通过犍陀罗美术的名品，简明并系统地介绍了犍陀罗艺术的发生、发展、艺术特点以及有关佛陀生平的本生故事和佛传故事。研究方面，阮荣春、张同标的《从天竺到华夏：中印佛教美术历程》④ 是一本通史性的专著，以时间顺序为主要脉络，地域分别为辅助线索，以国内各省市著名壁画、石窟艺术遗珍为主要对象，分章解析从印度到中国佛教美术的发展进益及本土化历程。全书配有400余幅插图，宏观开阔和微观深入两相结合，为佛教美术在中国的演进研究提供了翔实的实地资料和理论参考。乐仲迪的《从波斯波利斯到长安西市》⑤ 一书所收录的大夏和萨珊印章、波斯摩崖石刻以及来华粟特葬仪等方面的研究文章，使得敦煌学、吐鲁番学大篇幅改写，使得波斯学、中亚学与中国的长安、洛阳文明完美辉映。瑞德维拉扎的《张骞探险之地》⑥ 一书原书名为“伟大的丝路”，作者巧妙地通过“从西方到东方”“从东方到西方”的梳理论述，在“丝绸之路”上沿着希腊、罗马文化以及佛教、基督教、犹太教、摩尼教的文明足迹，追寻了粟特人、突厥人以及中国人所创造的灿烂文化及他们之间相互沟通的千年历史，对欧亚政治、经济和文化进行了纵览式的论述。刘韬的《唐与回鹘时期龟兹石窟壁画研究》⑦ 一书在充分掌握龟兹石窟百年学术史研究成果的基础上，探索了图像、样式与风格在石窟壁画研究中的可行性与具体方法，所做的尝试与提出的观点对这一领域的研究深化有比较重要的意义。汪永平、徐燕、王锡惠的《印度佛教城市与建筑》⑧ 一书针对印度的佛教建筑从整体到局部包括印度佛教建筑的建筑群体、建筑单体和建筑装饰进行了研究和分析。

硕博士学位论文方面，闫飞的《克孜尔石窟佛传故事图像研究》⑨，以克孜尔、印度实地考察资料为基础，对部分重点题材进行梳理与比对，包括佛传艺术的题材组合、序列逻辑、主题思想的宏观构架，和人物造型、情节演进等微观流变两个方面，论述了克孜尔

① 李梅：《跨文化视域下的北魏“褒衣博带式”佛衣设计意涵——以麦积山147窟主佛造像为例》，《装饰》2017年第10期。

② 湖北省博物馆编：《佛像的故乡：犍陀罗佛教艺术》，文物出版社2017年版。

③ ［日］栗田功：《大美之佛像：犍陀罗艺术》，唐启山、周昀译，文物出版社2017年版。

④ 阮荣春、张同标：《从天竺到华夏：中印佛教美术历程》，商务印书馆2017年版。

⑤ ［美］乐仲迪：《从波斯波利斯到长安西市》，毛铭译，漓江出版社2017年版。

⑥ ［乌兹别克斯坦］瑞德维拉扎（Edvard Redvelatze）：《张骞探险之地》，高原译，漓江出版社2017年版。

⑦ 刘韬：《唐与回鹘时期龟兹石窟壁画研究》，文物出版社2017年版。

⑧ 汪永平、徐燕、王锡惠：《印度佛教城市与建筑》，东南大学出版社2017年版。

⑨ 闫飞：《克孜尔石窟佛传故事图像研究》，华东师范大学，博士学位论文，2017年。

佛传艺术中人物神格化塑造的成因。张健波的博士学位论文《于阗佛教艺术研究》[①] 对佛教艺术在于阗的发展阶段以及于阗佛教艺术风格的形成原因进行分析，认为贵霜王朝时期的犍陀罗和秣菟罗造像样式对于阗佛教艺术风格的形成产生了深刻影响。李雯雯的博士学位论文《中印"初说法"图像研究》[②] 以"初说法"佛传故事的文本与图像为主要内容，并对相关图像中变化的各个要素如闻法听众、说法印与释迦"初说法"到"说法"主尊变化的问题详细探讨。

（4）佛教艺术个案研究成果多样

个案研究通过对佛教艺术的探索，讨论了宗教与历史和世俗社会等方面的问题，2017年度这方面的突出成果有巫鸿、郭伟其主编的《遗址与图像》[③]。该书源于OCAT研究中心2017年度的年度展览。此次展览为两所大学的联合展示，即"遗址与图像：牛津大学和芝加哥大学的两项研究计划"。牛津大学的部分，是隶属大学考古研究所的"历史环境图像资源库"（Historic Environment Image Resource，HEIR）所提供的考古遗址历史照片，包括"'彼时'与'此时'""摄影作为艺术""考古遗址的发掘与再造"三个单元的照片，并对1939年英国萨顿胡（Sutton Hoo）船葬遗址发掘过程进行整体的幻灯片展示。芝加哥大学的"天龙山石窟"项目，研究人员对散落海外的天龙山造像进行三维扫描，采集信息并建立模型，以数字化的方式呈现石窟。《图像与仪式：中国古代宗教史与艺术史的融合》[④] 是复旦大学文史研究院"图像与仪式：中国古代宗教史与艺术史的融合"国际研讨会论文集，收入汪悦进、曾蓝莹、小川裕充、林圣智、郑岩、李星明、邓菲、颜娟英、孙英刚、黄佩贤 、董少新、黄士珊、尹翠琪13位海内外学者关于宗教艺术等相关问题的研究论文，涉及仪式与图像、墓葬与美术、宗教与空间、宗教与图像等主题，利用人类学、社会学、宗教史和文化研究的方法，对中国古代的宗教与艺术史进行了颇有创新的研究。金申的《佛教美术考证自选集》[⑤] 收入作者多年来有关佛教美术考古、佛教文物鉴定等方面的论文多篇，对中国古代汉传佛像的造型与流派，古代朝鲜佛像的样式及历史渊源进行分析研究，此外还有藏传佛像的造型与流派，古代朝鲜与中国佛像的比较，兼及寺庙碑刻的考证，特别对造像的真伪见解独到。

苏雅丽的《五台山唐代彩塑中的绘画性表现研究》[⑥]，以五台山南禅佛光二寺的唐代彩塑作为考察研究中心。作者认为塑像在艺术表现形式上使用的色彩、线条仍然是中国传统绘画体系的一部分，其色彩的构成、线描艺术、晕染规律都同中国绘画艺术一样，其中包含了浓重的审美心理因素和审美创造因素。高峰的《敦煌壁画〈鹿王本生图〉绘画语言探究》[⑦]，通过对《鹿王本生图》的深入分析和总结研究，对其所反映的艺术风格、艺术表现特色和壁画创作的构成形式、色彩结构和造型手法等方面予以系统解读。姜东阁的《试析"随类赋彩"在敦煌壁画中的运用》[⑧]，以敦煌壁画的色彩为研究方向，将敦煌壁

---

① 张健波：《于阗佛教艺术研究》，西安美术学院，博士学位论文，2017年。

② 李雯雯：《中印"初说法"图像研究》，华东师范大学，博士学位论文，2017年。

③ 巫鸿、郭伟其主编：《遗址与图像》，中国民族摄影艺术出版社2017年版。

④ 复旦文史研究院编：《图像与仪式：中国古代宗教史与艺术史的融合》，中华书局2017年版。

⑤ 金申：《佛教美术考证自选集》，北京时代华文书局2017年版。

⑥ 苏雅丽：《五台山唐代彩塑中的绘画性表现研究》，太原理工大学，硕士学位论文，2017年。

⑦ 高峰：《敦煌壁画〈鹿王本生图〉绘画语言探究》，西北民族大学，硕士学位论文，2017年。

⑧ 姜东阁：《试析"随类赋彩"在敦煌壁画中的运用》，山东师范大学，硕士学位论文，2017年。

画色彩与“随类赋彩”结合起来，从时间、题材、内容等方面对敦煌壁画作了一次较为深入系统的论述，并浅析敦煌壁画中“类”之下的色彩。普屹的《圆轮具足——从曼荼罗艺术的形式语言到精神语汇》①，作者认为曼荼罗图案极具美感和象征性，讲究对称、呼应，圆融有序，而所表达的内容依指佛教深刻的教理，展现了“万象森列、融通内摄”的佛教宇宙观。魏晶晶的《莲花纹饰在佛教装饰艺术中的符号学意义研究》②，讨论了中国古代莲花纹饰的文化内涵以及它在当代设计中的运用。

李静的博士学位论文《南宋禅宗绘画研究》③ 以南宋时东传日本的绘画作品为中心，系统考证了禅宗对于南宋绘画的影响。宋卫哲的《青海雕塑历史考察》④ 以时代为脉络对青海各地区的雕塑予以系统考察，特别是造像样式、风格的分析有独到之处。张书彬的《正法与正统——五台山佛教圣地的建构及在东亚的视觉呈现》⑤ 以五台山与文殊菩萨形象在东亚的传播为中心，分析了中国、韩国、日本等地的五台山信仰，展现了开阔的研究视野。

除了硕博士学位论文，还有一些期刊论文也在佛教美术的个案研究方面进行了较为深入的分析，谢少威的《法海寺壁画颜料及艺术风格探析》⑥ 对壁画所用颜料以及法海寺壁画风格予以研究。余日季、尹婕的《敦煌壁画文化元素在动漫游戏设计中的应用研究》⑦，以敦煌壁画的溯源为出发点，对其内容和形式语言、民族风格所形成的独特中国佛学艺术文化进行分析及阐述，并创新性地以动漫网游《倩女幽魂2》为切入点，对两者中的文化元素进行实例对比分析，探索敦煌壁画传统文化在新时代动漫游戏设计中的创新应用及发展趋势。黄新然的《论北京法海寺壁画所表现印度佛教植物图案的艺术特征》⑧ 认为北京法海寺明代壁画对佛教植物的刻画，既能体现明代画院对宋代画院风格的继承，又能展示明代宫廷壁画的精湛技法；既能体现自古印度以来就暗含在植物身上的佛教隐喻，又能在遵循佛教仪轨的前提下表现明代宫廷画师的艺术个性。赵艳的《渗透与浸染：犍陀罗艺术中的希腊因素》⑨ 一文，对犍陀罗艺术的历史、成因与流变进行研究分析，认为犍陀罗艺术不仅带有鲜明的印度和波斯文化色彩，而且深受希腊文化之影响。庞霄骁的《多元文化与犍陀罗艺术：再论贵霜时代佛教和佛教艺术的发展》⑩ 一文提出一种新的研究视角，认为贵霜帝国时期的多元文化并存与融合才是犍陀罗艺术起源与发展的关键因素之

---

① 普屹：《圆轮具足——从曼荼罗艺术的形式语言到精神语汇》，中央美术学院，硕士学位论文，2017年。

② 魏晶晶：《莲花纹饰在佛教装饰艺术中的符号学意义研究》，武汉纺织大学，硕士学位论文，2017年。

③ 李静：《南宋禅宗绘画研究》，山东大学，博士学位论文，2017年。

④ 宋卫哲：《青海雕塑历史考察》，陕西师范大学，博士学位论文，2017年。

⑤ 张书彬：《正法与正统——五台山佛教圣地的建构及在东亚的视觉呈现》，中国美术学院，博士学位论文，2017年。

⑥ 谢少威：《法海寺壁画颜料及艺术风格探析》，《美术》2017年第6期。

⑦ 余日季、尹婕：《敦煌壁画文化元素在动漫游戏设计中的应用研究》，《南京艺术学院学报（美术与设计版）》2017年第1期。

⑧ 黄新然：《论北京法海寺壁画所表现印度佛教植物图案的艺术特征》，《文化遗产》2017年第3期。

⑨ 赵艳：《渗透与浸染：犍陀罗艺术中的希腊因素》，《青海民族艺术》2017年第1期。

⑩ 庞霄骁：《多元文化与犍陀罗艺术：再论贵霜时代佛教和佛教艺术的发展》，《四川大学学报（哲学社会科学版）》2017年第6期。

一。苏丰的《武则天时期意识形态关照下的云纹纹饰——以敦煌329窟“夜半逾城”为例》① 一文将研究视角聚焦于武则天时期的云纹纹饰，围绕敦煌武则天时期开凿的代表性石窟329窟中的云纹的使用，深入探究这一特殊历史时段中意识形态对中国传统云纹文化的深刻影响。

2. 汉传佛教音乐与舞蹈

汉传佛教音乐美学的整体性研究成果有：皮朝纲的《禅宗音乐美学著述研究》② 一书是中国美学文献学学科建设视域下的禅宗音乐美学的重要专著。作者在挖掘、整理、研究禅宗音乐美学文献的基础上，在佛教典籍中辑录出部分禅师有关音乐美学的论述。皮朝纲的《以音声为佛事——禅门音乐审美化生存方式》③ 一文，探讨了禅宗佛事活动中音声作为重要载体，起着举足轻重的作用。文章焦点集中体现在禅宗大师对于音声的论述，认为“音声佛事”具有宣扬佛法、教化众生、自我修持等重要意义。史一良的《〈长阿含经〉中的佛教音乐美学思想》④ 以《长阿含经》原始佛教典籍为例，对《长阿含经》中的佛教音乐及其音声观的三大特点进行阐释，分别从反对乐（声）之享受，强调摒弃音声欲方可得道；肯定有利于佛法的音乐，赞许以乐事佛；佛家推崇天乐、梵音等三方面进行探究。

2017年度学者们也注意收集和整理佛教音乐的研究综述，特别是对有突出贡献的学者进行了梳理。如周耘的《袁静芳教授对当代佛教音乐文化研究的贡献》⑤ 一文深入研究袁静芳教授对佛教音乐理论层面与实践层面的重要贡献。姚慧的《传统音乐的“守望者”——田青音乐学研究评述》⑥、姚慧《不忘初心，方得始终——田青学术研究评述》⑦，两篇文章中都谈到了田青先生对佛教音乐研究所作的重要贡献。其一，率先提出中国佛教音乐的整体研究观，主张宗教类“非遗”整体性保护理念，认为佛教非物质文化遗产是中华民族的伟大创造，也是中国非物质文化遗产保护的重要组成部分。其二，提出中国佛教音乐到“非遗”保护的整体研究与实践。同时以佛教音乐为桥梁，促进中国与世界各国的文化对话与交流提供重要契机。其三，从不同角度全面论证佛教、禅宗与中国音乐的深层关系，禅对中国音乐，乃至对中国传统文化的深刻影响。邢洁的《近十五年来五台山佛教音乐综述》⑧、袁云霞的《五台山佛教音乐现状分析》、公建勇的《音乐为舟，神州和乐——浅析汉传佛教音乐发展》⑨，以上三篇文章着眼于汉传佛教历时静态与共时活态的对接研究，以此探究佛教音乐的整体发展趋势。

汉传佛教仪轨音乐研究成果有姚慧的《京西民间佛事音乐及其保护研究——以张广

① 苏丰：《武则天时期意识形态关照下的云纹纹饰——以敦煌329窟“夜半逾城”为例》，《装饰》2017年第7期。

② 皮朝纲：《禅宗音乐美学著述研究》，人民出版社2017年版。

③ 皮朝纲：《以音声为佛事——禅门音乐审美化生存方式》，《西南民族大学学报（人文社会科学版）》2017年第3期。

④ 史一良：《〈长阿含经〉中的佛教音乐美学思想》，《人民音乐》2017年第3期。

⑤ 周耘：《袁静芳教授对当代佛教音乐文化研究的贡献》，《星海音乐学院学报》2017年第2期。

⑥ 姚慧：《传统音乐的“守望者”——田青音乐学研究评述》，《当代音乐》2017年第10期。

⑦ 姚慧《不忘初心，方得始终——田青学术研究评述》，《黄钟（武汉音乐学院学报）》2017年第3期。

⑧ 邢洁：《近十五年来五台山佛教音乐综述》，《艺术科技》2017年第11期。

⑨ 公建勇：《音乐为舟，神州和乐——浅析汉传佛教音乐发展》，《黄河之声》2017年第21期。

泉乐社为个案》[①] 以张广泉乐社为突破口，以乐人“适应性”生存策略为主线，论述京西佛事音乐的民间化及俗化问题。另外还讨论了当下民间佛事音乐的变迁，论证京西民间佛事音乐及关涉宗教信仰、丧葬礼俗的非物质文化遗产的保护问题。胡晓东的《巴渝地区瑜伽焰口仪轨音乐的类型与结构——以重庆罗汉寺为例》[②]，以重庆罗汉寺常用的廷生焰口、往生焰口、功德焰口三种不同功能的仪轨形式为例，剖析巴渝地区瑜伽焰口仪轨的类型与结构，继而洞悉焰口音乐特点。张红英的《净土梵音——关于庐山东林寺佛教音乐的考察与研究》[③]、袁金楠的《河北省定州市佛光寺佛教音乐研究》[④]、邢洁的《五台山镇海寺佛教音乐调查报告》[⑤]、彭琳媛的《河南漯河观音阁佛教音乐文化浅析》[⑥] 4 篇文章主要对各地区汉传佛教寺院佛教音乐及其形态特征、传承发展、文化内涵进行阐述。胡暐光的博士学位论文《汉传佛乐“十方腔”研究——以中国大陆几个代表性寺庙仪式音乐为例》[⑦]，以汉传佛乐“十方腔”为研究对象，运用形态学、口传资料、比较分析方法对“十方腔”的音乐风格、旋律系统、本质特点进行阐释。同时作者通过对“十方腔”的传播路线、传播方式、传承体系各要素进行深入全面的分析，以此厘清佛乐的历史传播规律，最后总结出“十方腔”传播传承具有保守性以及学习实践等两大特点。

汉传佛教音乐的历史研究成果有汤仕普的《东汉佛典中的原始佛教音乐》[⑧]，该文以东汉佛典中的原始佛教音乐为例，对所记载的佛教音乐，包括供养音乐、宫廷音乐、仪仗音乐三个类别进行分析，阐释佛教对音乐的态度，即重视对音乐的利用、区别“佛法音声”与“俗世乐舞”，以此解读东汉时期佛典展示的佛教音乐状况，以及佛教音乐与中国古典音乐的相互互动、相互融合的痕迹。

佛教音乐与其他音乐的互动研究成果有贾茹的《佛教音乐与礼乐中国》[⑨] 和王亚凤的《佛教音乐与中国传统音乐》[⑩]，以上文章主要对佛教音乐与礼乐的关系、佛教音乐与中国传统音乐的关系进行阐释，以论证佛教音乐的中国化、民族化、世俗化特征。高兴的《唐教坊曲子的曲调考证研究》[⑪] 一文中简要介绍了智化寺音乐保存的《音乐腔谱》中的《忆江南》《天下乐》《醉翁子》《滚绣球》等曲谱为唐教坊曲的遗存。该文提出了与大多数研究成果不同的观点。

这部分研究主要是利用古代的图像资料进行乐舞内容、细节的考证。李鑫的硕士学位论文《龟兹乐舞壁画中的舞蹈探析——以克孜尔 77、135 窟为例》[⑫] 中，作者经过查阅相

---

① 姚慧：《京西民间佛事音乐及其保护研究——以张广泉乐社为个案》，商务印书馆 2017 年版。

② 胡晓东《巴渝地区瑜伽焰口仪轨音乐的类型与结构——以重庆罗汉寺为例》，《中国音乐》2017 年第 1 期。

③ 张红英：《净土梵音——关于庐山东林寺佛教音乐的考察与研究》，《中国民族博览》2017 年第 4 期。

④ 袁金楠：《河北省定州市佛光寺佛教音乐研究》，河北大学，硕士学位论文，2017 年。

⑤ 邢洁：《五台山镇海寺佛教音乐调查报告》，《艺术科技》2017 年第 1 期。

⑥ 彭琳媛：《河南漯河观音阁佛教音乐文化浅析》，《艺术科技》2017 年第 9 期。

⑦ 胡暐光：《汉传佛乐“十方腔”研究——以中国大陆几个代表性寺庙仪式音乐为例》，西南大学，博士学位论文，2107 年。

⑧ 汤仕普：《东汉佛典中的原始佛教音乐》，《四川戏剧》2017 年第 6 期。

⑨ 贾茹：《佛教音乐与礼乐中国》，《青海社会科学》2017 年第 2 期。

⑩ 王亚凤：《佛教音乐与中国传统音乐》，《中国民族报》2017 年 1 月 24 日。

⑪ 高兴：《唐教坊曲子的曲调考证研究》，《中国音乐学》2017 年第 3 期。

⑫ 李鑫：《龟兹乐舞壁画中的舞蹈探析——以克孜尔 77、135 窟为例》，新疆艺术学院，硕士学位论文，2017 年。

关资料与4次到克孜尔石窟的实地调查，发现目前在拜城县克孜尔77窟、135窟还存在比较完整的伎乐形象。文章依据图像学的方法，尝试将克孜尔壁画较为完整的舞蹈图像、出土文物中所提供形象资料、古文献所记载有关龟兹舞蹈的诗词、所关联的舞人图像信息，进行相互印证和比较，通过图像中舞姿的呈现，深入了解龟兹壁画舞姿形成的文化语境。吴璇的《龙门石窟万佛洞乐舞图像研究》① 一文主要对龙门石窟万佛洞入北壁基的舞蹈形态进行研究，揭示该乐舞图像具有中原舞蹈风貌、唐代软舞的风格，反映了唐代人的审美品位和时代精神。林芝的《敦煌石窟乐舞研究综述（1984—2016）》②，通过对1984—2016年发表的有关敦煌石窟乐舞研究成果分成乐舞服装类、乐舞介绍类、乐舞与佛教关联类、乐舞造型类、乐舞传承与发展五大类进行梳理，以此剖析敦煌石窟乐舞的研究趋势，并对敦煌石窟乐舞未来的研究方面提出建议。

（二）蒙藏佛教领域

1. 蒙藏佛教美术

蒙藏佛教艺术研究领域，寺院壁画与唐卡依然是研究的重点。如刘忠俊的《唐卡艺术：传承与创新》③ 讲述了唐卡绘画的发展脉络和流派演变、材料和绘制技法、不同地区唐卡艺术的风格特征。廖旸的《藏传佛教后宏早期绘画的一种形式构成与过渡特征》④，通过对《宝楼阁曼荼罗帧像》《菩提场经唐卡》《三誓句庄严王壁画》等个案作品的来源、题材、图像构造、仪式元素、象征意义进行详细梳理、研究，以图探析藏传佛教后宏早期艺术所反映的共性特点。刘冬梅的《法度中的创造：西藏唐卡画师对造像量度的艺术实践》⑤，以西藏昌都嘎乡画师视角对造像量度的起稿细节与唐卡的创作为例，运用藏文文本对藏传佛教造像的内在法度进行研究，以此窥探造像量度与艺术实践的辩证关系。张敏的《藏传佛教造像量度理论体系探讨》⑥ 一文，通过对造像量度理论典籍、著述、造像量度理论体系进行介绍，揭示造像量度理论的实践意义。崔宁的《库伦福缘寺“空行母”造像碑艺术探究》⑦，以库伦福缘寺“空行母”造像碑为研究对象，对其脸谱、发型、宝冠、身姿、服饰、持物、座台等造型艺术进行阐述，继而探究其所蕴含的历史价值与艺术价值。

另外，还有几篇优秀的硕士学位论文涉及藏传佛教壁画、唐卡的讨论。如山聪的《明代“洮河岷”地区藏传佛教艺术研究——以卓尼石门寺壁画为例》⑧，主要对石门寺壁画和建筑形制以及石门寺周边整个“洮河岷”地区的人文地理环境和历史沿革进行整理分析，对该地区各民族文化、宗教、历史、迁徙、族群等渊源进行较为全面的探讨。王静漪的《拉卜楞寺佛教壁画“生死流转图”中的阎魔造型探究》，从“阎魔”的造型艺

---

① 吴璇：《龙门石窟万佛洞乐舞图像研究》，《洛阳理工学院学报（社会科学版）》2017年第3期。

② 林芝：《敦煌石窟乐舞研究综述（1984—2016）》，《贵州大学学报（艺术版）》2017年第6期。

③ 刘忠俊：《唐卡艺术：传承与创新》，四川美术出版社2017年版。

④ 廖旸：《藏传佛教后宏早期绘画的一种形式构成与过渡特征》，《故宫博物院院刊》2017年第6期。

⑤ 刘冬梅：《法度中的创造：西藏唐卡画师对造像量度的艺术实践》，《民族艺术》2017年第2期。

⑥ 张敏：《藏传佛教造像量度理论体系探讨》，《雕塑》2017年第2期。

⑦ 崔宁：《库伦福缘寺“空行母”造像碑艺术探究》，《内蒙古民族大学学报（社会科学版）》2017年第3期。

⑧ 山聪：《明代“洮河岷”地区藏传佛教艺术研究——以卓尼石门寺壁画为例》，西北民族大学，硕士学位论文，2017年。

术出发来探索拉卜楞寺《生死流转图》中的阎魔造型与唐卡艺术中阎魔造型艺术形象上的区别，为拉卜楞寺佛教壁画《生死流转图》中的阎魔形象找寻其造型艺术的文化渊源和艺术特色。毛宜的《藏传佛教唐卡的艺术特征探析——以曼唐派绘画唐卡为例》[①] 一文以曼唐派绘画唐卡流派为研究对象，对曼唐派绘画唐卡的历史源流、艺术特征、绘画的哲学观、美学观进行阐释，以此探究其宗教艺术特征，为我们揭示了西藏本土代表性唐卡的艺术风貌。万德加的《唐卡色彩研究》[②] 一文，选择以藏族绘画艺术唐卡的色彩为研究对象，分别阐述了唐卡色彩颜料的来源、分类、应用及加工方式。同时以绘画量度、色彩理论为依据，阐释了唐卡色彩配色规律、原则要求、艺术特点、象征意义。旦增卓嘎的《藏传佛教寺院壁画中的历史信息探究——以贡嘎曲德寺大殿康松旺敦壁画为例》[③]，论文以藏传佛教萨迦派贡嘎曲德寺大殿康松旺敦壁画为研究对象，对壁画内容、分布、壁画整体布局、壁画的主要人物进行详细阐述，并着重探究了壁画映射出的蒙、藏关系，以及壁画在寺院文化中的重要地位，为读者全面了解萨迦派壁画艺术提供了翔实、丰富的史料信息。苏日古嘎的《美岱召壁画艺术研究》[④]，对美岱召早期、中期、新兴壁画艺术特征，以及壁画的艺术形象进行分析，试图探究美岱召壁画所呈现的宗教文化与多元文化特质。该文的研究对进一步深化保护与传承具有重要的实际意义。

建筑与器物研究是蒙藏佛教艺术的特色，2017 年度这方面的成就有王琳的《论多吉扎寺建筑装饰艺术》[⑤]，王雨枫、高洪波、王颂等的《昌都地区藏传佛教建筑地域性特色研究》[⑥]，张纪平、陈雳等的《藏传佛教建筑文化保护与继承——江孜白居寺建筑保护修复工程侧记》[⑦]，周晶、李天的《基于吉祥理念的象征物在藏传佛教寺院选址中的应用》[⑧]，以上研究主要对藏传佛教寺院历史脉络进行梳理，结合调查与文献，对建筑结构审美、建筑材料、色彩装饰、图案装饰、建筑分布格局特点、建筑价值、保护修复技术进行阐释，同时总结概括了藏传佛教建筑以遵循藏式传统为主、中式工艺为辅助的风格特点，为佛教建筑文化保护与继承提供借鉴思路。辛思颖与白胤的《符号学理论在藏传佛教建筑创作的设计应用——包头市推喇嘛庙遗址重建创作设计研究》[⑨]、成超南与赵鸣《呼和浩特市席力图召布局与建筑特点研究》[⑩]，主要对内蒙古藏传佛教寺院建筑的建造背景、建筑布局、建筑创作设计理念、建筑装饰、建筑组群形态、建筑空间形制进行阐述，指出内蒙古藏传佛教寺院建筑具有藏式建筑、汉式建筑、蒙古式建筑等多元性文化特点。

---

① 毛宜：《藏传佛教唐卡的艺术特征探析——以曼唐派绘画唐卡为例》，《美术界》2017 年第 8 期。

② 万德加：《唐卡色彩研究》，中央民族大学，硕士学位论文，2017 年。

③ 旦增卓嘎：《藏传佛教寺院壁画中的历史信息探究——以贡嘎曲德寺大殿康松旺敦壁画为例》，西藏大学，硕士学位论文，2017 年。

④ 苏日古嘎：《美岱召壁画艺术研究》，内蒙古大学，硕士学位论文，2017 年，

⑤ 王琳：《论多吉扎寺建筑装饰艺术》，《艺术科技》2017 年第 1 期。

⑥ 王雨枫、高洪波、王颂等：《昌都地区藏传佛教建筑地域性特色研究》，《信阳师范学院学报（自然科学版）》2017 年第 4 期。

⑦ 张纪平、陈雳等：《藏传佛教建筑文化保护与继承——江孜白居寺建筑保护修复工程侧记》，《遗产与保护研究》2017 年第 4 期。

⑧ 周晶、李天：《基于吉祥理念的象征物在藏传佛教寺院选址中的应用》，《建筑与文化》2017 年第 5 期。

⑨ 辛思颖、白胤：《符号学理论在藏传佛教建筑创作的设计应用——包头市推喇嘛庙遗址重建创作设计研究》，《中外建筑》2017 年第 12 期。

⑩ 成超南、赵鸣：《呼和浩特市席力图召布局与建筑特点研究》，《古建园林技术》2017 年第 3 期。

以上研究内容有助于为内蒙古藏传佛教寺院建筑研究提供相应的参考。郭亚男的硕士学位论文《藏传佛教文化与建筑空间的对应建筑研究》[①]，探究了西藏建筑与藏传佛教文化的对应建构关系，以及藏传佛教文化对西藏建筑的现实影响及长远意义。

包头市五当召管理处编《五当召珍藏：佛像 法器 其他》[②] 精选了五当召的珍贵佛像、法器结集出版，为我们展示了这处重要的庙宇里珍藏的造像、器物，是研究蒙藏佛教的工具性书籍。

2. 蒙藏佛教音乐与舞蹈

2017 年度蒙藏佛教音乐研究主要侧重于对寺院相关佛事活动音乐的收集与整理工作。如郭晓虹的《寺院“格萨尔诵经调”与民间〈格萨尔〉唱腔变异研究》[③] 对寺院、民间相互互动、相互构建的共生关系特点给予了充分的关注与考察，将目光聚焦于宁玛派寺院“格萨尔诵经调”与民间“格萨尔”唱腔之间的关系，指出宁玛派佐青寺“格萨尔诵经调”与民间“格萨尔”之间的联系与区别。马良的《藏传佛教莫朗切默法会田野调查实录》[④] 一文，以藏传佛教莫朗切默法会为个案研究，对莫朗切默法会的历史、宗教文化传承与发展进行阐释，同时以诵经音乐为切入点，对哲蚌寺莫朗切默仪式实录及其音乐进行深入剖析、研究，填补了藏传佛教哲蚌寺莫朗切默法会及其音乐研究领域的空白。才让措的《藏传佛教寺院仪式音乐鲁调诵经调音乐形态分析》[⑤] 探讨了藏传佛教诵经音乐中的鲁诵经调音乐特点，以及内在规律和宗教功能。楚高娃的《和而不同：蒙古佛教藏语诵经音乐比较研究——以“无上瑜伽部大威德金刚”》[⑥] 以雍和宫和蒙古国境内的甘丹寺僧侣诵唱的《无上瑜伽部大威德金刚十三尊成就仪轨》诵经音乐为例，对其音素特点、缜酷技法、词曲格律进行宏观与微观比较研究，认为蒙古国甘丹寺诵经音乐更具有歌唱性特点，而雍和宫诵经音乐具有吟诵性特点。作者尝试从跨界文化角度比较两国诵经音乐共性与个性特点，并以此探寻佛教音乐在不同的社会政治语境中所产生的内外规律。聂一波的《文化共生视域下藏传佛教音乐风格简析》[⑦] 一文，从文化共生视角探讨藏传佛教音乐风格特征，指出藏传佛教调式风格、节奏特点与西藏民间音乐一脉相承，同时又继承了中国古代乐律学理论中的五声调式理论和藏族民间音乐节奏特点。

刘默的《杜尔伯特蒙古族自治县富裕正洁寺仪式音乐研究》[⑧]、苏敦的《内蒙古兴安盟葛根庙藏传佛教仪式音乐调查研究》[⑨] 两篇硕士学位论文中，以杜尔伯特蒙古族自治县正洁寺仪式音乐和内蒙古兴安盟葛根庙仪式音乐为研究对象，通过对仪式程序、内容进行

---

① 郭亚男：《藏传佛教文化与建筑空间的对应建筑研究》，北京建筑大学，硕士学位论文，2017 年。

② 包头市五当召管理处编《五当召珍藏：佛像 法器 其他》，文物出版社 2017 年版。

③ 郭晓虹：《寺院“格萨尔诵经调”与民间〈格萨尔〉唱腔变异研究》，《青海师范大学学报（哲学社会科学报）》2017 年第 4 期。

④ 马良：《藏传佛教莫朗切默法会田野调查实录》，《内蒙古大学艺术学院学报》2017 年第 3 期。

⑤ 才让措：《藏传佛教寺院仪式音乐鲁调诵经调音乐形态分析》，《青海师范大学学报（哲学社会科学报）》2017 年第 5 期。

⑥ 楚高娃：《和而不同：蒙古佛教藏语诵经音乐比较研究——以〈无上瑜伽部大威德金刚十三尊成就仪轨〉为例》，《中国音乐》2017 年第 1 期。

⑦ 聂一波：《文化共生视域下藏传佛教音乐风格简析》，《音乐创作》2017 年第 10 期。

⑧ 刘默：《杜尔伯特蒙古族自治县富裕正洁寺仪式音乐研究》，哈尔滨师范大学，硕士学位论文，2017 年。

⑨ 苏敦：《内蒙古兴安盟葛根庙藏传佛教仪式音乐研究》，内蒙古师范大学，硕士学位论文，2017 年。

介绍、描述，将仪式中音乐分为诵经音乐、器乐，并对其音乐本体与宗教内涵进行阐释，弥补了佛教音乐研究中的诸多缺失部分。

蒙藏佛教乐舞2017年侧重于乐舞与佛事仪轨的结合研究。更堆培杰的《藏传佛教〈舞、线、描、乐、鼓、钹、铙诸窍诀在书〉之古籍文献考释之一》[①]，通过对藏文古籍谓之《舞、线、描、乐、鼓、钹、铙诸窍诀在书》进行考述，以进一步审视该古文献作者和所处的历史年代，使过去迷茫的诸多问题得到考证。顿珠卓玛的《萨迦派“多吉普尔羌姆”仪式程式及象征解读——以若尔盖求吉寺为例》[②]，主要对萨迦派若尔盖求吉寺羌姆为研究对象，运用宗教学研究方法对羌姆的仪式程式，包括上事部“色尔羌姆”程式、下事部“巴羌姆”程式进行细微的分析与研究。陈妍的《塔尔寺“托干舞”身体语言中的死亡哲学》[③]，以塔尔寺羌姆中的“托干舞”为主要研究对象，通过对羌姆动作、道具、面具、调度进行介绍、描述，以图窥探羌姆舞蹈的佛教内涵。伦珠旺姆的《拉卜楞寺寺院羌姆仪式的动态过程与认同功能》[④]一文以拉卜楞寺羌姆艺术作为个案研究，窥探拉卜楞寺羌姆仪式的宗教深层内涵，厘清在特定历史文化语境中羌姆表演仪式对政府以及蒙、藏民众共同参与、多维互动所形成的动态过程与多层面的认同。苏敦的《内蒙古兴安盟葛根庙藏传佛教仪式音乐调查研究》[⑤]这一硕士学位论文中，对葛根庙查玛乐舞的仪式程序、面具、服装、音乐进行介绍，公布了大量藏传佛教乐舞的资料，但缺少宗教内涵的深入解读。

（三）南传佛教领域

1. 南传佛教美术

云南地区的小乘部派佛教美术近年来得到了学者们的关注。朴城君的《大邦之间：妙香国的观世音图像志》[⑥]是国内第一本系统研究南传佛教观音造像的专著。该书以南诏大理的观音造像作为考察云南佛教艺术的重要标本，探究观音造像及其相关佛教造像艺术的流衍、发展脉络，继而探讨其流变缘由与蕴含的文化信息。尹振龙的《剑川石钟山石窟题记浅述》[⑦]整理记录了石钟山石窟的题记，结合这些材料讨论了石钟山石窟的题材、区域特色。孙丹凤的《云南罗汉信仰与造像艺术略论——以昆明筇竹寺罗汉堂为例》[⑧]讨论了筇竹寺罗汉的形象来源，由此深入讨论了云南与汉地佛教艺术的交流。

硕博士学位论文方面，侧重于传统佛教美术研究与当地佛教艺术现象的研究。如陈瑞

---

① 更堆培杰：《藏传佛教〈舞、线、描、乐、鼓、钹、铙诸窍诀在书〉之古籍文献考释之一》，《西藏艺术研究》2017年第1期。

② 顿珠卓玛：《萨迦派“多吉普尔羌姆”仪式程式及象征解读——以若尔盖求吉寺为例》，《中国藏学》2017年第4期。

③ 陈妍：《塔尔寺“托干舞”身体语言中的死亡哲学》，《民族艺术》2017年第5期。

④ 伦珠旺姆：《拉卜楞寺寺院羌姆仪式的动态过程与认同功能》，《西藏研究》2017年第2期。

⑤ 苏敦：《内蒙古兴安盟葛根庙藏传佛教仪式音乐调查研究》，内蒙古师范大学，硕士学位论文，2017年。

⑥ 朴城君：《大邦之间：妙香国的观世音图像志》，暨南大学出版社2017年版。

⑦ 尹振龙：《剑川石钟山石窟题记浅述》，《大理民族文化研究论丛》2017年第1期。

⑧ 孙丹凤：《云南罗汉信仰与造像艺术略论——以昆明筇竹寺罗汉堂为例》，《广西教育学院学报》2017年第3期。

琪的博士学位论文《冬村德昂族艺术变迁与身份构建》[①] 从民族村落的建筑、雕塑等艺术形式入手，讨论了一个少数民族村落如何在变迁中保持自己的艺术和传统。宋佳的《安宁法华寺石窟造像研究》[②] 对安宁市郊法华寺深入调查的基础上，以保存较好的卧佛和地藏、观音造像为切入点，对云南石窟的历史与文化渊源等问题进行了讨论。赵若岑的《存在与消解——云南剑川地区雕刻文化形态研究》[③] 以剑川地区的雕刻艺术为例讨论了佛教在民俗艺术中的运用与呈现。

2. 南传佛教音乐与舞蹈

这一领域2017年度主要围绕着民族与区域间的交流进行。杨民康的《西南丝路乐舞中的“印度化”底痕与传播轨迹——兼论云南与周边南传佛教音乐文化圈的传播历史与文化脉络》[④] 一文，以跨界族群音乐文化视角为切入点，梳理了印度教元素在东南亚宗教文化中的遗存现象。并以南传佛教文化圈的分布为基准，对内圈—内层（云南与周边傣仂亚佛教音乐文化圈）、内圈—外层（缅、泰、老、柬各国都市与中心城镇地区）进行介绍，指出云南与周边傣仂亚佛教音乐文化具有地域性（原生性民间音乐文化层）、区域性（次生性佛教音乐文化层）、整体性（再生杂糅音乐文化层）等文化衍生层次的特点，是近年来有关南传佛教音乐研究的一篇力作。该作者的另外一篇《由音乐符号线索追踪到“隐喻—象征”文化阐释——兼论音乐民族志书写中的“共时—历时”视角转换》[⑤]，着重探讨音乐民族志书写中的“共时—历时”视角转换、结构主义与反结构主义等研究方法以期获得更有效的结论。作者以佛教节庆期间表演的大鼓舞、孔雀舞为题，从共时性视角展开线索追踪，讨论云南与周边东南亚拥有共同佛教音乐文化元素的亚佛教文化圈的特征。董宸的《音乐与认同——南传佛教巴利语课诵音声模式研究》[⑥]，以傣仂亚文化圈的中心区域之一西双版纳的基础课程“三皈依”和“五戒”为例，借助认同与表征的观念维度，对南传佛教不同寺院、不同层级的巴利语课诵音声进行综合的音乐本体分析，以此得出在结构模式、风格构成上呈现异同性问题的结论。

二 道教艺术与民间信仰艺术

（一）道教艺术

2017年度道教艺术方面的研究专著主要有沈路的《汉末至五代道教书法美学研究》[⑦]，钱铁民、马珍媛的《无锡道教科仪音乐研究》[⑧] 等。沈路的《汉末至五代道教书法美学研究》是巴蜀书社“儒释道博士论文丛书”中的一本，作者将书法美学与道教的

---

① 陈瑞琪：《冬村德昂族艺术变迁与身份构建》，云南大学，博士学位论文，2017年。

② 宋佳：《安宁法华寺石窟造像研究》，云南大学，硕士学位论文，2017年。

③ 赵若岑：《存在与消解——云南剑川地区雕刻文化形态研究》，云南艺术学院，硕士学位论文，2017年。

④ 杨民康：《西南丝路乐舞中的“印度化”底痕与传播轨迹——兼论云南与周边南传佛教音乐文化圈的传播历史与文化脉络》，《民族艺术研究》2017年第2期。

⑤ 杨民康：《由音乐符号线索追踪到“隐喻—象征”文化阐释——兼论音乐民族志书写中的“共时—历时”视角转换》，《中国音乐（蒙）》2017年第4期。

⑥ 董宸：《音乐与认同——南传佛教巴利语课诵音声模式研究》，《中央音乐学院学报》2017年第2期。

⑦ 沈路：《汉末至五代道教书法美学研究》，巴蜀书社2017年版。

⑧ 钱铁民、马珍媛：《无锡道教科仪音乐研究》，文化艺术出版社1999年版。

关联向前推延至两汉，然后联系魏晋时期葛洪等道教领袖的美学思想对书法艺术进行新的阐述。《无锡道教科仪音乐研究》是“中国仪式音乐丛书”的组成部分，项目的研究对象为道教历史上较重要的、当今仍然保存良好的科仪音乐传统，其研究焦点包括道教各主要宫观传统仪式音乐的曲目和风格、道教仪式音乐演奏的习惯和场合等；该书集中于对无锡地区道教科仪音乐进行分类整理并附录了仪式曲谱。

研究论文中道教图像美术方面的研究较为丰富。于奇赫的《道教的图像与形式：对中国美术史研究方法的思考》① 一文中，通过类型学与图像学的比较，探究道教因素对于二者的影响与表现形式。有些道教的图像的产生仅仅是作为一种装饰，而某些世俗的图像在道教的发展中被赋予了宗教的含义与形式。魏军、赵阳的《江西道教文化传播的视觉性非语言符号》② 从静态性视觉符号研究江西道教文化的标识性符号、宫观建筑、道士服饰三方面，从动态性视觉符号研究江西道教的斋和醮两种主要科仪活动；通过对符号系统的意义内涵分析，加深对江西道教的认识。李黎鹤的《论水陆画中的道教神灵》③ 指出，明清时期南方的道教各派非常活跃，他们创作了大量的水陆画，其题材与内容亦发生根本的变化，由佛教的题材转入了道教与民间宗教的题材，因此，今天遗存这些南方的水陆画正是证实了这一历史的变化。陈建国的《谈张宇初的书画创作与审美》④ 一文指出，张宇初不仅是一代道教领袖，而且在道教书画创作方面颇有成就。他的书画作品虽然留存至今寥寥，但是从其画作的题诗中，我们仍然可用领略到张宇初表达的道美思想。道教美术方面的博士学位论文有邓富霞的《葛月潭书法艺术研究》⑤，葛月潭是辽宁省的书法大家，他将道家观念融会到他的书法审美内涵中，并形成独特的书法风格，具有很大的研究价值。文章以葛月潭的作品书迹、诗词、弟子评语、友人题跋为线索，结合道家思想和清末民初时期的历史背景对其书法艺术进行分析和研究。

道教音乐研究成果有张丽蓉、吕靖的论文《四川道教音乐文献的文献计量学分析》⑥，四川作为重要的道教传承之地，关于四川道教音乐的研究一直是其不可分割的重要组成部分。论文运用文献计量学分析方法以及内容分析法，对四川道教音乐文献的相关论著资料进行收集、梳理、分析，为以后的继续研究提供参考。程群在《道教舞蹈及其动作套路命名的哲学隐喻》⑦ 一文中认为，道教舞蹈是以道教思想文化的存在作为其存在的前提和依据的，是舞蹈者运用动态的身体或者说是运用肢体语言表达的道教思想理念。

道教建筑艺术方面，董秋敏、孙凰耀在《仙山金阙 武当山“金殿”的道教建筑艺术》⑧ 一文中指出，武当山金殿道教建筑贯穿糅合了明代政治、经济、宗教、建筑、冶金、运输、绘画等各个领域，其虽为皇家祭祀的朝拜圣地，但同时也作为宗教圣域而被信士香客崇仰，更因其将独特的秀丽山水和人文建筑完美结合而成为文人胜地。牛玖荣在

---

① 于奇赫：《道教的图像与形式：对中国美术史研究方法的思考》，《吉林艺术学院学报》2017 年第 1 期。

② 魏军、赵阳：《江西道教文化传播的视觉性非语言符号》，《宜春学院学报》2017 年第 11 期。

③ 李黎鹤：《论水陆画中的道教神灵》，《中华文化论坛》2017 年第 9 期。

④ 陈建国：《谈张宇初的书画创作与审美》，《美与时代（下）》2017 年第 4 期。

⑤ 邓富霞：《葛月潭书法艺术研究》，渤海大学艺术与传媒学院，博士学位论文，2017 年。

⑥ 张丽蓉、吕靖：《四川道教音乐文献的文献计量学分析》，《图书馆界》2017 年第 5 期。

⑦ 程群：《道教舞蹈及其动作套路命名的哲学隐喻》，《吉林艺术学院院报》2017 年第 4 期。

⑧ 董秋敏、孙凰耀：《仙山金阙 武当山“金殿”的道教建筑艺术》，《中国道教》2017 年第 2 期

《论中原道教建筑艺术在景区设计中的传承与发展》① 一文中指出，中原地区道教建筑蕴含了丰富的文化内涵，其艺术特征体现了“天人合一，道法自然”的思想主题，在旅游景区设计中贯彻道家宗旨，又兼顾实际环境。王隽颜在《“出世”与“入世”：福建古田临水宫雕刻艺术特征与文化内涵研究》② 一文中指出，古田临水宫是一座有着千年文化底蕴的道教宫庙，宫庙中的雕刻精致古雅、工艺精湛、内涵深刻，体现了中国道教艺术与文化的完美统一。该文从艺术审美和题材特征两个方面对古田临水宫的雕刻进行深入剖析，探究雕刻具有的文化特质，进而从艺术美学的视角揭示了其所承载的道教“出世”和“入世”的双重文化内涵，为道教“社会角色”研究提供一定的参考。道教建筑方面，董文进的硕士学位论文《吉林市道教建筑特色及营造研究》③ 以吉林市地区道教建筑为研究对象，结合相关史志文献及实地调研，对吉林市地区道教发展沿革、历史建置及分布进行初步的梳理和统计；以道教建筑发展起源与道教神仙思想为主线，对现存道教建筑的分布情况、选址类型、建筑形制、建筑特色、建筑空间营造艺术进行研究。

（二）民间信仰艺术

1. 民间信仰艺术理论研究

杨清虎的《中国民间信仰学：研究与评述》④ 是一部关于民间信仰研究的理论著作。该书依据现有的研究成果，对民间信仰的定义、特征、研究神祇、研究现状、研究分布、研究方法等做了归纳和总结，期冀对民间信仰学理论形成建构有所铺垫。该书作者认为，民间信仰，一方面，指民众自发地对具有超自然力的精神体的信奉与崇拜，包括原始宗教在民间的传承、人为宗教在民间的渗透、俗信在民间的流变以及迷信在民众之间的口耳相传，具有草根、零散、无序等特征。另一方面，又指学术领域关于普通民众对神秘主义和各种宗教性活动的参与及心理特征记录、分析、归纳的一个学术研究方向，涉及历史、民俗、人类学、社会学、宗教学等多个学科，可以认为是“民间信仰学”的简称。

2. 民间信仰历史梳理中的宗教艺术研究

王辉的《民国时期东北汉族民间信仰研究（1912—1931）》⑤ 重点考察民国时期东北地区汉族的民间信仰情况。王辉认为，民国时期汉族的民间信仰既有盲目迷信的内容，又有传统俗信的成分，它不同于有组织、有戒律的制度型宗教，它像分子一样弥散在汉族民众日常生活的各个环节中。作者对这些民间信仰中的节庆仪式和相关的宗教活动进行了文献上的细致梳理，从岁时节庆到婚丧嫁娶，从生产经营到消费娱乐，汉族民众都以各种形式的祈福禳灾活动，对生活施加影响，以求达到趋吉避祸的美好愿望。东北汉族民间信仰是东北地区汉族移民与原始土著民族文化融合的产物，它既源于关内的民间信仰又吸收了满族和萨满教的文化内容，具有自身的特殊性。在民国时

① 牛玖荣：《论中原道教建筑艺术在景区设计中的传承与发展》，《现代商贸工业》2017 年第 5 期。

② 王隽颜：《“出世”与“入世”：福建古田临水宫雕刻艺术特征与文化内涵研究》，《艺术与设计》2016 年第 6 期。

③ 董文进：《吉林市道教建筑特色及营造研究》，吉林建筑大学，硕士学位论文，2017 年。

④ 杨清虎：《中国民间信仰学：研究与评述》，中国书籍出版社 2017 年版。

⑤ 王辉：《民国时期东北汉族民间信仰研究（1912—1931）》，吉林大学，硕士学位论文，2017 年。

期的东北社会中，民间信仰在加强社会教化、稳定社会心理、促进社区整合、繁荣社会经济、丰富社会文化方面有着不可替代的作用，但是也必须承认，倘若民间信仰发展到盲目崇拜或狂热迷信的程度时便会被别有用心之人所利用，进而对民众的生命财产，对社区的治安环境甚至社会的安定团结造成威胁。以史为鉴，清晰地认识和了解民间信仰在东北地区的社会发展中的作用，努力地消除和避免其消极成分的危险，正确的引导，积极的保护，让民族文化的生命之花常开不败。

由滕兰花、胡小安主编的《清代广西地区民间信仰、族群与区域社会研究》① 一书，筛选了广西民族大学民族学系关于民族学、马克思主义民族理论与政策、中国少数民族史、中国少数民族艺术、中国少数民族经济等二级学科硕士点的优秀毕业论文，涉及领域较广。这些论文选题内容丰富，但总体方向始终以中国南方与东南亚民族研究、广西世居民族研究、华人华侨研究等为主，同时也兼顾其他方向的研究，总体体现了该校民族学人类学研究的特色和优势。

3. 田野调研中的仪式艺术个案研究

(1) 北方地区的田野调研

王默的博士学位论文《多元信仰文化与族际互动——基于青海河湟地区的民族学研究》② 以青海河湟地区多元信仰与族际互动问题的研究作为切入点，通过实证研究的方式呈现出青海河湟地区族际间多元信仰的基本类型：原生性民间信仰（神山崇拜、白石崇拜）、创生性民间信仰（龙神信仰、九天圣母娘娘）、融生性民间信仰（二郎神、文昌、财神信仰）。在这些民间信仰中丰富多彩的祭祀仪式精彩纷呈，其中包括梆梆会、正月观经法会、春节社火巡游展演、纳顿节、跑马会、青苗会上的“浪青苗”仪式等。通过对这些个案的分析，逐步深入探讨中国乡土社会多元信仰文化之间的互动情况、信仰文化互动与族际互动之间的关系，以及族际交往过程中由此产生的族群边界和族群认同问题；阐释了多元信仰文化对乡土社会中村落秩序的维系所发挥的重要功能作用。赵京伟的硕士学位论文《民间信仰复兴下的庙宇重建——鲁南魏村玉皇庙重建背后的故事》③，以山东T市魏村在玉皇庙的重建过程中家族内部矛盾的发展过程为研究个案，描述了这一过程中，房支之间争夺土地的斗争。魏永淳作为宅基地的主要委托人，为了保证宅基地不再发生被争夺的情形，更好地体现合情合理的原则，建庙成了他当时最好的选择。加之魏永淳所在房支内的香头的热衷参与，最终促成了玉皇庙的重建。该文以田野作业和口述史为主要资料和研究的方法，在民间信仰全面复兴的大背景下剖析魏村玉皇庙的重建过程，试图探讨家族文化与权力在玉皇庙重建过程中如何彰显。

李龙的硕士学位论文《乡土文化中的民间信仰与民俗艺术研究——以横山县李家坬太龙山黑龙庙为个案》④ 以陕北地区的横山县为乡土背景，将太龙山黑龙庙这一文化空间置于乡土文化传统与现代变迁的背景下进行考察，描绘出乡民在日常生活中围绕着该庙宇

---

① 滕兰花、胡小安主编：《清代广西地区民间信仰、族群与区域社会研究》，民族出版社 2017 年版。

② 王默：《多元信仰文化与族际互动——基于青海河湟地区的民族学研究》，兰州大学，博士学位论文，2017 年。

③ 赵京伟：《民间信仰复兴下的庙宇重建——鲁南魏村玉皇庙重建背后的故事》，山东大学，硕士学位论文，2017 年。

④ 李龙：《乡土文化中的民间信仰与民俗艺术研究——以横山县李家坬太龙山黑龙庙为个案》，西安音乐学院，硕士学位论文，2017 年。

进行的祈禳活动与艺术行为。从民俗学与艺术理论综合研究的视角与方法对民间信仰与民俗艺术文化进行观照，试图探讨二者之间的内在关联，以及它们在乡土文化中的产生、功能、发展、变化等规律。在具体的研究过程中，该文借鉴"观念、行为、物质"这三个理论范畴，对太龙山黑龙庙所反映出的乡土文化进行"深描"；实施从个案出发"以小见大"的策略作出实证研究，认为民间信仰与乡民生产生活中的民俗事象密切相关；太龙山黑龙庙中的民俗艺术活动总是伴随着信仰礼俗活动而进行，其离不开民间信仰特有的文化氛围，并有赖仪式而得以传承、强化；太龙山黑龙庙中仍然保留着古老祭祀、驱傩的活动，是原始文化的遗留；在传统与现代发生冲撞的背景下乡土文化正发生变迁，这一民间信仰与民俗艺术在传承、发展、变迁过程中所面临的困境及相关保护措施是亟须关注的问题。尽管该课题是针对太龙山黑龙庙的个案研究，但在太龙山黑龙庙中所呈现出的民间信仰与民俗艺术文化现象可视为当地乡土文化的一个缩影，因此，该研究可以给类似的庙文化研究提供些许启示和参照。

（2）南方地区的田野调研

王姝的《被凸显的"文学"与"艺术"：民间信仰非遗化的路径——以绍兴宣卷为例》[①] 一文，主要以绍兴宣卷为例，介绍了在宣卷纳入非物质文化遗产项目的过程中，从知识界到官方，都有意识地凸显宣卷的"文学性"与"艺术性"，分别形成民间文学大类与曲艺大类的两大申报体系；考察宣卷在近现代如何与戏曲曲艺互为影响，开始娱乐功能的分化；在当下如何回归到民俗信仰仪式的本体，造成宣卷内容的日益集中单一；产生民间文艺的民俗信仰、民族心理的文化生态如何在官方、民间的双重合力作用下变得日渐单一瘠薄。因此运用马克思主义的"实践"观点，才能重建当代民间文学与文化生态场，还原宣卷的民间信仰本质，从而获得真正长久的生命力。

张小燕的《仪式中的宗教艺术象征与仪式功能探析——以梅州香花仪式中的纸扎为例》[②] 一文，以梅州香花仪式为个案，以仪式用具（纸扎）为切入点，梳理纸扎在中国古代历史中的出现与演变，结合梅州香花仪式中纸扎在坛场内外的使用，进一步探讨宗教艺术象征与仪式功能的互动转换。

袁瑾的专著《地域民间信仰与乡民艺术——以绍兴舜王巡会为个案》[③] 是寿永明主编的"越文化研究丛书"的系列丛书之一。该书讲述了：绍兴南部会稽山区的虞舜信仰十分兴盛，目前形成了农历九月廿七舜王诞辰进香、巡会的传统，并伴有各种民间艺术表演，形成声势浩大的舞队，深受当地民众欢迎。作为神灵祭祀仪式的组成部分，民间艺术表演在产生、发展、艺术特征形成等诸多方面受到虞舜信仰的深刻影响。同时，民间表演在发展中也反映了艺术发展自身的规律，从而不断丰富着虞舜信仰的内涵与表现形式。以之为对象的调查与研究将为人们理解传统民间表演艺术在民众信仰生活框架内的生成、发展、演变提供十分有意义的案例。

---

① 王姝：《被凸显的"文学"与"艺术"：民间信仰非遗化的路径——以绍兴宣卷为例》，《福州大学学报（哲学社会科学版）》2017 年第 5 期。

② 张小燕：《仪式中的宗教艺术象征与仪式功能探析——以梅州香花仪式中的纸扎为例》，《世界宗教研究》2017 年第 6 期。

③ 袁瑾：《地域民间信仰与乡民艺术——以绍兴舜王巡会为个案》，中国社会科学出版社 2017 年版。

陈志勇的专著《民间演剧与戏神信仰研究》① 以戏曲行业神信仰文化为研究对象，宏观考察戏神信仰的发展历史、地域分布、来源及其特点，考镜老郎神、田公元帅、二郎神三大戏神系统之源流，选取与道教密切相关的戏神和独具地方剧种文化特色的戏神作为研究个案，探究戏曲艺术（或行业）与音乐神、傩戏神、影戏神的近缘关系，探赜戏神信仰文化背后隐藏的伶人群体精神世界，勾画戏神信仰与早期戏剧形态之间的内在联系，引发中国戏剧发生学的思考。

三　基督教艺术

就 2017 年度基督宗教艺术成果的主题而言，主要包括基督宗教艺术理论、介绍国外基督宗教艺术以及基督宗教艺术的数字化应用等。阐释基督宗教艺术本身并与其他宗教艺术相对比是 2017 年度的重点内容。

（一）艺术理论探索

张春佳、刘元风的《“反复”的力量——东西方宗教艺术装饰形式探析》② 一文，以艺术上“反复”的概念为主线，从“平面文样”、“装饰空间”与“整体布局”三个角度，对比了敦煌莫高窟与圣母百花大教堂、维奇奥宫等教堂装饰艺术的异同。作者认为，中世纪之后复杂的写实主义取代了平面几何图形装饰，是利用“反复”的力量。而无论是维奇奥宫的天花板的几何格局还是莫高窟顶的平棋格，都是“反复”产生的视觉冲击。作者对于纯艺术理论本身的探讨无疑加深了我们对于“反复”技法及其理论的认识。许苑的《民国前基督教音乐“华化”路径初探》③ 一文，在“旋律”、“歌词”与“传播方式”三个方面，讨论了基督宗教自唐初传入以来到 1911 年之前，在音乐方面中国化的途径与方式。认为基督宗教艺术主要吸收了中国传统旋律编创新的音乐作品，而具体歌词中则因各民族的不同也有明显的地域特征。在艺术传播方式上，更是融汇中国特色，传教士主要以宫廷为突破口，与上层人士结交而传扬自身的宗教艺术。阿洛瓦·里格尔著，刘景联译的《视觉艺术的历史语法》④ 一书，讨论了世界观和相关艺术要素，而世界观着重讨论了多神教与基督一神论等的实际影响。作者以艺术的视角回溯了其理论源泉，也使人们深入认识到基督宗教与艺术的内在关系。

（二）建筑与造像艺术

魏丽的《中世纪塞尔维亚的宗教艺术》⑤ 一文，立足 12 世纪的塞尔维亚的政教历史，分析了该时期的宗教建筑与壁画的特点。在宗教建筑方面，讨论从拉什卡到摩拉瓦时期宗教建筑风格的转变，而两者最大的差别则是前者为十字穹顶式教堂而后者为单堂穹顶式教堂。而教堂壁画方面，作者以斯图德尼察教堂壁画为例，说明塞尔维亚壁画艺术受到了拜

---

① 陈志勇：《民间演剧与戏神信仰研究》，中山大学出版社 2017 年版。

② 张春佳、刘元风：《“反复”的力量——东西方宗教艺术装饰形式探析》，《艺术设计理论》2017 年第 3 期。

③ 许苑：《民国前基督教音乐“华化”路径初探》，《艺术研究》2017 年第 3 期。

④ ［奥］阿洛瓦·里格尔：《视觉艺术的历史语法》，刘景联译，上海三联书店 2017 年版。

⑤ 魏丽：《中世纪塞尔维亚的宗教艺术》，《世界美术》2017 年第 3 期。

占庭壁画艺术的深刻影响，在具体人物的表现上，因大量使用规范的“复制”技术，作者由此判断统治者规范了多民族工匠的工作模式和创作方案。但是画师通过自身的色彩、构图等的变化，又逐渐形成了具有地域文化特色的绘画风格，在规范中找到了自己的自由空间。徐西溪的《欧洲中世纪基督教艺术中的手势图像研究》① 一文，就其核心内容而言，具体讨论了中世纪基督教艺术中的常用手势类型、特征及其文化含义；通过列举实际的案例，认为手势的基本含义是“祈祷、赐福和指示”，手势的基本特征则有程式化和故意突出手势作用的不协调性等；相比以往对于教堂建筑、壁画等的整体关注，作者集中关注外域基督宗教艺术中的手势问题，并试图解释其内在的文化含义，其在选题上具有一定的新意，也是该文的主要价值。

（三）数字化应用

刘兰英的《天主教宜昌教区教堂艺术数字化创新与保护》② 一文针对天主教堂艺术遗产日渐消失的现状，提出了以现代科技加强宗教艺术遗产保护的具体方案，包括素材收集与数据库建立。该文以应用技术的视角，提出了具体的保护措施，显然，基督宗教艺术的数字化与电子化，能够为基督宗教艺术的保护与研究提供较大的便捷。

四 伊斯兰教艺术

2017 年度伊斯兰艺术研究成果较为丰富，下面以伊斯兰艺术形象的审美方式为依据，分别从美术和音乐两个角度对该领域的学术研究进行综述。

（一）伊斯兰教美术

1. 建筑与园林艺术

建筑作为一种最为古老的、首要的艺术形式在较为新兴的伊斯兰历史上从未失去其风采，反而赋予了它新的荣耀。然而，大多数的伊斯兰建筑艺术研究则将其置于世界建筑史和建筑文化的宏观视野中，更倾向于概要性的介绍。例如，《建筑艺术赏析》③ 一书以东方建筑文化为背景，对异彩纷呈的伊斯兰建筑的要素、艺术内涵和鉴赏方法进行了介绍。在日本学者伊东忠太所著《东洋建筑之研究（上卷）》即《中国建筑史》④ 的日文原版一书中，作者通过对华的普查性建筑考古之后，对中国广东的伊斯兰教建筑进行了深度的调研，他梳理了广东清真寺的有关文献，并对斡葛思的相关事迹和怀圣寺及光塔的情况进行了研究。李东风所著的《四川乡土建筑文化》⑤ 以阆中巴巴寺为例，对伊斯兰的砖雕图案纹饰的文化意蕴和美学特征进行了解读。《临夏市清真寺建筑艺术研究》⑥ 一文将研究对象定位于中国伊斯兰文化薪火相传的临夏市。临夏清真寺建筑融伊斯兰文化和中华文化于

---

① 徐西溪：《欧洲中世纪基督教艺术中的手势图像研究》，重庆大学，硕士学位论文，2017 年。
② 刘兰英：《天主教宜昌教区教堂艺术数字化创新与保护》，《中国天主教》2017 年第 6 期。
③ 陈孟琰、马倩倩、强晓倩主编：《建筑艺术赏析》，江苏大学出版社 2017 年版。
④ ［日］伊东忠太：《中国建筑史》，廖伊庄译，中国画报出版社 2017 年版。
⑤ 李东风：《四川乡土建筑文化》，西北大学出版社 2017 年版。
⑥ 谷佳佳：《临夏市清真寺建筑艺术研究》，西北民族大学，硕士学位论文，2017 年。

一身，是中国独特的回族文化的重要载体。作者通过对清真寺的建筑风格、装饰特色和宗教理念展开系统的研究，采用丰富的建筑实例，对清真寺建筑要素的文化内涵和清真寺建筑发展规律进行了创新性的阐释和客观性的总结。

《伊斯兰宗教思想影响下的伊斯兰园林景观特征研究》① 一文对不同于东方园林和西方园林的伊斯兰园林进行了比较研究，从伊斯兰宗教思想入手，采取历史分析和类型分析的方法，将伊斯兰教的“认主独一”“天园”“两世吉庆”“中道”等神学思想与园林建筑的总体布局、节点空间和构成要素相互关联，从更深层次发掘伊斯兰宗教思想与园林景观特征之间的表征关系，对伊斯兰园林的理论研究贡献了新内容。

2. 书画与装饰艺术

书画领域亦是信仰伊斯兰教的各民族默默耕耘的艺术田地。出于穆斯林对伊斯兰教义解读的约束，绘画和雕塑几乎难以在清真寺中得以一见，但是，在伊斯兰的历史上，这些艺术表现形式却得到了王公贵族的资助，并随着历史的演进而走入人民大众的生活当中。细密画就是这样一个艺术门类。池漪的《纸上丝绸之路——对细密画〈波斯王子胡马与中国公主胡马雍相会〉的多维解读》② 一文中，探寻收藏于巴黎装饰美术馆的波斯细密画背后的诗情画意和别致的伊斯兰艺术气息。在书法方面，中华文明和伊斯兰文明拥有风格迥异的书法艺术，在两大文明历史交往的碰撞中，阿拉伯书法受到中华文化的影响，在黄土地上创造出独具特色的书法风格，《阿拉伯书法艺术的中国化实践》③ 一文将此文明融合的书法艺术进行了整理和分析，从中阿书法的融合、中阿文字的搭配和经字画三个方面出发，赏鉴这一新书法形式的气韵和品格。

在装饰艺术和装帧艺术方面，《素雅之韵 中国化的伊斯兰纹饰艺术》④ 一文认为，伊斯兰纹饰艺术以几何图案、花草纹路和文字书法为素材，在与中国传统美术的交流互鉴中开创了一种新型的、素雅而韵味十足的审美样式，成为世界装饰艺术的一颗明珠。此外，张雪迎⑤对山东省图书馆藏的《古兰经》装帧风格的变迁进行了深入研究，还原了世界范围内手抄本《古兰经》生产制造以及流通环节，并通过对不同历史时期的中外版本《古兰经》的比较研究，挖掘出手抄本《古兰经》装帧风格演变的历史动因，认为宗教政策、经堂教育、自然环境和赞助者导向等因素共同影响了中国手抄本《古兰经》的装帧艺术朝着中国传统装帧风格的融合和演化。

3. 艺术理论

在伊斯兰艺术理论方面，薛倩莲在《20、21 世纪伊斯兰视觉艺术的本质探索》⑥ 一文中指出，流传于中亚、西亚和北亚的诸如书法和绘画等伊斯兰视觉艺术在发展过程中一直在汲取时代和科技进步的营养，不断蜕变，因此其本质就在于传承性和现代性。刘一虹在《伊斯兰教艺术二题》⑦ 中对蕴藏在伊斯兰教中的美学三原则——独一、统一与运

---

① 何二洁：《伊斯兰宗教思想影响下的伊斯兰园林景观特征研究》，北京林业大学，硕士学位论文，2017 年。

② 池漪：《纸上丝绸之路——对细密画〈波斯王子胡马与中国公主胡马雍相会〉的多维解读》，《美术观察》2017 年第 7 期。

③ 陈进惠、张广林：《阿拉伯书法艺术的中国化实践》，《中国穆斯林》2017 年第 2 期。

④ 刘菲：《素雅之韵 中国化的伊斯兰纹饰艺术》，《中国宗教》2017 年第 8 期。

⑤ 张迎雪：《山东省图书馆馆藏〈古兰经〉装帧风格变迁研究》，湖北民族学院，硕士学位论文，2017 年。

⑥ 薛倩莲：《20、21 世纪伊斯兰视觉艺术的本质探索》，《中外交流》2017 年第 50 期。

⑦ 刘一虹：《伊斯兰教艺术二题》，《世界宗教文化》2017 年第 5 期。

动——之间的关系进行辨析，认为“伊斯兰艺术反映的是伊斯兰教的精神和理念，艺术创作也会遵循伊斯兰教的审美原则”，但是伊斯兰的最高范畴是信仰和伦理而非“美”，因此造成了对伊斯兰美学理论形态的偏见和误解。

（二）伊斯兰教音乐

以音乐为主的听觉艺术方面，《延边州清真寺伊斯兰教音乐现状调查与对策研究》①一文对自乾隆年间传入延边州的九所清真寺的宗教音乐和仪式做了调研，详细地从旋律走向、节奏节拍、曲式结构以及调式四个角度分析了延边州清真寺的赞主赞圣词及其音乐风格和特色，并指出现今延边州伊斯兰音乐发展的困境，为其传承和发扬提出了富有建设性的策略。“花儿”是我国西北地区各族人民喜闻乐见的音乐表现形式，而回族“花儿”将伊斯兰信仰、文化意识与他们勤劳勇敢、热情善良的民族性格联系起来，因此成为回族乃至中华民族重要的文化宝藏。新疆吉木萨尔回族“花儿”作为其中的流派之一，在传统“花儿”的基础之上，更添加了别具一格的新疆特色。《新疆吉木萨尔回族“花儿”调查与研究》② 一文便对“花儿”传入吉木萨尔地区的历史过程进行了梳理，并从歌词、旋律、节奏、调式、曲式以及演唱六个方面对该地区“花儿”的艺术风格和特色进行了细致的分析。管建华在《礼俗仪式音乐价值的文化认知——从波斯—阿拉伯玛卡姆的起源“集会”仪式谈起》③ 一文中追溯了阿拉伯文学玛卡姆与音乐玛卡姆的“集会仪式”起源，辨析了作为“现实实有”的“集会”仪式音乐和“永恒客体”音乐的曲式和时空体认的差异性，认为这两种音乐只是作为不同类型的文化存在，而非“进步”与“落后”之别。

---

① 刘音琦：《延边州清真寺伊斯兰教音乐现状调查与对策研究》，延边大学，硕士学位论文，2017 年。

② 董雪：《新疆吉木萨尔回族“花儿”调查与研究》，新疆师范大学，硕士学位论文，2017 年。

③ 管建华：《礼俗仪式音乐价值的文化认知——从波斯—阿拉伯玛卡姆的起源“集会”仪式谈起》，《中国音乐学》2017 年第 2 期。

2017年度当代宗教学科发展综述

向 宁

2017年度当代宗教学科发展一方面推进了宗教中国化、宗教与“一带一路”倡议、跨宗教比较研究等当代议题；另一方面基于田野调研或CGSS等数据基础铺展了调研分析，研究主题涵括了宗教与经济、政府信任及社会信任、信仰社群、宗教代际影响、宗教与生育意愿等。2017年度当代宗教学科研究成果中也谈及了宗派思想的当代价值、宗教与科学关系探讨、大学生信仰现状调研、女性信仰研究综述等特色议题。在“一带一路”倡议的相关研究中，研究涵括了“一带一路”沿线多个国家和地区，诸如伊斯兰国家、蒙古国、哈萨克斯坦、非洲、印度、土耳其、印度尼西亚、中国新疆、乌克兰、波兰、意大利、荷兰、法国等。宗教人类学、宗教研究报告、民间信仰和民俗学是当代宗教学科发展的重要组成部分。随着“互联网+”向纵深发展，互联网宗教也成为具有时代研究特色的一个研究分支。

一 当代宗教学科发展概况

徐天基《迷途还是正路？反思经济主义走向宗教学研究》①，在对宗教经济论学术源流进行梳理的基础上，指出宗教经济论所带有的强烈的经济主义倾向在一定程度上限制了宗教经济论对宗教象征秩序和意义的阐释。作者指出，仅以宗教市场理论研究宗教，尤其是研究中国宗教，是带有一定的危险性的，并且事实上也没有必要在经济学的范畴内格义宗教。

王媛《跨族裔善财：当代仁波切与汉裔居士檀越——囊谦某新建宗教地景启示》②，以“仁波切——皈依弟子”为主线进行分析，以当代中国康北藏区囊谦精神地标阿育王塔的重建为个案，借由竹巴噶举派第八世阿德仁波切勾连的教派海内外网络及其汉裔皈依弟子的供养网络得以复建的过程，提出了汉裔对藏传佛教供养所带有的福利倾向，辨析并区分了两种供养檀越模式——“藏区社会福利”供养檀越和“藏传僧团福利”供养檀越，进而初步探索了在当代藏传佛教发展过程中汉裔供养原因以及特征的恰当解释路径。

杨虎得、索南多杰、陈通《藏传佛教寺院经济结构的当代转型》③，梳理了藏传佛教寺院经济来源所经历的历史变化，主要形式有五种：一是赞普全额承担；二是寺院庄园经

---

① 徐天基：《迷途还是正路？反思经济主义走向宗教学研究》，《世界宗教研究》2017年第6期。

② 王媛：《跨族裔善财：当代仁波切与汉裔居士檀越——囊谦某新建宗教地景启示》，《西北民族研究》2017年第3期。

③ 杨虎得、索南多杰、陈通：《藏传佛教寺院经济结构的当代转型》，《中国宗教》2017年第2期。

济；三是朝贡所得资金；四是部落供养；五是寺院自办产业。现阶段发展主要呈现如下趋势和特点：一是经济来源渠道呈现多样化趋势；二是寺院经济产业化趋势有待探索；三是部分僧尼生活的来源依然不固定；四是区域城乡之间的经济差异也表现在寺院经济上；五是寺院经济管理方式及财税监管有待进一步完善。

李峰《宗教信仰影响生育意愿吗？基于 CGSS 2010 年数据的分析》①，立足于国情与国内研究现状，基于 2010 年中国综合社会调查（CGSS）数据，提出宗教教义、信徒内化以及宗教处境的分析框架，分析了宗教信仰对 18—45 周岁民众的意愿生育数量的影响。

韩彦超《策略信任视角下的宗教与一般信任——基于 2012 中国综合社会调查的实证研究》②，采用策略信任理论的视角，基于 2012 年中国综合社会调查（CGSS）的数据，通过多元线性回归分析，考察了宗教信仰对于一般信任的影响。

黄海波《信任视域下的宗教：兼论基督教中国化——基于长三角宗教信仰调查数据的分析》③，基于长三角宗教信仰调查数据，通过回归分析，比较了基督徒群体与佛教徒群体在政府信任上的差异，以及无宗教归属的社会大众对不同宗教的信任和他们对政府的信任之间的相关关系。

赵锦山《当代中国宗教代际传承的性别影响因素研究》④，基于 2010 年中国综合社会调查（CGSS）数据，分析了中国宗教代际传承中的性别特征，从宗教信仰的影响、宗教参与的影响两个维度分析了父、母对子、女的影响差异。

吴华《当代中国宗教社会性研究视野中的“信仰社群”》⑤，采用宗教社会学的理论视角，基于对当前宗教学术研究中的宗教实践技术、菩萨公民、群像研究等概念的梳理提出“信仰社群”概念，以河北“生活禅”、云南“佛光之家”、四川“遂宁月香会”为例，爬梳当代宗教组织的历史传承与发展情况，具体分析三个案例并对“信仰社群”实践情况进行初步的社会学探索，最后从信仰方式形成的角度对“信仰社群”的研究意义做出延伸概括，进而推动对当代中国宗教发展的认识。

切排、特日文巴雅尔《从中心到边缘：翁牛特藏蒙佛教历史与现状——一个蒙古旗佛教的兴衰与当代重建》⑥，爬梳了翁牛特旗藏蒙佛教的历史演变所历经的四个不同阶段，并梳理不同历史阶段的演变和境遇及其直接或间接关联的相应时代的诸多社会因素，并指出在政权、经济、意识形态、社会话语、技术、竞争和冲突等诸多关联的社会因素中，政权（国家）的力量和意志占据主导地位。

王潇楠《京郊南口基督教会的历史与现状概述》⑦，通过查阅相关资料和现场考证，简要梳理了京郊南口基督教会的历史与现状，除了登记在册的一间教会外，又确定了另外

① 李峰：《宗教信仰影响生育意愿吗？基于 CGSS2010 年数据的分析》，《世界宗教研究》2017 年第 3 期。

② 韩彦超：《策略信任视角下的宗教与一般信任——基于 2012 中国综合社会调查的实证研究》，《世界宗教文化》2017 年第 4 期。

③ 黄海波：《信任视域下的宗教：兼论基督教中国化——基于长三角宗教信仰调查数据的分析》，《世界宗教研究》2017 年第 3 期。

④ 赵锦山：《当代中国宗教代际传承的性别影响因素研究》，《成都理工大学学报（社会科学版）》2017 年第 4 期。

⑤ 吴华：《当代中国宗教社会性研究视野中的“信仰社群”》，《云南社会科学》2017 年第 2 期。

⑥ 切排、特日文巴雅尔：《从中心到边缘：翁牛特藏蒙佛教历史与现状——一个蒙古旗佛教的兴衰与当代重建》，《西南民族大学学报（人文社会科学版）》2017 年第 11 期。

⑦ 王潇楠：《京郊南口基督教会的历史与现状概述》，《世界宗教研究》2017 年第 2 期。

3 处场所。

甘满堂、李红飞《历史身份的标记与村落社区的边界——当代闽江下游船民后裔天主教社区调查》[①]，通过对闽侯县上街镇四个船民后裔乡天主教社区的调研，分析了天主教信仰对当代船民后裔社区的影响。该文梳理了新中国成立前，船民在被岸上居民视为“贱民”且深受其欺辱的历史处境下，由改信天主教以获得“洋人”支持与庇护以及争取社会平等，进而形塑了闽江中下流两岸天主教徒以船民为主的格局。新中国成立后，天主教信仰成为船民特殊身份的标志与历史记忆，天主教信仰使船民后裔与周边村落社区边界清晰，天主教成为船民后裔维系族群认同的重要纽带。

李晔梦《当代学者关于犹太教与基督教关系研究的新进展》[②]，梳理了“犹太—基督教传统”的研究脉络，突破“犹太特殊论”或基督教中心主义话语的束缚，从基督教的犹太根源、犹太教与基督教的对话、犹太教与基督教的比较研究三个方面阐释了两种学术体系的关联性、内生性与互动性。

李伟、王若溪、潘忠宇《国家治理现代化视阈下的伊斯兰教中国化新实践——以宁夏吴忠市民族宗教工作经验为例》[③]，提炼了吴忠经验这一地方性的知识，并提出国家治理必须与地方性知识联系在一起；从国家治理现代化的视阈，以问题为导向，把理论和实践结合起来。

唐晓峰《马克思主义宗教批判理论及其对当代无神论教育的启示》[④] 指出，马克思主义宗教批判理论及马克思主义无神论的若干观点对当代无神论教育有三点启示，一是无神论宣传教育应与宗教发生根源分析相结合；二是无神论推广应与宗教学研究相结合；三是坚持无神论应与坚持宗教与社会主义社会相适应结合起来。

孙红《方东美对华严宗哲学的现代诠释及当代价值》[⑤] 指出，方东美对华严宗哲学的现代诠释，主要表现为用现代哲学家怀特海来诠释华严宗哲学中的人物善财童子，以人体为喻解释华严宗哲学的“六相圆融”思想，用西方哲学概念来诠释华严宗哲学概念。此现代诠释的当代价值体现在：使用西方哲学概念阐述中国的佛教哲学，进而发展了华严宗哲学；华严宗哲学为构建“人与世界在理想文化中的蓝图”提供理论来源，进而中国哲学得以进一步发展；方东美对华严宗哲学的现代诠释，也为中西方文化的会通与交流搭建了桥梁。

郭武《“度人”与“度己”：关于当代道教发展的一点思考》[⑥]，通过对历史上道教的经典文献及教团活动的考察，指出“度己”与“度人”（度他）是“成仙”信仰的一体两面，在道教中占有同等重要的地位；“度人”（度他）一方面是“成仙”信仰最终实现的必要条件，另一方面也是推动道教教团发展壮大的要素。

---

① 甘满堂、李红飞：《历史身份的标记与村落社区的边界——当代闽江下游船民后裔天主教社区调查》，《湖北民族学院学报（哲学社会科学版）》2017 年第 1 期。

② 李晔梦：《当代学者关于犹太教与基督教关系研究的新进展》，《世界宗教研究》2017 年第 5 期。

③ 李伟、王若溪、潘忠宇：《国家治理现代化视阈下的伊斯兰教中国化新实践——以宁夏吴忠市民族宗教工作经验为例》，《世界宗教研究》2017 年第 1 期。

④ 唐晓峰：《马克思主义宗教批判理论及其对当代无神论教育的启示》，《世界宗教研究》2017 年第 4 期。

⑤ 孙红：《方东美对华严宗哲学的现代诠释及当代价值》，《世界宗教文化》2017 年第 5 期。

⑥ 郭武：《“度人”与“度己”：关于当代道教发展的一点思考》，《世界宗教文化》2017 年第 6 期。

徐献军《太虚大师论佛学与科学的关系》① 指出，当代欧美学术界常用现代科学的研究成果解读佛教，或用现代科学的实验方法探测佛教精神训练的神经生理机制。当代中国的佛教研究中，“如何正确看待佛学与科学的关系”已迫在眉睫。基于中国传统佛教的立场，正确处理佛学与科学的关系是十分关键的。作为中国佛教界较早开始思考佛学与科学关系的人，太虚法师的见解，对于当下佛学与科学关系的探讨仍有十分重要的参考价值。

陈思《比较视野下的大学生宗教信仰现状及其政治参与研究》②，基于对中国高校学生与在美留学生的问卷调查数据，展示目前中国大学生群体的宗教信仰现状，以及大学生群体宗教信仰对其政治参与的影响。研究发现，在美留学生群体加入基督教比例显著提升；不同的宗教信仰对大学生群体对政治参与的兴趣也产生了不同程度的影响。

王康、诸英、陈剑《当代大学生宗教认同的现状调查》③，以无记名问卷的方式抽样调查了浙江省高校大学生的宗教认同状况，对当代大学生对于国家宗教政策的基本认识、对宗教本质的理解、大学生对宗教的了解状况和对宗教活动的参与情况、大学生信仰宗教的原因、大学生对有神或无神的看法、校园内的宗教活动情况以及信教大学生的基本情况等问题进行了探讨。

王富宜《近三十年汉传佛教女性研究综述》④，从汉传佛教女性的文献研究、历史研究、调查研究及研究展望四个方面对已有研究成果进行梳理，尝试探寻其发展方向。

二 “一带一路”倡议、跨地域及跨宗教比较研究

吴云贵《“一带一路”战略构想中的宗教文化因素》⑤，着重基于宗教文化视角，分析并讨论了“一带一路”倡议涵括的宗教文化因素，并指出在同伊斯兰国家开展经贸合作过程中，深入了解伊斯兰文化应当作为一项重要的研究内容，对于建立互信和深入开展中外国际经济合作而言，具有重要现实意义。

乌云格日勒《“一带一路”视野下的中蒙宗教文化交流》⑥，从“草原丝绸之路”与“一带一路”建设、中蒙宗教文化交流的历史渊源与当下进展、“一带一路”视野下的中蒙宗教文化交流愿景三个维度，阐释了“一带一路”视野下的中蒙宗教文化交流。作者指出，宗教文化对中蒙两国之间的人文交流而言占据重要地位，尤其对以藏传佛教格鲁派为国教的蒙古国，其重要性更为突出，中国公共外交借助佛教文化能有效地促进中蒙人文交流。

杨莉《“一带一路”战略实施中的哈萨克斯坦宗教风险研究》⑦，基于对哈萨克斯坦宗教现状的概要梳理，从宗教法治程度、民族宗教关系、宗教信仰格局、政教关系情况、宗教教派矛盾、宗教极端势力和恐怖袭击、跨国宗教问题等多个维度，分析其在“一带一路”倡议下存在的宗教风险。

---

① 徐献军：《太虚大师论佛学与科学的关系》，《西南民族大学学报（人文社会科学版）》2017 年第 8 期。

② 陈思：《比较视野下的大学生宗教信仰现状及其政治参与研究》，《世界宗教文化》2017 年第 4 期。

③ 王康、诸英、陈剑：《当代大学生宗教认同的现状调查》，《世界宗教文化》2017 年第 3 期。

④ 王富宜：《近三十年汉传佛教女性研究综述》，《江西师范大学学报（哲学社会科学版）》2017 年第 6 期。

⑤ 吴云贵：《“一带一路”战略构想中的宗教文化因素》，《世界宗教文化》2017 年第 1 期。

⑥ 乌云格日勒：《“一带一路”视野下的中蒙宗教文化交流》，《世界宗教文化》2017 年第 2 期。

⑦ 杨莉：《“一带一路”战略实施中的哈萨克斯坦宗教风险研究》，《世界宗教文化》2017 年第 2 期。

王皓月《“一带一路”战略实施中的蒙古国宗教风险研究》[①]，以蒙古国宗教的历史与现状为基础，对其宗教形势及存在的问题进行了分析，对蒙古国的宗教风险进行研究，进而评估了其潜在风险点。

李维建《当代非洲宗教生态》[②]，指出当代非洲多元化的宗教生态格局中，亚伯拉罕系统宗教中的伊斯兰教和基督教占绝对优势，同时非洲传统宗教仍有顽强的生命力。随着全球化的发展，其他域外宗教相继踏上非洲，非洲宗教生态的多元化趋势越来越明显和深入。地缘关系、大国干预、非洲社会本身的“需求”、现代社会的发展等，共同塑造了当代非洲多元化的宗教生态，进而非洲多元化的宗教生态呈现出一种相对稳定且持续变化的生态结构。

周海金《关于非洲传统宗教的若干问题研究》[③]，首先反驳了西方对非洲传统宗教的曲解，其次研究了非洲传统宗教自身独有的特点，并进一步考察了传统宗教最核心内容，最后分析了非洲传统宗教在当代非洲社会发展进程中所面临的机遇和挑战。

吕昂《“一带一路”与中印佛教文化的交融互鉴》[④]，从佛教文化在“一带一路”沿线的交融史、佛教文化对历史上“一带一路”沿线繁荣兴盛的促进、佛教文化在新时期“一带一路”发展中的重要作用三个维度梳理了在“一带一路”沿线中印佛教文化的交融互鉴历史。

刘义《“一带一路”背景下土耳其的宗教风险研究》[⑤]，指出土耳其以伊斯兰为基础的政治，有政府机制保障和社会经济基础，并在教育和性别领域有着特殊的表现；土耳其伊斯兰政治的一个外在特征是其跨国性，这体现于土耳其政府在中亚和中东的“新奥斯曼主义”外交。在“一带一路”倡议的背景下，“东突”始终是影响中土关系的一个敏感问题，并且近期土耳其的一系列暴恐事件，也需特别注意。

蔡明宏《“一带一路”视阈下印尼华裔族群意识与家国观念实证调研》[⑥]，基于详细而深入的问卷调查，发现印尼华裔在“中华化”与“在地化”的对立统一中寻求当代族群身份定位，双重的文化视野赋予他们不同的价值判断和思想观念，进而他们更能以独立而客观的姿态进入中华文化的传播场域，其有望成为国际公共外交新生态的有益助力。

郑松《发挥新疆在“一带一路”建设中的区位支点作用》[⑦]，指出新疆具有丰富的宗教资源，应充分发挥新疆在“一带一路”建设中的区位优势，尤其是其多元宗教文化的区位支点作用。同时，打击“三股势力”和深挖“两面人”应双拳出击，以尽力消除影响新疆区位优势稳定的棘手因素。

严天钦《“一带一路”倡议实施中的乌克兰宗教风险研究》[⑧]，基于对乌克兰的宗教历史、宗教信仰格局的探讨，从宗教法律政策、政教关系、教派矛盾等多个维度，对乌克兰的宗教风险进行研究。

---

① 王皓月：《“一带一路”战略实施中的蒙古国宗教风险研究》，《世界宗教文化》2017 年第 2 期。

② 李维建：《当代非洲宗教生态》，《世界宗教文化》2017 年第 3 期。

③ 周海金：《关于非洲传统宗教的若干问题研究》，《世界宗教文化》2017 年第 3 期。

④ 吕昂：《“一带一路”与中印佛教文化的交融互鉴》，《世界宗教文化》2017 年第 4 期。

⑤ 刘义：《“一带一路”背景下土耳其的宗教风险研究》，《世界宗教文化》2017 年第 4 期。

⑥ 蔡明宏：《“一带一路”视阈下印尼华裔族群意识与家国观念实证调研》，《世界宗教文化》2017 年第 5 期。

⑦ 郑松：《发挥新疆在“一带一路”建设中的区位支点作用》，《世界宗教文化》2017 年第 5 期。

⑧ 严天钦：《“一带一路”倡议实施中的乌克兰宗教风险研究》，《世界宗教文化》2017 年第 6 期。

涂东《“一带一路”倡议实施中的波兰宗教风险研究》[①]，基于对波兰宗教法治、政教关系、宗教组织和教派等情况的深入了解和分析，得出波兰宗教风险总体偏低的结论；但同时需要关注中波关系中潜在的宗教摩擦，只有在恰当处理摩擦的基础上才可使中波关系的健康发展得以稳步推进。

陈昕彤《“一带一路”倡议实施中的意大利宗教风险研究》[②]，对意大利宗教历史的发展和现状进行了简要爬梳，并分析和评估了意大利的宗教治理和信仰格局、宗教对思想文化和社会政治等维度的影响，以及外来宗教与主流社会之间的潜在冲突和宗教极端主义所引发的安全威胁等维度上的宗教风险。

潘文《“一带一路”倡议实施中的荷兰宗教风险研究》[③]，从七个维度分析和评估了在“一带一路”倡议实施中荷兰存在的宗教风险。研究发现，荷兰世俗化程度高，整体宗教风险低，当前荷兰的宗教风险主要表现在宗教极端势力和恐怖袭击、跨国宗教风险两个维度上，因此当前荷兰宗教有一定的“现实安全风险”；同时，研究还确定了需要对荷兰宗教进行关注的四个变量，即其“潜在人文风险”关注点。

肖习《“一带一路”倡议实施中的法国宗教风险研究》[④]，立足法国宗教的历史与现状，分析其宗教形势与存在的问题，对其宗教风险进行研究和评估，有助于消除中法文化方面的隔阂，借鉴彼此宗教治理经验，为促进中法在宗教领域的合作提供借鉴，就国际性重大宗教风险议题达成持续合作。

嘉木扬·凯朝《“一带一路”视野下蒙古地区佛教的区位优势》[⑤]，主要讨论内蒙古地区佛教的特点、历史与现状，探讨内蒙古地区佛教在“一带一路”经济与文化倡议中的重要性，并展望内蒙古佛教如何发挥本地区的优势。

赵翠翠、李向平《当代佛教神圣性建构的“社会机制”——南北传佛教社会学的比较视角》[⑥] 一文指出，亚洲文明体系之中，佛教的地位与作用举足轻重；亚洲的佛教信仰并具有南传、北传与藏传三大佛教系统。“一带一路”及其命运共同体的倡议设计，为亚洲佛教普遍神圣性的建构提供了历史契机，但抓住契机还需要佛教信仰普遍实践的社会机制。

张百春《当代俄罗斯东正教会最高管理机构》[⑦] 一文指出，自从苏联解体之后，俄罗斯东正教会迅速恢复了自己的最高管理机构；同时，作为在世俗社会里存在的庞大的宗教组织，俄罗斯东正教会最高管理机构的格局已基本形成。

---

① 涂东：《“一带一路”倡议实施中的波兰宗教风险研究》，《世界宗教文化》2017 年第 6 期。

② 陈昕彤：《“一带一路”倡议实施中的意大利宗教风险研究》，《世界宗教文化》2017 年第 6 期。

③ 潘文：《“一带一路”倡议实施中的荷兰宗教风险研究》，《世界宗教文化》2017 年第 6 期。

④ 肖习：《“一带一路”倡议实施中的法国宗教风险研究》，《世界宗教文化》2017 年第 6 期。

⑤ 嘉木扬·凯朝：《“一带一路”视野下蒙古地区佛教的区位优势》，《世界宗教文化》2017 年第 6 期。

⑥ 赵翠翠、李向平：《当代佛教神圣性建构的“社会机制”——南北传佛教社会学的比较视角》，《云南社会科学》2017 年第 2 期。

⑦ 张百春：《当代俄罗斯东正教会最高管理机构》，《世界宗教文化》2017 年第 2 期。

三　宗教人类学

（一）主要成果

徐俊六《一个景颇族村寨驱火仪式的宗教人类学考察》① 一文指出，景颇族村的驱火仪式表征了其民间宗教信仰。该文通过对景颇族村董萨的驱火仪式的场景式再现，进而探究其宗教人类学意涵，对作为人类学核心范畴之一和宗教学研究的重要研究议题——“仪式”，开展了一次人类学的田野调研。

彭娜娜《北盘江布依族宗教丧祭仪式调研报告》② 一文以北盘江地区布依族宗教的典型代表——贵州省盘县羊场布依族宗教丧祭仪式为研究对象，采用宗教人类学的研究方法，记述了布依族宗教丧祭仪式，进而呈现了羊场布依族的信仰仪式和精神观念，及其对整个布依族宗教的意义。

高翔《黔西北彝族“祭花神”仪式的宗教内涵与象征意义》③ 一文基于宗教人类学研究方法，以黔西北彝族对杜鹃花的自然崇拜的仪式“祭花神”为研究对象，从神话传说、法器、祭祀群体、仪式准备过程及展演过程的描述五个方面，分析了“祭花神”仪式的起源、结构、变迁、象征及功能等，以探究其宗教内涵及象征意义。

胡锐《法国汉学与人类学的交叉——以华南跨境少数民族宗教的研究为例》④ 一文指出，应融合法国汉学和人类学的研究方法，将汉族社会置于东亚文化圈的宏观背景下，展开跨境少数民族宗教的研究。其宏观视角和独特的方法，为中国汉地和少数民族宗教研究提供了更为开阔的研究视野。

张青仁《宗教与现代性的自反性建构：一项对墨西哥天主教历史变迁的人类学研究》⑤ 一文基于人类学视角开展了对墨西哥天主教历史变迁的研究。天主教在墨西哥社会的变迁历程，呈现了其与现代性的自反性关系。作者将天主教与现代性的自反性关系划分为两个阶段，进而探究了宗教与现代性的多元关系的可能。

张熙《当代俄罗斯宗教学研究的路径与特色》⑥ 一文梳理了当代俄罗斯宗教学相关研究的最新进展。其文中提及，宗教人类学和宗教社会学是俄罗斯宗教学理论研究最有影响力的两个方向，基于宗教人类学和宗教社会学来分析宗教进而对经验资料进行系统化也是俄罗斯宗教研究的重要任务之一。

（二）会议

2017 年 5 月 12—15 日，修行与精神性生活暨第三届宗教人类学工作坊在浙江宁波金峨寺顺利召开。此次会议是由中国宗教学会、中国社会科学院世界宗教研究所、南京大学

---

① 徐俊六：《一个景颇族村寨驱火仪式的宗教人类学考察》，《世界宗教文化》2017 年第 4 期。

② 彭娜娜：《北盘江布依族宗教丧祭仪式调研报告》，《宗教学研究》2017 年第 1 期。

③ 高翔：《黔西北彝族“祭花神”仪式的宗教内涵与象征意义》，《宗教学研究》2017 年第 1 期。

④ 胡锐：《法国汉学与人类学的交叉——以华南跨境少数民族宗教的研究为例》，《世界宗教文化》2017 年第 5 期。

⑤ 张青仁：《宗教与现代性的自反性建构：一项对墨西哥天主教历史变迁的人类学研究》，《世界宗教研究》2017 年第 1 期。

⑥ 张熙：《当代俄罗斯宗教学研究的路径与特色》，《世界宗教文化》2017 年第 2 期。

社会人类学研究所、华东师范大学人类学研究所、宁波金峨寺等联合主办。

会议由十个单元组成，包括“修行人类学的学理反思”“修行与精神体验”“修行与尘世生活”“修行与日常经验”“修行与身体实践”“声音感知与视觉”“佛教居士的修行”等七场主题研讨会、两场书法及古琴文化交流分享会和圆桌总结会。来自全国各地的50余名参会者围绕“修行”主题，从人类学、宗教学、社会学、民族学、民俗学等多学科角度，探讨了多元宗教及相关的修行实践、日常生活中的修行内容等。

四 中国宗教报告与北京宗教研究

邱永辉主编《中国宗教报告（2016）》①，收录了当代宗教发展态势主题的原创论文十余篇，分别从总报告、各大宗教报告、热点报告和专题报告四个方面，希望给出当代宗教发展态势的概览。其中，“总报告”总结了2015年中国各大宗教的发展情况，对“一带一路”倡议下，中国宗教团体的发展趋势以及“一带一路”智库的宗教文化研究的三个重要的着力方向进行概览。“各大宗教报告”通过7篇报告描绘了中国宗教2016年的发展现状及热点问题，涵盖了中国佛教、道教、伊斯兰教、基督教、天主教、儒教和民间信仰。7篇报告中，各自宗教的讨论主题各有侧重，并涵盖了多样化的研究议题——网络宗教、医学养生、流动信众、大学生信仰状况、社会关怀、当下的复兴问题以及宗教的地域性发展状况等。“热点报告”从自身性问题、关系型问题和对立性问题三个方面，涉及民族社会变迁、传统文化的相适应、宗教渗透和邪教传播等多样议题，以观中国少数民族基督教信仰的趋势、现状及现存问题，并针对性地对少数民族基督教的发展提出了本土化、理性化、社区化、公益化的建议。“专题报告”讨论了广东潮汕地区的宗教现状和所面临的问题，进而提出了相应的政策建议。

王潇楠和陈进国主编《北京宗教研究》第一辑②和第二辑③，收录了以“北京的多元宗教与和谐社会建设”为主题的原创论文四十余篇，从北京宗教史、宗教思想史、宗教和谐论的理论反思、宗教和谐观与宗教遗产保护、北京宗教与和谐社会建设等多个维度，探讨了北京宗教的历史、现状、文化遗产的传承保护、与国际文化的交流以及在北京和谐社会建设中所发挥的积极作用等议题。该论文集有四个特点：一是由学术界、宗教界、政界三方共同探讨北京宗教的相关现状和发展问题；二是关涉了北京宗教的多元性，包括五大宗教、民间信仰、宗教救度团体道德学社等；三是将宗教对和谐社会建设的参与作为核心议题之一；四是从历史学、宗教学、人类学、民俗学、哲学、社会学、神学等多元学科视野探讨北京的多元宗教。该论文集在理解北京宗教的现状和发展趋势上取得了可喜的成果，是对北京地方的宗教历史与民众的信仰生活调研、对北京宗教进行“接近民众生活”式的研究的一次有益尝试。

---

① 邱永辉主编：《中国宗教报告（2016）》，社会科学文献出版社2017年版。

② 王潇楠、陈进国主编：《北京宗教研究》（第一辑），中国社会科学出版社2017年版。

③ 王潇楠、陈进国主编：《北京宗教研究》（第二辑），中国社会科学出版社2017年版。

五 民间信仰与民俗学

魏乐博、张士闪、李生柱《当代中国民间宗教研究要“接地气”——波士顿大学魏乐博教授访谈录》①，该文是记录作者于 2016 年 9 月 2 日赴波士顿大学与魏乐博教授，对河谷生态与山地生态、宗教与生活的关系、宗教与普世性的关系、宗教田野研究要接地气等议题进行的面对面的交流。

张祝平《论民间信仰的城镇化空间——一个异地城镇化村落传统信仰重建的考察》②一文指出，在中国社会转型的两大特征——农民城镇化和农民城市化的大背景下，城镇化不是传统村落信仰的终结点，而是民间信仰转型的催化剂，通过文化与政治的有机结合，释放新型城镇文化，重建民间信仰的当代意义。

叶涛《关于泰山石敢当研究的几个问题》③ 一文指出，泰山石敢当习俗于 2006 年入选首批国家级非物质文化遗产名录，但其相关的历史演变、海内外传播、文化内涵、非遗保护等方面尚存诸多有待进一步探究的问题。作者尝试粗线条勾勒了石敢当习俗的传播路径及其海外影响，针对石敢当习俗的泛化问题，尝试梳理了石敢当信仰习俗的核心内容和基本形态，并区分了石敢当习俗的扩展功能和独立形态，对石敢当习俗的保护和开发提出了“有所为”“有所不为”的建议，推动了对石敢当习俗的更深入的调查与研究。

徐文彬《1979—1989 年闽南地区民间信仰的复兴论略》④ 一文，基于文献爬梳和田野调查，并加入了官方政策调试的考量，该文主要研究改革开放后 1979—1989 年的闽南地区民间信仰的复兴历程，发现了侨乡网络与两岸互动之间的深刻影响。

何正金《论明清时期滇西北的关帝信仰》⑤ 一文，梳理了明清以来，滇西北的关帝信仰的兴建、扎根和文化反哺三个环节。首先，是在官方和民间的双重推动力下，关帝信仰逐步在滇西北地区兴起。其次，关帝信仰经西南边疆文化的再造和涵化，以“关帝当玉皇”等民间信仰叙事的产生为标志，关帝信仰随之在滇西北扎根。最后，关帝信仰回传中原，从而实现了文化反哺。

马西沙《明中后期多种民间教派的兴起及明王朝的较宽容的政策》⑥ 一文研究了明中后期，多种民间宗教的兴发与明王朝对民间信仰较为宽松的政策的关系。这一时期民间宗教运动并未发展为政治运动或军事运动，只在信仰范畴，其与明政权对民间教派较为宽松、甚至放纵的态度密切相关。

杨宗红《南宋时期四川的民间信仰与地域社会——以〈夷坚志〉为中心》⑦ 一文指出，《夷坚志》130 余则四川故事呈现出四川民众丰富的民间信仰精神和信仰活动；不同

---

① 魏乐博、张士闪、李生柱：《当代中国民间宗教研究要“接地气”——波士顿大学魏乐博教授访谈录》，《民俗研究》2017 年第 5 期。

② 张祝平：《论民间信仰的城镇化空间——一个异地城镇化村落传统信仰重建的考察》，《民俗研究》2017 年第 6 期。

③ 叶涛：《关于泰山石敢当研究的几个问题》，《民俗研究》2017 年第 6 期。

④ 徐文彬：《1979—1989 年闽南地区民间信仰的复兴论略》，《世界宗教文化》2017 年第 5 期。

⑤ 何正金：《论明清时期滇西北的关帝信仰》，《宗教学研究》2017 年第 3 期。

⑥ 马西沙：《明中后期多种民间教派的兴起及明王朝的较宽容的政策》，《世界宗教文化》2017 年第 2 期。

⑦ 杨宗红：《南宋时期四川的民间信仰与地域社会——以〈夷坚志〉为中心》，《宗教学研究》2017 年第 2 期。

职业者在民间信仰中发挥的作用各有侧重，共同参与民间信仰活动，促使了部分神祇走向全国。南宋四川的民间信仰的盛行也与当地的地域环境、军事、教育等密切相关。《夷坚志》是研究南宋四川地域社会民间信仰的重要史料。

杨金东《国家—社会—民间：云南民间宗教的三元分析框架》① 一文指出，“国家—社会—民间”的三元分析框架有益于对在政治、经济、社会、文化等诸多复杂环境下演化发展的云南民间宗教的分析，可更好地阐释民间宗教的演化规律及提升民间信仰治理水平。

高长江《民间信仰：文化记忆的基石》② 一文指出，文化记忆多以宗教类文化为其承载主体，同样，中国的文化记忆与其特有的宗教文化——民间信仰密切相关；民间信仰的运作机制、信息载体和积极的文化记忆的唤醒机制也奠定了中国文化记忆承载基石的地位。

六 互联网宗教

在20世纪90年代学界已关注到了互联网对宗教的改变，之后多元议题的研究成果呈现，诸如：互联网时代世界宗教的新形态、中国宗教互联网状况简析、宗教网站研究、网络视域中的宗教传播以及互联网宗教舆情事件年度报告等。

2016年度互联网宗教研究成果颇丰，笔者依时间序列爬梳了2016年度国内颇具代表性的三个节点。一是《中国宗教》2016年第7期刊发了郑筱筠研究员的《全方位开展互联网宗教研究》文章，该文一方面陈述了全方位开展互联网宗教研究的重要意义，另一方面也提出了探索互联网宗教研究的动力机制及发展规律对于我国参与全球治理过程的重要性。二是《世界宗教文化》2016年第4期将“理论前沿 · 互联网宗教研究”作为封面选题，此选题收录了5篇学术论文，涵盖了佛教互联网舆情指标体系的构建、“互联网+”时代宗教新形态、“网络传教”行为分析、大数据分析等多元研究议题。三是2016年8月31日至9月1日的“中国社会科学论坛（2016 · 宗教学）”在北京召开，该次论坛是由中国社会科学院世界宗教研究所、中国宗教学会主办，论坛的第七场和第八场主题为“互联网宗教与全球治理”，共有11位学者参与作论坛报告。

2017年度互联网宗教研究也在稳步推进，探究互联网宗教与人类命运共同体、宗教治理、大数据、人工智能、法制化、商业化、搜索引擎、舆情演化动态机制等主题的交叉研究成为热点，其中“人工智能”议题的研究热度尤为突出。

（一）主要成果

王利涛《论大数据对我国宗教的影响及应对策略》③ 一文基于对大数据内涵的归纳，探讨了大数据对我国宗教发展的作用及带来的挑战，并提出了应对策略。文中分析了大数据对宗教调研方法的改善和调研效率的提升、宗教行为的预警、宗教动态的把握、宗教政策的制定和实施、宗教政策精确化及智能化宣传的独特作用，同时关注到了大数据对宗教

---

① 杨金东：《国家—社会—民间：云南民间宗教的三元分析框架》，《宗教学研究》2017年第3期。

② 高长江：《民间信仰：文化记忆的基石》，《世界宗教研究》2017年第4期。

③ 王利涛：《论大数据对我国宗教的影响及应对策略》，《世界宗教文化》2017年第1期。

核心教义、现实基础、理论研究等所带来的挑战等。该文最后提出了树立数据意识、提升数据素养、培养复合型人才、加强基础理论研究等应对策略。

向宁《佛教互联网舆情观点演化机制的行动者中心模型研究》① 一文以“法门寺文化景区微博改名事件”为舆情背景，基于行动者中心建模方法，结合个案深入访谈，比较了对峙观点增长率差值和对峙观点人群占比对舆情观点模型演化历程的影响，进而尝试探究了佛教互联网舆情观点演化的内部机制。

董栋《做好涉宗教网络舆情工作》② 一文分析了近期涉宗教网络舆情的特点和态势，不同宗教网络舆情的多发态势及其主题倾向性，并从四个方面阐述了涉宗教网络舆情工作的侧重点。

侯俊东、肖人彬《群体性事件网络舆情结构逆转：内在机理与现实表征》③ 一文依托议程设置理论，基于群体性事件网络舆情结构逆转的导火索、推手、核心特征等主要缘由，立足于群体性事件本身、当地居民和网民、意见领袖、传播媒体、涉事政府部门等多元主体，分析了群体性事件网络舆情结构逆转的内在机理，进而梳理了群体性事件网络舆情结构逆转的现实表征。该文虽未直接涉及宗教，但其对互联网宗教舆情的内在机制研究有些许助益。

《探索与争鸣》在 2017 年第 10 期推出了“人工智能与未来社会：趋势·风险·挑战”专刊，从未来大趋势、多维面向、司法实践、日常生活四个维度探讨了人工智能所带来的机遇和风险。其中，陈钟《从人工智能本质看未来的发展》④ 一文通过梳理人工智能的 60 年发展历程，指出了人工智能的本质在于“计算”——研究“问题求解”，并从此本质出发通过普及“计算”思维进而更为冷静、清晰地认识由数据驱动的机器学习应用 AlphaGo 所带起的人工智能热潮。继而，陈钟教授通过“数据—信息—知识—智慧—顿悟”的关系阐述了社会科学以及道德伦理议题的探讨对未来计算和人工智能发展的重要意义。此文可为人工智能和传统宗教关系等研究提供参考。《文化纵横》2017 年度刊发了多篇以人工智能、机器社会、科技与人文等为主题的文章，这也助推了互联网宗教研究的纵深拓展。

（二）会议

2017 年 12 月 26—28 日，“‘互联网 + 宗教事务’福州论坛”在福建连江召开，论坛是由福建省民族与宗教事务厅作为事务指导单位，福建省宗教事务服务中心、福州市民族与宗教事务局、福建师范大学社会历史学院主办。论坛以“互联网时代的宗教与宗教事务”为主题，重点关注了互联网时代的宗教与宗教学理论、网络宗教活动分析与宗教问题现状调查、网络宗教事务管理法制化、互联网宗教信息服务与涉宗教媒体建设、运用互联网讲好中国宗教故事等多元的研究议题，同时论坛收录的五六十篇学术论文的研究对象涵括了佛教（汉传佛教和藏传佛教）、基督教、天主教、伊斯兰教、道教、民间信仰等多元主体。

---

① 向宁：《佛教互联网舆情观点演化机制的行动者中心模型研究》，《世界宗教文化》2017 年第 5 期。

② 董栋：《做好涉宗教网络舆情工作》，《中国宗教》2017 年第 6 期。

③ 侯俊东、肖人彬：《群体性事件网络舆情结构逆转：内在机理与现实表征》，《社会科学》2017 年第 11 期。

④ 陈钟：《从人工智能本质看未来的发展》，《探索与争鸣》2017 年第 10 期。

第三篇

年度论文

当代宗教极端主义简论*

吴云贵**

摘　要： 宗教极端主义研究是一个重要的前沿课题。人们在不同的时空条件下，对何谓宗教极端主义会有不同的理解、认定和概括，这从一个侧面反映了问题的复杂性，同时也反映了研究主体立场、观点和价值取向的差异。本文在作者多年潜心研究的基础上，就伊斯兰世界宗教极端主义的形态、根源、危害以及我国应当如何应对宗教极端主义等问题进行了系统的论述和分析。作者强调，宗教极端主义本质上是对宗教信仰、宗教思想文化的一种极端、片面、谬误和有害的曲解，是具有显著政治性和暴恐性的意识形态，它与宗教既有某些关联，又有本质区别。从世界范围看，反对宗教极端主义的斗争将是一个长期、复杂的过程，这不仅是因为极端主义有其社会基础，而且因为各种复杂的诱因也在不断地制造新的宗教极端势力。

关键词： 宗教极端主义　形态　根源　危害　应对

大量事实表明，宗教极端主义并非某个宗教所特有，而是世界各大宗教所共有的一种现象。各大宗教在对信仰或教义的诠释上，都强调"正信""正行"，并把偏离主流宗教思想的言行视为"异端"或谬误而明确予以反对。尽管如此，极端主义思想在少数人群中仍有很大市场。从认识论角度看，正确的思想信仰总是同谬误的思想观念相比较而存在、相斗争而发展。

在当今世界上，人们对宗教极端主义的认识和判断，往往与世界政治格局的变迁以及由此而引起的回应有密切关联。20 世纪 90 年代初，苏联解体、东欧剧变、东西方冷战格局宣告终结。世界格局的变迁，使得原来在两极机制下长期被掩盖的各种矛盾，包括宗教矛盾、民族矛盾突然爆发，宗教与民族主义开始在国际政治冲突中扮演更重要的角色，宗教极端主义因此而引起国际社会密切关注。

在世界各大宗教中，以伊斯兰宗教极端主义规模最大，来势迅猛，波及面更为广泛，破坏力更强，因此我们有理由以伊斯兰背景下的宗教极端主义为重点关注对象。

一　应当如何认识和界定宗教极端主义

极端或谬误的宗教思想之形成，是同宗教问题的长期性、复杂性分不开的。人类历史

---

* 本文是作者在"省部级干部统一战线与宗教工作专题研讨班"（2016 年 9 月 6 日）讲课提纲的基础上修改而成。本文部分内容曾在一家内部资料上刊载，正式发表时，作者作了多处修改和补充。

** 吴云贵，中国社会科学院荣誉学部委员，中国社会科学院世界宗教研究所研究员、博士生导师，中国统一战线理论研究会民族宗教理论甘肃研究基地研究员。

上自从自发的原始宗教转变为阶级社会的“人为宗教”以后，极端宗教思想因为有了明确的社会载体或解释主体而引起更为广泛和密切的社会关注。在漫长的中世纪，极端宗教思想是与主流的宗教思想信仰并存的，二者间的矛盾主要表现为教派冲突。到了近现代以后，由于西方国家普遍施行了宗教改革和政教分离，国家政权不再以宗教意识形态作为政治合法性的基础，教派冲突的政治含义明显减弱。而在伊斯兰世界，情势则明显不同。伊斯兰世界在现代化进程中，除个别国家外，基本上未明确确立政教分离的国家体制，一些以民族主义为政治方向、政治认同的阿拉伯国家，一方面力图践行世俗化原则，同时又企图利用伊斯兰教来达到某种功利主义政治目的。因此，高举伊斯兰教旗帜，不仅使政治伊斯兰主义容易取得某种社会支持，也使激进或保守的极端主义思想以某种合法或非法的方式得以在部分人群中传播开来，造成思想混乱，引起负面的社会作用。

人们对宗教极端主义的认识，大体上经历了几个不同的阶段，有一些标志性的重大事件值得注意。

第一，始自20世纪70年代伊斯兰复兴主义思潮的泛起。以伊朗伊斯兰革命为标志性事件，人们从世界各地伊斯兰复兴的声浪中观察捕捉到“宗教思想政治化、宗教组织政党化”的发展趋势。

第二，与国际伊斯兰复兴运动同时发生的另一标志性的大事，是长达10年（1979—1989年）的阿富汗战争。这场战争原本是美苏两强为争夺地区霸权而发动的一场代理人战争，后来由于沙特和巴基斯坦两大伊斯兰国家的介入，在国际舆论的宣传战中被刻意渲染为一场反苏反共的“伊斯兰圣战”。冷战格局下的阿富汗战争，只是因为“战争政治”的需要，就被随意定性为为“主道”而与“伊斯兰教的敌人”进行的一场“圣战”。与此同时，来自世界各地（主要是阿拉伯国家）的“伊斯兰圣战者”也都以宗教的名义纷纷来到阿富汗战场，参加这场本来与其无关的战争。人们注意到，今天人们所说的“宗教极端势力”或“国际恐怖组织”，如本·拉登的“基地”组织、埃及的伊斯兰“圣战”组织和阿富汗的塔利班等，大都是当年阿富汗战争的遗产。①

第三，1991年美国发动的海湾战争，成为国际社会开始密切关注宗教极端主义的重要时间节点。海湾战争不仅导致阿拉伯世界的政治分裂，也导致阿拉伯国家政府的官方立场与人民大众态度的严重对立。争论的焦点在于，阿拉伯国家是否应当同美国结盟并以武力去反对另一个阿拉伯伊斯兰兄弟国家。沙特和埃及的官方宗教领袖和著名学者对此问题持肯定态度，并以伊斯兰教法（沙里亚）文献为依据进行论证，而以本·拉登等宗教反对派人士为代表的一批宗教极端主义分子，则以各种方式强烈谴责阿拉伯伊斯兰国家领导人与“恶魔”结盟的“叛逆行为”。此后，他们由于受到本国执政当局的镇压，转向以暴力恐怖主义行为来表达政治不满，本国执政当局则以国家名义认定其为宗教极端势力或暴恐分子并严加打击。

第四，1993年美国纽约世贸中心地下车库遭到爆炸袭击，这一事件使美国执政当局首次意识到宗教极端主义的危害。同年，一位资深的美国学者在其著作的序言中首次使用

---

① 埃及“圣战”组织曾因涉嫌刺杀埃及前总统萨达特而遭到取缔，后转移到阿富汗战场活动并得到发展。阿富汗塔利班骨干分子大都在阿巴边境私立经文学校接受过培训，宗教思想上受到极端瓦哈比派毛拉们的影响。

“宗教极端主义”一词。[①] 这位作者提出，在反对宗教极端主义斗争中，应当把伊斯兰教与伊斯兰教组织加以区别，把少数抱有极端主义思想的人群与主流大众的宗教思想和行为加以区别。

第五，2001 年发生于美国的“9・11”事件。这一事件不仅震惊了美国，也促使整个国际社会深刻认识到宗教极端主义与国际恐怖主义的巨大危害以及二者间的密切关联。此次暴恐袭击促使美国政府重新调整了战略部署，在全球范围发动“反恐战争”一度成为美国在国家安全问题上的基本国策。但“反恐”而又无意深入调查恐怖主义产生的根源并努力加以消除，是不可能真正取得实效的。在反恐问题上采取双重标准，也是妨碍国际反恐合作的重要原因之一。

第六，2014 年 6 月 29 日，宗教极端势力在伊拉克和叙利亚宣布正式建立“伊斯兰哈里发国家”，这标志着宗教极端主义发展的新阶段。国际观察家们指出，2012 年当美国政府宣布从伊拉克撤军时，盘踞在当地的“基地组织阿拉伯分支”总共只有 1000 余人，而在短短的两年间，“伊斯兰国”武装分子就猛增至数万人，并攻城略地，占领大片土地，从宗教极端组织发展演变为规模可观的国家政治实体。是什么因素促成了宗教极端势力的恶性膨胀，值得深思。

概而言之，宗教极端主义是一个动态的词语概念，人们在不同时空条件下，特别是因为立场和价值取向不同，对其内涵会有不同的理解和概括。宗教极端主义与人们通常所讲的“宗教”既有区别又有联系。它不是某一宗教的教派、学派，而是对宗教信仰、宗教思想文化观念的一种极端、片面、谬误和有害的解释，是一种具有显著政治性和暴恐性的意识形态。就伊斯兰宗教极端主义而论，可以认为它是宗教教义思想在强大的外力作用下非理性化、狂热化和绝对化的必然结果。在社会组织层面，践行宗教极端主义的派别、团伙和群体，也即宗教极端主义势力。

二 宗教极端主义的表现形态

较之佛教、道教等传统宗教，伊斯兰教是社会性、政治性等特征尤为显著的宗教。域外的许多伊斯兰复兴论者坚称，伊斯兰既是国家也是宗教，宗教与政治是无从分割的。[②] 伊斯兰极端主义也秉持类似的思想观点和主张。宗教极端主义可从观念形态和社会形态两大层面来加以认识，这同人们对主流的宗教实体的认识方式是一致的，即可从知与行两方面来剖析宗教极端主义。

1. 观念形态的宗教极端主义

“极端主义”一词是借用西方的词语概念。在西方语境下，凡是系统的思想观点或主张，皆可称为“主义”。宗教极端主义，系指用极端主义的观点对宗教教义和宗教历史文化传统予以随意性的解释，以达到某种政治功利主义目的。如同主流的“正教”“正信”一样，极端片面乃至谬误有害的宗教极端思想，本质上依然是一种观念性的意识形态。它的解释主体虽然不具有权威性，但仍然能够吸引一部分受众，在世界各地也有一定的社会

① ［美］J. L 埃斯波西托：《伊斯兰威胁——神话还是现实?》，东方晓等译，社会科学文献出版社 1999 年版，第 4 页。

② 这是当年哈桑・班纳发起和领导的埃及穆斯林兄弟会组织在政教关系问题上的基本立场和行动纲领。

基础。从源头上看，一种极端主义宗教思想通常都来自一些具有极端思想倾向的宗教思想家及其所属派别组织。这些有声望的宗教思想家们，一种惯用的解经方法，就是根据现实的政治和利益需要对宗教典籍（如《古兰经》）中某些重要的词语概念或思想观念进行实用主义的诠释。这是因为他们深知，在广大信众的心目中，经文启示的神圣性和真理性是无可否认的。

观念形态的伊斯兰宗教极端主义，如果按其涉及的内容划分，主要有三种形态。

一是教法教规型宗教极端主义。历史上伊斯兰教法有两个不同的称谓。一个是“沙里亚”（Shariah），意为“真主之言”“真主之道”，即广义的“伊斯兰大法”。它是神圣的、不谬的，因为它是真主意志的集中体现。另一个为“斐格海”（Fiqh），意指由宗教法学家或宗教学者根据社会立法的实际需要制定的行为规则。它虽被解释为对“真主启示”的“理解”，但毕竟不同于“沙里亚”，不具有神圣性和永恒适用性。宗教极端主义故意混淆二者的根本区别，意在以强制的方式恢复不合时宜的传统伊斯兰教法，借以实现其“教法统治”的政治目的。当年阿富汗塔利班政权的毛拉们以及今天尼日利亚北部“博科圣地”的极端组织是强制颁行“教法治国”的两个典型。①

二是伊斯兰“圣战”型极端主义。所谓“圣战”，按照《古兰经》经文的诠释，其含义是指为了宗教信仰和生存的权利，穆斯林应当用自卫的方式以武力去反抗压迫者。但历史上阿拉伯帝国兴起后，对外扩张、征服的战争行为，虽然违背了“自卫”原则，也被称为“吉哈德”（即圣战）。近代以后，阿拉伯伊斯兰国家人民争取民族独立的武装斗争，也成为“圣战”的题中应有之义。本·拉登“基地”组织鼓吹和滥用传统圣战概念，使“圣战”（实为暴恐行为）观念泛化、极端化、工具化；“圣战”可以不问对象，不分场合，不择手段，不顾后果。这样的“圣战”，实为暴恐的另一种说法。

三是教派纷争型极端主义。主流的伊斯兰教主张和平、包容，对不同的教派采取求同存异的态度，反对无原则的教派纷争。而宗教极端主义则鼓吹教派冲突，甚至把不同教派的信众视为“敌人”，从肉体上予以消灭。以南亚次大陆的巴基斯坦为例，从 1988 年到 1998 年的 10 年间，由于逊尼、什叶两大教派的极端组织之间多次发生教派冲突，双方已有千余人死于非命。教派纷争型极端主义，由于受到地缘政治的负面影响，加之得到沙特、伊朗等国政府的官方支持，至今未见减弱迹象，而似乎愈益成为政府行为。例如，沙特阿拉伯就一直以逊尼派伊斯兰教代言人的名义，反对什叶派的伊朗和叙利亚，甚至公开支持反对派武装势力，企图推翻叙利亚的阿萨德政权。

2. 社会形态的宗教极端主义

宗教极端主义不只是一种破坏力极强的政治意识形态，而且是危害国家安全、社会稳定和世界和平的政治势力。在社会形态上，具有宗教极端主义思想观念的人群，经常以激进宗教组织的形式开展各种活动，其暴力恐怖倾向和极端宗教思想，成为区别于常规宗教团体的重要标识。早在 20 世纪 70 年代末伊斯兰复兴运动在世界各地蓬勃兴起之际，人们就把和平、温和、主流的复兴论者及其组织与极少数具有暴力倾向的人群及其秘密组织明确予以区别。早在 1985 年西方学术界出版的一部著作中，作者就在该书的附录中列出了

① 阿富汗塔利班主政后颁布的“伊斯兰教法”，与逊尼四大教法学派毫无关联，而只是少数当政毛拉们自己随意解释的教法教规，以愚昧、保守、偏执和歧视妇女为基本特征。

阿拉伯世界90个具有政治倾向的伊斯兰教组织和团体，其中包括很大一部分宗教极端组织。[①] 具有暴力倾向的极端组织一般规模较小，处于地下或半公开状态，有些很快便自生自灭，缺乏稳定性。这类宗教极端组织，有些是新生的，有些是从规模很大、人数众多的伊斯兰政治组织母体中分化而出。如埃及的“圣战组织”“赎罪与迁徙组织”“救出火狱组织”等宗教极端势力即从埃及穆斯林兄弟会组织分化而出。它们都属于伊斯兰“圣战”型极端组织。

早期的伊斯兰极端组织人数不多，只在本国境内活动，一般没有国际背景和国际联系。总体上说，他们属于对政治现实不满的人群，但不同于温和的宗教政治反对派，他们企图通过劫持人质、暗杀政要、实施爆炸袭击等暴恐方式对执政当局的“不义”行为进行报复，并企图借此制造“轰动效应”，吸引媒体关注。他们对宗教历史文化传统知之不多，但热衷于用传统宗教的言语、口号、概念和精神象征使其行为披上神圣宗教外衣。如今的宗教极端势力，经过数十年的发展演变，具有许多新的特点，如在规模上，已从过去秘密的、人数很少的宗教组织，发展演变为公开的、跨国的暴恐组织网络。本·拉登的“基地”组织早已成为跨国的联合体，在马格里布和阿拉伯建有分支。阿富汗的塔利班在被美国推翻前曾为拥有领土和主权的独立国家实体。而在“基地”组织阿拉伯分支基础上建立的“伊斯兰国”，虽然因从事伤天害理的暴恐活动而臭名昭著，但其武装力量据说约有4万人，有来自世界81个国家的自愿参加者，这似乎表明，当今宗教极端主义已形成气候。

三　宗教极端主义产生的主要根源

1. 国际政治根源

2001年“9·11”恐怖袭击是标志性历史事件，它从一个侧面揭示了伊斯兰世界与西方的矛盾冲突已达到爆发临界点。此次事件后，美国《新闻周刊》以“他们缘何那样痛恨我们”为题进行民意调查，结果大多数接受调查者认为，美国在中东巴以冲突中一贯偏袒以色列的不公正立场，是遭到恐怖袭击的主因。本·拉登生前在接受一位美国记者采访时，在他发布的对“美国十字军”和犹太人的“圣战宣言”中，也曾严词谴责西方对阿拉伯世界的侵略暴行，谴责美国为谋求私利而发动的海湾战争、阿富汗战争和伊拉克战争。本·拉登还明确表示，他们发动伊斯兰“圣战”的根本目的，就是要“打倒”作恶多端的美国和“伊斯兰世界的腐败政权”。总之，近代以来，西方殖民统治给阿拉伯国家和人民所带来的苦难和问题，第二次世界大战结束后以美国为首的西方继续称霸中东阿拉伯世界，拉帮结伙、扶持亲西方盟友，肆意发动战争，推翻合法政权，粗暴干涉别国内政，凡此种种不义之举，都是引发宗教极端主义和暴力恐怖主义的重要诱因。西方强权政治不是引发宗教极端主义的唯一原因，但暴恐和以暴制暴、以恶制恶也是抗拒西方强权和“价值输出”的一种形式、一种选择——至少在施暴者们看来是这样。

2. 国内社会政治根源

中东阿拉伯国家成为伊斯兰宗教极端主义策源地并非偶然，而有诸多原因。

---

① R. Hrair Dekmejian, *Islam in Revolution: Fundamentalism the Arab World*, Syracuse University Press, 1985, pp. 179 - 191.

首先，中东阿拉伯国家在政治体制上均属于威权政治，缺乏充分的民主、自由和协商。以沙特为首的海湾阿拉伯国家，以王权、家族、宗教为统治权威合法性的依据，要求民众恪守正教、远离政治，反之则被视为极端主义。以埃及为代表的阿拉伯民族主义国家，基本上都属于军人政权，即使设有议会，也不存在稳定的政党政治和民主决策。由于人民大众的基本民主权利得不到满足，具有深厚群众基础的伊斯兰教往往成为表达政治不满的工具手段，而这个以和平为主旨的宗教，如果没有有效的限制机制，就可能成为极端主义的传声筒。

其次，部分阿拉伯国家集权体制、高压体制和亲美、亲西方的政治倾向，引起部分天性保守、文化价值观歧异的宗教界人士的强烈不满，如沙特的宗教保守派人士在海湾战争前后就曾以“请愿书”和“劝解备忘录”形式向法赫德国王提出批评建议，反对沙特亲美并与美国“恶魔”结盟的外交路线。此外，他们还要求施行某些民主改革。后来这数百名上书者皆被视为“叛逆”遭到逮捕和制裁。埃及穆斯林兄弟会的改革建议，也同样遭到冷遇，并多次遭到打压。这些激化矛盾、简单粗暴的做法，容易使不满的人群丧失对政府的信任，从而走向暴力对抗。

最后，部分阿拉伯国家，如埃及、叙利亚和阿尔及利亚等国，始终未能找到应对政治伊斯兰势力的良策。这些长期奉行民族主义和世俗化大政方针的国家领导层坚信，其国内的政治伊斯兰势力（如穆兄会），是打着宗教旗号的政治反对派势力，一旦听任他们夺取和掌控国家政权，就会改变国家的政治方向和社会制度。这种担心促使军人出身的国家领导人（如埃及的纳赛尔）以高压方式来对付宗教政治势力。强力镇压的结果，使政治不满升级，使反对派中的死硬分子成为诉诸暴恐的团伙。埃及的萨达特总统就是在光天化日之下被他们刺杀致死的。

3. 宗教思想根源

伊斯兰宗教极端主义是一种危害性极大的宗教社会思潮，是当代伊斯兰复兴主义思潮和运动的一部分。极端主义并不是孤立存在的，它是影响广泛的政治伊斯兰主义的有机组成部分。宗教极端主义思想泛滥成灾，是同一些有影响的、激进的或保守的宗教思想家们的著作、思想、言论和行动分不开的。人们普遍认为，当代宗教极端主义最重要的思想渊源，当首推埃及穆斯林兄弟会激进派领导人赛义德·库特布（1906—1966）的《路标》——这部在狱中完成的小册子——所散布的宗教极端主义思想观点。

其一，《路标》以反对“蒙昧主义”（Jahiliyyah）为名，大肆散布怀疑一切、否定一切的虚无主义思想。“蒙昧主义”作为一个宗教术语，其含义是指伊斯兰教兴起前阿拉伯部落社会的愚昧落后状态。而《路标》一书则把当今世界一切非伊斯兰教的思想体系、政治制度、文化传统、价值观念和生活方式一律斥为“蒙昧主义”而加以拒绝反对。同时作者声称，伊斯兰教是“解放”全人类的“宣言书”，使之摆脱“蒙昧主义”。

其二，《路标》强调，当代伊斯兰教的光荣使命是复兴世界穆斯林共同体（Umma），这一泛伊斯兰共同目标只能依靠“行动主义”来实现。为此，需要建立一个“具有坚强信念的先锋队组织”。这类以“伊斯兰复兴”为主旨的“行动组织”，就包括今天所说的宗教极端势力或暴恐势力。他们都把赛义德·库特布尊为“烈士”或“殉道者”，作为学习和效仿的楷模。

其三，《路标》把“伊斯兰”与“非伊斯兰”绝对对立起来，鼓吹走“真正”的伊斯兰道路，即所谓“主道”。作为政治概念，一个国家、一个民族选择什么样的发展道路，涉及理论基础、政治结构、社会制度、文化方式等根本问题。当代伊斯兰复兴论者所讲的“伊斯兰发展道路”，只有空泛的原则，而没有具体、可操作的内容。他们一再宣称要以神权政治来反对和取代“人统治人”制度，其实神权制度也是宗教神学家们人为设计的，离开作为实践主体的人的创造活动，一切都无从谈起。

其四，《路标》把“真主主权”与国家主权对立起来，鼓吹以神圣的“宗教立法”来代替国家法制。这涉及如何看待传统伊斯兰教法问题。狭义伊斯兰教法是由宗教法学家们根据《古兰经》相关经文所制定，内容主要涉及现代社会立法的民法（婚姻家庭、遗产处分等）；而广义伊斯兰教法，实为“真主诫命”之总和，但它不属于国家立法范畴，而只是后世宗教学者们的种种说法。《路标》所谓“真主主权”，属于广义伊斯兰教法，其真正用意是企图用“真主之言”“真主之道”来否定国家立法权，从而使国家成为代行“真主主权”的工具。“真主主权论”宣称一切否认、拒绝“真主主权”的国家为“非法政权”。①

其五，《路标》通过对传统伊斯兰“圣战”观（jihad）的随意解释，散布宗教极端主义思想，使反政府的暴恐行为合法化。《路标》将伊斯兰“圣战”解释为“为主道而奋斗”，这同经文的字面意义相符。但作者又把“主道”解释为“反对一切非伊斯兰国家政权”的宗教政治运动。“泛化”历史上的“伊斯兰圣战”，随意解释“圣战”的含义，使之等同于暴力恐怖主义，充分暴露了宗教极端主义政治功利主义者的险恶用心。问题的核心在于，“圣战”虽然一度作为“定制”得到经文的肯定和确认，但它并非穆斯林的“五功”之一，不属于“义务性”行为规范。

四　如何应对宗教极端主义挑战

在我国，如同在世界其他地区一样，宗教极端主义往往是与民族分裂主义和国际恐怖主义紧密地联系在一起的，统称为“三股势力”。但同世界其他地区相比，宗教极端主义作为一种思想基础和政治工具，在我国特别是在新疆地区，主要还是为民族分裂势力的罪恶活动服务的。早在 20 世纪 90 年代，新疆维吾尔自治区党委在发布的一份重要文件中就明确指出，民族分裂主义和非法宗教活动是对新疆的安全和社会稳定的主要威胁。多年来，特别是在中央新疆工作座谈会召开以后，自治区党委为落实会议精神和中央关于做好新疆工作的指导方针，已经采取了一系列具体措施，取得了明显的效果。

习近平总书记在新疆考察期间明确指出：“暴力恐怖活动根子是民族分裂主义，思想基础是宗教极端。”这个论断精辟地概括了“三股势力”之间的关系，对我们打击、抵制宗教极端主义具有重要指导意义。多年来，新疆维吾尔自治区党委为消除宗教极端思想、制止非法宗教活动采取了许多强有力的政策措施，近年来提出和实施的“去极端化”工作部署，进一步加大了反对、抵制宗教极端思想的工作力度。不久前由多位专家学者共同编写完成的《去极端化理论读本》等系列丛书，就如何认识和应对宗教极端主义问题进行了深入浅出的分析和论述，表达了我国哲学社会科学工作者对打击“三股势力”问题的密切关注和理论担当。作为这一系列丛书的编委之一，我想在此就如何通过公民教育消

---

① “真主主权论”的首倡者是已故巴基斯坦著名宗教思想家、大毛拉阿布尔·阿拉·毛杜迪（1903—1979）。详见吴云贵《近当代伊斯兰宗教思想家评传》，中国社会科学出版社 2016 年版，第 265 页。

除宗教极端主义或极端思想的不良影响问题谈一点看法。

消除宗教极端思想的恶劣影响，需要依法打击和惩治涉及“三股势力”的违法犯罪行为，需要有效制止旨在宣扬宗教极端思想、未经政府批准的非法宗教活动。但更重要、更艰巨的一项基础性工作，是通过公民教育来树立正确的思想观念、良好的法治意识和服务奉献的素养品德，使整个社会和广大信教群众具有明辨是非、抵制宗教极端思想的能力。宗教工作本质上是群众工作。公民教育面对的也是广大群众。公民教育的主旨，不仅在于通过教育学习掌握科学文化知识，更重要的目的在于通过教育不断提高公民的思想觉悟和道德品行。就新疆的情况而论，在党和政府主导下、持之以恒的公民教育，应当突出爱国、团结、进步三大主题。爱国主义是中华民族这个统一多民族国家最重要的思想基础。弘扬爱国主义思想是祖国认同、民族认同和政治认同的基本要求。民族分裂主义，不论打着什么旗号，实质上都是对统一祖国和中华民族的背叛，必将遭到全体中国人民的谴责、声讨而宣告彻底失败。泛伊斯兰主义和泛突厥主义，实质上都是民族分裂主义，与我们所提倡的爱国主义毫无共同之处，应当通过公民教育讲清楚这个道理。在新疆，以各种名义制造不同族群对立和仇视，是宗教极端主义的重要表现之一，是分裂主义势力破坏祖国统一惯用的一种手法。因此，公民教育的一项重要内容，就是加强民族团结教育。新疆是汉族、维吾尔族和其他少数民族共同的民族家园，各族群都为新疆的发展繁荣做出了巨大贡献，各族之间应当亲如手足、互相尊重、团结互助。讲团结并真正落到实处，才能有效抵制并最终消除极端主义。引导宗教与社会主义社会相适应，是我们党关于宗教问题的基本方针政策。“适应”，也即社会、社群不断发展进步的过程。“引导”，不能只靠宗教领袖和教职人员走在前列、做出表率，党和政府也要积极引领宗教人士不断解放思想、更新观念、发展进步，以便他们根据我国社会主义事业发展的要求，不断对宗教经典和宗教教义做出符合时代发展和社会进步的新解释。这项工作十分重要，具有战略意义，需要在以往的基础上不断开拓创新，不断提高水平。“引导”也是不断促进我国宗教中国化过程，需要持之以恒，不断努力进取、不断开创新境界。

（原文发表于《世界宗教研究》2017 年第 2 期）

中国文化中的宗教宽容精神的四个结构性因素:道、心、圣人与圣经

陈立胜*

摘　要：本文试图从以下四个方面揭示中国文化中宗教宽容精神可能性之条件：(1) 作为创造性范畴的“道”之“含混性”（ambiguity）与“居间性”（inter-ness）特征；(2) 与“道”密不可分的“心”之“无偏”“无执”遍润万物的“大公”特征以及由此“道”与此“心”所衍生的阴阳互补、和而不同与忠恕之道这一三位一体的感通思维；(3) 遍在四海的圣人观；(4) 圣经系统之开放性，这四个结构性因素为三教乃至五教之间的宽容与会通精神提供了坚实的哲学基础。

关键词：道　心　圣人　圣经

宗教上的宽容精神是中国文化传统之一大特色，融合、会通是儒道佛三教交涉的主流。唐宋以后，三教同源、三教鼎立、三教一致、三教平等、三教一家一类说法蔚然成风，逮至中晚明三教合一已成思潮而席卷于华土。三笑图（慧远、陆修静、陶渊明）、三酸图（苏东坡、佛印、黄庭坚）、三圣图（孔子、释迦牟尼、老子）成为艺术创作（绘画、诗歌、音乐、戏剧、雕刻、瓷器）的一个非常流行的主题。三圣堂、三圣庙、三教庙建筑则如雨后春笋，遍布华宇。“周流三教，出入无际”，几乎成了道士、佛僧与士大夫共同的心灵成长历程。三教融通在三教交涉史中不仅表现为三教宽容、三教共存这一面向，也表现在宗教多重归属（multiple religious belonging）、多重参与（multiple religious participation）或“多重宗教认同”（multiple religious identity）现象上面。①三教中“无适而非儒，无适而非道，无适而非释”者大有人在，其歇心之地究为儒耶？道耶？释耶？或亦儒亦释亦释耶？西方流行的“新时代”（New Age）的宗教现象，一种从“宗教超市”（a religion of supermarket）里随心所欲将各种宗教仪式、宗教经验和宗教符号放于自家的宗教购物篮之中的私人宗教现象，通常被视为后现代的宗教信仰现象：在高度流动的城市化—工业化社会中，传统社会中的人际联系纽带——家庭、社会、血缘共同体、种群共同体和信仰共同体都坚固不再，双重乃至多重宗教认同成为可能。难道传统中国社会已经具备后现代的一些气质？在哲学上究竟如何理解这种现象？

唐君毅在《儒家之学与教之树立及宗教纷争之根绝》一文中指出，② 儒家思想在中国

---

* 陈立胜，中山大学哲学系教授。

① 关于宗教多重归属之界定及相关问题的讨论可参：*Many Mansions? Multiple Religious Belonging and Christian Identity*, ed. Catherine Cornille, Marynoll, N. Y.: Orbis, 2002.

② 唐君毅:《中华人文与当今世界》，学生书局 1978 年版，第 456—499 页。

历史上已实际成为中国政教礼俗之指导与形成之原则，儒家之学与教能够协调世间一切宗教之冲突，使中国的佛道二教之争，不演变为西方的宗教斗争，并使历史上的中国成为最有宗教宽容的国家。这里固然有其地理环境与心理环境上的因素，但最根本者在于儒家思想的一些特质使然。他提出三点理由。第一，儒家之信仰乃重在人之能信的主体方面，而不重在人之所信之客体方面，而儒家之所信者，又限于与人之道德实践必然直接相关者而说。世间宗教的冲突正由其重所信，不重能信所致。宗教所信者与人之道德实践未有必然与直接关联，如基督教信耶稣与上帝为一体，回教不信，印度教亦不信。天主教信耶稣之母无原罪，基督教不信等等。这些神学教条并不处在公共知识层面，无公认的客观事实，故无法达到跨宗教、跨教派的共识，信者与不信者之冲突，即为一生死之争执。第二，儒家之道德实践，乃依于一无限、无执之心量、一“超越的道德”，故可将一般固着黏缚于世间之一事、一物、或一类事、一类物之道德解放出来，裁决协调诸世间宗教的冲突。第三，儒家之三祭中原有祭天，则可相对的肯定一切拜上帝梵天之回教、印度教，与犹太教，及基督教、天主教之拜上帝、道教拜玉皇之一面之价值。三祭中原有祭圣贤，则可相对的肯定佛教之拜释迦，基督教之拜耶稣，回教之拜穆罕默德，犹太教之拜摩西，与印度教之拜其教之圣者，道教拜老子之一面之价值。儒家于一切其他之有德者，有功者，亦为之建祠堂与庙宇，祭天、亦祭地、兼祭祖宗，则为其祭祀之精神，更广大于其他宗教之证。①

唐君毅的思考为我们理解中国文化中的宗教宽容精神的儒学基础指出了一个思考方向，沿着这个方向，我想从以下四个方面揭示中国文化中宗教宽容精神可能性之条件：(1）作为创造性范畴的“道”之“含混性”（ambiguity）与“居间性”（inter-ness）特征；(2）与“道”密不可分的“心”之“无偏”“无执”遍润万物的“大公”特征以及由此“道”与此“心”所衍生的阴阳互补、和而不同与忠恕之道这一三位一体的感通思维；(3）遍在四海的圣人观；(4）圣经系统之开放性，这四个结构性因素为三教乃至五教之间的宽容与会通精神提供了坚实的哲学基础。

一 道

唐君毅所谓儒家之信仰乃重在人之能信的主体方面，而不重在人之所信的客体方面，自有其立论之重点。一是儒家之重人之能信的主体面，即人之道德实践，此道德实践总是现世的、人间的。二是信仰之主体总是与客体相关，儒家所恒追求者是道，道是儒家（包括道家）所信之客体方面，然人能弘道，非道弘人，此依然表明儒家之信仰乃重在人之能信的主体方面。但我们不能因此忽视儒家所信的客体方面——道，其本身的一系列属性对宗教宽容实有重要的意义。

道、天道在儒道二家均是创造性（creativity）本身，其本质就是创造、生成与变化。“天地之大德曰生”，道即是创生、变化的生命之道，此即“易”之本义：“易有太极，是生两仪，两仪生四象，四象生八卦。”老子说“道生一，一生二，二生三，三生万物。”《庄子·大宗师》“夫道有情有信，无为无形；可传而不可受，可得而不可见；自本自根，

① 关于唐君毅三祭观，可参彭国翔《唐君毅论儒家的宗教精神》，载金泽、赵广明主编《宗教与哲学》第一辑，社会科学文献出版社 2012 年版，第 336—361 页。

未有天地，自古以固存；神鬼神帝，生天生地；在太极之先而不为高，在六极之下而不为深，先天地生而不为久，长于上古而不为老。”宋明理学则更是反复强调天道就是生物之道，伊川说“天地以万物为心”，朱子说“天地别无勾当，只是以生物为心。”道的这种无限的创造性跟基督教哲学以及伊斯兰教的神哲学之中的上帝是“动力因”、是“纯现实”和“纯行动”的思想，颇能引发“连类”与“格义”之联想。被论者认为是蒂里希“超越上帝的上帝”之说的先驱。[①] 道之为创造性在根本上是一“变易”（Becoming）、一“过程”（Process）而非存有（Being）、实体（Substance）：“道冲，而用之或不盈。渊兮，似万物之宗；湛兮，似或存。吾不知谁之子，象帝之先。”“孔德之容，惟道是从。道之为物，惟恍惟惚。惚兮恍兮，其中有象；恍兮惚兮，其中有物；窈兮冥兮，其中有精。”“有物混成，先天地生。寂兮寥兮，独立而不改，周行而不殆，可以为天母。吾不知其名，强字之曰道。”道之创造性本身就表现出含混性（ambiguity）的一面，跟梅洛－庞蒂所说的知觉意义上的含混性不同，这是一种存有论上的含混性（ontological ambiguity），含混性在此不是一负面现象，也不表示特征不明显，恰恰相反，含混性（或混元性）是道之最明显、最确定的一个特征，含混性具体表现在一系列的“居间性”（inter-ness）。

第一，道总是在阴与阳、有与无、动与静、虚与实、变与不变的“居间性”之中呈现其自身，从而表现出两极一体的吊诡性质。

第二，道之创造性过程表现在位格与非位格之“居间性”：道之为“变易”“过程”并不是盲目的、无序的，这个变动不居的生成过程正是宇宙生命生生不息的过程，是一元复始万象更新的过程，用孔子的话说，“天何言哉？四时行焉，百物生焉，天何言哉？”就此而言，天道具有主宰性、秩序性、精神性的面向而与有神论的位格化的神有相通的一面，然而这个主宰性、秩序性、精神性并不具有人形，它只是理当如此，是莫之为而为，是无心而成化（天地自有个无心之心）。朱子云：“苍苍之谓天，运转周流不已便是那个。而今说天有个人在那里批判罪恶，固不可；说道全无主之者，又不可。这里要人见得。”又说天之所命，“只是从大原中流出来，模样似恁地，不是真有为之赋予者，那得个人在上面分付这个，《诗》、《书》所说，便似有个人在上恁地，如‘帝乃震怒’之类。然这个亦只是理如此。天下莫尊于理，故以帝名之。‘惟皇上帝降衷于下民’，降，便有主宰意。”[②] 正是朱子所谓的“固不可”“又不可”之居间性、含混性，让神学家们觉得儒家的

---

① 所谓“有情有信”，表明“道”作为世界本源与世间万物中的“灵长”即人类有相通之处并具有主动性，而不仅仅是被动或僵死的认识客体。所谓“可传而不可受，可得而不可见”，更进一步表明“道”从其自身方面可以与人沟通，而这种沟通的途径是由上而下的，同时也是无形而不可见的，因为这种沟通可以“传”之于心而心可“得”之，却无法以手相授或以目得见。再就这里所说的世界本源的超在性而言，这段话对道的描述更是鲜明地表现了这一特性。所谓“自本自根”，当然是相对于世间万物皆“有本有根”而言的，世界自身不可能是世界的根本，而道却以自身作为自身的根本，这明显地突出了道与世界的区别。至于“未有天地，自古以固存”一语，更表明道在本体论上的先在性。“神鬼神帝，生天生地”不但说明道产生世界，而且说明道产生鬼神，即产生作为存在物的“鬼”和“帝”（上帝），这种种说法可视为蒂里希“超越上帝之上帝”观念之先驱。参见何光沪《使在、内在与超在》，载《月印万川：宗教、社会与人生》，中国社会科学出版社2003年版。

② 《朱子语类》卷一、卷四，《朱子全书》第14册，第118、191页。

天道不是神人同形同性论,[①] 但又与基督宗教的神具有“惊人的相似性”。[②] 而回儒亦觉得传统儒道两家对道的论述，说明“无形之天而为有形体之天之主宰”，此正是“清真所称之真主”之谓也。[③]

第三，道既内在于万物之中又超越于万物之表，此可谓内在与超越之居间性。道的创造性乃表现于天地万物之中，在蝼蚁、在稊稗、在瓦甓、在屎溺之中。反过来说，无物不出自道、无物不在道之涵容、包覆之下，“天无私覆，地无私载”是先秦诸子的共同信念。故道既是普遍的（遍在于万事万物之中）又是无限的（无物可以限制它），用王阳明的话说，道大无外，何物不具？“道无方体，不可执着。却拘滞于文义上求道，远矣。如今人只说天，其实何尝见天？谓日、月、风、雷即天，不可；谓人、物、草、木是天，亦不可。道即是天，若识得时，何莫而非道？人但各以其一隅之见，认定以为道止如此，所以不同。”[④] 道的这种内在与超越之居间性在儒家那里即体现为《中庸》所说的“天地位、万物育”生命系统乃是一包涵差异性、多元性于一身的、开放的、生生不息、变动不居的生成系统，在道家那里则体现为无为自化的“独化之境”。而“道通为一”“道一无二”“道大无外”为万物育、万物独化于玄冥之境提供了天高任鸟飞、海阔凭鱼跃的生存场域。

正是这种作为创造性本身的道之含混性、居间性使得道成为超言绝象的终极实在，任何对道的把捉、占有与垄断都意味着远离道。“文王望道未之见”被儒者视为是真见道语。在道面前，诸宗教都不能妄称是“道”本身，在大道面前，任何宗教都没有专利权、垄断权。诸宗教只能是“教”，而“教乃多术”，任何教都是“道术”之一种，而为“道”所囊括。故任何异质的东西、陌生的东西都属于道、都不能逸出道之范畴。

中国人天性就拥有这种文化基因，把一切外来的、异质的文明成果均视为道之一种：佛入中国，被视为佛道；耶入中国，被视为耶道；回入中国，被视为回道。一切外来的宗教在其传入之初，皆被视为道之一种，其崇信者皆被视为“道人”，《说文》释“僧”曰“浮屠道人也”。隋唐之际基督宗教之聂斯托里派（时人称之为“景教”）传入中国，唐太宗贞观十二年特下诏曰：“道无常名，圣无常体，随方设教，密济群生。”[⑤]另一方面，佛、回、耶亦自觉与不自觉地称自身所传者为“道”，《牟子理惑论》即称释教为“佛道”，《四十二章经》也自称佛教为“释道”“道法”，学佛者为“为道”“行道”“学道”，[⑥]在流传至今的汉语基督教的原始材料景教文献（共八篇）中，耶稣（移鼠）所传

---

① 卜道成（J. Percy Bruce）：《朱熹和他的前辈们》，张晓霞、张洪译，厦门大学出版社 2010 年版，第 171—174 页。

② 孔汉思指出，道虽不是呈人形具人性的神，但其创造性之特征，使得它跟神之间具有“惊人的相似性”。孔汉思还指出，中国哲学中的道与海德格尔的存在、基督宗教的神具有“结构上的类似”，“这一类似对于理解沟通文化和宗教的绝对这一概念至关重要。”见秦家懿、孔汉思《中国宗教与基督教》，吴华译，生活·读书·新知三联书店 1990 年版，第 154、156 页。

③ 马德新撰，杨用昌、马继祖标注《四典要会》，青海人民出版社 1988 年版，第 21—22 页。

④ 《传习录（上）》，《王阳明全集》卷一，语录一，第 23 页。“认定”原文为“认谓”，今从陈荣捷《传习录集注详评》改为今字。

⑤ 参见王溥：《唐会要》卷四十九。唐太宗的诏书内容亦原封不动收入《景教流行碑》之中。

⑥ 汤用彤：《汉魏两晋南北朝佛教史》，中华书局 1983 年版，第 62 页。

之“道”屡屡被称为“真常之道”“妙道”“奥道”“生成万物之道”。[①] 耶稣会传教士则称其宗教为“天主道”“真道”“圣道”“正道”，并自称为“传道之士”。在伊斯兰教传入中国后，回儒则将其宗教称为“清真之道”。

本来“道一而已矣”出自《孟子·滕文公》，《荀子·解蔽》也有类似的话：“天下无二道，圣人无两心”。实际上，这也是先秦诸子之共同信念，《庄子》道通为一自不必说，《韩非子·扬权》也有“道无双，故曰一”之说法。这一类说法在后起的宋明理学之心学一系中，衍生出“道”之透视主义（perspectivism）思维方式，成为论证三教会通的主要手段，王阳明说：“道一而已，仁者见之谓之仁，知者见之谓之知。释氏之所以为释，老氏之所以为老，百姓日用而不知，皆是道也，宁有二乎？……世之儒者，各就其一偏之见，而又饰之以比拟仿像之功，文之以章句假借之训，其为习熟既足以自信，而条目又足以自安，此其所以诳己诳人，终身没溺而不悟焉耳！”[②] 在这里，“道一无二”之说为诸宗教的“共通性”奠定了论说逻辑。细味之，阳明这里“道一而已，仁者见之谓之仁，知者见之谓之知。释氏之所以为释，老氏之所以为老”的说法实意犹未尽，“儒者见之谓之儒”似是言外之意（阳明门人董萝石就直言不讳地说“儒者见之谓之儒，释者见之谓之释”）。[③] 倘如此，则三教均为见道之“一偏”，“教”虽是三，其“道”却是一。意识到“偏”，即已不偏，即当超越一己之偏，而成就大道之全。但世儒却囿于“一偏之见”，“自安”“自信”于其“一隅之见”，画地为牢，作茧自缚。万历年间何继高为阳明后学邓豁渠之《南询录》所撰跋语云：“无分中国外夷，同戴天，同履地。无分中国外夷之人，同一天地所生，同一父母精血所成，同一面目、同一四肢百骸，同一五脏六腑，同一血气心知，同一性命。性命之外无道，岂于道而独有二乎？圣此道也，人圣之。佛此道也，人佛之。仙此道也，人仙之。……圣佛仙之名不同，圣佛仙之道，未始不一也。世人目之，曰三教，自其教而言，可曰三；自其道而言，不可谓三也……若曰圣一道，佛一道，仙一道，而三焉，则有三天地矣，有三种父母矣，有三样形体矣，有三般性命矣，岂通论哉？”[④] 这里透露出的普世的情怀值得重视，人类生存于同一个世界之中（戴天履地乃同一天地），人类本亦来自同一祖先（同一天地所生），人类具有相同的生理、心理乃至精神结构，道不在这一系列的同一存在结构之外，因而“道”在本质上乃是超越中外、夷夏之限制的。朱维铮观察到晚明耶稣会士入华后，对利玛窦的西学由好奇、同情到接受的，多属于王学人士，[⑤]我想这跟王学这种透视主义的思维方式有着紧密的关系。

通观佛、耶、回之入华史，围绕夷夏之辨所发生的论辩，都是在此“道”的透视主义思维方式下，一次又一次突破地域、民族与习俗的限制，而成就三教、五教的互动的一段历史。本来“王者必居天下之中”（《荀子》）乃中国古老的信念，《吕氏春秋·慎势》云“择天下之中而立国”，《周礼·大司徒》提出了具体确立天下之中的方法：“日至之景，尺有五寸，谓之地中，天地之所合也，四时之所交也，风雨之所会也，阴阳之所和也。”中国之为“中”国以及后起的洛阳（嵩山）为天下之中的观念都反映了这种古老的

① 翁绍军校勘并注释《汉语景教文典诠释》，生活·读书·新知三联书店 1996 年版。

② 《寄邹谦之四》，《王阳明全集》卷六，第 205 页。

③ 董萝石、钱明整理点校《从吾道人语录》，《徐爱　钱德洪　董沄集》，凤凰出版社 2007 年版，第 264 页。

④ 邓豁渠著，邓红校注《南询录校注》，武汉理工大学出版社 2008 年版，第 80 页。

⑤ 朱维铮主编《利玛窦中文著译集·导言》，复旦大学出版社 2001 年版，第 26、43 页。

地理信念。这种信念很早就受到“道”观念的冲击，孔子君子居之何陋之有的说法，惠子“天下之中央，燕之北，越之南是也”（《庄子·天下》）的吊诡之言以及庄子本人“道无所不在”思想，均可被视为以道为中心而取代地域意义上的中央观念，严格意义上，道是无中心的，或者说道是非中心之中心。而在《牟子理惑论》中已经出现天竺为“天下之中”的说法，“汉地未必为天中”，“赤县止是九州中之一耳”之说法屡见于《弘明集》与《广弘明集》之中，论者甚至提出汉地夏至日影尚有五寸，而天竺夏至北行，“方中无影”来论证天竺乃“天地之正国”，中原嵩洛只是“神州之别中耳”。[①] 后来入华的回教自然不认天竺为天下之中的说法，他们坚称天方才是“天地之中央”，故为“大道从出之方，至圣从生之地。”[②] 地理意义上的中央最终是为了论证诞生于其中的“道”之中心，而道恰恰是无中心的，在这种意义上，任何藉地理意义的“中央”作为垄断“道”、屏障“外道”的文化栅栏都经受不住“无所不在”的“道”之撞击，“道”之观念为异质的、外来的宗教突破语言、地域、习俗乃至文化的藩篱进入中国提供了强有力的理论根据。马注（1640—1711）说：“圣不同时而道同，地不同音而义同，字不同迹而理同，教不同术而认同，服不同制而心同，心同迹异，不可以迹间心，心异迹同，不可以心混迹，在取诸其内而已。”[③] 近代回儒蓝煦也说：“世人于回儒往往分视之，而未能参观，良由不明天方经意，以致见少多怪。岂知回儒经书，文字虽殊而道无不共，语言虽异，而义无不同。……回儒两教，道本同原，初无二理。”[④] 显然，在回儒看来，“道”是超越语言、地域、历史的终极的、公共的、根本性的存在。

在近代以沟通中西而闻名的王韬（1828—1897），他曾协助理雅各（James Legge，1815—1897）将十三经移译为英语，又参与麦都思（Walter Henry Medhurst，1796 - 1857）将基督教《圣经》移译为中文的工作，据说他还是在牛津大学发表演讲的第一位中国人，其《漫游随录》自序记曰：“余初至英，讲学于恶斯佛大书院（恶斯佛乃 Oxford 之音译——引者）。院中士子峨冠博带，皆有雍容揖让之风。余为陈道有异同同异之辨，而言至道必归于大同。士子群击节叹赏，以为闻所未闻。”可见王韬在牛津演讲的主题即关乎中西之道异同问题，当时有听者问“中国孔子之道与泰西所传天道若何？”王韬答曰：“孔子之道，人道也。有人斯有道。人类一日不灭，则其道一日不变。泰西人士论道必溯原于天，然所传之者，必归本于人。非先尽乎人事，亦不能求天降福，是则仍系乎人而已矣。夫天道无私，终归乎一。由今日而观其分，则同而异；由他日而观其合，则异而同。前圣不云乎：东方有圣人焉：此心同，此理同也。西方有圣人焉：此心同，此理同也。请一言以决之曰：其道大同。”[⑤]

二 心

道与心本系相即不可分的存在，天道与人道、天心与人心亦呈现出含混共在的“居

① 《广弘明集》卷六，《广弘明集》，第 132 页。

② 张忻：《清真教考序》，刘智：《天方至圣实录》卷二〇，《续修四库全书·子部·宗教类》第 1296 册，第 470—471 页。

③ 马注著，余振贵标点《清真指南》卷五，宁夏人民出版社 1988 年版，第 190 页。

④ 《天方正学》，转引自孙振玉：《王岱舆与刘智评传》，南京大学出版社 2006 年版，第 24 页。

⑤ 王韬：《漫游随录》，社会科学文献出版社 2007 年版，第 10、78—79 页。

间性”，老子说：“人法地，地法天，天法道，道法自然。”周濂溪说：“人希贤，贤希圣，圣希天。”天道运作之模式乃是人心本然之体之原型（archetype）。《礼记·礼运》说人是“天地之心”，后儒普遍地理解为人乃得天地生物之心以为心。故儒家相信人之心量本与天道同，所谓“大其心能遍体天下之物”，所谓“宇宙便是吾心，吾心便是宇宙”，所谓仁者，浑然与天地万物一体者也。孟子便着意强调天道、天命不在吾人心性之外，“尽其心者，知其性，知其性者，则知天。存其心，养其性，所以事天也。”至宋明理学，“道在自家身上”“吾道自足，何事旁求！”已成普遍共识。可以说尽心知性，尊德性，发明本心，实现人的自我转化，这是孔子为己之学的根本义。这个自我的终极转化之道，乃是人类一切“教”之为教的终极旨趣。“儒学的宗教性是从‘终极的自我转化’这个短语出发的。”[①] 任何一种宗教都是为了成就自家的心性，教有不同，于成就心性则一，此为殊途而同归，百虑而一致。

儒为存心养性，佛为明心见性，道为修心炼性。三教在“心地”（“心之自觉”）上找到了各自安立的位置。三教皆由心地发明，金元会通三教者如李屏山、薛玄、俞长孺、王文焕皆喜用“心学”一词论道，乃至有以心学冠名之著作如《圣经心学篇》《心学渊源》问世，“心学”一词正于此时开始盛行开来。[②] 以“心”来会通三教的话语在明中后叶三教合一思潮之中比比皆是，“千圣皆过影，良知是吾师”，王门以良知作为“范围三教大总持”“范围三教之枢”，[③] 构成了儒学会通三教的基本架构。明末的几位高僧同样从“心”上会通三教，藕益智旭说得好：“自心者，三教之源，三教皆从此心设施”。在他看来，由此“心”即可超越三教门户之见：“大道之在人心，古今惟此一理，非佛祖圣贤所得私也。统乎至异，汇乎至同，非儒释老所能拘也。”[④] 紫柏真可大师也说过：“学儒而能得孔氏之心，学佛而能得释氏之心，学老而能得老氏之心，……且儒也、释也，老也，皆名焉而已，非实也。实也者，心也。心也者，所以能儒、能佛、能老者也。噫！能儒、能佛、能老者，果儒释老各有之耶？共有之耶？又，已发未发，缘生无生，有名无名，同欤？不同欤？知此，乃可与言三教一道也。而有不同者，名也，非心也。”[⑤] 深受王学影响的林兆恩则将用“心”会通三教之风鼓荡至无与伦比：“圣而儒，玄而道，禅而释，儒释道三教只此一心。”“即心即儒，即心即道，即心即佛。”他还特撰《三教以心为宗》一文：“心宗者，以心为宗也。而黄帝、释迦、老子、孔子非外也，特在我之心尔。夫黄帝、释迦、老子、孔子，既在我之心矣，而我之所以宗心者，乃我之所以宗黄帝、释迦、老子、孔子也。由是观之，我之心，以与黄帝、释迦、老子、孔子之心，一而已矣。心一道一，而教则有三。譬支流之水固殊，而初泉之出于山下者一也。”[⑥]心一、道一，不同者只是名、只是教。

从工夫上讲，一切能够成就此心性者均值得肯定。世间各种不同的“教”只是为了成就此心性，于是“教”被视为“药物”“粮食”，治病（克服习心、挺立本心）、果腹

① 杜维明：《论儒学的宗教性》，《杜维明文集》第3卷，第481页。

② 饶宗颐：《三教论及其海外移殖》，收入《选堂选集》，台湾弥勒出版社1984年版，第470—471、474页。

③ 王畿：《三教堂记》，吴震整理点校《王畿集》卷十七，凤凰出版社2007年版，第486页。

④ 《灵峰宗论》，石峻等编《中国佛教思想资料选编》第三卷第二册，第465页。

⑤ 《长松茹退序》，《紫柏老人集》卷九，石峻等编《中国佛教思想资料选编》，中华书局，第三卷第二册，1987年，第163页。

⑥ 《三教合一大旨》，《林子三教正宗统论》第一册，《四库禁毁书丛刊》子部第17册，第667—677页。

（充实心灵生活）才是目的。在这种观念下，异质的宗教经典与教义最终可以超克夷夏之辨的壁垒而获得存在的正当性。如佛入中土，传统士大夫往往会质疑说，儒家既有《七经》，且《七经》之中并不言佛，那么士人何必再去读佛书？牟子给出以下的辩护："书不必孔丘之言，药不必扁鹊之方，合义者从，愈病者良。君子博取众善以辅其身。"[①] 后来"三教药喻说"颇为流行，除了张商英三教治皮肤、血脉、骨髓三疾这一著名说法之外，孤山智圆有"吾心其病乎？三教其药乎"之说，大慧宗杲亦说："释迦老子说一大藏教，只是医众生心病底药方"，"至于九经十七史亦只是正心术底药方"。[②] 而在儒家这里，"三教粮食说"则成为超越三教异同的修辞方式：王阳明早发"儒、佛、老、庄皆吾之用"说，[③] 阳明后学周海门面对象山、阳明之学杂禅之质疑，当即以三教粮食说回应："夫禅与儒名言耳，一碗饭在前，可以充饥，可以养生，只管吃便了，又要问是和尚家煮的？百姓家煮的？"[④] 焦竑亦明确指出："学者诚有志于道"，则儒释之短长可置勿论，而"第反诸我之心性。苟得其性，谓之梵学可也，谓之孔孟之学可也，即谓非梵学、非孔孟学，而自为一家之学，亦可也。盖谋道如谋食，藉令为真饱，即人目其馁，而吾腹则果然矣。不然，终日论人之品味，而未或一哜其胾，不至枵腹立毙者几希。"[⑤]

"道"与"心"本是一同构共在不可分割的关联项，二者之关联亦是境域生成的居间性之中方得以可能，心离则道离，心在则道在。一阴一阳之谓道，孤阴不生，独阳不长。此阴阳互补之道自然成就了传统士人阴阳互补的思维方式，而避免单面的、一元性的、总体性的、同质化的宰制思维，换言之，道与心虽是普遍性、普世性的范畴，但此普遍乃是"具体的普遍"，普世乃是"在地的普世"（glocalization），人既以天地生物之心为心，自然会有一设身处地的换位思考，这不仅表现在人之间的换位，也表现在人与物之间的换位，儒家的忠恕之道、絜矩之道以及和而不同的主张皆说明儒家的道与心乃是容纳多元、异质的"大道"与"大心"：道是无所不覆无所不载之道，心是涵容覆载之心。可以说，阴阳互补、和而不同与忠恕之道三位一体构成了儒者的感通思维之基本特征。

儒家之心一、道一的信念为三教乃至五教的会通提供了坚实的理论基础。放眼当今基督宗教的对话运动，基督宗教神学经历了一个以教会为中心、以基督为中心逐渐转移到以上帝为中心并继续走向以救赎为中心的过程。[⑥] 儒家之"道"与"心"，实际上是从信仰的客体与信仰的主体两个方面成为宗教彼此相关、彼此包容的桥梁和通道。

三 圣人

就圣人观而论，由于儒家持心同理同这一坚定的信念，故圣人在其存在论上与常人并无根本之区别，圣人不过是"先得吾心之同然者"，圣人作为先知、先觉，其知、其觉本

① 《牟子理惑论》，《弘明集》，第 2 页。

② 《大慧普觉禅师普说》卷四，《中华大藏经》第三辑第四册，第 1460 页。

③ "圣人与天地民物同体，儒、佛、老、庄皆吾之用，是之谓大道。二氏自私其身，是之谓小道。"《王阳明年谱三》，《王阳明全集》卷三十四，第 1298—1299 页。

④ 周汝登：《南都会语》，《东越证学录》卷一，《四库全书存目丛书·集部》第 165 册，第 437 页。

⑤ 焦竑撰，李剑雄点校《答耿师》，《澹园集》卷十二，中华书局 1999 年版，第 82、83 页。

⑥ 保罗·尼特著，王志成、思竹、王红梅译《一个地球多种信仰：多信仰对话与全球责任》，宗教文化出版社 2003 年版，第 53 页。

亦是吾之本然之知、本然之觉，惟圣人先我而知、而觉而已。所以圣人只是在“时间”向度上具有“领先”一步的意义，而不具备在“空间”向度的特殊性，“禹出西羌，舜生东夷，孰云地贱而弃其圣。丘欲居夷，聃适西戎，道之所在，宁选于地？夫以俗圣设教，犹不系于华夷，况佛统大千，岂限化于西域哉？”[①]“孔子居九夷，非陋也。且有德则君人，无道则勃乱。故夏禹生于西羌，文王长于东夷，……故知道在则尊，未拘于夷夏也。”[②] 士大夫佛教徒很早就诉诸传统“圣人”之夷狄出身及圣人之超越空间性一面而为释迦牟尼新夷狄出身辩护。对隋唐之际政治有深刻影响的大儒王通（580—617）亦称佛为“圣人”。[③] 陆象山有句掷地有声的话：“东海有圣人出焉，此心同也，此理同也。西海有圣人出焉，此心同也，此理同也。南海北海有圣人出焉，此心同也，此理同也。千百世之上有圣人出焉，此心同也，此理同也。千百世之下有圣人出焉，此心同也，此理同也。”这段话通常被视为是心学一系自信、自立之表现，此固然不错，但这段话尚有超越三教异同之深意，当时就有人（家铉翁，约1213—1297）洞察到此：象山有“兼取二氏之学”之意。[④] 后来王阳明说，佛者夷狄之圣人，圣人东方之佛的说法，其理论渊源亦可溯至此。东圣西圣，心同理同的信念为士大夫理解、接纳外来宗教提供了强有力的支持，如龚大参在听到利玛窦赏善报德的教义后，赞叹说：“窃听精论，即心思吾中国经书与贵邦经典相应相证，信真圣人者，自西自东自南自北，其致一耳。”[⑤]

西来宗教（佛、耶、回）均利用了儒家的圣人观念以接中华之地气。如所周知《列子》一书硬是生生虚构出孔子“西方有大圣人”之说：“丘闻西方有大圣人，不治而不乱，不言而自信，不化而自行，荡荡乎民无能名焉”，其后佛僧就信誓旦旦地说，佛就是夫子所说的“西方大圣”，这在《弘明集》、《广弘明集》中屡屡可见。到张商英那里，“西方大圣”依然是其“护法”所用之重要观念。云栖袾宏甚至有东圣、西圣易地皆然之妙论：“使夫子而生竺国，必演扬佛法以度众生，使释迦而现鲁邦，必阐明儒道以教万世，盖易地则皆然。”西僧利玛窦进来后则争辩说，当初汉明帝遣使西行求经，使者半途迷路，“误值身毒之国”，误把释迦牟尼当作西方大圣请回了中国，“取其佛经，流传中华”，致使华人“为所诳诱”。[⑥] 言外之意，天竺（身毒之国）并非真正之西方，或者说孔子之西方乃天竺之西（“西方之西”“大西”）。当然回儒不会认同利玛窦的说法，丁鹏（药园，1622—1686）说“大西”乃指“天方国”，未有三教之先，就有“天方圣教”，盘古开天地于西域，昆仑是祖山，天方位于昆仑之阳，“先得天地中和正脉”，故所立圣教“既清且真”，[⑦] 回儒相信孔夫子所说的“西方有大圣人”分明是表示“创真教者（穆罕默德）尼山氏犹让之”。穆罕默德乃“天方至圣”，“穆罕默德贵为天下古今之一人，故称

① 释僧祐：《弘明集后序》，《弘明集》卷十四，第97页。

② 《广弘明集》卷六，第132页。

③ 王通：《中说·周公篇》，中华书局1985年版，第14页。

④ 家铉翁：《尊经堂记》，《则堂集》卷二，《四库全书》第1189册，第298页。

⑤ 朱维铮主编《畸人十篇》，《利玛窦中文著译集》，第488页。

⑥ 利玛窦：《天主实义》，《利玛窦中文著译集》，第96页。

⑦ 《天方圣教序》，卷二〇，第469页。

至圣。"[①]"穆罕默德至圣也，其灵妙为一切灵妙之祖"，佛、耶、回三大西来教在"西方有大圣人"主题上的自吹法螺，一方面是要利用儒家西圣东圣心同理同的观念，让民众接纳西来之圣人，另一方面则藉夫子之口烘托出西方之圣人乃是"圣人之圣人"，是"大圣人"，以与中土圣人竞短长。其实，站在儒家立场，圣之为圣，岂有大小之理？王阳明说万镒之圣人与一两之圣人，在圣之为圣上同。

圣人的开放性、多元性与基督宗教的"中保"（mediator）观念形成了鲜明的对照，如所周知，在基督论（Christology）中，耶稣基督乃是唯一真神之"道成肉身"，"只有一位神，在神和人中间，只有一位中保，乃是降世为人的基督耶稣。"（《提摩太前书》2：5）耶稣本人则宣告："我是道路、真理、生命，若不藉着我，没有人能到父那里去。"（《约翰福音》14：6）基督宗教徒坚定地相信拯救总是在耶稣基督名下的拯救，自有其教义上的背书。著名的天主教神学家卡尔·拉纳曾指出：较之于任何其他一种宗教，宗教多元论对基督宗教乃是一个更大的威胁，而且是导致更大不稳定的原因。因为没有任何一种宗教——甚至伊斯兰教也不会——像基督宗教一样如此绝然地坚持它是唯一一种有效的活的上帝的启示。因此，宗教多元这一事实，这个持续存在并不时变得致命的事实……在经历了2000年的历史之后，一定是基督宗教最伤脑筋的事实。[②] 儒家则认为有许多中保，在这一点上，佛教跟儒家是高度一致的，憨山德清说："古之圣人无他，特悟心之妙者。一切言教皆从妙悟心中流出，应机而示浅深者也。……是故吾人不悟自心，不知圣人之心；不知圣人之心，而拟圣人之言者，譬夫场人之欣戚，虽乐不乐，虽哀不哀，哀乐原不出于己有也。"[③] 基督宗教要承认其他宗教拯救之路的有效性，就必须松动其唯一的中保理念，固然其教义之中不乏上帝的拯救是普遍的说法，如彼得在《使徒行传》（10：34—35）之中所宣告的："我真看出上帝是不偏待人。原来各国中，那敬畏主、行义的人都为主所悦纳。"但谁也不能否认基督宗教唯一的中保观念与普遍的拯救教义之间存在着巨大的张力。持多元主义立场的基督宗教神学家主张对话神学从基督中心论转移到上帝中心论、救赎中心论，其中一个关键的考量因素，恐怕还是唯一中保观念的排他性。前美国天主教神学学会主席潘教授（Peter C. Phan）指出一门支持宗教多重归属的神学体系，必须在保留作为救世主的耶稣基督的"唯一性"与"普遍性"的同时，不排斥逻各斯（Logos）在耶稣之外（在其肉身化之前与之后）的行动。[④]

与四海圣人的遍在性、开放性相联系的，乃是圣经系统的开放性。

---

① 孔子曰：西方有大圣人，不治而不乱（原文"虬"），不言而自信，不化而自行，荡荡乎人无能名焉，此创真教者尼山氏犹让之，其卓立于天地之先者又何疑哉！刘智：《天方至圣实录》卷十九，第462页。清末回儒马德新（1794—1874）对东西方圣人颇有发明，一方面他说："古来教道多矣，何教不有圣人？使必高自位置，谓我教有圣人，而他教之圣人非圣人，此尤不情之论也。"此颇有东圣西圣，圣圣平等之意味，另一方面他又接着强调："我教圣人所任者天道，他教圣人所任者人道。而欲其言天道，则非惟识见所不到，亦且职任所不宜。"佛教之治出世之圣人与治世之圣人之别"设化各有所主"的观念，在这里以任天道之圣人与任人道之圣人的形式再次出现。参见马复初原著，杨德元、马宏道校阅《大化总归》上卷，《大化总归四典要会合印》，清真书报社1923年版，第22页。

② Karl Rahner, "Christianity and the Non-Christian Religions," in *Theological Investigations*, Vol. 5 (Baltimore Helicon, 1966), 116. 转引自弗雷德里克著，王志成等译《佛教徒与基督徒》，宗教文化出版社2008年版，第10页。

③ 憨山德清：《观老庄影响论·论教源》，石峻等编《中国佛教思想资料选编》第三卷第二册，第352—353页。

④ Peter C. Phan, Multiple Religious Belonging: Opportunities and Challenges for Theology and Church, *Theological Studies* 64 (2003), pp. 500-501.

四　圣经

儒家的经典世界历有六经（六艺）、五经、七经、九经、十经、十一经、十二经、十三经、十四经和十九经之说。这一方面说明儒家经典系统的形成有一个复杂的历史过程，另一方面则说明儒家的经典世界具有相当的开放性。

儒家对自己的圣经不可谓不尊重，每一个传统的书院都建有尊经阁。然而儒家之尊经意识乃是与尊道意识紧密绾接在一起的，得鱼忘筌，得意忘言，得道忘经乃是儒道佛三家之普遍的圣经观念，早在先秦那里，儒者就有“尽信《书》则不如无《书》”的观念，而自庄子（《庄子·天道》）提出圣人之言“古人之糟粕”说后，经籍糟粕说便在儒道两家产生了深刻而悠久的影响。荀粲（209？—238?）说：“六籍虽存，固圣人之糟粕”，程伊川说：“经所以载道也，颂其言辞，解其训诂，而不及道，乃无用之糟粕耳。”曹端（1376—1434）说：“六经四书，圣人之糟粕也。始当靠之以寻道，终当弃之以寻真。”从陆象山六经皆我注脚，到陈白沙“读书不为章句缚，千卷万卷皆糟粕”，到王阳明“千经万典，颠倒纵横，皆为我之所用。一涉拘执比拟，则反为所缚”，心学一系六经糟粕说更是愈演愈烈。禅宗呵佛骂祖（“达摩是老臊胡”，“释迦牟尼是干屎橛”，“佛之一字，吾不喜闻”）、不立文字、教外别传以夸张的方式将这一传统表现得淋漓尽致。

“圣经”无疑是载道之书，不同的经典所载之道各有侧重，《庄子·天下篇》云：“《诗》以道志，《书》以道事，《礼》以道行，《乐》以道和，《易》以道阴阳，《春秋》以道名分。”而道与心密不可分，故尊经最终是尊心。陆象山六经注我，“我”者，本心也。象山弟子杨慈湖则反复强调《六经》注心说：“由是心而品节焉，《礼》也；其和乐，《乐》也；得失吉凶，《易》也；是非，《春秋》也；达之于政事，《书》也。”① 至宋濂则明确提出六经一心说：“《六经》皆心学也，心中之理无不具，故六经之言无不该。六经所以笔吾心之理者也，是故说天莫辨乎《易》，由吾心即太极也；说事莫辨乎《书》，由吾心政之府也；说志莫辨乎《诗》，由吾心统性情也；说理莫辨乎《春秋》，由吾心分善恶也；说体莫辨乎《礼》，由吾心有天序也；导民莫过乎《乐》，由吾心备人和也。人无二心，六经无二理。因心有是理，故《经》有是言。……然虽有是六者之不同，无非教之以复其本心之正也。”② 至王阳明《稽山书院尊经阁记》尊经即尊心其风已臻其盛：“《六经》非他，吾心之常道也”，《易》《书》《诗》《礼》《乐》《春秋》分别志吾心之“阴阳消息”“纪纲政事”“歌咏性情”“条理节文”“欣喜和平”“诚伪邪正”，能够在“吾心”上一一寻求“阴阳消息”“纪纲政事”“歌咏性情”“条理节文”“欣喜和平”“诚伪邪正”，即是尊《易》《书》《诗》《礼》《乐》《春秋》。③ 圣经在儒家那里从不是第一义的，自我受用、自我成全、自我实现才是最重要的。对外教经典的接纳，必求诸“心”之主体地位，曾巩曾讥讽王安石读佛经，安石回以：“善学者读其书，惟理之求。有合吾心者，则樵牧之言犹不废；言而无理，周、孔所不敢从。”④ 王阳明不以孔子是非为是非脱胎于

① 杨简：《诗解序》，《慈湖遗书》卷一。

② 《潜溪前集》卷六，罗月霞主编《宋濂全集》第一册，浙江古籍出版社 1999 年版，第 72 页。

③ 《王阳明全集》卷七，第 254—255 页。

④ 惠洪：《冷斋夜话》卷六，中华书局 1988 年版，第 47 页。

此。要之，圣经如圣人一样最终是唤醒吾心之“助缘”（“千圣本无心外诀，六经须拂镜中尘”），只要能够有助于证得本心、只要能够接引于道，则书即是经，否则，则经便是书。至今尚有儒家学者就《四书》是否应该与《五经》并列，以及是否应该提出新四书耿耿于怀，由此颇可见出儒家圣经系统的开放性特征，这跟一本经的西方宗教（religions of the Book）形成了另一鲜明对比。

五　结论

通览三教交涉史，三教和平共处乃是常态，三教正是在频繁的互动之中形成各自的自身认同，正如基督宗教《圣经》通过“异教徒”的“偶像崇拜”来加深一神论信条认同，传统中国人通过与“蛮夷之邦”的对比获得“中国意识”一样，藉着邻居截然不同的信仰与实践来界定自我、获得自身认同，乃是有自我意识的宗教传统、民族和文化建构起自身认同的共同途径。[①] 这倒不是说先有一个“纯粹”的、“现成的”、只是尚未获得“自我意识”的三教自身——它们在相互映射的镜子之中认出了它们自己，不，不是这样的，自佛入中土，三教就是在相互交涉之中建构起自身、形成其自身的：佛教在与儒道两家的互动过程中，不断儒化自身、道化自身，最终形成中国特色的佛教——禅宗，道教在与佛教的互动中，其义理、科仪、戒律与经典世界亦日趋成型，而儒教在与二教的互动中，最终形成了宋明理学。陈寅恪（1890—1969）说佛教来华“只为一大事因缘，即新儒学之产生，及其流衍而已”。[②]

这种自身身份的获得乃是在三教会通之中而非对峙之中发生的，其极端情形往往会让时人、后人对其身份与思想之性质发生困惑，如僧肇的《肇论》究竟是佛学还是玄学著作？至今还让学者感到不好把握，吕澂说《肇论》在思想上与玄学“划不清界限”，有些地方“不知不觉地走进了玄学的圈子”。[③] 汤用彤甚至说，“魏晋时代的佛学也可以说是玄学”，[④] 又如，陆象山与王阳明的心学一直被朱子及其后学视为“禅”，而在明末清初的很多学者的眼中，程朱陆王都是禅，朱子道、阳明禅。要之，传统儒释道三教在频繁的互动中，各自的传统观念被带进了一个新的境域，自然也会获得新的意义。陈澧对此有精准的观察：“自唐以后，不独儒者混于佛，佛者亦混于儒。盖学术未有久而不变者……大约自唐以后，儒者自疑其学之粗浅，而骛于精微；佛者自知其学之偏驳，而依于纯正。譬之西方之人向东行，东方之人向西行，势必相遇于塗。故唐以后儒佛之说，有混然而不可分别者。”[⑤] 这种因为他者的介入而产生的自我理解过程会产生多极效应：对自我的认同明晰化，而随着对自我认同不断强化，对原来的那个“他者”的认识也会改变，所谓“学佛

---

① 沙夫著，夏志前、夏少伟译《走进中国佛教》，上海古籍出版社 2009 年版，第 15 页。

② 南朝何尚之曾说：“范泰、谢灵运常言六经典文，本在济俗为治，必求灵性真奥，岂得不以佛经为指南耶？”（见《弘明集》卷十一）这说明早在南朝，学者即意识到儒家经典世界之中缺乏一个“灵性真奥”的向度，这一向度的彰显当然是在出入佛老、穷竟旨归、入室操戈、而返归六经、别开生面的理学家那里完成的。此即恪公所说的“一大事因缘”。

③ 吕澂：《中国佛学源流》，中华书局 1979 年版，第 100 页。

④ 汤用彤：《魏晋玄学论稿》，三联书店 2009 年版，第 133 页。

⑤ 陈澧：《复戴子高书》，《东塾记》卷四，沈云龙主编《近代中国史料丛刊》第四十七辑，文海出版社 1966 年版，第 258—259 页。

而后知儒”，“学儒而后知佛”。这颇有几分保罗·尼特所自称的“没有佛陀，我便不会成为基督徒”之意味。[①]“你中有我，我中有你”，“我不是我，你不是你”，“我还是我，你还是你”。围绕家庭伦理与社会问题（孝与布施）、民族文化与普世之道问题（华夷之辨）、生与死之生命意义问题（生死与轮回），三教乃至五教展开的长时段对话，其结果：儒仍然是儒，然而子贡所罕闻的天道性命成为儒学义理系统的奠基性之一环，儒学之形上思维连同道中庸而极高明之境界亦随之彰显；佛依然是佛，然而其出世间的情怀已悄然安立于世间、日用伦常之中，乃至先后有禅宗与人间佛学之开展；老还是老，然而其全盘的宗教建制，设若老子复生，亦难辨认其本来面目。中国传统文化自百家争鸣开始，其内部一直就存在着异质性的文化因子，这些异质性的文化因子宛若王艮《鳅鳝说》中的泥鳅，或上或下，或左或右，或前或后，川流不息，变动不居，给缸中之鳝带来转身通气的空间，可以说，异质文化的植根与中华文化的自我更新本来就是在一隐性与显性的对话机制中不断生成的。

查尔斯·泰勒（Charles Tailor）提出对话自我（dialogical self）的观念，杜维明先生也在多年前就提出儒家所理解的自我乃是一个“开放的结构”，即“永远要对其异质的东西保持亲和感。这一亲和感是永远不能被人现阶段的发展所包容，所以，永远向外通透，永远有外在的资源要进来。”[②] 近年来杜先生更是倡导儒家文明是一“学习的文明”、是一“对话的文明”，学习倾听不同的声音、向不同的视野敞开本是儒家悠久的学习传统的内在要求，如果说孔子讲三人行必有吾师，这个向他者的学习还只是个人意义上的他者，那么，王阳明“求其是者而学焉”则已明确地是向文化的他者学习：（门人）曰：“释与儒孰异乎？”阳明子曰：“子无求其异同于儒、释，求其是者而学焉可矣。”曰：“是与非孰辨乎？”曰：“子无求其是非于讲说，求诸心而安焉者是矣。”[③]“学习”是自信而不自大、自尊而不自傲、自主而不自固的表现，道是天下公共之道，心是天下普遍之心，没有对此二者的坚信，没有对二者在普世性、超越性与在地性、内在性上的含混性、居间性之自觉，也不会有真正的学习。实际上，近代乃至当今儒教作为一种宗教的自觉本身也是在向他者“学习”的过程之中形成的。明中晚期儒教作为一种宗教性的救世、觉世之运动，多少可以看到菩萨度人的影子，[④] 康有为立教保国的背后，基督教自是其用心之参照。

“中国化”（“本色化”、“本土化”）是当前中国宗教的一个热点词，实际上，佛、耶、回在传入之际就开始了中国化的历程。中国文化素以重“孝”而著称，利玛窦对此有深刻的认识，他对佛道二教的“偶像”崇拜驳斥甚厉，然对儒家之祭孔、祭祖却颇为理解，他的弟子徐光启甚至说，利玛窦之“百千万言中，求一语不合忠孝大旨，求一语不合人心世道者，竟不可得。”现在越来越多的学者认识到“中国”不是一个民族国家（nation－state）概念，而是一个文明国家（civilization－state）概念，问题是究竟何种因素构成了这个文明国家的核心，使得我们认为它就是中国？是一套“三纲六纪”的宪章制度？是“正德、利用、厚生”的政治文明？是“仁义之道”？是“天地位、万物育”的“中

---

① Knitter，P. F.，*Without Buddha I could not be a Christian*，London：OneWorld，2009.

② 郭齐勇、郑文龙编《杜维明文集》第四卷，武汉出版社2002年版，第539页。

③ 《赠郑德夫归省序》，《王阳明全集》卷七，第254页。

④ 吕妙芬：《儒释交融的圣人观：从晚明儒家圣人与菩萨形象相似处及对生死议题的关注谈起》，《近代史研究所集刊》第32期。

和”理念？无论如何，作为创造性的道之含混性、居间性，心同理同的本心观念以及由此而衍生的阴阳互补、和而不同与忠恕之道三位一体的感通思维，四海圣人的信念，圣经系统的开放性，这是“中国化”不可或缺的结构性系统，在这个系统之下，中国在与异质文明的交流中不断吐故纳新，而任何异质文明倘要在中国扎根落户，亦必变化其自身，荡涤其习气（西方中心论），磨平其棱角（强烈的排他性与单向的出世追求），质言之，任何“化中国”的愿景其自身都得首先经历一个“中国化”这一脱胎换骨的历程。刘述先说，“传统中国才是真正的熔炉”，[1] 是的，这是浴火重生的熔炉，思想的凤凰一次又一次地在这里腾飞。

（原文发表于《世界宗教研究》2017 年第 2 期）

① 刘述先：《儒家思想的转型与展望》，河北人民出版社 2010 年版，第 316 页。需要指出的是，随着多元主义的盛行，美国人早已不喜欢再用大熔炉标榜自己的文化了，因为熔炉意味着驯服差异、原来的特色会被销融。“万花筒”（Kaleidoscope）的隐喻已经取代“熔炉”成为标榜美国文化多元主义的热词。参见 Lawrence H. Fuchs：*The American Kaleidoscope*：*Race*，*Ethnicity*，*and the Civic Culture*，Wesleyan University Press，1990。

中国周边国家宗教发展新态势与经略周边之策*

马丽蓉**

摘　要： 评估宗教交流在我国与周边国家关系建构中的功效后发现，“宗教因素”既是我国与丝路国家缔结友好关系的历史助力，也是我国与周边国家深化伙伴关系的现实动力；量化分析表明，“宗教因素”在我国周边外交中既是一个历史变量，更是一个现实变量，“一带一路”沿线国家与地区宗教人口分布对中国周边国家宗教基本格局的影响是切实存在的，尤其是伊斯兰教的“去中东化”发展趋势，使得“一带一路”面临宗教极端主义冲击的可能性激增；将宗教交流纳入经略周边的新思路以助力“奋发有为地开展周边外交”的对策建言，旨在强调宗教资源转化为外交资源后，实际彰显了优化“一带一路”软环境的战略功效。

关键词： 周边外交　宗教发展新态势　一带一路　伙伴关系　量化研究

就大周边而言，“一带一路”沿线主要国家亦属我国周边国家。宗教交流在我国与周边国家关系建构中发挥了特殊而重要的作用。在全球信仰群体人口结构发生变化的现实背景下，中国周边国家宗教发展呈现出的新态势，不仅是我国周边外交面临的新课题，也是中国参与全球治理面临的新挑战，更对“一带一路”软环境建设带来了深远影响。其中，如何在宗教极端主义全球泛起的现实背景下，与丝路沿线的伊斯兰国家开展“去极端化”战略合作以深化我国与周边伊斯兰国家丝路伙伴关系，则成为“一带一路”软环境建设的关键。

一　宗教交流在我国与周边国家关系建构中的功效评估

研究我国与周边国家尤其是周边伊斯兰国家友好关系发展的历史与现状后发现，“宗教因素”既是我国与丝路国家缔结友好关系的历史助力，也是我国与周边国家深化伙伴关系的现实动力。

在古丝路上，中国不仅输出了丝绸、瓷器、四大发明等商品和技术，还传播了大一统的国家形象与中华文明，以及“丝绸之路”这一公共产品，尤其是中国向世界提供公共产品的事实，表明“社会距离程度不同的人之间发生言谈、信息交流、沟通、理解、对话等传播行为，为的是满足结伴、克服孤独、自我认识、环境认知、社会选择等需要，某

* 本文为国家社科基金项目（11BGJ033）、上海外国语大学重大项目（2015114008）、霍尔果斯重大研究项目（HEGS－2016ZDYJXM－YB02）及上海市Ⅰ类高峰学科（外国语言文学）建设项目成果之一。

** 马丽蓉，上海外国语大学丝路战略研究所所长、《新丝路学刊》主编、“天山学者”特聘教授。

类传播在一段时间后变得相对稳定，由此表现了某种文化与社会结构，形成文化意义的分享和文化创造形式；在应对环境、群体间竞争、内在发展需要等问题的过程中，人们又不断进行共享文化的创造、修改和转变，使文化具有流变的特点”，“如‘丝绸之路’使东西方的贸易更加频繁，基督教、佛教和伊斯兰教沿着‘丝绸之路’传播开来”[①] 等。我们既要接受文化差异性的现实，也要建立对话意识，在对话中建立互惠性理解。这是创造、修改和转变一个“共享文化”的过程，传播中的主体双方共同分享着经验，进而形成意义分享，由此搭建了主体之间相互理解的信息平台，在对话与合作中达到“互惠性理解”，凸显“在文化差异中形成互补性知识，强调文化观念的互相印证，把在刻板印象、民族中心主义、意识形态等基础上达成的理解当作对他者的敌意，努力基于生活事实与文化的动态发展进行对话式理解”[②] 的特点，使孤立的个人与他人分享“共同价值”，“丝绸之路”这一公共产品所蕴含的互惠型的经济观、包容型的文明观、合作型的安全观赢得了世界的认可与分享。其中，宗教认同已成为丝路沿线国家之间形成“互惠性理解”的重要建构要素之一，宗教交流甚至宗教外交的作用由此得以显现。

一般而言，“宗教外交系指一个国家的中央政府以特定宗教价值观念为指导，通过职业外交官直接实施、授权或者委托各种宗教组织实施的外交行为以及默许宗教组织开展的针对另一个国家政府的游说行为。宗教外交包括两个相辅相成的方面：一方面，宗教外交是利用宗教手段服务于外交使命的行为，比如借助宗教组织对其他国家民众进行传教，并动员教众对其他国家政府施加压力的行为；另一方面，宗教外交是利用外交手段为宗教扩展服务的行为。两种行为都属于宗教外交行为”。[③] 郑和受命遣使出访天方国即为典型的宗教外交：在“宣德五年，蒙圣廷命差内官太监郑和等往各番国开读赏赐，分䑸到古里国时，内官太监洪等见本国差人往天方国，就选差通事人等七人，赍带麝香、瓷器等物，附本国船只到彼。往回一年，买到各色奇货异宝、麒麟、狮子、驼鸡等物，并画天堂图真本回京。其天方国王亦差使人将方物跟同原去通事七人，贡献于朝廷”。[④] 郑和指派年富力强、懂阿语、信仰虔诚、颇具才干的副使洪保与马欢、费信等7人率队携带丝绸、瓷器等物乘船赴麦加，不仅开展了经贸交流，还完成了朝觐功课，并带回了“中国人最早绘出的一幅克尔白圣寺写真图《天房图》”，“首开了有史以来，中国以国家名义向天方国派遣外交使团的新纪元”，并促成对方也派遣使者随其船队来中国访问[⑤]，“明宣宗朱瞻基视麦加使节为贵客，亲到奉天门迎接，高兴地接受了献礼，回赠特别丰厚”[⑥]，表明郑和受明政府许可或默认、通过派遣“职业外交官直接实施”的外交活动，实属“利用宗教手段服务于外交使命”的一次宗教外交，旨在以宗教信仰的方式密切双方友好关系，在经贸合作之际开展宗教交流，出色践行了明朝“协和万邦”的对外政策。

事实上，郑和肩负着“宣德化、柔远人”的外交使命，其在海外的宗教交流活动，“并不是一种单纯的传教活动，而更多的是一种政治和外交活动，是为他七下西洋的主要

---

① 单波：《跨文化传播的基本理论命题》，《华中师范大学学报（人文社会科学版）》2011年第1期。

② 单波：《跨文化传播的基本理论命题》，《华中师范大学学报（人文社会科学版）》2011年第1期。

③ 涂怡超、赵可金：《宗教外交及其运行机制》，《世界经济与政治》2009年第2期。

④ 《瀛涯胜览·天方国》，转引自万明校注《明抄本〈瀛涯胜览〉校注》，海洋出版社2005年版，第103—104页。

⑤ 盖双：《关于郑和船队的一段重要史料——披览阿拉伯古籍札记之二》，《回族研究》2007年第2期。

⑥ 《明宣宗实录》卷一〇五，转引自江淳、郭应德《中阿关系史》，经济日报出版社2001年版，第109页。

目的服务的”[①]，郑和组织开展的官民双轨宗教交流，扩大了中国在对象国的人文影响、加强了包括宗教认同在内的社会互信，并对中国与丝路沿线伊斯兰国家友好关系产生了深远影响，如郑和在泉州灵山圣墓行香之举即为明证：永乐十五年五月，郑和第五次下西洋途经泉州到灵山圣墓上香祈佑后，属下为之立碑纪念，此举具有“一种政治象征，传播朝廷对国内宗教的宽松政策，对伊斯兰国家的宣德柔远”。亦即：对内，“灵山圣墓长期是泉州穆斯林心目中的圣地，作为钦命高官，在伊斯兰教遭受欺凌的境遇中，亲临这一圣地行香，蕴含着朝廷对伊斯兰教的尊重”。而这种尊重给予曾受欺凌的泉州穆斯林以极大的鼓舞和慰藉，营造了尊重伊斯兰教的社会氛围。对外，“为了与西亚国家将要开展的交往相配合，明王朝必然要调整相应的文化政策，至少要考虑到朝贡使团在华的文化环境。朝贡贸易是有来有往的，朝贡使团成员在华一般要逗留半年，宜有供其过宗教生活的环境。”“在永乐朝重新调整宗教政策的情况下，郑和到泉州灵山圣墓行香正是这种政策调整的权威示范”，表明“永乐初年以后开始重兴中国与南洋、西洋诸国开展朝贡贸易所需要‘宣德柔远’的宗教政策。作为钦命高官的郑和亲临圣墓行香，具有社会的公共性和权威性，从而在当地发挥了尊重伊斯兰教的示范效应和推动作用”。[②] 换言之，郑和拜谒先知穆罕默德弟子的泉州圣墓，彰显了明政府尊重伊斯兰教的基本政策立场、反映了穆斯林民众宽松的生存环境，以及释放出明政府对阿拉伯—伊斯兰国家之善意。此外，马欢的《瀛涯胜览》、费信的《星槎胜览》及巩珍的《西洋番国志》等为国人正确认识阿拉伯—伊斯兰社会提供了珍贵的第一手材料，从不同视角描述了信奉伊斯兰教的阿拉伯国家的世风民俗，如认为阿丹国因“国势强盛，邻邦畏之”[③]；祖法儿国在礼拜日“上半日市绝交易。男女长幼皆沐浴”[④]；天方国“妇人俱戴盖头”“国法禁酒，民风和美”，“无贫难之家，悉遵教规。犯法者少，诚为极乐之界”[⑤] 等溢美之情，成为中国与丝路沿线伊斯兰国家形成双向宗教交流模式的重要动因：先知穆罕默德的四大圣门弟子等本着“学问虽远在中国，亦当求之”的宗教使命的“走进来”、马欢等穆斯林外交使节肩负“宣德柔远”的外交使命的“走出去”，由此形成的包容性的双向宗教交流，夯实了中国与丝路沿线伊斯兰国家之间开展政治、经济、人文、安全等多轨外交的民意基础，并对“丝路天然伙伴”关系建构产生了深远影响。事实上，郑和宗教外交根植于多元宗教的包容性与多轨外交的统筹性，某种程度上则使宗教外交的积极性得以发掘、消极性得以规避。因为，宗教外交“轨道中积极的一面在于，它对战争与和平问题有更高层次的理解和感知”[⑥]，但因“宗教界潜在的消极面是其排他性的历史倾向”[⑦] 而使宗教外交的消极性难以避免。郑和采取的多轨外交举措，使得宗教外交在“避短扬长”中产生

---

① 肖宪：《郑和下西洋与伊斯兰教在东南亚的传播》，《回族研究》2003 年第 1 期。

② 郭志超：《郑和圣墓行香与泉州伊斯兰教的重兴》，《南方文物》2005 年第 3 期。

③ 马欢：《瀛涯胜览・阿丹国》，转引自万明校注《明抄本〈瀛涯胜览〉校注》，海洋出版社 2005 年版，第 80 页。

④ 马欢：《瀛涯胜览・阿丹国》，转引自万明校注《明抄本〈瀛涯胜览〉校注》，海洋出版社 2005 年版，第 77 页。

⑤ 马欢：《瀛涯胜览・阿丹国》，转引自万明校注《明抄本〈瀛涯胜览〉校注》，海洋出版社 2005 年版，第 99—100 页。

⑥ ［美］路易丝・戴蒙德、麦克唐纳：《多轨外交》，李永辉等译，北京大学出版社 2006 年版，第 107 页。

⑦ ［美］路易丝・戴蒙德、麦克唐纳：《多轨外交》，李永辉等译，北京大学出版社 2006 年版，第 150 页。

了"宣德柔远"的外交效应。

也正是由于郑和在下西洋中成功开启了中国与天方国以朝觐为主的宗教外交，使得朝觐外交演化为中国对阿拉伯—伊斯兰国家人文外交的特色与传统，且产生了深远影响。近年来，随着朝觐人数的平稳增长（见图1），中国有组织、有规模、各大部委联手参与的朝觐外交已初见成效，在深化我国与周边阿拉伯—伊斯兰国家关系中扮演了越来越重要的角色。

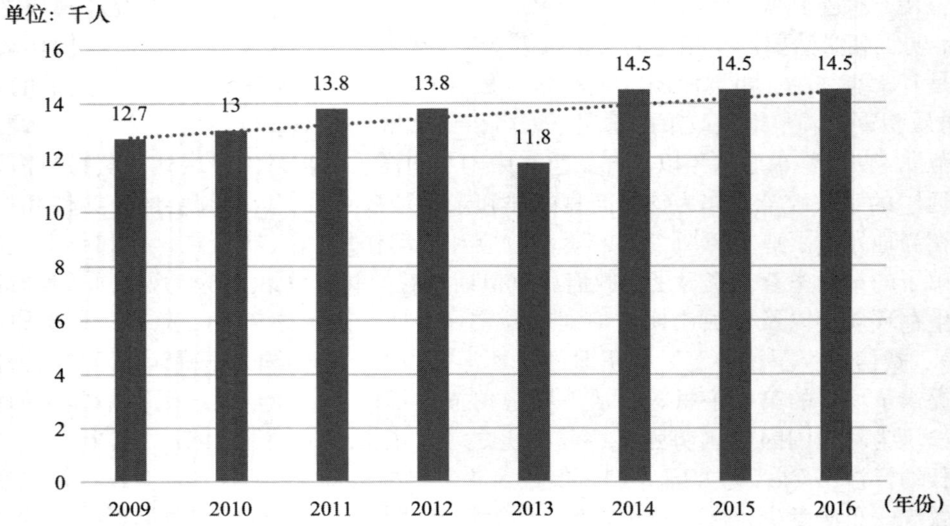

图1 中国赴沙特朝觐人数统计（2009—2016）①

其实，早在新中国成立之初，中国对外文化交流政策就强调，要"进一步开创多层次、多渠道、多形式的对外文化交流新局面"。② 自20世纪50年代中后期至今，中国与丝路沿线国家之间官方、半官方及非官方等多渠道的人文交流已夯实了双方的互信基础，宗教交流在双边关系发展中发挥了基础和引领作用。随着2000年10月"中非合作论坛"与2004年1月"中阿合作论坛"的相继成立，中国与丝路沿线国家开展多边人文交流与合作进入制度支撑的历史新阶段，宗教交流在丝路多元文明交往呈现积极活跃的总体态势中扮演了重要角色。2013年中国倡导建设"一带一路"，旨在通过"五通"举措打造丝路"命运共同体"，在"民心相通"战略举措的实施过程中宗教交流的战略意义得以凸显。2013年10月，在周边外交工作座谈会上，习近平主席强调，坚持与邻为善、以邻为伴，坚持睦邻、安邻、富邻，突出体现"亲、诚、惠、容"的共同理念和行为准则，要全方位推进人文交流，深入开展旅游、科教、地方合作等

① 作者自制。数据来源：2009—2015年数据参见国家宗教局网站专题"伊斯兰教朝觐"（http://www.sara.gov.cn/ztzz/ysljzjz/index.htm），2016年数据参见中国网《2016年中国穆斯林麦加朝觐工作解读》，http://fangtan.china.com.cn/2016-12/09/content_34266668.htm，访问时间：2017年2月14日。

② 中华人民共和国对外文化联络局编：《中国对外文化交流概览》（1949—1991），光明日报出版社1993年版，第46—47页。

友好交往，广交朋友，广结善缘。要对外介绍好我国的内外方针政策，讲好中国故事，传播好中国声音，把中国梦同周边各国人民过上美好生活的愿望、同地区发展前景对接起来，让命运共同体意识在周边国家落地生根。① 为此，中国新一届领导人不仅“奋发有为地开展周边外交”，还主张开展具有中国特色的“大国外交”，其中就包括重视宗教交流在中国外交中的重要作用：2015 年 3 月 28 日，习近平主席在第十四届博鳌论坛致辞中再次强调：“迈向命运共同体，必须坚持不同文明兼容并蓄、交流互鉴。”② 2015 年 3 月 29 日，博鳌论坛举办了以“中道圆融：凝聚善愿的力量”为主题的宗教分论坛，这是博鳌论坛自 2001 年成立以来，首次举办宗教分论坛，三大宗教领袖与文化学者与会，提倡中道、反对极端，用宗教来对话、沟通，以及正视宗教对现代生活的影响等，表明以习近平同志为核心的党中央和国家领导人，早以高瞻远瞩的战略眼光看到了宗教事务的外交战略价值。其实，早在 2014 年 3 月 27 日，习近平主席在巴黎联合国教科文组织总部发表重要演讲，这是中国国家领导人前所未有地全面论述佛教中国化的历程与意义。5 个月后，习近平主席出访印度等中亚南亚四国，以佛教、丝绸之路等宗教历史文化为切入点，深入展开国与国交流，全力推动“一带一路”区域合作，此行标志性的国家赠礼《玄奘之路》、为印度总理莫迪定制的纯素生日蛋糕，习近平主席数次讲话中提及的诸位古代高僧等，标志着“信仰外交”成为集中体现中国文化软实力的重要名片，表明以习近平同志为核心的党中央，以高瞻远瞩的战略眼光看到了宗教事务的重要性与现状的差距③，表明中国政府在实施“一带一路”倡议的“民心相通”举措上正视宗教沟通、意识到丝路沿线国家战略合作中“宗教因素”的现实存在。

毋庸置疑，从郑和的丝路外交→周恩来的人民外交→习近平主席的首脑外交，宗教已然实现了社会资源向外交资源的成功转化，并成为深化“一带一路”合作的助力之一，如防范中巴经济走廊建设中宗教极端主义与部落文化的风险性影响、中蒙俄经济走廊建设中宗教交流的纽带作用、中印战略合作互信建构中的佛教交流的作用，以及宗教在中国与哈萨克斯坦、巴基斯坦、印度尼西亚等战略支点国家间伙伴关系深化中的桥梁作用等。因为，从某种意义上看，“一带一路”使中国外交最终找到了历史与现实的契合点，且集中体现在两个方面。一是可以盘活“丝绸之路”这一公共产品所蕴含的外交历史资源优势，使“传统友谊”发挥务实性作用。在两条“丝绸之路”上绵延千年的中外文明交往，不仅积淀了一份深厚的丝路情感，还升华为一种经济互惠、文明包容、安全合作的丝路精神。其中，郑和七下西洋的壮举，因其近 30 年在 30 余个国家和地区留下的访问足迹而彰显了中国的和平外交理念，以和平与发展为核心的郑和文化已成为丝路精神的重要组成部分，“丝绸之路”也成为世界公共产品，并成为中国外交的宝贵历史资源，如何发掘并利用丝路外交实践中的“中国经验”，已成为盘活“一带一路”历史资源优势的关键，也是“传统友谊”之于当代丝路伙伴关系的作用所在。二是可以发挥中国作为世界第二大经济体所具有的竞争力来“奋发有为”地开展周边外交。两条丝路沿线人口 30 多亿，中国既有为沿线合作国家的注资能力，还倡导义利兼顾甚至舍利取义，通过丝路基金、亚

---

① 《习近平：让命运共同体意识在周边国家落地生根》，新华网，2013 年 10 月 25 日。

② 习近平：《迈向命运共同体 开创亚洲新未来——在博鳌亚洲论坛 2015 年年会上的主旨演讲》，《人民日报》2015 年 3 月 29 日。

③ 萧潜：《剑指何方：独家解读 2015 博鳌宗教分论坛》，http：//fo. ifeng. com/a/20150330/41028889_0. shtml。

投行及中国企业“走出去”等方式积极推动全球经济一体化进程，在打造丝路沿线国家“利益共同体”与“责任共同体”的实践中提升中国参与全球经济治理的能力，在经济合作与宗教交流的互促互进中构建丝路战略合作伙伴关系，使得有效甚至高效的宗教交流在完成社会资源→外交资源的第一次转化后能够实现外交资源→战略资源的第二次转化，力争在中国与丝路沿线国家由“丝路天然伙伴关系”→“丝路战略合作伙伴关系”建设中发挥应有的作用。

总之，“宗教因素”既是我国与丝路沿线国家缔结友好关系的历史助力，也是我国与周边国家深化伙伴关系的现实动力，这是我国与丝路沿线国家历史互动与现实交往关系的真实写照。但因宗教极端主义所致的“一带一路”倡议风险的挑战日益严峻，使得如何管控宗教极端主义风险因素已成为关乎“一带一路”倡议安全环境的重大现实问题。其中，丝路沿线国家宗教发展新态势愈加凸显了“宗教因素”已成为经略周边外交的关键所在。

二　丝路沿线国家宗教发展新态势量化分析

当我们对丝路沿线部分国家主要宗教人口比例（见表1）做数据统计后，发现了以下几个事实：（1）古代丝路宗教信仰的基本分布走势和“一带一路”沿线国家与地区宗教发展基本格局之间互为因果关系；（2）古代丝路多元宗教并存的历史传统与“一带一路”沿线国家与地区多元宗教并存的发展态势之间互为因果关系；（3）古代丝路宗教信仰历史人口相对比值与“一带一路”沿线国家与地区宗教信仰现实人口相对比值之间互为因果关系。

表1　丝路沿线部分国家主要宗教人口比例

序号	国家	主要宗教的人口比例
1	阿富汗	伊斯兰教99%，其他1%
2	阿尔巴尼亚	伊斯兰教70%，东正教20%，天主教10%
3	阿尔及利亚	伊斯兰教99%，基督教和犹太教1%
4	亚美尼亚	基督教98.7%，雅兹迪（Yezidi）1.3%
5	阿塞拜疆	伊斯兰教93.4%，东正教4.8%，其他1.8%
6	巴林	伊斯兰教81.2%，基督教9%，其他9.8%
7	孟加拉国	伊斯兰教83%，印度教16%，其他1%
8	白俄罗斯	东正教80%，其他（包括天主教、基督教、犹太教、伊斯兰教）20%
9	不丹	佛教75%，印度教25%
10	波斯尼亚和黑塞哥维那	伊斯兰教40%，东正教31%，天主教15%，其他14%
11	文莱	伊斯兰教67%，佛教13%，基督教10%，其他10%
12	保加利亚	东正教82.6%，伊斯兰教12.2%，基督教1.2%，其他4%
13	缅甸	佛教89%，基督教3%，天主教1%，伊斯兰教4%，其他3%
14	柬埔寨	佛教95%，其他5%

续表

序号	国家	主要宗教的人口比例
15	科摩罗	伊斯兰教98%，天主教2%
16	克罗地亚	天主教87.8%，东正教4.4%，基督教0.4%，伊斯兰教1.3%，其他0.9%
17	塞浦路斯	东正教78%，伊斯兰教18%，其他4%
18	捷克	天主教26.8%，基督教2.1%，其他3.3%
19	吉布提	伊斯兰教94%，基督教6%
20	东帝汶	天主教90%，伊斯兰教4%，基督教3%，印度教0.5%
21	埃及	伊斯兰教94%，基督教等6%
22	爱沙尼亚	基督教15%，东正教12.8%
23	格鲁吉亚	东正教83.9%，天主教0.8%，伊斯兰教9.9%，其他0.8%
24	匈牙利	天主教54.5%，基督教19.9%
25	印度	印度教80.5%，伊斯兰教13.4%，基督教2.3%，锡克教1.9%，其他1.8%
26	印尼	伊斯兰教88%，基督教5%，天主教3%，印度教2%，佛教1%，其他1%
27	伊朗	伊斯兰教98%，拜火教、犹太教、基督教、巴哈伊教2%
28	伊拉克	伊斯兰教97%，基督教和其他3%
29	以色列	犹太教76.5%，伊斯兰教17.5%，基督教2.3%
30	约旦	伊斯兰教92%，基督教6%，其他2%
31	哈萨克斯坦	伊斯兰教50%，东正教44%，基督教2%，其他4%
32	科威特	伊斯兰教85%，基督教、印度教、其他15%
33	吉尔吉斯斯坦	伊斯兰教75%，东正教20%，其他5%
34	老挝	佛教60%，拜物教、基督教和其他40%
35	拉脱维亚	主要信奉基督教和东正教
36	黎巴嫩	伊斯兰教59.7%，基督教39%，其他1.3%
37	利比亚	伊斯兰教97%
38	立陶宛	天主教79%，东正教4.1%，基督教1.9%
39	马其顿	东正教32.4%，基督教0.2%，伊斯兰教16.9%
40	马来西亚	马来人口占68.1%，华人口占23.8%，印度人口占7.1%，其他种族口占1.0%，在宗教信仰上基本上马来人信奉伊斯兰教、华人信奉佛教、印度人信奉印度教，伊斯兰教为国教
41	马尔代夫	绝大多数信奉伊斯兰教
42	毛里塔尼亚	伊斯兰教100%
43	蒙古	佛教50%，萨满教和基督教6%，伊斯兰教4%
44	摩洛哥	伊斯兰教98.7%，基督教1.1%，犹太教0.2%
45	尼泊尔	印度教80.6%，佛教10.7%，伊斯兰教4.2%
46	阿曼	绝大多数信奉伊斯兰教
47	巴基斯坦	伊斯兰教97%，基督教、印度教和其他3%

续表

序号	国家	主要宗教的人口比例
48	菲律宾	天主教85%，伊斯兰教4.9%，其他0.1%
49	波兰	天主教89.8%，东正教1.3%，基督教0.3%，其他0.3%
50	卡塔尔	伊斯兰教95%
51	罗马尼亚	东正教86.8%，基督教7.5%，天主教4.7%，伊斯兰教及其他0.9%，
52	俄罗斯	东正教53%，伊斯兰教10%，天主教1%，犹太教1%，佛教0.8%
53	沙特	伊斯兰教100%
54	新加坡	佛教42.5%，伊斯兰教14.9%，道教8.5%，印度教4%，天主教4.8%，基督教9.8%
55	斯洛伐克	天主教73%，基督教10.8%
56	斯洛文尼亚	天主教57.8%，东正教2.3%，基督教0.9%，伊斯兰教2.4%
57	索马里	伊斯兰教99%
58	斯里兰卡	佛教69.1%，伊斯兰教7.6%，印度教7.1%，基督教6.2%
59	苏丹	绝大多数信奉伊斯兰教
60	叙利亚	伊斯兰教90%，基督教10%
61	塔吉克斯坦	伊斯兰教90%，其他10%
62	泰国	佛教94.6%，伊斯兰教4.6%，基督教0.7%，其他0.1%
63	突尼斯	伊斯兰教98%，基督教1%，犹太教及其他1%
64	土耳其	伊斯兰教99.8%，其他（基督教和犹太教）0.2%
65	土库曼斯坦	伊斯兰教89%，东正教9%
66	乌克兰	东正教45.7%，天主教6%，基督教、犹太教等38%
67	阿联酋	伊斯兰教96%，基督教、印度教及其他4%
68	乌兹别克斯坦	伊斯兰教88%，东正教9%，其他3%
69	越南	佛教9.3%，天主教6.7%，和好教1.5%，高台教1.1%，基督教0.5%，伊斯兰教0.1%
70	也门	绝大多数信奉伊斯兰教

资料来源：作者自制。参考资料：The CIA World Factbook，http：//geography. about. com/library/cia/blcindex. htm；外交部网站：http：//www. fmprc. gov. cn。

表1还揭示出值得进一步研究的几个现象：（1）在上述沿线国家中，信仰伊斯兰教的穆斯林人口占比超过半数以上的有37个国家，且主要分布在“一带一路”沿线的绝大多数地区；（2）天主教、东正教与基督教三大信仰群体人口占比超过半数以上的分别是8个国家、7个国家与2个国家，共计17个国家，表明基督教在中东欧地区的影响仍不容忽视；（3）佛教信徒占比超过半数的国家有7个，除蒙古外，其他6国均属东南亚地区，佛教在东南亚的影响力依然强大，甚至包括华人华侨社区；（4）华人华侨中信仰孔教、道教及佛教的居多，但也有信仰伊斯兰教乃至信仰基督教的，表明宗教既是他们融入对象国的重要社会纽带，又是他们持守中华传统文化血脉的重要生存策略；（5）“一带一路”沿线国家绝大多数国家民众信奉伊斯兰教或以伊斯兰教作为国教，但即使如此，沿线国家

绝少单一信仰现象，多元信仰结构已成“一带一路”沿线国家与地区的普遍现象，即使是在穆斯林人口高达99% 的伊斯兰国家亦不例外；（6）多元信仰结构的形成得益于古丝路多元宗教文化的包容性交流与合作，但中国道教文化沿丝路外传后多囿限于汉文化圈甚至仅在新加坡等国的华人社区而难以远播；（7）“源自印度的佛教”。远播影响力较大但却在本国消失，取而代之的印度教在印度与尼泊尔有了众多信徒……这些值得深究的现象，既是我国与丝路沿线国家和地区开展“民心相通”所面临的教情现状，也是我国与“一带一路”沿线国家和地区深化宗教交流与合作的社会现实。

据皮尤报告预测，全世界印度教徒的人口数量预计在2014—2050 年将增长34%，从目前略超过10 亿人增长到2050 年的近14 亿人。届时，印度教徒将占世界总人口的14.9%，成为世界第三大宗教。穆斯林人口从2010 年16 亿人增长至2050 年约28 亿人，2070 年后，伊斯兰教将成为世界信徒最多的宗教，印度将取代印尼成为拥有穆斯林人口最多的国家。① 该报告表明，信仰人口结构变化已对中国周边国家的宗教发展产生了深远影响，且主要体现为。（1）“宗教因素”对我国周边外交的影响将进一步增强。丝路沿线国家和地区的宗教人口比由伊斯兰教、佛教、印度教→伊斯兰教、印度教、佛教，表明影响我国周边外交的“宗教因素”已由伊斯兰教、佛教变为伊斯兰教、印度教与佛教，折射出“宗教因素”在我国周边外交中的重要性将进一步增强的发展趋势。（2）宗教极端主义已成为重要的战略风险因素。伊斯兰教仍是“一带一路”沿线国家和地区中信仰人数最多、分布区域最广、现实影响最大的宗教，且因宗教极端主义与种族、教派、部落、能源、领土等形成错综复杂的关系而使其成为重要战略风险因素之一，使得“一带一路”所面临的宗教极端主义所致的人文风险正向政治、经济、安全等领域蔓延。（3）中印关系中“宗教因素”的影响力日益趋强。随着全球宗教信仰人口结构出现的新变化，印度教徒的激增与印度国内穆斯林人数的激增，都使得印度将在印度教与伊斯兰教发展中的教缘影响力空前激增，且对我国周边外交中的人文影响力也随之增强，更使印巴克什米尔问题在全球治理中的重要性进一步凸显。（4）南亚伊斯兰信仰板块的政治影响力将不断扩大。2070 年后伊斯兰教将成为世界第一大宗教且印度将取代印尼成为穆斯林人口最多的国家，并影响印度与阿拉伯—伊斯兰国家的关系，客观上造成南亚将取代东南亚而成为中东之外最重要的伊斯兰信仰板块，南亚与西亚、北非这三大伊斯兰信仰板块间的密切联动，又会对大中东地缘政治产生深远影响，涉疆暴恐已对我国周边外交造成重大现实挑战即为明证。（5）宗教极端主义将对“一带一路”建设安全环境产生重大冲击。2010 年与2050 年全球穆斯林人口最多的10 个国家如下（见表2）。

表2　　2010 年与2050 年全球穆斯林人口最多的10 个国家

2010 年	占全球穆斯林人口比例（%）	2050 年	占全球穆斯林人口比例（%）
印度尼西亚	13.1	印度	11.2
印度	11.0	巴基斯坦	9.9

①《2050 年印度教将成为第三大宗教》，《参考消息》2015 年4 月4 日。

续表

2010 年	占全球穆斯林人口比例（%）	2050 年	占全球穆斯林人口比例（%）
巴基斯坦	10.5	印度尼西亚	9.3
孟加拉	8.4	尼日利亚	8.4
尼日利亚	4.8	孟加拉	6.6
埃及	4.8	埃及	4.3
伊朗	4.6	土耳其	3.2
土耳其	4.5	伊朗	3.1
阿尔及利亚	2.2	伊拉克	2.9
摩洛哥	2.0	阿富汗	2.6

资料来源：Pew Research Center, *The Future of World Religions*: *Population Growth Projections*（2010 - 2050），http://www.pewforum.org/files/2015/03/PF_15.04.02_ProjectionsFullReport.pdf.

主要分布在“一带一路”沿线的东南亚、南亚、西亚、北非等地区。其中，穆斯林人口列前三位的国家均在南亚与东南亚，且人口比值由印度尼西亚、印度、巴基斯坦→印度、巴基斯坦、印度尼西亚。西亚与北非人口居多的伊斯兰国家，占全球穆斯林人口比总体呈下降趋势，但以埃及、伊朗、土耳其为主的伊斯兰国家，仍因人口众多、教派矛盾、种族恩怨、部落纷争、地区冲突等诸多因素的影响而在中东地缘政治与教缘政治中继续扮演重要角色，并在不断平衡政教关系中实现社会转型，逐步融入全球化进程。

量化分析表明，“宗教因素”在我国周边外交中既是一个历史变量，更是一个现实变量，“一带一路”沿线国家和地区宗教人口分布对中国周边国家宗教基本格局的影响是切实存在的，尤其是伊斯兰教发展出现的“去中东化”趋势，使得“一带一路”面临宗教极端主义冲击的可能性增大。因此，如何有效管控宗教极端主义所致战略风险，将是关乎中国参与丝路安全合作、提升全球传统与非传统安全治理能力的重大现实问题。

总之，周边国家宗教发展出现的新趋势，使得中国周边外交中“宗教因素”的重要性进一步凸显，尤其是在“一带一路”大大提升了周边外交战略地位的现实背景下，周边国家宗教发展新态势已然成为“亲诚惠容”原则指导下我国周边外交新实践中不容忽视的重要变量。

三 在周边国家宗教发展新态势下经略周边外交之对策

“一带一路”倡议的提出，“实际上意味着中国社会将更多地与世界发生联系，尤其是与那些比较复杂甚至相对落后的地区发生联系，这实际上对中国社会也提出了新的要求，那就是以更为灵活、务实和开放的心态，超越传统的民族交往模式，去寻求一种具有中国特色的模式”。[①] 随着中国的和平崛起，西方主流媒体肆意渲染“中国威胁论”与“中国必霸论”来肆意歪曲中国形象。因此，“对我们而言，重要的不是对西方的反对作

① 储殷：《应重视“一带一路”机遇中的风险》，《法治周末》2014 年 12 月 23 日。

民族主义式的强烈反应，而是要理性地寻求改变西方认知中国的途径和方法”。[①] 我们既要在“一带一路”建设中捍卫中国的丝路话语权，还要积极“开展人文交流和公共外交，密切机构联系、拓展对话渠道、努力增进共识”。[②] 从某种意义上讲，“外域宗教的入华以及中国儒教等信仰传统的西渐，基本上是通过丝绸之路而得以实现。这样，宗教的流传与交往，促进了中外民众信仰生活的相遇和融通，成为具有动感及活力的丝绸之路经久不衰的精神之魂”[③]，凸显丝路宗教资源的比较优势。其中，对宗教团体的思想资源、组织资源、人力资源的充分发掘与和平利用，是对原有的世俗化场景下的外交模式的一种修正和更新，也是深化战略合作的新途径，如 2015 年中印、中日外交，为宗教资源转化为外交资源乃至战略资源的可能性提供了示范效应：2015 年 5 月 14 日，中印首脑外交中因大慈恩寺、玄奘取经、菩提树苗等宗教元素的融入而唤起了中印友好交往的“丝路记忆”与“丝路情怀”，旨在用佛教文化认同来提升首脑外交的成效。此外，中印“双方认识到，通过边境贸易、香客朝圣以及其他交流加强两国在边境地区的合作是增进互信的有效办法”，故“中方于 2015 年开通的经乃堆拉山口的朝圣路线，进一步促进了两国宗教交往、为印方朝圣香客提供便利”。[④]可以预见，此次中印宗教外交的战略性起步，将有助于增进中印战略合作的互信度、增强丝路“命运共同体”意识。2015 年 5 月 23 日，习近平主席在中日友好交流大会的讲话中，不仅强调以佛教为纽带的“中印古代文化交流的历史”，还指出“隋唐时期，西安也是中日友好往来的重要门户，当年很多来自日本的使节、留学生、僧人在那里学习和生活”，“17 世纪中国名僧隐元大师东渡日本”期间，“不仅传播了佛教经义，还带去了先进文化和科学技术，对日本江户时期经济社会发展产生了重要影响”。[⑤] 事实上，发掘、利用丝路宗教资源的比较优势来重续丝路民间交往传统，已成为中国政府正在积极探索的实际行动，2015 年 2 月 27 日，外交部部长王毅在会见斯里兰卡外长萨马拉维拉时表示，中方对中、斯、印三方合作持开放态度，愿积极探讨三方可能合作的领域和可行途径，尤其强调，“三国都有丰富的佛教旅游资源，可以考虑合作开辟旅游路线”。[⑥]

如何在“一带一路”框架下，进一步深化我国与丝路伊斯兰国家间伙伴关系（见表 3），将是推进双方战略合作的关键，故可在友城、孔院、智库、医疗、体育、旅游、考古等人文外交项目运作的基础上，进一步发掘、利用并提升丝路宗教资源的比较优势，推进“民心相通”战略举措的顺利实施。

---

① 郑永年：《中国：大国思维与大国责任》，《同舟共进》2008 年第 8 期。

② 《俞正声作政协全国委员会常务委员会工作报告》，http：//www. chinanews. com/gn/2015/03 - 03/7097207. shtml，2015 - 03 - 03.

③ 卓新平：《丝绸之路的宗教之魂》，《世界宗教文化》2015 年第 1 期。

④ 《中华人民共和国和印度共和国联合声明》，http：//www. fmprc. gov. cn/mfa_chn/gjhdq_603914/gj_603916/yz_603918/1206_604930/1207_604942/t1264174. shtml，2015 - 03 - 11.

⑤ 《习近平在中日友好交流大会上讲话》，中国新闻网：http：//news. china. com. cn/2015 - 05/24/content_35645760. htm，2015 - 05 - 23.

⑥ 《王毅：愿积极探讨中、斯、印三方合作》，http：//news. xinhuanet. com/world/2015 - 02/27/c_127526053. htm，2015 - 02 - 27.

表3 中国与丝路沿线伊斯兰国家伙伴关系发展统计

国家	关系定性	时间
阿富汗	全面合作伙伴关系	2006年6月20日
	战略合作伙伴关系	2012年6月8日
阿联酋	战略伙伴关系	2012年1月17日
巴基斯坦	全面合作伙伴关系	1996年12月
	战略合作伙伴关系	2005年4月5日
	全天候战略合作伙伴关系	2015年4月21日
沙特	友好合作关系	1990年7月21日
	战略性友好合作关系	2006年4月23日
	全方位战略合作关系	2013年12月26日
	全面战略伙伴关系	2016年1月9日
土耳其	伙伴关系	2002年5月28日
	战略合作关系	2010年10月8日
伊朗	友好合作关系	2000年6月22日
	全面战略伙伴关系	2016年1月24日
阿尔及利亚	战略合作关系	2004年2月4日
	全面战略伙伴关系	2014年2月24日
埃及	战略合作关系	1999年4月5日
	全面战略伙伴关系	2014年12月23日
吉尔吉斯斯坦	战略伙伴关系	2013年9月11日
卡塔尔	战略伙伴关系	2014年11月3日
马尔代夫	全面友好合作伙伴关系	2014年9月15日
马来西亚	睦邻友好合作关系	1999年5月31日
	战略性合作关系	2004年5月31日
	全面战略伙伴关系	2013年10月5日
孟加拉	全面合作伙伴关系	2005年4月8日
	更加紧密的全面合作伙伴关系	2014年6月10日
	战略合作伙伴关系	2016年10月15日
摩洛哥	伙伴关系	1999年10月30日
	战略伙伴关系	2016年5月12日
尼日利亚	战略伙伴关系	2005年4月15日
文莱	睦邻友好合作关系	1999年8月26日
	战略合作关系	2013年4月5日

续表

国家	关系定性	时间
印度尼西亚	睦邻互信全面合作关系	1999 年 12 月 3 日
	战略伙伴关系	2005 年 4 月 25 日
	全面战略伙伴关系	2013 年 10 月 3 日
土库曼斯坦	友好合作关系	1998 年 8 月 31 日
	战略伙伴关系	2013 年 9 月 3 日
哈萨克斯坦	睦邻友好和互利合作关系	1995 年 9 月 11 日
	战略伙伴关系	2005 年 7 月 4 日
	全面战略伙伴关系	2011 年 6 月 13 日
乌兹别克斯坦	友好合作关系	1999 年 11 月 10 日
	友好合作伙伴关系	2005 年 5 月 25 日
	战略伙伴关系	2012 年 6 月 6 日
塔吉克斯坦	睦邻友好与互利合作关系	2000 年 7 月 4 日
	战略伙伴关系	2013 年 5 月 20 日

资料来源：作者自制，参考外交部网站。

其中，我国与三个战略支点国家的合作面临严峻风险（见表 4）。

表 4　“一带一路”三个战略支点国家安全风险评估统计

国别及风险等级	风险源头	风险类型	风险管控
哈萨克斯坦 “中”（黄色）	1. 社会治安问题。 2. 潜在的极端与恐怖势力的威胁	1. 政治风险：纳扎尔巴耶夫顺利连任，但因其年事已高，代际问题仍是哈政局稳定中一个不确定性因素。 2. 经济风险：因受乌克兰危机外溢、俄罗斯遭欧美制裁及国际油价下跌等影响，哈经济发展有所放缓、国家经济下行风险加重。 3. 社会风险：腐败是哈严重的社会问题；社会总体治安形势良好，但刑事犯罪活动、骚乱等时有发生；毒品走私屡禁不止。 4. 安全风险：极端组织“哈里发战士”长期藏匿于阿富汗和巴基斯坦交界区并参与国际恐怖活动；受国际恐怖主义影响，特别是 IS 的肆虐，哈国也有人前往中东参加恐怖活动	1. 2014 年 11 月，哈总统签署“新反恐法案”。 2. 禁止涉嫌参与恐怖和极端活动的个人入境。 3. 屏蔽宣传恐怖信息的视频和网站。 4. 屏蔽号召哈公民前往乌克兰参战的网络资源

续表

国别及风险等级	风险源头	风险类型	风险管控
巴基斯坦 1. “高”（橙色）。 2. 开伯尔－普什图省、联邦直辖部落区和俾路支省为“高+”（深橙色）	1. “巴塔”“基地”组织等宗教极端势力。 2. 俾路支民族分离势力和犯罪团伙等	1. 政治风险：执政党虽占议会多数，但不稳定因素继续存在。2013年5月，谢里夫领导的穆斯林联盟在国民议会选举中以明显优势获胜，成为议会第一大党并成功组阁，但当时却爆发了大规模游行抗议甚至暴力冲突等。 2. 经济风险：尽管2002—2007年巴经济发展较快，但其后又受国内政局不稳、安全形势恶化、国际金融危机冲击等影响，巴经济发展严重受阻，目前中巴经济走廊的带动效应渐显，但合作风险也随之增大。 3. 安全风险：巴境内恐怖袭击位居全球前三，对其安全局势构成严重威胁；“巴塔”主要在部落区和西北边境省活动；“伊斯兰军”与当地柏拉维教派组织竞相设立伊斯兰法庭，彼此间暴力冲突不断，且因其在白沙瓦绑架基督徒而“加剧了非穆斯林的不安全感”；“保卫教法先知运动”曾在佛教区开伯尔－普什图省斯瓦特河谷全面推行伊斯兰化、利用非法电台传播极端思想、鼓吹实施沙里亚法、发动圣战、惩罚国内异教徒等；旁遮普省有“强戈维军”、“巴基斯坦先知之友”与“虔诚军”等，且“强戈维军”已成为“基地”“巴塔”等的网络中枢；“穆罕默德军”领导人马苏德·爱资哈尔在卡拉奇穆夫提·拉希德区管理一所规模较大的宗教学校，经其洗脑后的年轻人大多加入“伊斯兰运动”武装部门“圣战者运动”等；伊斯兰堡的红色清真寺领导人加齐兄弟在寺中建沙利亚法庭，藏大量非法武器，包庇部落武装分子等；“穆罕默德军”与“圣战者运动”已在拉瓦尔品第建立基地和中转站，帮助武装分子从南旁遮普前往西北边境省；俾路支省的主要威胁来自“俾路支斯坦解放军”等恐怖组织	1. 1997年4月，谢里夫政府议会通过宪法第13修正案。 2. 1999年5月，穆沙拉夫颁布临时宪法1号令。 3. 2002年8月，穆沙拉夫颁布“法律框架令”。 4. 2003年12月，巴议会通过宪法第17修正案。 5. 2010年4月，巴议会通过宪法第18修正案

续表

国别及风险等级	风险源头	风险类型	风险管控
印度尼西亚“中”（黄色）	1. 宗教矛盾。 2. 族群冲突。 3. 恐怖主义与分离势力等	政治风险：作为世界上最大的伊斯兰国家，印尼选举平稳过渡，政治基本保持稳定，社会矛盾有所缓解，特别是亚齐分离主义问题基本得到解决、“伊斯兰祈祷团”的恐怖网络多被摧毁，印尼总体政局开始向好，但随着IS的扩散，其面临的潜在恐怖威胁在加大，加之族群矛盾、印尼“圣战者”回流等，社会安全隐患值得警惕。 经济风险：印尼农业、工业和服务业均在国民经济中占有重要地位，其农业和油气业为传统支柱产业，经济发展渐入良性循环，但通货膨胀使更多人贫困化。 安全风险：2002—2005 年连续发生针对西方游客的多起爆炸案；“伊斯兰祈祷团”被打散后形成许多小恐怖团伙，如“唯一真主游击队”、IS 分支等；通过网络对年轻社群宣传极端主义，2013 年极端思想宣传网站计 2650 个，至 2014 年已增加至 9800 个；已加入IS 的印尼人思想被激进化后返乡施暴、IS 控制飞行员威胁他人安全等；印尼还存在众多宗教极端组织、分离主义，以及族群冲突等	1. 1967 年 8 月参与发起建立东南亚国家联盟，务实参与地区合作。 2. 近年来印尼在国际舞台上日益活跃，2011 年 2 月，柬—泰发生边界冲突后，印尼第一时间参与斡旋。 3. 2015 年 2 月 13 日印尼国家反恐局评估，两年内已有超过 350 名印尼人加入 IS，总统佐科已允许当局撤销在叙利亚和伊拉克支持 IS 的印尼公民的护照

资料来源：李伟主编《“一带一路”沿线国家安全风险评估》，中国发展出版社 2015 年版，哈萨克斯坦部分参见第 10—19 页、巴基斯坦部分参见第 44—51 页、印度尼西亚部分参见第 94—99 页。

为此，特提出以下几点对策建议，力争以经略周边的新思路助力“奋发有为地开展周边外交”。

第一，应激活“郑和符号”所包含的“丝绸之路资源”、“多元宗教资源”及“华人华侨资源”等人文资源优势来服务于我国的周边外交。

事实上，“郑和符号”不仅从虚实两个“意义空间”已对东南亚伊斯兰信仰板块、西亚伊斯兰信仰板块和北非伊斯兰信仰板块等产生了程度不同的现实影响，还因其所包含的“丝绸之路资源”、“多元宗教资源”及“华人华侨资源”等人文资源优势，也对中国丝路外交乃至人民外交产生了深远影响。因此，如何激活“郑和符号”的人文资源优势也成为经略周边外交的题中应有之义：（1）郑和的外交实践，出色地践行了“丝路精神”的互惠型的经济观、包容型的人文观及合作型的安全观等核心价值理念，故“郑和文化”实为和合文化，也因此成为“丝绸之路资源”的有机组成部分；（2）郑和的多轨外交举措，不仅助其团队成功“软着陆”于丝路沿线国家和地区，还因其“教经互促”的交往模式而带动了我国与伊斯兰国家、佛教国家的关系发展，更将本土的道教文化远播海外，故郑和外交对伊斯兰华化、佛教华化后的东传及汉文化圈的形成等均具有一定的构建作用，郑和为丝路“多元宗教资源”格局的形成所作出的贡献不容忽视；（3）因“伊斯兰因素的影响”已成为“郑和所执行的华侨政策的明显特征”①，使得华人穆斯林成为联系中国与印、马关系的纽带，消解印、马社会反华情绪的润滑剂，在东南亚穆斯林看来，中国经济的腾飞印证了“学问虽远在中国，亦当求之”的圣训名言，不仅开始肯定郑和等中国穆斯林对东南亚伊斯兰教的贡献，还认为应该多向中国学习，这对拥有世界穆斯林人数最多的印尼和以伊斯兰教为国教的马来西亚、文莱等东南亚伊斯兰国家意义深远，故应从外交、旅游、宗教、华人圈、丝路情等不同方面激活“郑和符号”，为优化“一带一路”软环境发挥应有作用。

第二，应在坚守独立自主自办原则的前提下，积极探索我国与伊斯兰宗教非政府组织开展宗教交流与合作的新途径。

经研究发现，世界主要伊斯兰宗教非政府组织（见表5）主要分布在沙特等阿拉伯国家（8个）、英美法（10个）及土耳其（1个）、伊朗（1个）等国，开展救济、援助、救助、慈善、宣教及人道呼吁等活动，其影响力日益扩大。近年来，阿拉伯国家社会剧变又引发中东地缘政治大裂变，使得宗教、民族、部落、家族等一系列人文因素，既成为“阿拉伯之春”爆发的重要诱因，也成为埃及等中东国家完成社会转型所面临的现实挑战，尤其是教派矛盾已对叙利亚危机、伊拉克重建、利比亚内战、也门空袭，以及中东和平进程等一系列中东热点问题产生了实质性影响，使得中国中东人文外交面临重大现实挑战。此外，“9·11”事件后宗教极端主义从民间、精英及组织三个层面泛起全球，尤其是“基地”组织的卷土重来、“伊斯兰国”的乘乱坐大及“东伊运”的“以武求独”等不断恶化了“一带一路”建设的安全环境，再加上周边国家宗教发展出现的新趋势，使得进一步拓展宗教交流与合作已成为周边外交的新课题：1. 在坚持独立自主自办原则的前提下，探索我国与伊斯兰宗教非政府组织开展宗教交流与合作的新途径，以建立我国与丝路沿线伊斯兰国家穆斯林社区、部落社会乃至家族政治等更深层的联系；2. 将宗教慈善资源转化为民间外交资源已成为发展中国与伊斯兰宗教非政府组织关系的新课题之一，尤其是如何在清真寺这一文化场域有限开展宗教慈善、积极落实“去极端化”举措等，已成为我国与伊斯兰宗教非政府组织共治穆斯林社区的新抓手；3. 开展宗教交流与合作，既应包括“两国政府宗教部门之间的互访交流”，还应包括“伊斯兰教界在学术研究、朝觐、公益慈善等方面合作”②，与伊斯兰 NGO 开展宗教交流与合作，旨在进一步加强民间人文外交的机制化建设。

表5　　当前世界主要伊斯兰宗教非政府组织一览

组织名称	成立地点
Islamic Relief（伊斯兰国际救援组织）	英国
Muslim Aid（穆斯林援助协会）	英国
AlHaramain（哈拉曼伊斯兰基金会）	沙特阿拉伯

① 陈达生：《郑和与东南亚伊斯兰》，海洋出版社 2008 年版，第 99 页。

② 外交部：《中华人民共和国和文莱达鲁萨兰国联合声明》，2013 年 4 月 6 日。http：//www. fmprc. gov. cn/mfa_chn/gjhdq_603914/gj_603916/yz_603918/1206_604714/1207_604726/t1028639. shtml.

续表

组织名称	成立地点
International Islamic Relief Organisation（国际伊斯兰救济组织）	沙特阿拉伯
Deniz Feneri Association （Deniz Feneri 协会）	土耳其
Saudi Committee for the Relief of Palestinian People（沙特阿拉伯救济巴勒斯坦人民委员会）	沙特阿拉伯
Zayed bin Sultan al Nahayan Charitable & Hum. Foundation（扎耶德·本·苏丹·阿勒纳哈扬慈善基金会）	阿联酋
Qatar Charitable Society（卡塔尔慈善协会）	卡塔尔
International Islamic Charitable Organisation（国际伊斯兰慈善组织）	科威特
Direct Aid/Africa Muslims Agency（直接援助协会/非洲穆斯林协会）	科威特
Life for Relief and Development（生命救济发展会）	美国
Holy Land Foundation（圣地基金会）	美国
EMDAD（霍梅尼救助委员会）	伊朗
Muslim Hands（穆斯林之手）	英国
Comité de Bienfaisance et de Secours aux Palestiniens（巴勒斯坦慈善和团结委员会）	法国
Munazzamat al Da’ wa al Islamiya（MDI）（伊斯兰宣教组织）	苏丹
Interpal	英国
Helping Hand for Relief and Development（救济与发展援助之手）	美国
Human Relief Foundation（人类救济基金会）	英国
Human Appeal International（国际人道呼吁组织）	英国

资料来源：田艺琼《伊斯兰宗教非政府组织在中国——以伊斯兰国际救援组织为例》，《世界宗教文化》2014 年第 2 期。

第三，应充分利用宗教领袖、学者及企业家等的精英资源优势来为我国的周边外交服务。

应派具有外交意识的爱国宗教领袖、具有研究专长与国际沟通能力的学者、擅长与社会各界打交道的“走出去”企业的领导者等参与中国人文外交。这三支队伍的外交参与，既是由商旅、教旅、学旅构成的古丝路“三轨并存”的人文交流模式的现实延续，也是将教界、学界、商界的精英资源转化为外交资源，将人文交流的触角延至对象国社会的方方面面，竭力将人文交往与合作的范围覆盖宗教、民族、部落、社区、清真寺、家族等基本社会细胞，夯实丝路沿线国家的社会民意基础：（1）对丝路沿线伊斯兰国家的人文外交更需要细致与耐心，尤其是政教合一的伊斯兰国家，宗教上层与部落上层对国家社会政治的影响极大，其宗教上层大多具有高深的宗教修养，只有通过我国修德深厚的宗教领袖与他们在共同的宗教语境内开展平等对话，才有可能使其尊重中国伊斯兰的传统与现状，进而客观认知中国的内政与外交；（2）只有通过我国“走出去”的企业家与当地清真寺长老、部落酋长及家族族长等建立了良好关系，才有可能使其分享中国企业为当地民众带来的民生红利，进而真切感知中国“一带一路”建设对地区与世界的和平与发展所做的切实努力；（3）只有通过我国高校、智库的知名学者与当地高校、智库、媒体、青年等社会精英开展师生交流、学术研讨、合作办会、联合攻关、合作采访、组团游学等，才有可能使其全面了解中国的历史、现实与未来，进而对本国的对华政策产生积极影响。因此，积极推动在学者与企业家“保驾护航”下的爱国宗教领袖的外交参与，旨在使中国主要民间精英资源能够切实为周边外交服务，并在落实“亲诚惠容”的周边外交政策的具体实践中弘扬“丝路精神”。因为，从某种意义上讲，宗教资源转化为外交资源后，实际彰显了优化“一带一路”软环境的战略功效，此为本课题的战略意义之所在。

（原文发表于《世界宗教研究》2017 年第 5 期）

世界范围穆斯林激进主义发展态势

方金英*

摘　要：进入21世纪，激进“萨拉菲派”在世界各地掀起一波又一波恐怖浪潮，“圣战主义”全球化已成为一个危及国家、地区和国际安全的严峻问题，成为实行不同社会制度的国家都必须关切的头等大事之一，一些政府甚至不得不每天同恐怖分子作战。激进“萨拉菲派”从何而来、其激进意识形态是什么、未来发展趋势如何等问题始终萦绕在世人的心头。为此，本文力图做出简短的回答。

关键词：激进主义　“萨拉菲派”　“塔克菲尔”思想　伊斯兰世界

一

激进主义一直是一股穆斯林世界的破坏性力量，成为伊斯兰教的肘腋之患，流毒千余年。657年，第四任哈里发阿里与叙利亚总督穆阿维叶之间展开隋芬之战，这场战役诞生了哈瓦利吉派。661年1月24日，阿里在前往库法清真寺路上遭哈瓦利吉派刺杀，暗杀者坚信这是卫道的烈士壮举，从而开创了穆斯林暴力恐怖运动的先河。10世纪，罕百里教法学派追随者在阿巴斯王朝首都巴格达制造社会骚乱或暴乱。12—13世纪，什叶派伊斯玛仪派尼扎里耶支派（al-Nizariyyah）在中东掀起针对教敌、政敌、东征十字军的恐怖浪潮。从18世纪中叶在阿拉伯半岛上兴起的瓦哈比运动，到20世纪60年代中期演变成激进的库特卜主义，再到1979年苏联入侵阿富汗提升至“全球圣战主义”（Global Jihadism），激进主义从一股涓涓细流日渐汇聚成一股破坏世界和平的力量。20世纪90年代中期后，以激进“萨拉菲派”为核心的穆斯林激进分子中最具暴力的组织激增，开始在世界各地掀起恐怖浪潮。①

进入21世纪，一方面，因穆斯林人口持续高速增长，伊斯兰教倡导的社会公平理念对穆斯林以外族群颇具吸引力，以及互联网增强跨国虚拟“乌玛”（al-Ummah）的感召力，越来越多的非穆斯林皈依伊斯兰教。全球现有16亿穆斯林，使伊斯兰教继续处在向全球大发展的时代。另一方面，伊斯兰世界普遍处于深刻的社会危机，在世界战略格局中，不论政治、经济还是文化影响都边缘化，战乱、暴恐、难民日渐成为伊斯兰教和穆斯林的“形象代言”，穆斯林胸中不断积淀的“悲情”助推宗教激进主义向全球狂飙突进。当前，不论是从阿富汗、巴阿部落区到叙利亚、伊拉克到利比亚、尼日利亚、索马里，还是东南亚、俄罗斯高加索地区、欧美国家和我国新疆地区，穆斯林中的极少部分人付诸暴

---

* 方金英，中国现代国家关系研究院研究员，博士生导师。

① “Jihadism”, http://en.wikipedia.org/wiki/Jihadism，访问时间：2013年12月26日。

力恐怖行动，规模、强度不断升级，使各地恐怖活动扩大化、常态化、长期化、血腥化，不同社会制度的国家都陷入无解境地，维护稳定已成为关乎穆斯林在内每个人安危的大事。

二

“全球圣战主义”行为主体是以“基地”组织和“伊斯兰国”为代表的激进“萨拉菲派”。“萨拉菲派”（Salafi）是指伊斯兰教史上以恢复伊斯兰本来面貌、净化教义、简化教规、反对外来思想文化影响并主张革新的原教旨主义派别。“萨拉菲派”一词源自“萨拉夫”（Salaf），是阿语名词“祖先”“先辈”的音译，该词源自9世纪逊尼派四大教法学派①之一罕百里教法学派（the Hanbali）创始人伊本·罕百里提出的要以“清廉的先贤”言行为行教根据的言论。“清廉的先贤”是指先知穆罕默德的圣门弟子、再传弟子和三传弟子，穆斯林世界俗称前三代先贤。“萨拉菲派”在信仰问题上主张严遵经训；政治上主张恢复统一的哈里发制度，实行政教合一；宗教仪轨、生活细节上仿效穆罕默德和圣门弟子。②

“萨拉菲派”分为三派：温和派主张参政议政，如2011年“阿拉伯之春”后埃及诞生的“光明党”（al-Nour）；保守派倡导宗教仪轨、生活细节上要仿效穆罕默德和圣门弟子，如“宣教团”（Tablighi Jamaat）；激进派就是“圣战派”，秉持“塔克菲尔”（takfir）思想——根据伊斯兰教法，该词指的是一个穆斯林断定某穆斯林是“卡菲尔”或“不信教者”的行为，理由是其行为偏离了“伊斯兰正道”。传统上，被伊斯兰教法裁定为“卡菲尔”的人，当被处死。美中东问题专家罗伯特·贝尔（Robert Baer）撰文称，圣战派“认为世上只存在两种人，真正的‘信教者’和‘不信教者’，两者之间没有灰色地带。他们的使命是照搬《古兰经》，重建‘哈里发国家’”。因此，圣战派认为，所有政治权威只要不严格遵奉“沙里亚法”，就是非法和异教徒政权，以暴力方式反抗这样的政权是合法之举。他们还认为，在杀敌过程中牺牲的人是“殉教者”，可以直接升入天堂；当一个人殉教的时候，所有的罪都将得到赦免。这就赋予滥杀非战斗人员行为的合法性。③

激进“萨拉菲派”思想有两大理论源泉：一是罕百里教法学派的原教旨主义思想。9世纪，阿巴斯王朝处于鼎盛时期，希腊、波斯、印度文化通过不同渠道进入伊斯兰学术领域，尤其希腊理性主义通过穆尔太齐赖派④（Mutazilite）在伊斯兰教教义学中大行其道。阿巴斯王朝哈里发为了牢牢控制手中宗教权力，强迫伊斯兰学者们接受穆尔太齐赖派观点，即《古兰经》不是“天启”而是被造的。伊本·罕百里认为，穆尔太齐赖派观点是异端邪说，起而反抗哈里发对信仰的干预，提出“回归《古兰经》和圣训”的口号，回

---

① 教法学家们在解释法律时往往因人而异，因地而别。后来，在逊尼派教法学家中间，形成四个最有影响的思想流派：哈乃斐（该派主要分布在印度次大陆、中亚地区）、马立克（该派主要分布在北非、海湾地区）、沙斐仪（该派主要分布在非洲之角、中东、亚洲沿海地区）、罕百里（该派主要分布在沙特阿拉伯）。

② 方金英：《穆斯林与激进主义》，时事出版社2016年版，第86页。

③ 方金英：《穆斯林与激进主义》，时事出版社2016年版，第100页。

④ 穆尔太齐赖派在推崇理性、用哲学思维判断宗教方面走得很远，但他们的基本思维方式还是宗教性的，他们信仰先知的圣品和启示，热情捍卫并传播伊斯兰教，与反信仰思潮（al Ilhad）作斗争，其传播没有带来否认圣品、后世等思想的结果，在穆斯林社会中的存在并没有削弱穆斯林的宗教意识。

归“清廉的先贤”对经训的实践，反对外来文化对伊斯兰文化的侵蚀。罕百里教法学派尊奉“萨拉夫”，其回归传统、正本清源的思想宣告“萨拉菲派”的诞生，并成为后世“萨拉菲派”思想和精神源泉。二是哈瓦利吉派的“塔克菲尔”思想。他们主张对政敌和教敌展开无情斗争：政治上，既反对伍麦叶王朝和阿巴斯王朝的贵族专政，也反对只有先知穆罕默德及阿里的后裔才能当哈里发的主张。宗教上，认为穆斯林群体中凡不符合自己观点的就是异端派——即除哈瓦利吉派外，其他穆斯林都是“背离主道”的“叛教者”，处死“背离主道”的人不仅无罪，而且是信徒的职责，是“真主喜悦的事情”。①

三

国际社会反击激进“萨拉菲派”带来的安全挑战，任重道远。

1. 人口因素。伊斯兰世界爆增的年轻人口助推激进势力在地域上不断扩张。穆斯林作为最年轻的族群，人口增长快，在人口、地域上一直处在不断向外扩张进程中，有庞大穆斯林聚居区的国家已超过 200 个。当今伊斯兰世界存在一个突出现象，青年在各国人口构成中占 50%—65%。据联合国 2003 年统计，15 岁以下人口占总人口比重，中东高达 35.1%。如果将年龄放宽到 24 岁以下，几乎所有的伊斯兰国家都介于 50%—65%。位居前列的国家有：也门 65.3%、阿富汗约占 65%、沙特阿拉伯 62.3%、伊拉克 61.7%、巴基斯坦 61%、伊朗 59.3%、阿尔及利亚 56.5%。在中亚国家，5000 万人中的 60% 以上小于 25 岁。欧美穆斯林社区的青年比例也很高，约 70% 的英国穆斯林人口为 14—34 岁的年轻人。据 2001 年统计，加拿大约有 60 万穆斯林，其中半数以上为 24 岁以下的年轻人。② 年轻人口规模与其所需社会物质条件严重不足之间的矛盾突出。十几岁和二十几岁人口激增，且大部分为城市人口，导致教育、就业、住房等方面需求明显增大，迫切要求政府大幅增加相应的服务来加以满足。但绝大多数阿拉伯国家腐败盛行，繁文缛节多如牛毛，阻碍私营企业发展、外国直接投资和创造就业机会，25% 的阿拉伯人生活在贫困线下，1971—2004 年整个地区经济增长率几近零。③ 57 个伊斯兰合作组织成员国仅占全球贸易的 8.3%。④ 各国政府不能为越来越多的大学毕业生提供就业机会，失业问题不断恶化，不仅没有使青年群体变为积极因素，反而成为制造社会动荡的主体。

2. 生态因素。生态环境恶化是当今伊斯兰世界面临的最严重问题之一，许多中东、北非国家将是“潜在的人类/生态灾难区”，农业普遍面临严重生态危机，造成大量农村人口向城市迁徙，有关国家政府没有做好应对准备，发展困局难解。在叙利亚，2006—2011 年，约有 60% 的土地干旱，河水灌溉减少，夺走了 80 万农民和牧人的生计。叙利亚经济学家萨米尔·埃塔（Samir Aita）说，2000 年，巴沙尔上台后，将叙利亚农业向大农场主开放，他们购买土地，大肆打井用水，地下水位急剧下降，迫使大批小农离开赖以为生的土地到城市讨生活。离开乡村的农民带着一大家子人到阿勒颇等城市的周边小镇谋

① 方金英：《穆斯林与激进主义》，时事出版社 2016 年版，第 254 页。

② Graham E. Fuller, “The Youth Factor: The Demographics of the Middle East and The Implications for U. S. Policy”, *The Brookings Project on U. S. Policy Towards The Islamic World*, Number 3, June 2003.

③ Afshin Molavi, “The Arab World Needs a Development Bank”, *International Herald Tribune*, August 10, 2004.

④ Najib Razak, “The Challenge of Muslim Youth”, *International Herald Tribune*, December 15 - 16, 2012.

生，这些小镇原来只有2000名居民，10年里激增至40万人，而政府无法向暴增的青少年和20岁出头的年轻人提供学校、工作或社会服务。联合国有报告称，“过去10年里，地处底格里斯河与幼发拉底河之间的叙利亚，有一半人口离开土地到城市谋生。从自给自足的小农生活转向一切都需花钱购买的城市生活，他们需要找到一份工作养家糊口，但巴沙尔政权没有帮助干旱难民，失业严重。若想在政府部门谋职，获得稳定的收入，你就必须贿赂官员，结果许多农民和他们的子女政治化。”土地干旱是叙利亚爆发“阿拉伯之春”的原因之一。①

在埃及，2013年6月，埃及环境专家马赫茂德·迈达尼（Mahmoud Medany）指出，“40年前，埃及只有2000万人口；1982年穆巴拉克上台时，我们有3300万—3400万人口；如今，我们有8000多万人口。”过度捕鱼、过度开发正在威胁红海生态系统，落后农业地区无章法、不可持续的做法，加上越来越极端的气候条件，加剧了对土壤的侵蚀和沙漠化。据世界银行估计，环境恶化使埃及每年损失5%的国内生产总值。②

在也门，由于近半个世纪的政府治理不善，自然资源开发不当，畸形石油经济以及人口爆炸，现在正面临一系列环境灾难。也门环境灾难始于20世纪70年代，当时波斯湾地区石油、建筑业爆炸性繁荣起来，约300万毫无技能的也门男性背井离乡，前往沙特阿拉伯谋生。广大农村缺乏劳动力，妇女们砍树当柴火，造成梯田被侵蚀和泥石流。原来的季节性河床土壤肥沃，一年可以种三季作物，包括咖啡。河床肥力降低后，咖啡种植产业退出，人们开始种植其他不需要肥沃土壤的经济作物，如也门人吸食的麻醉叶“qat”。此作物十分耗水，人们就过度使用地下水浇灌。也门前水资源和环境部部长阿卜杜勒·拉赫曼·厄雅尼（Abdul Rahman al-Eryani）坦言：“在萨那，20世纪80年代打井60米即可找到水。如今，必须打井850—1000米才能找到水。所以，我们现在不为政治而战、不为穆斯林兄弟会而战，而是为水而战。这一切导致冲突动荡加剧。形势最严峻地区当属拉达盆地（Radaa Basin），现在成了‘基地’组织的据点。在北方，与沙特阿拉伯相邻的萨达地区（Sadah），过去曾是最富饶地区，盛产葡萄、石榴和橘子，由于当地人废弃水渠，许多农场变得干旱。结果，亲伊朗胡塞族（Houthis，什叶派，占也门总人口的1/4）得以招募到年轻、失业的农场工人，开启分离主义运动。”③ 在非洲萨赫勒地区——乍得、马里、尼日尔，雨量每10年减少10%；撒哈拉沙漠面积在增大，已吞噬了南部边缘地带的牧场和耕地。④

3. 政权因素。一是沙特阿拉伯一直向全球范围逊尼派输出“瓦哈比主义”。过去50年时间里，沙特阿拉伯的大专院校教授瓦哈比派教义，麦地那大学招收世界各地的穆斯林学生，向其灌输瓦哈比派思想，然后将他们派往巴尔干、非洲、印尼、孟加拉国、埃及等国家和地区的穆斯林社区，致力于消灭倡导和睦关系的当地化伊斯兰教。沙特阿拉伯激进瓦哈比派在阿拉伯半岛以外地区煽动针对其他穆斯林和其他宗教的暴力活动，宣称不是瓦哈比派的穆斯林根本就不是真正的穆斯林。⑤

---

① Thomas L. Friedman, “Without Water, Revolution”, *International Herald Tribune*, May 20, 2013.

② Thomas L. Friedman, “Mother Nature and the Middle Class”, *International Herald Tribune*, September 23, 2013.

③ Thomas L. Friedman, “Postcard from Yemen”, *International Herald Tribune*, May 9, 2013.

④ Abdal Hakim Murad, “Islam and the New Millennium”, A Lecture Given at the Belfast Central Mosque in March 1997.

⑤ Ed Husain, “Saudi-exported Extremism”, *International New York Times*, August 25, 2014.

二是美国打着坐收渔翁之利算盘。2014 年 9 月，斯特拉特福（Stratfor）主席乔治·弗里德曼在斯特拉特福网站上撰文“狡猾的美德”，声称美国在中东的利益“不是实现稳定，而是实现所有力量间的动态均势，以便确保没有哪股力量能兴起威胁到美国的利益。如果美国不介入，土耳其、伊朗、沙特就不能只当乱局的旁观者，必须介入，别无选择。因此，美国的最佳战略选择是，尽量少做，迫使地区大国陷入纷争，从而维持地区均势”。[①] 美国为了实现自身地缘政治目的，不惜持续教唆挑起民族和宗教矛盾。推翻伊拉克萨达姆政权时，美国教唆什叶派和库尔德人反对当权的逊尼派；为打倒卡扎菲，美国利用了利比亚中西部的部落矛盾；为推翻巴沙尔·阿萨德政府，美国就挑动逊尼派反对什叶派……与此同时，暗中资助一些带有恐怖主义色彩的反政府武装也成为美国政府成本最小化的选择项。“以暴制暴”的后果是，旧的体系被打破，但新的平衡无法形成，美国政府“打完就跑”“只打不建”的举动造成了中东和北非地区现今的恐怖乱象。[②]

4. 社会因素。在今日伊斯兰世界，大规模城市化、人口爆炸造成贫富差距急剧拉大，统治者普遍腐败和治国无术，民众受教育水平低下，西方思想流入等诸多因素，导致穆斯林社会凝聚力崩溃。这一切正好发生在伊斯兰世界人口构成中青年占大比例之时，大批青年文盲、无业者，对统治者不再抱有幻想，很容易被调动起来要求激进变革，导致穆斯林社会内部冲突和暴力丛生。[③]

不过，激进势力目前尚未强大到足以改变世界格局的地步。首先，放眼伊斯兰世界，绝大多数国家都是世俗政权或者是温和务实的穆斯林政权，普遍参与到现代化大潮中。其次，激进“萨拉菲派”不是一场穆斯林全民性社会运动。目前，全世界穆斯林只有数千人加入“基地”组织恐怖网络和数万人参加“伊斯兰国”，真正参加“圣战”行动的人毕竟是穆斯林中的极少数。总而言之，诚如李光耀所言：“我没有看到伊斯兰极端分子获得胜利的迹象，他们所说的胜利就是把他们的极端体制强加给其他人。我只看到他们让别人产生恐惧，让别人丧失安全感，但他们的技术水平和组织水平都不足以打败任何一个国家的政府。他们想要建立一个……统一的神权国家的想法肯定会落空。伊斯兰世界接二连三的失败终将表明，神权国家如同乌托邦式的国家，只是海市蜃楼。”[④]

（原文发表于《世界宗教文化》2017 年第 1 期）

---

① Thomas L. Friedman, “Take a Deep Breath”, *International New York Times*, September 18, 2014.

② 韩洁颖：《11 架商用客机不翼而飞的秘密》，《新民周刊》2014 年第 36 期。

③ Akbar S. Ahmed, *Islam Under Siege*, Vistaar Publications, New Delhi, 2003, pp. 81 – 82、97、105.

④ ［新］李光耀：《恐怖主义及伊斯兰极端主义的未来》，载［美］艾利森、布莱克威尔、温尼编《李光耀论中国与世界》，蒋宗强译，中信出版社 2013 年版。

全球性的人口迁移与身份认同：从宗教社会学角度看文明冲突论

范丽珠　陈　纳*

摘　要：全球化时代人口流动迁移促使人类进入新一轮的秩序重建过程中，而这一过程一方面使旧秩序受到挑战，另一方面则因为新秩序的难产而障碍重重，这一切都迫使我们正视文明之间相遇与相处的问题；无论是解决冲突问题还是追求和谐共存，我们都需要加深对当今世界族群和文化问题的实况了解和认识，并在行动中拒绝孤立主义、民粹主义，使得具有各文化之间最大公约数的全球伦理和人类文明共同体的理想成为秩序重构的基础。

关键词：全球化　宗教社会学　人口迁移　文明冲突

人口流动是人类经常性的活动，在此过程中，原本没有关联的社会群体之间产生了接触与互动。在全球化时代，各种类型的移民不仅在数量上迅速增长，而且借助现代化的交通达到了无远弗届的程度。国际移民既是全球化的一个重要部分，也令全球化遭遇了前所未有的困境。人是不同文化和文明传统的载体，伴随着人口的空前大流动，不同传统在互动过程中产生的矛盾乃至冲突，在不断挑战相关国家社会秩序的同时直接冲击着国际秩序。

近年来出现在欧洲的某些乱象，在很大程度上反映着欧洲本土文化与移民及其连带的文化之间发生的冲突。由此产生的系列问题已经影响到欧洲一些国家的社会政治生活。在2016年美国大选中，如何看待与处理移民（包括非法移民）同样是决定两大政党候选人政策取向的重要议题。尽管竞选过程中所涉问题广泛，就整体情况看，移民问题无疑成了民主与共和两党之间政策的重要分水岭，在很大程度上也体现了选民围绕这一问题形成的差异性态度。表1是美国2016年大选选民的族群身份与投票情况，选票走向显然与选民的族群认同直接相关，显示了美国社会中不同族群之间的微妙关系以及总统换届以后社会政治力量消长的趋势。

* 范丽珠，复旦大学社会发展与公共政策学院教授、复旦大学社会发展研究中心—“全球化与宗教研究”主任；陈纳，复旦大学社会发展研究中心—“全球化与宗教研究”研究员。

表1　　美国2016年大选投票情况：按族群投票比例

族群（样本%）	希拉里	特朗普	其他/没回答
白人（70%）	37%	58%	5%
黑人（12%）	88%	8%	4%
拉丁裔（11%）	65%	29%	6%
亚裔（4%）	65%	29%	6%
其他族群（3%）	56%	37%	7%
受访人数24537人			

资料来源："Exit polls"，http：//edition. cnn. com/election/results/exit - polls/national/President.（2016年12月12日下载）

显而易见，多数白人将选票投给了特朗普，而黑人、拉丁裔和其他少数族裔中的大多数则支持希拉里·克林顿。不论是发生在欧洲国家的恐怖活动所引发的人们对发生在身边的"文明冲突"的恐慌，还是2016年美国大选所暴露出来的族裔间对立和社会撕裂之状况，都显示了当今世界的既定秩序受到了重大的挑战。随着不同文明之间的互动越来越频繁，人们对文明和身份认同的自我意识越来越强烈，尤其是20世纪后期以来世界性的去世俗化潮流所带来的宗教复兴，更强化了人群建立在宗教基础上的身份认同。

本文认为，全球化时代人口流动迁移促使人类进入新一轮的秩序重建过程中，而这一过程一方面使旧秩序受到挑战，另一方面则因为新秩序的难产而障碍重重，这一切都迫使我们正视文明之间相遇与相处的问题；无论是解决冲突问题还是追求和谐共存，我们都需要加深对当今世界族群和文化问题的实况了解和认识，并在行动中拒绝孤立主义、民粹主义，使得具有各文化之间最大公约数的全球伦理和人类文明共同体的理想成为秩序重构的基础。

一　人口的全球性迁移与"文化断层线"

美国政治学家塞缪尔·亨廷顿（Samuel Huntington）的著作《文明的冲突与世界秩序的重建》①（下文简称为《文明的冲突》），自1996年出版以来，经历了2001年美国"9·11"恐袭以及近年来欧洲不间断的恐怖事件，一再引起学界和媒体的热议并予以广泛的引述。尽管亨氏的理论遭到多方面的批评，但其所着重关注的文明间冲突问题，还是点到了当今世界所面临困境的要害之处。亨氏认为，冷战结束以后，原先在政治意识形态基础上或经济意识形态基础上形成的世界性冲突，将要被以文明为基础的冲突所取代，而所谓几大文明的划分主要依据宗教传统来划分。不同文明所处地域的交接处形成了文化断层线（the cultural fault lines），未来世界的重大冲突将会沿着这些文化断层线展开。在很大程度上，亨氏所谓以文化断层线为界、追求"世界秩序重建"的策略，是以相对静态、僵化的视角看待一个处于动态、变化中的世界。②

自20世纪六七十年代开始加剧的全球化趋势带来了空前的人口大流动，突破了传统

① 塞缪尔·亨廷顿：《文明的冲突与世界秩序的重建》，周琪、刘绯、张立平、王圆译，新华出版社2002年版。

② 参见陈纳、范丽珠《"文化断层线"的谬误：亨廷顿"文明冲突论"再批判》，《文化纵横》2017年第4期。

的国界和宗教/文化区域的限制，以宗教/文化为特征的世界历史版图发生着微妙且持续的变化。所谓宗教/文化的版图本是由具体的人——宗教和文化的载体——构成的。当这些作为载体的人大规模迁徙和流动的时候，版图的结构势必发生变化，原先的文化断层线也日益趋于模糊。

因地理因素而形成的不同文明之间的文化断层线（the cultural fault lines）受到全球性人口流动的冲击，正在日益模糊中。亨廷顿在《文明的冲突》一书中，也注意到了国际移民问题，“20 世纪末出现了一个不同以往但规模更大的移民浪潮。1990 年，合法的国际移民有将近 1 亿人，难民约 1900 万人，而非法移民至少达到了 1000 多万人。不仅美国延续着接收移民，直至 20 世纪 70 年代，欧洲国家普遍赞同移民，有些国家，特别是德国和瑞士，还鼓励移民以弥补劳动力的短缺。”[①] 不过他似乎并没有因美国本土接收了大量非西方移民而为美国文化安全的忧虑，当时他认为美国“两个最大的移民群体与美国的文化差异也不似欧洲的那样大：墨西哥人信奉天主教，讲西班牙语；而菲律宾人信奉天主教，讲英语”。[②]

到了 21 世纪初年，特别是“9.11”以后，亨氏意识到“美国是一个民族、有着共同文化‘这一观点’”变得不那么确定了。[③] 不难看出，亨氏一方面从世界的角度指出从各种文明之间的冲突来对世界格局的影响，另一方面根据美国国内近几十年来大量拉丁裔移民的持续涌入，挑战了传统白人主导的盎格鲁－撒克逊新教文明情况，指出美国社会在“多元文化主义”（multi-culturalism）下受到被分裂的危险。随着当今世界变得越来越小，不同文明之间的互动越来越频繁，伴随着“文化多元主义”主张的流行，人们对文明的自我意识越来越强烈，尤其是二十世纪后期以来世界性的去世俗化潮流所带来的宗教复兴，更强化了人群建立在宗教基础上的身份认同，而这一切都与人口在全世界更广泛的迁移流动紧密相关，令原有的秩序受到了深刻的挑战。有着不同族群、宗教以及文化背景的人群自身的数量对于地区性秩序与世界秩序日益产生着难以预期的影响，这种影响正在被西方右翼学者描述为促使世界末日到来的因素[④]。

二 我们是谁：新移民与文化认同危机

大规模的新移民运动使得不同文明之间的互动越来越频繁，也促使人们对文明的自我意识越来越强烈，尤其是 20 世纪后期以来世界性的去世俗化潮流所带来的宗教复兴，更强化了人群建立在宗教基础上的身份认同。如果说，文明冲突论仍延续着冷战期间意识形态冲突的思维而关注于宏观上几大文明之间的互动，那么 20 世纪末以来大规模移民潮对各个国家政治文化冲击带来的种种问题，促使人们迫切地转向移民群体对某个具体国家和地区文化和文明的冲击。早在 20 世纪 90 年代西方人就开始日益担心自身的（文化）安

---

① 塞缪尔·亨廷顿：《文明的冲突与世界秩序的重建》，周琪、刘绯、张立平、王圆译，新华出版社 2002 年版，第 218 页。

② 塞缪尔·亨廷顿：《文明的冲突与世界秩序的重建》，周琪、刘绯、张立平、王圆译，新华出版社 2002 年版，第 223 页。

③ 塞缪尔·亨廷顿：《我们是谁？美国国家特性面临的挑战》，程克雄译，新华出版社 2005 年版，第 122—123 页。

④ Mark Steyn, *America Alone: The end of the world as we know it*, Washington DC Regnery Publishing Inc. 2006.

全，“他们现在不是在遭到军队和坦克的入侵，而是遭到了讲着其他语言、信奉其他神和属于其他文化的移民的入侵。他们还担心，移民会抢走他们的工作，占据他们的土地，享受他们的福利制度，并且威胁他们的生活方式”。斯坦利·霍夫曼（Stanley Hoffman）认为，这些因西方国家人口相对减少而造成的恐惧，“是基于真正的文化冲突和对丧失民族特性的担忧”。[①]

这使得亨廷顿转向对美国社会自身问题，从各色各样流入美国的移民人口对既有美国价值和社会结构带来冲击的角度，来关注美国社会认同危机的问题。在《我们是谁？美国国家特性面临的挑战》（*Who Are We：The Challenges to America's National Identity*）[②] 这本书里，亨廷顿描述了美国国家认同的形成和历史际遇，同时，忧心忡忡地指出，由于二十世纪六十年代以来大量非盎格鲁－撒克逊人（盎格鲁－美利坚人现在被称作 WASPs）[③]，尤其是大量非欧洲白人新移民涌入美国，对以 WASP 传统为内涵的所谓“美国信条”（the American Creed）带来了冲击，并且造成了美国社会的认同危机。亨廷顿的学生福山也承认，大规模的移民强迫我们以一种特别的方式讨论亨廷顿提出的“我们是谁”的问题。如果后现代社会要进行更加严肃的身份认同的讨论，就需要挖掘出确定自己成为大社会一成员的积极品德。如果不这样做，他们就将被那些具有强烈身份认同的（外来）人所吞没。[④]

（一）族群的同化模式与“熔炉论”

美国从一开始就是一个以移民立国的国家，“从近代初期欧洲的大量移民开始，人口迁移就成了生活的一个基本事实”。[⑤] 在不断地接收带有各种文化背景的移民过程中，美国也经历着文明间的冲突与适应融合的各种模式。当然早期美国的移民是来自欧洲，直到 20 世纪 50 年代，进入美国的移民仍保持着三分之二来自欧洲和加拿大；1965 年，美国取消了 20 年代制定的偏向于欧洲的移民限额，并彻底修改了法律；[⑥] 才使得大量的非西方移民有机会进入美国，其中最大的新移民群体自拉丁美洲，其次来自亚洲，来自欧洲和加拿大的移民所占比例则越来越小。

美国建国以来形成的所谓“美国信条”（the American Creed）是基于早年移民美国的主要是盎格鲁－撒克逊新教白人。即使来欧洲其他地方的白人，如爱尔兰、波兰、德国等，仍然需要同化于盎格鲁－美利坚人形成的文化特质中。众多来自各地的移民说着各异的语言，到底以哪种语言为官方语言也体现了不同文化的博弈。早在 18 世纪中叶，作为大英帝国殖民地的宾夕法尼亚就发生过围绕语言的纷争。当时宾夕法尼亚的德裔移民占到

① 塞缪尔·亨廷顿：《文明的冲突与世界秩序的重建》，周琪、刘绯、张立平、王圆译，新华出版社 2002 年版，第 220 页。

② Samuel P. Huntington, *Who Are We: the Challenges to America's National Identity*, New York: Simon & Schuster, 2004.

③ W（white）是白人，AS（Anglo-Saxon）是盎格鲁－撒克森人，P（Protestant）是清教徒。盎格鲁—撒克森人是日耳曼人的一支，是英格兰的主体、也是美国早期移民的主体，清教徒是与天主教徒相对的基督教信徒。

④ 《福山：移民与身份认同》，吴万伟译，https://www.douban.com/group/topic/1868640/。

⑤ 约翰·F·威尔逊：《当代美国社会中的宗教》，章志萍等译，载《宗教与美国社会》第 7 辑，第 466 页。

⑥ 《1965 年哈特·塞勒法案》（即《1965 年移民与国籍法案》，The Hart Cellar Act）终结了种族歧视的移民限额制，为了满足市场需要，开放多元化的移民。

总人口的三分之一，他们普遍使用德语，包括在许多公众场合，造成一定的社会影响。作为人口多数的英裔对此深感不安。甚至，身为社会名流的富兰克林也亲自出马，四处散发小册子，指责德裔离心离德，并警告说由此可能导致社会动荡。①

一百多年前，社会学芝加哥学派的主要代表人物帕克（Robert Ezra Park，1864—1944）及其同事们，针对大量来自欧洲不同国家的移民进入美国进行了研究，提出了同化的模式。帕克的研究提出移民要逐渐学会如何在城市中生活，最终实现同化。在帕克看来，所有外来移民都期望融入美国主流社会中，被同化是新移民的目标，② 尽管移民群体最终同化进入主流社会所需的时间是不确定的，但是同化的趋势是“明显的进步与不可逆转的”过程。③ 那么，美国主流社会是什么呢？就是亨廷顿所担心失掉的盎格鲁－撒克逊新教白人文化。“美国信念”就是独特的盎格鲁－撒克逊新教文化之人的产物。如本杰明·施瓦茨（Benjemine Schwartz）所说，美国的国家特性和团结是来自“安格鲁精英将自己的形象烙印到移居这个国家的各族人身上的能力和愿望”。显然，新移民同化的方向就是基督新教化，并预期随着时间的推移，移民原本的族群和宗教意识也会逐渐式微。欧文·克里斯托尔指出，“美国人一向自认为是一个基督教民族，其他的宗教只要遵循传统的犹太教——基督教道德，都同等地得到容忍。但平等的容忍绝不意味着实际地位平等”。尽管基督教不是官方宣称的国教，“但却是非正式的国教”。④

在19世纪末20世纪初，族群同化的模式与“熔炉论”非常流行——通过融合的方式会改变来自不同种族与宗教群体的移民，帮助他们融入美国共享一个共同的文化——共同态度、价值和生活方式。⑤ 这似乎是一种出于文化自信的态度，但不可忽略的是其背后所隐含着的制度上对非盎格鲁－撒克逊新教文化的贬低和排斥。20世纪初时值美国大移民高峰，新移民“美国化”的问题提上议事日程，时任总统罗斯福（Theodore Roosevelt）号召新移民放弃原有的文化传统，尤其要放弃母语，学习英语；甚至提出，学不好英语的移民应该回老家。一百年以后的亨廷顿毫不掩饰其对此赞成的态度，他强调，美国的开国先辈认为，共和国整体要生存下去，就需要保持种族上和宗教上相对高度的单一性。⑥

其实，所谓的“熔炉”并无法将所有的移民融入或融合成为“理想的”美国人，因为有维护种族隔离的法令（包括排华法案）等制度性壁垒存在。这种具有社会达尔文主义色彩的观念在当时的美国学界中也不乏支持者，社会学家帕克这样描述处于边缘人状态的城市新移民：“在我们的大城市中，正如那些对他们作过调查研究的人所知道的那样，充满了渣滓，其中大多是人类的渣滓，那些男男女女由于某种原因，是在工业进步的行列中被淘汰下来，并且被工业组织所废弃的，而原先他（她）们是这些组

① 陈纳：《从〈4046修正案〉说起——谈美国的语言政治》，《读书》2007年第12期。

② R. E. Park, Ernest W. Burgess, *Introduction to the Science of Sociology*, University of Chicago Press 1924, p. 735.

③ Park, R. E. *Race and Culture*; The Free Press: Glencoe, IL, USA, 1926/1950, p. 150.

④ 塞缪尔·亨廷顿：《我们是谁？美国国家特性面临的挑战》，程克雄译，新华出版社2005年版，第282、53、85页。

⑤ (Gleason: 1980) Gleason, Philip. 1980. American Identity and Americanization [G], in *Harvard Encyclopedia of American Ethnic Groups* Thernstrom A. Stephan, Ann Orlov, and Oscar Handlin, eds. Cambridge, MA: The Belknap Press of Harvard University Press.

⑥ 塞缪尔·亨廷顿：《我们是谁？美国国家特性面临的挑战》，程克雄译，新华出版社2005年版，第47页。

织的一部分。”①

在如此的社会背景下，即使在同化和熔炉论比较乐观的时代，来自欧洲其他地区的移民（非盎格鲁 - 撒克逊人），仍然以各种各样的方式保存本民族文化，并通过民族语言的使用来维系其非盎格鲁 - 撒克逊新教文化的认同。帕克注意到，移民群体纷纷用自己的母语办报刊，移民所保持的本民族主义情绪在各族群社团、教会和外文报刊那里得以表达。“移民到美国的立陶宛人没有丧失其民族感情。这是因为他们的宗教把他们集合到教会里。在某种程度上，教会是他们的公共场所和爱国主义的真正温床。”② 因此，当来自爱尔兰和德国（主要是指天主教移民）等国的移民步伐加快，出现冲淡清一色新教的现象时，早期定居新教人口中就出现难以抑制的反天主教情绪。与此呼应的是 1920 年前后的一系列移民法规，严格限制非英语国家的移民。

那个时代在美国一般民众思想中，基于人种歧视的种族主义仍然起到重要的作用，认为人种之间天生就是有优劣高下的，人与人的区别不是环境所决定的。甚至，“人种之间固有的不平等在美国已被认为是一个科学事实”。在其历史上很长时间里，美国事实上是“一个种族主义的国家”。从历史上看，美国白人将自己明确区别于印第安人、黑人和墨西哥人，把这几种人排斥于美国主流社会之外。③ 所以就难怪直到 20 个世纪的中期，所谓“美国化”的熔炉仍然拒绝开放给有色人种。1963 年 8 月 28 日，马丁·路德·金博士在林肯纪念堂台阶上发表的《我有一个梦》演说中，呼吁实现基督教的平等观。他说，他有一个梦，他的四个孩子“有一天会住在一个不以肤色，而只用人物的内涵来判断人的国家”。尽管金博士出生于传统基督教浸信会牧师的家庭，他本人也是该教会的牧师，然而，他却有没有被美国社会融入的感受，因为他是有色人种，种族隔离和种族歧视使其与主流社会在文化上融为一体的渴望无法实现。

（二）多元化的移民群体挑战“熔炉论”

20 世纪 60 年代的美国为了满足市场需要，开始引进在族群和经济方面更多元化的移民。1965 年的移民法修正案终结了基于种族歧视的移民限额制，为非英语国家的移民重新开启了进入美国的大门，致使美国社会中非基督教的其他教徒人数明显增多。曾经非常自信的同化熔炉说，面对着新的族群现象和文化差异也失去了解释力。很多研究移民问题的学者不约而同地指出不同族群的共存是一个新兴的现象，在社会结构条件下发生改变并具体化。④ 持续存在的种族偏见和歧视也会促使各种民族以及泛族群认同的建构与再建构。⑤ 詹姆斯·达奥在 1999 年调查纽约的这种情形后指出，“与上一次欧洲移民大浪潮相

---

① R. E. 帕克、E. W. 伯吉斯、R. D. 麦肯齐：《城市社会学》，宋俊岭、吴建华、王登斌等译，华夏出版社 1987 年版，第 105 页。

② 罗伯特·E·帕克：《移民报刊及其控制》，陈静静、展江译，中国人民大学出版社 2011 年版，第 44—45 页。

③ 塞缪尔·亨廷顿：《我们是谁？美国国家特性面临的挑战》，程克雄译，新华出版社 2005 年版，第 46 页。

④ 参见 Tschannen, O. The secularization paradigm: A systematization. *J. Sci. Study Relig.* 1991, 30, 395 – 415. 23. Bonilla – Silva, E. *Racism without Racists: Color – Blind Racism and the Persistence of Racial Inequality in the United States*; Rowman & Littlefield: New York, NY, USA, 2003. Yancey, W.; Juliani, R.; Erikson, E. Emergent ethnicity: A review and reformulation. *Am. Sociol. Rev.* 1976, 41, 391 – 403. Conzen, K. N.; Gerber, D. A.; Morawska, E.; Pozzetta, G. E.; Vecoli, R. J. The invention of ethnicity: A perspective from the U. S. A. *J. Am. Ethnic Hist.* 1992, 1, 3 – 41。

⑤ 丽贝卡·基姆、范丽珠：《宗教与族群：理论关联的综述》，《世界宗教文化》2016 年第 5 期。

比，现今的移民来自更加多得多的国家，说着更加多得多的语言”。①

在新移民潮中语言使用的问题再一次挑战了美国社会既有的秩序与文化认同，甚至成为两党政治博弈中的话题。而这时，美国主要的少数民族语言已不再是德裔或其他欧裔，而是来自拉美地区（尤其是墨西哥）讲西班牙语的“西裔”。1968 年通过联邦《双语教育法》的初衷是要改善西裔儿童受教育的情况，这项由民主党发起的立法，既迎合了西裔选民，也符合民主党的“统一战线”方针。也就是说，美国政府方面的政策在一定程度上也宽容并支持者多元的语言文化。由于越来越多的新移民使用了非英语作为其沟通交流的工具，无形中促使人们在社会身份认同中采取多元的方式。对于来自其他国家某些特定区域的移民群体——通常与具有同样背景者抱团而来——来说，种族在赋予美国人身份认同方面无疑起到了非常基本的作用。种族特点通常在所移居的环境中逐步形成，并且常常强调文化传统中的某些方面，如语言及习惯用语、职业和手艺、服装风格、休闲活动（如音乐和体育），以及饮食习惯包括所喜爱的食品。② 这些有着各自文化特质的新移民，说着种种不同的母语、有着花样各异的食品偏好，尤其是持有不同的宗教信仰（即使同属于广义的基督宗教范围，往往也有着不同的教派和制度），不断地冲击着曾以为是不可逆转的美国熔炉的自信，出现了“沙拉碗”（salad bowl）取代“大熔炉”的现象③。

尽管“美国熔炉”理想中的所谓美国社会的核心价值，就是以美国白人为中心；即使信天主教的墨西哥人信奉的是同一位上帝，也不行。而现实是“盎格鲁－撒克逊精英”无法实现将自己的形象烙印到移居国家的新移民身上，庞大的新移民群体又以各种不同的方式对这个国家产生着影响力，于是就出现了“文化多元主义”（multi-culturalism）的主张和实践。“文化多元主义”本来是少数弱势族群挑战主流文化倡导的“作为权利的公民身份”（citizenship-as-rights）这一民族整合模式而出现的“差别对待的公民身份”（differentiated citizenship）策略，以保存民族（族群）间的文化多样性为诉求。值得关注的是，“文化多元主义”在符合弱势族群反对主流文化强制认同的同时，不可避免地出现将不同文化间的差别固定化、绝对化的趋向。④ 多元文化主义者认为，美国是由许多不同种族群体构成的，他们不在乎白人—新教徒构成的美国信念，借用“新民族”集团的领头人、参议员芭芭拉·米库尔斯基的话，美国不是大熔炉，而是“油炸得滋滋作响的炒锅”。⑤

显然在美国的新移民对自身文化的坚守，是个非常复杂的问题，更是直接对应着美国白人—新教徒文化保守主义。过去的五十多年间，在美国之外出生的人大大增多，由过去的由欧洲白人，换成了亚洲人和拉美人，而其中墨西哥人又占压倒多数。2010 年美国全国人口普查数字显示，生活在美国的 3 亿多人口中，西裔人口占了 5000 多万，占总人口的 16%，相对于 10 年前的统计，增加了 43% 。⑥ 其中，位于东部康州哈特福德（Hartford）人口的

① 塞缪尔·亨廷顿：《我们是谁？美国国家特性面临的挑战》，程克雄译，新华出版社 2005 年版，第 162 页。

② 约翰·F. 威尔逊（John F. Wilson）：《当代美国社会中的宗教》，章志萍等译，载《宗教与美国社会》第 7 辑，第 469 页。

③ 即社会各个群体有权利保持自己文化的相对独立性，他们不需要被“融化”之后，组成新的民族，而是可以保持自己的颜色、自己的信仰、自己的文化、自己的价值观等，从而形成一个“多元文化”的社会。

④ 苏国勋、张旅平、夏光：《全球化：文化冲突与共生》，社会科学文献出版社 2006 年版，第 40—41 页。

⑤ 塞缪尔·亨廷顿：《我们是谁？美国国家特性面临的挑战》，程克雄译，新华出版社 2005 年版，第 143 页。

⑥ Overview of Race and Hispanic Origin：2010，*2010 Census Briefs*，Issued March 2011.

变化极具代表性，2010 年其的人口族群分布为 29.8% 白人，38.7% 非洲裔或黑人，43.4% 为西裔（主要是来自波多黎各），而在 20 世纪 70 年代白人在整个人口的比例为 63.9%。[①]

事实上，尽管这些新移民在族群上有其各自的文化特性，但是在宗教方面多数是属于基督宗教传统。根据 2007 年皮尤宗教现状调查（Pew Forum's 2007 Religious Landscape Survey）发现，在美国主要的族群和种族群体中，85% 的非洲裔美国人和 84% 的拉丁裔美国人认为自己是基督徒。[②] 即使如此，越来越多的非盎格鲁 - 撒克逊的基督教徒移民难以同化于美国主流社会，一方面是美国固有的种族歧视之存在，而另一方面在于基督教新移民在本族群中找到了归属，而非美国白人社会的基督教社区。根据美国全国教会调查和多民族教会调查，大约 90% 的美国教会是种族同质性的。[③] 美国教会比公共机构和居民社区更加具有族群隔离的特点，故礼拜日早上是（种族）区隔最为明显的时刻，因为不同族群的人都进入本族群的教会，尽管大家信的是同一个上帝。较强的族群认同与较强的宗教归属也具有明显的相关性。根据 2006 年信仰问题调查，那些有着较强的族群认同者，不太可能脱离其父母归属的教会；黑人和拉丁裔人比白种人更倾向于保持强的族群/民族认同，在保持其父母宗教方面是白人的两倍。[④]

族群与教会结合在一起为新移民提供了情感上等多方面的社会服务，以安抚移民的失落感，从而使得美国社会显示了更加（族群）区格的趋势。社会学家贝拉（Robert Bellah）在 20 世纪 60 年代末期提出“美国的公民宗教”的概念，受到多方广泛的关注，然而到了 20 世纪 80 年代末期，他公开宣称将不再使用“公民宗教”这个概念[⑤]，而以圣经传统和共和主义传统这两个概念来表达。[⑥] 不知道贝拉本人是否已经观察到，由于越来越多非欧洲白人后裔的基督教新移民，导致美国出现了各种不同版本的基督宗教结合着其所附着的族群，正在成为美国不可否认的社会存在。

亨廷顿忧心出生率高于美国白人和黑人的拉丁裔移民的持续涌入，会使美国分裂成为一个两种语言、两种文化的国家。他毫不掩饰地指出美国出现了国家认同的危机，越来越多不肯同化的新移民挑战着以基督教清教伦理为核心的“美国信条”，罪魁祸首就是文化多元主义者的理念。而新移民们不放弃的族群性造成了凝聚力松懈和认同感缺失。作为美国白人特性之源泉的民族属性近于消失；人种区别在慢慢模糊，人种特性的重要性在减退；拉美裔群体人数增多，影响加大，出现了美国走向双语、双文化社会的趋势。[⑦] 拉丁

---

① Hartford (city) Quick Facts from the US Census Bureau. Quickfacts. census. gov. Retrieved on 2013 - 07 - 15; "*Race and Hispanic Origin for Selected Cities and Other Places: Earliest Census to 1990*". *U. S. Census Bureau*.

② *U. S. Religious Landscape Survey: Religious Affiliation: Diverse and Dynamic*; The Pew Forum on Religion and Public Life: Washington D. C., USA, 2008.

③ Emerson, M. O.; Smith, C. *Divided By Faith*; Oxford University Press: Oxford, NY, USA, 2000.

④ Putnam, R. D.; Campbell, D. E. *American Grace: How Religion Divides and Unites Us*; Simon & Shuster Paperbacks: New York, NY, USA, 2010, p. 132.

⑤ Robert N. Bellah, "Comment on James A. Mathisen, 'Twenty Years after Bellah: Whatever Happened to American Civil Religion'".

⑥ Robert N. Bellah, Richard Madsen, William M. Sullivan, Ann Swidler, and Steven M. Tipton, *Habits of the Heart: Individualism and commitment in American Life*, 1985 (paperback edition with a new introduction, 1996).

⑦ 塞缪尔·亨廷顿：《我们是谁？美国国家特性面临的挑战》，程克雄译，新华出版社 2005 年版，第 144、245 页。

裔美国人拒绝适应乃至同化于支配性地位的盎格鲁－撒克逊新教文明，对自己文化信仰和族群认同的坚守，无疑将会在美国白人中间引起强烈的激反，后者将会复兴那些已经被抛弃的关于美国身份的族群和种族观念，由此导致出现可能排斥、驱逐或镇压其他族群、种族和文化背景人士的社会氛围。历史和当代经验都表明，当一个曾经处于支配地位的族群或种族由于其他族群或种族的进入而感受到威胁的时候，这种反击就很有可能会发生，从而产生内部的矛盾与不宽容的社会环境。

研究发现，大量的移民重新激活了基督教并扩展了新的信仰，相对于西方工业化的民主国家宗教在美国是如此的显著；在族群和宗教间的亲密关系又加剧了美国不同宗教社区之间的彼此隔离。进入 21 世纪以来，特别是由于“9·11”恐怖事件的出现，令美国固有的宗教保守主义抬头，结合日益增长的移民族群与宗教的复杂互动，使得宗教、族群等议题对美国社会产生着深刻的影响。2016 年美国的大选，最重要、最撕裂社会共识的议题之一就与移民相关，这个议题包含了三个层面，其一是关于非法移民，其二是关于穆斯林移民，其三是关于近年来人口高速增长的拉丁裔移民和亚裔移民。在大选过程中，民主党候选人希拉里和共和党候选人特朗普，为了赢得选举胜利，毫无节制地利用族群议题，进行“种族选票”动员。尽管选举以特朗普的当选而告终，遗憾的是美国社会到处弥漫着被撕裂的气氛。《时代》杂志将年度人物给了新当选总统唐纳德－特朗普（Trump），却将其称为“美利坚分裂国的总统”。

白人一新教徒的文化熔炉受到多元文化主义的冲击而难以为继，许多不同种族群体构成的基督教社区在不断彰显着宗教与族群间的差异与区隔，这样的一种事实不啻为亨廷顿文明冲突论的逻辑提供了反证。

小　结

持续人口迁移和流动是全球化的组成部分，在很大程度上冲击着既有的秩序。毫无疑问，人口的流动有着各种各样的理由、不同国家接收新的移民也有各种各样的考量。就是这些群体（族群与宗教结合体）在当今世界最重要的国家和地区产生着影响，无论是很多意想不到的突发事件，抑或成为政治动员的对象。一方面使得传统上由地域形成的边界线被突破、模糊，以至于出现进入彼此的格局；另一方面，曾经在不同文化中各自单独发展的同属某一宗教的信徒相遇后，不是因着同样的上帝而彼此相拥，而是源于种族的差异而标刻着隔阂。这是我们认识全球化时代社会结构与社会问题不可忽视的因素。

（原文发表于《世界宗教文化》2017 年第 3 期，收入年鉴时略有改动）

霞浦摩尼教夷数崇拜考*

杨富学　薛文静**

摘　要：在霞浦摩尼教文献中，夷数（耶稣）极受崇拜，被称作“夷数如来”、“夷数和佛”或“夷数王”。《摩尼光佛》所见“末尸诃”应为弥赛亚（Messiah）汉译中的一种，用以指耶稣的救世主属性。有的文献把夷数描绘为第三使或光明少女的化身，曾化作裸形美女诱惑雄魔射出吞食的光明分子，有些文献对夷数似乎更为推崇，甚至有凌于摩尼之上的倾向。摩尼教的“五佛”后来演变为“三佛”，但夷数一直赫然在列，其地位仅次于摩尼光佛和电光王佛。

关键词：景教　霞浦文献　敦煌写本　摩尼教

一　霞浦摩尼教文献所见夷数名号及其源流

2008年10月以来，在北宋霞浦摩尼教教主林瞪（1003—1059）第29代裔孙林鋆先生的主导下，福建省霞浦县柏洋乡上万村周围发现了大量宋元明清以来的摩尼教文献与文物，数量相当丰富，堪称19世纪末20世纪初以来，继吐鲁番、敦煌摩尼教文献发现以来，中国境内摩尼教文献的第二次大发现。举其荦荦大端则有《摩尼光佛》《兴福祖庆诞科》《点灯七层科册》《冥福请佛文》等，其中《摩尼光佛》为这批文献中篇幅最长者之一，内容极其丰富，堪为晚唐至当代福建民间摩尼教信仰之见证，为世界摩尼教史上当之无愧的活化石。

《摩尼光佛》堪称霞浦摩尼教文献的鸿篇巨制，是福建霞浦上万村林氏八世祖明教大师林瞪法脉传承人陈平山后裔陈培生法师作法事行用的科仪书。凡83页，659行，计有字数八千四百余，接近敦煌本摩尼教文献《下部赞》的篇幅。全册除最后一页，即第83页为空白，第82页因内容结束而仅书文字5行外，其余诸页一般书写文字8行，只有少数页（如第5、6页等）为9行。抄本封面磨损严重，现有书题“《摩尼光佛》，陈培生存修”，当指其对抄本作了些微的订补，而非此科册为其所抄，从其磨损程度看，至少当为清末或民国抄本，而其初稿写定时间，则显然更为久远。该文献发现于2009年11月，由笔者与包朗于近期合力整理刊布。①本研究所引皆以该刊本为据，仅注明行次。

* 本文系国家社科基金项目“霞浦摩尼教研究”（项目号：14XZS001）阶段性研究成果。

** 杨富学，西北民族大学历史文化学院教授，敦煌研究院研究员；薛文静，西北民族大学历史文化学院硕士研究生。

① 杨富学、包朗：《霞浦摩尼教新文献〈摩尼光佛〉校注》，载《寒山寺佛学》第10辑，甘肃人民出版社2015年版，第74—115页。另参见林悟殊《摩尼教华化补说〈摩尼光佛〉释文并跋》，兰州大学出版社2014年版，第457—492页。

与原始摩尼教和华化摩尼教相比，霞浦摩尼教文献表现了对夷数（耶稣）的极度崇拜。《乐山堂神记》开篇（第2—6行）恭请的神祇即有“夷数如来”：

> 太上本师教主摩尼光佛、电光王佛、夷数如来、净风、先意如来、天地化身卢舍那佛、北方镇天真武菩萨、法相惠明如来、九天贞明大圣、普庵祖师、观音、势至二大菩萨。①

在众多神祇中，“夷数如来”处教主摩尼光佛、电光王佛之后，位列第三。该名在霞浦摩尼教文献中多见，如《兴福祖庆诞科》(旧版) 第10行作“大圣延生益算夷数和佛”；《摩尼光佛》第12行将之称为“活命世尊夷数和佛”，在第209、364行中又称之为“夷数王”；《冥福请佛文》第9—10行作“大慈大悲正智夷数和佛”。②在新近于福建屏南发现的摩尼教文献《贞明开正科文》第164行中又将之称为“第四世尊夷数和佛”。

其中“夷数王”之谓值得特别提点，这是仅见于《摩尼光佛》而不见于敦煌和霞浦之其他摩尼教写本的。笔者以为“夷数王”或当源于景教之称耶稣为“景通法王”“大师法王”等，更或源于《圣经》原典称耶稣为“犹太人的王”，《马太福音》多次提及耶稣弥赛亚为犹太人的王。如其第2章：

> 当希律王的时候，耶稣生在犹太的伯利恒。有几个博士从东方来到耶路撒冷，说：“那生下来作犹太人之王的在哪里？我们在东方看见他的星，特来拜他。”……他们回答说：“在犹太的伯利恒。因为有先知记着说：‘犹大地的伯利恒啊，你在犹大诸城中并不是最小的，因为将来有一位君王要从你那里出来，牧养我以色列民。’”③

《马太福音》第27章：

> 耶稣站在巡抚面前，巡抚问他说：“你是犹太人的王吗？”耶稣说：“你说的是。”④

按景教虽一度被视为基督教之异端，但对于经书记载耶稣将作以色列或犹太人的王这一点当是深信不疑的。在《尊经》所记载景僧景净等译出的三十部景教经典之中，《阿思瞿利荣经》即为《四福音书》，而《宁耶颐经》则为波斯版《四福音合编》。⑤虽然我们并未在敦煌发现这两部经典，但想必唐代之景教徒和摩尼教徒当是能够见到的，“夷数王”

---

① 杨富学：《〈乐山堂神记〉与福建摩尼教——霞浦与敦煌吐鲁番等摩尼教文献的比较研究》，《文史》2011年第4期。

② 杨富学、史亚军、包朗：《霞浦摩尼教新文献〈冥福请佛文〉校录研究》，载《文献研究》第4辑，学苑出版社2014年版，第85页。

③ 《新旧约全书和合本·新约·马太福音》，第1页。

④ 《新旧约全书和合本·新约·马太福音》，第22页。

⑤ 吴其昱：《唐代之景教法王与尊经考》，载《敦煌吐鲁番研究》第5卷，北京大学出版社2001年版，第13—58页。

之语当即源于此。同“夷数如来”“夷数和佛”一样，为霞浦摩尼教文献称呼耶稣的特有词语。

“夷数”之称在霞浦摩尼教文献外，多见于敦煌摩尼教文献，如北京中国国家图书馆藏宇字56（BD00256）《波斯教残经》第205行、伦敦大英图书馆藏S. 2659《摩尼教下部赞》第6、13、29、35、45、76、126、131、138、151、152、171、176、254、367、368、381诸行。此外，在《摩尼光佛》还使用了一个比较陌生的词语——“末尸诃”，科册曾三度出现：

第219—221行：“我今稽首礼，皈命末尸诃。施慈悲，恕我等，罪消魔。愿今夜，消灾障，降吉祥。”

第526—527行：“那罗延，苏路支，释迦文，末尸诃，末嚧摩尼，遮伊但，伽度师。”

第547—552行（详后）。

这里的“末尸诃”无疑即弥赛亚（Messiah）汉译中的一种，用以指耶稣的救世主属性。词语不见于唐代的汉文摩尼教文献，而多见于景、佛二教的文献之中，如敦煌本《历代法宝记》有三种不同的写法，S. 516作“弥师诃”，P. 3727V作“弥师何”，P. 2776作“弥沙诃”，不一而足。[①] 而景教文献《序听迷诗所经》（按正确的经名当为“序听弥施诃经”）中出现23次，作“弥师诃”或“迷师诃”等；[②]景教文献《一神论》中出现38次，皆作“弥师诃”；[③]而西安《大秦景教流行中国碑》和《洛阳景教经幢》以及敦煌本《老子化胡经》、《大秦景教三威蒙度赞》和《尊经》等经典中皆作“弥失诃。”[④]与《摩尼光佛》本之“末尸诃”较为接近的是《贞元新定释教目录》第17卷作“弥尸诃”，文曰：“景净应传弥尸诃教”。[⑤] 景净为来华传教的波斯景教士，在长安奉阿罗本之命将景教著作译为汉文，而且撰写了著名的《大秦景教流行中国碑》。及至唐后，只有元代之《大元至元辨伪录》中写作“弥失诃”，[⑥]当是沿袭旧典而讹。由上可知，“弥失诃”类词多只流行于唐代，作为景教所崇奉的救世主的名号，随景教之大盛而风行，甚至让佛教徒意识到危机。而随着会昌灭法，三夷教悉衰败无闻，景教救世主之名也就无人知晓了，更遑论宋元及以后，直至晚明《景教碑》被从西安的地下挖出来，才渐渐为人知晓。然而关于《景教碑》的林林总总只流传于明清传教士和少数知识分子之圈内，福建霞浦之乡间法师们实是无由得知，故知《摩尼光佛》所见之“末尸诃”无疑当传承自唐代的记忆。林悟殊以为，既然回鹘之摩尼师如呼禄等能够在会昌法难之后避难于八闽，那么景教传教士们当也有可能避难其地。[⑦]即便其未避地闽地，以其“法流十道，寺满百城”之赫赫之势，摩尼教僧侣甚或可能一度依附之，自不难为其信仰的“夷数”冠以“末尸诃”之号。

① 详见荣新江《〈历代法宝记〉中的末曼尼和弥师诃——兼谈吐蕃文献中的摩尼教和景教因素的来历》，载《贤者新宴·藏学论丛》(1)，北京出版社1999年版，第130—150页。

② ［日］吉川忠夫编《敦煌秘笈》影片册六，大阪，武田科学振兴财团2012年版，第84—87页。

③ ［日］吉川忠夫编《敦煌秘笈》影片册六，大阪，武田科学振兴财团2012年版，第89—96页。

④ 王兰平：《唐代敦煌汉文景教写经研究》，民族出版社2016年版，第71—72页。

⑤ （唐）圆照：《贞元新定释教目录》，《大正藏》第55册，No. 2157，页891c。

⑥ （元）释祥迈：《大元至元辨伪录》卷3，元刻本。

⑦ 林悟殊：《霞浦抄本祆教信息探源——跋〈霞浦抄本所见苏鲁支史事考释〉》，《文史》2016年第2期。

二 霞浦摩尼教文献中的夷数形象

在霞浦摩尼教文献中，夷数的形象是比较复杂的。如前所言，夷数即耶稣，故论其形象，须从基督教中耶稣形象谈起。

按照布尔基特的说法，耶稣形象可分成三种角色，即救赎者、受难者和养育者。① 按照宋德曼的观点，则可一分为六，即光辉者耶稣、受难耶稣、历史耶稣（即光明使者）、末世学的耶稣（即判官）、少年耶稣，以及月神耶稣。②依芮传明之理解，“光明使者耶稣”亦即“使徒耶稣”比较接近于历史耶稣，他是由最高神大明尊派往人间，作为以人类形貌出现的“光明使者”，向人间传播真理，施行奇迹，而以拯救众生为其目的。③《摩尼光佛》第547—552行对“末尸诃”的记载如下：

> 志心信礼活命夷数和，从梵天界殄妖魔。腾空如鸽下，火焰起流波。神通验，拂林国圣无过，应化河沙数，天地及森罗，将忍辱戒度怛婆。我今稽首礼，皈命末尸诃。恕我等，诸愆咎，尽消魔。愿今夜，荐亡灵，生净土。

这段文字叙述了耶稣受圣灵附身，在拂林亦即罗马帝国传教的事情，其中“忍辱”一语当是状耶稣之受难，行“十四苦路”。在《摩尼光佛》第459行赞夷数云：“真常忍辱，我等同诚伸供养夷数和佛。”可见其洞知并认同“历史耶稣”受难之说，其赞颂耶稣之忍辱精神，当可勘同于《圣经·以赛亚书》53章之4—6节：

> 他诚然担当我们的忧患，背负我们的痛苦；我们却以为他受责罚，被神击打苦待了。哪知他为我们的过犯受害，为我们的罪孽压伤。因他受的刑罚，我们得平安；因他受的鞭伤，我们得医治。我们都如羊走迷，各人偏行己路。耶和华使我们众人的罪孽都归在他身上。④

而此后之霞浦文献则不见以“忍辱”冠于夷数之前，可见《摩尼光佛》科册创作之时或尚能接触到景教与摩尼教之中亚原典与汉文译经，唐代以后，已很难做到。“末尸诃”之“末”字，当与末摩尼之“末”同，为伟大之意，《摩尼光佛》第515行列五位先知之名云“末尸诃末啰摩尼”。后文的“末啰”，当为Mār的音译。

《摩尼光佛》关于耶稣的文字还有很多，如《天女咒》就是一例。此咒见于《摩尼光佛》第231—234行：

> 啊【吆】【嘀】【啷】和发弥耶哩诜那啰悉【嘁】咭吻咭啰健心默罗师致讫那哩

---

① F. C. Burkitt, *The Religion of the Manichees*, London, Cambridge University Press, 1925, p. 42.

② Werner Sundermann, “Christ in Manichaeism”, *Encyclopedia Iranica*, Vol. 5, London: Routledge & Kegan Paul, 1992, pp. 536 – 538.

③ 芮传明：《摩尼教敦煌吐鲁番文书译释与研究》，兰州大学出版社2014年版，第226—227页。

④ 《新旧约全书和合本·旧约·以赛亚书》，第457页。

娑和夷【咗】夷数精和谨你嚧诜护泯护瑟

以之与波斯文相对照，知其意对应如下：

天龙，天龙，乎真实造相，光明大力，心默灵魂，公允平正，第三明使，救苦夷数，仙童女，大智甲！恳切哀请，救拔群羔，善力善力，祐助祐助！善善弥勒，公正大力，救苦救难，弥勒大佛，清净救世，夷数仙童女，聪明大智甲，圣哉，圣哉！①

这些文字反映的是第三使曾经与电光佛（即光明少女）化现童男子和仙童女引诱雌雄魔类的故事。

虽按摩尼教原始教义，变化诱惑众魔的实为第三使：他驾驶舟船升天，并在雌雄暗魔面前化现了裸露的男身与女身，看到使者如此美妙的身体后，一切诸魔都对他产生了强烈的兴趣，雌魔渴望其男身，雄魔渴望其女身，由于强烈的性欲，导致雌雄魔将吞食的光明分子都喷射了出来。② 一说是第三使与其呼唤出的光明少女（电光佛）分别示现男女裸身。③然而在敦煌文书中第三使的这般事迹却被安在夷数的头上，如敦煌本《下部赞·览夷数文》第42—43行就是这样赞美夷数的：

大圣自是吉祥时，普耀我等诸明性。妙色世间无有比，神通变现复如是。或现童男微妙相，癫发五种雌魔类，或现童女端严身，狂乱五种［雄魔党］。④

这段文字与《下部赞》第369行“赞夷数偈”内容相仿：“称赞净妙智，夷数光明者，示现仙童女，广大心先意。”在这里，夷数似乎成了第三使或光明少女的化身，其形象与两者纠缠不清，而“夷数仙童女”句则更明显地认定变化成裸形美女诱惑雄魔的正是夷数（耶稣）本人。这一段夷偈是中古波斯文与帕提亚文的结合，说明早在摩尼教尚于波斯和中亚传教之时就有了耶稣变形诱魔的说法，而汉地信徒亦接受了这一观点。

约作于10世纪初之《摩尼大颂》的第28行颂云：“我们……遭囚禁而受难的众生，被救而脱离轮回，为了见到如佛般的日神……类似于你。”克林凯特以为，这里的日神即为摩尼教主神之一的“光辉者耶稣”。⑤这说明中古回鹘摩尼教徒似乎确已将耶稣（本为月神）与第三使（又称日光佛）的形象合二为一了，《下部赞》之“赞夷数偈”、《览夷数

---

① 林悟殊：《霞浦钞本夷偈〈天女咒〉〈天地咒〉考察》，载余太山、李锦绣主编《丝瓷之路》，商务印书馆2016年版，第127—128页。

② 叙利亚语文书《注疏集》“Book of Scholia”，A. V. Jackson，*Researches in Manichaeism—with Special Reference to the Turfan Fragment*，New York：Columbia University Press，1932，p. 244.

③ 芮传明：《摩尼教敦煌吐鲁番文书译释与研究》，兰州大学出版社2014年版，第241页。

④ 中国社会科学院历史研究所等编：《英藏敦煌文献（汉文佛经以外部分）》第4卷，四川人民出版社1992年版，第143—157页。录文参见林悟殊《摩尼教华化补说》，兰州大学出版社2014年版，第526页。其中“雄魔党”三字原阙，为林悟殊据文意补。

⑤ H. –J. Klimkeit，*Gnosis on the Silk Road. Gnostic Texts from Central Asia*，San Francisco，1993，p. 287，note14；芮传明：《突厥语〈摩尼大颂〉考释——兼谈东方摩尼教的传播特色》，载《传统中国研究集刊》第6辑，上海人民出版社2009年版，第191页。

文》与《光佛·天女咒》这三段偈文当为同源。

《摩尼光佛》这段夷文偈咒亦原原本本出现在《兴福祖庆诞科》（旧版）中（第41—45行），号为《天地咒》。按《兴福祖庆诞科》乃为庆贺兴福祖诞辰而作。[①]《兴福祖庆诞科》有旧本、新本之别，新本多出近期增补的文字若干，本文皆以旧本为准。兴福祖，指的是霞浦明教摩尼教教主林瞪，据传，曾被御封为“兴福雷使真君”，此当为北宋及以后的产物。[②]由上《天女咒》之波斯语译文可知，其中并无一字提及“天地”，倒是其上一首即《兴福祖庆诞科》（旧本）第34行以“阿孚林摩和弗哩耶”开头的赞颂摩尼赞颂明界和明使的偈子可能与“天地”有些关系，却反被标明为《天女咒》，其或为抄录《摩尼光佛》此偈时犯了“张冠李戴”之误，而在《兴福祖庆诞科》（旧本）结尾处第229—235行再颂《天女咒》送神归，虽已残缺不全，但能看出与前《天地咒》和《摩尼光佛·天女咒》差相仿佛。前非而后是，而科仪法师们竟未发现，或说明抄写者可能并不识咒文真义，至少说明其对待明神态度不够端正，对待奉请明神之科仪本严肃程度不够。而《摩尼光佛》却并未出现类似错误，就很能说明问题。故知《摩尼光佛》科册之写定或早于《兴福祖庆诞科》，而从《兴福祖庆诞科》所用摩尼教术语看，亦知其当早于《乐山堂神记》《奏三清》等文，则知《摩尼光佛》科册或当为霞浦诸文献之祖。

在《摩尼光佛》科册中亦有对圣灵的描述，即前引第535—536行：“志心信礼活命夷数和，从梵天界殄妖魔。腾空如鸽下，火焰起流波。”这一段文字当是糅合了《圣经》原典和景教经典的若干文字。鸽子，在基督教中一般是指代圣灵，景教中亦然。《序听迷诗所经》第133—135行云：“弥施诃入汤了，后出水，即有凉风从天来，颜容似薄阁，坐向弥师诃上。”[③]这段文字本见诸《圣经·马太福音》3：16：“耶稣受了洗，随即从水里上来。天忽然为他开了，他就看见神的灵仿佛鸽子降下，落在他身上。”[④]《摩尼光佛》科册中“腾空如鸽下”一段文字应本乎此，其第627行所谓“白鸽飞来腾瑞相，那能俗处现风光”一语亦本此。而“火焰起流波”一句则似乎与“五旬节”有关，《圣经·使徒行传》2：1：“五旬节到了，门徒都聚集在一处。忽然，从天上有响声下来，好像一阵大风吹过，充满了他们所坐的屋子；又有舌头如火焰显现出来，分开落在他们各人头上。他们就都被圣灵充满。”[⑤]这段文字在敦煌本《一神论·世尊布施论》第322—326行中作如下描述：“弥师诃向上天十日，使付信与弟子，度与净风。从天上看弟子分明具见，度净风，喻如火光，住在弟子边，头上欲似舌舌，彼与从得净风，教一切人种性处有弥师诃。”[⑥]《摩尼光佛》第537行“神通验”一语或即对耶稣（圣灵）如此神通的赞誉。不过《摩尼光佛》本略显不足则在于其或误将如火焰一般的舌头当成了真实的火焰。虑及摩尼教徒的基督教知识非比景教徒，则出现如此误解亦属正常。此类文字，不见于余者霞浦文书，虽然其对夷数（耶稣）似乎更为推崇，乃至有凌驾于摩尼之上的倾向。

---

① 计佳辰：《霞浦摩尼教新文献〈兴福祖庆诞科〉录校研究》，硕士学位论文，西北民族大学，2013年。

② 杨富学：《林瞪及其在中国摩尼教史上的地位》，《中国史研究》2014年第1期。

③ 王兰平：《唐代敦煌汉文景教写经研究》，民族出版社2016年版，第150页。

④ 《新旧约全书和合本·新约·马太福音》，第2页。

⑤ 《新旧约全书和合本·新约·使徒行传》，第81页。

⑥ 王兰平：《唐代敦煌汉文景教写经研究》，民族出版社2016年版，第210页。

在《摩尼光佛》科册中，摩尼的母亲被称为“阿师健氏”，亦被称为“末艳”，相当于《摩尼光佛教法仪略》（简称《仪略》）称作金萨健（Kamsarakan）。[①]后者不同于《仪略》之“满艳”，而明显源于景教文典《序听迷诗所经》。经中提到末艳夫人受凉风入怀，产一子，名叫移鼠（即耶稣）[②]。向者林悟殊、荣新江二氏怀疑《序听迷诗所经》为伪经[③]，今借由《摩尼光佛》可证其真。《摩尼光佛》于2009年才被发现，20世纪初即已发现的高楠顺次郎藏本《序听迷诗所经》自然无由抄袭其圣母之名，而霞浦的乡间法师们估计对景教经典亦是一无所知，自然不存在将其中所记基督母名改成摩尼母名补入抄本之可能。若非巧合，即当以为，《摩尼光佛》与《序听迷诗所经》之原始文本当存在互鉴，这种互鉴，只能出现在三夷教十分盛行的唐代。

三　从“五佛”到“三佛”崇拜中的夷数

同于较晚出的《奏教主》等文书，《摩尼光佛》中亦表现出了对夷数格外的崇拜，除了在一首与敦煌《下部赞》雷同的明教十二佛的赞语（第384—385行）中仍称“十者知恩夷数佛，十一者齐心电光佛”，将之排在末尾外，开首第8—12行则将之与摩尼等四位先知并列为五佛：

> 大圣元始天尊那罗延佛、大圣神变世尊苏路支佛、大圣慈济世尊摩尼光佛、大圣大觉世尊释迦文佛、大圣活命世尊夷数和佛。

《摩尼光佛》第482—488行又有如下文字：

> 回向志心皈命，虔诚奏请真天贤劫示现大慈大悲元始世尊那罗延，贤劫示现大慈大悲神变苏路支佛，贤劫示现大慈大悲神变摩尼光佛，贤劫示现大慈大悲神变释迦文佛，贤劫示现大慈大悲神变夷数和佛。

这两段文字，都把摩尼光佛列于中心位置，对另外的四佛，大体按照时代的先后顺序排列，即印度教那罗延佛→火祆教苏路支佛（琐罗亚斯德）→佛教释迦文佛（释迦牟尼）→基督教夷数和佛→摩尼光佛，旨在说明五佛有继承关系，摩尼则是最后一位先知。[④]这种情况，在吐鲁番出土的回鹘摩尼教壁画中也有体现，如吐鲁番高昌故城出土的摩尼教卷轴残片（MIK III 4947 + MIK III 5 d）右侧上部即绘制佛陀，左下侧有大光轮

① 包朗、杨富学：《摩尼教术语“师氏”“师氏法”解诂》，《福建师范大学学报（哲学社会科学版）》2016年第6期。

② 王兰平：《唐代敦煌汉文景教写经研究》，民族出版社2016年版，第149页。

③ 林悟殊：《高楠氏藏景教〈序听迷诗所经〉真伪存疑》，《文史》2001年第2期；荣新江：《敦煌景教文献写本的真与伪》，载《林悟殊先生古稀纪念论文集》，兰州大学出版社2014年版，第280—289页。

④ 马小鹤：《明教“五佛”考——霞浦文书研究》，《复旦学报（社会科学版）》2013年第3期。

(见图1)，应为中心人物，尽管损毁十分严重，但可以确认为摩尼光佛。①

图1 吐鲁番高昌故城出土摩尼教卷轴画

在近期于福建屏南新发现的《贞明开正科文》中就出现完全按照这一顺序排列的内容（第163—165行）：

① Zauzsanna Gulacsi, *Manichaean Art in Berlin Collections. A Comprehensive Catalogue of Manichaean Artifacts Belong to the Berlin State Museums of the Prussian Cultural Foundation*, *Museum of Indian Art*, *and the Berlin – BrandenburgAcademy of Sciences. Deposited in the Berlin State Library of the Prussian Cultural Foundation*, Turnhout: Brepols, 2001, p. 148.

第一世尊那啰延佛，第二世尊苏路支佛，第三世尊释迦文佛，第四世尊夷数和佛，第五世尊教主摩尼光佛。

上述这些都是摩尼教“五佛”思想的具体反映。但在另一处文字——《摩尼光佛》第207—209行——中，则只有三佛，即夷数、电光佛、大慈尊（当即大明尊）并列起来叙述：

盈目瞻仰大慈尊……皈依能苏夷数王，志心信礼神通电光王。

夷数王被排在大明尊之后，电光王之前。此三佛当即前引霞浦文书《奏三清》《奏教主》之所谓“广明上天、灵明大天、太上真天”三尊并立之雏形，只是后者已将摩尼光佛替换了大明尊。这当不是唐代原汁原味的摩尼教，似乎也不是回鹘摩尼教所具有的，尽管霞浦摩尼教是由回鹘摩尼教高僧呼禄法师（即《乐山堂神记》之胡天尊）于843年以后传入福建的。①福建摩尼教经典在翻译与传承过程中，应该接受并参考过唐代流行的摩尼教文献，尤其是《下部赞》。② 可以断言，霞浦摩尼教文献中的这种嬗变，应是适应福建地方情况而形成的特殊产物。

按原本之摩尼教教义，并无对数字“三”的特殊崇拜，入华以后虽然有将老君、释迦、摩尼并列为三圣，但实只是方便说法，并不等于说其教以崇奉这三位神为主。倒是东方之释道二教和西方之基督教有崇拜“三”的传统，佛教有横三世佛与纵三世佛，道教有三清三天，基督教则有圣父圣子圣灵之三位一体，但是唐代入华之摩尼教并未吸取其中因子。林悟殊以为，事实上即便宋代摩尼教亦无将三位神并列为主神之传统：宋代流行的是“五佛”说，而非“三佛”或“三天”。③三佛崇拜或当是明清时近一步华化与道化的产物，而以明朝后期制作的《奏三清》为蓝本。④由于林氏未接触到《兴福祖庆诞科》这一约产生于宋代而抄写于清代的文献，故将“三佛”形成之年大大推迟。

按《兴幅祖庆诞科》文开篇即奉请三佛：电光王佛、摩尼光佛、夷数和佛，说明至少其时三佛崇拜已渐兴盛。当然，《摩尼光佛》科册中的这段文字无论格式抑或内容与《兴福祖庆诞科》《奏三清》之类整齐一致的三佛崇拜还是有区别的，其主要的膜拜对象仍属“五佛”与“十二佛”体系：一言以概之，《摩尼光佛》科册创作之时，其神谱已以五佛为主，然“十二佛”之旧神谱尚未完全割舍掉，而又开始由“五佛”向更为简洁有力的“三佛”系统转化。而“三佛”崇拜确立之日，当即霞浦摩尼教华化与道化完成之日。在这个转化系统中，那罗延佛、苏路支佛和释迦牟尼佛均不见了，仅有摩尼光佛与夷数和佛独存，另加入电光王佛而构成“三佛”。足见夷数和佛在摩尼教中的崇高地位是与日俱增的。

---

① 杨富学：《回鹘摩尼僧开教福建补说》，《西域研究》2013年第4期。

② 杨富学、包朗：《霞蒲摩尼教〈摩尼光佛〉与敦煌文献之关系》，载《敦煌吐鲁番研究》第15卷，上海古籍出版社2015年版，第416—418页。

③ 林悟殊：《霞浦科仪本〈奏教主〉形成年代考》，载《九州学林》（第31辑），上海人民出版社2013年版，第117—121页。

④ 林悟殊：《霞浦科仪本〈奏教主〉形成年代考》，载《九州学林》（第31辑），上海人民出版社2013年版，第131—132页。

以《兴福祖庆诞科》为限，其时至少在两宋之交或以后，而《摩尼光佛》则处于“五佛”与“三佛”系统、佛化与道化系统相转化的过渡阶段，其时当在晚唐五代宋初之时，综合考虑其讳字、神名和术语运用等因素，定为宋初当更合理一些。

敦煌文献中的讳字“忙你”，在《摩尼光佛》不见，当值得关注。唐代开元、会昌两度查禁摩尼教，故其信徒无敢呼教主之真名讳，而以相近之“忙你”代之，[1]唐朝灭亡之后，禁令当自动解除，径写教主之名，可无须顾忌。科册中出现了一个“㤓你”，另外，《贞明开正科文》第57行一次使用“忙你”，余者皆作摩尼，当即五代宋初相对宽松的宗教环境下的产物。

（原文发表于《世界宗教文化》2017年第6期）

① 林悟殊：《霞浦科仪本〈奏教主〉形成年代考》，载《九州学林》（第31辑），上海人民出版社2013年版，第112—113页。

宋元时期白莲教传教与禁教论析

马西沙*

摘　要：白莲教是唐宋以来流传民间的秘密宗教组织，与佛教的净土宗有一定的历史渊源。本文通过对南宋茅子元创立白莲教，佛教对白莲教的批判，初创时白莲教之教义，白莲教戒律、组织与正统佛教之异同，元代白莲教传教与禁教，白莲教的被禁与复教，以白莲教为名的初期造反活动，元末香会、白莲教与农民大起义之关系等问题的考察，揭示了宋元时期白莲教创立传播的历史实况，并就白莲教的性质和特点作出独到分析。

关键词：白莲教　茅子元　弥勒信仰　白莲忏堂

一　南宋茅子元创立白莲教

南宋绍兴初年，江苏吴郡延祥院僧人茅子元创立了白莲教。初期的白莲教被称为白莲菜。据《庐山莲宗宝鉴》记载茅子元生平：茅子元，号万事休，江苏昆山人。母亲姓柴。据说他诞生前夕，其母梦见一尊佛入其家门，次日早遂生子元，所以“因名佛来”。子元父母早亡，他于是“投本州延祥寺志通出家，习诵《法华经》。十九岁落发，习止观禅法”。① 一天正在禅定中，忽然悟道，并作诗颂日：“二十余年纸上寻，寻来寻去转沉吟，忽然听得慈鸦叫，始信从前错用心。”② 于是发利他之心，乃慕东晋名僧慧远莲社遗风，劝人皈依三宝，受持五戒：一不杀生，二不偷盗，三不淫邪，四不妄语，五不饮酒。念阿弥陀佛五声，以证五戒，希望世人普结善缘，净五根，得五力，出五浊。

为了代替众生礼佛忏悔，祈生安养极乐国即西方极乐世界，茅子元编成《白莲晨朝忏仪》。这以后，他在淀山湖一带，创立了白莲忏堂，劝令众生“同修净业”；同时述《圆融四土三观选佛图》。茅子元在46岁的时候，为当局发配到江洲，其在逆境中并未动摇信仰，“随方劝化，即成颂文”，结成《西行集》。南宋乾道二年（1166），为皇帝诏至德寿殿，“演说净土法门”，皇帝特赐“劝修净业白莲尊师慈照宗主”称号。又于钱塘西湖昭庆寺祝圣谢恩。佛事毕，回平江，对自己的净业团社进行改革。以普、觉、妙、道四字为本宗门徒的定名法号，“示导教人专念弥陀，同生净土，从此宗风大振”。③ 茅子元还

---

* 马西沙，中国社会科学院荣誉学部委员、世界宗教研究所研究员。

① 《庐山莲宗宝鉴》卷4，（元）普度编《庐山莲宗宝鉴》，《大正藏》，台北：财团法人佛陀教育基金会出版部1990年版，第47册，第319页。

② 《庐山莲宗宝鉴》卷4，（元）普度编《庐山莲宗宝鉴》，《大正藏》，台北：财团法人佛陀教育基金会出版部1990年版，第47册，第319页。

③ 《庐山莲宗宝鉴》卷4，（元）普度编《庐山莲宗宝鉴》，《大正藏》，台北：财团法人佛陀教育基金会出版部1990年版，第47册，第319页。

有《弥陀节要》《法华百心证道歌》《风月集》等著作行世。乾道二年三月二十三日，他对门徒讲："吾化缘已毕，时当行矣。"① 说完了即"合掌辞众，奄然示寂"。② 死后葬于松江力及市五港吴觉昌宅，造塔。皇帝敕谥，名"最胜之塔"。③

抛开对茅子元的毁誉之辞，综合白莲教初创期有两个特点。其一，白莲教在初创时期，尚不具备独立宗教的内涵。它吸收了莲宗即弥陀净土和天台宗的佛教教义及修持内容。念阿弥陀佛，祈佛忏悔，希求生西方极乐世界。无疑继承了弥陀净土宗的基本信仰。而茅子元"曾学于北禅梵法主会下"，④"依仿天台出《圆融四土图》《晨朝礼忏文》"，⑤说明从师徒授受到教义，又都明显地受到天台宗的影响。其二，初期白莲教虽然是台、净结合的产物，但在教团内部，茅子元自称白莲导师，其徒则称白莲菜人，并以普、觉、妙、道为教徒道号，明系别立一宗。而且男女同习修炼的行动，打破了佛教历来的传统。特别到了元代，建立了多所白莲忏堂，这些忏堂及周围的土地，成为以家族血统关系相传的世产世业，则更是迥异正统佛教之处。

二 佛教对白莲教的批判

据南宋僧人宗鉴《释门正统》记载：

> 所谓白莲者，绍兴初吴郡延祥院沙门茅子元曾学于北禅梵法立会下，依仿天台出《圆融四土图》《晨朝礼忏文》，偈歌四句，佛念五声，劝诸男女同修净业，称白莲导师。其徒号白莲菜人，亦日茹茅闭黎菜。有论于有司者，加以事魔之罪，蒙流江州。后有小茅阇黎复收余党，但其见解不及子元，叉白衣展转传授，不无讹谬，唯谨护生一戒耳。⑥

宗鉴对初期白莲教基本采取介绍的态度，而且承认茅子元是有些见识的。但其在撰述《释门正统》时是把白莲教放在《斥伪志》中。在宗鉴看来，白莲教相对佛教正宗有如下之"伪"。

1. 正统佛教是以佛为祖，不允许凡人称佛作祖。而茅子元自称导师，其为伪也。

2. 正统佛教于寺院中男女有别，和尚、尼姑分别于不同寺庵，各自修行。而茅子元在自家的忏堂中，允许世俗男女同习修炼，其为伪二也。

3. 正统佛徒遵守国家法度及佛门规矩，而茅子元却以"事魔"之罪发配江州；当然茅子元不是信奉摩尼教的，但他建立了私人新型的吃斋教团，号曰白莲菜，很容易与

① 《庐山莲宗宝鉴》卷4，（元）普度编《庐山莲宗宝鉴》，《大正藏》，台北：财团法人佛陀教育基金会出版部1990年版，第47册，第319页。

② 《庐山莲宗宝鉴》卷4，（元）普度编《庐山莲宗宝鉴》，《大正藏》，台北：财团法人佛陀教育基金会出版部1990年版，第47册，第319页。

③ 《庐山莲宗宝鉴》卷4，（元）普度编《庐山莲宗宝鉴》，《大正藏》，台北：财团法人佛陀教育基金会出版部1990年版，第47册，第319页。

④ （宋）宗鉴撰：《释门正统》卷4，杨讷编《元代白莲教资料汇编》，中华书局1989年版，第280页。

⑤ （宋）宗鉴撰：《释门正统》卷4，杨讷编《元代白莲教资料汇编》，中华书局1989年版，第280页。

⑥ （宋）宗鉴撰：《释门正统》卷4，杨讷编《元代白莲教资料汇编》，中华书局1989年版，第280页。

“吃斋事魔”的摩尼教相混。

在《释门正统》中，宗鉴仅以白莲菜为“伪”，尚未归于“邪教”。其后，南宋末僧人志磐依《释门正统》，增加内容，污蔑之词从此出：“吴郡延祥院僧茅子元者，劝诸男女同修净业，自称白莲导师，坐受众拜。谨葱乳，不杀，不饮酒，号白莲菜。受其邪教者谓之传道，与之通淫者谓之佛法，相见傲僧慢人，无所不至。愚夫愚妇转相诳诱，聚落田里皆乐其妄。”①

志磐在基本引用宗鉴《释门正统》文字后，又加了一段评论：

> 所谓《四土图》者，则窃取台宗格言，附以杂偈，率皆鄙薄言辞。《晨朝忏》者，则摄略慈云七忏，别为一本，不知依何行法。得今四句则有类于樵歌，佛念五声则何关于十念。号白莲，妄托于祖；称导师，僭同于佛；假名净业而专为奸秽之行，猥亵不良，何能具道。②

这段史料夹杂了大量的詈骂之词，但也提示了部分白莲教的思想传承，不可一笔抹杀。

蒙元时期信仰佛教的耶律楚材把白莲教为“释氏之邪”：

> 夫杨朱、墨翟、田骈、许行之术，孔氏之邪也；西域九十六种、此方、毗卢、糠、瓢、白莲、香会之徒，释氏之邪也。③

耶律楚材作为统治阶层和佛教信奉者指斥白莲教为“释教之邪”，分别代表了元政权及正统佛教的双重态度。但是不能代表整体元代统治者的态度。其实，整个元代，绝大多数时间段，统治者对白莲教是相当宽容的，才促使白莲教在元代公开的大发展的形势。

三　初创时白莲教之教义

茅子元创白莲教，作《圆融四土三观选佛图》（简称《圆融四土图》）。四土理论是茅子元宗教教理的核心。僧人宗鉴说他“依仿天台出《圆融四土图》”，④ 志磐则云“所谓《四土图》者，则窃取台宗格言”，⑤ 总之与天台宗有关。

四土即四种果报土。初为台宗祖师智顗创于其著《维摩经玄疏》（或曰《维摩经玄义》）之物，是台宗止观学说与净土思想融汇的产物。智顗以《法华经》为据，以五时八教的判教方法，定释迦一代说法的次第及说法时仪式、教法的深浅层次。天台宗之所以判教，是基于人根性不同，根性利者可直接受大乘教，行顿法；而根性钝者，难悟大乘，只

---

① （宋）宗鉴撰：《释门正统》卷4，杨讷编《元代白莲教资料汇编》，中华书局1989年版，第280页。

② 《佛祖统纪》卷48，（宋）志磐撰《佛祖统纪》，《续藏经》，台北：新文丰出版公司1976年版，第49册，第423页。

③ 《湛然居士集》卷8，（蒙元）耶律楚材撰《湛然居士集》，渐西村舍刊本，第3册，第13页。

④ （宋）宗鉴撰《释门正统》卷4，杨讷编《元代白莲教资料汇编》，中华书局1989年版，第280页。

⑤ 《佛祖统纪》卷48，（宋）志磐撰《佛祖统纪》，《续藏经》，台北：新文丰出版公司1976年版，第49册，第423页。

能渐次引导，故曰渐教。同时由于人的善恶不同，受尘世五浊的影响不同，不但在判教的层次上差别显著，而且在往生净土时也通然有别。这样四种净土国的理论便应运而生了。智顗在其著《维摩经疏示四种佛国》中讲：

佛国差别之相，无量无边，今略为四：一，染净国，凡圣共居；二，有余国，方便人往；三，果报国，纯法自居；四，常寂光，妙觉所居。①

他又解释：染净国又叫凡圣同居国。凡人有善恶两种，圣人则分实圣权圣。四种人同居，故云秽土。这四种人或因根性或因忏悔，同登净土，凡圣皆依正果。此国又叫凡圣同居土。②

有余国又叫有余土，是二乘三种菩萨“证方便之所居也”。居此土者，根性钝者通三藏教，根性利者可通别教、圆教。智额认为它是“有变易所居之土”，故名有余土，又叫方便。③

果报国又叫果报土。理解此土需要与判教中的别教联系。别教是指那些对教理明智而果断者的判教层次。此中人往生净土得其实果报，“受法性报身，以观实相，发真无漏”，以便达到更高层次。“亦名实报无障碍土。”④

常寂光国亦云常寂光土。《观经疏明四土宗教》中解释得比较明确：

常寂光者，常即法身，寂即解脱，光即般若。⑤

佛教讲佛有三身：“一法身，二报身，三应身。”法身为“自性清净，皎然无点”。⑥法身即佛之真身。可知居寂光土者即佛。因此智者大师说，此土“妙觉极智所照，如如法界之理，名之为国，亦名法性土”。⑦

以上即四种果报土的来由。

茅子元以智顗大师的四土理论为基础，制数种图，以示说明。并未违背台宗四土理论的本质。他制图的目的很明确，他认为宋代一些僧侣的传法上已失伦次，致使：

四土混乱无伦，智转行融，致使利钝不分，因果俱失。只言净土，不知净土高低；只说唯心，不知心之深浅。故见诸家相毁，各执一边，唯知自破宗风，非魔能坏。今则略开一线，述出四图，削去迷情，顿明心地，然后沙河法界收一纸之中，无量法门出乎方寸之内耳。⑧

① （隋）智顗撰：《维摩经疏示四种佛国》，《乐邦文类》卷4，《大正藏》，第47册，第197页。
② （隋）智顗撰：《维摩经疏示四种佛国》，《乐邦文类》卷4，《大正藏》，第47册，第197页。
③ （隋）智顗撰：《维摩经疏示四种佛国》，《乐邦文类》卷4，《大正藏》，第47册，第197页。
④ （隋）智顗撰：《维摩经疏示四种佛国》，《乐邦文类》卷4，《大正藏》，第47册，第197页。
⑤ （隋）智顗撰：《维摩经疏示四种佛国》，《乐邦文类》卷4，《大正藏》，第47册，第197页。
⑥ 《维摩经玄疏》卷2，（隋）智顗撰《维摩经玄疏》，《大正藏》，第38册，第524页。
⑦ （隋）智顗撰：《维摩经疏示四种佛国》，《乐邦文类》卷4，《大正藏》，第47册，第197页。
⑧ （元）普度编：《庐山莲宗宝鉴》卷2，《慈照宗主圆融四土选佛图序》，中国社会科学院世界宗教研究所图书馆藏清刊本。

茅子元制图的目的之一在于廓清有关净土业的糊涂认识，以图示的方法，简单明了地表达四种土的不同果、位、德、智等层次。依据修行者的利钝、善恶区分四土的高下。

在论及五重玄义的体、用、宗时，通过不同的排列，表明了居不同净土者对三者的认识的高下利钝之分。而体、用、宗又与涅槃经之三德结合。故图示出，同居土者，“三德迷”；方便土者，“解脱德”；实报土者，“般若德”；寂光土者，“法身德”。又与应身、报身、法身三身之说相应合。在破迷解惑、情与智的关系上同样表明了居土层次的不同，因而利钝能力之不同。迷不破则惑不解，而惑不解，皆在于为情所碍，则智不通。由此可见，从佛教的立场上讲，《圆融四土图》有其内在的逻辑力量，并非不伦不类。茅子元制《圆融四土图》的第二个原因，是以图解的方式扩大四土思想的影响，使文化水准不高的人或所谓根性钝者能直观地领悟，从而扩大教势，广揽门徒。例如，他画了凡圣同居土图，并加以解释：

> 此土但有信愿念佛，不断烦恼，不舍家缘，不修禅定，临命终时，弥陀接引，皆得往生净土，便获神通，得不退转，直至菩提……①

其实将枯燥的经文化为图示，在宋代并非茅子元独创。《四教集注》的作者天竺寺僧玉岗，就曾绘制了《天台五时八教图》。他认为，末世机钝，不易领悟天台判教之玄妙，故立图，俾使见者一目了然。其画图的目的与茅子元同。

从教义的角度看初期的白莲教和创教人茅子元，并未见其与正统佛教有迥异处。其“异端”表现在男女同习修持，及独立成体系的宗教组织上。

四 白莲教戒律、组织与正统佛教之异同

白莲教的基本戒律与正统佛教同。据《庐山莲宗宝鉴·慈照宗主》条记载，茅子元创教之初“乃慕庐山远公莲社遗风，劝人皈依三宝，受持五戒，一不杀，二不盗，三不淫，四不妄，五不酒，念阿弥陀佛五声，以证五戒，普结净缘，欲令世人净五根，得五力，出五浊也”，② 并把戒律放在十分重要的位置。所谓“知诸善之本，五戒为先，王者履之治国，君子奉之以立身，不可造次而离不可须臾而废。佛称五德，儒谓五常，在天为五星，在地为五岳，在人为五藏，在处为五方。广而言之，无所不统，仰观俯察，莫能加焉”。③ 但正统佛教徒对白莲教的持戒颇有议论，特别对戒淫一条。宗鉴讲茅子元“劝诸男女同修净业”。④ 而志磐则加以引申，认为该教“谨葱乳，不杀，不饮酒，号白莲菜。受其邪教者谓之传道，与之通淫者谓之佛法”，⑤ “愚夫愚妇转相诳诱，聚落田里皆乐其

---

① （元）普度编：《庐山莲宗宝鉴》卷2《慈照宗主圆融四土选佛图序》，中国社会科学院世界宗教研究所图书馆藏清刊本。

② 《庐山莲宗宝鉴》卷4，（元）普度编《庐山莲宗宝鉴》，《大正藏》，台北：财团法人佛陀教育基金会出版部1990年版，第47册，第319页。

③ （元）普度编：《庐山莲宗宝鉴》卷1《受持戒法》，中国社会科学院世界宗教研究所图书馆藏清刊本。

④ （宋）宗鉴撰：《释门正统》卷4，杨讷编《元代白莲教资料汇编》，中华书局1989年版，第280页。

⑤ （宋）宗鉴撰：《释门正统》卷4，杨讷编《元代白莲教资料汇编》，中华书局1989年版，第280页。

妄”。[①] 这种指责显然不能加诸整个白莲教上。白莲教在不淫的戒条上，与正统佛教不同。佛教徒不能破色戒，白莲教徒的“不淫”，是不淫邪外色。白莲教徒多有家室，娶妻生子，不异平民。当然与佛教对淫的戒律理解不同。此外，教徒往往男女同修净业，下层社会劳动的男妇，在两性关系上，也会有些松动，不能据此就认为白莲“通淫”为佛法。相反元代普度对此还有批评，他说：“今有一等愚人，常行异教，诈称莲宗弟子，妄指双修，潜通淫秽，造地狱业，迷误善人，沉迷欲乐，甘堕险坑，岂不谬乎。是真狐魅妖精，何异畜生类也。”[②] 指出白莲教主张“清心寡欲，双修福慧”，并劝“在家菩萨”依此戒修行。[③]

白莲教在五种戒持中，特重于斋戒和不杀。在《庐山莲宗室鉴·受持戒法》条中说：“如或五戒难行，且除酒肉二味。十重易犯，且持不杀一门。”[④] 又讲“居士病缘，终不饮酒食肉”。[⑤] 佛教徒对白莲教戒律的评价，大体如此。据《释门正统》记载：白莲教徒号白莲菜人。白莲菜即白莲斋，菜、斋相通。白莲斋又称茹茅阇黎莱。阇黎即僧师之意，茅阔黎菜，即茅子元所规定之斋。由于吃斋严谨，故教内绝不杀生，所以宗鉴也讲，子元死后，教内“唯谨护生一戒耳”。

五 元代白莲教传教与禁教

元代是白莲教大发展时代，也是成为独立宗教的时代。是时，天下混一，南北贯通。

白莲教面对的形势是，元蒙统治者对儒教这个封建时代统治思想基本弃之不顾。

元代佛教，特别是藏传佛教畅行于北方；道教的全真道从民间走向正统。南方正一道也在发展。

民间教派中的摩尼教（明教），以香会之名潜行传教，教势极大。

元统治者对宗教的政策、措施是宽松的，包括对白莲教。

据元人刘埙记载：白莲教历经元南北混一之后，“盛益加焉”，“历都过邑元不有所谓白莲堂者，聚徒多至千百，少不下百人，更少犹数十。栋宇宏丽，像设严整，乃至与梵宫道殿匹敌，盖诚盛矣”。[⑥] 吴澄则指出：“佛法之外，号曰白莲，历千年而其教弥盛，礼佛之屋遍天下。”[⑦] 都说明，元代白莲教不仅实力雄厚，而且成为佛、道之外最大的宗教教派之一。但也由于传播过滥，教内发生分化，呈现两种不同的发展趋势。一部分白莲教徒以忏堂为依托，以茅子元正宗流裔自况，继承了子元的学说和实践，采取与元当局合作态度。一部分人则背离子元宗旨，与不甘元朝统治的民众运动结合，走上反抗元政权的道路。

以忏堂为依托的白莲教团活动。

元代的白莲教徒分布广而散，大都依托某个白莲忏堂进行宗教活动。所谓“佛法之

---

① （宋）宗鉴撰：《释门正统》卷4，杨讷编《元代白莲教资料汇编》，中华书局1989年版，第280页。

② （元）普度编：《庐山莲宗宝鉴》卷10《辩明双修》，中国社会科学院世界宗教研究所图书馆藏清刊本。

③ （元）普度编：《庐山莲宗宝鉴》卷10《辩明双修》，中国社会科学院世界宗教研究所图书馆藏清刊本。

④ （元）普度编：《庐山莲宗宝鉴》卷1《受持戒法》，中国社会科学院世界宗教研究所图书馆藏清刊本。

⑤ （元）普度编：《庐山莲宗宝鉴》卷1《受持戒法》，中国社会科学院世界宗教研究所图书馆藏清刊本。

⑥ （元）刘埙撰：《水云村泯稿》，杨讷编《元代白莲教资料汇编》，中华书局1989年版，第256—257页。

⑦ （元）吴澄撰：《会善堂记》，杨讷编《元代白莲教资料汇编》，中华书局1989年版，第266页。

外，号曰莲教，历千年而其教弥盛，礼佛之屋遍天下”。① 白莲教忏堂有几个来源如下。或先为大家故宅，由白莲教徒买而重新构建成忏堂者。如徽州东门“万山堂之下，旧蒋氏居，其屋地深深，今为道人任普诚所有”，创为白莲忏堂。② 又如：“慈慧庵在郡城西北陬，故为王氏第，学佛人周觉聪始买居之。觉聪早持内典，有所证人，誓息诸缘，归诚圆觉，即以安处施作伽蓝，构殿像佛，敞门通道，幡彩香华。……抡材征工，复作大华严阁……”③ 后其子觉照：“拓开后隙地，益建弥陀殿，翼以斋寝，总若干间……”④ 还有一种忏堂及周围田亩皆为有钱人施舍。邵武县有张仁叔，母死归葬，于坟周围田产 40 亩及菜园、竹林“悉施以养莲社报德堂佛者。命周觉先主之，择其徒一人守家”，报德堂“所恃者有田园以养其生”。⑤ 多数忏堂则为白莲教徒集资建造，如京师的无量寿庵，为觉缘集善信百余人建白莲社后，他出资 700 贯，买地 10 亩，创而建之。而崇仁县会乐堂则是堂主刘觉度叔父以家居改为忏堂，集善信者之资购地买材而成。这些忏堂成为白莲教徒及一般信仰者忏悔礼佛的场所。忏堂则是白莲教团的活动中心。

这些忏堂不少成为家族产业。如丰郡万缘堂主持觉全“莲社道人也，断荤血持经法五世矣”。建万缘堂，以为信仰及生聚之所。⑥ 而此前的慈慧庵分明是周觉聪、周觉照父子的家产。对这种状况，元当局也是了解的。据《通制条格》记载：“建宁路等处有妻室孩儿每的一枝白莲教道人名字的人，盖着寺，多聚着男子妇人，夜聚明散，佯修善事，扇惑人众作闹行有……”⑦ 白莲道人娶妻生子，一些人以忏堂为家，兼信仰、生聚为一体，也是情理中事。这些忏堂都有固定生活收入，多数并不是“扇惑人众作闹行有”的，而是安分守己，靠拢当局的，特别在元代初中叶。如徽州东门观音堂“每月朔，集善士，奉金刚经，上为九重祝寿，下为百姓祈福”。甚至：“本路总通议刘公为主其事，前任僧录通议广智沈公、僧判佛心俊辩何公实纲维之……”⑧ 如东山白莲堂活动之一即“祝圣人寿”。⑨ 而建宁路后山报恩堂主要宗教活动之一即为“与上位祈福祝寿做好事”，故又称报恩万寿堂。⑩

元代一些白莲教忏堂除与皇室及有地位的人祈福做寿外，也做了大量有益公务的善事。如李存《送张平可序》记载，“近经上饶，道中见通川桥梁凡五六”，这些桥梁建造费用“动数百万，而皆白莲社中人成之。彼白莲社中人非有公卿贵人之资，率多行乞四方，亦或伺夫过车马也，而丐聚焉”。所以作者对白莲教徒急公好义，发出感慨：“虽所见本出于求福都，而亦博济之余义。吾则于彼重有感也。”⑪

---

① （元）吴澄撰：《会善堂记》，杨讷编《元代白莲教资料汇编》，中华书局 1989 年版，第 266 页。

② （元）方回撰：《徽州东门观音堂记》，杨讷编《元代白莲教资料汇编》，中华书局 1989 年版，第 254 页。

③ （元）柳贯撰：《慈慧庵记》，杨讷编《元代白莲教资料汇编》，中华书局 1989 年版，第 259—260 页。

④ （元）柳贯撰：《慈慧庵记》，杨讷编《元代白莲教资料汇编》，中华书局 1989 年版，第 259—260 页。

⑤ （元）谢枋得撰：《宁庵记》，杨讷编《元代白莲教资料汇编》，中华书局 1989 年版，第 250—251 页。

⑥ （元）刘埙撰：《莲社万缘堂记》，杨讷编《元代白莲教资料汇编》，中华书局 1989 年版，第 258 页。

⑦ （元）完颜纳丹撰，黄时鉴点校：《通制条格》，浙江古籍出版社 1986 年版，第 336 页。

⑧ （元）方回撰：《徽州东门观音堂记》、谢枋得撰：《东山白莲堂修造疏》，杨讷编《元代白莲教资料汇编》，中华书局 1989 年版，第 255 页。

⑨ （元）方回撰：《徽州东门观音堂记》、谢枋得撰：《东山白莲堂修造疏》，杨讷编《元代白莲教资料汇编》，中华书局 1989 年版，第 252 页。

⑩ 《元典章》卷 33，杨讷编《元代白莲教资料汇编》，中华书局 1989 年版，第 275 页。

⑪ （元）李存撰：《送张平可序》，杨讷编《元代白莲教资料汇编》，中华书局 1989 年版，第 258 页。

在元代多数白莲教徒仍以弥陀信仰的《无量寿经》等三经一论为要典，以得念佛三昧为要务，以终归西方净土为宗旨。或依于忏堂“日课佛名”，或所谓“在家菩萨”，“早起焚香，参承三宝，随意念佛。每日黄昏亦如是礼会，以为常课。如或有干失时，次日当自对佛忏说。此之法门，要且不妨本业。为士者不防修读，为农者不防耕种，为工者不防作务，为商者不防买卖。晨参夕礼之外，更能二六时中偷那工夫持念佛号百千声，志诚为功，期生净土”。[①] 总之无论在白莲忏堂还是在家中佛像前每日念佛、忏悔，亦不失弥陀净土宗宗旨。

各地白莲忏堂在设制上大体不脱净土宗庙宇规矩，崇拜并设有弥陀佛、观世音、大势至像。如徽州东门观音堂“创外门三，施茶。东西庑二。中为大殿，左钟石鼓，奉观世音。后为楼，奉无量寿佛”。[②] 又如慈慧庵，先为白莲道人周觉聪所创，其子因此庵无弥陀佛像，后“拓开后隙地，盖建弥陀殿”。[③] 又如会善堂，原本为家居之所，白莲道人觉度“不惮勤劳，以图恢拓，数年之间，殿亭楼阁焕然一新，斋舍道寮佛像供器种种完具。过者睹其宏规，莫（不）惊幕其能。佛堂非佛寺比也”。[④] 元大都的无量寿庵“树佛殿四楹，屋宇像设，无不具足”。足见《水云村泯稿》云白莲忏堂“栋宇宏丽，像设严整”，迨非虚词。

六　白莲教的被禁与复教

蒙元时，著名大臣耶律楚材阐“邪正之辨”，即指白莲为邪教：

> 夫杨朱、墨翟、男骈、许行之术，孔氏之邪也；西域九十六种，此方、毗卢、糠、瓢、白莲、香会之徒，释氏之邪也；全真、大道、混元、太一三张左道之术，老氏之邪也。[⑤]

白莲教第一次被当局指为“左道乱正之术”，在至元十八年（1281）。据《通制条格》卷28《禁书》载：

> 至元十八年三月，中书省御史台吾：江南行台咨，都昌县贼首杜万一等指白莲会为名作乱。照得江南见有白莲会等名目，五公符、推背图、血盆及应合禁断天文图书，一切左道乱正之术，拟合禁断。送刑部，与秘书监一同议得：拟合照依圣旨禁断拘收。都省准拟。[⑥]

此段官方文字的确有含混不清处，以致现代研究者发生歧义。无论此段文字是否为禁

---

① （元）方回撰：《徽州东门观音堂记》，杨讷编《元代白莲教资料汇编》，中华书局1989年版，第254页。
② （元）柳贯撰：《慈慧庵记》，杨讷编《元代白莲教资料汇编》，中华书局1989年版，第260页。
③ （元）吴澄撰：《会善堂记》，杨讷编《元代白莲教资料汇编》，中华书局1989年版，第266—267页。
④ （元）危素撰：《无量佛庵记》，杨讷编《元代白莲教资料汇编》，中华书局1989年版，第270页。
⑤ 《湛然居士集》卷8，（蒙元）耶律楚材撰《湛然居士集》，渐西村舍刊本，第3册，第13页。
⑥ （元）完颜纳丹撰，黄时鉴点校：《通制条格》，浙江古籍出版社1986年版，第316页。

断白莲教的官方命令，都对白莲教不利。不仅禁白莲道人娶妻生子，对正统僧、道有家室都亦严加管束。举元祚 90 年，当局十余次发布明令“罢僧官有妻者”“敕江南僧有妻者为民”“敕西京僧道也里可温答失蛮等有室家者，与民一体输赋”“敕天下僧道有妻者皆令为民”……[①]可见，对宗教信徒有家室者皆采取严厉禁止措施，非独施于白莲教。白莲教遭禁的第二条原因是所谓晚间的宗教活动方式造成的。白莲教徒多为普通劳动者，白天辛苦劳作，所以宗教聚会多在晚间，又无类似佛教的僧官制度的约束，不能不引起当局的疑虑。

此次被禁时间不长，仅 3 年。到仁宗至大四年（1311），白莲教又重新公开活动。

白莲教恢复合法地位，主要得之于普度的努力。普度，号优昙和尚，“丹阳蒋氏子，家世事佛。弱冠出家，初参龙华宝山慧禅师，师深器之。后历叩诸方，述念佛警要，目曰《莲宗宝鉴》，凡十卷。天童东岩圆应日禅师深加叹赏。继开法于京教法王寺”。[②] 普度还在家乡丹阳竹林山妙果寺住持，“率徒喻俗”，“大广其居”。[③] 但普度在为白莲教复教时，是庐山东林寺善法堂“白莲宗为头和尚”。[④] 普度对白莲教最大的贡献，是在该教遭禁后，奔走于国师、太子及公卿之间，上书言事，力图复教。

普度于至大元年五月禁教后半年抵大都，通过国师毗奈耶室利，向皇太子爱育黎拔力八达献上《庐山莲宗宝鉴》，得到称许，“敬奉令旨，教刊板印行者”。但白莲教仍未被恩准复教。至大三年（1310）正月，普度向武宗上万言书，证明白莲教三皈五戒合于儒家之三畏：畏天命、畏大人、畏圣人言；合于五常：仁、义、礼、智、信。

元政权明令禁止白莲教活动在至大元年（1308）。据《元史》载，是年五月“禁白莲社、毁其祠宇，以其人还隶民籍”。[⑤]

白莲教从元混一宇内，公开活动了近 30 年，终于遭禁。白莲教遭禁有其历史背景。元初，当局即对僧、道实行管理制度。至元二年（1265），蒙古族尚未统一全中国，即实行了选试僧人的考试办法，“僧人每三年一次试五大部经”，并“于每路置院选试僧人，就设监坛，大德登坛，受具足戒，给付祠部，然后许令为僧”。[⑥] 同时实行了僧官制、还俗制，规定僧、道寺庙的数目，对宗教的管理是严格的。蒙古族统一南方后，发现迥异于佛教组织的白莲教，白莲道人有家室、产业，非僧、非道，亦与俗人有别。管理上自然遇到了麻烦。不久又发现都昌县“贼首”打着白莲会的旗号作乱，不能不引起元当局对白莲教的警惕。

到了至大元年，中书省向皇帝奏称：发现建宁路等处的一支白莲教养着妻室、盖着寺庙，内中多聚男子妇人，夜聚晓散，甚至“佯修善事，扇惑人众作闹行有”。生怕他们“别生事端”。同时指出白莲道人“都是有妻子的人”“他们的身已不清净，与上位祝寿呵怎生中”。圣谕着革除白莲教、拆毁教堂，佛像归于当地佛寺，白莲道人发付原籍，于地

---

① 陶希圣编：《元代弥勒白莲会的暴动》，《食货月刊》（合订本），新生命书局 1935 年版。

② （元）普度编：《庐山莲宗宝鉴·优昙和尚辑莲宗宝鉴事实》，中国社会科学院世界宗教研究所图书馆藏清刊本。

③ （元）袁桷撰：《妙果寺记》，杨讷编《元代白莲教资料汇编》，中华书局 1989 年版，第 261 页。

④ （元）果满编：《庐山复教集·宣政院榜》，杨讷编《元代白莲教资料汇编》，中华书局 1989 年版，第 187 页。

⑤ 《元史》卷 22，（明）宋濂等撰《元史》，中华书局 1976 年版，第 2 册，第 498 页。

⑥ （元）完颜纳丹撰，黄时鉴点校：《通制条格》，浙江古籍出版社 1986 年版，第 323—324 页。

方当局收系当差，如不改悔者从重处置。[①]

禁断白莲教大概有两条原因：一是白莲道人皆有家室；二是白莲教徒多为普通劳动者，他们在晚间从事宗教聚会，不能不引起当局的疑虑。但普度的《上白莲宗书》说："迨于圣明盛世，庐山本宗东林寺钦奉先皇帝圣旨，赐善法堂护持念佛宗教。"同时向武宗指陈：宣政院奏赐"前住持祖因长老白莲宗主、通慧大师，护持圣旨，宠锡非常"的事实。凡此种种都是向皇帝表明白莲教之教化"为让为表、为忠为孝、为廉为仁"，可去恶行善，省其刑狱，使统治者"坐致太平"。[②] 普度的《上白莲宗书》在武宗时代没起到作用，皆因朝臣，特别是监察御史张养浩力主禁教。其持论主要是：僧尼发展过滥，蠹政害民，而白莲教道人皆有妻室，且大逆不道。[③]

至大四年（1311），武宗宾天，仁宗继位。六月二十九日"颁降圣旨"；"休交断绝"了白莲教，让白莲忏堂"与俺每根底祈福祝寿者"。[④] 白莲教又恢复了合法传教的权利。

白莲复教后，仁宗皇帝于皇庆二年（1313）应舍利坚等之请，下旨护持建宁路白莲忏堂：

> 自今以后，叫白莲佛堂为报恩万寿堂，置住持，并命地方官对于所属各佛堂加以保护。寺领脱粮照先例与了，不许差发、占据、掠夺他们的财产。制旨交与白莲堂都掌教性空、普慧及肖觉贵。合纳税粮，不交官府，藏于寺里。如有违制，不依体例而征税，便问违敕之罪。[⑤]

据日本学者重松俊章研究结果，建宁路白莲堂之所以受此恩宠，与肖觉贵夤缘高丽国王太子、入侍元廷之沛王及朝廷显贵有关。但白莲教复教在此前两年已成为事实，主要是普度奔走呼号的结果。从信仰和人品层次上讲，普度远高于肖觉贵。但两人目的都是一样的，即靠拢当局，得其青睐，以利本宗教的公开发展。但白莲教在英宗时代再次遭禁。《元史》卷28《英宗纪》载，至治二年闰五月"禁白莲教佛事"。

以上介绍为元代白莲教被禁及复教活动状况。

七　以白莲教为名的初期造反活动

元代，蒙古族入主中原。统治者虽然部分地接受了传统的典章制度，但对华夏文化多所毁弃，种族压迫日益加深，民众反抗运动从未间断，宗教异端或"邪教"活动遍及宇内：

---

① （元）完颜纳丹撰，黄时鉴点校：《通制条格》，浙江古籍出版社1986年版，第336页。

② （元）果满编：《庐山复教集·上白莲宗书》，杨讷编《元代白莲教资料汇编》，中华书局1989年版，第177—186页。

③ 杨讷：《元代的白莲教》，《元史论丛》（第2辑），中华书局1983年版，第207—208页。

④ （元）果满编：《庐山复教集·宣政院榜、抄白全文》，杨讷编《元代白莲教资料汇编》，中华书局1989年版，第186—187页。

⑤ ［日］重松俊撰：《初期的白莲教会》，《市村博士古稀纪念东洋史论集》，东京：富山房，1933年。陶希圣抄译，《食货月刊》（合订本），新生命书局1935年版。

太宗九年（1237），“金经李佛儿以妖术惑众谋乱”。

世祖至元五年（1268），“济南王保和以妖言惑众，谋作乱”。

世祖至元五年（1268），“淄州妖人胡王惑众，事觉，逮捕继发……”

世祖至元十一年（1274），“比闻益都、彰德妖人继发……”

世祖至元十六年（1279），“以梧州妖民吴法受扇惑藤州、德庆府泷水徭蛮为乱，获其父诛之”。①

在接连不断的“妖人”惑众造反事件中，有一案引起元政权的重视，即江西行省都昌县“贼首杜万一等指白莲会为名作乱”一事。

杜万一又名杜可用，至元十七年（1280）春率众起事，拥众数万，号杜圣人，“伪改万乘元年，自称天王，民间皆事天差变现火轮天王国王皇帝。以谭天麟为副天王，都昌西山寺僧为国师。朝廷命史弼讨败之，江西招讨方文擒可用”。②

杜万一等如何指白莲会为名“作乱”，已不可知，但杜万一绝非白莲道人。史料既没有记载其道号，又没有关于起事前依于白莲忏堂的记录，甚至关于他是否信仰弥陀净土宗也没有丝毫说明。他称天王，号圣人，应为其他“异端邪派”。杜万一领导的造反行动，虽然与白莲教无关，但他冒名顶替的做法，却给白莲教带来了不良影响，白莲教因此被当局指为“左道乱正之术”。

杜万一事件后20年间，又发生了三次涉及白莲教或白莲道人的造反事件，即以彰德的朱帧宝、柳州的高仙道、河南安远无量寺僧人袁普昭为首的案件。

成宗大德四年（1300）或稍后数年，广西柳州“妖贼高仙道以左道惑众，平民诖误者以数千计。既败，湖广行省命察罕与宪司杂治之，鞫得其情，议诛首恶数人，余悉纵遗，且焚其籍。众难之，察罕日：‘吾独当其责，诸君无累也。’”③另一史料则记载：“柳州白莲道人谋叛，论死者二百，系之，释不舌情者百三十有七人。”④朱帧宝事件似应发生在高仙道事件之前，发生地为彰德。似亦被当局认为是白莲教，故普度在《上白莲宗书》中讲：“若前时彰德之朱帧宝、广西之高仙道，斯徒即非本教念教之人，而要称白莲道，误触陛下刑禁者。”⑤可见，无论是朱帧宝还是高仙道都很难指实为白莲道人。但元贞元年（1295）审出的河南远安县（今湖北）的袁普昭则为白莲道人无疑。据《元典章》载：

峡州路远安县太平山无量谷僧人袁普昭，自号无碍祖师，伪造论世秘密经文，虚谬凶险，刊板印散，扇惑人心。取讫招状，于元贞元年十二月十七日奏过：京南府一个山里普昭小名的和尚，伪造佛经，那经里写着犯上的大言语有，交抄与诸位读有，么道。今夏南京省官人每与将文书来呵，俺上位奏了……和他一处做伴当徒弟每总廿

① 参见马西沙、韩秉方《中国民间宗教史》，上海人民出版社1992年版，第143—144页。

② 参见马西沙、韩秉方《中国民间宗教史》，上海人民出版社1992年版，第144页。

③ 《元史》卷137，（明）宋濂等撰《元史》，第11册，第3310页。

④ 《程雪楼文集》卷16，《元史》卷8《世祖纪》、《上白莲宗书》，杨讷：《元代白莲教》，《元史论丛》第2辑，中华书局1983年版，第204页。

⑤ 参见马西沙、韩秉方《中国民间宗教史》，上海人民出版社1992年版，第145—146页。

四个人。那的内廿一个和尚、三个俗人。普昭小名的和尚根脚里造伪经来，着木雕着自己的形，伪用金妆着，正面儿坐着，左右立着神道，那经里更有犯上的难说的大言语……①

袁普昭是袁氏道号，故上文中云其为“小名”，为白莲道号无疑。住无量寺，自号无碍祖师，都与白莲教相契合。无碍祖师亦为净土宗语，弥陀佛又称无碍光佛。无碍即心无碍，可往生净土义。《往生要集》云：“我所有三要，与弥陀佛万德，本来空寂，一体无碍。”此处即心与弥陀佛通，合其万德。普昭自称无碍祖师，又刻自己木像，饰以金妆，分明是自比弥陀佛，以耸动俗人视听。而伪造经纶，大言无忌，也是出于同一目的。从现有史料来看，说他是元代白莲道人中第一个“谋逆”者不为过。但是元政权并未发现袁普昭为白莲道人。

从以上介绍可知，元代初、中叶，真正的白莲教团或白莲道人的造反事件是罕见的。

八 元末香会、白莲教与农民大起义之关系

元代末年，农民运动蜂起，大元帝国败亡，朱元璋建立大明王朝。后代史家或称这次农民起义为白莲教起义；或认为受到白莲教、明教混合教派的影响。我的看法是，农民起义的主要力量是香会即弥勒教与明教的混合教派，由香会转化成香军即红巾军，是宗教组织向军事组织的演变。只是到了起义如火如荼的阶段，白莲教才有大批成员参与其中。所以将元末农民起义称为香会或香军起义，更符合历史的真实。

“明王出世，弥勒下生”，反映了元末农民起义军的主要信仰。它极大地鼓舞了起义者的斗志，成为元末农民起义的信仰旗帜。

元顺帝至正十一年（1351），元政权因“灾异叠见，黄河变迁”，“遣工部尚书贾鲁，役民夫一十五万、军二万，决河故道，民不聊生”。② 是年五月，“颍州妖人刘福通为乱，以红巾为号，陷颍州”。③ 元末农民起义爆发了。

刘福通是韩山童的弟子。关于韩山童，元末或明代史料记载颇多：

> 初，韩山童祖父，以白莲会烧香惑众，谪徙广平永年县。至山童，倡言“天下大乱，弥勒佛下生”，河南及江、淮愚民翕然信之。福通与杜遵道、罗文素、盛文郁、王显忠、韩咬儿复鼓妖言，谓山童实宋徽宗八世孙，当为中国主。福通等杀白马、黑牛，誓告天地，欲同起兵为乱，事觉，县官捕之急，福通遂反。山童就擒，其妻杨氏，其子林儿，逃之武安。④

另外一些史料并未提及韩山童组织“白莲会”，而是提“烧香结会”：

---

① 参见马西沙、韩秉方《中国民间宗教史》，上海人民出版社 1992 年版，第 145—146 页。

② 《南村辍耕录》卷 29，（明）陶宗仪撰：《南村辍耕录》，杨讷等编《元代农民战争史料汇编》，中华书局 1959 年版，中编第 1 分册，第 5 页。

③ 《元史》卷 42，（明）宋濂等撰：《元史》，第 3 册，第 891 页。

④ 《元史》卷 42，（明）宋濂等撰：《元史》，第 3 册，第 891 页。

河南韩山童首事作乱，以弥勒佛出世为名，诱集无赖恶少，烧香结会，渐致滋蔓，陷淮西诸郡。继而湖广、江西、荆襄等处，皆沦贼境。①

五月，颍川，颍上红军起，号为香军，盖以烧香礼弥勒佛得此名也。其始出赵州滦城韩学究家，已而河、淮、襄、陕之民翕然从之，故荆、汉、许、汝、山东、丰、沛以及两淮红军皆起应之。颍上者推杜遵道为首，陷朱皋，据仓粟，从者数十万，陷汝宁、光、息、信阳。②

由于烧香礼弥勒佛，故号“香军”，其初则为香会无疑，由香会改名香军，是揭竿起事后所为。事实是韩山童家族从来不是白莲教徒。本文前面探讨了白莲教的几个特点：(1) 白莲教继承了弥陀净土宗信仰，崇拜阿弥陀佛、观世音等。(2) 茅子元以及后继者以《无量寿经》为宗旨，口称念佛，并继承了天台宗四土信仰，及智顗、慈云遵式的忏法。(3) 白莲教徒都有道号，依普、觉、妙、道四字为号。元末有一批白莲教徒参加起义，皆冠以“普”字。这一点中、日学者都有专文论述。用这三个特点，反观韩山童、韩林儿、刘福通等领袖人物：(1) 他们都不信仰弥陀净土宗，而是“烧香崇弥勒佛”。(2) 不知所念何种经典。(3) 没有白莲教徒必有的道号。由此可知，所谓“白莲教”在韩山童那里是根本不存在的。

在南宋、元代，白莲教的传播在中国的华北地区远不若江南地区，相反，隋唐以来弥勒信仰在华北地区一直兴旺发达，乃至以“弥勒下生”为号召的造反事件从未止息。

最早以“新佛出世，除去旧魔”相号召的是北魏沙门法庆，事出在冀州。所谓新佛，当然指的弥勒佛。③

唐开元间，贝州（今河北清河一带）人王怀古宣称“释迦牟尼末，更有新佛出”。其出事地点及口号几乎与200年前之法庆同。北宋庆历七年（1047），又是在贝州，王则起事，口号仍是“释迦佛衰谢，弥勒佛当持世”。

五个多世纪中，几乎发生在同一地点，信仰同样的宗教思想，三次事件几乎雷同。足见弥勒佛的兜率天信仰在这一地区始终不断，且极具吸引力和影响力。

王则事件后又三百年，赵州栾城韩氏家族仍踵行其传统，传播的是弥勒信仰，而口号与八百年前法庆、六百年前的王怀古、三百年前的王则没有任何变化。而韩山童祖籍的栾城离冀州、贝州不过200里之遥，韩山童传教之广平离冀州、贝州更近，不足200里。依元代史料，这一带没建造过任何白莲忏堂，那么白莲教从何而来呢？韩山童所倡之教当然不是白莲教，而是香会，起事后改名香军，以其“烧香礼弥勒佛得此名也”（《庚申外史》卷上）。

崇信弥勒下生观念的香会，最大特点是“烧香惑众”“烧香结会”。早于韩山童、刘福通的史料亦可证明这一点。至元三年（1337）发生于河南信阳的棒胡造反，即又一例：

棒胡反于汝宁信阳。棒胡本陈州人，名闰儿，以烧香惑众，妄造妖言作乱，破归

---

① 《南村辍耕录》卷29，（明）陶宗仪撰：《南村辍耕录》，杨讷等编《元代农民战争史料汇编》，中华书局1959年版，中编第1分册，第5页。

② 《庚申外史》卷上，（元）权衡：《庚申外史》，杨讷等编《元代农民战争史料汇编》，中编第1分册，第7页。

③ 参见马西沙、韩秉方《中国民间宗教史》，上海人民出版社1992年版，第50—58页。

德府鹿邑，焚陈州，屯营于可冈。命河南行省左丞庆童领兵讨之。

二月……乙丑，汝宁献所获棒胡弥勒佛、小旗、伪宣敕并紫金印、量天尺。①

棒胡崇信的是弥勒佛，“妄造妖言”大概也是“弥勒下生”一类。特点仍是“烧香惑众”，仍是香会。

与棒胡几乎同时举事的江西行省袁州（今江西宜春）是著名的“妖僧”彭莹玉：

袁州妖僧彭莹玉，徒弟周子旺，以寅年寅月寅时反。反者背心皆书“佛”字，以为有佛字者刀兵不能伤，人皆惑之，从者五千人。郡兵讨平之，杀其子天生地生、妻佛母，莹玉遂逃匿于淮西民家……民闻其风，以故争庇之，虽有司严捕，卒不能获。②

彭莹玉当然不是“白莲道人”，仍然崇信弥勒佛。故《草木子》载：

先是浏阳有彭和尚，能为偈颂，劝人念弥勒佛号，遇夜燃火炬名香，念偈礼拜，愚民信之，其徒遂众。③

这位元末农民起义发其端者，倡导的还是“香会”，其教“夜燃火炬名香”，以礼弥勒佛故。

凡此皆可证明，元末农民起义在酝酿和开始阶段与白莲教会关联不大，而是倡导弥勒下生的南北两方“香会”发动的。只是到了起义如火如荼的发展阶段，在江南，白莲教会大批成员才蜂拥而入，特别是加入了徐寿辉的天完红巾军。但天完红巾军并未因白莲教徒加入而改变信仰弥勒佛的初衷：

先是浏阳有彭和尚，劝人念弥勒佛号，遇夜燃香灯，偈颂拜礼，其徒从者日众，未有所附。一日，寿辉浴盐塘水中，身上毫光起，观者惊毫。而邹普胜复倡妖言，谓弥勒佛下生，当为世主，以寿辉宜应之，乃与众共拥寿辉为主，举兵，以红巾为号。④

邹普胜应是白莲教信徒，从其道号可知。但他并未倡导弥陀信仰，而倡导的是弥勒下生观念。可见即使后来大批白莲教徒加入红巾军，他们也只能喊“弥勒下生”的口号。其原因很简单，近两千年来，底层社会造反运动几乎很少有倡导弥陀信仰者，既没听说“弥陀出世”，也没听说“弥陀下生”这类口号，因为弥陀佛住持西方，如何下生尘世？与其教义根本不符。而带有摩尼教信仰色彩的“明王出世”则与“弥勒下生”同属救世思想，具有同样强大的吸引力。

---

① 《元史》卷39，（明）宋濂等撰《元史》，第3册，第838页。

② 《庚申外史》卷上，（元）权衡撰：《庚申外史》，杨讷等编《元代农民战争史料汇编》，中编第1分册，第7页。

③ 《草木子》卷3，（明）叶子奇撰：《草木子》，中华书局1959年版，第51页。

④ 《湖广总志》卷98，（明）徐学谟修：［万历］《湖广总志》，杨讷等编《元代农民战争史料汇编》，中编第1分册，第111页。

目睹当时情状的朱元璋对此十分清楚。在讨张士诚的檄文中，透彻分析了元代末年农民造反的来龙去脉，他一针见血地指出，造反的百姓是误中妖术，“酷信弥勒之真有，冀其治世，以苏困苦，聚为烧香之党”。[①] 足见在元末，真正吸引民众的宗教力量的是弥勒信仰，它具有极大的凝聚力和历史传统的力量。而“烧香之党”即“香会”则始终是联络散漫人群的组织机构，南北两方皆如此。

我们根据对宋元白莲教传播及性质的分析，可以明确地得出如下结论：

宋元白莲教虽然被佛教徒指为“邪教”，也曾被元代统治者暂时禁断过两次。但基本属于比较平和的净业团社这样的宗教教派。

至于明清时代所云之白莲教，则完全不同于南宋时茅子元所创之教，也不是元时普度所倡导的白莲教，仅余白莲教的名称而已。

（原文发表于《宗教学研究》2017 年第 2 期）

---

① 《讨张士诚令》龙凤十二年八月，此檄文原载《国初群雄事略平吴录》，又见刘海年、杨一凡主编《中国珍稀法律典籍集成》，科学出版社 1994 年版，乙编第 3 册。

中国西南少数民族地方政权与宗教论析*

张泽洪**

摘　要：中国西南边疆是多民族聚居地区，自战国秦汉以来西南地区相继建立了一些少数民族地方政权。本文通过对夜郎国、句町国、罗甸国、罗氏鬼国、自杞国、景龙金殿国、南诏国、大理国等及其宗教的考察，认为历史上西南少数民族政权与宗教有着密切关系，西南少数民族政权的方国内流行原始宗教、神学宗教，这反映出西南各族群宗教文化的多样性。本文指出当今西南少数民族传统宗教可以追溯至西南少数民族地方政权宗教时期，说明西南各族群宗教信仰源远流长，也反映了历史上儒释道三教在西南民族地区的传播。

关键词：西南少数民族　地方政权　夜郎国　罗氏鬼国　南诏　大理国

中国西南边疆是多民族聚居地区，自战国秦汉以来西南地区相继建立了一些少数民族地方政权。笔者曾撰写《中国西南少数民族鬼主制度研究》一文，讨论唐宋时期西南少数民族宗教的鬼主，指出鬼主制度具有国主兼祭司的政教合一特点，本文在此基础上进一步讨论西南少数民族地方政权与宗教。历史上西南少数民族政权与宗教有着密切关系，西南少数民族政权的方国内流行原始宗教、神学宗教，这反映出西南各族群宗教文化的多样性。因此，西南少数民族地方政权时期的宗教及影响，还是值得专门讨论的学术问题。

一　夜郎国、句町国及其宗教

夜郎，又称作夜郎国，是战国初期至西汉中期西南夷的一个邦国。司马迁《史记·西南夷列传》说："西南夷君长以什数，夜郎最大。"① 夜郎国的疆域东部南起荔波，经凯里、施秉、石阡，北达思南一线，北部东起凤冈，经绥阳、桐梓、四川之叙永、兴文，西抵珙县一线；西部云南北起盐津，经昭通、东川、宜良，南迄开远一线，开远西又侈入河西，南部西起兴义，经安龙、册亨、望漠、罗甸，东止荔波一线；西南有广西凌云、西林、云南广南、富宁之地。清张澍《续黔书》卷三《夜郎》载："若秦汉时之夜郎，则西距邛笮，东接交阯，凡数千里。今人徒知遵义之为夜郎，亦不知夜郎之大矣。"②

---

* 本文系2015年国家社会科学基金重点项目"瑶族宗教经书与道教科仪经书文化内涵比较研究"（15AZJ006），教育部人文社会科学重点研究基地重大项目"滇西北多元宗教历史与现状研究"（15JJD730001）阶段性成果。

** 张泽洪，四川大学道教与宗教文化研究所，中国西部边疆安全与发展协同创新中心教授、博士生导师。

① （汉）司马迁撰：《史记》第9册，中华书局1959年版，第2991页。

② （清）张澍撰：《续黔书》，成文出版社1967年版，第74页。

西南夜郎国所在的地区，主要盛行原始宗教。东晋常璩《华阳国志·南中志》载牂牁郡："俗好鬼巫，多禁忌。"① 考古发现的夜郎国时期的铜鼓，是夜郎先民用以祀神的礼器。1943年岑家梧赴黔南荔波调查，后撰写《水家仲家风俗志》，叙述水家端节悬铜鼓仪式说："水家每家必备铜鼓，传系孔明遗物，平时藏于房中，举行招魂仪式后，即取出铜鼓悬于门前，先以酒三杯供神，再以酒喷于鼓内，然后开始击鼓，至第七日，始将铜鼓取下，存放原处。"② 在夜郎先民的宗教观念里，认为将铜鼓用作葬具，可以保佑死者的灵魂。贵州赫章可乐的套头葬习俗，其功能是让逝者灵魂升天，这反映了古夜郎人的原始宗教信仰习俗。

《汉书》卷九十五《西南夷两粤朝鲜传》载汉成帝河平（公元前28—前25）中，夜郎王兴与钩町王禹、漏卧侯俞举兵相攻，朝廷遣太中大夫、蜀郡人张匡持节和解，"兴等不从命，刻木像汉吏，立道旁射之"。③ 这种刻像而射的方式，是原始宗教的比拟巫术。夜郎国盛行竹王崇拜，夜郎境内多有竹王庙、竹王祠、三郎庙、竹皇庙等。夜郎国的洪水神话、竹王神话，更反映夜郎人图腾崇拜、祖先崇拜的信仰实况。

句町是西南少数民族地区的一个方国，句町国被认为是古越人、濮人所建立。句町县名出现于西汉元鼎六年（公元前111）。有关西南句町古国的情况，首见于《华阳国志》和《汉书》的记载。东晋常璩《华阳国志·南中志》载："南中在昔，盖夷越之地，滇、濮、句町、夜郎、叶榆、桐师、嶲唐，侯王国以什数。"④《汉书·西南夷两粤朝鲜传》载始元四年（公元前83年）汉昭帝曰："钩町侯亡波率其邑君长人民击反者，斩首捕虏有功，其立亡波为钩町王。"⑤ 《华阳国志·南中志》亦载封钩町渠帅亡波为钩町王之事。《汉书·西南夷两粤朝鲜传》有近一半的篇幅都是句町叙事。汉王朝平定南越后，回兵统一西南地区句町、夜郎等国，于且兰（今贵州西南）设牂牁郡，建句町县，隶属牂牁郡。汉昭帝始元四年（公元前83），因句町首领毋波协助汉室平定"郡兵"反叛有功，被西汉王朝敕封为王，句町县被封为王国。

句町古国的都城，在今云南省文山壮族苗族自治州的广南莲城。汉代句町古国的范围，大体相当于今云南文山州广南县、富宁县，广西西林县、隆林县、凌云县及百色等地。自西汉至东晋，句町王国共存在583年。句町王的活动中心在广南一带，其控制地区包括今广西西部、云南文山州大部及越南北部一些地区。

古越人后裔的句町国，上至贵族王侯，下至普通百姓皆通行鸡卜法术。句町国越人的鸡卜法术，甚至得到西汉武帝的崇信。《史记》卷十二《孝武本纪》载：

> 是时既灭南越，越人勇之乃言"越人俗信鬼，而其祠皆见鬼，数有效。昔东瓯王敬鬼，寿至百六十岁。后世谩怠，故衰耗"。乃令越巫立越祝祠，安台无坛，亦祠天神上帝百鬼，而以鸡卜。上信之，越祠鸡卜始用焉。⑥

---

① 任乃强校注：《华阳国志校补图注》，上海古籍出版社1987年版，第260页。
② 岑家梧：《岑家梧民族研究文集》，民族出版社1992年版，第174页。
③ （汉）班固撰：《汉书》第11册，中华书局1962年版，第3843—3844页。
④ 任乃强校注：《华阳国志校补图注》，上海古籍出版社1987年版，第229页。
⑤ （汉）班固撰：《汉书》第11册，中华书局1962年版，第3843页。
⑥ （汉）司马迁撰：《史记》第2册，中华书局1959年版，第478页。

句町国的鸡卜法术不仅在南越地区流行，且为西汉王朝的国家祠祀所使用。句町国虽仅存在数百年，但其鸡卜法术的传统，却在方国地域内长期传承。宋乐史《太平寰宇记》卷一百六十三《岭南道七》载南仪州风俗："俗以鸡骨占吉凶，《汉书》云越巫以鸡卜，此也。"① 宋乐史《太平寰宇记》卷一百六十六《岭南道十》载融州风俗："今乡村皆戴白头巾。《邕州图经》云：俗吝啬浇薄，内险外蠢，椎髻跣足，尚鸡卜及卵卜。"②

句町国的族群上承骆越，下接俚、僚、乌浒，与现代壮侗语族中的壮、傣、布依、侗、仫佬、毛南等族群都有渊源关系。③ 清乾隆《广西通志》卷九十二《诸蛮》引《赤雅》云：

> 獞人善鸡卜，其法不一。以雄鸡雏执其两足，鸡匠焚香祷祈，占毕杀之。拔两股骨净洗，用线束之，以竹筳插束处，使两骨相背，端执称祝。左骨为侬，侬者，我也；右骨为人，人者，事也。视两骨侧所有细窍，以小竹筳长寸许，遍插之，斜直偏正，任其自然，以定吉凶。其法有十八变，直而正近骨吉，曲而斜远骨凶。④

清乾隆《广西通志》卷九十二《诸蛮》载狼人："善鸡卜，其法取生鸡雄者，折一翼，东向去翼肤肉视骨，骨有纹路，明则吉，暗则凶，以定向往。"⑤ 民国《桂平县志》卷三十一"狼人鸡卜"条，载狼人善鸡卜，其法与獞人鸡卜相同。桂西狼人是獞人的一支，明代狼兵以善战著称，此壮族先民有尚鬼畏誓的特点。

二 罗甸国、罗氏鬼国及其宗教

在西南少数民族地区，唐宋时期有称为罗甸国、罗氏鬼国的少数民族地方政权。罗甸国是播勒家所建立，以彝语所称的播勒大革（今安顺）为中心。播勒属于六祖中慕克克的布部。据彝族文献《六祖的起源》记载：彝族播勒属布部始祖慕克克后裔，故称"德布氏"。到"德布氏"第十七世杂默德时，迁居今安顺一带，因彝语称安顺为"播勒"，史称"播勒部"。彝人谓原濮人所居的安顺为"濮里""普里"，故史称播勒部为"普里部"。民国《镇宁县志》卷一载："夷语谓普里为播勒，今安顺府南七十里羊武大寨，有土司故城，即其地也。"⑥ 明王鸣鹤《登坛必究》卷九《地理四》"普定卫军民指挥使司"条载：

> 罗甸国，后为罗鬼、犵狫、可劚、苗蛮所居，号普里部。元初内附，置万户，改普定府，领安顺、永宁、镇宁、习安四州。⑦

---

① （宋）乐史撰：《太平寰宇记》第 2 册，台北：文海出版社有限公司 1962 年版，第 415 页。

② （宋）乐史撰：《太平寰宇记》第 2 册，台北：文海出版社有限公司 1962 年版，第 438 页。

③ 黄桂秋：《句町古国宗教信仰文化初论》，《百色学院学报》2009 年第 3 期。

④ 《文渊阁四库全书》第 567 册，台北：台湾商务印书馆 1986 年版，第 554 页。

⑤ 《文渊阁四库全书》第 567 册，台北：台湾商务印书馆 1986 年版，第 550 页。

⑥ 胡翯纂修：（民国）《镇宁县志》，民国三十六年（1947）石印本。

⑦ 《续修四库全书》第 960 册，上海古籍出版社 2003 年版，第 373 页。

明茅元仪《武备志》卷二百三《占度载度》载普定卫军民指挥使司的四至说：

> 古罗甸国，领所五。东至平坝卫界六十里，西至安庄卫界四十五里，南至金筑安抚司界二百二十里，北至贵州宣慰司界二百七十里。①

历史上罗甸国的封号有两次，第一次是三国蜀汉时期，第二次是唐武宗时期。三国蜀汉时彝族六祖默支系的祖先济济火（妥阿哲）随诸葛亮南征，因功被封为罗甸国王。清张澍《续黔书》卷三《罗甸》称："蜀汉诸葛亮南征，蛮长济济火佐擒孟获有功，封罗甸国王，此罗甸立国之始也。"② 贵州彝文史籍《西南彝志》卷八《阿哲的反叛》载蜀汉皇帝敕封妥阿哲说："敕封妥阿哲，彝帅罗甸王，皇帝给封爵。"③ 第二次是唐朝加封的罗甸王，唐开成元年（836）鬼主阿珮内属，会昌中（841—846）封为罗甸王，遂以其地为罗甸国。《新唐书》卷二百二十二下《南蛮》载："开成元年，鬼主阿珮内属。会昌中，封其别帅为罗殿王，世袭爵。"④ 罗甸国作为唐王朝敕封的西南少数民族地方政权，在贵州地区具有相当的势力。南宋乾道九年（1173），范成大赴任广西经略安抚，所撰《桂海虞衡志·志蛮》说：

> 又南连邕州南江之外者，罗殿、自杞等以国名，罗孔、特磨、白衣、九道等以道名。……罗殿等处乃成聚落，亦有文书公文，称守罗殿国王。⑤

罗殿国有自己的文书公文，首领称为罗殿国王，已建立起少数民族地方政权的一套行政系统。

宋元之际，元军从大理东出进兵罗殿国，至元十五年（1278）罗殿国主归降元朝。元代野史《经世大典·招捕总录》载八番顺元诸蛮："至元十五年，罗殿国主罗阿察、河中府方番主韦昌盛，皆纳土来降。"⑥ 罗殿国归附元朝之后，朝廷设八番罗殿宣慰司镇抚。唐代罗殿国王阿珮为鬼主，五代后唐罗殿国首领普露"为昆明大鬼主、罗甸国王"。⑦民国《镇宁县志》卷一载罗殿国："罗罗蛮。其俗尚鬼，正祭者称鬼主。"⑧ 历史上罗殿国的国王被称为鬼主，说明国王兼任宗教祭司之职，实行的是政教合一的鬼主制度。⑨

罗氏鬼国，又称罗施鬼国、罗鬼国，是彝族六组分宗的默支系始祖慕齐齐之后裔妥阿哲所建立的地方政权。水西是因其在贵州乌江上游的鸭池河以西而得名，宋代末年，长据水西地区的彝族人以明代称贵州为西南夷罗施鬼国地，可见此少数民族政权是以贵州为中

---

① 《续修四库全书》第965册，上海古籍出版社2003年版，第687页。

② 罗书勤、贾肇华、翁仲康、杨汉辉点校：《黔书·续黔书·黔记·黔语》，贵州人民出版社1992年版，第181—182页。

③ 贵州省民族研究所编：《西南彝志选》，贵州人民出版社1982年版，第185页。

④ （宋）欧阳修、宋祁撰：《新唐书》第20册，中华书局1975年版，第6319页。

⑤ （宋）范成大撰，胡起望、覃光广校注：《桂海虞衡志辑佚校注》，四川民族出版社1986年版，第206页。

⑥ 车吉心总主编：《中华野史·辽夏金元卷》，泰山出版社2000年版，第672页。

⑦ （明）谢东山修，张道纂：（嘉靖）《贵州通志》，明嘉靖三十二年（1553）刻本。

⑧ 胡翯纂修：（民国）《镇宁县志》，民国三十六年（1947）石印本。

⑨ 张泽洪：《中国西南少数民族鬼主制度研究》，《思想战线》2012年第1期。

心。清曾廉《元书》卷八十六《阿察传》载罗氏鬼国的疆域说："水西之地，东至播州，南至罗甸，西至乌撒、芒部，北至阿永蛮。"① 南宋时期罗氏鬼国的地域四至是：东至今贵州省贵阳市西部，东北至今遵义市西部，南至今贵州紫云县，西南至今盘县、普安东部，西北抵今云南省镇雄县，北至今四川省珙县、兴文县和贵州赤水县。

罗氏鬼国的统治者是水西安氏，历史上"水西"是特定政治区域的称呼，用以泛指彝族阿哲部统治的地区。水西阿哲部彝语称"慕卧格""母鹅格""慕卧热""慕俄勾"。元代史籍称水西安氏为"亦奚不薛"，"亦奚不薛"出自彝语音译，原意是全乌江的大鬼主，这是其名为"罗氏鬼国"的语义源头。清道光《大定府志》卷十一《疆土志一》说："水西地于今为大定、毕节、平远、水城、黔西。"②贵州彝文古籍《西南彝志》卷十《阿哲地界》说：

> 水西的地界，上至慕度伦，下至租义歹；左方的地界，赤能清水河，右方的地界，就是塔宜山。③

上述水西地界四至都为彝语地名，现仅知租义歹在定远府大河岩上，即今贵州都匀境内。明万历二十年（1592）的《水西大渡河建石桥记》彝文碑也称："论基业，居慕度伦、租义歹之间。"④ 水西政权地处川、滇、黔三省之交，在今贵州大方、织金、毕节、黔西、水城一带。其地域东北接遵义、仁怀，东南邻贵阳、开阳、息烽，南交安顺、镇宁、普安，西靠威宁、赫章，北与四川古蔺接壤。历史上的水西是以乌江上游鸭池河为界，鸭池河以东称"水东"，鸭池河以西称"水西"。水西的中心是大方、水城、黔西、六枝、纳雍、织金、金沙、毕节，此外包括息烽、修文、清镇、平坝、普定的部分地区。

水西有一套独特的土官制度，彝语称为"九撦九纵"。清道光《大定府志》卷四十九《水西安氏本末第四下》说："其官有九撦九纵之目。九撦者，自上而下之等级，犹中国之九品。九纵者，分司掌事，犹中国之九卿。"清道光《大定府志》卷三十九《经政志一》载："官凡九扯，'扯'，译言司也，署也，为九室以居之。"⑤ 罗氏鬼国的九品官员中，有专门负责宗教祭祀的官员。清光绪《黔西州续志》卷五《诸家土司宗派仪礼》说："总众务为一秩，曰诚幕，掌宗祠之祭祀，修世系之谱牒。曰白幕，掌丧葬之斋醮为一秩。"⑥"诚幕"，为司祠祭者，"白幕"（即毕摩）则掌丧葬仪式。但"诚幕"与"白幕"常常配合行法，在丧葬仪式中，"其诚幕执祭以祝，其白幕毡笠捧爵以招之"。⑦ 罗氏鬼国祠祭和丧葬皆为大事，此两种祭司的社会地位较高，在"九撦"官职中为第四品级。

罗氏鬼国有九隆后裔之说，为唐宋乌蛮主体的彝族人。清乾隆《贵州通志》卷七

---

① （清）曾廉撰：《元书》第6册，文海出版社有限公司1988年版，第2363—2364页。

② （清）黄宅中修，邹汉勋纂：（道光）《大定府志》，清道光二十九年（1849）刻本。

③ 贵州省民族研究所编：《西南彝志选》，贵州人民出版社1982年版，第370页。

④ 余宏模：《明代万历壬辰水西大渡河桥彝文碑》，《贵州民族研究》1981年第3期。

⑤ （清）黄宅中修，邹汉勋纂：（道光）《大定府志》，清道光二十九年（1849）刻本。

⑥ （清）白建鋆修，谌焕模等纂：（光绪）《黔西州续志》，清光绪十年（1884）重印本。

⑦ 清光绪《黔西州续志》卷五《诸家土司宗派仪礼》，（清）白建鋆修，谌焕模等纂：（光绪）《黔西州续志》，清光绪十年（1884）重印本。

《地理·苗蛮》载猓猡："又名乌蛮，其俗尚鬼，故又名罗鬼。"[①]唐代西南少数民族有乌蛮、白蛮的区分，史称乌蛮的大小部落，就分别有大小鬼主主事。罗氏鬼国中心在黔西北地区，这个地域范围内的族群以乌蛮为主，分为许多氏族家支和部落，由大小鬼主分别统治。唐樊绰《蛮书》卷一《云南界内途程第一》载："东爨乌蛮大部落则有大鬼主。百家二百家小部落，亦有小鬼主。一切信使鬼巫，用相制服。"[②]

清代地方志已记载罗氏鬼国的宗教祭司。清道光《大定府志》附录《安国泰译夷书九则》载：

> 夷语谓巫为补，最尊贵，丧祭用之，父子相继。其先蛮夷君长突穆为大巫，渣喇为次巫，暮德为小巫。又五所白为乌撒巫，恩苏为墨夷巫，余黑白诸巫，虽由学习，亦各承受于祖先。突穆、渣喇嫡派，在宣威，在大定者，乃其支庶也。其术惟祈禳占卜，而无果报鬼怪之说。饮食起居务洁净，以感神明。又别类巫曰苏额，不尊重，专治病。[③]

唐代乌蛮大巫闭珊居集，就被视为突穆之祖。罗氏鬼国宗教祭司大巫、次巫、小巫的等级区别，其实就是唐宋西南少数民族鬼主制度中的大小鬼主。清道光《大定府志》卷四十七《水西安氏本末第四上》就记载说：

> 西南俗尚鬼，岁时必合部落以祭鬼，推其雄长者为鬼主。又谓先人为鬼，以竹为葆，谓之鬼筒。推其大宗主祀，谓之大鬼主。[④]

所谓以竹为葆的鬼筒，就是现在彝族宗教的祖灵筒。清代大定府城西三十里的蓑衣坝，就有茂林丛棘，陡绝难登的鬼筒箐，是水西安氏祀祖先之所，用于安放水西安氏的祖灵筒。每年水西安氏要主持祭祖仪式，因此主祀的安氏就称大鬼主。清光绪《黔西州续志》卷五《诸家土司宗派仪礼》，详载历史上土司丧葬仪式请白幕（毕摩）招魂传戛的盛况：

> 又设一座于翁秩之后，延土目之白幕一人，披虎皮而正坐呼名，另令一白幕侧坐，代宣为大招之歌，谓之引登。……其传戛之人，各执火把三绕之，弃火把而聚，其余于翁秩亦焚燎也。[⑤]

传戛，亦称"作戛""做戛"，是彝族宗教的丧葬超度仪式。仪式中彝语音译的"翁秩"，又称瓮车、翁赤、翁车、翁宅等，"翁秩"即"冥室"之意，是斋祭时安置死者的高大木亭。

罗氏鬼国的大小鬼主兼宗教祭司，都有代神传言的宗教职能。安氏统治的水西称为罗

---

① 《文渊阁四库全书》第571册，台北：台湾商务印书馆1986年版，第183页。
② （唐）樊绰撰，赵吕甫校释：《云南志校释》，中国社会科学出版社1985年版，第36页。
③ （清）黄宅中修，邹汉勋撰：（道光）《大定府志》，道光二十九年（1849）刻本。
④ （清）黄宅中修，邹汉勋撰：（道光）《大定府志》，道光二十九年（1849）刻本。
⑤ （清）白建鋆修，谌焕模等纂：（光绪）《黔西州续志》，清光绪十年（1884）重印本。

氏鬼国，其名称显示盛行原始宗教的鬼神崇拜。清乾隆《贵州通志》卷七《地理·风俗》载大定府："惟汉少夷多，信巫尚鬼之风，甚于他郡。"① 即说明罗氏鬼国的原始宗教崇拜，较之其他地区更为兴盛。

三 自杞国、景龙金殿国及其宗教

南宋时期，西南有"徙莫祗"人建立的自杞国，徙莫祗是滇中诸蛮的一支，属于大理国东方三十七部的弥勒部。徙莫祗，汉文献又载为徒莫祗、些莫徒、撒摩都、撒马都、撒摩徒。《元史·地理志》载广西路："东爨乌蛮弥鹿等部所居。……后师宗、弥勒二部浸盛，蒙氏、段氏莫能制。"② 弥勒部在南诏大理国时期逐渐崛起，开始兼并邻部以扩张势力，东方三十七部中的白鹿部、易裒部，皆先后为徙莫祗所控制。

自杞国治所在今贵州省兴义市与盘县之间，辖今盘县、兴义、普安等地和云南部分地区。其强盛时的疆域范围东起今贵州省兴义市，西至今云南省路南、宜良，北起今云南省曲靖市，南迄今云南省弥勒、邱北。宋代史籍多将罗殿、自杞、大理并称，而罗殿、自杞以国名，其首领同大理国一样称王。宋吴儆的《邕州化外诸国土俗记》说自杞国：

> 自杞今王名阿谢，年十八，知书，能华言。……自杞地广大，可敌广西一路，胜兵十余万大国也。③

历史上的徙莫祗蛮，为今云南昆明市郊区、弥勒、丘北等地彝族撒梅、撒尼、子君、阿细支系的先民。近代昆明郊区彝族中有一部分自称"撒摩都"，明清地方志将之称为"子间""子君""子精"，这与"自杞"音同。"子君"是"自杞"的对音，"撒摩都"属于西南夷中的白蛮系统。尤中的《中国西南的古代民族》一书认为徙莫祗人："是介乎'乌蛮'与'白蛮'间的一个集体，即既不属于'乌蛮'，也不属'白蛮'。后来则发展为'白罗罗之类'，归并入彝族之中。"④ 清乾隆《云南通志》卷第二十四《种人》载白猓猡："在江川、大理、姚安，皆称撒马都。在楚雄为洒摩，在永昌为撒马朵。"⑤ 清康熙《云州志》卷五载："撒马朵，稍有汉人之风，性情嗜尚，与猓彝相近。"⑥ 云南弥勒、泸西、石林圭山、昆明郊区的"撒尼""撒梅"，在元明清时期，都一概将之称为"撒摩都"，或"撒马朵""洒美"等，他们都是"自杞"人。

自杞国流行原始宗教信仰，但也受唐宋时期传入道教的影响。清乾隆《云南通志》卷二十四《种人》载白猓猡的宗教习俗说：

> 丧无棺，缚以火麻裹毡，舁于竹椅，前导七人，擐甲胄，执枪弩，四方射，名禁

---

① 《文渊阁四库全书》第571册，台北：台湾商务印书馆1986年版，第170页。

② （明）宋濂等撰：《元史》第5册，中华书局1976年版，第1478页。

③ ［宋］吴儆撰：《竹洲集》卷十，《文渊阁四库全书》第1142册，台北：台湾商务印书馆1986年版，第256—257页。

④ 尤中编：《中国西南的古代民族》，云南人民出版社1980年版，第84—85页。

⑤ 《文渊阁四库全书》第570册，台北：台湾商务印书馆1986年版，第237页。

⑥ （清）蒋斁修，王锠纂：（康熙）《云州志》，清康熙抄本。

恶止杀，焚之于山。既焚，鸣金执旗，招其魂，以竹签裹絮少许，置小篾笼，悬生者床间。祭以丑月廿三日，插山榛三百枝于门，列篾笼地上，割烧豚，每笼各献少许，侑以酒食，诵夷经，罗拜为敬。……信鬼畜蛊，以手量裙边，投麦于水，验其浮沉，以当占卜。①

历史上"自杞"人受道教影响较深，这与道教传播滇中地区有关。方国瑜的《重建长春观碑记概说》称："散民（撒摩都，即唐代记录之徙莫祇，元代记录之些莫徒）流行希波教（有作觋爸教），即兮薄道，其经书译自汉文道教经典，有数十种。杨成志已作《罗罗太上清净消灾经对译》为其中之一。兮薄道之由来甚早，接受道教而成为地方宗教也。"②

宋代西南边疆的景龙金殿国，又称景陇国、景陇金殿国、景龙国、勐泐国、泐国，是傣族先民在澜沧江中游地区建立的少数民族地方政权。南宋淳熙七年（1180），金齿百夷首领叭真统一各部，以勐泐为中心，在景龙（今西双版纳景洪）建立景龙金殿国。傣文史籍《泐史》卷上《叭真》记载景龙金殿国第一代国主叭真，"叭真于祖腊历五四二年庚子，入主勐泐，其父给与仪仗武器服饰等多件，诏陇法名菩提衍者，则颁发一虎头金印，命为一方之主，遂登大宝，称景咙金殿国至尊佛主。……有人民八百四十四万人，白象九千条，马九万七千匹"。③ 清代民国时期汉文史籍的摆夷，是对傣族人的他称。清《皇清职贡图》卷七载摆夷：

今云南曲靖、临安、武定、广南、元江、开化、镇沅、普洱、大理、楚雄、姚安、永北、丽江、景东十五府皆有之。④

清乾隆《云南通志》卷二十四《种人》载摆夷：

军民无定籍，每三五人充军，一人正军，谓之昔剌，犹言壮士。昔剌持兵器，余负荷供馕。每二十万，战者不满十万，师行军在前，夷长在中，饷馈在后。进退不一，而号令不紊，倚象为声势，每战以绳自缚象上。⑤

景陇金殿国是西双版纳的第一个召片领，此记载大致反映的是景龙金殿国时期的情况。此"勐泐"地方政权，又称勐泐国。⑥ 景龙金殿国控制了兰那（在今泰国北部）、猛

① 《文渊阁四库全书》第570册，台北：台湾商务印书馆1986年版，第237页。

② 方国瑜主编，徐文德、木芹、郑志惠纂录校订：《云南史料丛刊》第7卷，云南大学出版社2001年版，第248—249页。

③ 李拂一编译：《泐史》，国立云南大学西南文化研究室1947年印行，第1页。

④ 《文渊阁四库全书》第594册，台北：台湾商务印书馆1986年版，第639页。

⑤ 《文渊阁四库全书》第570册，台北：台湾商务印书馆1986年版，第239页。

⑥ 公元1180年，大首领叭真统一西双版纳境内各部，建立起以景洪为中心的"景龙国"地方政权。叭真自称"景龙金殿国主"，成为西双版纳"召片领"的第一代始祖。景龙国最盛时的疆域北至今元江流域，南至泰国北部的清莱、清迈及缅甸北部掸邦一带，东至老挝琅勃拉邦、丰沙里、万象及今越南北部一带，西至今临沧、保山一带。王国势力强盛时，号称有人口844万人，象9000头，马97000匹。

交（在今缅甸东北部）、猛老（在今老挝北部）等地的金齿百夷部落。大理国王赐给叭真“虎头金印”，与景龙金殿国建立了宗藩从属关系。[①] 帕雅真第四子桑凯冷继位为勐泐王，即西双版纳的第二个召片领，宋孝宗曾遣使者祝贺，敕封桑凯冷为勐泐王。

傣文史籍《泐史》上卷称车里全境为猛泐，即泐国之意，称都邑曰景龙，意即黎明之城；中下卷则称车里全境及首邑为景永，意即孔雀之国或孔雀之都。《泐史》所见的景龙金殿国幅员广大，其都城景龙在最兴盛时期有上百万人口。景龙金殿国首领称景龙金殿国至尊佛主，其国内流行的是南传上座部佛教。景龙金殿国的历法采用佛历，也说明景龙金殿国信仰佛法。清代地方志所载傣族社会的南传佛教，可视为景龙金殿国时期的宗教传统。清道光《普洱府志》卷十八《土司·种人》载：

> 缅和尚，宁洱、思茅、威远有之。以黄布缠头，披黄布为衣，仿佛喇嘛。所诵佛经，皆蒲叶缅文，喜畜猫鸡，饮食不忌荤腥。自不炊爨，其饮食皆猓夷轮流供给，捧至缅寺门外，去包头及鞋，以饮食置头上，跪而献之。盖猓夷最尊缅佛，如卑幼为缅和尚，虽其尊长献食，亦与凡人同其诚敬。[②]

清道光《威远厅志》卷三《夷俗》载摆夷：

> 以仲冬为岁首，男妇老幼俱着新衣，摘取各种山花，并以糯米蒸熟，染成五色齐供，齐赴缅佛寺，鸣鼓击钵，供献佛前。听缅僧诵经，名为担佛，旋以各种山花，插于沙堆之上，名为堆沙。[③]

这是水摆夷堆沙供佛的仪式习俗，其传统可以追溯至景龙金殿国时期。清光绪《永昌府志》卷五十七《群蛮志·种人》载摆夷：“俗崇佛教，以米蒸熟斋供佛，听僧诵经，顶礼最虔，学习夷字夷经。”[④]

景龙金殿国时期宗教信仰的兴盛，奠定了当今云南傣族信仰南传上座部佛教的基础。但原始宗教信仰在景龙金殿国各族群中仍然存在。清乾隆《云南通志》卷二十四《种人》载，在禄丰、罗次、元谋的摆夷（清代以来对傣族人的称呼）“俗尚奢侈，孟春作土主会……信鬼好讼，见人多所忌讳”。[⑤] 在临安的摆夷，“丧，衣绯，架木置尸其上，吊者各散红布缎一方，召拜祃诵夷经三日，以簟裹而舁之山。妻不更嫁，名曰鬼妻”。“拜祃”即彝族的毕摩，史称西南氐羌族群的祭司为拜祃，而此摆夷原始宗教的祭司也称拜祃。在镇南的摆夷，“人死，令亲者捉刀尸傍，昼夜守之，亲朋以酒奠捉刀人，呼死者之名，灌诸口中，如是三日而葬。每村置树以为神，六月廿四日，集众燃

---

① 《泐史·叭真》，李拂一编译：《泐史》，国立云南大学西南文化研究室1947年印行，第1页。

② （清）郑少谦原本，李熙龄续修：（道光）《普洱府志》，清道光二十年（1840）修，三十年（1850）续修，清咸丰元年（1851）刻本。

③ （清）谢体仁纂修：（道光）《威远厅志》，清道光十七年（1837）刻本。清代的威远厅，民国初为威远县，即是现景谷傣族彝族自治县，因县名与四川省威远县相同，1914年改威远县为景谷县。

④ （清）罗伦修，李文渊纂：（康熙）《永昌府志》，清康熙四十一年（1702）刻本。

⑤ 《文渊阁四库全书》第570册，台北：台湾商务印书馆1986年版，第239页。

炬，哗而赛神”。[①] 上述地方摆夷人的土主会、丧葬仪式，祭树神，都是原始宗教祖先崇拜、自然崇拜的习俗。崇拜清乾隆《四川通志》卷十九《土司》附载明范守己《九夷考》说摆夷人：

死葬无棺，竹笆舁去为坑瘗之，生前所用器物，尽弃墓所。若梦见祖父，必惧焚纸，用羊毛索卜卦，卜其所欲，欲猪则必杀猪祭，欲羊亦然。[②]

羊毛索卜卦，也是西南氐羌族群的占卜习俗。民国《景东县志稿》卷二载摆夷：“生病不服药，多疑信鬼，延伯母设祭物，用土语禳送，叫命渐愈。若占书凶，用鸡肋插竹签，打鸡卦以决之。”[③]《皇清职贡图》卷六载会川营辖通安等处摆夷，“以六月二十四日为大节，群饮必醉。疾病惟卜禳”。[④] 而在剑川的摆夷人，史称惧讼信鬼，说明传统的原始宗教信仰，在摆夷人中也是根深蒂固，传承久远。

四 南诏国、大理国及其宗教

南诏（738—902）是唐代由彝族先民乌蛮建立的西南少数民族地方政权。大理国是由白族先民白蛮建立的西南少数民族地方政权。历史上南诏政权的疆域，据《新唐书》卷二百二十二上《南诏传》载南诏：“东距爨，东南属交趾，西摩伽陀，西北与土蕃接，南女王，西南骠，北抵益州，东北际黔、巫。”[⑤] 南诏疆域包括今云南全境及与云南交界的西藏、四川、贵州、广西及东南亚部分地区。

在唐王朝的扶持下，细奴逻的重孙皮逻阁，于开元二十六年（738）统一六诏，建立了南诏国。蒙氏在巍山建都并统治南诏达92年，于唐开元二十九年（741）由蒙舍迁都大理太和城。南诏政权是由乌蛮为国王，白蛮大姓为辅佐组成的少数民族地方政权。南诏国是西南地区历史上最强大的王朝，在西南历史上有着重要影响。南诏国的宗教文化呈现出繁荣局面，南诏国族群除传统的原始宗教信仰之外，中原儒释道三教已传播进入南诏境内，郑回的《南诏德化碑》，碑文声称南诏政权“阐三教，宾四门”，[⑥]即中原儒释道三教都为南诏政权所吸收。因此在南诏时期多元共生的宗教格局就已形成。

南诏境内乌蛮的原始宗教习俗，在南诏国时期仍然得以保持。公元714年建南诏土主庙（巡山殿），供奉南诏立国的蒙氏细奴逻土主。现在巍山南诏土主庙大殿大门两侧的两幅楹联称：“宝岫著奇踪，想当年，玉杖频敲，十三代相承霸业；名山开胜景，幸此日，金容宛在，万千载咸仰神威。”“问南诏五百里河山，寸土皆非，归来福地洞天，不忘昔日耕耘处；与李唐十三传终始，雄图何在？似此闲云野鹤，遂获当年崖穴心。”就是老君降化细奴逻神话的历史记忆，更概括南诏国雄踞西南边疆十三代的历史。

---

① 《文渊阁四库全书》第570册，台北：台湾商务印书馆1986年版，第239—240页。

② 《文渊阁四库全书》第560册，台北：台湾商务印书馆1986年版，第137页。

③ 周汝钊修，侯应中纂：（民国）《景东县志稿》，民国十二年（1923）石印本。

④ 《文渊阁四库全书》第594册，台北：台湾商务印书馆1986年版，第607页。

⑤ （宋）欧阳修、宋祁撰：《新唐书》第20册，中华书局1975年版，第6267页。

⑥ 清乾隆《云南通志》卷二十九之九，《文渊阁四库全书》第570册，台北：台湾商务印书馆1986年版，第558页。

南诏国大理国流行佛教密宗阿吒力教，作为具有地方民族特色的阿吒力教，曾一度在南诏大理国占据统治地位。阿吒力教在南诏大理国受到统治者的信仰和推崇，一些阿吒力高僧被封为南诏国师，在南诏政权中享有很高的政治地位。南诏大理国阿吒力教的法术被称为秘密大道，其行教方式吸取了西南少数民族原始宗教的内容，也融摄中原传入的道教、佛教的要素，因此具有鲜明的民族化、地方化色彩。

1982 年，在维修大理下关南诏时期的佛图塔时，出土的经卷中有许多禅宗，华严宗的经典，如《大方广佛华严经》《金刚般若波罗密经》。[①] 这说明佛教各宗派在南诏国的多元共存。南诏历代统治者对佛教“奕代相传，敬仰无异”。[②]《宋时大理国描工张胜温画梵像》第 103 开十一面观音像左右和像下站立的 15 个皈依者，为南诏十三代国王及细奴逻和罗晟的妻子。从公元 937 年至 1253 年的大理国 22 代国王中，先后有 9 位国王禅位为僧，再加上被迫逊位的 1 人，共有 10 个国王皈依佛门，这在中国历史上是绝无仅有的现象。杨慎的《滇载记》记载大理国王段素隆、段正明、段正淳、段正严、段正兴等避位为僧，说明汉传佛教在大理国时期受到尊崇。

南诏蒙氏王室尊崇道教，境内有道士活动的记载，说明南诏时期道教已传入云南。南诏于大唐举行“苍山会盟”，盟书文本是按早期五斗米道传统，投入象征天地水三官之地。唐代道士杜光庭在云南传道遗迹及传说，一定程度上反映出道教传播的历史真实。道教传播影响下的滇中希波教，更是南诏时期多元宗教并存的产物。

余　论

南宋吴昌裔《论湖北蜀西具备奏》论及西南诸方国说：“南方诸蛮之大者，莫如大云南，其次小云南，次乌蒙，次罗氏鬼主国。其他小国，或千百家为一聚，或二三百家为一族，不相臣属，皆不足数。”[③] 云南古有大云南、小云南之说，所谓大云南、小云南，即指南诏大理国。乌蒙国在滇东北及黔西南部。唐时乌蛮仲牟由之裔阿统迁徙窦地甸（今昭通），至阿统第十一世孙乌蒙始强，号乌蒙部，宋时封阿杓为乌蒙王，称乌蒙国，故有“春暖乌蒙国，霜寒孟获城”之诗句。[④] 据吴昌裔所论可知，乌蒙国的实力，在南诏大理国之后，而强于罗氏鬼主国。而遍布西南的众多小国，亦是由中小鬼主掌权的部落联盟。

总之，历史上西南少数民族地方政权的宗教与地方社会政治关系密切。夜郎国、句町国、罗甸国、罗氏鬼国、自杞国等，流行以鬼神崇拜为特质的原始宗教信仰。景龙金殿国南传上座部佛教、原始宗教并行不悖，南诏国、大理国则阿吒力教、汉传佛教、道教、原始宗教等多元宗教并存。通过对历史上西南少数民族地方政权宗教的专题讨论，不难看出当今西南少数民族的传统宗教，都可以在西南少数民族地方政权时期的

---

① 张楠：《南诏大理的宗教与佛教艺术》，李光荣等主编，大理白族自治州王陵调查课题组编《20 世纪大理考古文集》，云南民族出版社 2003 年版，第 529 页。

② 《南诏图传・文字卷》，李霖灿：《日本京都有邻馆中的南诏图传》，李霖灿：《南诏大理国新资料的综合研究》，南港：“中央研究院”民族学研究所专刊之九，1982 年，第 43 页。

③ （明）杨士奇等撰：《历代名臣奏议》卷三百三十九《御边》，《文渊阁四库全书》第 442 册，台北：台湾商务印书馆 1986 年版，第 492—493 页。

④ （清）王培荀撰，魏尧西点校：《听雨楼随笔》，巴蜀书社 1987 年版，第 419 页。

宗教信仰中找到源头，这说明西南各族群原始宗教传统源远流长，也反映儒释道三教在西南民族地区的浸润传播。

（原文发表于《宗教学研究》2017 年第 2 期）

论宗教与政治

金 泽[*]

摘 要： 当代中国的宗教学研究从20世纪80年代初至今已有35年或更多。我们对宗教与政治的国内情势与国际情势的感悟已变得相当复杂。许多新问题新现象需要解答，这对原有的理论概括提出进一步深化和创新的要求。本文针对宗教与政治间互动日益复杂多样的世界情势，提出深入研讨的论点，意在推动宗教学理论研究的问题意识更加深入、更加广阔、更加复杂和更加细致。

关键词： 宗教　政治　互动

宗教与政治是两种不同的人类历史现象，也是两种不同的社会文化事物，它们之间的相互作用不是抽象的，而是由具体的人以及由人们组成的社会群体来推动的。宗教与政治都不是孤立的现象或事项，而是处于持续的互动关系中。二者的互动是直接涉及人们利益和社会发展的、非常具体的与操作色彩相当强的社会事件和社会运动过程。无论是一元宗教的社会还是多元宗教的社会，无论是政教合一的体制还是政教分离的体制，历史上的各种政权和宗教群体为了寻求社会的变革、稳定和发展，为不失其本而又恰当地把握宗教的两重性，并在宗教与政治之间建立某种和谐的或相互容纳的关系，做出了各种各样的努力，如何认识和把握宗教与政治的互动关系，不仅是一个理论问题，也是具有实践意义的问题。

一　宗教与政治的互动是复杂的和多层面的

政教关系中的“政”和“教”是有特定指向的。“政”不是指“政治”而是特指政府和国家，政府（government）是国家的行政机关，而国家（state）在广义上指政治上组织起来的全体公民，是“政治上组织起来的社会”，狭义则指与公民相对的政府机构。按照现代政治学的说法，国家的主要目的是维持秩序和安全，以及增进公民的福利；国家拥有以武力为后盾的一整套法律制度来实现其目的；国家行使权力限于固定的地域；在这个地域内，国家拥有“主权”。“教”指的不是抽象的“宗教”而是实在的宗教团体（即所谓“教会”）。宗教与政治都是多层面和多领域的，人们常说的“政教分离”，指的是宗教团体与国家政权的关系，而不是宗教与政治的全部关系。因为进入文明时代以来，任何宗教都不再可能与政治无关，如同我们每个人都不再可能与政治无关。但是就实在的宗教团体与特定的国家政权而言，确有或分离或结合等不同的关系模式。

---

* 金泽，山东大学荣聘教授，中国社会科学院世界宗教研究所研究员。

宗教在社会生活中的作用及其特性，使它成为一种超越于个人之上的社会管理力量和重要的价值取向。其神圣性和不可抗拒性，决定了宗教无论作为社会文化还是作为社会力量，它都不可避免地会与政治形成这样或那样的互动，即相互作用。杜尔凯姆在谈到宗教本质时指出，宗教不是别的什么，它就是社会本身。作为由人组成的同时又超越个人的力量，社会是对人的一种异化，宗教又将这种异化神圣化。而产生于人类社会的宗教，在将社会神圣化的同时，亦使自己超越于个人和社会。宗教的本质属性及其历史演变使得它与政治的互动关系要比它与其他社会文化范畴的关系更为复杂。

宗教信奉神灵或神秘（或神圣）力量，追求的是灵魂的解脱或得救。从这一点来说，宗教总是有超越现实的或说与现实保持某种距离的一面。在宗教信仰中，只有天国（天堂或西方净土等）才是最神圣的、最完善的和最美好的（那里没有饥饿、没有病痛、没有战争、没有不平等……），而人间的政权无论实行什么制度，社会无论怎样繁荣，以宗教的终极标准来看，都是不完美的、不神圣的和有缺陷的，充其量只是那个神圣王国的摹仿。宗教总是有一个作为现实社会对应物的、但比现实社会美好千百倍的超越的理想天国。任何宗教，只要是生存于现实社会之中，就不能不对现实生活有所扬弃，在价值上有所取舍，即使是虚无主义地隐遁于深山密林，也于无形中对现实世界做出了一种评判。

在某种意义上，任何科学研究都是在研究“关系”。在这些关系中，至少会有两个事项或范畴。科学研究当然要探讨这两个事项本身，但更多的是研究它们之间的互动、互动带来的各自变化（因为任何事物都不是孤立存在的，唯此才能更清晰地认识事项本身），以及这些变化对事项本身及其进一步互动的影响。为了弄清事项的究竟，科学研究必须采用“定格”的方法，即从一个切面进入事项，加以描述和分析；然而事物总是在相互作用中存在的，因而科学研究亦需要以动态的眼光观察事物，即观察 A 事项与 B 事项的关系是历时性的还是共时性的，还是既历时又共时的，等等。而且随着研究的展开或深入，人们会发现，A 与 B 的互动也不是孤立进行的，它们还受到 C 事项、D 事项、E 事项……的影响，A 与 B 的互动，既受到 C、D、E……的影响，反过来，A 与 B 的存在与互动也影响着 C、D、E……的存在状态和变化。

探讨宗教与政治的复杂关系，一种思路是快刀斩乱麻，笼而统之，将复杂多样的诸现象群或说宗教与政治的复杂互动压缩在一个层面内，概括为几个要素或几组关系。其好处是将复杂的问题变得简单明了，但优点有时也是缺点，这也易将不同层面的问题混杂在一起，反而使原本复杂的问题变得更加纠缠不清。另一种思路则是尽可能的还原事物和现象的复杂性，尤其是体现其所涉及的不同层面和不同领域。例如，生活在现代社会中的我们，每个人都能直观地看到，在宗教与政治的复杂关联中，个人、宗教团体和政府，处于三个不同的层面并由此形成不同的关系组合。但是任何还原都不可能真正的“真实”，都可能存在着被人的观念忽略的方面。

简单地看这三个因素，会形成个人与个人、个人与宗教团体、个人与政府、宗教团体与宗教团体、宗教团体与政府、政府与政府 6 种关系（见表 1）。然而，现实中的个人和团体都有信仰上的相同和不同，而政府亦有主导宗教与无主导宗教之别，因而三种因素之间的互动至少会有 16 种关系组合（见表 2）。具体说来，在个人层面上：（1）信仰相同宗教的个人与个人之间的关系，（2）信仰不同宗教的个人与个人之间的关系；在团体层面上：（3）信仰相同宗教的团体与团体之间的关系，（4）信仰不同宗教的团体与团体之间的关系，(5) 信仰相同宗教的团体与个人之间的关系，(6) 信仰不同宗教的团体与个人之间的关系；在政府层面上，(7) 有主导宗教的政府与相同主导宗教政府之间的关系，(8) 有主导宗教的政府与不同主导宗教政府之间的关系，(9) 有主导宗教的政府与无主导宗教政府之间的关系，(10) 无主导宗教的政府与无主导宗教政府之间的关系，(11) 有主导宗教的政府与相同宗教的团体之间的关系，(12) 有主导宗教的政府与不同宗教的团体之间的关系，(13) 有主导宗教的政府与相同宗教的个人之间的关系，(14) 有主导宗教的政府与不同宗教的个人之间的关系，(15) 无主导宗教的政府与宗教团体之间的关系，(16) 无主导宗教的政府与信徒个人之间的关系。其中的 (7)、(8)、(9)、(10) 四种关系主要涉及国际关系（偶尔也涉及一国之内有两个或多个政府的局面），而其他 12 项则既可能是国内问题，也可能涉及国际事务。

表 1　个人、团体、政府之间的 6 种互动组合

	个人	团体	政府
个人	√	√	√
团体		√	√
政府			√

表 2　个人、团体、政府之间的 16 种互动组合

		个人		团体		政府	
		相同	不同	相同	不同	有主导宗教	无主导宗教
个人	相同	√		√		√	
	不同		√		√	√	√
团体	相同			√		√	
	不同				√	√	√
政府	相同					√	√
	不同					√	√

宗教与政治的关系不是平面的而是立体的，不是单向度的而是互动的，不是一元的而是多维的，宗教与政治的互动是在不同场域和层面上发生和延续的。因此，任何关于宗教与政治关系的讨论，都不可能离开具体的“情境”，但这并不意味着不存在普遍的关系范畴。政教关系不是从来就有的，而是在人类进入特定历史阶段中产生的，而且会随着社会历史发生阶段性转变而出现互动模式的转变。一些重大的历史事件，乃是既往历史进程的结果，同时也是此后历史进程的新起点。人类在处理宗教与政治的关联方面，有不同的路径及不同的结果。许多历史事件的影响都不是单层面的，而是涉及宗教、政治和思想文化三个不同的层面，甚至还有其他的领域。在中外历史上的许多重大事件影响了历史的走向和进程，并形成若干典型的互动模式。从研究的角度看，对历史事件的记述和阐释实际上已是一种解释，一种话语建构。而当代学者对以往事件的阐释又是一种重新解释（再建构）和一种话语建构。这种重新解释是为了建构一种话语，而这种话语则体现了建构者的政教关系观。

二　宗教斗争政治化

在理论上看，政教关系与互动的模式可以有若干，但在实践中要更为复杂和灵活多样。一个社会的宗教团体与政府关系怎样，程度如何，既取决于底线的划定，也取决于对底线的遵守。底线的划定需要社会的共识。所谓共识，不是某一方（尤其是位势较强者）的“制定”，而是政府、诸宗教群体、学界、非宗教民众等各方各界共同认定的底线。若能真正形成这样的底线，政府与诸宗教群体是可以相安无事的。“取决于对底线的遵守”这句话意味着可能出现对底线的突破（不遵守），突破者有自己的企求，遵守者有自己的期盼。如果有遵守有突破，政教关系格局就会出现不稳定状况。能否形成新的底线或改变现有的关系模式，就要看各方的力量与取向。

政教分离不等于宗教与政治无关。甘地曾在自传中指出，“那些说宗教与政治无关的人，根本不知道宗教是什么”。政府可以和“教会”（或宗教团体）“分离”，但自从世界上有了政治，宗教的生存环境在政治上就不再“真空”，因此宗教也就不再可能与政治无缘。这不是说何时何地在任何事情上宗教与政治都搅到一起，而是说在社会文化的历史进程中，宗教是在多个层面上以多种方式与政治互动。当然，这些互动既有主动与被动的区别，也有内容与程度的差异。

宗教曾经是社会一体化的主要因素。特别是在与世隔绝的、尚未出现文字的社会里。在这些社会里，宗教、血缘、经济、政权和教育的组织形式没有明确的区分。部落或社会的范畴和宗教体系的范畴是一致的，宗教群体与政治群体实质上也是一致的。这类群体各自的神维护或体现本集团的价值；群体的信仰和仪式表示人们分享同一种命运。因为几乎没有宗教专职人员，不存在可能与政治结构相竞争的分离的宗教结构，所以，政治当局也没有这类的制度需要操纵，他们自己在观点上也完全受到其社会的信仰的束缚。政教分离是不可想象的，改变了族群就等于是改变了宗教信仰。在这种社会中，宗教的信仰和实践可能有助于培养欣然遵守社会的规范的个体；依据神圣的奖赏制度，宗教会阻止那些未经过适当的社会化的人违背社会规范；宗教体系也可能建立和加强对拥有强权的人们利用强权的限制；宗教亦可以减弱由于对稀有价值的追求所造成的紧张冲突的尖锐性。尽管宗教与政治的这些关系甚至在流动的和复杂的社会中也是存在的，但宗教作为社会一体化的基本因素，只有在结构单一、群体成员的血缘同一、宗教同一、行为模式同一的、极稳定的神圣的社会中才能看到其最纯的形式。

古往今来，人们会有意识地推动或操作宗教与政治的互动，这既来自宗教力量，也来自政治力量。当社会形成多层的阶级社会后，统治阶级自然要求社会的宗教结构与社会的阶级结构相适合，与自己所维护的社会秩序相适应。因此，政治力量，无论是当朝的还是在野的，总是从本群体的利益出发考虑和处理政治与宗教的关系。一方面，他们会通过抬高宗教地位和受制于宗教价值观的形式，神化公共权力以及权力持有者；另一方面，如果社会的宗教结构滞后于社会政治结构的发展，如果某种宗教的群体取向有悖于社会发展的总趋势，只要统治阶级的力量足够强大，就会运用政治权力推动（或操作）宗教结构的变化，纠正（或压制）某种宗教的群体取向。一般来说，政治力量往往不是从思想观念或信仰来区别对待不同的宗教，而总是从宗教群体的政治态度和是否有利于巩固社会秩序来取舍的。古往今来，政界人士之所以对宗教群体持以程度不同的疑虑或戒心，并不在于宗教所描绘的天堂究竟是七重天还是九重天，而是担心掌握一定群众的宗教团体变成异己的或反社会的力量，因而采取各种可以运用的手段消除各种可能出现的政治风险。

从宗教的方面看，宗教是信仰团体，也是生活于社会中的特定人群，自然有其自身利益。不可能对社会政治运行置身事外。无论是宗教内部结构的变化，还是宗教在社会生活结构中的地位变化，都会影响到特定宗教的整体利益，至少会使该宗教内部领导层的社会地位和权益有所变化，因此宗教团体必然会或主动或被动地对旨在改变社会结构的政治变革，做出积极的或消极的反应。一般说来，一种宗教对政治变革的反应强度，与这种政治变革对于社会结构的改变程度成正比，与这种政治变革对于该宗教群体的利益的触及程度成正比。然而在传统社会中，社会结构的重大变化，并不是经常发生的。无论是奴隶制社会的王朝改姓，还是封建社会的城头易旗，只要是社会的基本制度和社会的基本结构没有发生重大改变，只要是宗教群体的基本制度和宗教的内部结构没有陷于重大的危机与挑战，宗教与政治的互动的基本模式就不会改变，即具有一定的稳定性。

历史经验表明，人类进入阶级社会后，有意识地推动或操作宗教与政治的互动成为宗教与政治关系的主要形式。但是，在多元格局中居于主导地位的政治力量对不同宗教采取拉一派打一派的政策，甚至利用或夸大宗教矛盾以达到某种政治目的做法，或许可以得到短期的利益，但结果往往是饮鸩止渴，不仅想削弱的没有削弱，而且想扶持的对象或者扶不起来，或者是千方百计扶持起来后又尾大不掉。从长远来看，这种做法总是留下许多难以弥合的后遗症。聪明的政治家，大都善于化解不同派别（包括不同的甚至敌对的宗教派别）之间的矛盾，团结各种能够团结的力量实现最紧迫的政治任务。而实行这种政策的政治力量，只要其政治目标真正体现了这个社会发展的最大利益，能够满足人民群众政治经济的根本需求，也往往能够众望所归，得到大多数宗教群体的响应和支持。这里实际表达的是什么是政治、什么是有智慧的政治。

宗教所处的社会历史条件不同，宗教斗争政治化的表现形态也会不同。历史上，既有正统宗教利用自己手中的政治权力，或利用统治集团对自己的支持，将异己的宗教信仰宣布为“异端”并借助国家机器进行迫害；也有受压制的宗教动用政治手段（抗议乃至武力）反抗“正统”宗教和国家政权对自身的压迫与迫害。有时候，正在兴起的宗教为了实现自己的宗教理想和价值追求，为了本宗教群体的生存和发展，也可能或主动或被动地将宗教冲突政治化，甚至引发军事冲突。因此，宗教斗争的政治化，是个非常复杂的历史现象，不能一概而论。有时是这种模式起主导作用，有时是那种模式起主导作用，有时是几种模式同时起作用。但从根本上看，是社会政治的变动引导着宗教本身的选择。

无论何种形式的宗教斗争的政治化，也总是有宗教的原动力包含其中（是因为上一段提出了政治引导宗教，这一段讨论宗教本身）。任何一种宗教，都是宗教观念、宗教情感、宗教行为和宗教组织的集合。任何一种宗教都有其自身的、或多或少有别于其他宗教的信念和价值追求，都有自己的视为唯一正确的人生道路和社会秩序。不仅宗教观念可以间接地影响教徒的政治取向，宗教的组织系统亦可以直接左右教徒在现实政治生活中的抉择。宗教信徒的信仰越虔诚，就越容易将本宗教所追求的社会形态和行为准则，看作最理想的、最完美的和最神圣的。宗教的入世性越是强烈，越倾向于将本宗教所遵循的人生取向推而广之。当宗教领袖和宗教信徒不仅感到现实的生活方式和社会秩序与自己所信奉的拯救（或幸福）之路相距甚远，而且为了自己所坚信的理想而投身于改造社会的行动之中时，就会形成某种社会运动。

如果这种信仰力量与社会的统治力量结合起来，它有可能凭借自己所能驾驭的政治力量、经济力量和社会文化力量，将自己变成笼罩社会的意识形态，同时能够调动社会力量实现宗教扩张。如中世纪的欧洲天主教曾先后 8 次发动十字军东侵。当这种信仰力量即这种宗教与传统社会中的反抗力量结合起来时，有可能通过宗教的信念和组织形式将松散的民众凝聚起来，形成大规模的社会反抗运动。如德国宗教改革时期的再洗礼派和闵采尔神甫发动的农民战争。只要宗教斗争采取了政治化的形式和手段，就不再是纯宗教的，总会有世俗利益和政治目的掺杂其中。宗教斗争政治化虽然可以归为一类现象，但对具体的宗教斗争政治化必须加以历史的具体分析，既不能笼统地说宗教斗争的政治化都是社会革命运动，也不能简单地以为宗教与哪个阶级（如被压迫阶级）结合就是好的、与哪个阶级（如统治阶级）结合就是不好的。评判的着眼点主要的还是在于宗教斗争政治化与社会发展总趋势的顺逆关系和是否提升了整个社会的文明程度。

三 价值取向的相合或相悖

我们所知的宗教都对人们生活的世界（小到特定族群，大到整个人类）有一个神话的或神学的解说。这些神话或神学解说了特定群体的来龙去脉（如起源的神话），特定的生活方式或说社会运行规则是如何形成的（如由文化英雄或祖先创立）。进入文明时代后，宗教的世界观越来越明晰化和体系化，特别是增添或强化了与尘世的对照物，即被称作“天国”“天堂”“极乐世界”的神圣的理想世界。这个理想世界是十全十美的，是宗教信徒追求的终极目标。这个理想世界成为一种标准，宗教信徒依此评判尘世或生活的现状：第一种可称作否定论者，他们认为现实世界不值一提，应当尽快摆脱或改变。第二种可称作肯定论者，他们接受并投入现实社会，但却认为尘世乃是理想世界的有许多瑕疵的摹本。这两种都可以归类为外在论者，因为无论肯定还是否定，他们都将神圣的理想世界看作外在于现实生活的。而第三种则可称作内在论者，持这种观念的人认为神圣的理想世界根植于现实世界中，甚至根植于每个人的心中（如“人人皆有佛性”），这种内在的“神圣性”既是人们改良社会的目标，也是人们净化自我的动力。所以，无论何种宗教，其宗教世界观所阐述的神圣的理想世界与人们生活于其中的现实的社会生活之间，总是有一种张力。

这种张力是一种动力。神圣的理想境界是一个标准，也是一个目标，是人类生活的参照系。人类社会总是在追求理想的进程中实现个人的进步和社会的进步，虽然这个目标难以最终实现，但追求过程本身却使个人和群体得到净化，得到提升，得以完善。人类信仰宗教的过程有如个体信徒的一次特定的进香（朝圣）活动，收获既在结果，更在过程本身。人们争相将最美好的艺术献给神灵，同时也提升了音乐、舞蹈、绘画、雕塑、建筑等；人们争相做得让神灵喜爱，同时也提升了自己或群体的道德境界和施善范围；人们争相论证神灵的全知全能，同时也提升了自己的思辨，有了更多的哲思和发现。当然，在人们将宗教信仰与实践的过程变成维护某种不合理的或腐朽的制度或秩序的工具时，信仰的功能就由弘扬真善美向兜售假丑恶转化；如若将信仰的执着变成迫害异己或残害生灵的迷狂，那可能就是一种“堕落”，不，应当说是“罪恶”。

宗教的善恶张力对政治形成一种压力。因为宗教的取向与政治的取向是相合还是相悖，结果大不一样，所以这种张力常常会使执政者感到紧张。如果特定宗教群体对政治统治集团的所作所为虽然有所指摘，但总体上（或方向上）肯定，也就是说，特定宗教群体所主张的社会理想和价值观念与政治统治集团的主张大致相合，政治统治集团感到的压力就并不那么沉重。但是文明时代的各个国度里，总是有不同的宗教群体。它们的价值观念和社会理想并不一致，甚至相去甚远。在此格局中的张力评估变得比较复杂，不是抽象地评估宗教与统治集团的张力，而是要分析：有哪些宗教群体与政治统治集团处于和谐关系中，哪些处于紧张关系中；从量上看，处于和谐关系中的是多数，还是处于紧张关系中的是多数；从质上看，无论多数还是少数，处于紧张关系中的宗教群体和政治统治集团，相互的容忍度是多少。如果只有少数的或个别的宗教群体与政治统治集团的相互容忍度低，那么由此引发的社会冲突可能只是局部的，影响面较小；如果是多数的宗教群体与政治统治集团相互难以容忍，那么引发的社会冲突可能会是大规模的，甚至会使整个社会陷入危机。但是我们还要看到，有时候只有人数不多的宗教群体与政治统治集团针锋相对，但由于相互容忍度很低，也很有可能出现极端的冲突事件。在这种情况下，人数较小的群体却有可能造成强大的社会震动并产生长远的社会影响。

宗教政党是宗教与政治结合的一个组织化产物，宗教政党与世俗政党的区别在于它将宗教信条和教规等纳入党的纲领，它的党员也许分属于不同的阶级或从事不同的职业，但却有着鲜明的宗教属性。在宗教政党参与国家政治生活的过程中，宗教作为一种社会群体，为了维护自身的利益参与国家政治生活，并通过自己的价值观和力量对社会发展的政策和走向施加影响。在考察宗教政党时，首先，涉及的是能否组建宗教政党，这取决于现代国家的政治安排与文化传统。同是现代社会，欧洲不同于美国，宗教或教派可以组建政党并以此形式表达自己的政治意愿和利益诉求。宗教政党在参与国家政治生活的过程中，因自身情况和生存环境不同，具有不同的特性。其次，涉及宗教政党与特定宗教或教派的关系。在许多情况下，宗教政党与宗教教派不是一对一的对应关系，即并非一个宗教只有一个政党，也就说在一种宗教内有不同的宗派，每个宗派各有自己的政党。再次，涉及跨国宗教政党与特定国家或政府的关系。一个国家或一个宗教内有不同的宗教政党，构成多元政治格局。然而在现代化进程中，一个宗教政党会在不同的国家里有其分支，即跨国的宗教政党，但因其是在不同的国度，可能会有不同的政治命运。最后，除了对有无宗教政党及其参与政治的性质和程度做类型学的梳理之外，更重要的问题在于宗教政党的存在状态与作用，如何影响国家的政治运作，即宗教团体与政府是什么关系，宗教政党的领袖与政府首脑是什么关系，宗教政党对国家政治生活产生什么影响。

虽然在当前的世界发展状况中，宗教是一个很敏感的字眼，但我们不能说宗教从来都是影响国际政治的首要因素，宗教在不同的时代对国际政治的影响是不一样的，而且在同一时代，不同的宗教教派或团体对国际政治的影响也是不一样的。我们也不能将宗教与国际政治的互动看作宗教与国际关系的所有方面。然而不可否认的是，无论在历史上还是在现当代，宗教都是影响国际政治的一个重要砝码。可以肯定地说，当今世界上的绝大多数宗教领袖和宗教徒，都是热爱和平并反对战争的；而在世界各大宗教传统中，也都有许多倡导和平的信仰资源。然而重要的问题也许并不在于各个宗教中有没有倡导和平的信仰资源，而在于“事到临头”时宗教领袖和宗教徒必须在战争与和平（甚至是在参战与反战）之间做出政治上的抉择。

远古时代无须选择，那时虽已有了宗教和政治，但社会规模不大，内部分化不强：部落社会的政治、经济、宗教等虽属于社会的不同层面，但基本上是同构一体的。也就是说，在政治上成为部落的敌人，同时也在宗教上成为部落神灵的敌人。作为部落成员的参战与作为宗教信仰者的参战是二位一体、合一的。可是进入文明时代、世界上有了不同国家之后，情况就大不相同了。一方面，国家与宗教的关系复杂化了，除了统治集团确立的国教，可能会有被统治者的宗教，还可能有若干独立教团。文明社会有了不同的阶级、不同的职业群体和不同的族群。人的身份不仅比部落群体更为复杂，而且多重身份相互之间可能不再是同构的，甚至是分裂的。另一方面，不仅身份认同多元化，而且在政治的价值取向上也会多样化：国家的政治价值取向与宗教群体的政治价值取向可能一致，也可能不一致；宗教信徒与宗教群体的政治价值取向可能一致，也可能不一致。在这种情况下，面对战争与和平的抉择时，一个国家、一个宗教群体、一个宗教信徒（如信徒对服兵役的态度），既有可能做出大致相同的选择，也有可能形成某种不同意见，还有可能意见分歧形成分裂之势。

宗教极端主义不是某个宗教特有的现象，它是当今国际和各国国内各种关系急剧变化和日益复杂的产物。任何宗教的极端主义不是孤立产生的，宗教冲突也不是仅仅出自宗教自身的原因。一方面，宗教极端主义确实与特定宗教或教派有所关联，但我们必须清醒地认识到，宗教极端主义是社会历史的产物，不是某个宗教（特别是那些成为历史传统和文化传统的宗教）的固有属性。同时我们也要面对现实，因为宗教极端主义虽属于某个宗教或某个教派的内部事务，但是在全球化的今天，它对国际关系的影响极大。另一方面，并非所有的极端主义都是宗教的，也不是所有的极端思想（无论政治的还是宗教的）都付诸行动。那些采取行动的极端者经常使人们联想到“恐怖分子”，但宗教思想上的极端主义与政治行动中的恐怖主义虽有关联但不能等同。

政教分离涉及的只是宗教团体与政府的关系，而宗教与政治的互动却多种多样，因此，强调政教分离并不一定能够剥离宗教与政治的关系，宗教也不可能撇清对政治的表态。在人类历史上，宗教之间的冲突和战争，宗教群体支持不同国家之间的联合与博弈，宗教群体参与其中或直接操控的国际贸易，具有多重身份的宗教群体成员在国际往来中促成的不同宗教文化之间的碰撞，都会影响国际政治的格局与互动模式。宗教极端主义与恐怖主义虽然只是部分的关联，但宗教极端主义有可能导致政治行动上的恐怖主义这种关联本身以及这种关联搅动国际政治的能量，已使它们成为影响国际政治格局及其互动模式的重要维度之一。世界各大宗教传统均有数以亿计的信徒，各教之内持极端主义思想（以及进而实施恐怖主义暴行）的都是极少数。一方面，很多有识之士断然否认宗教与恐怖主义有任何关联，声称恐怖分子根本就不是本宗教的信徒。但是另一方面，某些恐怖分子确是先接受宗教极端主义思想再走上恐怖主义道路，并继续打着宗教的旗号为其张目。采取不承认的策略并不能斩断宗教极端主义与某些恐怖行动或某些恐怖分子的关联。重要的是存有极端主义思潮的宗教群体（无论是基督教的还是伊斯兰教的，或是佛教的）如何自己提高机体免疫力，靠外力治疗效果相当有限。马丁·路德的宗教改革带来基督教的新纪元，但这种自我更新的动力和主角乃是来自于内部。

在世界各大宗教中，“沉默的大多数”位于中间地带，宗教极端主义只是思想流派之谱系的一极，与之形成鲜明对照的则是强调开放宽容，推动对话理解。这些力量在世界各大宗教中都有，他们不仅一直在发声，而且随着世界各地各种突发事件引发的误解加深乃至仇恨情绪的增长，人们也愈发感到增进不同宗教不同教派之间的对话和理解的必要性与迫切性。宗教间对话是宗教界促进世界和平与宗教间和平的诸多努力之一，意在促进生活在同一片蓝天下的不同群体的人们相互理解，意在促进不同信仰的群体和谐相处，意在提升自己。这种善良美好的愿望得到越来越多的人的理解、支持和积极参与。然而仅有国际层面和部分宗教领袖间的对话是远远不够的，更需要的是在不同国家或地区（尤其是在多族群多宗教共存的国度）内部通过对话缓解分歧、增进理解，形成有效的化解矛盾的社会机制。同时，“各美其美”以求“美美与共”确实是一种良好的愿望，但是我们也要深思：在多元文化多元宗教的格局中，如果“各美其美”只是各“美”自己而不承认别人有美，还有可能“美美与共”吗；如果“各美其美”也意味着各有不美，那么在对话中能否各有自我批评、有扬有弃；能否在彼此赞美的同时彼此有所希望建议甚至有所批评；如果不认识到彼此各自都有美与不美，“各美其美”会不会无法“美美与共”，甚至会撕裂社会。

（原文发表于《宗教学研究》2017 年第 3 期）

第四篇

年度推荐论文

信任视域下的宗教:兼论基督教中国化

——基于长三角宗教信仰调查数据的分析

黄海波*

摘　要：现代多元社会中，宗教与信任之间的关联更加复杂；用任何单一维度理解两者关系都是不充分的。根据长三角宗教信仰调查数据的回归分析表明：（1）基督徒群体与佛教徒群体在政府信任上没有显著差异，这意味着宗教归属并不影响人们的政府信任水平；（2）无宗教归属的社会大众对不同宗教的信任，同他们对政府的信任之间，有着不同的相关关系。据此，可以拓展对基督教中国化的理解，一方面，不应把基督徒视为一个特殊的群体来特别对待，而是通过一般适用于全社会的绩效因素等培育政府信任；另一方面要建立各个宗教之间的理性互动空间，消除社会大众对基督教的不合理想象。

关键词：宗教　信任　基督教中国化　社会交往　宗教归属

一　宗教与信任：复杂的关联

20 世纪 80 年代以来，社会科学各主要分支都对“信任”现象进行了相当深入的研究；宗教被认为是影响信任的重要因素之一。不过，虽然将宗教与信任联系起来延续了马克斯·韦伯开创的传统，① 但在现代信任研究中，韦伯所强调的宗教通过个体心理约束而产生的道德行为对信任有积极影响，已被证明过于简略。越来越多的研究发现，在现代多元社会中，信任的类型、来源及其变化相当复杂，宗教与信任之间的关联也比想象的更难以捉摸；任何单一维度在理解两者关系方面都是不充分的。

当代社会科学主要考察社会经济和政治这两大领域中的信任状况。社会经济领域中的“社会信任”，包含人际信任（interpersonal trust）与一般信任（general trust）；政治领域中的“政治信任”，则主要指社会大众对政治系统的积极预期。尽管波兰社会学家什托姆普卡（Piotr Sztompka）将信任的类型归纳为从最具体的人际信任，到对角色、群体、组

---

* 黄海波，社会学博士，上海社会科学院宗教研究所助理研究员，当代宗教研究室主任。

① 韦伯对新教伦理与资本主义精神之间关系的考察，虽然并没有系统地分析信任问题，但是他对理性化资本主义特征的概括，尤其是对新型商人品格的描述，实际上已涉及了这个问题。这些商人“节制有度，讲究信用，精明强干，全心全意地投身于事业中”，这是因为“由宗教信仰和宗教活动所产生的心理约束力的影响”能够“转而指导日常行为并制约个人行动”（［德］马克斯·韦伯：《新教伦理与资本主义精神》，于晓、陈维纲等译，生活·读书·新知三联书店1987 年版，第50、73 页）。因此，有学者认为，韦伯实际上处理的正是交易中的信任问题。一个人的新教教派的成员资格，成为“一种道德品质的证书”，“确保了一个人在社会中的信用关系……”（参见李猛《论抽象社会》，《社会学研究》1999 年第 1 期）。

织的信任，一直到抽象程度最高的对“社会系统、社会秩序或政权制度的总体品质”的信任，以此构成信任类型的“连续统”，并认为所有信任都以相同逻辑运作。[①] 但是，目前学界普遍认为，政治信任迥异于社会信任。政治信任存在于政治关系领域，不仅对象特殊，而且其形成、维系和运行也有自己的逻辑，并涉及冲突与权力关系，与大体上是平等主体之间的“社会信任”有根本差异。[②] 宗教，在这两个信任领域都有不同的表现。

（一）宗教与社会信任：矛盾的发现

在信任研究的初期阶段，研究者大多遵循韦伯的思路，把宗教视为一个整体，强调宗教（主要是基督新教）与“可信任性”（trustworthy）之间的正相关关系，认为宗教强调道德戒律，鼓励人们勤奋工作和遵守规则，因此能提高社会的整体信任水平。[③] 如福山[④]、帕特南[⑤]等都推崇美国新教在创造高水平信任方面的贡献；美国的新教传统或多或少被印上了社会信任之主要源泉的理想化色彩。随后的研究虽然有部分证实了福山与帕特南的判断，但也有很多不一致的发现。这促使学界更加细致地分析宗教与社会信任的关系。

首先，宗教的保守性与开放性对社会信任有不同影响。例如，在基督教新教中，福音派、五旬节宗派以及一些保守与基要主义教派，倾向于强调人类的罪性，认为本教团以外的世界是不友好的，从而形成“抗拒性亚文化壁垒”，试图隔离世俗社会的败坏影响。这些宗教团体的成员，更愿意信任内部成员，其总体信任水平低于主流教会成员；简言之，这是一种与“特殊信任”而不是“一般信任”相联系的宗教倾向。[⑥] 这个维度反映了内在信仰对社会信任的影响，它源于对教义中某些方面的不同解释与强调。

其次，宗教的个体信仰层面和集体实践层面对社会信任有不同影响。虽然很多研究表明宗教教义的保守性导致与外部世界的高张力，降低了信徒的信任水平；但是，有研究发现有些保守宗派的信众，其信任水平与主流教派没有差异。[⑦] 一些学者认为，这反映了信仰的个体层面与信仰实践的组织—集体层面对信任的不同效应。也就是说，虽然教义包含的价值观内化于个体，影响信任水平；但是，宗教组织在集体活动中创造社会资本，抑制

---

① ［波兰］彼得·什托姆普卡：《信任：一种社会学理论》，程胜利译，中华书局 2005 年版，第 56—62 页。

② ［美］马克 E. 沃伦编：《民主与信任》，吴辉译，华夏出版社 2004 年版，第 291 页。

③ N Berggren & C Bjørnskov, “Is the importance of religion in daily life related to social trust? Cross – country and cross – state comparisons”, *Journal of Economic Behavior & Organization*, 2011, Vol. 80 (3), pp. 459 – 480.

④ ［美］福山：《信任：社会美德与创造经济繁荣》，彭志华译，海南出版社 2001 年版，第 273—293 页。

⑤ ［美］罗伯特·帕特南：《独自打保龄：美国社区的衰落与复兴》，刘波等译，北京大学出版社 2011 年版，第 62—63 页。

⑥ 参见 C. E. Smidt, “Religion and Civic Engagement: A Comparative Analysis”, *Annals of the American Academy of Political and Social Science*. 1999. Vol. 565 (1), pp. 176 – 192; M. R. Welch, D. Sikkink, E. Sartain and C. Bond, “Trust in God and Trust in Man: The Ambivalent Role of Religion in Shaping Dimensions of Social Trust”, *Journal for the Scientific Study of Religion*. 2004, Vol. 43 (3), pp. 317 – 343; T. Coreno, “Fundamentalism as a Class Culture”, *Sociology of Religion*, 2002, Vol. 63 (3), pp. 335 – 360; S. W. Lundasen and L. Tragardh, “Social Trust and Religion in Sweden: Theological Belief Versus Social Organization”, In Joep de Hart, Paul Dekker, Loek Halman, editor, *Religion and Civil Society in Europe*. Springer Dordrecht Heidelberg New York London, 2013, p. 113.

⑦ M. R. Welch, D. Sikkink, E. Sartain and C. Bond, “Trust in God and Trust in Man: The Ambivalent Role of Religion in Shaping Dimensions of Social Trust”, *Journal for the Scientific Study of Religion*, 2004, Vol. 43 (3), pp. 317 – 343.

机会主义行为，从而对信任有更加显著的影响。[①] 这意味着，教义对信任的影响，受到宗教团体实践方式的调整。正如志愿组织研究揭示的那样，开放性志愿团体比孤立隔绝的团体更有利于一般信任的增长。[②] 因此，无论宗教团体所持教义的保守程度如何，它们都会根据所处的不同情境，发展出开放程度不同的实践形态，从而通过组织的“网络溢出效应”而对信任水平产生更为实质性的影响。[③] 这实际意味着，信仰的保守性并不必然导致组织实践的封闭性与高张力。

最后，宗教的社会处境差异对社会信任有不同影响。进一步的研究发现，宗教成员身份、教会参与频率等纯粹的宗教因素，对社会信任的影响并不显著。[④] 这让一些学者开始意识到，不能脱离社会情境孤立地看待宗教与信任的关系。例如，同样是天主教，其教义和组织活动方式大体相同，但在不同国家，甚至同一国家的不同地区，天主教对信任的影响有显著差异。[⑤] 这种差异源于天主教所置身的不同社会处境，而不是教义或信仰。另一项对孟加拉国农村印度教与伊斯兰教的分析发现，处于少数地位的印度教徒的一般信任水平，要显著低于居于主流地位的穆斯林。[⑥] 有学者指出，一个国家的主流宗教通常已与本国文化糅合在一起并代代相传，而归属于少数派宗教（minority religion）的人，他们的信任水平是社会歧视的结果，而不是宗教信仰本身的特点。[⑦]

（二）宗教与政治信任：模糊的影响

政治信任是民众基于理性思考、实践感知、心理预期等对政治制度、政府及政策、公职人员行为的信赖，它能够缓和冲突，提高政府支持率与合法性。政治信任包括“政府信任”与“体制（制度）信任”两个维度。后者指人们对现行政治体制及其运行原则的认可，是超出具体人和机构的弥散支持。但在一般情况下，民众对具体的政府机构有着更直观的感受，并且由于制度供给和制度执行的主体是政府及其官员，因此，对政府的信任

---

① 参见 R. Barro and R. Mc Cleary，“Religion and Political Economy in an International Panel”，*Journal for the Scientific Study of Religion*，2006，Vol. 45，pp. 149 – 175；M. R. Welch，D. Sikkink，E. Sartain and C. Bond，“Trust in God and Trust in Man：The Ambivalent Role of Religion in Shaping Dimensions of Social Trust”，*Journal for the Scientific Study of Religion*，2004，Vol. 43（3），pp. 317 – 343；D. Wollebaek & P. Selle，“Origins of social capital：Socialization and institutionalization approaches compared”，*Journal of Civil Society*，2007，Vol. 3（1），pp. 1 – 25；P. Paxton，“Association Memberships and Generalized Trust：A Multilevel Model Across 31 Countries”，*Social Forces*，2007，Vol. 86（1），pp. 63 – 75.

② P. Paxton，“Association Memberships and Generalized Trust：A Multilevel Model Across 31 Countries”，*Social Forces*，2007，Vol. 86（1），pp. 63 – 75.

③ MacGregor，“Religion and Volunteering in Context：Disentangling the Contextual Effects of Religion on Voluntary Behavior”，*American Sociological Review*，2012，Vol. 77（5），pp. 747 – 779.

④ 参见 C. E. Smidt，“Religion and Civic Engagement：A Comparative Analysis”. *Annals of the American Academy of Political and Social Science*. 1999. Vol. 565（1），pp. 176 – 192；A. Alesina，and E. L. Ferrara，“Who Trusts Others”？*Journal of Public Economics*，2002，Vol. 85（2），pp. 207 – 234.

⑤ 参见 Pablo Branas-Garza，M. Rossi and D. Zaclicever，“Individual's Religiosity Enhances Trust：Latin American Evidence for the Puzzle”. *Journal of Money，Credit and Banking*，2009，Vol. 41，pp. 555 – 566；P. J. Zak and S. Knack，“Trust and Growth”. *The Economic Journal*. 2001. Vol. 111，pp. 295 – 321.

⑥ Olof Johansson-Stenman，Minhaj Mahmud and Peter Martinsson，“Trust and Religion：Experimental Evidence from Rural Bangladesh”，*Economica*，*New Series*，2009，Vol. 73（303），pp. 462 – 485.

⑦ L. Guiso，P. Sapienza，and L. Zingales，“People's Opium？Religion and Economic Attitudes”，*Journal of Monetary Economics*，2003，Vol. 50，pp. 225 – 282.

联结着“泛化”的体制与制度信任，它们之间有着内在关联性；故而政府信任在很多研究中成为考察政治信任的主要依据。① 当然，在现实中，对政府机构及其官员的信任，与对政治体制的泛化信任并不会同步变化，前者是有意义的参考，但并不是决定性的指标。

政治信任研究兴起于20世纪70年代，其关注的重点是现代民主的不同模式下的政治信任问题，并且主要集中在欧美国家。② 宗教对政治/政府信任的“直接”影响并非主要议题。正如有学者用10个欧洲国家的数据所表明的那样，在影响政治信任方面，个人对政治和经济绩效的评价，远比宗教因素重要得多。③ 尽管如此，在有关宗教影响民众的政党支持、投票行为、政策偏好以及宗教政治动员等研究中，多少也涉及了这个问题。例如罗伯特·伍斯诺（Robert Wuthnow）指出，美国自“二战”以后出现了跨越各个宗教的“两极分化”：一端是保守主义或福音派基督徒，另一端是自由派或世俗人文主义。这个分化使得民众在诸如社会福利、军费开支、性别平等、外交关系、税收等公共议题上争论不断，并影响相关的政策和决策。④ 其他有关政党/总统支持率的研究也表明，宗教教义的保守性与否，显著影响民众对不同政党及其总统候选人、在任总统的支持。⑤ 对澳大利亚和拉美的研究也有类似的发现。⑥ 如果对政党、政策的“支持”是政府信任的表征之一的话，这些研究某种程度上也涉及了宗教与政府信任的关系问题。不过，这些研究主要着眼于教义所体现的伦理价值观对政治议题的评判，与政治信任这样一种心理—情感取向还是有所区别的。

麦克斯威尔（Rahsaan Maxwell）对英国穆斯林的研究，则揭示了非宗教因素对宗教群体的政府信任之影响。他发现，英国穆斯林的政府信任水平高于本土基督徒，这与通常的印象正相反。一般认为英国穆斯林是社会与文化上的外来者，倾向于疏离和极端。但事实上，穆斯林的政府信任主要由他们的“移民身份”而不是宗教所形塑，移民通过比较而对当下生活有更高的相对满意度，从而提高了政府信任。但是，这些移民的后代即二代穆斯林对政府的信任与那些本土基督徒相比则没有显著差异。⑦ 这与社会信任研究中，社会情境因素对信任的影响超过宗教因素的发现相一致。

比较而言，宗教对“社会信任”的影响更为直接和显著。基于对“社会信任”是否延伸至政治领域的不同理解，政治信任研究形成两大主要分析路径：文化主义路径关注社

---

① 参见赵泉民《论转型社会中政府信任的重建——基于制度信任建立的视角》，《社会科学》2013年第1期；孟天广《转型期的中国政治信任：实证测量与全貌概览》，《华中师范大学学报（人文社会科学版）》2014年第2期；刘昀献《当代中国的政治信任及其培育》，《中国浦东干部学院学报》2009年第4期。

② 上官酒瑞：《国外政治信任研究的历史进程与理论聚焦》，《上海行政学院学报》2011年第4期。

③ W. Mishler and Richard Rose, “What Are the Origins of Political Trust? Testing Institutional and Cultural Theories in Post - Communist Societies”, *Comparative Political Studies*, 2001, (34), pp. 30 - 62.

④ Robert Wuthnow, *The Struggle for America's Soul: Evangelicals, Liberals, and Secularism.* Wm. B. Eerdmans Publishing Co., 1989, pp. 177 - 178.

⑤ Geoffrey C. Layman, “Religion and Political Behavior in the United States: The Impact of Beliefs, Affiliations, and Commitment From 1980 to 1994”, *The Public Opinion Quarterly.* 1997, Vol. 61 (2), pp. 288 - 316.

⑥ 参见 Eric Patterson, “Religious Activity and Political Participation: The Brazilian and Chilean Cases”, *Latin American Politics and Society*, 2005, Vol. 47 (1), pp. 1 - 29; Clive Bean, “The Forgotten Cleavage? Religion and Politics in Australia”, *Canadian Journal of Political Science*, 1999. Vol. 32 (3), pp. 551 - 568.

⑦ Rahsaan Maxwell, “Trust in Government Among British Muslims: The Importance of Migratioin Status”, *Political Behavior*, 2010, Vol. 32 (1), pp. 89 - 109.

会信任的“溢出”效应，认为政治体系的“外部”因素，主要指在早期社会化、人际网络及社团参与中培育的社会信任，对政治信任有重要作用；而制度主义路径虽然也承认文化因素的重要性，但更强调政治系统本身的运作绩效与声誉等对政治信任的影响。[①] 虽然不少研究都试图综合两个路径，而且文化因素对政治信任的长期影响也在很多研究中得到证实，但政治系统本身的性质、结构以及绩效对政治信任有相对独立的影响越来越成为共识。正如有学者指出的那样，社会信任并没有密切地同政治信任联系在一起，两者有着不同的起源，“人们为了不同的理由，以不同的方式表达社会信任与政治信任”。[②] 不过，尽管存在争议，但在一定的范围内，仍然可以认为宗教通过培育社会资本和社会信任，以及形成基于信仰的伦理道德评判，从而对政治信任产生间接而长期的影响。

二　中国宗教与信任：研究思路与假设

相比之下，国内学界对中国宗教与信任之关系的研究刚刚起步；定量研究更是不足，仅有少量分析了中国宗教与社会信任、人际信任的关系。[③] 而在政治/政府信任专题领域，只有极个别研究将宗教信仰的“有无”作为一种人口统计学变量纳入分析，[④] 没有考虑到不同宗教之间的差异，也没有展开进一步分析。而且，在为数不多的涉及宗教的政治信任研究中，都只从整体主义的单纯“宗教归属”角度，粗略比较不同宗教群体在政治信任上的差异。然而，“宗教归属”只是简单的群体分类，虽然有其认知与管理上的意义，但具有将宗教信众的认同或行动“单一化”地固着在宗教身份上的倾向。事实上，信徒对教义与伦理原则的理解、“领受”都有不同，其具体实践更是千差万别。“信仰不是问题，关键是如何信仰。”[⑤] 前文对西方学界有关宗教与信任之间关系的研究回顾，也揭示了单一“宗教归属”维度之不充分性。

本文选择从“政府信任”的角度考察两者的关系。这是由于在中国的文化传统中，

---

① W. Mishler and Richard Rose, “What Are the Origins of Political Trust? Testing Institutional and Cultural Theories in Post - Communist Societies”, *Comparative Political Studies*, 2001, (34), pp. 30 - 62.

② K. Newton, “Trust, Social Capital, Civil Society, and Democracy”, *International Political Science Review*, 2001, Vol. 22 (2), pp. 201 - 214.

③ 这些研究主要有：阮荣平、王兵基于中国10个城市调查数据，分析了宗教信仰对社会化信任、一般化信任和差序格局中不同半径群体信任的影响（阮荣平、王兵：《差序格局下的宗教信仰和信任——基于中国十城市的经验数据》，《社会》2011年第4期）；李峰基于上海数据分析了民众对宗教组织的信任状况，以及新生代对基督教的信任态度（李峰：《对宗教组织之信任的探索性研究——以上海数据为例》，《社会》2013年第2期；李峰：《新生代对基督教的信任态度及中介机制——以长三角地区数据为例》，《社会》2015年第2期）；胡安宁对中国城市基督徒一般信任（generalized trust）的研究（Anning Hu, “Generalized trust among Christians in urban China: Analysis based on propensity score matching”. *Current Sociology*, 2013, Vol. 61 (7), pp. 1021 - 1039）；王佳、司徒剑萍对当代中国宗教信仰与人际信任的研究（王佳、司徒剑萍：《当代中国社会的宗教信仰和人际信任》，《世界宗教文化》2010年第4期），以及窦方对不同宗教与亲缘信任、熟人信任、外人信任、一般化信任的关系之考察（窦方：《宗教信仰与中国居民的信任水平——基于2010年CGSS数据》，《社会学》2013年第1期）。此外，李向平通过对当代中国基督徒企业的研究深入思考了新教伦理对中国社会信任的建构问题（李向平：《新教伦理与社会信任的中国建构》，载李向平《信仰但不认同：当代中国信仰的社会学诠释》，社会科学文献出版社2010年版）。

④ 张海良、许伟：《人际信任、社会公平与政府信任的关系研究——基于数据CGSS2010的实证分析》，《理论与改革》2015年第1期。

⑤ 李向平：《信仰但不认同：当代中国信仰的社会学诠释》，社会科学文献出版社2010年版，第500页。

政治信任十分关键，国民对国家、政府的信任，很大程度上是一般意义上社会信任的基础；① 那么，不同宗教影响人们的“政府信任”吗？本文从以下三个方面提出相关假设。

首先，不同宗教的政府信任水平是否存在显著差异？在此，我们仍然沿袭目前通行做法，从单一“宗教归属”（religious affiliation）角度比较基督徒群体与佛教徒群体，因为这两个宗教都属于“外源性”宗教，而后者公认是充分中国化的典范。那么，这会使佛教徒群体对政府的信任高于基督徒群体吗？因此，本文提出的第一个假设是：

假设1：整体而言，佛教徒群体的政府信任水平高于基督徒群体。

其次，除宗教归属外，本文也考察三类可能影响政府信任的其他因素。一是对信仰关系的理解，即如何看待自己的信仰与其他信仰的关系；这种理解反映了基于对教义不同方面的强调而形成的在信仰上的保守性、宽容性、平等性和开放性程度。二是慈善捐款参与。在当前的政府信任研究中，社会参与被认为能够促进政府与公众之间的沟通合作，增强公众对政府的信任感。② 本文分别以政府和宗教团体组织的慈善捐款来考察社会参与情况，它们代表着“吸纳式”参与和“关切式”参与这两种不同的驱动机制。③ 三是政府绩效因素。在一般的政治信任研究中，经济增长、腐败治理、环境—生态保护、社会福利以及政策的公平公正等绩效因素是考察的重点，本文将“个人生活满意度”作为政府绩效的间接测量。为此，提出以下假设：

假设2：信仰关系理解对宗教信众的政府信任有显著影响。

假设3：宗教信众参与政府组织的慈善捐款会提升政府信任。

假设4：宗教信众参与宗教组织的慈善捐款会提升政府信任。

假设5：宗教信众对个人生活越满意，对政府的信任就越高。

最后，由于宗教作为一种社会文化符号，其影响会超出信仰者内部。这种影响并非基于信仰内化和共同体参与，而是镶嵌在宗教的公众形象建构中，通过社会公众对这个形象的不同解读而发挥作用。“信任的美名能够在……多种关系和多种体制之间传递和推广……”④ 因此，本文考察佛教和基督教以外的社会大众对这两个宗教的信任与对政府的信任之间是否存在关联。由于中国宗教通常被认为只有有限的公共影响力，为此，提出如下假设：

假设6：在无宗教归属的大众中，信任基督教与信任政府之间没有显著关系。

假设7：在无宗教归属的大众中，信任佛教与信任政府之间没有显著关系。

三 数据与测量

本文采用的数据来自华东师范大学李向平教授主持的“长三角地区信仰调查

① 郑永年：《中国改革三步走》，东方出版社2011年版，第175页。

② 参见孙昕等《政治信任、社会资本与村民选举参与——基于全国代表性样本调查的实证分析》，《社会学研究》2007年第4期；熊易寒《社区选举：在政治冷漠与高投票率之间》，《社会》2008年第3期；胡荣《农民上访与政治信任的流失》，《社会学研究》2007年第3期；杨敏《公民参与、群众参与与社区参与》，《社会》2005年第5期。

③ 高勇：《参与行为与政府信任的关系模式研究》，《社会学研究》2014年第5期。

④ ［美］伯纳德·巴伯：《信任：信任的逻辑和局限》，牟斌、李红、范瑞平译，福建人民出版社1989年版，第19页。

(2011)”（以下简称“长三角调查”）。该调查依据中国第六次人口普查数据，建立起上海市、省会城市（南京、杭州）、非省会副中心城市（宁波、苏州与无锡），以及其他10个地级市的四个抽样框，按PPS多层随机抽样原则，以Kish表入户方式，对18—70岁常住人口进行问卷调查，共获得有效问卷3000份。本研究剔除个案数较少的信仰伊斯兰教（共10例）、天主教（10例）与道教（5例）者的数据，以及少量缺失值较多的样本，得到共2964个有效个案的样本。根据本文的目的，对原始问卷中的题项加以整理后得到所使用的变量如下（见表1）。

表1　　变量与样本数据

变量	标准差	描述	样本量（个）
宗教归属	0.89	1=佛教，2=基督教，3=无宗教归属	2964
信仰唯一性	1.078	1—5 非常不同意—非常同意	
信仰优越性	1.035	1—5 非常不同意—非常同意	
尊重世俗规则	1.089	1—5 非常不同意—非常同意	
寺观教堂组织时捐款	0.15	0=不参与，1=参与	
政府组织时捐款	0.09	0=不参与，1=参与	
健康状况	0.67	0=不健康，1=健康	
收入满意	0.33	0=否，1=是	
家庭和睦	0.46	0=否，1=是	
社会总体信任状况	0.50	0=大多数人不可信任，1=大多数人可信任	
政府信任	5.58	7—35	
信任基督教	2.21	3—15	
信任佛教	2.51	3—15	
年龄	14.48	18—87岁	
受教育程度	0.65	1－7 没上过学—硕士及以上	
性别	0.50	1=男，0=女	

第一是宗教归属变量。除了信仰“佛教”“基督教”者以外，我们把样本中自述为“没啥固定信仰，偶尔拜拜神”、“其他信仰”、“没有我想要的神可以信仰”以及“无神论”者，合并为“无宗教归属”者；① 这些类别的填答者虽然可能有其他各种宗教性或世俗性的信仰，但都没有归属（affiliation/belonging to）于佛教与基督教，② 他们构成了佛教

① 之所以把这四类归于一类，原因在于：那些“没有固定信仰”，只是“偶尔拜神”的人，他们或许信仰各种民间神祇，甚至包括佛道教中的神灵，但他们只在一些特殊时刻与场合会拜神（如在春节或为了升学等特殊重要的事情），并没有把自己当作宗教信徒。那些选择“其他信仰”者可能对自己的信仰有明确认知，如信仰儒教者，或者其他各种世俗性质的信仰，或其他民间宗教（如妈祖）与外来/新兴宗教（如巴哈依教）等，但他们自我认定不属于上述佛道和基督宗教。那些认为“没有我想要的神可以信仰者”，可能是宗教与灵性领域的“寻求者”（seekers），他们虽然不一定否定神的存在，但对调查中所列的宗教都没有信仰。“无神论”者的构成可能比较复杂，他们中包含一些真正的彻底的无神论者，也包含一些不那么彻底的无神论者。

② 也没有归属于另外三个被剔除的宗教。

与基督教信众以外公众的大部分（不含天主教、道教与伊斯兰教信众）。

第二是信仰关系理解变量。主要通过以下几个问题来把握："我的信仰是唯一正确的信仰"（信仰唯一性）、"我的信仰未必是唯一正确，但比其他信仰要好得多"（信仰优越性）、"当社会有些规定和做法不符合我的信仰时，我必须接受这些社会规定，适当妥协"（对世俗规则的态度）。这些变量均为5水平连续变量。

第三是慈善捐款参与变量。主要通过问题"寺观教堂组织时捐款"和"政府组织时捐款"来测量，有"参与"（赋值1）和"没有参与"（赋值0）两个水平。

第四是生活满意度。主要包括四个变量。前三个变量反映个人生活满意度，即：收入满意、家庭和睦与身体健康，[①] 第四个变量是社会调查中测量"一般信任"的标准问题，即"你是否认为社会上大多数人是可信的"。[②] 目前越来越多的研究者认为，这个问题实际上测量的是人们对生活于其中的外部环境之总体"可信任状况"的评价，而不是实际给予的信任。[③] 以上这些主观感受反映了人们对生活的满意感、安全感，间接反映了人们对政府绩效的感知。

第五是信任对象变量。问卷以里克特五点量表分别测量人们对不同对象的信任程度。[④] 本研究包含三类信任对象，分别指涉三种信任类型。

1. 政府信任。具体对象主要包括：中央政府、省级政府、市级政府、县级政府与乡镇政府五级。

2. 对基督教的信任。在调查中主要根据对普通基督徒、牧师、教会的信任来考察对基督教的整体信任情况。

3. 对佛教的信任。主要根据对普通佛教居士、和尚（尼姑）以及寺院的信任来考察对佛教整体的信任情况。

将上述信任对象用因子分析降维，Kaiser标准化正交旋转后抽取3个特征值大于1的因子，累计解释的总方差为73%；内在信度检验总信度系数达到0.82。这3个因子分别是信任政府（信度系数0.911）、信任基督教（信度系数0.788）、信任佛教（信度系数0.798）。将3个因子内部诸信任对象的得分分别加总后得到3个新的连续型变量。

第六是人口统计学特征变量，主要包括年龄、性别和受教育程度。

四 政府信任的分群体回归分析

以"政府信任"为因变量，用Stata 14.0幂阶梯分析后表明该变量的平方接近正态分布，因此对之做平方转换。以宗教归属等为自变量，分别对"宗教信仰者"（基督徒与佛教徒）群体和"无宗教归属者"群体的政府信任状况在Stata 14.0中作robust回归，得到

---

① 里克特五点量表评分为1分（非常不满意）至5分（非常满意）。我们把"比较满意"与"非常满意"归并为"满意"，赋值为"1"，把"非常不满意"、"不太满意"以及"说不清"三类归并为"未能满意"，赋值为"0"。

② 原始回答类别是：1＝大多数人可信；2＝大多数人不可信；3＝说不清，研究中调整为："大多数人可信"的赋值为"1"，选择"大多数人不可信"以及"说不清"的赋值为"0"。

③ K. Newton, "Trust, Social Capital, Civil Society, and Democracy", *International Political Science Review*, 2001, Vol. 22 (2), pp. 201－214.

④ 1＝非常不信任，2＝不太信任，3＝说不清，4＝比较信任，5＝非常信任。

两个模型。分析结果如下（见表2）。

表2　**政府信任分群体稳健（robust）回归**

	模型一（佛教与基督教）	模型二（无宗教归属）
	Beta/. Std Err.	Beta/. Std Err.
宗教归属	-0.02/0.65	—
信任基督教	0.03/0.08	-0.22/0.09 ***
信任佛教	0.21/0.08 ***	0.28/0.09 ***
信仰关系理解		
信仰唯一性	-0.04/0.16	-0.07/0.13 **
信仰优越性	-0.02/0.15	-0.05/0.14 *
尊重社会规则	0.02/0.16	0.05/0.13 *
捐款参与		
政府号召时捐款	-0.01/1.21	-0.01/2.78
教堂寺庙组织时捐款	0.09/0.63 **	0.01/1.23
生活满意度感知		
社会总体信任	0.14/0.33 ***	0.13/0.27 ***
收入满意	0.06/0.48	0.02/0.38
家庭和睦	0.06/0.34 *	0.127/.525 **
健康状况	0.09/0.33 **	0.05/0.27 *
个人背景		
性别	-0.04/0.32	-0.00/0.26
年龄	0.05/0.01	0.07/0.01 **
受教育水平	0.03/0.15	0.02/0.13
cons	-/1.72 ***	-/1.20 ***
R^2	0.142	0.096
VIF	1.03—1.50	1.02—2.54
MeanVIF	1.17	1.30
ovtest（F/p）	2.62/0.05	1.32/0.28
N	914	1653

注：$p^{*}<0.05$，$p^{**}<0.01$，$p^{***}<0.001$

参照组：宗教归属—基督教，政府号召时捐款—否，教堂寺庙组织时捐款—否，性别—女，

社会总体信任状况—大多数人不可信，收入满意—否，家庭和睦—否，健康状况—否。

第一，“模型一”反映，宗教信仰者群体（佛教徒与基督徒）中，当控制了其他因素时，“宗教归属”变量对政府信任的影响没有达到显著；也就是说，不管信仰佛教还是信仰基督教，在政府信任方面没有显著差异，“假设1”没有得到证实。

第二，“信仰关系理解”在信仰者群体中（模型一），对政府信任的影响都没有达到显著，“假设2”被拒绝。这可能是由于对这两类宗教信仰者而言，信仰关系的理解主要引导他们在同属于“彼岸”指向的不同宗教信仰间比较，而与世俗取向的政府行为关联度很弱。因此，在宗教信仰者群体中，信仰关系理解对政府信任的效应虽然存在，但并不能达到统计显著性。

第三，慈善捐款参与方面，在“模型一”的宗教信仰者群体中，参与宗教团体组织的捐款者，比没有参与者的政府信任水平更高，且达到统计显著性；参与政府号召的捐款者则对政府信任没有显著影响。因此，“假设3”得到证实，而“假设4”被拒绝。

第四，在“模型一”的宗教信仰者群体中，认为社会上大多数人可以信任者，比认为多数人不可信任者，有着更高的政府信任水平；家庭和睦与身体健康也与政府信任有正相关关系。但收入满意程度对政府信任没有显著影响。因此，除了收入满意度以外，“假设5”基本得到证实。它间接反映了政府绩效对政府信任的影响。实际上，在无宗教归属者群体中，生活满意度也与政府信任存在相同的正相关关系。

第五，在“模型二”的无宗教归属者中，对基督教的信任与信任政府有着显著的负相关关系；而信任佛教则与政府信任呈显著的正相关关系。因此，“假设6”和“假设7”都不被接受。这两个发现值得进一步探讨。

五　结论与讨论

上述回归分析表明，单纯从“宗教归属”的整体性角度看，在控制其他因素的情况下，基督徒与佛教徒这两个群体的政府信任水平并没有显著差异。这意味着，不能只根据“宗教归属”判断人们的政府信任状况。宗教信徒的政府信任实际上受到其他“非宗教因素”的显著影响。本文分析发现，无论是在宗教信仰者还是在无宗教归属者中，间接反映政府治理绩效的生活满意度指标，大多与政府信任有着显著正相关关系。由宗教团体组织的慈善捐款活动也能显著提升宗教信众的政府信任水平。不过，本文最值得进一步探究的是以下两个问题：

第一，对宗教的信任与政府信任之间有不同的相关关系。主要体现为：在宗教信仰者群体中，对基督教的信任同对政府的信任无关，而对佛教的信任则与对政府的信任正相关；在无宗教归属者群体中，对基督教的信任与对政府的信任负相关，对佛教的信任则与对政府信任正相关。为什么会有这样的差异？

伯纳德·巴伯（Bernard Barber）认为，当人们无法了解某些对象的专门知识、技术能力或日常习惯的行为时，就会期待对方有道德上的义务和责任关心自己的利益。[①] 这种期待可以形成信任，而降低或缺乏这种期待则表明信任不足甚至不信任。吉登斯把“缺乏完整的信息”视为寻求信任的首要条件。[②] 可以认为，无宗教归属者大多是在对这两种宗教并无真正了解的基础上，对它们有不同的期待，从而决定是否对之表达信任。那么，这种期待的内容是什么？本次调查并没有涉及这些问题，有待今后进一步研究。在此，可以尝试初步解释。

无宗教归属者对基督教的期待，很大程度上来源于在公共教育、大众媒体和网络信息中的基督教形象。在很长的一段时期里，基督教主要以比较负面的形象出现；这同基督教在近代史中的表现有关。但是，随着社会的日益开放，基督教的形象有所改观。因此，在社会公众中，虽然很多人仍然沿袭以往对基督教的负面评价，但越来越多的人更加客观、

---

① ［美］伯纳德·巴伯：《信任：信任的逻辑和局限》，牟斌、李红、范瑞平译，福建人民出版社 1989 年版，第 11—19 页。

② ［英］吉登斯：《现代性的后果》，田禾译，译林出版社 2000 年版，第 29 页。

理性地看待基督教；还有一些人则把基督教同现代文明相联系，但不乏片面性，忽略其在历史中更为复杂的表现。无论持有何种态度，在无宗教归属的大众中，基督教很大程度上是某种社会文化符号，甚至与某些政治理念或价值观相联系，这构成了他们对基督教的期待的主要内容。这种期待并不像基督徒对自身信仰的期待那样朝向“彼岸世界”，而是落脚在“此岸世界”。

对政府的信任则是对政治体系和政治行动者将来是否会维护、增加社会福利与个体权益的预期。① 尽管人们或多或少会同政府部门、官员打交道并获取相应信息，但对庞大复杂的政府运作及其技术能力等仍然缺乏充分了解。因此，这种信任也具有巴伯所说的“道德义务与责任”的性质；经济发展等绩效因素通常要经过人们的反思性评估才会产生政府信任。② 这种评估很大程度上也受媒体宣传以及大众评价的影响，③ 蕴含着价值判断。

因此，可以认为，无宗教归属的大众在不完整信息的基础上，对政府和基督教这两个对象实现自己未来利益的可能性以及实现方式、途径，存在着不同的期待，从而使得人们对两者的信任呈现负相关关系；这也表明，无宗教归属者对这两个对象的期待，是在相同的社会文化层面进行比较的。

与无宗教归属者不同，宗教信仰者群体对基督教的信任却与政府信任没有显著关联。这意味着，宗教信仰者对基督教的信任，是在对基督教内的各个对象掌握经典、理解教义、信仰虔诚以及道德操守等具体方面的信任：对基督徒而言主要是指向“来世救赎”的技术能力信任；对佛教徒而言是宗教间的社会信任。因此，宗教信仰者对基督教的信任，与政府信任处于不同的层面，因此没有显著关联。

不过，无论是宗教信仰者群体，还是无宗教归属者，对佛教的信任同政府信任之间都呈现出显著的正相关关系。这或许从另一个侧面验证了佛教已是充分中国化了的宗教，已被整合进了查尔斯·蒂利（Charles Tilly）所说的“信任网络”中，④ 然而，这种信任网络之意义，仍然有待进一步分析。上述不同群体的宗教信任与政府信任之间的关系见表3。

表3　不同群体的宗教信任与政府信任之间的关系

	宗教信仰者群体（佛基）	无宗教归属者群体
信任基督教	与政府信任无显著相关性：对基督教的信任主要是基于“来世救赎”的技术能力信任，或宗教间的社会信任，与政府信任处于不同层面	与政府信任负相关：基督教被视为社会政治符号，表达着某种理念或价值观。在实现未来利益的可能性或方式、途径方面，部分人存在着不同甚至对立的期待，并分别赋予基督教和政府，从而使他们对两者的信任呈现负相关关系。这两种信任的共同点是信息的不完全和不充分
信任佛教	与政府信任正相关：佛教良好地整合进连接着公共权力体系的“信任网络”中，针对佛教与政府的信任呈现正相关关系	

① 张文宏、马丹：《社会经济地位、民主观念与政治信任——以上海为例》，《江苏行政学院学报》2015年第1期。

② A. Tucher, "The Role of Reflexive Trust in Modernizing Public Administrations", *Public Performance & Management Review*, 2004, Vol. 28 (1), pp. 53–74.

③ 李艳霞：《何种信任与为何信任？——当代中国公众政治信任现状与来源的实证分析》，《公共管理学报》2014年第2期。

④ ［美］查尔斯·蒂利：《信任与统治》，胡位钧译，上海人民出版社2010年版，第9页。

第二，基于本文的研究，可以拓展对基督教中国化的理解。尽管中国基督教从 20 世纪 50 年代开始就已经在教权上彻底摆脱了西方的控制，走上“三自”的道路；但是，基督教的“洋教”印象始终未能彻底消除。很多人认为，与其他本土宗教相比，基督教与当前中国的政治、社会与文化之间存在着更高的张力，这种印象容易被一些实际发生的个案所强化并推演到整个基督教。因此，“基督教中国化”在近年来引起重视，旨在促进基督教与中国社会之间形成良性和谐的关系。

当前倡导的“基督教中国化”，是在中国快速发展和深刻转型的历史时期，由教外知识界首倡，① 其目标是“解决中国基督徒的身份认同问题，即中国基督徒理应做中国人、走中国道路的问题”，② 处理由于基督教“异质的教义特征及文化表征”所导致的“种种龃龉乃至冲突”③。

由于“信任对稳定的社会关系非常重要”，④ 在人类不同社会活动领域都具有基础性作用，因此，建立基督教与中国社会的稳定、和谐关系，就不得不考虑“信任”问题。尽管信任的定义并不统一，但最低程度上它是指人们相信他人不会故意损害自己的利益，更进一步则是相信他人会为了自己的利益而行事；以这种信念为基础，才能产生稳定的社会交往关系，形成富有成果的集体行动与合作，并且降低社会交往的复杂性，尤其是降低社会监控的成本。⑤ 因此，从“信任”的角度思考“基督教中国化”十分必要。本研究表明：

1. 基督徒群体在政府信任上与佛教徒群体没有显著差异。这意味着，单纯的宗教归属本身并不是影响政治信任的主要因素。那些影响一般民众政治信任的政府绩效等因素，对宗教信众的政治信任同样起作用。因此，对公众的优先事务作出回应，发现并惩治腐败行为，保护人民群众利益，以及发展经济、提高人民生活水平，都是提升群众政府信任的重要举措，对基督徒也不例外。

2. 无宗教归属的大众中，信任基督教与政府信任之间存在负相关关系，这意味着基督教在大众中的形象，是基督教中国化进程中需要处理的难点问题。这种形象使“基督教”对某些人而言成为一种社会文化符号而得到不同解读，脱离当前中国基督教的真实状况。这种形象建构也意味着中国基督教与社会大众的隔阂。因此，基督教中国化需要消

---

① “基督教中国化”命题的再次提出，始自 2012 年 3 月由北京大学宗教文化研究院、中国社会科学院基督教研究中心联合发起的“基督教中国化”论坛。

② 卓新平：《基督教中国化三要素：对中国政治的认同、对中国社会的适应、对中国文化的表达》，《中国民族报》2015 年 3 月 17 日。

③ 唐晓峰：《基督教由谁来中国化?》《中国民族报》2014 年 9 月 9 日。

④ ［美］彼得·M. 布劳：《社会生活中的交换与权力》，李国武译，商务印书馆 2008 年版，第 155 页。

⑤ 关于信任的有关界定及其在社会交往中的重要意义，可参见［美］詹姆斯·S. 科尔曼《社会理论的基础（上）》，邓方译，社会科学文献出版社 1999 年版，第 108—135 页；［英］罗伯特·D. 帕特南《使民主运转起来：现代意大利的公民传统》，王列、赖海榕译，江西人民出版社 2001 年版，第 195 页；［德］尼古拉斯·卢曼《信任：一个社会复杂性的简化机制》，瞿铁鹏、李强译，上海人民出版社 2005 年版，第 10 页；［英］安东尼·吉登斯《现代性的后果》，田禾译，译林出版社 2000 年版，第 6 页；K. Newton，“Trust，Social Capital，Civil Society，and Democracy”，*International Political Science Review*，2001，Vol. 22（2），pp. 201 – 214；J. David Lewis and A. J. Weigert，“The Social Dynamics of Trust：Theoretical and Empirical Research，1985 – 2012”，*Social Forces*，2012，Vol. 91（1），pp. 25 – 31.

除大众对基督教的各种不切实际的想象。这就需要一方面着力推进中国化的各项举措；[①]另一方面，要建立各个宗教以及世俗信仰体系之间的公共互动空间与平台，使宗教信众合理表达信仰，[②] 在此基础上促进相互了解和理解。

总之，本文从宗教信仰者与无宗教归属者两个群体入手，考察宗教因素与政府信任的关系，一定程度上克服了以往研究的局限。这种局限一方面仅根据单一宗教归属来判断政治/政府信任，暗含宗教信众在日常生活中以宗教信仰为中心的假定，忽略现实中人们身份认同和活动领域的多重性；另一方面，这种局限也忽略了宗教在信众以外建构起来的公众形象对信任的影响。不过，今后的研究还应进一步扩展至其他地区和其他宗教，并且增加其他可能的影响因素，从而更加深入和完整地理解中国宗教与信任之间的关系。

（原文发表于《世界宗教研究》2017 年第 3 期）

---

① 学界目前对如何推进基督教中国化大体上形成三种视角，即“结构—要素的综合视角”、“功能—关系的实践视角”以及“多元主体的行动者视角”，每个视角下都有若干有影响的理论观点：

1. 结构—要素的综合视角。其认为基督教的中国化涉及不同的层次与要素，这些构成要素并非同步变化；因此，这一视角大多强调某些关键要素，或是提出若干统摄性的标准。最有影响和代表性的是卓新平（2015）提出的“三大核心要素”说，即“对中国政治的认同、对中国社会的适应以及对中国文化的表达”。其他两个视角虽然着眼点不同，但都或多或少包含结构—要素视角的内容。

2. 功能—关系的实践视角。其并不强调具体构成要素的变革，而是着眼于基督徒在现实社会中的实践与关系建构。如张志刚（2011）认为，基督教中国化的重点并不在基督教的经典、教义和神学本身，而是基督徒的社会实践效果，即对于它所传入的民族或国家的生存发展，主要是起到正面、积极的社会历史作用，还是起到负面、消极的社会历史影响。徐以骅（2015）总结了 20 世纪初到 50 年代，基督教与中国社会进步事业的三次“重大结合”，强调这种共同事业对基督教中国化的意义。李向平（2014）主张建立各个宗教信仰体系之间的公共互动空间与平台，促使形成一个超越各个宗教，同时又包容各自信仰体系的公共信仰模式，使宗教信众以公民与信徒的双重身份践行公民职责与权利，表达宗教信仰，基督教中国化才能在公共理性框架下顺利推进。曹南来（2015）主张中国特色的基督教要嵌入公共道德与个人伦理领域，参与搭建中国传统价值与世界商业经济之间的道德桥梁。

3. 多元主体的行动者视角。强调基督教界在推动中国化进程中的主要角色的同时，也超越了过去把其他主体视为外在环境与实施条件的局限，将基督教以外的行动者也视为与中国化有关的积极主体。如陶飞亚（2012）指出，基督教中国化涉及基督教界、中国社会与中国政府三个方面的交叉互动。唐晓峰（2014）则增加了“宗教学界”这个主体，并对基督教中国化承担者、参与者等各主体的责任进一步细化，强调各个主体职能的有效履行是基督教中国化成功的关键。

以上引用文献包括卓新平《基督教中国化三要素：对中国政治的认同、对中国社会的适应、对中国文化的表达》，《中国民族报》2015 年 3 月 17 日；张志刚《“基督教中国化”三思》，《世界宗教文化》2011 年第 5 期；徐以骅《从“正定天主堂惨案”谈基督宗教的中国化》，载徐以骅、张庆熊主编《基督教学术》（第 13 辑），上海三联书店 2015 年版；李向平《公民基督徒与基督教的中国化问题》，《文化纵横》2014 年第 4 期；曹南来《建设有中国特色的基督教，实现宗教社会的融合与创新》，《中国民族报》2015 年 5 月 26 日；陶飞亚《从基督教界、知识界、政界三个视角看基督教中国化》，《中国民族报》2012 年 4 月 17 日；唐晓峰《基督教由谁来中国化?》，《中国民族报》2014 年 9 月 9 日。

② 李向平：《公民基督徒与基督教的中国化问题》，《文化纵横》2014 年第 4 期。

民间信仰:文化记忆的基石

高长江*

摘　要：文化记忆是一个共同体有关自我的文化身份、文化认同、文化理想等知识生产与传承的精神生活。因其记忆的信息既非个体生活史亦非普通社会史，而是通过“神话历史化”与“历史神话化”所创造的集体共享假设，具有关于世界的公义与秩序、生命的尊严与幸福等“超越日常之上”的价值维度，故它多以宗教类文化为承载形体。中国文化记忆亦与中国特有的宗教文化——民间信仰密切相关。中国民间信仰不仅因其记忆形象与中华民族的文化理想气脉相通而传承着中国文化记忆，而且它的运作机制、所使用的信息载体以及激活、唤醒文化记忆的积极过程，也奠定了其中国文化记忆承载基石的地位。

关键词：民间信仰　文化记忆　主体　媒体　过程

近年来，有关文化记忆的话题悄然兴起，并在文学、历史学、民俗学、人文地理学等领域相继膨胀话语空间。当代中国学界的这一“文化记忆”理论热，也许不宜简单地理解为国内学人对海外学术思潮的追踪，亦不完全似文化记忆理论奠基人扬·阿斯曼所解释的因那些历史重大事件见证人相继离世可能产生的历史记忆消失的恐惧反应,[①] 当然更不是有些人所说的系对当代中国“记忆文化”热[②]的理论回应。我认为，其理论思维的语境乃是对当代社会所显现的文化记忆“集体失忆症”的忧虑以及重构中国文化记忆连续性的希冀。我这里所说的“集体失忆”，指的是人们对中华民族“文化史诗”的认同、信仰、记忆的衰颓。

一　文化记忆的特征与机制

在扬·阿斯曼所建构的文化记忆理论范型中，人类的“文化记忆”与“交往记忆”相对应：交往记忆系对刚刚逝去的过去的回忆，它“随着时间而产生并消失”；文化记忆的内容则是过去中的“某些焦点”的记忆，如犹太人关于圣祖的故事，出埃及、穿越沙漠、取得迦南的土地、流亡等都属于这样的形象，它们具有“某种神圣的因素”即宗教因素。从时间结构上看，交往记忆的时间上限为80 年以内，通常以40 年为重要

---

* 高长江，浙江理工大学新闻与传播学院教授。

① ［德］扬·阿斯曼：《文化记忆：早期高级文化中的文字、回忆和政治身份》，金寿福等译，北京大学出版社2015 年版，第1 页。

② 我指的是大众媒体和通俗文化所推动的“怀旧”“寻根”“乡愁”之类的话语喧哗。

门槛；而文化记忆的时间可延展到神话性的史前时代。从回忆和叙事方式看，交往记忆主要依凭口述史实，但文化记忆则是通过在节日中以礼拜方式的展演，将基于事实的历史转化为回忆的历史，从而变成了神话。鉴于文化记忆的内容、时间结构以及回忆的形式，他得出结论：交往记忆与文化回忆的根本差异在于于“日常生活”与“节日庆典”或“日常记忆”与“节日记忆”的区别。[①]

应当承认，阿斯曼从内容、时间与回忆形式等视域对文化记忆内涵的厘定，具有文化记忆理论研究的里程碑意义。不过，这一理论也存在一些问题。例如，把文化记忆的时间结构限定于“史前时代”，这便等于把文化记忆等同于神话—宗教记忆；把记忆的媒介认定为文字和仪式，这又与社会记忆、国家记忆等相互拉扯难以分离；特别是通过“交往记忆”与“文化记忆”的比照凸显文化记忆的特质更使“文化记忆”变得模糊难辨。诚然，记忆不仅如弗洛伊德所说，是由“语境连绵的细节”缝合的信息网络，很难切割出一个个边界清晰的信息模块，而且其所依凭的数据载体亦非单一形式。但我相信，只要选择一个合理的逻辑标尺，我们是可以梳理出一个恰当的框架的。例如，以记忆主体为视角，可以把记忆分为国家记忆、集体记忆和个人记忆；以记忆内容为视角，又可把记忆分为自传体记忆、社会记忆和文化记忆。我的观点是，以记忆主题、存储载体以及回忆风格为标准，与文化记忆相对应的是自传体记忆和社会记忆。

“自传体记忆”是神经科学家所说的有机体关于“自传式自我”的记忆。与恩斯特·海克尔所说的“细胞记忆”[②] 不同，它虽离不开对神经元的世俗依赖，但更主要的是一种心理记忆。这种记忆属于“对一个有机体的过去经验的有组织记录”，还包括“对未来的预见”，是“关于我们的身体、心理和个人背景同一性的事实，关于我们最近的行踪的事实，以及我们在不久的未来马上就想做的事实”[③] 等的记忆。其信息存储主要是个体的神经网络系统；记忆调取方式在很多情况下是无意识的，当环境数据输入刺激相应的神经节点，某些记忆就可能复活。当我看到冰雪的画面或想到“雪”这个概念时，我的脑海便浮现出长白山下的那个小镇和镇上那些熟悉的人和物的表象：茅屋、炊烟和包着围巾的圆脸姑妈等。[④]

“社会记忆”是一个概念边界比较模糊、内涵闪烁不定的术语，可以说骑在“集体记忆”与“文化记忆”的马头墙上，界定起来相当困难，但我认为它还可以是一个允许描述人类记忆现象的概念。彼得·伯克认为这种记忆的信息主要是社会史的范畴；哈拉尔德·韦尔策在这个基础上提出了它属于“一个大我群体的全体成员的社会经验的总和”的记忆[⑤]的界定。不难发现，在韦尔策“社会记忆”的认知模型中，“社会”这个词既指称记忆主体，又指涉信息类别。记忆主体与主题跨逻辑接合，使得“社会记忆”的内涵变得更加难以捉摸。从记忆信息主题这个视角分析，我比较认同伯克的观点，社会记忆就

---

① ［德］扬·阿斯曼：《文化记忆：早期高级文化中的文字、回忆和政治身份》，金寿福等译，北京大学出版社 2015 年版，第 44、46、47 页。

② ［德］恩斯特·海克尔：《宇宙之谜》，袁志英等译，上海译文出版社 2014 年版，第 105—106 页。

③ ［美］安东尼奥·R. 达马西奥：《感受发生的一切：意识产生中的身体和情绪》，杨韶钢译，教育科学出版社 2007 年版，第 107、155、177 页。

④ 以文本形式（传记）形成的个人记忆不属于生态性的自传体记忆，它们是“我想要记住的”而非自然记忆。

⑤ ［德］哈拉尔德·韦尔策编：《社会记忆：历史、回忆、传承》，季斌等译，北京大学出版社 2007 年版，“序”第 6 页。

是社会群体关于"社会史"方面信息的记忆，内容主要为社会生活中发生的那些重大的事件。其信息承载的媒体主要是社会的信使系统，如纪念性建筑、博物馆、档案等。其回忆的认知风格是有意识的心智活动，如计划性与目的性，基本属于"冷回忆"。

在阿斯曼看来，文化记忆的内容主要是宗教、艺术和历史。[①] 这基本是事实。但我认为，在文化记忆中，艺术、历史、宗教并非以独立的知识形态被记住和传承。在记忆主体那里，它们是以集体共享知识的形式编码为一个共同体关于"文化自我"[②] 的故事。文化记忆的主题既非"个体生活史"，亦非"一般社会史"，而是"文化神话史"。这里的"文化神话"既不同于宗教学意义上的"神话"亦不同于罗兰·巴特的"文化神话"，作为人的"历史意识"的建构物，它指的是一个集体通过将自己置于具有时间尝试的境遇，并借助回忆与想象建构起来的共享假设，以解释自己的起源。[③] 如此，我觉得可把"文化记忆"解释为某一共同体通过历史信息与文化想象的缀连所创造的"被记住的'过去'"。这些"过去"不仅超越自传体记忆的范畴，而且"超越生活之大"、超越社会范畴之上。文化记忆的"过去"，包括有据可查的信史，但它并不等于历史。[④]"这种记忆可以延伸到所称的过去但不一定会延伸到过去的事件"，[⑤] 它仅仅是"被记忆的过去"。至于这些"过去"中是否真正出现过摩西、黄帝这样的英雄人物，发生过犹太人与耶和华盟约或庖牺氏始画八卦以及先祖"辉煌创业"的事件，存在过荷马所描述的希腊历史上的"黄金时代"、犹太人被掳这样的"苦难时代"、周朝这样的"礼乐时代"并不重要，重要的是通过"神话历史化"——"神与超人于此变为圣王与贤相，妖怪于此变为叛逆的侯王或奸臣"[⑥] ——的编码与"历史神话化"的建构，通过特殊的文化语言[⑦]、特定的文化形式、特别的文化情境的展演，使得这些"往昔"不仅仅是远逝"过去"的呈现，而且能够被相信，成为传统、权威和宗教，成为一个共同体文化自我定义的框架、文化尊严的声明、幸福想象的文化神话，从而使之"遵循具有奠基意义的历史之轨迹生活"。[⑧] 总之，文化记忆所"记忆"的就是一个共同体的文化神话。亦因此，文化记忆的时间结构不限于阿斯曼所说的"神话性上古时代"，而是一个群体所创造的由古至今"星光缀连"的过去；其主要载体是集体仪式、有形的纪念地、博物馆以及文字、文本系统。在回忆风格

---

① ［德］扬·阿斯曼：《关于文化记忆理论》，载陈新、彭刚主编《历史与思想：文化记忆与历史主义》（第一辑），浙江大学出版社 2014 年版，第 8 页。

② 关于"文化自我"的概念内涵，请参阅高长江《艺术与人文修养》，吉林大学出版社 2016 年版，第 111 页。

③ ［美］爱德华·希尔斯：《论传统》，傅铿等译，上海人民出版社 2009 年版，第 56 页。

④ 历史只能导致皮埃尔·诺拉所说的对文化记忆的"祛魅"。（见［法］皮埃尔·诺拉《历史与记忆之间：记忆场》，载［德］阿斯特莉特·埃尔、冯亚琳主编《文化记忆理论读本》，北京大学出版社 2012 年版，第 95 页）

⑤ 阿维夏伊·玛格利特指认了集体共享记忆传递"神圣化、权威化"路线的这一考量。见［以］阿维夏伊·玛格利特《记忆的伦理》，贺海仁译，清华大学出版社 2015 年版，第 54 页。

⑥ 马伯乐：《书经中的神话》，商务印书馆 1939 年版，第 47 页。

⑦ "文化语言"区别于日常语言与科学语言，表现为表述的规则性、定型性和风格的庄严性以及意象的民俗性，如神话传说、家族故事以及神圣文本。（参见高长江《萨满神歌语言认知问题研究》，吉林大学出版社 2017 年版，第 60—61 页）

⑧ ［德］扬·阿斯曼：《文化记忆：早期高级文化中的文字、回忆和政治身份》，金寿福等译，北京大学出版社 2015 年版，第 322 页。

上，文化记忆的唤回不仅完全是意识性的，[①] 还如米尔顿·辛格所说，是计划性的，从主题、场景到过程、规则以及引领者都经过精心筹划，并且充满情感——不仅是怀旧的怅惘，还有自豪、荣耀或忧郁等所谓“文化乡愁”的那种情感。

虽然我不认同阿斯曼对“文化记忆”内涵的界定，但对他关于文化记忆中的“神圣”形象即宗教性特征还是认可的。由于文化记忆是对“历史岁月中的‘光芒’”、“驻昔生活中的‘黄金时代’”（或“苦难时代”）、“共同体（民族与家族）记忆中的‘英雄圣贤’”[②] 这类集体共享“过去”的记忆，是对那个超越“凡俗之上”以及日常世界背后神圣“秩序框架”这类非凡的文化意象的呈现，特别是这种记忆的宗旨是传承世代相沿的集体知识，为共同体提供连续性的“历史意识”，因此，它的叙事路线必须远离平庸的日常世界的形态，而采取“神圣的”、“权威化”或“圣徒化”的方式来进行，以免“受来自可选择的历史路线的挑战”。[③] 而能承担这种“超凡”使命的，恐怕唯宗教这种文化形态最为合适。其实，仔细辨析前文我关于文化记忆的界说可见，它原本就具有宗教的意象，因而也适合以宗教这一文化机制来承载和呈现。在人类记忆文化史上，不仅远古时代，即使在近代乃至于现代世界，很多共同体都是借助宗教这一特殊文化机制承载、唤回和巩固文化记忆的，尽管不同民族所选择的“神圣”表达的方式相异。

二　民间信仰：中国文化记忆承载的主体

中华民族的文化记忆也是与宗教这一文化形态高度关联的：不仅它的记忆形象而且记忆的载体都具有鲜明的宗教性。虽然中外一些思想家认为，中国人是一个宗教观念淡漠的民族，但我想这是他们没有搞清楚宗教并非就是“一神论”的意识形态；更重要的，任何一个集体都需要一个“超凡的过去”这种文化假设表明、校检、巩固其文化身份，因此，也需要通过“超凡”文化形态生产和传承文化记忆。不过，中国文化记忆承载的宗教格式的确与以色列、印度等的情形不同，即它不是以神创宗教这种文化形态而是通过浸淫于普罗大众民俗生活中的民间信仰这一形态实现的。民间信仰是中国文化记忆承载的一块重要基石。

人们也许不会认同我的观点。为什么是民间信仰而不是中国传统社会健全而庞大的文官系统？为什么是民俗宗教而不是中国本土的道教？为什么是民间文化而不是精英化的儒家文化？民间信仰作为一种民俗宗教，它所唤起的回忆、所承载的记忆是否可以代表中国民众文化记忆的核心信息？其实，不只是针对本文的观点，多少年来海内外中国文化研究一直都将后者认定为中国文化的象征以及文化记忆承载的主体。至于民间信仰，它不过是

---

① 荣格所说的“祖先故事”在后代生命组织中刻下的印记即“文化原型”的无意识表达所形成的心灵表象不属于共同体文化记忆的内容。

② 这里的“英雄圣贤”包括祖先。在中国上古时代，氏族英雄就是氏族祖先。随着历史的发展“英雄”与祖先虽分离开来，但中国人祖先崇拜同样具有“英雄”“圣贤”崇拜之内涵。不是每一个共同体都需要一个家系和“根”的归属，而是每一个共同体都需要一个超自然的“史前史”、一个“超凡的过去”这种文化假设来声明、校检并巩固其文化身份。所以，中国人在功成名就之后做的第一件事就是重修族谱，把自己的祖先和家系与历史上的某个英雄、圣贤联系起来。

③ 阿维夏伊·玛格利特指认了集体共享记忆传递“神圣化、权威化”路线的这一考量。见［以］阿维夏伊·玛格利特《记忆的伦理》，贺海仁译，清华大学出版社 2015 年版，第 55 页。

“小传统”“俗文化”，它所传承的仅仅是中国文化的残片，类似于雷德菲尔德所说的“半文化”，既不可能代表中国的文化主流，更不会成为中国文化记忆承载的主体。我认为，这反映了人们对中国民间信仰与中国传统文化乃至于中国文化记忆之关系的根本误识。下面就阐述我的观点。

第一，中国古代文官系统及其所创造的历史文本确实为中国社会的文化记忆提供了可能的传承媒体，这已然是一个不争的事实。但我想辨析的是，具备某种媒介和使用某种媒介属于两种完全不同的记忆文化。事实上，中国古代文官系统所创造的文化记忆传承机制，无论是文字、图像还是身体（文官群体），它们基本上属于高级文化，大都流动于那些慎独于荒斋老屋的夫子学究的心智系统，循环于文庙学堂之中，而对于长达两千多年的农耕社会之主体的文化记忆，无论是家族记忆、社区记忆还是民族记忆所产生的影响远不及民间信仰这一民俗文化那样明显。我更倾向于把中国古代的文官文化视为中国社会尤其是士阶层文化记忆的数据生产及存储装置。尽管按照文化记忆理论的另一名家阿莱达·阿斯曼的观点，文化记忆的存储器作为一种物质的数据载体，它们是记忆的支撑物，① 但文化记忆存储与文化记忆唤回毕竟是两种不同的记忆文化：前者是数据的积累，后者是数据的提取、表象与再生产；前者仅需要“超身体化”的文字、图像形式即可，后者则需要“身体化”并借助一定的文化情境（如文化意象）、文化形式等多种文化元素才能完成。这也是文化记忆与社会记忆、自传体记忆的根本区别。虽然没有知识生产回忆便无从谈起，但存储如果不被激活、调取、循环，它仅仅是“过去”在神经元中的盘存并难免遗忘的命运，当然也就无所谓文化记忆的循环、传递、巩固与再生产。特别是中国传统社会是一种“小政府”“大社会”的社会体制，社会顶端的精英文化与社会底座的大众文化存在着一种结构性分化，无论其文化生产还是文化传递都很难激活并重组大众的文化回忆。如果说，一个共同体文化记忆的传承与巩固需要集体性、公共性、计划性的循环展演这样一种过程的话，那么，我们也可以这样说，中国古代的文官系统只是创造了一种如阿莱达·阿斯曼所说的“无人栖居”的历史竹简，且多浮于社会屋顶；倒是民间信仰通过集体性、公共性的祭祀礼仪、节日庆典等循环的文化展演，使这些竹简变成了“有人栖居”② 的文化记忆，将“美好的遥远”转换为认同、“计划和希冀”；并且，这种周期性、模式性的文化展演由于不断激活共同体文化记忆的神经网络，在此基础上可建构起心智系统中稳固的文化记忆网络连接模式，从而为调取、保持和传承文化记忆奠定了物质（大脑灰质）基础。

第二，道教虽系中国本土宗教，但它不可能担承中国文化记忆传承的使命。如果说文化记忆通过“神话历史化”的记忆与“历史神话化”的回忆，使一个社会群体保持着“我们从哪里来，要到哪里去”的共享知识和想象活力，从而校检共同体的认同感、确定集体的尊严感和创造人们的幸福感，那么，道教的文化语义、文化想象以及所形成的文化神话实难接合中国民众所需记忆的文化形象、所应唤起的文化想象、所要确认的文化认同，二者之间撕裂开一个很大的文化裂缝。首先，道教虽然构建了关于个体身份归属方面的知识，但其身份归属叙事则被虚无缥缈的神仙故事情节所填充。与以色列通过犹太教、

① ［德］阿莱达·阿斯曼：《回忆空间：文化记忆的形式和变迁》，潘璐译，北京大学出版社 2016 年版，第 13 页。

② 关于“无人栖居”和“有人栖居”这两个概念的内涵，请参阅阿莱达·阿斯曼《回忆空间：文化记忆的形式和变迁》，潘璐译，北京大学出版社 2016 年版，第 146 页。

通过《旧约·申命记》所唤起的以色列民族的历史灾难回忆、历史结局想象以及以色列民族每一成员的神圣责任感不同，这是一种典型的遁世主义，是在逍遥解脱、真人仙人的语境下构建的人生意义图谱。“瑶池仙阁”梦幻与华夏民族故土家园、天下大同的梦象属于截然不同的心灵表象。其次，道教的神职人员与犹太教的祭司不同，他们的使命不是传承民族的文化记忆，而是隐遁于山林炼丹修道，成为仙人、真人，这使得他们与社会完全脱节开来。至于那些游走于民间的道士，虽常主持村社仪式，但这些仪式的宗旨是镇妖捉鬼，而非文化记忆的传承。

第三，关于儒家文化与中国社会文化记忆之关系，问题显得复杂一些。我的观点是，尽管儒家文化是迄今为止在中国人精神习性乃至于集体文化无意识中一直没有断裂的思想体系，并且也像人们所理解的那样，中国人文化记忆的主题词基本就是儒家的人文主义理想，但我还是认为，中国文化记忆的重要承载者不是儒家文化而是中国民间信仰。这里我不得不提醒人们，我们最好不要把一个共同体“可以回忆的文化”与“可能回忆的文化”这两种不同的文化事象相互混淆。“可以回忆的文化”在于这种文化叙事的句法结构与故事情节与民族文化梦想乃至于心理深层的文化无意识气脉相通，构成了文化记忆之“被记住的过去”；但“可能回忆的文化”则在于这种文化系统具有进行文化回忆的动力。或者可以这样说，在华夏“文化共同体”机体中，儒家文化如同血液，民间信仰如同血管，正是通过民间信仰这根血管，儒家文化才在华夏民族的机体内流通循环。我不妨稍细一点线条疏解这个问题。

首先，从文化记忆伦理学这一层面看，中国传统社会虽以儒家文化为主导文化，但儒家文化并没有形成传承中国社会文化记忆的义务与责任意识。庞大的民间社会仅是一种“半文化”社会，它需要社会中“秀异分子”的教化与引导，使得“大传统”在“小传统”中落地生根。然而，在传统社会，儒家群体作为社会“秀异分子”并没有自觉文化记忆传承的使命意识。醇儒的使命意识是于庙堂古斋进行精英文化生产；儒生的筑梦蓝图是由儒而仕——“朝为田舍郎，暮登天子堂”；或至少成为民间社会持有特异生活格调的阶层。[①] 他们是韦白林所说的“逸豫阶级”。与儒家群体相比，民间信仰的文化记忆及传承的伦理意识倒是更明晰也更强烈一些。我并不是说民俗文化比儒家文化更具伦理理性，我只是从民俗心理学这一角度肯定这一点。民俗文化作为一种下层社会文化，它不仅意识到自己在知识社会学方面与上层文化之间的差异，也意识到在文化政治学方面与上层社会的分化与张力：它是粗俗的因而也是边缘化的。作为一种亚文化，民俗文化需要吸收上层文化的养分丰富自己，但也要防止被其同化、排挤掉。正是这种民俗文化心理使得民间信仰建构起文化记忆传承的责任意识：它们需要一种连续性的集体知识以此来进行自我身份定义、文化风格标榜与集体认同的生产。尽管这种文化记忆传承的伦理意识具有文化政治学色彩，但它毕竟扛起了中国文化记忆传承的重任。

其次，从文化记忆传承机能的角度审视，中国古代社会的历史可谓一种周期性乱治交替的历史。春秋战国、魏晋南北朝、五代十国……王朝更替如山水轮转。这不仅导致国家层面文化记忆传承机制的碎裂，也使得那些由儒而吏、由儒而贵的名门望族、书香世家难以维持千年不变的身份与传道文化，尤其是一些朝代推行的排儒政治，使得儒家群体传承中国文化记忆的能力基本丧失。倒是社会下层的民间信仰，通过集体性、循环性、民俗性

---

① 参阅金耀基《从传统到现代》，中国人民大学出版社 1999 年版，第 30—31 页。

的仪式，特别是通过“天地君亲师”的文化神话把儒家意识形态转化为“集体无意识”，使得文化叙事独立于政治语境和历史语境，获得了文化表达的正当性，保证了共同体文化记忆的连续性。

最后，从文化记忆传承的知识品质这个视域分析，如果说，共同体文化记忆的主要形象是文化神话，那么，我们仍可得出这样的结论：中国民间信仰实乃中华民族文化记忆的承载的主体。“发愤忘食，乐以忘忧”“天行健，君子自强不息”的圣贤刚毅、“三军可以夺帅，匹夫不可夺志”的英雄气节，忠义仁爱、孝慈端正的传统美德、“老有所终，壮有所用，幼有所长，矜寡孤独废弃者皆有所养”的大同社会理想等中华民族文化记忆的主要情节，都在中国民间信仰的神话句法中得到了充分的转述。人们会说，这不正是中国儒家文化的精髓吗？它们确系儒家文化的核心，但中华民族文化记忆的故事原型虽源于儒家却并非儒家输入大众的记忆网络。检视人类文化传承史我们看到，一个民族在千百年来生存实践中创造出了诸多文化成果，但大部分都随着历史长河的大浪淘沙流失了，只有很少一部分被流传。能够记忆下来的文化不仅在于其信息与该民族的“新哺乳动物脑”的神经计算相匹配，更重要的还在于这种文化信息与该族群的“古哺乳动物脑”的神经反应相匹配，即与人类的集体无意识相通达，具有“克里斯玛”的性质。如此，它们才能被敬仰、被尊奉、被记忆、被传递，甚至可能以荣格所说的“文化原型”的形式实现基因水平的代际传递。总之“历史神话化”与“文化宗教化”是一种文化传统能否被记忆、被传承的十分重要的精神要素。这也是为什么千百年来人类所创造的大部分文化都湮没于历史的废墟之中而唯有宗教文化保存下来的原因所在。儒家文化恰恰缺失这一品质。它如同道、法、墨、兵等诸子百家思想一样，仅是一家之言而非“圣言”，因而对它的记忆也就缺失“绝对命令”这一超验伦理基础。恰恰是中国民间信仰这一文化系统通过“天地君亲师”的文化神话和“神祖鬼运巫”的神话文化将儒家的思想植入中华民族的记忆系统，并以固化的民族文化心理模式进行传承。① 几年前我曾指认过这一点：以敬天祭祖和圣贤崇拜为主要文化意象、以禳灾求利和平安幸福为基本文化理想的中国民间信仰与中国文化传统是相通的。② 在这种意义上可以说，中国民间信仰记忆的传承就是中华民族文化记忆的传承。

三　民间信仰：文化记忆承载的媒体

文化记忆主题与意义的特殊性，使得它往往需要特殊的承载媒体。按照阿斯曼的观点，文化记忆的媒体主要包括文字、仪式以及各种文化机构；阿莱达·阿斯曼将身体与图像纳入记忆媒介系统。媒体形态不同，传承的效度也不同。犹太人通过逾越节家宴——表演歌曲、故事叙述以及咀嚼苦味的植物和粗糙的食物——的仪式对共同体在法老时代的苦难以及先祖建造城镇的历史进行回忆；基督教以圣餐——分食面包和葡萄酒的仪式对耶稣为了拯救世界而献出生命的圣事进行回忆。这种身体化、感觉化、情感化的媒介都给人留

---

① 我认为，中国民间信仰中的鬼、运、巫意识，并非单纯的蒙昧意识、神秘心灵的表征，它们的背后活跃着人们扬善弃恶、追求和谐的道德想象，如“善鬼”的敬奉与“恶鬼”的驱逐、“运道”背后的“人道”（伦理道德）元素等。

② 高长江：《民间信仰：和谐社会的文化资本》，《世界宗教研究》2010 年第 3 期。

下了十分深刻的印象，可产生持久的记忆，比起单纯的文本知觉在心理系统烙下的印记更深刻，也更益于集体共享知识的保存与再生产。也正是在这种意义上，中国民间信仰成了中国文化记忆的承载者，因为它拥有文化记忆传承的理想化媒体，即它的表演仪式、文化语言和身体文字。

（一）庆典仪式

仪式是中国民间信仰观念表达以及记忆传承的主要媒介。尽管在各宗教文化系统中，仪式的重要性都受到了特别的关注，但对于缺失“圣典”和职业化僧侣团体的中国民间信仰来说，信仰的巩固和记忆的传承更仰仗仪式这一媒体。对中国民间信仰而言，仪式就是圣殿圣典、圣像圣物。从仪式与文化记忆传承之关系审视，社会、族群、家庭记忆，既以仪式为主要激活器，亦以仪式为记忆的重要承载体。没有仪式，神、祖、鬼、巫不过是个体神经网络中漂浮的意象，宗庙圣地不过是历史河床沉淀的残渣，甚至于寥寥文本（如宝卷、宗谱）离开集体仪式的诵读也仅仅是沉默的文字仓库。正是仪式这种“典礼性社会交往”，把人们大脑中的神话想象、大自然的地理空间、民间工匠的艺技以及沉默的文字变成了“定型性文本”，从而使那些自我定义和巩固认同的知识得到巩固和再生产。

作为一种宗教行为，民间信仰仪式与神创宗教的表现形式不同。如果说神创宗教注重的是通过仪式达到“与神沟通”的奥秘体验，那么，民间信仰更注重仪式的社区或族群“文化表演”的效果。民间社会的“文化”就“封装”在这些表演中。作为一种文化表演，情境性、展演性构成了民间信仰仪式的个性化风格。情境性即民间信仰仪式总是在具体的地理情境中展开，如庙宇、祠堂、社区广场等。这种情境性的文化表演于文化记忆之意义如西摩尼德斯的“蜡板和写在蜡板上的字”，更容易稳固人们关于某些“过去”的记忆；并且，由于拥有具体的地理情境作为语境背景，也使得人们的认知域更宽阔，存储的记忆形象也更丰富、更鲜活。①

民间信仰仪式的展演具有两个特殊的维度：一是它的定型化；二是它的艺术化。定型化即每次仪式都遵循既定的规范并以重复的方式展开。如果说规范令人严肃、庄重、虔敬，从而产生印象深刻的记忆，那么重复则是对这些文化传统之记忆的巩固——以加大输入刺激的方式强化记忆并实现知识的再生产。艺术化即它赋予媒体与表达以审美的属性。理查德·鲍曼通过表演民族志研究向我们展示，文化表演中的媒体通常都会实现由日常符号系统到表演符号系统的框架性转换，由于它们代表着文化的风格、关注焦点和兴趣，这些表达性元素组织成了审美的结构，令人获得经验的升华。② 鲍曼的表述虽显老套，但他的观点是对的。于文化记忆传承而言，艺术性媒体不同于日常性媒体，它通过不同形态的感觉信号，如视觉、听觉、味觉的输入刺激主体的多感官知觉，既能激活具体而又活脱的回忆，又能使人产生审美体验等情感的升华，从而使得这些知觉不仅以信息摹本的形态存储于意识空间，还可以情绪、感觉甚至于跨模态知觉等不同形态存储于大脑皮层乃至于皮层下边缘系统，极易被其他记忆所提取，产生循环性回忆。如浙江绍兴会稽山地区每年农历九月廿六至廿八都在双溪江舜王庙举行规模盛大的祭祀仪式。无论是仪式祭品——

---

① 认知心理学家研究表明，伴有意象的记忆比起单纯的语义记忆更具有细节性，也更易提取。

② ［美］理查德·鲍曼：《作为表演的口头艺术》，杨利慧等译，广西师范大学出版社 2008 年版，第 90—91、92 页。

"五牲福礼"、三茶三酒三饭——还是三拜九叩之祭礼；无论是绍剧团表演的福禄寿"三星请寿"还是"世代犯人"展演的"忏悔还愿"戏剧，都创造出一种"文化美学"的展演效果。不同于康德知性美学的"逻辑触觉"，也不同于海德格尔"诗性美学"的神秘返源，更不同于神学美学的"超验"体验，① 文化美学具有一种民俗生活的韵味，类似于巴赫金所说的"广场狂欢"。不仅它所展演的文化形象为社区所耳熟能详、喜闻乐见，而且它的表现风格也鲜活自由、直白朴实、风趣俗气，给人以喜庆、欢愉的审美体验。由于这种民俗文化知觉、文化美学体验与人们参加民间信仰仪式的世俗化期望，如观看文化表演、体验传统美好、享受盛宴美味的自然结合，不仅使人对仪式所表达的内容的记忆具有生态学效度，② 而且由于它激活了人们愉快的情绪，使得人们在日常生活中心情愉快时容易提取这些记忆。③

（二）文化语言

几乎所有关于文化记忆的理论都离不开语言意义的诠释，语言被认为是文化记忆的重要媒体。如此看来，这里再来讨论语言与文化记忆之关系未免显得太缺乏慧根。但情况并不是这样。尽管语言作为记忆媒介的价值已为各记忆理论名家所及，但综观其思维触角和理论视域，主要还都聚焦于语言的语义层面，即语言对事件的命名、记录、表现对语义记忆的支撑：在扬·阿斯曼那里，语言所具有的象征义使得一个群体的文化认同得以构建和传承；④ 在阿莱达·阿斯曼这里，语言对事件的命名帮助我们唤回物体和事件而成为记忆最有力的稳定剂；⑤ 对哈布瓦赫而言，正是语言的意义构成了集体记忆的基本框架；⑥ 对康纳顿而言，仪式语言独特的修辞表达巩固了社会记忆。⑦ 这就是记忆理论触角所探访的语言记忆媒介之功能场。确实，从认知语言学的原理看，无论是个体记忆、集体记忆还是自传体记忆、文化记忆，它们不仅存储在物件、仪式这些意象之中，更主要的栖居在语言中。语言不仅是人类思维的重要介质，而且也是收留世界万物、存储与传递人类文化的基本载体。海德格尔肯定地说"只要有语言的地方才有人的世界"。⑧ 但我认为，人的世界的语言筑基不仅表现为早期海德格尔在"林中路"中所知觉到的语言构成了人的"存在之区域"⑨、体现于阿斯曼等所说的通过存储、调取而把世界唤回，更重要的还在于人因语言而成为人——因为语言人才有了自我与社会，才成为文化的动物，才克服了肉身的先天缺陷而成为这颗小行星上的万物之灵长；在于通过语言——不仅是语义框架、修辞叙

---

① ［瑞士］巴尔塔萨：《神学美学导论》，曹卫东等译，生活·读书·新知三联书店2002年版，第91页。

② 认知心理学家指出，记忆的信心源于生动并细节丰富的环境知觉。（［美］斯滕伯格：《认知心理学》，杨炳钧等译，中国轻工业出版社2006年版，第158页）

③ 参见［加拿大］齐瓦·孔达《社会认知——洞悉人心的科学》，周治金等译，人民邮电出版社2014年版，第124页。

④ ［德］扬·阿斯曼：《文化记忆：早期高级文化中的文字、回忆和政治身份》，金寿福等译，北京大学出版社2015年版，第145页。

⑤ ［德］阿莱达·阿斯曼：《回忆空间：文化记忆的形式和变迁》，潘璐译，北京大学出版社2016年版，第284页。

⑥ ［法］莫里斯·哈布瓦赫：《论集体记忆》，毕然等译，上海人民出版社2002年版，第80页。

⑦ ［美］保罗·康纳顿：《社会如何记忆》，纳日碧力戈译，上海人民出版社2000年版，第69页。

⑧ ［德］海德格尔：《存在与在》，王作虹译，民族出版社2005年版，第116页。

⑨ ［德］海德格尔：《林中路》，孙周兴译，上海译文出版社1997年版，第317页。

事、象征符号，还包括是民俗经验、历史韵味的展演性言说，宇宙万物、世间万象不再是人的知觉之流，而是成为“我的世界”；在于后期海德格尔在“语言之途中”感悟到的通过语言而“成道”。① 只有在这种意义上，我们才能深刻理解语言作为人类文化记忆重要媒体的价值。

为了充分显现文化语言独特的文化记忆媒体功能，我觉得，在讨论这一问题时，我们最好对两种不同的语言媒介形式做一区别。今天再用“语言 vs. 言语”的形而上学对立模型来描述这种区别未免显得太俗套，我更喜欢用梅洛－庞蒂创造的“被言说的语言”和“能言说的语言”② 这两个词来区别两种不同的语言媒介形式。前者指涉的是通过人类自然语言系统的词语和句法以摹本的形式记录、储存记忆，后者则指人们通过向语言系统植入文化格调、精神习性所激活的情感与想象所呈现和创造丰富的文化记忆；前者可被称为“人类的语言”，后者可被称为“文化的语言”。民间信仰之所以成为文化记忆的最佳承载，就在于它操演着文化记忆的“文化语言”。尤其是民间信仰的仪式言语，它与“被言说的语言”不同，形成了具有浓郁社区与族群文化经验的修辞构式和言说体式：不仅是庄严肃穆的文风、定型的语汇系统与修辞组织，而且作为“言说民族志”所说的“文化特殊性的范畴和功能”③ 之叙事系统，涌现出鲜明的民俗个性，即它不仅通过特殊的句法形式显现着一个家庭、社区或共同体古老的言语习俗，而且它的民俗化、生活化、情感化叙事所激起的复杂的感受质体验，④ 也使人们不仅看到了社区的过去，还仿佛闻到了亲人的味道，感受到了家庭的温暖，倾听到了蜷曲在言辞中的神鬼的呢喃，成为对“沉睡的过去”最有力的招魂。比如，民间信仰仪式上，无论是神话讲述、戏剧表演还是祈请礼拜，都是以民族、社区的言语习俗、地方经验、民俗信仰等文化感觉构造句法和叙事的：绍兴会稽山地区的舜王祭祀仪式操作的是吴方言与越剧语言；闽南的妈祖祭祀礼仪使用的是闽南话与南音符号；中国北方不同民族的萨满教仪式使用的是满族、蒙古族、赫哲族等民族言语。这些散发着牛羊、草原、汗水、泥土味道的“文化语言”不仅产生了最佳的通达性，既使参与者产生最强烈的亲熟感，而且因其具有阿维夏伊·玛格利特所说的“历史感”及其所产生的“深描”性，⑤ 也激活了人们的情绪与想象，使存储的记忆也更持久。⑥

总之“能言说的语言”之于文化记忆，其重要性不仅在于为记忆提供路标和框架，还在于它所激活的记忆活力和灵性。一个方言词语、一句本地谚语或一则本土传说，不仅把一个消逝的世界还有其中的某个情境带了回来，而且也激活了大脑的知觉网络，将“记忆屏幕”上那些模模糊糊的“过去”意象编辑成一个清晰而丰满的文化神话界面。因为我们表征了房屋，所以也能表征出家庭、祖先以及往昔岁月。

---

① ［德］海德格尔：《在通向语言的途中》，孙周兴译，商务印书馆 1999 年版，第 229 页。

② ［法］莫里斯·梅洛－庞蒂：《世界的散文》，杨大春译，商务印书馆 2005 年版，第 10 页。

③ ［美］理查德·鲍曼：《作为表演的口头艺术》，杨利慧等译，广西师范大学出版社 2008 年版，第 316 页。

④ 关于语言的复杂的“感受质”体验问题，请参阅高长江《萨满神歌语言认知问题研究》，吉林大学出版社 2017 年版，第 287—288 页。

⑤ ［以］阿维夏伊·玛格利特：《记忆的伦理》，贺海仁译，清华大学出版社 2015 年版，第 33 页。

⑥ 详见高长江《萨满神歌语言认知问题研究》，吉林大学出版社 2017 年版，第 161—165 页。

（三）身体文字

从“身体考古学”的视角看，人类的身体不仅是生命的基石，也是灵魂的驻地，是人类文化经验存储与流转的活的媒介。它不仅通过烙印其上的某些历史印记和修辞①方式，而且也通过将分化于其物理、化学成分之中的知觉、经验的言语化实现了生命体验由私人领域（意识）到公共领域（语言）的脱胎换骨，传递并创造着鲜活的个人、社会、文化记忆。尤其是在口述传统中，人类的记忆，无论是个体记忆还是集体记忆尤其是文化记忆，主要是通过身体文字进行传递的。身体就是一张画满了各种符号的羊皮纸，通过那些或深或浅或动或静踪迹的阅读，不仅可唤醒记忆而且还使得回忆“血肉丰满”。身体语言的文化记忆媒介功能，在中国民间信仰这一文化形态中尤为凸显。民间信仰组织的长老、香头、北方民族的萨满以及社区、家族的老者，都可谓以身体为媒介保存和传递集体文化的。

首先，让我们来关注“血肉生态”场中的叙事。在家庭祭祀仪式或家族聚会上，族长、主祭大萨满等老者常常通过自己的身体之“灵”（言语）追忆自己、家庭、家族以及社区的往昔。按照老年心理学理论，老人的往事追忆基本系出于逃避、强迫以及“第一次经历”的深刻印象，定义和说明自己的身份等心理需求，② 但这不完全是事实。哈布瓦赫曾这样解释老年人的忆旧心理：“老年人阅历丰富，而且拥有许多的记忆，既然如此，老年人怎么能不会热切地关注过去，关注他们充当捍卫者的这一共同财富呢？正是这种功能给了他们现在有权得到的唯一声望，他们怎么能不会刻意地努力履行这一功能呢？”③我认为这也不完全符合事实。其实，那些外向性高、责任心强的老年人，主要是企望通过这种忆旧性叙事把集体和个人的文化进行确证和再生产并传递下去。我相信，人作为语言动物之伟大性，不仅在于海德格尔所说的人因语言而拥有自我和世界、历史与传统，更主要的还在于人意识到他是“类”世界的一个中介，他的肉体仅仅是人类历史文化川流中的一个涵洞。人此在的使命就是通过自己身体这一“符号作坊”不停地“编织文化动物的生命线”。民间社会老者的忆旧绝非源于记忆心理学之本能和记忆社会学之动力，而是记忆伦理学之动力。作为上层社会和主流文化之边缘的民间社会和民俗文化，只有保证集体“过去”的连续性传递，才能保证集体历史意识的连续性。也正是这种记忆伦理，使得在民间社会的某些老者成为族群文化记忆的守灵人，如长老、祭司、萨满等。特别是中国民间信仰与西方社会的宗教文化不同，由于“圣典”的缺席以及专业性的僧侣团体和职业人（如荷马式的歌者）的缺失，共同体的文化记忆主要靠口述传统，其传承和巩固之责便落于族中的长者、民间信仰组织的长老和祭司、萨满的身上。例如，在满族家祭仪式上，老萨满都会讲述开天辟地、人类起源、本族（本支）发祥、自然变幻、灵魂神气以及氏族萨满、祖先成为英雄神灵的神话传说，以娱人乐神，崇德极远。故萨满也被族人视为思想开化、文化传承的“蒙师与先导”。④ 在汉民族中，社区或宗族的长者、族长以及各种民间信仰组织的首领则成为集体文化记忆的重要传递者。尽管按照神经生物学理

① 这里的“修辞”不是语言修辞学的含义，而是指体态变化的技艺。

② ［荷］杜威·德拉埃斯马：《记忆的风景》，张朝霞译，北京联合出版公司2014年版，第213—214页。

③ ［法］莫里斯·哈布瓦赫：《论集体记忆》，毕然等译，上海人民出版社2002年版，第85页。

④ 富育光：《萨满教与神话》，辽宁大学出版社1990年版，第200—202页。

论，人类大脑的生物属性使得记忆的本质乃是遗忘，尤其是人至老年，分子生物系统的退化，更可能导致老年人心智系统存储的信息丢失。但这一规律仅限于社会统计学和普通老年心理学范畴，对于民间信仰的长老以及族群、家庭的长者而言，这一记忆的认知规律并不适用。人至老年，“朝花夕拾”的忆旧是老年心理生活的主要模式，特别是某些老人在忆旧的叙事加工和自传推理中不仅体验到了通过这种活动激活文化自我图式、延续文化传统这样一种存在价值，而且也体验到了逃避孤独、排解烦倦、降低抑郁、提升自尊、自我实现的幸福感，① 这使得他们更喜欢忆旧，因而也就避免了记忆的生物机能退化与存储信息的丢失。而且，毋庸置疑，老年人的这种“忆旧”生活习性还可能通过环境作用建构后代的“社会基因”，使得这一记忆传递的习俗代代相传。

我之所以将老者在集体空间的忆旧叙事解释为一种“肉体文字”而非普通的文化语言，不是因为它们发生的场域——公共空间与家庭空间——不同，更重要的是在于这一叙事语言超越了人类自然语言的属性，即在文化语境——历史的证人、神性的人格（如萨满）——和“生态语境”——讲述者苍苍的白发、苍老的面孔、神秘的面具、远古的喉音（如满族祭祖仪式上萨满的“鄂罗三声”②）——的共同作用下，由身体发出的声音变成了集体共享的不可怀疑的“历史记忆”。“在我爷爷的年代……”“头辈太爷……从始至终/住长白山/在三个山峰之上/从三道河到松花江……由大瀑布下来……”③ 人们不仅通过这些古朴悠远的声音“追忆和再现先人遥远的星光古洞生活”，④ 而且还通过将这些声音与语境的联网创造着“遥远的星光古洞生活”，跟随声音走进那个空旷悠远但却“有血有肉”的非凡“往昔”。⑤ 显然，由这些“肉体语言”知觉所烙印的记忆的心灵深度是文本阅读、档案查阅以及图像观看所根本无法比拟的。

其次，我们再来透视另一种肉体文字——疤痕的文化记忆媒介功能。作为往事的书写，肉体疤痕，无论是纹身还是创伤，都不仅仅是身体事件，而是一种心灵事件和文化事件。在人类记忆文化史上，肉体一直被视为羊皮纸，疤痕就是书写其上的文字；或者说，疤痕就是用图案书写的往事，用血肉筑就的纪念碑，远逝的“过去”就寂静地蜷伏在这些凸凹不平的肌理中。“这是和邪恶的精怪斗法时落下的伤疤……”这些肉体疤痕所唤起的伦理主义、英雄气节或苦难的“形象”回忆在或自豪或忧郁或痛苦的语调的衬托下，使得“家庭共同邂逅自己作为家庭而拥有的历史……是在给家庭成员对自己家庭的社会认同的坚信礼”。⑥ 它们不仅在视听者的心灵烙下鲜活的记忆，而且，这些知觉信号也会激活人们的情感，使得输入的存储更牢固。⑦

---

① 西方心理治疗界和东亚的日本、中国香港和中国台湾地区近年来的老年临床心理治疗——“忆旧叙事治疗”的大量临床数据支持了我的这一观点。

② 参见关杰《神圣的显现——宁古塔满族萨满祭祖仪式研究》，北京大学出版社、黑龙江大学出版社 2015 年版，第 228—229 页。

③ 《吉林九台佛满洲石克忒力氏族祭祀神本》（东哈本）。

④ 王宏刚、富育光：《满族风俗志》，中央民族学院出版社 1991 年版，第 136 页。

⑤ 我在《萨满神歌语言认知问题研究》一书中系统讨论了面孔加工对认知行为的影响。请参阅该书第七章。

⑥ ［德］安格拉·开普勒：《在谈话中共同制作过去》，载［德］哈拉尔德·韦尔策编《社会记忆：历史、回忆、传承》，季斌等译，北京大学出版社 2007 年版，第 99—100 页。

⑦ 尽管随着生命的死亡，肉体的毁灭会影响这些肉体文字的传递效能，但通过胶片与颜料留下这些痕迹，便弥补了其的这一短板。

四 民间信仰：文化回忆的积极过程

若欲使一个共同体的文化记忆保持鲜活与恒久的生命力，不仅需要得力的媒体承载，更需要活力性的回忆过程。根据记忆心理学的原理，文化回忆过程可分为“积极”和“消极”两个方面。“积极过程”指的是有益于激活、唤醒、建构、强化文化记忆的情境和行为，如莫里斯·哈布瓦赫所说的“事件、人物和地点的具体形式”[①] 组成的时空框架，皮耶·诺拉所说的能“让时间停止……让事物的状态固定不变、让死者不朽”的“化身变形能力”的记忆场；[②] “消极过程”指的是那些易导致记忆的碎片化、零散化、健忘化的情境和行为。与概念和命题即语义表征不同，意象由于其情境性（如具体的场景）和形象性（如人神意象），使得它成为欧洲16世纪记忆术大师卡米罗所说的“记忆剧场”，那里存放着“事物、语言”等。[③] 知觉不仅更具细节性，且常常携带着情感。以心理意象和情感体验风格形成的知识表征，使得对表征的“真理”具有“鲜明、生动、深刻、情境性等特点”。[④] 基于文化回忆过程的这一原理，我认为中国民间信仰属于文化记忆的“积极过程”。民间信仰文化回忆的“积极”特征，一方面表现于其信仰的“真理”通常都置于具体的情境之中；另一方面其回忆过程亦围绕着具体的情境而展开。这些情境，既是唤起文化记忆的活力机制，又是强化文化记忆的认知元素。

我们先来分析民间信仰的“真理”及其回忆的时空情境特征。

从认知科学的角度来说，人类记忆的基本信息都是关于世界知觉经验即时空经验的存储与编码。哲学家C. 麦金曾说：“世界的空间性是某种我们无法躲避的东西；它事实上烙印在我们所有经验中……空间知觉是人类（和动物）意识本质的一部分。”[⑤] 不仅空间，时间也同样是人类知觉经验或者说意识的重要构架。空间给动物以生存的方位感，而时间则给动物以生命的节奏感。空间感与时间感甚至刻入了动物的基因之中。作为人类知觉经验存储的记忆，基本都以具体的时—空为框架进行存储和调取。尤其是作为共同体共享假设的文化记忆，因其内容大都超越了“当下与日常”，因而更需要根植于具体的时空意象之中。文化神话只有附体于具体的时空意象之上，才便于以“历史”的姿态呈现给人们，并使得这种“历史”被确证。

宗教史学家伊利亚德告诉我们，宗教文化与世俗文化的根本区别，就在于宗教文化总是通过特定的方式将时间与空间神圣化，从而赋予世界与生命以“非凡”的意义。这基本符合事实。作为一种非共时事件的宗教，它必须通过某一空间与时间的超凡化被引入到现实领域并使现实神圣化。这一“神圣”生产的原理，同样适合中国民间信仰。首先，民间信仰大都按自然节律形成相应的节日庆典。从民俗发生学的视角观察，最早出现的节

---

① ［法］莫里斯·哈布瓦赫：《论集体记忆》，毕然等译，上海人民出版社2002年版，第329页。神经科学通过大量的实验数据也证实了这样一个道理：回忆的事件越是与具体的场景相关联，就越能引发回忆活动中尽可能多的联想，也就越可以巩固这些记忆（［英］苏珊·格林菲尔德：《人脑之谜》，杨雄里等译，上海科学技术出版社2012年版，第121页）。

② ［法］皮耶·诺拉：《记忆所系之处》第一卷，戴丽娟译，（台北）行人文化实验室2012年版，第27—28页。

③ ［英］弗朗西丝·叶芝：《记忆之术》，钱彦等译，中信出版社2015年版，第137—139页。

④ 杨治良等编著：《记忆心理学》，华东师范大学出版社2012年版，第416页。

⑤ ［英］C. 麦金：《神秘的火焰：物理世界中有意识的心灵》，刘明海译，商务印书馆2015年版，第91页。

日是岁时节日。它的发明初衷并非为了创构一个与日常时间相对的非凡时间，而是为了对时间之流进行切割标段，从而使得绵延、混沌的时间之流节奏化、人们的生产生活秩序结构化。但是，随着节日的循环和文化想象的扩张，神话、传说、运理等植入节日并对节日的内涵进行再生产，此时，节日就不再仅仅是时间节奏的符号，而是成为“日常的”和“神圣的”存在的划分，成为人们与神灵、祖先等非共时存在相遇的时间，如汉民族民间信仰中的社日、清明节、端午节、中秋节、下元节、祭灶日、春节以及各种神灵、英雄、圣贤诞辰日等。它们与日常时间划出了一个清晰的时间界域：在这些时刻，神（自然神、英雄神等）、祖、鬼等这些非共时存在被引入共时域，或者说日常生活中这些缺席的不在场者被召唤在场。非共时者的共时化，不仅是在日常时间之流中切分出一个超凡的时段，也不单纯是为使得日常世界发生某种“震撼”，其重要意义在于这一“梦幻时间”不仅奠定了“可唤醒的过去”，而且也联结着“未来与希冀”：通过节日庆典、通过以具象的形式模拟当时的情景和境遇以及重新“体验”过去的时光，使得那些在日常世界中遭到压抑、边缘化或已缺席了的“过去”记忆再次被唤醒、被召回、被建构，民族、共同体意识中的“黄金时代”“英雄创举”“开山立业”之宏伟图像重新浮上精神的地平线，并通过往昔的超凡之光映射当下，日常世界“瞬间闪耀/它们被神圣的光焰点燃”。[①] 于是，节日不再仅是某些时间的重复，而是变成了人类体验“双重时间”的生命戏剧。特别是民间信仰节日庆典的宏大性、展演性，不仅使得这种回忆以阿比·瓦尔堡所说的“集体图像记忆”[②] 的形式而展开，而且由于展演的美学意象，激活了人们的情感，使得这种回忆如列维·斯特劳斯所说“即便神话的历史是虚假的，它至少以纯粹的和更具标志的形式同样表现了某一历史事件的特征”，“逻辑偶然性和情绪波动双重性的非理性嵌入合理性之中”，[③] 使得记忆更具“历史”感。

其次，民间信仰也通过具体的空间意象积极唤回人们的文化记忆。作为一种民俗宗教，中国民间信仰基本由三种文化系统构成：观念、仪式、象征。信仰系统主要包括神灵、祖先、鬼、运、巫；仪式系统包括各种祭祀、庆典以及巫术活动；象征系统则包括神系、自然物、地理情境等。这三种系统大都被安置于符号化的空间（包括将某些空间转换成可触可及的地点）结构之中。如神灵信仰，无论是天神、地神等自然神还是圣贤神、英雄神，大都联结着具体的地理空间背景，尽管有的空间显得比较空虚；祖先信仰则与可感知的地点融为一体，即家；对鬼的信仰也往往具有地理空间性，如城隍庙、东岳庙等。由于其信仰的“真理”空间化了，故表达这些信仰的仪式基本都围绕着具体的空间—地理框架而展开：大多数神灵祭祀以社区为主体，地理空间以庙宇为中心；祖先祭拜以家庭为中心，地理空间在祠堂，满族在家宅的西炕以及西南方向的古树下或岩石上、泉源头；鬼灵祭拜和巫术活动作为人类学家所说的“集体灵魂”运动“无法在抽象的层次上开花结果”，必须借助环境提升其奥秘和魔法的效力，因而它总是发生在十字路口、墓地、社

---

① ［德］荷尔德林：《如同在节日的日子……》，载《荷尔德林诗集》，王佐良译，人民文学出版社 2016 年版，第 302 页。

② ［德］阿斯特莉特·埃尔、冯亚琳主编《文化记忆理论读本》，北京大学出版社 2012 年版，前言。

③ ［法］列维－斯特劳斯：《野性的思维》，李幼蒸译，商务印书馆 1987 年版，第 276、277 页。

区边界、门槛、灶边等这些具体空间。① 在象征系统中，某些自然地理由于被附身了某些神话、仙话、鬼话而成为哈布瓦赫所说的“传奇地形”，即所谓的“圣山”“圣水”“圣地”：浙江绍兴地区舜王信仰中的握登山（上虞），会稽山南的“象田”，余姚历山南的石板石块（石眠床、石马桶、石脚桶、石尿瓶）等遗迹成为当地民间信仰者心中的圣地圣迹；北京朝阳门外的东山是京郊民间信仰——“四大门”崇信者心中的“圣山”；辽宁闾山系“歪脖老母”崇信者心中的“圣山”；甚至于荒郊野外的老树怪石、废墟洞穴等也都因猫头鹰的静穆哲思、狐狸的孤独徘徊而成为善男信女朝圣与拜谒的地方。

对中国民间信仰的观念、仪式、象征三种叙事系统的空间特征分析，我们还可以捕捉到这样一点：中国民间信仰并非有些学者所说的是一个故事散漫无序、句法繁复多元的文化神话，而是具有一个视角和情节都比较固定的叙事框架，这就是家庭这个场所。在一个缺失“神圣”与“世俗”之明晰分别的世界里，中国人的家庭生活空间以难以想象的方式浸透了“神圣”的成分。在观念系统层面，祖先崇拜自不必说，即使是神灵崇拜也基本是以家庭为中心的：土地神、灶神、门神、床神就是家神；甚至于鬼魂也隐藏于房前屋后的某一地方。在仪式系统层面，很多仪式庆典都是以家庭为空间展开的，如灶神祭、财神祭、亡灵（家鬼）祭以及各种人生礼仪。在象征系统层面，诸多符号亦与家庭密切关联，如文字系统（家谱）。对于中国人而言“家”不仅仅是一个养育自己的社会学单位，也不仅仅是一套纵横交织的亲属关系网络，真正活跃于人们大脑中“家”的表征的是栖居着某些神灵的空间、放置着祖先物件的地方、浸入了某种情感的场所。人文地理学家段义孚曾言，我们之所以将房屋视为亲切的家和地方，并非因为整幢房屋，而是可以触摸的阁楼和地下室、壁炉和飘窗、隐蔽的角落、凳子和镜子。② 正是通过“家”这一“心理地理”空间意象的浮现，人们的记忆被一次次唤醒，回忆的图谱也从家庭延展到集体的“过去”这一广阔的场面。我们不妨以祖先崇拜为个案做一分析。

祖先崇拜的意义一向被学者们解释为“慎终追远”的伦理叙事和祈望庇佑后代的社会认知。我觉得，这仅仅是中国民众祖先崇拜的心灵维度之一。此外，这种信仰也是维系家庭记忆，促进自我概念的保持，从而形成一个跨时空的、清晰的自我同一感的文化认知方式，就像荣格在波林根的仿古塔楼里所产生的对列祖列宗生活的回忆以及由此而产生的自我同一感一样。③ 而对“祖先生活”的回忆则以“家”这一空间意象为媒介。祖先，对于家庭集体记忆来说，不是一个远逝的幽魂，也不是一个与“我”生物性联结的心理图式，它就是家庭中某一具体的空间——家庙或宗祠以及房屋中的位置，甚至于放置祖先遗留物的地方。正是这些家庭空间维系着家族的祖先记忆以及集体知识。我想特别指出的是，对家庭“祖先空间”的记忆和由它们所唤起的回忆，已经不再局限于对祖先意象的唤回和对自己集体成员身份的再次确认，从中国社会“家—国一体”这一视角观照，祖

---

① ［法］马塞尔·莫斯、昂利·于贝尔：《巫术的一般理论：献祭的性质与功能》，杨渝东等译，广西师范大学出版社 2007 年版，第 91、59 页。

② ［美］段义孚：《空间与地方：经验的视角》，王志标译，中国人民大学出版社 2017 年版，第 117 页。

③ ［瑞士］古斯塔夫·卡尔·荣格：《荣格自传：回忆·梦·思考》，刘国斌等译，上海三联书店 2009 年版，第 200—201 页。

先与家庭记忆的复活实质是卢卡契心灵中那个“星光照耀”“天下欢乐”时代的浮现。[①]

我们再来分析中国民间信仰文化回忆的实体情境特征。

这里所谓的“实体情境”，我指的是在人们日常生活中常与人们照面的物件，包括祖屋、祖先、圣贤、英雄留下的遗物，如衣服、器具、工艺品等所构成的记忆和回忆意象。家族保存的先人遗物，无论是祖屋还是那些具体物件，它们不仅是一种物质实体，更是一种精神实体。通过赋予这些物件的“历史”以特殊意蕴，它们由一般“器物”变成了罗兰·巴尔特所说的“能指符号”，起着一种“迷人的作用”——“人们可以不断地把意义纳入这种形式中”，[②] 成为家族繁衍、发展历史的叙事以及集体文化回忆的“图像”。通过在节日里讲述这些物件的“故事”和“瞻仰”这些物件，知觉所激活的不仅是其作为一种文物的文化经济学意识，而是“看到祖上使用过的器具，人们会在记忆中重温它们过去的使用者的生活”，[③] 并涌动着一种或自豪或感慨的情感。它把人的精神带回到往昔岁月，并通过“过去”之光照亮当下的自我。

（原文发表于《世界宗教研究》2017 年第 4 期）

① 中国思想家认为“家族制度是中国的社会制度”甚至于政治制度——“君臣关系是家庭父子关系的一种投射。”（冯友兰：《中国哲学简史》，北京大学出版社 2000 年版，第 19 页）“中国人常只知有家而不知有社会”（金耀基：《从传统到现代》，中国人民大学出版社 1999 年版，第 14 页）。

② ［法］罗兰·巴尔特：《罗兰·巴尔特文集》，李幼蒸译，中国人民大学出版社 2008 年版，第 73 页。

③ ［美］爱德华·希尔斯：《论传统》，傅铿等译，上海人民出版社 2009 年版，第 185 页。

明清奥古斯丁中文传记

周伟驰*

摘　要：本文梳理了明清两朝奥古斯丁传记的东渐史，分为天主教和新教两个部分。天主教的奥古斯丁传记受圣人传（Hagiography）文体影响，一般将奥古斯丁作为圣人来纪念，作为教会圣师来阅读。新教的奥古斯丁接近于现代人物传记，但亦受撰译者传教立场的影响，侧重于其传教的目的和语境，在译介何种内容时选择性较强。

关键词：奥古斯丁　圣人传　高一志　林乐知　《自历明证》

一　天主教的奥古斯丁圣人传

（一）奥古斯丁海边遇天使的传说

西方中世纪有“圣人传”（hagiography）[①]，类似于我国儒释道高僧传、圣人行迹一类阐教著作，所重不在历史的客观，而在信仰的真实，因此里面经常会有神通奇迹，跟历史事实掺杂在一起。西方圣人传的代表作是意大利多明我会士雅各布（Jacobus de Voragine）在1275年出版的拉丁文《金色传奇》（*Aurea Legenda*）[②]，它按天主教周年瞻礼顺序编写了约180位天主教圣人的传，大受欢迎，被译为各国文字。在这个过程中，随着各个译本文字上的损益和圣人人数的增减，出现了一系列变体。它在西班牙形成了编撰“圣人花絮”（Flos Sanctorum）的传统，不少人编译了自己的“圣人花絮”，它们影响到来华天主教传教士。

奥古斯丁是基督教最重要的思想家之一，是天主教的“司教圣人”或“神学博士”，《金色传奇》有一章《奥斯定传》对他做了详细的介绍。《奥斯定传》先是有对奥斯定名字的词源分析，然后进入正文。正文分为三部分。第一部分介绍奥古斯丁生平，前半生事迹来源于《忏悔录》，后半生来自波西迪乌斯（Possidius）的《奥古斯丁生平》。第二部分是教会名人对奥古斯丁的赞扬，来自这些名人的著作。第三部分是新的也是最具特色的内容，即关于奥古斯丁生前奇事、死后遗骸仍具法力的传说，它跟当时圣人膜拜和圣地朝拜的习俗有关，是中世纪世界观的产物。第三部分所讲的神异故事中，有一个最为著名，即奥古斯丁海边见天使的故事。这个故事说奥古斯丁苦思三位一体的奥秘而不得，到海边散步，见一童子在用一个勺子一勺一勺地把海水舀到一个沙坑里，就问他在干什么，童子

---

* 周伟驰，现为中国社会科学院世界宗教研究所研究员，博士生导师。

① https：//en. wikipedia. org/wiki/Hagiography.

② 原文：http：//zaguan. unizar. es/record/325，1483年William Caxton英译本，http：//sourcebooks. web. fordham. edu/basis/goldenlegend/.

说要把大海里的水都舀进坑里。奥古斯丁说这么做不成，童子反问道，我这么做比你要把三一奥秘的道理用一本书说清楚还是要容易！说完人就不见了。[①]

我们来看这个故事是如何传到中国的。第一个进入中国内地的耶稣会士是罗明坚（Michele Ruggieri，1543—1607），他所写的《天主实录》于1584年在广州刊行，堪称最早。他在书中讲到天主是一奥秘，人凭理性难以理解，领会它唯有靠信仰。他以一个故事说明这点。

> 又闻古有一贤士，欲尽明天主之说，昼夜寻思。一日在于海边往来，遇一童子手执漏碗望海而行。士问曰：子将何往？童子曰：吾执此碗欲汲尽此海水也。士笑曰：欲以漏碗而汲尽沧海，子言谬矣。童子曰：尔既知漏碗不能汲竭海水，而顾劳神殚思求知天主之说，岂不大谬！须臾，童子不见，士亦惊悟，知其为天人也。[②]

罗明坚在此没有点出这个古代“贤士”的名字，可能是因为考虑到他的读者完全没有西学背景，指明意旨即可。数年后利玛窦撰写《天主实义》时引用和参照了《天主实录》[③]，其首篇中即讲到这个故事，叙述细节上略有差异。

> 昔者又有西土圣人，名谓奥梧斯悌诺，欲一概通天主之说，而书之于册。一日，浪游海滨，心正寻思，忽见一童子掘地作小窝，手执蚝壳，汲海水灌之。圣人曰：“子将何为？”童子曰：“吾欲以此壳尽汲海水，倾入窝中也。”圣人笑曰：“若何甚愚，欲以小器竭大海入小窝！”童子曰：“尔既知大海之水，小器不可汲，小窝不尽容，又何为劳心焦思，欲以人力竟天主之大义，而入之微册耶？”语毕不见。圣人亦惊悟，知为天主命神以警戒之也。[④]

这个传奇故事在天主教会内流传。福建人李九功长期追随艾儒略，他编纂了《励修一鉴》，从当时西士著作中摘录了许多故事，鼓励信徒加强信德。该书第一章《敬主类》就原原本本转载了上引利玛窦《天主实义》文字。[⑤] 甚至到民国后，这个传奇仍在天主教内流传，不过表达形式已由文言文换成了白话文。如1929年翻印的《要理像解》，由北京林主教[⑥]准印。它通过图像来说明教理，在每张图的后面都附有文字，详细解说图像各部分的含义。“三位一体”的画页中画出了奥古斯丁见童子的图画，文字页则用白话文讲述了图画中的故事。[⑦]

1942年由大同天主堂永望学会印制的、圣母圣心会司铎巴换宗编写的《进教要理》

---

① http：//sourcebooks. web. fordham. edu/basis/goldenlegend/GoldenLegend – Volume5. asp#Augustine.

② ［意］罗明坚：《天主实录》，载黄兴涛、王国荣主编《明清之际西学文本》第一册，中华书局2013年版，第6页。

③ ［法］梅谦立：《〈天主实义〉的文献来源、成书过程、内容分析及其影响》，载［意］利玛窦著、［法］梅谦立注《天主实义今注》，商务印书馆2014年版，第8页。

④ ［意］利玛窦著、［法］梅谦立注《天主实义今注》，商务印书馆2014年版，第88页。

⑤ 《天主教东传文献三编》，台湾学生书局，1984年再版，第446页。《天主实义》李九功作《天学实义》。

⑥ 林懋德（Bishop Stanislas-François Jarlin，C. M.，1905 – 1933）。

⑦ 王美秀编《东传福音》，黄山书社2005年版（以下简称《东传福音》），页码为：基5，614。

一书[①]，在讨论三位一体时也讲了奥古斯丁的故事，但白话文更为纯熟。[②]

（二）奥古斯丁“花园皈依”故事的流传

除了罗明坚和利玛窦，还有别的传教士在传道过程中讲述了奥古斯丁的故事，把他作为弃邪归正的典范、诚笃虔信的标兵。

高一志（Alphonse Vagnoni，1566－1640）《童幼教育》1620年刻于广州，今存1632年绛州版本。该书讨论儿童教育中要注意的问题，以及教育的次序。这本书分为上下两卷，下卷第四章“正书”谈到正书的益处，讲到依纳爵因偶读圣人之书而顿改前非，迈入正道，奥古斯丁也因偶翻保罗书信而成正果。

> 西南又有俊士名曰奥悟斯丁，幼时不幸习于邪师之门，而溺于异端之邪书，但心终不安定。欲归正，未及见所当由之路。倏得保禄名圣宗徒之书，遂如寐乍醒，乃从指迷之经去异端而竟入圣域矣。[③]

高一志在这里提到奥古斯丁因偶得保罗之书而乍醒，是指《忏悔录》8：12著名的米兰花园皈依的故事。但是，高一志在这里并没有详细讲这个故事，因此，其中国读者不一定能明白他在说什么。要到1629年高一志《圣奥吾思定圣人行实》出版时，奥古斯丁生平梗概才能为中国读者所知。

艾儒略（Giulio Aleni，1582—1649）被其中国弟子誉为“西来孔子”，《口铎日抄》第八卷记录了他在1638—1640年的一些讲话。艾儒略在主日瞻礼训众，谈到身体聋瞽和灵魂聋瞽的辩证关系时，引用了奥古斯丁的语录，例举了奥古斯丁的榜样，用来勉励中国学生，勿骄傲自满，应弃绝异端，而归入正道。

> 昔圣奥斯定，聪明智慧，超绝凡众，然染于异端，于大道未有省也。一日往弥郎名都，聚四方多闻之士，往游其地，表己所学，声誉日著，有司教圣人盎博恤者，见而启之，虽中心有动，然浮名尚功，未及矢志精修也。比年三十有三，忽悟浮浪半生，茫无归宿，因矢志苦修，四十余年，所著圣教诸书，悉切近精微。[④]

这里“忽悟浮浪半生，茫无归宿”，隐指米兰皈依的故事，但并无明确说明。

意大利耶稣会士贾宜睦（Jerome de Gravina，1603—1662）所著《提正编》追随奥古斯丁和托马斯，提出了完整的基督教“复像说”。该书共有六卷，第四卷《主惠》谈到天主恩宠时，明确提到了奥古斯丁米兰花园皈依的故事：

> 圣奥斯定曰：天主圣神，其人灵之鉴乎？特照以所常行之理。初，圣人未奉教

---

① 据《民国时期总书目宗教·宗教》（书目文献出版社1994年版）第130页，该书于1942年出版。

② 《东传福音》，页码为：基5，467。

③ 《童幼教育》，载黄兴涛、王国荣编《明清之际西学文本》第一册，中华书局，2013年，第217页。

④ 艾儒略《口铎日抄》，载张西平等主编《梵蒂冈图书馆藏明清中西文化交流史文献丛刊》（第一辑），大象出版社2014年版（以下简称梵蒂冈藏），第27册，第257—259页。

时，心志烦乱，泣祷曰：慈主弃我，何日蒙宠照，谧宁我心乎？一日声自天来，命取书读。圣人猛省四顾，取圣经展读，数语曰：勿嗜酒，勿恣色，勿浸淫于争妒。而上法乎耶稣之圣德。圣人领照，遂弃旧染，日进于德，有加无已也。是知大慈公父，不惜特照罪人，勉之归正，以入圣域。况无罪而有功者乎！①

《提正编》第五卷《主重》讲天主为万物之目的因，人心的终极趋向是天主，只有在那里它才能找到安息。在开卷谈到负主之轭时，贾宜睦举了奥古斯丁在皈依前听到苦修者安东尼（安当）的故事后感叹、追悔不已的例子。②

清初刊刻的《善生福终正路》是由意大利陆安德（Giovanni Andrea Lobelli，1610—1683）所撰，主旨是“引导善生福死”，为此“先论修身理家，后论听讲天主道理，及看圣教诸书”。在上卷《看圣教书之法》一章里，作者提到几个圣人因看圣书而改过迁善的例子，第一个就是奥古斯丁：“圣人奥斯定未领圣水时，看圣安当行实，就改过迁善，领圣水，作大圣人。”③ 其实奥古斯丁是经由蓬提齐亚努斯的讲述，而不是经由阅读亚塔那修的《安东尼传》才知道安东尼事迹的。

在奥古斯丁皈依基督的过程中，其母亲莫尼加（Monica）起了很大的作用，对此《忏悔录》中有详细的描述。后来天主教将莫尼加也封为圣人。④ 她作为已婚妇女的主保圣人，原瞻礼日是 5 月 4 日，后定在 8 月 27 日，即奥古斯丁瞻礼的前一天。13 世纪《金色传奇》中尚无其传，16、17 世纪阿隆索、佩德罗《圣人花絮》则已详述其生平。由于天主教重视圣人瞻礼，其生平介绍也出现在了明清文献中。康熙 28—29 年刻印的一部八卷本的布道集（1690—1691）《周年瞻礼口铎》，就记叙了莫尼加的事迹和功绩。⑤

（三）第一个中文的奥古斯丁传及其影响

高一志的《天主圣教圣人行实》共有七卷，1629 年刻印于杭州超性堂。书中介绍了 74 位圣人生平事迹，将他们归为七类，即宗徒、司教、致命、显修、隐修、童身、守节，这是圣人传在中文世界的首次系统译介，许多名人的生平都是第一次在中文世界中亮相。

高一志在自序中说：“末学菲陋，早志奋修，并期裨益同志，敢取圣人行实，择其尤著者，译叙成帙。”⑥ 可见他是择取当时西方的一些圣人传，编译而成。⑦

这本书的第二卷介绍了司教圣人十二位，主要是神学家，如安布罗斯、哲罗姆、大格列高利等人，关于奥古斯丁的一章名为《圣奥吾思定圣人行实》，共有不到 1900 字。现列出全文如下，难解之处以脚注解释。

---

① ［意］贾宜睦：《提正编》，梵蒂冈藏，第 33 册，第 193 页。

② ［意］贾宜睦：《提正编》，梵蒂冈藏，第 33 册，第 280—281 页。奥古斯丁对他的朋友阿利比乌说了一通感想，事见《忏悔录》8：8。

③ ［意］陆安德：《善生福终正路》，梵蒂冈藏，第 15 册，第 554 页。

④ 关于莫尼加遗髑及封圣情况，可参 https：//en. wikipedia. org/wiki/Saint_Monica。

⑤ 钟鸣旦等编：《法国国家图书馆明清天主教文献》，台北利氏学社 2009 年版（以下简称法图），第 9 - 10 册，《周年瞻礼口铎》在书内署名陆希言，具体作者有待考证。关于莫尼加的这一章，见第 10 册第 133 - 136 页。

⑥ ［意］高一志：《天主圣教圣人行实》，梵蒂冈藏，19 册，第 599 页。

⑦ 至于高一志《天主圣教圣人行实》中的《奥古斯丁传》跟《忏悔录》、《奥古斯丁生平》、《金色传奇》及各种《圣人花絮》的关系问题，笔者将另撰专文讨论。

圣奥吾思定，利未亚①人也。父曰巴弟，母曰末尼加②，俱贵裔，而家富有，止生此子③。父迷于异端，母则早习正道，劝夫教子，有大道之誉。

奥吾思定入小学读书，超越群辈，然恃其才，不堪苦习。渐至游荡，忽染危病，欲领圣水，母尚冀其生，恐生而复变，致污本神，反蒙悖反之罪，姑拒之，盖其俗原待年壮心明教熟方领圣水也。奥吾思定仗主佑痊愈，复执学业，稍加意于前矣。

数载文章既成，志广其学，凡格物穷理之书虽深奥者，不烦师授，自能洞彻，独于道学淡然。是时，利未亚诸国妖教异端甚多，奥吾思定年弱蔽深，莫能辨析是非，陷而不觉。贤母朝暮哭泣，或自劝惩，或托贤士代勉责之，无益，乃姑放绝之，弗与共食共居。一日，涕泣跪求天主幸收此小子，无俾终迷。祈祷间，蒙主默示以其子终将归正，母遂舒怀，仍容其同居同食以待之。

奥吾思定年二十五贪名好利，卑陋其乡，赴省城择居设帐，为文学名师。教人才辨，日恣色欲，不知缄口简身。适闻罗玛之名，又即弃旧愿往观光，母强拘之，静默数日，旋即逃赴罗玛。居二年，声名日达。时国主迁都米郎，命罗玛宣召高士，职都城文学，当事者举奥吾思定以应，既任克充其职。

适闻圣盎博罗削在都司教，遂往谒拜。晤间，深仰戴之。屡造门听其论理谈道，设难求解，神目日见光明，渐觉平生所矜不足观矣。贤母深念其子，渡海经历百郡来就之。知其子与圣盎博罗削交，不任欣悦，贺而嘉之。次往叩圣人，泪洒声号，乞勿弃愚子，督责指引之。圣人久闻妇贤，慰之曰：“无哀，此涕泪之子，未必将亡也。”④

奥吾思定一日遇厚友，论古今圣贤，述安当苦修之大圣，以最质朴而成，叹曰：“嗟夫！彼无文无学庸夫耳，且高立而致天国，惟吾何人习文学，乃纵欲流荡，莫能自振乎?!”

又一日⑤，心志烦乱，即适近园息树影。少憩，因哭泣，叹嗟而诉天主曰：“吾慈主弃厌罪人至于何日，使我心志不决，前非不改，至于何时？日复一日，待来日而愆已不及改矣！既决改于来日，奚不取今日之近，即决耶?”如此自怨自责。倏闻声从天来曰：“取书读！取书读！”方大骇，转瞬，即见圣经一部在侧，取读之，有曰：“勿迷于酒味，勿恣于色欲，勿肆于争妒之恶。惟法耶稣圣德，依其训，毋爱自己形身而从其欲也。”时，大蒙天主之佑，猛醒其危，尽弃旧俗⑥，从此造恳圣盎博罗削，

---

① 今利比亚。

② Patricius, Monica.

③ 此误。奥古斯丁还有一个兄或弟，以及一个姐或妹。《忏悔录》9：11 提到他的一个兄弟，但未说出名字。其实，其兄弟的名字叫 Navigius，其姐妹的名字则不知。关于其家族情况，参 Allen D. Fitzgerald, William B. ed. *Family, Relatives*, in: *Augustine through the Ages: An Encyclopedia*, Eerdmans Publishing Company, Cambridge, U. K., 1999, pp. 353 –354.

④ 《忏悔录》3：12。说这句话的是另一位主教，并非安布罗斯。高一志此处有误，可能是为适应当时语境而有意误置。因为《天主圣教圣人行实》中有安布罗斯传，读者比较熟悉。《忏悔录》可参周士良译本，商务印书馆 1963 年版。

⑤ 此处有误。应非“又一日”，而是“同一日”。见《忏悔录》8：8。

⑥ 《忏悔录》8：12。此即著名的奥古斯丁米兰花园皈依故事。

圣人喜极，即依教规诲之。次早①同数友，及所携一子，同领圣水之恩，时三十三岁。贤母获睹其子归正辞邪，不胜神乐。未几，圣人思奉其母归本乡，即辞圣盎博罗削，与数友同行，至海滨将登舟，贤母疾作，终时泰然慰子曰："吾寿终矣，吾肉躯可葬之斯，吾灵魂尔祭天主时，慎勿忘之。"圣人服膺母命。葬毕，浮海而归。择仁居取同志二友，弃置世冗，精修克己。时，又丧所爱子，因厌城中烦嚣，出居静隅，以修独而削其名迹也。

时，郡中有名贤奥肋略司圣教，闻圣人大德，强升为撒责而铎德②。自计死后以圣权付之。圣人不期而得大位，恐误圣治，兢兢倍修，又推己及人，恒访属民习俗，正其偏者，振其颓者，保其善者，而培养之。遇异端或辨之以实论，或联之以恩德，有固执不改者，遂远摒之。民间孤寡无聊贫乏艰难者，必趋圣人，非得振拔，必蒙宽慰，橐装尽，即用天主殿中珍器，易资给之。

服食所需，必从其贱薄，留余为周济之用。每会食必听门弟诵述古经典章，并养形神，不使顷刻滞于饮食之乐。延宾客，定有高论神训，以相劝益，未尝或谈或听他人之非。盖云：毁谤一刃，而伤者三，己之心，人之名，听者之耳也。

治民勤恳，闲居时，非务神工，默绎上天之载，必著书立言，以释天主经典。或解疑难，或辟异端，或以玄论经纶世道，持援衰俗。

昕夕不暇，是以所遗著述数载读之未尽，而西国古今圣贤皆用其书，以为导引证据也。虽然圣人之学博大真实玄妙无可拟议，乃其心更谦，未尝自信，凡有制作，就正他贤，或自复察其所未安，辄用自罪，即为改正。又述己之过失以提之，甚至详录平生是非以自警自责，因猛进焉。

圣人生平绝无厌倦，迨七十二岁，力始衰，厌世中烦琐，愿脱本躯桎梏，以升天上国，然终未敢怠忽，乃益自奋若全无功力者。于是思付纲纪圣教之事权，取一贤士代之③，而入于静所，一以增其精修，一以讨究旧著诸书。

凡四年余，不虞海寇入境，杀掳衡（横）行，渐逼圣人所居奚波纳府城，围困二年，民众待毙，圣人深感哀祈上主降佑保护众人，倘上旨欲罚此下民，则赐我神魂出世耳。圣人遂病，自觉终期不远，弥自加勤，其间复自记幼年所犯之罪，不胜伤痛，哭泣不已，且训其左右曰："吾辈凡偶获罪天主者，虽幸蒙宥，然至终身不可忘，且痛不可止也。"未几，四体安宁，神魂升天上国矣。寿七十六岁，持教三十六年。④ 圣骸葬大殿中。⑤

在《天主圣教圣人行实》别的圣人传当中（如安东尼、安布罗斯、哲罗姆），会有不少的驱除邪魔、摆脱诱惑的故事，而在奥古斯丁这里并没有。在《金色传奇》中，讲述

---

① 此处有误。接受洗礼前等待了较长的时间，不是马上就受洗。

② 撒责而铎德，拉丁文 Sacerdotes（单数 Sacerdos）的音译，有时简称"铎德"，指司铎或司祭。

③ 此事在波西迪乌斯《奥古斯丁生平》、雅各布《金色传奇》、阿隆索《圣人花絮》均未提及，唯佩德罗《圣人花絮》提及，可推高一志可能参考了佩德罗。奥古斯丁选取继任者的事，可参［美］彼得·布朗《希波的奥古斯丁》，钱金飞、沈小龙译，中国社会科学出版社 2013 年版，第 489 页。

④ 奥古斯丁后半生的这些事，包括被强按为司铎，成为主教四处论战，个人道德与生活细节，临死前的场景，等等，在波西迪乌斯《奥古斯丁生平》中绝大多数都有记载。

⑤ ［意］高一志：《天主圣教圣人行实·圣奥吾思定圣人行实》，梵蒂冈藏，第 20 册，第 31—40 页。

了奥古斯丁生前可驱鬼治病、与天使对话，死后遗骸满了神力的事，但在高一志这里没有。其原因可能是多样的，比如，别的圣人传的材料本身就充斥着神魔的内容（如安东尼），成为其传的一个有机成分，无法删除，因此译述时也只好采用。相对之下，奥古斯丁材料很多，尽可以只选其中理性的一部分。还可能跟高一志参考的本子有关。他可能参考过阿隆索和佩德罗各自的《圣人花絮》，而这两本书中都已经删除了《金色传奇》的第三部分，即专讲神迹神力的部分。总之，少谈“怪力乱神”，多谈道德和弃邪归真，是比较符合中国读书人的口味的。

在中国道德话语的语境中，高一志省略了奥古斯丁年轻孟浪时的行径（如与一女子同居生子，中途又见异思迁，顺从母意，为高攀权贵而抛弃此女子准备另娶一女，以及少年时偷梨），仅以“日恣色欲”一笔带过，而突出其后来的道德与智识形象，更符合中国人的“圣人”形象。

在面对中国各种异教的语境中，高一志强调了奥古斯丁抛弃“妖教异端”，抛弃种种偶像，归正基督的决断，对于鼓励读者像奥古斯丁一样投入天主怀抱，当有明显的作用。

由于奥古斯丁时代的异端人物与思想（摩尼教、多纳特派、佩拉纠派等）都没有中译，因此，尽管高一志所可能参考的各个版本的奥古斯丁传都会说到他们，高一志也只是以“妖教异端”这样概括的名称指称他们，而免去了多费笔墨之劳。

高一志的《天主圣教圣人行实》1629 年刻于杭州，它在整个教会内广为传播，对杭州本地的影响更是延续到数十年后。杭州仁和县人张星曜（1633—1715）在 46 岁时领洗，他曾认真地读过这本书，为其中的一些人物写了《圣教赞铭》。[①] 其中《圣教赞铭》是教堂的配画诗，共有诗歌 38 首，悬于杭州教堂。这些诗赞美了宗徒、殉道者、天神等。有 4 首是赞美司教圣人的，他们是四大拉丁教父（大格列高利、安布罗斯、奥古斯丁和哲罗姆）。他关于这些圣人的知识，来自于高一志的《天主圣教圣人行实》，奥古斯丁的也不例外。

《圣奥吾斯定赞》全诗如下：

利未有圣，早擅词章。既游罗马，笃志帝乡。
自怨自艾，矢志安当。声自天来，圣经在旁。
精修克己，正俗培良。周给贫困，倒箧倾囊。
著述孔多，大道克彰。持教三纪，天国徜徉。

诗歌大致总结了奥古斯丁一生行迹，而这些内容，都不超出高一志的《圣奥吾思定圣人行实》。张星曜简要地回顾了奥古斯丁一生，并没有涉及他的思想。当时他没有机会读到奥古斯丁的著作，也无从了解他的核心思想，但他从高一志的著作《天主圣教圣人行实》那里知道了天主教圣人（包括奥古斯丁）的大致情况。就当时的西学总体环境来看，张星曜能写出这一系列的诗，已算难能可贵了。

高一志的圣人行实，在后有冯秉正的接踵。冯秉正（Joseph de Mailla，1669—1748，字端友）是法国耶稣会士，他著有《圣年广益》一书，这是一本圣人年历（calendar of

① 肖清和、王善卿编注《天儒同异考：清初儒家基督徒张星曜文集》，台湾橄榄出版有限公司 2015 年版，第 286 页。张星曜此诗在康熙年间有手抄本，见：法图，第八册，《圣教赞铭》第 6 页。

saints）。据赵克礼序云："泰西端友冯师，来自拂郎济亚……承恩中秘，时而扈从玉邸，时而测验方舆，贤劳三十余年……蒐译成编，名曰《圣年广益》，编分十三，计三百六十五章。"编以月分，章以日计，奥古斯丁传在八月二十八日。[①] 冯秉正的奥古斯丁传，精简许多，字数不到高一志的一半，且字句有异，但是核心情节和实质内容是一样的，连错误都是一样的。比如，将"此涕泪之子，必蒙上主矜全"这句话置入安布罗斯之口，说受洗是在花园皈依的次日。[②] 我们不清楚冯秉正在编写《圣年广益》时，是否参考了高一志《天主圣教圣人行实》，但这个奥古斯丁传显然是从跟高一志一样的原本节译过来的，而且更为精练简化。

在晚清，现代的天主教教会史著作开始出现。1905 年萧约瑟所译《圣教史略》，有献县张家庄天主堂民国刊本，提及希腊圣师与辣丁圣师时，简单地讲到了奥古斯丁生平。[③]

二　新教的奥古斯丁传记

（一）《忏悔录》第一个中译本

新教传教士来华传教，始于马礼逊 1807 年到中国。跟天主教注重教会传统不同，新教传教士的文字工作重点在翻译圣经，介绍西方现代科技文明和历史地理知识，在译介的过程中很少提到奥古斯丁。据笔者个人的阅读经历，新教早期中文报刊《察世俗每月统记传》《特选撮要每月统纪传》《东西洋考每月统记传》《遐迩贯珍》《六合丛谈》《中西闻见录》《格致汇编》《教会新报》等，都没有论及奥古斯丁。奥古斯丁的传记出现得更晚，以笔者所见，大约是在马礼逊来华之后七八十年，这跟天主教第一代来华传教士（罗明坚、利玛窦）即提及奥古斯丁是不同的。

1884 年，英国伦敦会传教士慕维廉（William Muirhead，1822—1900）选译了奥古斯丁《忏悔录》，前有小序，正文分为十章，中文共约 1.2 万字。第一章为《忏悔录》1：1－5 奥古斯丁赞颂上帝的内容，第二章至第六章同样在跟上帝的对话中略提及生平事迹（如小时生病差点受洗、偷梨、误入摩尼教、至罗马教书），最后几章讲其神学思想及信基督后的转变。总体来看，译者过分注重奥古斯丁的赞颂文及祷文，而于奥古斯丁生活细节大都一笔带过，叙述少而抽象多，具有浓厚的传教士味道。对于不熟悉奥古斯丁的中国普通读者，骤然进入热烈的颂词当中，恐怕难以适应。[④]

慕维廉在《古圣任罪序》中对奥古斯丁有一个简要介绍，他说：

> 兹述西国之古圣曰奥古斯丁，生于东晋穆帝十二年，在亚非利加北，圣教列祖中，声名最著者也。幼时虽读诗书，而情欲放纵，迨壮岁，被圣神大感，又得教师谆诲，心渐激发，痛改前非，笃信天道，而从圣教。越数年，封为教督，任事严慎，以尽斯职。著作富有，辩驳异端，勤行圣道。至文帝十年，国有叛逆争斗事，彼勤劳供

---

① 见徐景贤《圣奥思定千五百年纪念论文》，中华公教学友联系会 1931 年版，第 18 页。

② 徐景贤：《圣奥思定千五百年纪念论文》，中华公教学友联系会 1931 年版，第 16—17 页。

③ 《东传福音》，页码为：基 8，184。

④ 该书第一版由上海福音会堂于 1884 年出版。后有中国圣教书会印发、上海美华书馆排印的 1899 年版。笔者所见为 1899 年版。

职，心力交瘁，忽染沉疴，溘然长逝。时年七十有六。噫！人虽云亡，其名不朽，至今称道不衰，凡其所著之书，皆足以辅人信德，坚人心志，真渡世金针也。今译其《自任》一书，意斯人实诚中而形外，窃愿披阅者欣然获益，庶有厚望焉。

《古圣任罪》第一章是《忏悔录》1：1－5奥古斯丁赞美上帝、显示人的卑微的表白。

主乎！尔为至大，神妙莫测，当赞美靡尽兮！尔为至能，智慧无穷兮！人欲颂尔者，即尔所造中之纤微也。其身暂生，而恒任厥罪之证，亦知骄泰者，尔乃摈斥。尔曾醒我，喜悦颂赞。盖尔为己而造我，我心无静，待恃尔而静也。主乎！使我知或先求尔颂尔，或先识尔祈尔。若不识尔，谁可求之？恐不识尔，即求不真也……①

这样的节译，恐怕难以吸引当时的普通读者。虽然有这样的缺憾，但是作为《忏悔录》的第一个中译本，《古圣任罪》还是有开拓意义的。民国后才有《忏悔录》别的译本，如雷鸣远的《圣奥斯丁归化史》、胡贻榖的《奥古斯丁认罪篇》（原名《古圣明心》，今有上海广学会1923年第二版）。

1886年，受总税务司赫德委托，由伦敦会传教士艾约瑟（Joseph Edkins，1823—1905）主持编译的“西学启蒙”十六种开始出版。第一种是艾约瑟编撰的《西学略述》，其第五卷《理学》中，有《波斯理学考》和《教会中理学》两章，里面用几句话说奥古斯丁“大肆攻诋”摩尼教之非，并“言以人行善恶及所得善恶之报皆为上帝所预定”。②

（二）新教首个奥古斯丁小传

笔者发现的新教最早的奥古斯丁传，是刊登在1893年12月《中西教会报》上的《奥古斯丁小传》，没有作者署名，只说是“来稿”。它较全面地介绍了奥古斯丁的生平思想，全文约2100字。

奥古斯丁者，耶稣降生三百五十四年，居亚非利加之北，名得加斯底。当耶稣降生之时，除犹太一国之外，无论何邦，群奉偶像，亦不一其名。后三百年，耶稣教渐行各国，虽有弃偶像而拜真神，然尚成对峙之势，故民间嫁娶亦相混云。时奥古斯丁之父，系邪教而娶圣教者。其母名麻尼加，为圣教内人，性极温柔。缘丈夫性暴，喜狭斜游，且信偶像之教，屡劝不听，惟叹为祷告而已。相处十七年，后其父亦隶从圣教焉。奥古斯丁自少聪慧异常，读书过目了然，但性喜狭游，亦有乃父风。有时随母入堂听道，亦觉斯道之妙。时而疾病，亦切呼吁，而旋得旋失，终涉游移。家本非素封，其父因见子聪颖，厚聘贤师教读。迨十六岁成人，父不惜重赀，送入麦岛拉［按：马都拉］地方大书院肄业，考试时屡列高等。然其资禀聪颖，而性多乖巧，轻人，觑破之辄不服。而其母临行谆谆训言，亦视为女子寻常之词，无足系念。而其学问渊深，名望渐著。至嘉探底地方大书院考试，亦屡取优列，由是自命不凡，若不屑

① ［英］慕维廉：《古圣任罪》，中国圣教书会印发、上海美华书馆排印1899年版，第1页。

② ［英］艾约瑟：《西学略述》，总税务司署印1886年版，第48—49页。

就范围，况其地本繁华，亦未免为习俗所染。时年方十九，遇一罗马人名吉基罗，本大臣而有名望者，生平著作甚富，专究性理之学，文义奥衍，惟奥古斯丁读之，得窥其蕴，情兴勃发，但惜其中未及宣言基督之道，犹为美中不足。一日，父在家患病，信来招之去。告辞在途，闻讣迨归，不见父，惟母在而已。然见母于父亡后，不甚哭泣，不甚哀悼，若反有冀望之意，心窃异之，继乃侦知母之读圣经信真道为然也，乃知我向所读之书，徒长我骄傲，未得谦卑之道，于心似不乐，不若仍赴此书院以适我心性乎！斯时适有一种教，名迈壹器[①]者，将理学与圣教拟合成书，奥古斯丁见之，以为斯道得之矣，乃习焉。其母见而谓之曰："是书也，是道也，执其两端，涉于两可，实出于人，非出于神。嘻！是何足信?"窃忧其子之入于歧，而歧之又歧也，向会中监督诉之，监督曰："勿忧，尔子矜心未化，容缓以时日，俟其自悟可也。尔今且向天父时切祷告焉。"其母从之。一日，监督谓之曰"尔既如是哀求，天父无不允尔所祷"云。嗣后十年间，奥古斯丁若仍不敢歇度，而一旦豁然贯通，觉理学与圣道有两不相合之义。虽如是，而意犹未决也。却说意大利国之北，密兰［按：米兰］地方，有一大书院，闻其名欲请为教习，膺其聘，遂奉母同去焉。一日，与母言"吾于理学之书已尽弃之，而于基督之真理尚未得直路，可与上帝觌面"，意其为欲所蔽乎。密兰有一位大监督，名埃卜罗斯，素悉其名，待之甚优，而奥古斯丁听其训言，时觉怀惭。因思及凡人皆有死，我若届期有何预备，不觉悲从中来，愿此后一心一意归服上帝，而其真实信服之据，犹未显也。适会晤有一位旧教友[②]，与之谈论，亦知其心中觉悟，而未坚定，乃援引而谓之曰："近有一人名斐多理那[③]，其闻望素著，罗马京城已刻有生像，但其生平所著理学等书，多谤毁圣道之语，时有人谓之曰：'尔信圣教乎？我未见尔在会堂中。'彼曰：'凡人共入会堂，均在此围墙内，彼信与不信，有何别耶?'未几，斐多理那不仅在会堂围墙内，居然在会堂讲台上，向大众言曰：'我今是归服圣教者。'"奥古斯丁闻友人言，心甚激动，亦愿效最大名望之斐多理那之所行，而无自主，若有羁缚者然。于是顿足呼号曰："噫，时至矣！时至矣！何人能释我此缚耶？何日能释我此缚耶?"出游园中，见一株无花果树，忽于树下仆地，仰天祷告曰："主欤，毋待明日，请立时解释我缚，免我忧闷而得安乐。"忽闻园外有小儿声，谛听其音，但云"拿来读！拿来读！"未解其意，乃抽身取所携带圣经，信手翻阅，适见《罗马》十三章十二、十三四等节，有云："夜既央，昼伊迩，当解行暗之衣服，光明之甲，行所当行有如昼日，勿沉湎而荡秽，勿贪色而邪侈，勿斗忿而妒嫉，勿图情欲以任所嗜，惟主耶稣基督是佩是服。"诵毕，恍然此时光景与彼时无异，保罗岂欺我哉！我岂不可为保罗哉！其心遂定，其缚遂解，无待明日也。由是一心归服上帝，赴会堂受礼进教。既进教，辞书院教习之职，欲同母归故里。抵奥斯底亚海口，将买舟渡海，暂羁寓中，母子聚首，叙天堂事，母云："我所以不即逝者，惟想望尔归服圣教，得同进天堂，归荣耀于上帝。尔今如是，吾愿毕矣，我无他望，即夕死可也。"无何，母病作，历九日而亡。奥古斯丁丧葬毕，不即回故里，乃绕道至罗马京城再回，独居三年，专心考究圣经精蕴，而即其意推广之，

---

① 摩尼教，Manicheism.

② 指辛普里西安（西姆普利齐亚努斯），见《忏悔录》8：2。

③ 维克托利努斯，见《忏悔录》8：2。

著为论说，积成卷轴。其间为长老、为监督有四十年之久。斯时也，觉遍体皆道，充盈有余，无复如前绳缚之为患。卒年七十六岁。当临终日，友人嘱其遗命，乃从容谓之曰："我身外无长物，所有者已遍济贫人矣。所遗者不过著作十八卷，可交会堂中，余无他嘱也。"（最后是作者劝勉读者归信及引用一段奥古斯丁的祷文，从略）

能不能查出这篇文章的作者到底是谁呢？

通过对比这篇文章跟林乐知（Young John Allen，1836—1907）出版于1895年底的《自历明证》丛书中的第二本《奥古斯丁》（亦名《罗马教奥古斯丁信道》）的内容，可以确定这篇文章出自林乐知之手。

这是因为，《奥古斯丁》里面地名、人名的翻译都与《奥古斯丁小传》相同：塔加斯特均译为"得加斯底"，马都拉均译为"麦岛拉"，迦太基均译为"嘉探底"，西塞罗均译为"吉基罗"，摩尼教均译为"迈壹器教"，米兰均译为"密兰"，安布罗斯均译为"埃卜罗斯"。两者最后都用了奥古斯丁祷词，只是用词稍异。不同处只有两三个，如莫尼卡在《奥古斯丁》中译为"麻尼解"，在《奥古斯丁小传》中则译为"麻尼加"；维克托利努斯前者译为"维多利奴"，后者则译为"斐多理那"。

林乐知很可能是在写了《奥古斯丁小传》之后，增加了一些材料，将之扩写成《奥古斯丁》，因此，我们可以把后者视为前者的扩大版。

（三）明清最长的奥古斯丁传记

《中西教会报》从1895年8月开始连载林乐知的《奥古斯丁》，至1896年6月结束。单行本《奥古斯丁》[①] 出版于1895年底，作为林乐知编译的共有十四本的《自历明证》丛书中的第二本。《自历明证》收录了犹太教、伊斯兰教、印度教、神道教、儒教、火袄教、摩尼教等各"异教"改宗基督教的亲历者的自述。"自历者何？自述其一生亲尝之甘苦，身历之情形也。明证者何？欲明真道者，可引之以为证也。凡求道之功，非由亲历则不易明，论道之言，出于旁观则不足证，此余《自历明证》一书所由编辑也。"[②] 原来，林乐知1893年旁听了芝加哥世界宗教大会（Parliament of the World's Religions）[③]，受到刺激，而要编各教改宗基督者的书来证明基督教的真实性，以及新教文明的优越性。

《奥古斯丁》共分十三章，共约25000字，是到那时为止最长的一本介绍奥古斯丁的中文著作。各章标题依次为：一、古昔欧洲立教情形；二、幼年情形；三、幼时教养（学）；四、真假相争；五、久暗思明；六、罗马情形；七、密兰掌教；八、更生之事；九、受洗之事；十、丧母回乡；十一、赫巴监督；十二、临终之事；十三、著书之事。

其中，第一章介绍奥古斯丁的时代背景；第二章至第十章依据《忏悔录》的情节，介绍了奥古斯丁生平，尤其是他从摩尼教皈依基督教的故事；第十一、十二章讲述奥古斯丁成为希坡司铎和主教后的事迹，包括辩论会上驳倒摩尼教名人福偷纳度、破拜佛像（偶像）风俗、个人生活作风、选定接班人等，直至希坡城被围，奥古斯丁辞世；第十三

① 林乐知编译：《奥古斯丁》，光绪二十一年（1895），上海广学会印。

② 林乐知编译：《印度人柏得门奇信道》，光绪二十九年（1903），上海广学会印，"总序"。

③ 这次大会非常著名，参 https://en.wikipedia.org/wiki/Parliament_of_the_World%27s_Religions. 印度教名僧辨喜即在这次大会上广为西方人所知。今日汉斯昆"世界宗教伦理"即继承了此会之余绪。

章介绍了奥古斯丁三部主要著作《明道知非书》（忏悔录）、《三位一体论》（论三位一体）和《天城篇》（上帝之城）的基本内容。

可能是由于林乐知侧重于介绍奥古斯丁如何从“异端”摩尼教“改邪归正”成为基督徒，以与《自历明证》的主旨一致，或者囿于《忏悔录》中的故事，而难以挪开，因此林乐知对于奥古斯丁晚期与多纳特派、佩拉纠派的斗争并未提及，对于“原罪”与“内在恩典”这样的核心教义更是一笔略过。他着重的，是在中国异教语境中，让奥古斯丁现身说法，如何摆脱“佛教”①（摩尼教）这样的“偶像崇拜”，而归向“真道”。

《奥古斯丁》可以说是林乐知编写的一本书，跟《自历明证》第一本列出了翻译原本不同，在这本书里并没有列出参照的原著。林乐知可能参照了《忏悔录》，和当时西方流行的奥古斯丁传记，但并非严格的“翻译”，因为书中不时根据中国语境，而说罗马帝国有严重的“佛教”偶像崇拜，或相当于中国的某个情形（如第七页说到罗马选拔官员多从学校中出，“如今日之中国然也”）。如有原本，这显然是不会出现的。

（四）韶波说明了原罪论和预定论

1895 年，在宁波传教的英国圣公会传教士霍约瑟（Joseph Charles Hoare，1851—1906）在宁郡三一书院印发《圣教会史记》，里面提到了奥古斯丁与佩拉纠的争论，并简要地介绍了奥古斯丁生平，尤其米兰花园皈依的事迹。

1896 年，巴色会传道士韶波（Martin Schaub，1850 – 1900）出版了《教会史记》，在第一卷第四款第十四论“奥古斯鼎”简略介绍了奥古斯丁皈依基督的经历，第十五论“奥古斯鼎与皮拉究之说”里，详细介绍了奥古斯丁与佩拉纠的争论，双方的核心观点，尤其奥古斯丁原罪论与预定论，在中文文献中可算第一次。他还清楚地指出了奥、佩双方的优缺点。两论共约 2300 字。②

（五）李提摩太的“意译”太随意但也言简意赅

《万国公报》在第 152 册（1901 年第 9 期）刊登了李提摩太翻译的《奥仕仃列传》，全文不到 1800 字。其中说道：

> 三百八十三年，奥仕仃年二十九岁，渡海至欧洲之罗马都城，更北行至弥澜府。弥澜人知其才，聘充书院讲席。时则知府事之安补时［按：安布罗斯］，道高而学博，都人士爱之重之，争请总持训术，安补时遂辞官而主教，与奥仕仃邂逅相遇，喜缔二人同心之雅。奥讲学于广序，安入耳而忘疲③，安讲道于会堂，奥倾忱而乐受。顾其始，奥仍未知大道之足贵也。迟之既久，始悔半生来日用行习，无一是处。中心

① 为让中国读者明白偶像崇拜和多神教，行文中说到希腊罗马的多神教时，多用“佛”来指称。如第二页说罗马“当时民心奉佛心切”等等。

② 《东传福音》，页码为：基 21，76 – 78。另外，跟韶波《教会史记》相类似的书早一些的还有郭显德《圣会史记》（上海美华书馆 1876 年版），以及霍约翰《圣教会史记》（宁郡三一书院 1895 年版），笔者无缘得见这两本书，但从章节介绍来看，似未专门述及奥古斯丁。见黎子鹏《中国基督教文字事业编年史（1860 – 1911）》，香港基督教文艺出版社有限公司 2015 年版，第 246、483 页。

③ 《忏悔录》并未提到安布罗斯听奥古斯丁讲课。彼时安布罗斯权倾一时，是个大忙人，奥古斯丁还只是个小人物。

愤懑，不知所裁。一日，又听安补时宣讲语，不觉涕泗沾襟，即出会堂而入深林，跪地求天，默示率由之正道。[①] 忽闻有人操腊丁语，低呼脱诔坚[②]，译言读书即知也。奥仕仃似有所触，急起言旋，见是晨曾读新约中之保罗致以弗所人书[③]，仍摊案头，再取读之，至毋酗酒荡检，惟感以圣神，彼酬此答，而以诗章歌诵神赋之属，口唱心和，赞美上主数语[④]，顿觉有天光一缕，照入心坎，从此大澈大悟，专奉基督教为依归。此与保罗在途次顿悟事绝相类。时西历三百八十六年也。……

今读奥仕仃之著作，几无一学之不知。牟尼教之说曰：万物皆有邪神，与之杂居，故人身亦有邪神。多拿替［按：多纳特］左道之说曰：我等但当听天命耳，人世君王之命，于我何加哉？培拉渐［按：佩拉纠］左道之说曰：始祖亚当有罪，与我等今世何关？故人之生也，无不善者。异日之赏罚，第就吾身之善恶而衡之耳。诸如此类，奥仕仃皆深谙其意，斯能著书立说，以纠正其误。不然，非挂一漏万，即隔靴搔痒，欲辟邪而崇正也，诚难矣哉！

李提摩太做翻译，无论是英译中，还是中译英，都强调精神的把握，而不拘泥于文字的对应，他将《大乘起信论》《西游记》译为英文就是如此。但这种“意译”常常导致“主观随意”。当时翻译需要中西人士合作，而中文笔述者不一定能准确领会口译者的意图，因此还会有额外的问题，导致“词不达意”。这篇译文也是如此。在讲述安布罗斯和奥古斯丁的关系时，李提摩太将两人说成了无话不谈的交心之友，其实《忏悔录》中的安布罗斯是个忙碌的公众人物，哪有空跟奥古斯丁交心倾谈，奥古斯丁只是他的仰慕者和听讲者，二人的关系是不对等的。当时真正能跟奥古斯丁交心，了解他心灵状况的是辛普里西安。在对奥古斯丁米兰花园皈依的叙述上，李提摩太的“翻译”更是离谱，将之说成是受了安布罗斯讲道的激励，而生了悔改之心。在关键的保罗书信引文上，李提摩太还擅将《罗马书》改成了《以弗所书》，以针对中国知识分子的情况，希望他们如奥古斯丁一般皈依上帝，以诗赋赞美上帝。这都是李提摩太“主观随意”的翻译态度对“事实”造成的损害。但当李提摩太谈到思想时，却有很好的发挥，确实能准确地抓住并表达“精神”。他对摩尼教、多纳特派和佩拉纠派的刻画，虽只用了寥寥两三语，却能抓住精髓，道出实质。对《忏悔录》和《上帝之城》的介绍亦是如此。他还提出了奥古斯丁与多纳特派的论战，这在以前是没人明确论到的。

赫士（Watson Hayes，1857—1944）是美国传教士，曾任山东藤县的华北神学院院长。他编写了《教会历史》，广学会民国十二年（1923）铅印。据上卷中的首版前言（写于1914年）所说，该书是其在神学院讲学的讲义，已讲九次，所以该书的编写当始于1905年前后。在上卷《古世教会》第九章《教会之争辩》“奈西亚会时代之教父”一节中，集中地讨论了佩拉纠与奥古斯丁的争论及其历史影响。[⑤] 由于时间是在韶波之后，这

---

① 此为译者李提摩太杜撰。奥皈依前接触过辛普里西安和蓬提齐亚努斯，听他们讲维克托利努斯和安东尼的故事，而并未与安布罗斯单独谈过话。

② 《忏悔录》8：12，拉丁文为：Tolle，lege. Tolle，lege.（拿着，读吧。拿着，读吧。）

③ 此误，奥古斯丁当时翻到的是《罗马书》13：13，而不是《以弗所书》。见《忏悔录》8：12。

④ 这里李提摩太引用的是《以弗所书》5：18－19：“不要醉酒，酒能使人放荡，乃要被圣灵充满。当用诗章、颂词、灵歌彼此对说，口唱心和地赞美主。”

⑤ 《东传福音》，页码为：基21，137。

里就不引用了。

以上初步考察了明清三百年间奥古斯丁传记的大致情况，可知天主教主要将奥古斯丁当作司教圣人来看，因此其传记中少不了“圣人传”文体的“传奇”成分，但跟中世纪相比，已少了很多奇迹内容，而逐渐地近代化和理性化，这在高一志所作的传中可以看到。新教的奥古斯丁传接近于现代意义上的历史传记，但由于传教的目的和具体针对的语境，而侧重于奥古斯丁弃除旧教改奉基督教的经历，在关于奥古斯丁思想概貌的描述上，各个传教士互相补充，从整体上描述出了奥古斯丁神学的基本轮廓。

（原文发表于《世界宗教研究》2017 年第 4 期）

伊斯兰教中国化:以汉文伊斯兰著述为例

金宜久*

摘　要：在积极引导宗教与社会主义社会相适应过程中，坚持宗教中国化方向，不仅是宗教工作者、宗教社团的历史使命，对宗教研究工作者而言，同样具有极其重要的现实意义。本文拟以明清时期的汉文伊斯兰著述为例，探究它在中国化进程中的成就。

关键词：伊斯兰教中国化　汉文伊斯兰著述　宗教中国化

习近平总书记在2016年4月全国宗教工作会议上明确指出，“积极引导宗教与社会主义社会相适应，一个重要的任务就是支持我国宗教坚持中国化方向”。本文拟以明清汉文伊斯兰著述（以下简称汉文著述①）为例，说明伊斯兰教中国化已取得重要成就。当前所谓的要“阿拉伯化”“非中国化”的杂音，都不利于宗教坚持中国化方向，应予以坚决反对。

一　汉文著述兴起的缘由

研究伊斯兰教的难处在于缺乏应有的资料。人们只能从有限的文本中发掘相关史料，以资说明伊斯兰教自7世纪中叶输入中国以来的大致情境。一般地说，约经历了10个世纪到明末时，汉文著述才真正兴起，到清末时已经有了可观的著述。此乃宗教中国化合规律性发展的必然进程。

可以认为，汉文著述的兴起，与正史、典籍、类书、方志、笔记或碑铭对伊斯兰信仰的记载误解多于纪实密切相关。伊斯兰教知识界的开明人士，为申明信仰主旨而陆续写作，从而涌现出当今人们所见的汉文著述。

《旧唐书》记载大食派使节来华，其中谈到其国已有34年历史，历三任君王；只是未能记载有关伊斯兰教的信仰礼仪。杜佑的《通典》载有杜环的“经行记”，② 有关信仰的记录过于简略，读者无法认知其全貌。

宋代有关伊斯兰教的记载逐渐多了起来。周去非的《岭外代答》、朱彧的《萍州可谈》、方信孺的《南海百咏》、赵汝适的《诸蕃志》、岳珂的《桯史》等杂记中，关于伊斯兰教的记载可能来自传闻，零散而不完整。他们可能均非穆斯林。其时的记载甚至以佛教比附伊斯兰教。

---

* 金宜久，中国社会科学院荣誉学部委员，世界宗教研究所研究员，甘肃民族宗教研究基地研究员。

① 这里说的著述，含有翻译、编译、注释、撰著等作品。

② 其中，关于伊斯兰教信仰的行文就有“不信鬼神，祀天而已”，还有“不食猪、狗、驴、马等肉”的禁戒。

白寿彝认为，14世纪中叶吴鉴的《清净寺记》所记伊斯兰教，“为吾人所见唐宋元之汉文记录中最得其要者”。[①] 然而，该碑文关于“事天”、“拜天”、经文卷数节数均有误[②]。

其他清真寺碑铭，有的不乏迷信色彩，[③] 或以“天”称谓真主，以“事天”“拜天”表述信仰，[④] 或说法有误。[⑤]

文字作品或是碑铭对伊斯兰教认识欠缺、误解，这在客观上使得教内知识阶层意识到有必要为之补正，从而促使汉文著述的兴起和发展。

教内传授不明，影响信众对伊斯兰信仰真谛的认识。舍蕴善为《经学系传谱》所写序文说：“吾教自唐迄明，虽有经籍传入兹土，而其理艺难明，旨义难悉，故世代无一二精通教理之掌牧，以至多人沦落迷途，漫漫长夜惹人甘醉梦之不觉也。”[⑥]

伊斯兰教在华夏大地经过10个世纪（自唐初至明末）的流传，随着教内信众的增长，其居地虽由早年的“蕃坊”演变为明末的“教坊”（“寺坊”），但未能从整体上改变信众大分散小聚居特点，亦未能形成独立的、自满自足的社会经济体系。他们在与相邻居民的频繁交往中，不时受到中国传统文化的影响。这在语言文化、生活习俗的中国化方面尤为明显。

应该说，汉文著述兴起的先决条件是：需要掌握伊斯兰学理，又有汉文书写基础的知识阶层，正确表述伊斯兰信仰以释误解。大约到明末清初时，教内知识阶层在主观上已具备了从事汉文著述的条件，以适应伊斯兰教发展的需要。就伊斯兰教知识阶层而言，主要有两类人：一是有家学基础、自幼受到宗教熏陶的知识分子；二是受到儒学教育的年轻人，通过科举而入仕途，有的转而接受经堂教育后出任阿訇、经师，或成为学者。

教内知识界重视汉文著述，除纠误外，其重要原因还在于向教内的那些只“通儒”而不“通经”者传递宗教知识。

明嘉靖七年（1528）山东济南清真南大寺阿訇陈思的《来复铭》，已言及“无极太极，两仪五行。元于无声，始于无形……存心养性，以事其天”。[⑦] 只是该铭文未能刊刻

---

① 白寿彝：《中国伊斯兰史存稿》“跋吴鉴《清净寺记》”，宁夏人民出版社1982年版，第316页。

② 福建泉州元吴鉴“重立清净寺碑记”（元至正十年）说：“其教以万物本乎天，天一理无可象（像——引者注），故事天至虔，而无像设。每岁斋戒一月，更衣沐浴……日西向拜天，净心诵经。经本天人所授，三十藏计一百三十四部，分六千六百四十六卷，旨义渊微，以至公无私、正心修善为表，以祝圣化民同急解厄为事。”参见余振贵、雷晓静《中国回族金石录》，宁夏人民出版社1989年版，第67页。

③ 如“福建泉州先贤古墓阿文碑”说：“此墓为昔日传教此方二先贤之墓……墓有灵异，其遭运不佳，或抱病不起者，皆来此祈祷二贤保佑，有求必应……”如“资善大夫海道都漕运万户府达鲁花赤买公惠政之碑并铭”（约元至正九年）说：“公至之日，恭祀海神……”参见余振贵、雷晓静《中国回族金石录》，宁夏人民出版社1989年版，第250、327页。

④ 河北定州“重建礼拜寺记”（元至正八年）说：“吾回回人拜天其事也，不知此地亦有吾属而知所以拜天者乎？”参见余振贵、雷晓静《中国回族金石录》，宁夏人民出版社1989年版，第14页。

⑤ 河北张家口“重修礼拜寺记”（明嘉靖二年）说：“……不设神像，无非敬天……其立教之目有五：一、敬天忠君孝亲，务践其实；二、每于寅未酉戌亥拜天以忏过愆；三、每日必清洁身心，自旦至晡绝饮食严持斋戒；四、论人之资产以四十为率取其一储以济贫者，谓之天税；五、瞻礼西方五色玉方随其所在，建寺会拜以答所自。”参见余振贵、雷晓静《中国回族金石录》，宁夏人民出版社1989年版，第19页。

⑥ （清）赵灿：《经学系传谱》“经学系传谱序”，青海人民出版社1989年版，第1页。

⑦ 余振贵、雷晓静：《中国回族金石录》，宁夏人民出版社1989年版，第215页。

流传，其影响似仅限于寺院。

陕西咸阳人胡登洲（1522—1597）除倡建经堂教育外，还“欲译国语，以为斯土万世法”。[①] 可惜的是，人们未能看到其译作。

明末崇祯甲戌（1634），曾任明刑部尚书的张忻（进士，？—1658）写有“拜主……则物我皆忘而身心之私妄泯矣。私妄泯，而忠孝廉节之事与一切尽己尽物之功，莫不于人寺事主之时而思尽之”。[②] 其作品已散佚。

崇祯丙子（1636），曾在明户部任职的詹应鹏（进士，约1572—约1653）在《群书汇辑释疑》“跋”中，斥责志书所述“其教专以事天为本而无像”说：“无像诚是也，第以为‘天’则非也。盖所事者，宰乎天地万物之主；惟主，故无像也。若曰‘天’，天即有像矣；有像者，皆真主之所造，吾教事主之外，凡主一切所造之物俱不事焉。故曰事主，非事天也。作此志者，或以万物莫尊于天，故以天之名称主，非其天即主也。阅者于‘事天’‘拜天’等语，俱当以‘天’字之‘主’字观，慎勿作‘天’字观也。”[③] 詹的说法无疑是对“事天”“拜天”之说的一个明确更正。

明末伊斯兰知识界开明人士已经意识到汉文著述的重要和必要。他们开创了汉文伊斯兰著述之先河。

二 汉文著述的发展及其特点

胡登洲“慕本教经书”，欲译经籍的愿望，由他的门人弟子陆续实现。

湖北江夏（今武昌）的马明龙（1597—1679）译《米而撒德》为《推原正达》；据说他还著有《醒已省悟》（《认已省悟》）。江苏姑苏（今苏州）的张中（明末清初人）著有《归真总义》《四篇要道》《克里默解》。与张中同时的马君实（江苏南京人），著有《卫真要略》。

在17世纪的经堂教育中，马明龙、马君实、李定寰（清初青海西宁人）、常志美（约1610—1670，有波斯文语法书《海瓦依·米诺哈吉》）四位经师被誉为“东土学者之四镇”[④]。可能由于刊刻、流传等原因，影响不及其后号称“学通四教”的王岱舆、马注、刘智、马复初；他们当今有中国“回族四大著作家”的盛名。

王岱舆（江苏南京人，16世纪末17世纪初—约1657）是马君实的弟子。他著有《清真大学》《正教真诠》《希真正答》。马注（云南金齿今保山人，1640—1711）著有《清真指南》；他的《经》《权》二集已散佚。刘智（江苏南京人，约1662—约1730）著有“明道之书”《天方性理》、“明教之书”《天方典礼》、“明教道渊源之自出”的《天方至圣实录》，[⑤] 另有《五功释义》《真境昭微》《天方字母解义》《天方三字经》《五更月》等。马复初（名德新，1794—1874年，云南大理人）除著有《四典要会》《道行究

① （清）赵灿：《经学系传谱》“经学系传谱序”，青海人民出版社1989年版，第1页。

② （明）张忻：《清真教考序（旧录）》，参见（清）刘智《天方至圣实录》，中国伊斯兰教协会1964年印，第365页。

③ （明）詹应鹏：《群书汇辑释疑》（散佚），参见（清）刘智《天方至圣实录》，中国伊斯兰教协会1964年印，第366页。

④ （清）赵灿：《经学系传谱》，青海人民出版社1989年版，第58页。

⑤ （清）刘智：《天方至圣实录》“著书述”，中国伊斯兰教协会1964年印，第4页。

竟》《大化总归》《祝天大赞》《性命宗旨》《会归要语》外，还摘马注《清真指南》为《指南要言》，辑王岱舆《正教真诠》为《真诠要录》，释刘智《天方性理》（卷五）而有《性理第五卷注释》等。

其实，在王岱舆、马注、刘智与马复初之间，还有先后跟随常志美、王岱舆学习的伍遵契（江苏南京人，约 1598—1698 年）。他也将《米而撒德》译为汉文，成为流传迄今的《归真要道》，另译有《修真蒙引》。

著名经师常志美的弟子舍蕴善（山西辰州今沅陵人，1638—1703）著有《昭元秘诀》（《勒默阿忒》）、《推原正达》、《归真必要》（《默格索特》，亦译称《研真经》）、《醒迷录》；只是《推原正达》未见流传。

舍蕴善的弟子赵灿（康熙时人）有《经学系传谱》；与刘智同时的黑鸣凤，除概述《天方性理》五卷每节内容外，还有“本经”五章的《性理本经注释》。马伯良（山东济水人）著有《教款捷要》，米万济（康熙时人）著有《教款微论》，余浩洲（刘智弟子）著有《真功发微》（刘智曾为该书撰序），金天柱（乾隆时人）著有《清真释疑》。

清咸丰（1851—1861）时的蓝煦著有《天方正学》；杨保元（？—1873）著有《纲常》；其后的唐晋徽、马安礼、龚楚翘著有《清真释疑补辑》。近代以来，汉文著述则大量涌现。

考察汉文著述，可以说有如下特点。

其一，忌译《古兰经》。

佛教输入华夏大地后，其经籍很快就有了汉译。可是伊斯兰教输入中国后，大致在 10 个世纪以后，仍没有汉译《古兰经》问世。大约到 19 世纪时，才有马复初的《宝命真经》（据传译有 20 卷，因故仅刊五卷）；还有中阿对照的、节译经文的“亥听”。有一段碑铭说：“禅经译而便于读，故至今学士译之；而净教之经，未通汉译，是以不甚盛行于世……吾以为玄奘之译，未必尽无讹……禅经译而经杂，净经不译而净不杂……民可使由，不可使知，吾于经，取其不译而已矣。”① 为使经文“净”而“不杂”，“民可使由，不可使知”，可能是早年忌译《古兰经》的重要原因。

民国以来，汉译《古兰经》陆续出现，当前大致已有 10 多个译本。②

其二，进展缓慢。

汉文著述的兴起、发展，并非一帆风顺。与佛教的经籍相比，汉文著述发展缓慢，在数量上也受限。这可能与它经历了艰难的内在争辩有关。③

然而，汉文著述在发展过程中形成了汉学派，与此同时，则有反对汉文翻译、写作宗教问题的经学派。事物发展总有其两面性。经学派主张不学、不写汉文的做法，可能导致

① “福建泉州‘重修清净寺’碑”（明万历三十七年），载余振贵、雷晓静《中国回族金石录》，宁夏人民出版社 1989 年版，第 73、74 页。

② 其译者有铁铮、姬觉弥、王文清（即王静斋）、刘锦标、杨仲明、时子周、马坚、林松、仝道章、周仲羲、马振武、沈遐淮、李静远、马金鹏、马仲刚、李鸿鸣等人；此外，有维吾尔文、哈萨克文、柯尔克孜文译本。

③ 当时有一种说法，认为以“哈他”（指差错文字）杂于（注释经旨）清真，不仅“真主之慈即止，而罚且随之”。王岱舆提出 6 点理由予以反驳：文字不同，即为“哈他”乃误；阿拉伯文字为 1，而有 70 余派，说明“哈他”不在文字，而在道理；以东土语言祈祷“无不准之理”；“圣训”中有喜“吨丫”（指俗世）者为“哈他”，难道西域（指境外）无一人喜“吨丫”；“吾教学人，读一句西域经典，必以一句汉言译之，不免互用，既然禁人，何不自禁”；甚至提出“此后登坛说法，再不可用汉字讲解”。参见《希真正答》第 284 页。

“小经”（“消经”“狭经”）的发展。[①] 所谓“小经”，即以阿拉伯文字母拼写日常用语。这方便了那些不识汉文的经师（或经生）笔记学习经籍含义的心得，甚至用以信函交流。随着学习汉语文的发展，汉文著述的不断涌现，经学派的影响逐渐消失。

其三，借鉴语词概念。

在宗教中国化过程中，为保留其外来阿拉伯文（或波斯文）经籍的内涵，如何既借助汉文的语词（如性、理、气、象、形、色、妙、道、德、心、命、仁、义、礼、智、信等）、概念（如三纲五常、修齐治平、无极太极、礼仪四象、阴阳五行、真一主宰等），又不得不创相关语词（如数一、体一、教乘、道乘、真乘、造化、化生、本来、本然等），翻译、解说其行文，此乃汉文著述的一项重要的转化工作；亦即所谓的“以儒诠经”。在此过程中，不得不吸纳中国传统文化以表述其伊斯兰思想，以便于“附儒以行”。

汉文著述既非外来伊斯兰经籍原封不动的复述，亦非中国传统文化单纯的再现，而是具有中国与伊斯兰双重品格、双重特色的思想和文化的融合。或者说，与外部输入的、原初的伊斯兰思想相比较，已有所发展、变化。它不是量的简单增添，其内核中已有新质的补充，成为宗教中国化的重要表现形式和重要成果。

其四，苏非主义影响。

基于外来经籍的内涵，苏非主义在汉文著述中具有相当影响。例如，经堂教育有13种到14种阿拉伯文和波斯文读本，[②] 其中，苏非主义著作占有三分之一。[③] 经堂教育之外输入的经籍，同样不乏苏非主义的内容。由经堂教育培养出来的阿訇、经师，在阅读经堂教材之外的经籍时，都不可避免地受到苏非主义影响，从而在汉文著述中有所反映。20世纪80年代，笔者曾有《苏非派与汉文伊斯兰教著述》[④] 论及其影响，这里不再赘述。

三　汉文著述的基本内容

根据《清真大典》所辑25册，它分为17个领域，[⑤] 约有200部（或篇）被视为重要的汉文著述。就17个领域而言，除了有关天方医药、史地记载、家谱方志等著述外，大多为宗教性的著述。这类著述可分为以下两类。

其一，宣教性著述。

这类著述涉及经籍、圣训、教法、礼仪、伦理等方面的内容。其中，既有宣教布道的通俗性作品，也有重视义理表述的作品。

如刘智的《五功释义》有63章，约15000字，每章行文不长。“心性第六章”将心性与“五德”联系起来，它说：“性分之内，复有五德焉。仁也、义也、礼也、智也、信也。五者所以公平世者也。心分之内，有五德焉。喜也、怒也、爱也、恶也、欲也。五者所以存乎已者也。知分之内，有五德焉。忆也、记也、悟也、筹也、运也。五者所以用乎

① 作为一种拼音文字“小经”不同于“大经”（或经籍）。

② 经堂教育的13种到14种读本中，阿拉伯文字法4种、教法1种、经注2种、教义1种；波斯文圣训2种，文学、经注、功修、教义各1种。

③ 如《米尔撒德》（《归真要道》）、《额慎而亭勒默阿忒》（《昭元秘诀》）、《真境花园》、40段“圣训”注释。

④ 金宜久：《苏非派与汉文伊斯兰教著述》，《世界宗教研究》1983年第2期。

⑤ 它包括《古兰经》、先知传记、圣训、教法、礼仪制度、教义著译、启蒙浅说、修道原理、赞词歌诀、杂学常识、小经文献、释疑指迷、卫道论辩、天方医药、史地记载、家谱方志、碑铭寺志。

世者也。”它对“五功”（念、礼、斋、课、朝）分别从仪、法、义、理、证五个方面阐释其义理，形成25章。“法象第五十三章”言及“五功”时说：“五功之理，具有阴阳，五功之道，充于天地，五功之事，见于人身。”①它阐释义理而不同于一般通俗性著述。

其二，哲理性著述。

这类著述涉及教义、教旨、功修、释疑等方面的内容。一般来说，这类作品大多具有其学理性，主要涉及的是性理学说和精神功修的义理。

笔者拟从这两类作品中，根据其所述学理及其与中国传统文化密切相关的“天”、三纲五常、修齐治平、无极太极等方面，介绍其相关内容。

伊斯兰教吸纳了志书关于“事天”“拜”“敬天”之说，詹应鹏虽对“天”的信仰，有“以天之名称主，非其天即主”之说。可是，清末马复初仍以320字的《祝天大赞》，颂“天”70次。

关于三纲五常，“三纲”通常指的是“君为臣纲，父为子纲，夫为妻纲”；“五常”指的是“五德”——“仁、义、礼、智、信”，或是“五典”——“父义、母慈、兄友、弟恭、子孝”。

王岱舆认可“三纲五常”，只是他从信仰出发，主张信主乃“三纲外之大纲，五伦外之大伦”。他说：

> 唯正教之五常，仁为感念真主之造化；义为代理真主之普施；礼为拜谢真主之恩慈；智为辨认真主之独一；信性全信真主之明命。其君臣、父子、夫妇、昆弟、朋友之道，皆自此源而发，莫不互有所归焉。（《希真正答》）

他还在《正教真诠》中强调夫妇在“三纲五常”中的重要地位。他说：

> 三纲五常，亘古不息，莫不由夫妇而立。（“夫妇”）

马注的《清真指南》同样肯定夫妇的重要地位，并以“三纲五伦”替代“三纲五常”。他说：

> 有男女而后有夫妇，有夫妇而后有父子，有父子而后有兄弟，有兄弟而后有君臣，有君臣而后有朋友……五伦生焉。
>
> 五伦既生，又使之君令臣行，父令子顺，夫令妇从……三纲立矣。
>
> 三纲既立，故为臣则教以忠，为子则教以孝，为弟则教以恭，为妻则教以敬，为友则教以信……（“独慈”）

他还以“认、礼、斋、济、游”表述“五常”，以有别于王岱舆的“念、施、戒、拜、聚”的“五常”。其实，王、马的“五常”，亦即当今所说的“五功”，只是表述形式不同而已。

“修身、齐家、治国、平天下”，简称为“修齐治平”。张中的《归真总义》已把

① （清）刘智：《五功释义》。

“齐家、治国、平天下”与个人修身、归真联系起来。

王岱舆的《正教真诠》讲：“若夫孔孟之道，修身、齐家、治国与吾教同，予焉敢妄议其是非哉！”他还分别提出“齐家治国，忠孝而已”，“明心可以见性，修身可以治国”，“认己修身，忠君事亲，处夫妇，交朋友，治国齐家，莫不由是本而发”。[①] 他在《清真大学》中甚至以明明德、真知、知己、心正、意诚、舌定与身修、家齐、国治联系起来，表述其思想。[②] 他之所以回避“平天下”，可能认为此非人所能为。

马复初在《清真指南》中明确提出：

> 此清真之至理也。至理不察，则德无能明；德无能明，则身不能修；身不能修，则家不能齐；家不能齐，则国不能治；国不能治，则天下不能平。盖天下闻此德也。（“察理”）

无极太极是汉文著述言及真主造化万有应用的语词概念。王岱舆在《正教真诠》中说：

> 经云：“未有天地万物时，首先造化至圣之本来。”即所谓无极也。无极之显，是为太极，太极之体，无极之用也。真主运无极而开众妙之门，化生天地万物，皆无极之余光，然其本体的无亏欠。（“真圣”）大哉无极，乃夫妇之始，太极乃万象之原。是故无极显性命……太极成两仪，非两仪则无天地。无极之始，太极之原……夫人为万物之灵，其是义也。人极者，体无极之理，继太极之用，化而为夫妇，非夫妇则无君臣父子。（“夫妇”）

马复初在《四典要会》中说：

> 理世所有之理，象世所有之象（像——引者注），一皆出于真一之化生。即万理之原（所谓无极是也），万象之宗（所谓太极是也），亦莫不须其造化而有也。（卷一信源六箴·真一第一箴）

上引王岱舆、马注、马复初等人的汉文著述中所述内容，虽然涉及的是源自境外的伊斯兰思想，但他们通过引用、借鉴、加工、改造后，使伊斯兰思想与中国传统文化达到有机的融合，已成为中华思想宝库和传统文化领域的一个重要组成部分。

四　汉文著述的学术贡献

汉文著述开创了伊斯兰思想与中国传统文化的融合，这是伊斯兰教中国化不能不首先提及的，在学术上也是值得重视的。

当年分别为王岱舆、马注、刘智与马复初之著述撰序者，已经认可他们的著述与中国

① （明）王岱舆：《正教真诠》“问答纪言”“真心”“正学”“真忠”，9、59、78、88。

② 参见（明）王岱舆《清真大学》“题纲”。

传统文化相融相合。

清顺治丁酉（1657）何汉敬肯定王岱舆《正教真诠》所述。他说："独清真一教，其说本于天，而理宗于一，与吾儒大相表里。"①

康熙戊子（1708）徐元正为刘智《天方性理》所撰序说："天方去中国数万里，衣冠异制，语言文字不同形声，而言性理恰与吾儒合……是书之作也，虽以阐发天方，实以光大吾儒曀。"②

光绪十一年（1885）马锡蕃为重刊马注《清真指南》撰序说："甚矣！儒之有裨于回也。吾人生长西方，去中华数万里，习尚不同，文字亦异，自唐时来此，而宋、而元、而明、而本朝，皆与汉民共安生业，而蕃育其子孙。清真之教，绵绵延延……实赖有通经、通儒之士，如王岱舆、刘介廉（刘智——引者注）两先生作《真诠》、著《性》《典》，以中国文字译西方经旨，使孔子之教与穆罕默德之教若符合，无少异。书出，人始知回非异端，且可以言真儒。"③

咸丰八年（1858）吴存义为马复初《四典会义》所撰序说"复初先生著《幽明释义》一卷，皆言明心见性、存养省察之功，以求尽人合天，尽幽明之理……其言则朴实简质；其道则君臣、父子、夫妇、昆弟、朋友；其义则孝弟忠信、睦姻任恤；其造极则穷理、尽性、至命……则不悖于西方圣人之教，即并不悖于中国圣人之教。"④

在伊斯兰教中国化方面，汉文著述不仅在表述上有可观的成果，而且在学理上也有所创新，显现出可喜的学术贡献。

例如，汉文著述创立了以"三一"（即"真一""数一""体一"）为主旨的中国伊斯兰哲学的思想体系。

王岱舆、刘智关于"三一"的思想主张，表面上，可以简略地概述如下：

真一→数一→体一→数一→真一

或者说，它显现为：

真一⇌数一⇌体一

从而形成来复升降的封闭的圆圈。

实际上，它的"三一"表述，构建了一个庞大的本体论、宇宙论（含宇宙起源论、宇宙演化论、人性论）、认识论的思想体系。

汉文著述关于大小世界的表述，极其形象地涉及人生活于天地之中的情境，同时，人又能认识天地万物。马注的《清真指南》说：

> 论色世，则天地为一大世界，而人居其中；论身世，则人为一大世界，而天地居其中……心能格万物之理，理得而物不染于心，所操者约，所应者广，所得者显，所知者微。（"格物"第 86 页）

马复初在《大化总归》中说：

---

① （明）王岱舆：《正教真诠》何汉敬"《正教真诠》叙"。

② （清）刘智：《天方性理》徐元正"序"。

③ （清）马注：《清真指南》马锡蕃"叙"。

④ （清）马复初：《四典要会》"吴存义序"。

> 人为天地所生，而人又能生天地。但天地之生人，生其象（像，下同——引者注）；人生天地，生其理。生其象者，人在天地中；觉人小而天地大。生其理者，天地在人中，觉人大而天地小。天地大以象，人大以理。其实，人之理，即包乎天地之理；天地之象，即寓乎人之象也。（上卷第10页）

这里说的“心”，无疑指的是人的思想；或者说，肯定人的思想具有无限的认识力，得以认识万有。

汉文著述以“真一”为认识的至上目的。王岱舆提出“有形者，以踪迹认；无形者，以动静认”外，还可以通过“万物之判断，当体之判断，教道之判断”① 认识“真一”、认识万物。马注有着相同而更明确的主张，“有形者，以形认；无形者，以理认”，并通过体认—教道—认己②的手段认识“真一”、认识万物；值得提出的是，他还提出类似回忆、先验论式的“返照”认识手段。他在《清真指南》中说：

> 盖谓以妈纳（信仰——引者注）之光亮，是真主所赐之真光。谟民（即信者——引者注）认得真主，是以真主之光仍照真主（“因教”）
>
> 盖真经乃眼前之光，以妈纳乃心间之光，外光入则内光自显……（“补遗”）

在马注看来，信仰是光。人有了信仰，亦即有了明德，从而可从先天所受之光照，在“眼前之光”（外光或经籍）的引导下，使“心间之光”（内光）得以“返照”信仰之真光。

体—用是中国传统哲学的一对重要范畴。它说的是体、用密不可分。有“体”必有“用”，“体”中有“用’；“用”寓于“体’，“用”乃“体”之“用”。汉文著述在接受体—用关系之说时，同样有所发展。刘智同王岱舆一样，他有如下的表述。他说：

> 冥冥不可得而见之中，有真一焉。万有之主宰也。其寂然无着者，谓之曰体；其觉照无遗者，谓之曰用；其分数不爽者，谓之曰为。故称三品焉。用起于体，为起于用。是为由内而达外之叙。为不离用，用不离体，是为异名而同实之精。后此万有不齐之物，皆此异名同实者所显著也。（《天方性理》卷五真一）

这是说，他在体—用关系上，增加了“为”；他使“用”的功能、作为予以显示，从而形成“真一”的体—用—为关系（或模式）。

马注在接受体—用关系时，又有所不同。他认为“体”有其“本为”和“作为”，“用”即“体”的作为；同样的“用”既有“本为”，同时又有其“作为”，其“作为”即“为”。从而在体—用关系上形成如下关系（或模式）：即

马注的上述模式，可以理解为它继续沿袭了传统的体—用模式，即体—体用—用；也可理解为由体而用，由用而为，同于刘智的体—用—为模式。不管哪种模式，都是对中国传统哲学的体—用关系的发展或增添。

---

① （明）王岱舆：《希真正答》，《正教真诠》“真一”。

② （清）马注：《清真指南》（卷之四）“认主”、（卷之二）“体认”、（卷之九）“认己”。

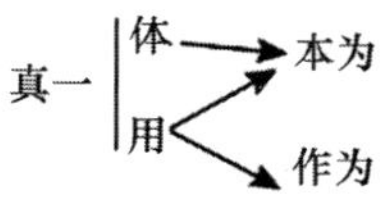

总之，伊斯兰教是在幅员广阔、民族众多的中国流传的。明清开创的汉文著述，所显现的中国化，完全符合宗教坚持中国化方向的走向，也是伊斯兰教与社会主义社会相适应的必由之路。那种所谓的要“阿拉伯化”“非中国化”的杂音，不管从什么地方、什么民族中冒出来，都是不利于宗教自我的发展的，应予以坚决反对。

（原文发表于《世界宗教研究》2017 年第 6 期）

日本神道文化及其力量

周永生*

摘　要：本文从神道教形成的视角来考察神道教文化软力量起源，认为日本神道教的特征、神道教的发展历史与神道教力量的发挥密切相关。文章从六个方面概括总结了神道教文化的力量，包括众多信众的追捧，丰富了民众的生活，加强了社会和国家的组织力、向心力和凝聚力，增进了集团和地区的团结，并对现实社会发挥影响等。但是，它也有很多不足之处，尤其是在价值观与思想体系的完整性上，无法和佛教这样的世界性宗教相比拟，因此容易被右翼势力所利用。

关键词：日本　神道　文化　神社　宗教　软实力

神道教亦称神道，是日本固有的本土宗教，它起源于日本先民的原始自然崇拜，后来在吸收了中国道家、儒家的伦理道德观念和佛教某些思想的基础上，逐步形成了比较完整的宗教体系。神道教是集神话崇拜、自然崇拜、天皇崇拜、祖先崇拜于一体的日本本土宗教，也是最能够代表日本特色的宗教。神道教崇拜对象十分广泛，既包括传说中的天神，也包括历史上的名人和祖先，还包括山岳河川、一草一木等，所谓“八百万神”。神道教教派众多，大致可分为神社神道、教派神道、民俗神道三大系统。其中，神社神道在近代成为主流，以神社或神宫为祭祀和日常活动的地方，神职人员统称为“神职”“神官”等，也有“神主”“祠官”“宫司”“祢宜”等不同的称谓。按照《辞海》关于“文化”的解释：“从广义来说，指人类社会历史实践过程中所创造的物质财富和精神财富的总和。”① 那么，由此可以推知，所谓神道文化就是有关于神道物质和精神的总和。它包括精神、器物、制度和行为四个层次。以神道教为核心的神道文化是日本传统文化中最核心的部分，也是日本传统文化中比较能够彰显并具备力量的文化。

日本神道教的形成、特征及其发展的历史与神道教力量的发挥密切相关。因此，我们既要考察和研究其历史渊源和现实存在，也要以此来揭示神道文化的独特力量性和现实影响。研究神道文化的力量性，对于我们理解大和民族的个性和软实力，认识日本人的行为方式原因和日本国家政策的根源、日本国家的内在力量，都具有现实的参考价值和意义。

一　神道教的起源和传说

公元前 3 世纪至公元 3 世纪是日本的弥生时代。弥生时代是日本原始社会开始逐渐向

---

* 周永生，中国外交学院国际关系研究所教授、博导，日本研究中心副主任。

① 《辞海》，上海辞书出版社 1980 年版，第 1533 页。

封建阶级社会过渡的时期，从使用石器开始过渡到使用铜器和铁器，水稻生产日渐扩展。到弥生时代后期，普遍有了以种植水稻为主的农业。这一时期，日本先民基于对大自然威力的敬畏和万物有灵的观念，盛行对天地神灵、山川风雨等自然精灵和祖先神灵的崇拜与祭祀。这就是神道的原始形态。此后，至7世纪是所谓古坟时期，随着与中国、朝鲜半岛交往频繁，深受大陆文化的影响，日本列岛的先民从部落联盟过渡到早期的国家，原始崇拜的内容日渐丰富，逐渐发展起来的农耕仪式和节日庆典也成为原始神道的组成部分。到了7世纪，分散的本土信仰和仪式逐渐开始系统化，形成古代早期的神道教。对自然神的崇拜涉及方方面面，“神”能够在自然和生活中以多种形式显现。如认为“自然神”存在于圣石、树木、山岳和其他自然事物中；部落神或称氏神，是某个特定部落的保护神也受到人们的崇拜，它和一般民族古代先民的图腾崇拜相似，也经常以被神化了的部落祖先为崇拜和祭祀对象，部落成员受到其佑护。稻荷神是水稻神，或保佑丰收的神灵，在插秧和收获季节进行祭祀和崇拜。生神，是活着的人的神。还有很多古代先民传说中天界的各种大神。

但是，到了7世纪中叶的时候，由于大化改新以后圣德太子执政，中国大陆的文化和佛教等开始大量传入日本社会，面对佛教博大精深的理论，日本本土原始宗教信仰处于衰落和依附于佛教的状态。到了8世纪初，由于豪强大量兼并土地，虚设户口，隐瞒大量土地，致使口分田日益缺乏，中央政府已经无法再向农民分发口分田，班田制度已趋于瓦解，中央集权逐渐遭到削弱，贵族势力开始崛起。在这种情况下，日本统治阶级上层希望通过加强本土的宗教信仰来提高皇权的威望。通过发展本土的原始信仰来有别于全盘接收的大陆文化和宗教，而主张有自己独特的文化，出现了民族主义的动向。[①] 在这种背景下，8世纪初，元明天皇时期，天皇敕命安万侣根据稗田阿礼背诵的帝记、旧辞等，整理和归纳日本古代先民的神话传说和天皇的家事系统，以汉文撰写《古事记》。该书于日本和铜四年（711）阴历九月十八日开始撰写，和铜五年（712）阴历一月二十八日写成献给天皇。上卷为“神代”（神世列代），记载开天辟地至神武天皇诞生，其中包括天地初开、国土生成、天照大神、天岩户屋、大国主命献让国土及天孙降临等神话；中卷记载神武天皇到应神天皇的家谱事迹和传说；下卷记载仁德天皇到推古天皇的家谱事迹和种种传说。这是一部集民间神话传说、历史和文学色彩于一体的日本古代著作。接着不久，元正天皇养老四年（720）命舍人亲王太安麻吕等以汉文写成《日本纪》，共三十卷，后改名为《日本书纪》。第一卷、第二卷是神代，第三卷至第三十卷记载从神武天皇到持统天皇的历史传说和史实。这部书籍和《古事记》一样，将日本先民的古代传说加以整理并系统化，记载了神话传说中的天神如何创造日本列岛，将天皇血统追溯到传说时代，并和天神的血统衔接起来，表明天皇来自于上天神的血统等的故事。

这两部书籍的内容将神话传说和日本列岛的产生结合起来，贯穿着“日本神国，天孙国主”，先天优越的思想，显示出日本列岛乃神创之国，将皇室血统与天神的血统相结合。除了这两部古书以外，《风土记》《万叶集》《古语拾遗》《先代旧事本纪》《祝词》[②]等日本古籍中，也都有相关的记述。《古事记》上卷中关于日本列岛的由来这样记述：伊耶那岐命（伊奘诺尊）、伊耶那美命（伊奘冉尊）二神接受天神的命令，把漂浮海上的大

---

① ［日］末木文美士：《日本宗教史》，岩波书店2006年版，第15页。

② ［日］诹访春雄：《日本王権神話と中国南方神話》，角川书店1988年版，第10页。

地固定下来。两人站在天浮桥，以天神所赐琼矛深入海中搅拌，海水发出声响，矛提起时，矛尖滴下的水凝聚成岛，称为淤能碁吕岛。[①] 以后兄妹二人结婚，生下了狭别岛（现在的淡路岛，今兵库县）。其次生伊予二名岛，就是现在的四国，这孩子有一个身体，但有四个头，就是伊予国（爱媛县）、赞岐国（香川县）、粟国（后来称为阿波国，亦即今日的德岛县）、土左国（后来的土佐国，即高知县）等。[②] 就这样，共生下八大岛，也就是日本列岛的原型。这种由天神生出日本列岛的说法，显然已经无形中抬高了日本国家的地位，奠定了日本为神国优越的基础。居住于天之岩户的天照大御神为了统治苇原中国——日本列岛，先派神夺取并平定了这个地方，然后，与高木神命令皇孙降此地统治。在日本神话中，日本天皇家族与天神系统的对接如下：伊耶那岐命（伊奘诺尊）和伊耶那美命（伊奘冉尊）—天照大神—天之忍穗耳命，天之忍穗耳命和万幡丰秋津师比卖命—迩迩芸命，迩迩芸命和木花开耶媛命—日子穗穗手见命，日子穗穗手见命和丰玉昆卖命—鹈茸草不合命，鹈茸草不合命和玉衣昆卖命—神武天皇。[③] 日本学者对此评论说："记纪神话是由古代天皇制国家之手集成的露骨的政治神话……它建立了大和朝廷统治全国的宗教根据。"[④] 这种描述，使皇室在日本列岛的统治具有了君命天授的合法性与正统性，在某种意义上，奠定了日本天皇家族统治万世一系的意识形态基础。《日本书纪》的记载和《古事记》的记载虽然有些出入，但内容大体相仿。而这些有关"建国神话"[⑤]的内容，恰恰成为日本神道教的核心内容与学说。这种以日本国为神创国家、以神的后代皇室为核心的神道教传说和文化，从此奠定了神道教与皇权，以及日本国家关系的基础，也成为日本神道教精神力量的重要源泉。从这种意义上来说，日本的神道教是大和民族所特有的民族性的宗教，它的神话传说是日本国家软实力重要的文化源头。

二　神道教的特征与国家神道的兴衰

日本神道教是一个没有经卷，没有系统教义，没有开山宗主和教主，没有戒律的宗教。它重视的是仪礼、祭祀和对神的祷告。如果硬要说神道教有什么教义或主张的话，除了来自于神话传说的部分以外，其学说杂合了佛教、儒家思想等多种不同的思想。强调"建立明、净、直等单纯的道德观"。[⑥] 即使在最原始的《古事记》和《日本书纪》的神话记载中，其实也包含了外来文化的影响，如佛家思想和中国道家、儒家思想的影响。其中，关于宇宙起源的思想就和道家关于宇宙最初为无极，无极生太极，太极生两仪等的认识非常相似。《日本书纪》开篇即言："古天地未剖，阴阳不分，混沌如鸡子，溟幸而含

---

① ［日］安万侣：《古事记》，周作人译，中国对外翻译出版公司 2001 年版，第 4 页。

② ［日］安万侣：《古事记》，周作人译，中国对外翻译出版公司 2001 年版，第 5 页。［日］高森明勅：《はじめて読む"日本神話"》，展転社 1983 年版，第 46 页。

③ ［日］歴史の謎を探る会编：《日本の三大宗教》，河出书房 2005 年版，第 179 页。神武天皇以上是一级神生一级神的关系，到神武天皇则变为神生出人，神武天皇是传说中的第一代天皇。

④ ［日］村上重良：《国家神道》，岩波书店 1976 年版，第 27 页。所谓"记纪神话"，就是指《古事记》和《日本书纪》中记载的神话。"记"，指《古事记》，"纪"，指《日本书纪》。

⑤ ［日］歴史の謎を探る会编：《日本の三大宗教》，河出书房 2005 年版，第 62 页。

⑥ ［日］村上重良：《国家神道》，岩波书店 1976 年版，第 37 页。

牙。及其清阴者薄靡而为天，重浊者淹滞而为地，精妙之合搏易，重浊之凝碣难。故天先成而地后定，然后神圣生其中焉。”① 这种看法和道家关于宇宙、天地形成的思想完全一致，说明其中包含有浓厚的道家的思想。但即使这样，也不能否定神道教是大和民族特有宗教的性质。原因主要有五个方面。

（1）民族宗教没有超越现实世界的教理，而是和民族地理、民族的历史文化密切关联。② 神道教从产生，到以后的演变，正是一个与大和民族的地理、历史文化联系密切的宗教。如神道教中关于日本民族作为天照大神子孙的由来，日本列岛的形成等。

（2）民族宗教没有特定的开山祖师，一般都是在自然的地域生活中产生，比起特定的教理，更重视仪礼和祭祀。③ 神道教没有像佛教、基督教那样作为先知一样的创始宗师，而是在漫长的地域生活中逐步形成，在这一过程中，对大自然的敬畏和因此而产生的崇拜、祭祀活动等发挥了重要的推动作用。

（3）民族宗教普遍重视共同体的利益，比起个人的救度，共同体的利益处于优先地位。为了共同体的利益可以把本民族的成员作为牺牲奉献给神明。④ 神道教十分重视地域和集团的利益，在对个人的救度方面，几乎没有什么十分明确的主张，这远远无法与佛教或基督教等世界性的宗教相比。

（4）“民族宗教以现实世界的利益为目的的倾向很强。这种利益不只是保佑商业繁荣的现实利益，还包括要逃避或镇住台风、地震、日照等自然灾害的现实利益。”⑤ 这也体现了日本神道教政治力量的根本，即利用宗教的消灾、祈祷、祈福等手段，服务于大和民族和日本国家及其所属地区和民众的现实利益。在这种维护现实利益的过程中，也加强了自身的社会地位和作用。

（5）民族宗教的领导人，多数是集宗教、政治、军事等大权于一身的领导人。⑥ 神道教在古代和近代也具有这方面明显的特征。天皇作为国家政治的最高首领，代表了神在人间的统治，具有神格地位。比如明治天皇、昭和天皇不仅集国家大权于一身，而且，还被当作“现人神”受到崇拜，他们都是这种典型的领导人。民族宗教的这些特征，正是民族宗教更具有现实力量的原因所在。日本神道教也具备这些方面的特征，更能显示其对于日本国家和大和民族的力量作用所在，是日本力量的一种源泉。

明治维新以后，日本政府开始推行国家神道政策。1868 年 1 月，明治维新政府在三职之下设置的七科之中包括“神祇事务科”。同年 2 月，七科体制转为八局，“神祇事务科”改为“神祇事务局”。同年 4 月，又改称“神祇官”，地位进一步提高。次年 7 月，“神祇官”升为与太政官平级的地位。1869 年 6 月 28 日，明治天皇举行亲祭仪式，宣布：“祭政一致，皇道兴隆”的方针。⑦ 明治政府不仅将神道教纳入国家管理的范围，而且，开始了国家神道的政策，使日本成为某种意义上政教合一的国家。1870 年 2 月 2 日，明

① ［日］太安麻吕编：《日本书记》卷第一“神代上”第一段本文。

② ［日］歴史の謎を探る会编：《日本の三大宗教》，河出书房 2005 年版，第 66 页。

③ ［日］歴史の謎を探る会编：《日本の三大宗教》，河出书房 2005 年版，第 66 页。

④ ［日］歴史の謎を探る会编：《日本の三大宗教》，河出书房 2005 年版，第 66 页。

⑤ ［日］歴史の謎を探る会编：《日本の三大宗教》，河出书房 2005 年版，第 66 页。

⑥ ［日］歴史の謎を探る会编：《日本の三大宗教》，河出书房 2005 年版，第 66 页。

⑦ ［日］大黑学：《国家神道の基礎知識》（PDF）第 8 页，tutorial. jp/thought/koshi/koshiki. pdf.（阅读时间：2016 年 10 月 12 日）

治天皇向国民颁布《大教诏》:“朕恭维天神、天祖立极垂统,列皇相乘,记之述之。祭政一致,亿兆同心,治教明于上,风俗美于下。而中世以降,时有汙隆,道有显晦。兹者天运循环,百度维新。宜明治教,以宣扬惟神之大道也。因此,新命宣教使,布教于天下。汝群臣众庶,其体斯旨。”① 1871 年 8 月,明治政府将“神祇官”降格为省,置于太政官管辖之下。1872 年 3 月,废除神祇省,改设教部省,任命神官、僧侣充任教导职。同年 4 月,发布了三条教宪:一、以敬神爱国为本;二、明天理人道之事;三、奉戴皇上,遵守朝旨。② 以此作为国家神道的宗旨。但是,由于森有礼等一些知名人士和佛教僧侣的反对,教部省于明治十年(1877)被废。明治政府的政策向既独尊神道,又实行宗教自由、布教自由的方向转换。通过明治初期扶植国家神道、整合神社的政策,这时日本建立了以伊势神宫为首的神社体系,并在意识形态上以神道宣扬的神话教义为根据,确立了天皇作为现人神的宗教权威。

1889 年(明治二十二年)2 月 11 日,明治政府公布日本君主立宪制的首部宪法《大日本帝国宪法》(“明治宪法”),并于 1890 年(明治二十三年)11 月 29 日施行,标志着国家神道的确立。在发布明治宪法的同时,明治政府公布天皇《告文》:“皇宗之神灵曰,皇朕天壤无穷之宏漠,承继惟神之宝祚,保持旧图不敢失坠,宜膺世运之发展,随人文之发达。”③ 在“明治宪法”中规定:“第一条 大日本帝国,由万世一系之天皇统治之。”“第三条 天皇神圣不可侵犯。”“第二十八条 日本臣民在不妨碍安宁秩序,不违背臣民义务下,有信教之自由。”④ 从《告文》和“明治宪法”中有关的宗旨和宗教规定内容中我们可以看到,明治政府虽在形式上允许宗教自由,但在实质上仍然保留了国家神道的主导地位。因为《告文》本身就属于神道仪式中的一种形式,而宪法第一条“大日本帝国,由万世一系之天皇统治之”,即是国家神道历史观中的核心内容。而第三条“天皇神圣不可侵犯”规定的背后,本质上也蕴含了神道教中天照大御神派遣自己的后代子孙降临人间进行统治的宗教信条。因此,“明治宪法”无形中进一步巩固了神道教在日本宗教和文化中的主导与核心地位。最根本的原因在于神道教的学说赋予了天皇政权无与伦比的神圣地位,有利于皇权的统治。第二次世界大战期间,以靖国神社为代表的国家神道,利用神道中的思想和仪式等形式,积极鼓动和参与有关对外侵略战争的活动,靖国神社主张“为国家捐躯,为天皇战死”,然后,将战死的军人当成靖国之神祭祀在这里,再由天皇前往参拜。⑤ 国家神道达到了前所未有的繁盛。

最能体现国家神道精神实质的文件,莫过于在明治初年神祇官体制下成立的神祇院 1944 年发行的《神社本义》。其中阐述的国家神道教义:“惟大日本帝国,乃皇祖天照大神肇造之国,其神裔万世一系之天皇,承皇祖神敕,自远古至永世而为治。此乃万邦无比

① [日]村上重良:《国家神道》,岩波书店 1976 年版,第 93 页。

② [日]大黑学:《国家神道の基礎知識》(PDF)第 9 页,tutorial. jp/thought/koshi/koshiki. pdf.(阅读时间:2016 年 10 月 12 日)

③ [日]《大日本帝国宪法》“告文”,日本法库网,http://www. houko. com/00/01/M22/000. HTM.(阅读时间:2016 年 10 月 12 日)

④ [日]《大日本帝国宪法》,日本法库网,http://www. houko. com/00/01/M22/000. HTM.(阅读时间:2016 年 10 月 12 日)

⑤ 《靖国神社是战争动员装置——访日哲学家高桥哲哉》,http://www. ce. cn/xwzx/mil/junmore/200608/21/t20060821_8213313. shtml.(阅读时间:2016 年 10 月 12 日)

之我国之国体。……历代天皇与皇祖常为一体，以现世之神统御世间，垂宏大无边之圣德，国民浴此仁慈皇恩，亿兆一心，奉圣旨，继祖志，奉戴历代天皇，发挥忠孝之美德，形成君民一致，无与伦比之一大家族国家，延续无穷不绝之国家生命，蓬勃发展。此乃我国体之精华。基于此万世不易之国体，肇自太古，通于无穷，施之中外而不悖之道者，乃此惟神之大道也。然以最庄严尊贵之姿体现此惟神大道者，惟有神社。以伊势神宫为首，坐镇各地之神社，乃是显现我尊严国体，永久镇护皇国者也。"①

神道教这种受尊崇的地位直到 1945 年日本战败后才发生改变。1945 年 12 月 15 日，联合国军总司令部为了排除日本国内的军国主义，向日本政府发出"神道指令"备忘录，强调，"应禁止对国家神道以及神社神道的保障、支援、保全、监督和宣传"。② 从此，神道教的地位受到了沉重打击。1947 年 5 月 3 日起，战后的"和平宪法"《日本国宪法》开始实施。其中第 20 条规定：（1）对任何人的信教自由都给予保障。任何宗教团体都不得从国家接受特权或行使政治上的权利。（2）对任何人都不得强制其参加宗教上的行为、庆祝典礼、仪式或活动。（3）国家及其机关都不得进行宗教教育以及其他任何宗教活动。③ 根据《日本国宪法》的规定和"神道指令"，文部省于 1948 年 7 月发布"教科书局长通知"，全面禁止国立、公立中小学主办参观神社寺庙教会等学生集体活动。1949 年 10 月，文部省发布"关于中小学教育对宗教的处理办法"的事务次官通知，禁止以"礼拜目的"、但允许在修学旅游中以"了解文化为目的"，对神社寺庙等宗教设施进行参观。可通知特别说明，"学校不能组织学生参观供奉战死者的靖国神社和护国神社"。④ 在这种政令和法律的制约下，国家神道被彻底废止。日本神道教和其他宗教一样，在法律上处于平等的地位。

日本神道教的特征、神道教发展的历史与神道教力量的发挥密切相关。凡是在神道教昌盛的历史时期，神道教往往能够深入地参与社会生活和国家政治，神道教的精神力量就容易传递给民众和国家，就容易给民众和国家打上深刻的神道文化烙印，尽管这种文化烙印表现出各种不同的形态，在性质上也不尽相同。有些时期发挥的力量比较正面，如明治维新初期对于明治政权的支持和维护；有的时期则比较负面，如在第二次世界大战中对侵略战争的支持。因此，对于神道教的力量性不能一概而论，而要加以具体分析。

三　神道教文化的力量

日本神道文化是日本传统文化的核心，也是最具有力量性的一种文化，它的力量性主要表现在对日本人、日本社会、日本国家的作用方面。而且，最能显示神道力量性的方面主要还不是对日本人个人的作用，而是对日本社会和日本国家的作用。当然，这并不等于否定其对个人作用的重要性，因为对个人的作用必然是对社会与国家发生作用的基础，但

① ［日］村上重良：《国家神道と民衆宗教》，吉川弘文馆 2006 年版，第 44 页。

② 《日本政府解除中小学集体参拜靖国神社禁令》，http：//news. sohu. com/20080401/n256036138. shtml.（阅读时间：2016 年 10 月 12 日）

③ ［日］《日本国宪法》，日本法库网，http：//www. houko. com/00/01/S21/000. HTM.（阅读时间：2016 年 10 月 12 日）

④ 《日本政府解除中小学集体参拜靖国神社禁令》，http：//news. sohu. com/20080401/n256036138. shtml.（阅读时间：2016 年 10 月 12 日）

在表现层面上的确存在一些差别。日本神道教文化的力量主要包括以下七个方面。

（一）神道教是日本人最普遍的信仰，它渗透到了日本人生活的方方面面，体现了数量的力量和同质信仰凝聚的力量

根据日本文化厅的统计，在2005年12月31日，神道教作为日本的第一大宗教信仰人数为107，247，522人①，而日本的总人口数在2008年10月1日为125，988，000人②，神道教信众占日本人口总数的85%左右。这样一个拥有广泛信众基础的宗教不能不说具有雄厚的群众基础和实力。同时，神道贯穿于日本民众的日常生活之中。在日本，每到新年的时候，儿乎所有的日本人都要去神社祈福，以求得神灵庇佑。小孩出生后30—100天内，父母会抱着婴儿参拜神社。在儿童3、5、7岁的11月15日的三五七节，要穿上漂亮的和服参拜神社。日本人在遇到人生大事的时候，升学、结婚、晋级等，一般都要到神社祈祷，然后，把自己的心愿写在绘马③上，祈求神佑实现心愿。而且，由于一般的神社都设置在居民区中，神社里面又有相对宽敞的庭院或小广场之类的地方，因此，神社也往往成为社区居民举行社区活动的场所，从而加强了神社文化在居民中的凝聚力。

（二）神道教将日本国土、山川草木的形成和天神的创造紧密联系在一起，加强了日本民众爱国家意识中的爱国土情结

在神道教的教义中，将日本列岛的由来看作是伊耶那岐命、伊耶那美命二神接受天神的命令生产的结果，连山川草木也都由神而创造。这样的观念不仅容易培养爱国心中强烈的热爱国土之心，而且，容易培养起来对其他国家先天的优越感，即日本国乃神造之国的认识。这种思想带来了日本人国家观念中的极端自信，对于加强大和民族以地理性的国土为核心的凝聚力具有深远的意义。当然，这种观念也有负面作用，就是因为对自己国土有神创优越感，而蔑视其他国家和民族。其极端的负面作用是，在对外侵略战争中，这种意识深处对其他国家和民族的蔑视心理助长了其发动侵略战争错误政策的制定。

（三）神道教的仪礼和祭祀活动起到了联络群众、团结人心、树立社区核心的凝聚作用

除了神话传说的部分以外，神道教很少有超越现实世界的理论，但神道教的祭祀活动却很多。按照神道教的仪轨，神社每年都要举行若干场大规模的祭祀活动。日本全国作为法人登记的神社达81，166个④，因此，日本各地神社的祭祀活动长年不断。一些著名的神社和著名的祭祀活动不仅能吸引大量的本地人参加，往往也有全国各地的人士远道赶来参加。在日本三重县伊势市供奉天皇祖先天照大神的伊势神宫，每年各种规模不等的祭祀就有约1,600次。其中，6月和12月的"月次祭"以及10月的"神尝祭"是三次大型的

---

① ［日］文化厅：《全国社寺教会等宗教团体·教師·信者数》，日本文化厅网，http：//www. mext. go. jp/b_menu/toukei/001/index39/07031326/002. xls.（阅读时间：2016年10月12日）

② ［日］厚生劳动省：《人口動態総覧，前年比較》，日本厚生劳动省网站网，http：//www. mhlw. go. jp/toukei/saikin/hw/jinkou/suikei08/index. html.（阅读时间：2016年10月12日）

③ 许愿用的小木板，把心愿和祝福的话写在上面，挂在神社中绘马专用的木架上，以求神灵保佑实现愿望。

④ ［日］文化厅：《全国社寺教会等宗教团体·教師·信者数》，日本文化厅网，http：//www. mext. go. jp/b_menu/toukei/001/index39/07031326/002. xls.（阅读时间：2016年10月12日）

祭祀活动。这些祭祀活动形式质朴，主题一般是感谢天神的恩赐，并祈愿消病去灾，赐予五谷丰登、国泰民安等。这些祭祀一直延续着古代的祭祀形式。浅草神社的三社祭，是东京最大的传统祭祀庆典活动之一，祭典大约在每年的 5 月 15—18 日前后的周末举行。除了在神社内对神佛的祭祀仪式，感谢神恩浩荡，祈求五谷丰盛、生意兴隆以及社区与家庭的兴旺以外，还有社区组织抬神舆的巡街游行。几支不同的抬神舆队伍高呼着号子，在浅草寺四周来回游行。一个神舆重约二三百公斤，由一二十人、三四十人不等的人数一起抬着，再加上跟在其后，一起行进的队员，有几十人、几百人、甚至更多的人员参与。他们主要都是男性队员，也有个别女性参加。抬神舆的队员们穿着日本传统服装，齐声高喊“嘿”“嗬”“嘿”“嗬”的号子，身体有规律地和神舆一起上下起伏，神舆仿佛像一条漂动的小船，在壮观的人海中上下沉浮。每年都有来自各地数万人参加和观看，十分壮观。“三社祭”代表了“大和”精神，不仅参加者精神饱满，连旁观者也会受到感染而热血沸腾，和着号子节奏一起高呼。同时，有祭祀活动的时候，人们从各地云集而来，各种小摊、小吃沿街排开，各种表演掺杂其中，载歌载舞，有的神社还有流镝马（射箭竞技表演）等的项目。这些活动可以给人强烈的精神鼓舞和心灵震撼。其他著名的祭祀还有京都的祇园祭、神奈川县镰仓祭、岐阜县高山祭等，多的难以胜数。参加人数的规模少则数千，多则上万、数万，甚至更多。

这种祭祀活动意义绝不止于单纯的祭祀，而具有力量的意义，尤其是培养了日本民族的集团精神和集团意识，能够演化出巨大的力量。其价值和意义主要包括以下方面。

第一，这种多姿多彩的神道祭祀活动丰富了民众的文化生活，成为具有吸引力和人们向往的活动。产生了以神社为中心，加强社区团结力、凝聚力与向心力的效果。

第二，神社的大型祭祀活动都有严密的组织机制，形成以神社为中心，以社区为基础，强大的组织力量和集团力量。日本人之所以在世界上被称为最有组织纪律的群体，就和从小随着社区的组织，参与神社的祭祀活动的训练有关。

第三，祭祀活动除了核心的祭祀仪式以外，伴随有大量的小吃贩卖等商业活动和文化表演等活动，活跃了商业、文化氛围。祭祀活动带来了较大的经济效益，推动了地方经济、文化的发展。

第四，日本人在祭祀活动中那种对神的诚敬之心，有助于道德情感的升华；在那种抬神舆、推山车等众人参加祭祀的集体活动中焕发出来的热情，有助于增强人们的参与意识、自豪感，有助于鼓舞士气和干劲，迸发出平时受到压抑的力量。

（四）神道教以天皇的世系崇拜为核心，对于保持日本国家的凝聚力具有重大的意义

因为神道教将《古事记》和《日本书纪》中的神话当作可以确信的事实加以认可和宣传，所以，其中天照大神派后代子孙统治日本，天皇家族作为其后代在人间代表天照大神进行万世一系的统治，自然就具有了神圣的力量。这种情况不仅有助于维护作为日本国家象征的天皇地位，而且，在作为国家象征的君主地位十分稳固的情况下，对于保持整个国家的向心力、凝聚力和政治稳定，意义重大。日本政党和政坛的政治斗争风云变幻，相互之间的攻讦有时十分激烈，但却没有动摇国家的稳定，这和天皇地位的稳固有很大的关系。而天皇地位的稳固不仅仅因为战后“和平宪法”对天皇地位的规定，而且和神道教对天皇家族来源的神化认识和宣传有很大的关系。时至今日，日本的大多数国民仍然视神道教为精神的归宿，对皇室也心存崇敬。国民的这种思想意识对日本国家的长期稳定有正面影响，符合日本的历史和国情，符合统治阶级的长远利益。当然，就二战前的日本政治体制而言，这种神道教的认识和宣传，对于天皇制中没有制约的天皇统治权力而言，鼓励了其向极端的方向发展，而给日本国家的根本利益与世界和平带来了巨大的损害。这是神道教将自己国家的领导人——天皇赋予神格地位在历史上所造成的负面力量和效果，至今仍为日本一些右翼组织所利用。

（五）神道教重视地区集团的共同利益，带有很浓厚的地区宗教性质和区域集团凝聚力

神道教中以祈求得神灵庇护、消灾祈福等为主要活动内容。神道教进行消灾增福的仪礼活动很多都是为了增进本民族、本地区的福祉，以此来拉近和社区的关系，赢得地方民众的信任。这和重视个人救度的佛教等宗教存在客观效果上差异，也就是说具有明显的地域局限性，容易结成以某个地方为中心的地方利益集团。日本古代地方上的有权势者往往掌控地方神社，也因此形成以有权势者为核心的利益集团。神道教的神社往往为这种势力提供扶持和帮助。因此，神道教十分重视集团的利益，强调为了集团可以牺牲个人。这使日本社会以一个地域或一个地域的集团为核心，形成了不同的集团力量，多种不同的集团又组成了更大的集团——大和民族和日本国家。这种集团性的文化，一切以集团利益为优先考虑，为了集团利益不惜牺牲个人利益，使日本的各种集团具有很强的力量，从整个国家到普通居民社区，从一些全国性的组织到地方最基层的单位，形成一个层次包含一个层次，显示出强大的组织力，具有正面的积极意义。消极的作用是，由于日本的集团性往往都是首先服从个人所直接隶属的集团，在片面强调集团本位的时候，容易造成集团与集团之间的地方割据的力量。日本古代战国时的大名各自为政，就受到这种文化的影响。

（六）神道教重视现实利益，对于现实社会具有很强的影响力

神道教最初发源于日本古代先民的自然崇拜，在产生的时候，就是由于敬畏大自然无所不能的力量，而希望求得自然神的保护和赐予。因此，神道教一开始就是一种为了获得现实利益的宗教，而不像佛教、基督教那样对生命未来的去向给予终极的关怀。和佛教相比，神道教既没有高深的理论，也不重视彼岸世界，而是关注于现实。讲的是神人相互依存，未拉开距离，“神之御心乃以诚为主，发为清净正直之道”。[①] 只要在现实中能够说通，能够有用，都加以肯定和利用。因此，神道在原理上比较重视感觉和经验，而不重视超越现实的抽象理论或教义。这种文化精神赋予了日本人现实主义的精神，使他们不为抽象的理论和概念所束缚，勇于接受和承认现实的变化，哪怕这种变化已经将己方置于不利的地位。在这种情况下，宁可屈尊就下，也愿意向强者学习，以拿来主义的精神为自己所用。明治维新时期面对崛起的天皇力量，德川幕府在感知自己已经无力对抗的情况下，从容交权、让位。就当时德川幕府的实力而言，如果选择继续以武力对抗的政策不能说已经全无资本。但若果真这样对抗的话，不仅终究还要归于失败，而且，必然出现鱼死网破的局面。战后，日本明明知道美国对本国有约束和钳制的一面，但仍然长期执行追随美国的政策，这是在经过实力对比和利益大小权衡以后做出的现实选择。

2008 年 9 月 1 日，日本时任首相福田康夫发表电视讲话，宣布辞去首相职务。福田

---

① 李泽厚：《中日文化心理比较试说略稿》，http：//www. mitbbs. cn/article_t/RisingChina/3701409. html.

在记者会上表示，自己决定辞职是基于对未来政治环境的考虑，应该做出这个决定。[①] 的确，在福田首相的支持率越来越低，未来自民党在国会大选中面临得票危机的形势下，作为自民党总裁和首相的进退，考虑的不仅仅是个人利害得失，而更多的是要让自民党更有人气的领导人接替自己的职位，以便重振自民党的威信和实力，使自民党的施政措施得到更多国民的拥护和支持，从而顺利实施。这显然是福田辞职更深层的考虑，而不是一些人认为的软弱。这些都说明了神道教文化中现实主义精神的深远影响和作用。

（七）右翼势力利用神道凝聚人心，增强自身的力量；一些神道宗教人士也愿意与一些右翼政治势力相结合，既能够显达神道的力量，也能够得到更多的经济利益和社会重视

二战以前，日本军部和右翼势力利用靖国神社，宣传为天皇战死可以成神等神道观念，鼓动日本国民积极投入战争，不畏惧战死，将古代传统武士道精神在现代侵略战争中与神道思想相结合，欺骗民众，但却起到了凝聚人心、推动军国主义侵略的目的。在外在表现上，东亚国家普遍遭受日本现代化军事机器和以神道思想为精神支柱的法西斯军队的侵略、破坏和奴役，表现出了强大的负面力量。当前的安倍政权也利用到靖国神社中祭拜的活动，通过祭奠包括甲级战犯在内与战争、战死相关的亡灵来塑造为国家战死、为天皇战死的精神，奠定了日本建立在欺骗性宣传基础上的国家的凝聚力，以此来提高日本国家在对外关系方面、与其他国家相对比、相抗衡的力量。而以神社为核心的神道体系和相关的神职人员有一部分比较亲近于右派、右翼的政治势力，因为首先他们得到右派、右翼势力的重视；其次，在这种重视与结合中自然会得到更多的资金献祭；最后，右翼势力通过各种手段，包括以强力、甚至是战争手段为日本国家谋求利益的理念和神道服务于天皇、增进本国、本地区人民福祉的理念相同。因此，在近代以后，大多数情况下，日本的右翼激进势力都比较容易和一部分神道势力结合在一起发挥对日本社会前进方向的引导力量。

总之，日本神道教文化是日本传统文化中对于大和民族和日本国家最具有软力量的文化，它的精神和行为方式渗透到了日本的各个领域，从古至今对日本人、大和民族和日本国家一直发挥着深刻的影响。就当今神道文化对日本个人、社会和国家作用的性质而言，其主流是正面的、积极的，不仅有助于保持日本文化的特有传统，而且也发挥了支撑大和民族和日本国家精神的中流砥柱作用。但是，它也有很多不足之处，尤其是在价值观与思想体系的完整性上，无法和佛教这样的世界性宗教相比拟，因此，容易被右翼势力所利用。

（原文发表于《世界宗教文化》2017 年第 3 期）

① 《日本现任首相福田康夫发表讲话宣布辞去首相职务》，http：//news. ifeng. com/world/1/200809/0901_1393_757615. shtml.（阅读时间：2016 年 10 月 12 日）

当代非洲宗教生态*

李维建**

摘　要：当代非洲多元化的宗教生态格局中，亚伯拉罕系统宗教中的伊斯兰教和基督教占绝对优势。不过，非洲传统宗教仍有顽强的生命力。基督教、伊斯兰教、非洲传统宗教共同构成当代非洲宗教生态格局的“三驾马车”。随着全球化的发展，其他域外宗教相继踏上非洲，印度教、耆那教、巴哈伊教、佛教等也到非洲寻求发展空间，非洲宗教生态的多元化趋势越来越明显，越来越深入。不论历史上还是当代，非洲宗教生态格局的转变，受多种因素的推动，地缘关系、大国干预、非洲社会本身的“需求”、现代社会的发展等，共同塑造了当代非洲多元化的宗教生态。当代非洲宗教生态格局，是一种相对稳定的生态结构。但是这种相对稳定的生态背后，变化的因素始终存在，宗教之间此消彼长。外来宗教在非洲的扩张，本质上是大国政治的产物。当代非洲宗教生态格局，并非非洲人自己的选择，并且，当代非洲宗教生态格局的演变，仍未摆脱这一基本属性。

关键词：非洲　宗教　生态　格局

宗教为人类创造“天堂”，非洲则为宗教创造“天堂”。非洲人对宗教的向往与炽热，超越许多人的想象。一种宗教，如果想到非洲发展，总会在那里找到适合自己的土壤。除了非洲本土传统宗教，目前世界上许多宗教都现身于非洲大陆。亚伯拉罕系统宗教中的伊斯兰教、基督教、巴哈伊教、犹太教，印度宗教系统中的印度教、佛教、耆那教、锡克教，都在非洲有数量众多的信徒。甚至中国的道教和儒教、日本的神道教思想，也已在非洲特定人口中较受欢迎。当前的非洲宗教生态，已形成相对稳定的多宗教生态格局。

当代非洲的多宗教生态格局，是经历长期历史演变的结果。犹太教作为外来宗教进入非洲，打破非洲传统宗教一统天下的格局。其后，基督教、伊斯兰教这两大普世性宗教相继在非洲寻求发展空间。殖民时代以来，基督教第二次在非洲大规模发展。近现代历史时期，其他宗教，包括印度教、佛教以及新兴的巴哈伊教等，也来到非洲。同时，非洲传统宗教也困境中求生，顽强生存。当代非洲的多宗教生态格局中，以非洲传统宗教、基督教、伊斯兰教三种宗教为主，其他宗教为辅，各种宗教相互竞争、演变，构成非洲宗教生态的特有图景。

---

* 本文系国家社科基金重大项目“‘一带一路’战略实施中的宗教风险研究”项目（项目编号为16ZDA168）阶段性成果。

** 李维建，中国社会科学院世界宗教研究所副研究员。

一　非洲宗教生态的“三驾马车”

当代非洲宗教生态中，传统宗教、基督教、伊斯兰教形成“三驾马车”的格局，“三驾马车”在前面“领跑”，其他宗教在后面“跟跑”。“三驾马车”中，三种宗教并非均等的“三足鼎立”，表面上看，基督教与伊斯兰教大致势均力敌，二者信徒合计占据非洲约90%的人口，传统宗教所占份额较少，通常认为占非洲人口的2%—10%。

（一）非洲传统宗教

传统宗教是非洲独具特色的信仰和文化。有一种说法，“非洲是宗教人类学的博物馆”，主要是就非洲传统宗教而言的。在伊斯兰教和基督教进入之前，非洲有自己宗教体系，构成了其社会和文化生活的基础。现在讨论非洲传统宗教，首要的问题是，非洲传统宗教在哪里。有一种耳熟能详的观点，即伊斯兰教和基督教分别占据非洲大陆居民一半的心灵，这不得不让人疑惑：非洲还有传统宗教吗？

非洲传统宗教不但真实存在，而且在深刻地改变着作为外来宗教的伊斯兰教和基督教等其他宗教。从地理位置上而言，人们讨论非洲传统宗教，通常指撒哈拉以南非洲的传统宗教。因为，自7世纪以来，北非的伊斯兰化相当彻底，且该地区自古就与撒哈拉以南属于两个不同的文化系统。实际上，不论撒哈拉南北，非洲传统宗教均有独特的生命力，它在努力适应现代社会需要，面对其他宗教的巨大竞争压力，以非洲文化自觉凝聚人心，仍顽强把持一片自己的天空。①

根据皮尤研究中心2010年的调查报告，在撒哈拉以南非洲各地区选取的19个国家中，有4个国家，有一半或超过一半的民众认为，通过献祭，或者通过信仰祖先的神灵或其他精灵，能够免于受到伤害。在其中的11个国家，有大约超过1/4的民众相信“究究”神灵。在塞内加尔，对圣物的信仰者占总人口的75%，卢旺达最低，也达5%。②献祭、祖先崇拜、究究崇拜、圣物崇拜等都是典型的非洲传统宗教表现。

非洲传统宗教有两种存在方式。一是独立地存在。独立存在的非洲传统宗教，有自己单独的寺庙和神职人员。至于其宗教人口，争论比较大。学者的观点主要集中在传统宗教信仰者占非洲总人口（包括北非）的2%—10%的区间内。二是依附于其他宗教存在。主要依附对象为伊斯兰教、基督新教和天主教。或者说，非洲传统宗教通过外来宗教找到了新的生存方式。当穆斯林正统神学家激烈批评非洲伊斯兰教已经脱离了正统信仰时，就等于在说，非洲传统宗教已经深刻地改变了伊斯兰教，并通过伊斯兰教延续信仰传统。

这说明非洲传统宗教的生命力非常顽强。自殖民时代以来，非洲传统宗教必须认真对待两个“敌人”：外来宗教和现代化潮流。传统宗教已经成功地将伊斯兰教和基督教本土化。至于现代化的冲击，研究非洲宗教的学者发现：“在现代思想和现代教育中仍存在着许多传统的信仰，因为宗教是难以消灭的，即使在表面上消失了几个世纪也还

① 张宏明：《传统宗教在非洲信仰体系中的地位》，《西亚非洲》2009年第3期。

② Pew Research Center：*Tolerance and Tension*：*Islam and Christianity in Sub-Sahara Africa*，Pew Research Center，2010. p. 33.

能复兴。"[①]伴随着当前非洲知识界兴起的"新传统运动"，非洲人对传统文化和传统信仰的再发现，与民间部落对传统宗教价值的坚守与维护相呼应，一定程度上促进了传统宗教的复兴。当前，传统宗教与伊斯兰教和基督教伴行存在，仍在非洲人的生活中起着重要作用。

非洲传统宗教与非洲民族、部族关系密切，不同的民族、部族有不同的宗教。因为非洲民族、部落众多，因此宗教与神灵也多种多样。但是，宗教与非洲各地的部族社会之间的关系，看似纷繁复杂，仔细考察却有亲缘关系，非洲各部族、民族之间的相似点比不同点更重要。非洲社会这种较大的同质性也明显地呈现在宗教领域。[②] 非洲传统宗教有自己的共同特点。根据学者们的最新研究，总结出非洲传统宗教的特点有以下三点。

第一，缺乏重视至上神观念的普世性宗教。非洲的许多宗教一定程度上局限于民族与部族内部，造成神灵众多，各司其职，彼此独立，不干涉其他神灵的职权范围。虽然有至上神的观念，但非洲人更注重至上神下面的众多小神。像上帝这样的至上神，在非洲的日常宗教生活中，并不重要。因此，非洲宗教缺乏像亚伯拉罕系统宗教那样的普世性宗教。在阿拉伯人和欧洲人到来之前，撒哈拉以南非洲没有本土的文字，缺乏宗教成文经典。非洲传统宗教没有经典可查，它通过口头方式，师生相承，把礼仪代代相传，致使其传播与发展有一定的局限性。这也可能是造成非洲宗教未向普世性宗教发展的原因。于是我们看到，非洲黑人传统宗教的基本内容主要包括自然崇拜、祖先崇拜、图腾崇拜、部落神崇拜，至上神崇拜并不占主流地位。

第二，重今世而不重来世：重点关注人类的缺点、痛苦根源与解决办法。非洲宗教有一些共有观念，其中最常见的是"人类具有弱点，并不完美"这一观念。正因为人类不完美，才会遭受疾病、痛苦、灾难、死亡等惩罚。但人类可以通过宗教信仰来减轻这种惩罚。这正是非洲宗教中充斥着各式各样的仪式的原因。非洲人不注重个人拯救，不太关心来世，而更重视今世和当下的个人生活，期望通过宗教仪式免遭惩罚，安享和平，延年益寿。所有仪式、献牺，包括神职人员的参与，目的只有一个，改变人类的不完美本性，从而降低或免于惩罚，包括死亡。但是，非洲人认为神灵和祖先所代表的道德与社会价值，可以作为美好社会的指导原则。人类同样可以通过仪式重申和强化这种道德和价值。因此，非洲人不但敬神，而且法祖。

第三，至上神、一神论与多神论并存。非洲传统宗教中既有一神观念，也有多神观念。在伊斯兰教和基督教到来之前，非洲人已有成熟的至上神概念。大多数非洲宗教都将至上神置于终极性和决定命运的至高地位。但是，非洲人认为至上神距离人类太远，与神—人相互关系无关，因此非洲宗教中的至上神，没有寺庙，没有形象，也不用仪式和神职人员侍奉。相反，那些小神由于直接管辖着人类的生活，在神—人关系中与人类对应，与人类关系更为密切，从而更受尊重，享受各种待遇，有庙宇和神职人员，受仪式的侍奉。[③]

非洲人的宗教观念既有多神论也有一神论，两种观念并行不悖。在关涉个人或集体终

---

① ［英］帕林德：《非洲传统宗教》，张治强译，商务印书馆2004年版，第1页。

② ［英］帕林德：《非洲传统宗教》，张治强译，商务印书馆2004年版，第5页。

③ Lindsay Jones, Editor in Chief, "African Religion", *Encyclopedia of Religion*, the first volume, Macmillan Reference USA. pp. 84 - 91.

极性的问题上，他们将决定权交给至上神。在关涉日常生活事务时，他们则认为众神和祖先更为直接，作用更大。总体上而言，当前非洲传统宗教可概括为：信仰至高体是非洲传统宗教的一部分，仍然存在；祖先崇拜仍在非洲人当中根深蒂固；法术信仰仍在适应当前非洲多变的生活环境。那种以为基督教和伊斯兰教已经统治非洲人的信仰世界的观点，显然不符合非洲人的信仰现实。正是非洲传统宗教的这些特征，在宗教观念上与犹太教、基督教、伊斯兰教这些外来的一神教，形成鲜明的对比，仍满足部分非洲人的特殊信仰需要，这也正是非洲传统宗教的生命力所在。

以所谓“文明人”的视角观察非洲传统宗教，用进化论的观点解释非洲宗教，将生物学领域的理论简单应用到宗教领域，不完全适用。观察并理解非洲传统宗教，已经到了转换视角与方法的时刻。

（二）非洲基督教

1 世纪中期，基督教传播到埃及，这是基督教到达非洲的最早记录。2 世纪末，基督教传播到北非的迦太基。4 世纪，东非的埃塞俄比亚在阿克苏姆王国的统治下。在国王埃扎纳时，阿克苏姆王国进入极盛时期，埃扎纳统一埃塞俄比亚北部，并西渡尼罗河攻灭麦罗埃王国，还征服南阿拉伯的一些王国。埃扎纳自称“万王之王”，改奉基督教，将其定为国教，以统一各部落的信仰。因此，4 世纪，埃塞俄比亚已是以基督教立国的国家。在伊斯兰教征服之前，埃及、苏丹、埃塞俄比亚、地中海沿岸等非洲地区，都已完成基督教化。

基督教形成的最初几个世纪，非洲产生了诸多基督教历史上的知名人物。《上帝之城》的作者圣・奥古斯丁（St Augustine）主教、科普特正教会的圣人圣・莫里斯（St. Maurice）、迦太基的神学家特土良（Tertullian）、亚历山大的神学家奥勒金（Origen Adamantius）等都是非洲人。非洲还产生了早期基督教历史上的三位罗马教皇：圣维克托一世（Victor I，189—199 年）、圣密欧提阿德（St. Miltiades，311—314 年）、圣杰拉斯一世（St. *Gelasius* Ⅰ，492—496 年）。

7 世纪，穆斯林开始进入埃及、马格里布，穆斯林征服运动彻底改变了非洲基督教的命运。非洲的基督教只剩下埃及的科普特教会、埃塞俄比亚的台瓦西多正教会和厄立特里亚的正教会。除此之外，目前非洲的基督教，尤其是撒哈拉以南非洲的基督教，都是近代以来欧洲殖民主义的遗产，以及当代非洲基督徒宣教的结果。《圣经》在非洲大量发行，除了英语、法语等版本外，有大约 500 种非洲语言版本的《圣经》在非洲各个角落流通。

基督教（包括新教和天主教）是当前非洲最具影响的两大宗教之一，基督教信徒的总人口与穆斯林人口在非洲分庭抗礼，难分伯仲，均自称约为五亿人。但在撒哈拉以南非洲，基督教占绝对的优势。大多数中非和南非国家，以及部分西非和东非国家，基督教是多数人的信仰。除埃及、埃塞俄比亚、厄立特里亚外，非洲其他各国基督徒多信仰天主教和新教。此外，还有拿撒勒浸信教会、耶和华见证教会、基督再临教会等等。非洲最早的基督宗教教派是埃及的科普特教会和埃塞俄比亚的台瓦西多正教会，以及各东方正教会。

在北非，科普特教会人口约占埃及人口的10%。2002年，基督徒约占非洲总人口的40%。[①]根据皮尤研究中心的调查报告，2006年，全非洲约有3.8亿名基督徒。按照目前的发展速度，到2025年，非洲将有6.3亿名基督新教徒和天主教徒。[②]

就宗教神学而言，非洲自20世纪以来在基督教神学思想发展上出现了质的突破，涌现出大批非洲本土的神学家，其理论立意及研究方法不仅与欧美神学截然不同，而且还与曾作为统治者的殖民者的"白人教会"形成区别，表现出鲜明的"黑人教会"特色。[③]非洲基督教的巨大活力和影响力，恰恰源自它的非洲化，宗教神学、组织、仪式等各方面与非洲的融合，共同形成非洲人独特的"黑色的上帝观"和"非洲独立教会"。在当代非洲，宣教的主力通常并不是外来传教士，而是普通的非洲基督徒，尤其是妇女，是撒哈拉以南非洲宣教的中坚力量。[④]

非洲的基督教呈现出丰富的多样性。在埃及、埃塞俄比亚和厄立特里亚，古老的东方正教会流传至今。而在西非的尼日利亚，众多的基督教派则是晚近非洲人皈依的结果。如前所述，非洲大陆还有许多弥塞亚式的基督教信仰，以及以一些混合信仰，如南非的拿撒勒浸信教会。此外，基督复临安息日会和耶和华见证会也在非洲广泛分布。

（三）非洲伊斯兰教

19世纪之前，对非洲影响最大的外部因素是伊斯兰教。伊斯兰教大规模进入非洲，始于7世纪中叶阿拉伯大军对埃及的征服。在北非，武力征服后，阿拉伯化和伊斯兰化随之而来。此后，伊斯兰教大致沿三条线向非洲扩张：一是阿拉伯大军继续向西进军，征服北非，直至摩洛哥；二是埃及的阿拉伯军队沿尼罗河谷向南进军，向尼罗河苏丹地区扩张，征服奴比亚和芬吉，尼罗河苏丹逐渐完成伊斯兰化；三是阿拉伯半岛和波斯湾地区的穆斯林，包括波斯人，渡过阿拉伯海，向东非之角和东非沿海以移民和商业的方式传播伊斯兰教，使现在的索马里、肯尼亚、坦桑尼亚沿海逐渐完成伊斯兰化。北非伊斯兰化后，伊斯兰教继续向撒哈拉以南地区扩张，西非和中非的苏丹地带，19世纪基本完成伊斯兰化。东非的伊斯兰教也在19世纪以后，向东非内陆扩张。但是，撒哈拉以南非洲的伊斯兰化，并未伴随着阿拉伯化。

近代欧洲殖民非洲的同时，基督教第二次大规模在非洲扩张，尤其在撒哈拉以南非洲。18—19世纪，穆斯林通过"圣战"运动在非洲苏丹地带和非洲之角建立的一系列伊斯兰政权被殖民者一一摧毁，伊斯兰教南进的势头被遏制，中南部非洲基本完成了基督教化，最终形成伊斯兰教与基督教在非洲大陆南北对抗、势均力敌的格局。

当代非洲伊斯兰教，经历了漫长的本土化过程，尤其撒哈拉以南的非洲伊斯兰教，与阿拉伯伊斯兰教差别很大，一定程度上已成为非洲本土宗教。伊斯兰苏非主义是撒哈拉以南非洲伊斯兰教的主要特征，苏非主义与非洲部族主义相结合，大量吸收非洲传统宗教的神学观念与宗教仪式，形成非洲的"黑人"伊斯兰教，与北非的阿拉伯伊斯兰教形成鲜

---

① World Book Online Reference Center, *World Book Encyclopedia* 2012, http://www.worldbook.com/component/content/? wbredirect=1&Itemid=206 World book, Inc. USA.

② 世界宗教委员会：《世界宗教委员会报告》2004年8月。

③ 卓新平：《当代亚非拉美神学》，上海三联书店2007年版，第434—435页。

④ Geoffrey Parrinder, *Africa's Three Religions*, Sheldon Press, London, 1969. p. 164.

明而有趣的对比。伊斯兰教在非洲人的哲学、文化精神、国家建构等方面，都产生过并正在产生重要的形塑作用。

伊斯兰教在非洲最主要的扩张方式，是武力征服，从中世纪的阿拉伯征服，到近代的穆斯林“圣战”，每一次战争之后，都伴随着伊斯兰教的扩张，同时也给当地非洲人和非洲文化带来了近乎毁灭性的灾难。近代以来直到目前，阿拉伯伊斯兰教中勃兴的赛莱菲运动，也传播到非洲，特别是在撒哈拉以南非洲。赛莱菲主义者希望剔除非洲伊斯兰教中本土化的成分，“净化”伊斯兰教，这种对伊斯兰教非洲化的否定，在非洲伊斯兰教内部掀起轩然大波，内部斗争乃至极端主义与恐怖主义此起彼伏，严重影响非洲社会的发展与稳定。同时，非洲伊斯兰教与基督教之间的竞争与斗争，沿撒哈拉南缘和东非各国的“文明断层线”展开，也给这些国家造成了绵延不绝的内乱，甚至造成国家分裂。但不得不承认，伊斯兰教这种征服型的扩张迅速而高效，当代的赛莱菲运动则进一步巩固了伊斯兰化的成果，维持住了伊斯兰教在非洲的格局。

二　非洲其他小规模宗教

除非洲传统宗教、基督教与伊斯兰教这“三驾马车”之外，其他一些小规模的宗教，也是非洲宗教生态的重要构成，共同组成非洲宗教多元的生态景观。这其中，既有很早就来到非洲的历史悠久的犹太教，也有新兴宗教如巴哈伊教，还有印度教、耆那教、佛教等后来者。

（一）犹太教

犹太教是进入非洲最早的亚伯拉罕系统宗教，非洲犹太教有2700多年的历史，因此，非洲许多犹太人聚居区都可视为世界上最古老的犹太人社区之列。埃及被视为早期犹太教向欧洲和北非传播的中继站。[①]古代犹太人居住在北非、东非和中非各地，尚未到达南部非洲。早在基督教和伊斯兰教兴起之前，北非诸国、西非诸国、埃塞俄比亚和索马里地区等，都有规模不等的犹太社团。中世纪，犹太人继续向非洲各地迁居，并达到南部非洲各地和非洲内陆，分布区域更加广泛。现在，非洲许多国家都有比较活跃的犹太人聚居区，继续他们的宗教传统。

当前，非洲的犹太人可分为如下几类：1. 自古以来就作为独立的犹太人社区而存在，很少与其他犹太人发生联系。但是这类犹太人社区自古以来从未完全丢失犹太宗教传统，仍保留部分宗教仪式，并声称其族源为古以色列的犹太人。这类非洲犹太人典型的代表如埃塞俄比亚境内数万黑皮肤的法拉沙犹太人；津巴布韦和南非的部分犹太人；等等。2. 北非的犹太人，主要居住在摩洛哥、阿尔及利亚、利比亚、突尼斯、北苏丹和埃及。历史上这些国家曾居住大量的犹太人，中世纪由于深受伊斯兰浪潮的冲击，人数减少；20世纪以来大都迁往以色列、法国、巴西、加拿大和美国等国。留居下的犹太人现在主要居住在摩洛哥和突尼斯。3. 南非的犹太人，主要是在20世纪欧洲大屠杀前后迁居南非的立陶宛犹太人的后裔。

非洲犹太人不论是从宗教上还是民族上，都呈多样化和地方化的特色。就民族和种族

---

① 黄陵渝：《非洲的犹太人与犹太教》，《西亚非洲》2003年第2期。

方面而言，有白色犹太人和黑色犹太人。宗教上的变迁更是复杂，虽然都声称是犹太人，但所遵循的宗教传统和仪式中，已渗入了许多非洲的文化成分。

（二）巴哈伊教

作为一种新兴宗教，非洲巴哈伊教历史较短。20 世纪中叶前，非洲的巴哈伊信仰者很少。1952 年，整个非洲大陆的巴哈伊信仰者还不到 200 人，现在已经超过 100 万人。北非为阿拉伯—伊斯兰国家，因为正统伊斯兰教视巴哈伊教为宗教异端，巴哈伊教在北非很少有发展空间。巴哈伊教信众主要分布在撒哈拉以南非洲。现在撒哈拉以南非洲各国几乎都有比较活跃的巴哈伊社团。但是相对而言，东部非洲诸国的巴哈伊教信众较为集中，包括肯尼亚、坦桑尼亚、乌干达等国。肯尼亚、乌干达、刚果（金）、赞比亚、南非、坦桑尼亚等国家的巴哈伊教信众人口数量都在 15 万人以上。[①] 以乌干达为例，巴哈伊教在乌干达仅有 60 年的历史，但已发展至一定的规模，体现出包容性、现代性、国际性、社会参与性等特点。在对外交往中，其非宗教性参与显著地大于宗教性参与，乌干达社会也从中受益。在巴哈伊教社区内，则弥漫着浓厚的宗教气氛。总体而言，乌干达巴哈伊教试图探索一条与基督教和伊斯兰教不同的发展道路与模式，在宗教性与世俗性、国际性与本土性等方面进行着与众不同的尝试。

目前看来，非洲巴哈伊教展现出充沛的活力和强大的适应能力。巴哈伊教有一系列完备的非洲大陆发展计划，并能够与整个巴哈伊世界的宏大规划相协调和沟通。撒哈拉以南非洲，已成为继印度之后巴哈伊教信众人口数量最多的地区，其未来发展前景比较可观。

（三）印度教

非洲与印度一衣带水，隔印度洋相望，是印度教外传较早的目的地。但是，与犹太教、伊斯兰教和基督教相比，非洲印度教的历史算不上悠久。19 世纪末开始，由于印度与非洲多国均沦为英国殖民地，殖民地经济特色和殖民地之间的交通，促使大批印度人迁移到非洲，特别是迁移到南非、毛里求斯、乌干达、肯尼亚等国。殖民统治结束后，这些印度人的后裔多数仍选择留在非洲，印度教也因此保留下来，直至现在。20 世纪后半叶，非洲一些国家，如尼日利亚、南非和乌干达等国，曾禁止印度人入境，或驱逐印度人出境，对印度教在这些国家的存在与发展造成一定的负面影响。

非洲印度教基本上限于印裔非洲人口中，不谋求对外宣教，一定程度上限制了它的发展。不过，后殖民时代的非洲印度教中，也的确出现过向非印度裔非洲人宣教的运动，如西非加纳的个别印度教组织。但是这种宣教运动影响非常有限，不能改变印度教主要限于印度裔非洲人的总体态势。当前的非洲印度教，是殖民时代和非洲民族独立后印度人向非洲移民的共同结果。

总体上而言，印度教在非洲各国的教徒都非常少，难以与主流的基督教和伊斯兰教相比。毛里求斯是印度教在非洲占主导地位的唯一国家，印度教徒约占其总人口的 58%。同时，印度教也在走本土化的路线，它吸收了一些非洲本土宗教的因素，并因此遭到基督徒和穆斯林的批评。

在当前的非洲印度教中，斯瓦米那罗延派（Swaminarayan Hinduism）较有影响，该派

① 李维建：《乌干达巴哈伊教考察》，《世界宗教文化》2011 年第 2 期。

在东非诸国，肯尼亚、乌干达、坦桑尼亚和赞比亚等国，建立规模较大的神庙。如今，印度裔人口在这些国家的信仰坚守和宗教生活，则依赖于移民团体日益增强的适应性和兼容性，同时也深受印度与这些国家外交关系的影响。[①]

（四）佛教

佛教最早何时传入非洲尚不可考。据传印度阿育王曾派人到埃及传播佛教，但没有成功。17 世纪，曾有佛教徒以暹罗使节的身份，前往南非，也未留下影响。据今所知，南非佛教的历史相对较长，而在东非，佛教只有约 100 年的历史，非洲其他地区，佛教的历史更短。直到 20 世纪末，佛教在非洲传播的局面才得以改观。现在，几乎撒哈拉以南非洲的所有国家，都有佛教的存在。佛教存在的形式也各不相同，既有“印度教型的佛教”，也有“西方化的修行方法及佛教隐修中心”“亲亚洲佛教传统的组织”，还有台湾佛光山佛教在南非的迅速发展。[②] 南亚佛教是非洲佛教的主体，尤其是斯里兰卡移民，对非洲佛教的传播出力最多。近年来，东亚佛教向非洲传播的趋势也非常明显。

南非是佛教最早落脚的地区。1911 年，南非已有近 400 名佛教徒，1921 年，增长到一万多人。20 世纪 90 年代，佛光山佛教在南非的发展引人注目，在南非各地成立许多地方佛教组织和佛教道场，并在布隆霍斯特市建立了宏伟的南华寺。除南非外，佛光山佛教还面向全非洲，在许多非洲国家建立了组织。南非是非洲佛寺最多的国家。

南亚佛教，主要是斯里兰卡佛教对东非和南非的影响最大。20 世纪 20 年代，锡兰（斯里兰卡）商人将佛教带到东非，坦桑尼亚也有锡兰商人于每年的浴佛节浴佛的传统。1927 年，有佛教组织在非洲传播，并印赠佛教书籍，但无设立僧团的记录。坦桑尼亚、博茨瓦纳、肯尼亚、乌干达、马拉维等国，都分别有多座佛寺。此外还有一些佛教修持中心和佛教组织，在东非传播各派佛教。1920 年，斯里兰卡人有组织地到坦桑尼亚传教，购买土地，种植菩提树，建立佛教修持中心和佛寺，并获得政府登记。1927 年，坦桑尼亚成立了“僧伽罗佛教协会”，当时，大约有 400 多名斯里兰卡佛教徒在坦桑尼亚活动。目前，坦桑尼亚的佛寺是非洲已知最早的佛寺。同时，来自泰国、缅甸、中国等国的佛教徒，也到坦桑尼亚宣教，非洲本土的皈依者也日渐增多。1960 年，“僧伽罗佛教协会”改名为“佛教协会”，以便将来自世界各地的佛教徒纳入进来。1956 年，坦桑尼亚建成第一座佛塔。早期在坦桑尼亚活动的佛教徒，都是俗家弟子。1960 年，坦桑尼亚出现了首位僧人，不过并未久居。1983 年，坦桑尼亚才迎来首位常驻寺僧。当时，非洲其他国家很少有驻寺僧，坦桑尼亚的佛教中心，可谓非洲大陆的佛教中心，这里的僧人经常到非洲其他国家举行佛事活动。1980 年，斯里兰卡佛教徒在南非的德班郊区，建立了佛教中心。此后，佛教各派很快在南非各地建立了数十处佛教中心。1970 年前后，斯里兰卡人开始到博茨瓦纳传教。1990 年，一对斯里兰卡夫妇登记成立“博茨瓦纳佛教协会”，成为博茨瓦纳事实上的佛教中心。1993 年，博茨瓦纳第一座佛塔建成，佛寺佛像也相继落成。除了斯里兰卡人，缅甸人也是博茨瓦纳佛教发展的重要力量。1999 年，肯尼亚成立了佛教中心，位于内罗毕市郊，为上座部佛教中心。乌干达的佛教中心，成立于 2005 年，位于

---

① 邱永辉：《印度教概论》，社会科学文献出版社 2012 年版，第 351 页。

② 杨健著，魏道儒主编：《世界佛教通史：第十三卷 亚洲之外的佛教（从佛教传入至公元 20 世纪）》，中国社会科学出版社 2015 年版，第 436—441 页。

恩德培市。这个佛教中心成员主要为乌干达人，此外还有泰国人、缅甸人、斯里兰卡人等。赞比亚、斯威士兰也成立了以斯里兰卡人为主的佛教协会。埃及也有少量佛教徒，仍以斯里兰卡裔为主，根据地方法律，这些人只能在斯里兰卡驻埃使馆举行宗教活动。此外，卢旺达、桑尼巴尔、莱索托、利比亚等国，也有佛教徒在活动。

在东亚佛教进入非洲之前，主要是印度佛教在东非和南非活动。20 世纪 70 年代起，日本佛教，主要是创价学会，开始在南非和尼日利亚出现，并建立了日本的佛教机构，对非洲传统文化和精神领域有一定的影响。①

中国佛教也开始迈向非洲。如前所述，当前中国佛教得以在非洲初步立足，得益于中国台湾佛光山会在非洲的努力。1992 年，中国台湾佛光山会应邀前往南非，兴建南华寺，并陆续在约翰内斯堡、开普敦等地宣扬佛教。由此，佛光山佛教得以在非洲其他国家传播。斯威士兰、刚果（布）、莱索托等国陆续成立佛教的组织。1994 年，南华寺成立非洲佛学院。在南华寺的带动下，同年 10 月，10 位刚果（布）青年请求剃度出家，这是非洲的第一次剃度典礼，也是佛教史上第一批非洲黑人出家。不久，南非祖鲁族酋长率领十余万人皈依佛教。刚果（布）也有数千人皈依佛教。斯威士兰有 300 余人皈依佛教。2001 年，中国台湾佛教徒在马拉维建立了佛教中心，位于布兰太尔市。现在，中国台湾佛教徒、斯里兰卡和非洲佛教徒共同维持着佛教中心的正常运转。

（五）耆那教

耆那教是起源于古代印度的宗教之一，有其独立的宗教哲学和实践。素食与苦行是耆那教比较突出的特征。创始人为筏驮摩那（前 599—前 527 年），耆那教徒尊称其为“大雄”。该教目前有约 400 万—600 万名信徒，大部分生活在印度。

目前，东非的肯尼亚、坦桑尼亚和乌干达都有人数比较可观的耆那教群体。20 世纪 60 年代，肯尼亚的蒙巴萨建立了一座耆那教的寺院，这是印度之外的首座耆那教寺院。在东非的许多城市中，都有耆那教的学校、医院和宗教中心等设施。但是，由于东非一些国家自 20 世纪 70 年代兴起的“非洲化运动”，排挤亚洲人，耆那教徒由于多从印度迁入，也受连带伤害。许多耆那教徒因此被迫迁居到澳洲、欧美等地区。现在，耆那教在东非的生存环境已大为改善。

南非的耆那教发展也比较快。1901—1903 年，六个耆那教家庭陆续迁居到南非。今天，南非的耆那教群体参与到当地的商业、金融、教育等领域，影响日益扩大。

非洲的耆那教是印度人向非洲移民的结果，因此非洲的耆那教与印度耆那教联系密切。非洲耆那教在宗教实践上已与印度耆那教有一定的距离，出现一定的非洲化现象。不过，许多非洲耆那教徒虽然加入了非洲国家的国籍，但仍保留着印度籍。他们不愿意失去“亚洲人”或“印度人”的身份，这也许会成为耆那教在非洲本土化的一种障碍。

（六）锡克教

锡克教是 15 世纪产生于印度的一神教，尊崇十位上师并以上师们传授的《阿底格兰特》为经典，《阿底格兰特》象征第十一位上师；以公平正义、扶贫济弱和宗教自由为基

① Peter B. Clarke, “African Religion: New Religious Movements”, *Encyclopedia of Religion*, Lindsay Jones, Editor in Chief, the first volume, Macmillan Reference USA. p. 109.

本教义。“锡克”一词，来源于梵文，意思是“学生”“弟子”“信徒”。锡克教徒被称为锡克人，长发、梳子、钢箍、匕首、短裤是锡克教徒的五大信仰标识。圣城是印度的阿姆利则市，朝圣地是被称为“神之所在”的阿姆利则金寺。

19 世纪 90 年代，锡克教徒开始从印度向东非迁居。1947 年的印巴分治，导致旁遮普一片混乱，印度成为一个印度教主导的国家，锡克教徒不适应这种新环境，开始更大规模的移居境外，其中包括非洲，尤其是东非。锡克教徒在东非属于技术性群体，有木匠、铁匠、建筑工人和火车司机。许多人参与了早期非洲铁路的建设与运营。因此锡克教对东非诸国的工业化进程有一定的推动作用。20 世纪 70 年代兴起的“非洲化运动”也同样对东非的锡克教造成比较大的伤害。①

全球约有 2300 万—2700 万名锡克教徒，其中 60% 以上的锡克教徒居住在印度的旁遮普。在非洲，锡克教徒也有比较广泛的分布。东非的三个国家，肯尼亚、乌干达和坦桑尼亚，约有 5 万—10 万名锡克教徒。南部非洲的马拉维、毛里求斯、南非和赞比亚分别约有 3000 名、40000 名、4000 名和 3000 名锡克教徒。西非的尼日尔约有 3000 名锡克教徒。就非洲各地区而言，中非有 14000 名锡克教徒，东非有 5 万—10 万名，南部非洲约有 47000 名，西非约有 3000 名，北非为零。②

上述对非洲宗教生态格局的简单描述，当然并不足以展示非洲宗教的全貌。非洲宗教并非简单的巫术信仰，同样有许多细腻的思想、丰富的神学观念和系统的仪式。这超出许多人的想象。

三　非洲宗教生态演变的动力与机制

从历史到当代，纵向来看，非洲宗教生态格局经历了巨大的历史变迁。最初是漫长的非洲传统宗教时代；公元前 7 世纪，犹太教的到来，仍不足以根本改变非洲传统宗教主导的格局；1 世纪基督教到达非洲后，逐渐将埃及、尼罗河苏丹和阿比尼西亚、北非沿海基督教化，对非洲传统宗教格局形成巨大冲击；7 世纪，伊斯兰教进入非洲，与非洲传统宗教、犹太教、基督教竞争，逐渐将北非、撒哈拉及其南缘、东非沿海伊斯兰化；近代殖民主义推动基督教第二次在非洲扩张，非洲传统宗教主导的时代彻底终结，伊斯兰教与基督教成为非洲宗教的主体；一个世纪前到现在，印度教、锡克教、巴哈伊教、佛教等外来宗教相继到非洲寻求发展空间，非洲进入多宗教并存的“宗教万花筒”时代。

当代非洲宗教生态格局是一种动态的平衡，背后潮流涌动，变化的力量始终存在。非洲各宗教对非洲人心灵的争夺无异于一场旷日持久的“战争”，“文明冲突”的当代非洲版本，现实中都不乏鲜活的案例。当代非洲，伊斯兰教与基督教（新教、天主教）的竞争日趋白热化，非洲人传统宗教的意识也在复苏，新的外来的宗教也在非洲落地生根，开疆拓土。非洲宗教生态格局的演变，受多种因素的推动与制约，探讨这些制约因素，有益于理解当代非洲宗教的生态格局。

---

① Jane Bingham, *Sikhism*, Arcturus Publishing limited, 2008, p. 40.

② Johnson, Todd, David B. Barrett. "Quantifying Alternate Futures of Religion and Religions". *Futures* 36 (9), pp. 947 – 960, 2004.

（一）自然环境

人类是自然的产物，人类依附于自然环境而生存，宗教作为一种意识形态，也深受自然环境的制约，自然环境是制约宗教的首要因素。

非洲除东北一角与西亚以陆地相连，四周全是海洋，这是非洲宗教与外界的第一层保护。不过这一层保护很容易被突破，人类在很久之前就可以轻易渡过红海与地中海，犹太教、基督教与伊斯兰教兴起后，很快就传播到非洲，所以北非与非洲之角，在宗教与文化上与西亚和欧洲的联系一直很密切，并且与西亚的文明发展几乎是同步的。地中海多次成为横跨亚欧非大帝国的内湖，成为宗教传播的纽带。长期以来，真正难以逾越的天险是撒哈拉沙漠，在现代交通兴起之前，犹太教、基督教与伊斯兰教都长期止步于撒哈拉天险。非洲热带丛林与草原特有疾病，也让穆斯林和基督教徒望而却步，至少在近代之前，两大宗教都没有成功深入非洲的丛林和草原，使撒哈拉以南非洲的传统宗教得以继续生存。自然地理环境成为非洲传统宗教的最大保护伞。因此在现代社会之前，自然环境成为影响非洲宗教生态格局的最基础的因素。

（二）非洲社会的两种宗教需求

宗教市场论的核心观点之一，在于强调宗教犹如商品，要满足信仰者的需求，不能满足这种需求，宗教也就失去了价值，必然被抛弃。在非洲宗教生态的问题上，宗教价值论有一定的说服力，可以部分地解释宗教格局的演变。

长期以来，非洲作为“宗教博物馆”，与它特殊的经济、文化发展模式和社会阶段有密切关联。在撒哈拉以南非洲，历史上部落社会是最持久的社会形态，生产力水平低下，交通落后，各个民族、部族的社会联系，如商业经济、文化交往、宗教传播等方面比较松散，与其他大陆相比，整个社会呈现明显的碎片化。在这种社会环境下，人们的生活、需求与观念局限于部落与部族，商业活动、文化娱乐与宗教活动主要以本地小社会为核心，对外部世界的交往处于次要地位。这是部落宗教与各种物神崇拜、偶像崇拜、巫术等在撒哈拉以南非洲长期盛行不衰的原因。正是因为非洲人的生活，不太需要至上神和一神论观念，传统的部落宗教就能解决基本的信仰问题，所以自 8 世纪开始，伊斯兰教向撒哈拉以南非洲持续扩张的努力，总是在非洲传统宗教的各种形式抵抗下，屡屡失败，成功概率极小。中世纪时，伊斯兰教在西非的加纳帝国、马里帝国和桑海帝国的短暂成功，与西非的部族政权向帝国政治形态的过渡有密切关系，非洲传统部族宗教缺乏象征权力统一的一神信仰，已经不能满足帝国政权建设的需要，而伊斯兰教的绝对一神论，正好填补这一空缺。同样，历史上基督教在埃塞俄比亚高原的成功，也与阿比西尼亚王国成熟的王权制度有密切关系。这种宗教需求，是自然发生的宗教需求。

所以，在非洲，不同的社会发展阶段，需要不同形态的宗教。并且，由于非洲地域广阔，受自然地理地貌的限制，非洲各地区的社会，同一时期又分别处于不同的历史发展阶段，这就创造了不同的宗教社会需要。因此，同一时期，非洲各地可以分别以不同的宗教为主，比如北非伊斯兰化后，中南部非洲仍然维持着传统宗教的主宰地位，而埃塞俄比亚高原的基督教则延续至今。当代撒哈拉以南非洲传统宗教的式微，也是缘于这一地区已经超越了部落社会的发展阶段，现代民族国家成为主要的政治形态，基督教与这一发展阶段大体适应，成为非洲人的信仰选择。但是，应该注意的是，撒哈拉以南非洲从以部落为主的社会向现代民族国家社会的过渡，不是自然而然发生的，而是外来力量干预的结果，即殖民主义对非洲的入侵，迅速改变了社会发展阶段，人为地制造了非洲对基督教的社会需求。这是一种被制造的宗教需求。

（三）大国兴衰与地缘政治

人为地制造对某种宗教社会需求的现象，与大国兴衰和地缘政治有关。一个地方的本土宗教，是长期以来当地人社会与文化历史演化的结果，在外来宗教到达非洲之前，非洲传统宗教即是非洲人世代传承的社会—自然现象。随着人类社会的演进，交通通信水平的提高，非洲越来越融入国际社会，域外大国染指非洲。最具代表性的事例，就是阿拉伯帝国和欧洲殖民主义对非洲的入侵。阿拉伯人征服埃及和马格里布，建立穆斯林政权，对穆斯林实施税收和政治等诸多优惠，为当地基督徒和柏柏尔人改信伊斯兰教创造了条件，这是人为地制造当地社会对伊斯兰教的信仰需求，所以在被伊斯兰征服后，北非很快实现了伊斯兰化。近代欧洲殖民主义入侵非洲更是如此，殖民政府与传教士相互配合，遏制、打压传统宗教，为基督教的传播腾出空间，在非洲社会制造了大量的基督教信仰需求，使撒哈拉以南非洲实现了基督教化。穆斯林政权和欧洲殖民主义者，迅速地打破了非洲社会的传统发展模式，将非洲的传统社会纳入另一种更开放的、生产力更为发达的社会阶段，原来的传统宗教已经不再适合这一社会阶段，一神教的伊斯兰教和基督教则是这种社会的“适配器”。伊斯兰教和基督教极大地改变了非洲的宗教生态格局，而这两次巨大的改变，都是域外大国强力干预的结果。

与历史上伊斯兰教和基督教在非洲的传播不同，当代印度教、耆那教、锡克教、佛教等在非洲的传播，与移民、商业的关系更为密切。以印度教为例，印度人移民东非诸国，多以经商为主，并由此将印度教带到东非。印度人移民东非，与 19 世纪以来英国殖民印度有关。印度与东非殖民地都讲英语，经济也在殖民体系内有一体化发展的趋势，因此，早期印度教向东非传播，也离不开“大英帝国”强权政治的影响。“大英帝国”之后，印度经济的崛起，继续支撑印度教在非洲的扩张。当代印度教在东非的发展，从非洲人的视角来看，也与地缘政治脱不开干系。

当代巴哈伊教在东非的发展，与印度教不同，巴哈伊教背后似乎没有大国政治与经济作支撑。但仔细考察就会发现，巴哈伊教在非洲的核心宣教力量和宣教资金，仍主要来自欧美，至少早期是如此。非洲巴哈伊教的背后，仍是大国政治的影子。

所以说，在非洲的外来宗教中，不论是通过武力开疆，还是和平宣教，都属人为地制造非洲社会对新宗教的信仰需求，或者更进一步说，人为地改造非洲社会，改变非洲社会的发展阶段，为新宗教的传播创造相应的社会阶段和社会环境。也就是说，不同的社会发展阶段有不同的宗教需求，而不同的宗教需求可以人为地制造出来。这里的关键一环是，谁制造了非洲社会的宗教需求。通常，谁制造了新的宗教需求，谁就是新宗教的传播者，穆斯林、基督徒、印度教徒、巴哈伊等，莫不如此。外来的宗教的背后，是大国政治、经济与文化的扩张，宗教扩张所传播的并非只是宗教，非洲新宗教的推动者通常都是国际上的强势力量。本质上讲，很长一段时期以来，非洲人信仰何种宗教，并不能完全由非洲人自己决定，当代非洲宗教的生态格局，并非非洲人自己选择的结果。

非洲从传统宗教一统天下，到当代宗教多元的生态格局，每一步的转变都让非洲人付出了巨大的代价，宗教战争和以宗教为名的战争，几乎伴随着伊斯兰教和基督教向非洲扩张的每一步。这也从一个侧面说明，非洲宗教格局的转变，其实是一种强权政治的结果。

（四）现代性

现代性、后现代与宗教之间的互动，各种理论解说层出不穷，现代性对宗教的消解，越来越受到质疑。这方面，美国成为典型，现代化程度高度发达的美国，宗教也高度发达。在欧洲，也有学者认为，欧洲宗教的衰落，并非真正的衰落，只是人们的信仰方式发生了改变，基督徒不去教堂，不是基督徒不再信仰，而是基督徒找人“代理”了信仰。生活中的宗教与信仰的宗教是有区别的，一对美国夫妻去教堂结婚，并不意味着这对夫妻就信仰基督教；用“代理的宗教”解释欧洲宗教的衰落，也很牵强，只“信仰而不属靠”，这种判断本身就充满矛盾。到目前为止，各种理论仍难以完满地解释在现代化高速前进的前提下，全球仍越来越世俗化的事实。

非洲号称“信仰的大陆”，宗教的“天堂”，但是在非洲，各种宗教越来越深刻地受到现代性的冲击。年轻一代非洲人对宗教的疏离趋势非常明显。近代以来，非洲伊斯兰教中的复兴运动一直连续不断，但大多数清真寺的礼拜人数日趋减少；苏非教团的长老，越来越频繁地哀叹苏非主义的号召力大不如前。部分伊斯兰主义者对现代性的痛恨，恰恰反映了现代性对伊斯兰教冲击的剧烈程度。新兴宗教巴哈伊教传播到非洲，深得非洲部分穆斯林和基督徒的青睐，其中吸引力的重要来源之一，就是巴哈伊教徒身上鲜明的现代性。非洲人对传统宗教的抛弃，固然与西方力量的宣教有关，传统宗教本身的现代性不足，不能满足日趋现代化的非洲人对新时代信仰的需求，也是重要的因素。因此，未来非洲的宗教格局如何演变，现代性仍是重要的考量指标。

一般来说，宗教身上通常负载了许多传统的元素，它与现代性有天然的对立倾向，但是在非洲，还存在一种更加复杂的特殊情况：相比而言，在宗教进化论的视角下，在外来的伊斯兰教、基督教等世界性宗教面前，非洲传统宗教通常被定义为落后的、未充分发展的宗教，尤其是基督教，一定程度上基督教在非洲成为现代性的化身。外来宗教对非洲传统宗教，持一种高高在上的蔑视姿态，有时仅仅将传统宗教定义为原始宗教或巫术。尽管在许多情况下这种姿态只可意会不可言传，它对非洲传统宗教的“矮化”与间接伤害，却是巨大的，让当代非洲传统宗教的复兴更加步履维艰，传统宗教希望扩大在非洲宗教格局中份额，至少目前来说希望渺茫。在宗教进化论中，一神论宗教比多神论宗教神学更发达，形态更成熟，组织更先进，作为一神论的伊斯兰教和基督教，各自秉持着统一非洲的理想，一方面挤压传统宗教的生存空间，另一方面又彼此激烈竞争。同时当代非洲宗教多元化的格局，又被视为一种现代化的趋势和表现。那么，统一和多元，到底哪个更现代，有没有打着现代的名义，实为伪现代，这些问题都需要进一步考察。当代非洲宗教格局中统一与多元的争夺，仍未摆脱非洲历史上大国干预的模式，只是方式更加隐蔽而已。

四　结论

当代非洲多元化的宗教生态格局中，以亚伯拉罕系统宗教中的伊斯兰教和基督教占绝对优势，二者在非洲几乎平分秋色，将非洲传统宗教的生存空间挤压得所剩无几。不过，非洲传统宗教仍有生命力。基督教、伊斯兰教、非洲传统宗教共同构成当代非洲宗教生态格局的“三驾马车”。近一百年来，随着全球化的发展，其他域外宗教相继踏上非洲，印度教、耆那教、巴哈伊教、佛教等在非洲寻求发展空间，非洲宗教生态的多元化趋势越来越明显，越来越深入。

历史上非洲宗教生态格局的转变，受多种因素的推动，地缘关系、大国干预、非洲社会本身的需求、现代社会的发展等，共同塑造了当代非洲宗教的生态。宗教生态是一个相对稳定的大系统，任何变动都会引起连锁反应，甚至“生态危机”，非洲宗教生态的历次转变，都伴随着程度不同的“生态危机”和社会动荡。当代非洲宗教生态以“三驾马车”为主，以其他新来的域外宗教为辅的格局，是一种相对稳定的生态结构。但是这种相对稳定的生态背后，变化的因素始终存在，各种宗教都在谋求空间的扩大。

迄今为止，从社会层面上而言，外来宗教在非洲的扩张，本质上是大国政治的产物，全球化的结果，宗教是表象，政治与利益是基础，非洲宗教是非洲及其外缘大国政治的延伸。当代非洲宗教生态格局，并非非洲人自己的选择。当代非洲宗教生态格局的演变，仍未摆脱这一基本属性。

（原文发表于《世界宗教文化》2017 年第 3 期）

论中国特色社会主义宗教理论体系的层次、内涵及特点*

何虎生　张　杰**

摘　要：中国特色社会主义宗教理论体系层次清晰、内涵丰富、特点鲜明。具体地说，它包含了理论根基、特色优势、实践路径、思想精髓四个部分，分别是党对宗教属性的系统阐释、对宗教问题的精准研判、对宗教工作的顶层设计、对历史经验的科学总结。这四个层次有力地证明了中国特色社会主义宗教理论体系所具备的科学性与创新性、时代性与针对性、实践性与指导性、开放性与凝练性。

关键词：中国共产党　宗教属性　宗教问题　宗教工作　历史经验

2016年4月，习近平总书记在全国宗教工作会议上强调要"不断丰富和发展中国特色社会主义宗教理论，用以更好指导我国宗教工作实践"①。研究中国特色社会主义宗教理论体系必须深入分析它的内在逻辑和结构层次，深刻理解和把握各部分内容的丰富内涵，阐明各部分在中国特色社会主义宗教理论体系中的地位。新时期以来，中国特色社会主义宗教理论体系经过长期实践的检验和打磨，已经形成了一套独特的、完整的系统体系。具体地说，它包含了党对宗教属性的系统阐释、对宗教问题的精准研判、对宗教工作的顶层设计、对历史经验的科学总结，分别是中国特色社会主义宗教理论体系的理论根基、特色优势、实践路径、思想精髓，体现了科学性与创新性、时代性与针对性、实践性与指导性、开放性与凝练性的特点。

一

党对宗教属性的系统阐释是中国特色社会主义宗教理论体系的理论根基。它包含了关于宗教本质特征、发展规律和社会作用等方面的内容，反映出中国特色社会主义宗教理论体系的科学性与创新性。

党对宗教属性的系统阐释是中国特色社会主义宗教理论体系的理论根基。第一，对宗教属性的阐释是任何宗教理论的基本命题。宗教属性问题就是解决什么是宗教、如何认识宗教。这是解决一切宗教问题的根本出发点，是中国特色社会主义宗教理论体系必须回答

* 本文系国家社科基金重大项目"中国特色社会主义宗教理论体系研究"（项目批准号：16ZDA167）的阶段性成果。本成果受到中国人民大学"中央高校建设世界一流大学（学科）和特色发展引导专项资金"（项目批准号：15XNLG07）支持。

** 何虎生，中国人民大学马克思主义学院教授、博士生导师；张杰，中国人民大学马克思主义学院博士研究生。

① 《发展中国特色社会主义宗教理论 全面提高新形势下宗教工作水平》，《人民日报》2016年4月24日，第1版。

的首要问题，也是中国特色社会主义宗教理论体系发展的基本前提。第二，宗教属性包括了宗教本质、存在和发展三个方面。宗教属性特指宗教本质特征、发展规律和社会作用等方面的内容，其本质特征是指宗教的内涵，概括说明宗教所有属性的总和；其发展规律是宗教发展过程中的内在联系，客观描述宗教存续的必然趋向；其社会作用是宗教发展过程中所呈现出的效用与功能。第三，中国共产党对宗教属性有自身的理解和定义。长期以来，我们党从宗教本质特征、发展规律和社会作用等方面认识和对待宗教，形成了对宗教属性的科学认识，构成了中国特色社会主义宗教理论体系的本质观、历史观和价值观，夯实了中国特色社会主义宗教理论体系的理论根基，使其成为中国特色社会主义宗教理论体系的重要组成部分。

对宗教本质特征的认识。第一，宗教是有神论的世界观。无论社会经济基础怎么变化，宗教的本质仍然是有神论世界观，是对神灵的幻想、笃信和崇拜。作为一种唯心主义世界观，它与马克思主义的世界观是对立的。第二，宗教是群众性信仰。任何宗教都是群众性的社会现象，具有稳定的信仰主体。看待宗教不能脱离信仰主体，必须认识到它背后庞大的信教群体，这“关系党同人民群众的血肉联系”①。第三，宗教是一种文化现象。宗教还是有神论的信仰文化。习近平总书记强调，宗教是人类文化的重要载体，作为一种特殊的文化现象，“宗教在劝人向善方面有很多智慧，有很多有益的阐述”②。

对宗教发展规律的认识。第一，宗教的存在有着深刻的自然根源、社会根源、认识论根源和心理根源。即人们日常生活受自然异己力量和社会异己力量的支配而无法摆脱。必须以科学的历史的观点看待宗教，全面认识宗教产生和存在的深刻历史根源、社会根源、心理根源。第二，宗教有其发展的规律。宗教不是从来就有的，而是人类社会发展到一定阶段的历史现象，只要宗教存在的根源没有完全消失，宗教就不会彻底消亡。第三，宗教在社会主义社会仍将长期存在。随着社会主义制度的建立，我国宗教存在的阶级根源已基本消失，但宗教存在的其他社会根源和自然根源、认识根源的消失，则需要经历一个极为漫长的历史时期。

对宗教社会作用的认识。2015 年 5 月，习近平总书记在中央统战工作会议上提出，“必须辩证看待宗教的社会作用”③。第一，宗教的社会作用有积极的一面。我国宗教历来爱好和平，主张平等友善。中国优秀的宗教文化丰富多彩，是我国传统文化的组成部分。宗教界人士和信教群众是中国特色社会主义建设的重要力量。第二，宗教的社会作用有消极的一面。受国内外复杂因素影响，宗教可能被利用来破坏民族团结、国家安全、社会稳定，成为社会动荡的一个诱因。例如打着宗教旗号的民族分裂、暴力恐怖活动以及借教敛财、迷信等问题。第三，要引导宗教发挥积极作用。习近平总书记强调：“必须重视发挥宗教界人士作用，引导宗教努力为促进经济发展、社会和谐、文化繁荣、民族团结、祖国统一服务。”④ 面对宗教积极作用与消极作用相互交织的情况，我们既不能忽略其积极作

---

① 《发展中国特色社会主义宗教理论 全面提高新形势下宗教工作水平》，《人民日报》2016 年 4 月 24 日，第 1 版。

② 《把祖国的新疆建设得越来越美好——习近平总书记新疆考察纪实》，《人民日报》2014 年 5 月 4 日，第 1 版。

③ 《巩固发展最广泛的爱国统一战线 为实现中国梦提供广泛力量支持》，《人民日报》2015 年 5 月 21 日，第 1 版。

④ 《巩固发展最广泛的爱国统一战线 为实现中国梦提供广泛力量支持》，《人民日报》2015 年 5 月 21 日，第 1 版。

用，过分强调消极作用，也不能夸大其积极作用，无视消极作用，而是要最大限度地发挥其积极作用规避其消极作用。

党对宗教属性的系统阐释反映了中国特色社会主义宗教理论体系的科学性与创新性。党对宗教本质特征、发展规律和社会作用的认识符合马克思主义宗教观的基本原理，并且在此基础上有所创新，是科学性与创新性的有机统一。第一，继承和创新对宗教本质特征的认识。马克思主义经典作家指出："一切宗教都不过是支配着人们日常生活的外部力量在人们头脑中的幻想的反映，在这种反映中，人间的力量采取了超人间的力量的形式。"① 中国共产党既揭示了宗教的内在联系及其性质，还指出了宗教是群众性的信仰文化。第二，继承和创新对宗教发展规律的认识。马克思主义宗教观认为，宗教的产生、发展和消亡是一个历史过程，有其自身规律。中国共产党进一步揭示了宗教的产生和存在有自然的、社会的、认识的、心理的根源，提出要遵循宗教发展规律开展宗教工作。第三，继承和创新对宗教社会作用的认识。马克思主义宗教观曾深刻揭露过宗教的消极影响。中国共产党创造性提出，引导宗教与社会主义社会相适应，必须辩证看待我国宗教的社会作用。宗教既有积极作用，也有消极作用，是积极作用与消极作用共生共存的社会现象。

党对宗教属性的系统阐释紧紧依靠马克思主义宗教观，克服了对宗教属性的认识误区，在实践中进一步发展了马克思主义宗教观，是新形势下党正确认识并妥善处理宗教问题的基本前提，是党做好宗教工作的认识基础，是中国特色社会主义宗教理论体系的理论根基，彰显了科学性和创新性的特点。

二

党对宗教问题的精准研判是中国特色社会主义宗教理论体系的特色优势。它包含关于宗教问题的基本判断、原因揭示和处理原则等方面的内容，体现了中国特色社会主义宗教理论体系的时代性与针对性。

党对宗教问题的精准研判是中国特色社会主义宗教理论体系的特色优势。第一，问题导向是宗教理论发展的动力支撑。实践是理论的根本来源，理论的发展要以现实问题为导向。习近平总书记强调，宗教问题始终是我们党治国理政必须处理好的重大问题，做好新形势下宗教工作，就要深入研究和妥善处理宗教领域各种问题。② 第二，对宗教问题的判断能够反映出宗教理论的认识水平。宗教问题总在变化中，不断对理论发展提出新的更高要求。我国的宗教问题具有长期性、群众性、民族性、国际性、复杂性的特点，涉及面广、解决难度大。中国特色社会主义宗教理论体系也需要在认识和处理宗教问题的实践中实现自我更新。第三，党对国内外宗教问题有着深刻的认识。在长期的革命、建设和改革实践中，党不断总结处理宗教问题的经验教训，深刻分析国际、国内两方面宗教问题的基本变化，对宗教问题作出准确判断，分析其产生的原因，提出具体的处理办法，不断适应新形势下的最新要求，深刻把握党认识和处理宗教问题的客观规律，形成了中国特色社会主义宗教理论体系的特色优势。

对国内外宗教问题的基本判断。新时期以来国内外宗教格局发生了深刻变化。一方

① 恩格斯：《反杜林论》，《马克思恩格斯选集》第三卷，人民出版社 1995 年版，第 666—667 页。

② 《发展中国特色社会主义宗教理论 全面提高新形势下宗教工作水平》，《人民日报》2016 年 4 月 24 日，第 1 版。

面，世界宗教格局发生重大变化。从世界范围看，宗教不仅存在，还时有蔓延发展之势，传统宗教正走向分化和变革，开始向本国以外拓展生存空间；新兴宗教方兴未艾，已成为一种不可忽视的力量；网络宗教成为宗教生存的全新方式，给宗教事务管理带来全新挑战。另一方面，中国宗教格局发生重大变化。我国信教群众的年龄层、性别比例、受教育程度等方面发生了结构性变化；宗教发展速度过快给宗教事务管理带来压力；邪教、迷信和伪科学等非宗教因素从不同角度影响着中国宗教格局的走势；宗教极端主义成为威胁国家安全和社会稳定的重大隐患。

对宗教问题产生原因的深刻揭示。宗教问题从来就不是孤立存在的，总是与政治、经济、文化、民族等方面联系紧密。第一，宗教领域人民内部矛盾与敌我矛盾相互交织。正确区分宗教方面不同性质的矛盾，是正确处理宗教问题的基本前提。我国宗教方面的矛盾主要是人民内部矛盾，属于非对抗性质。而境外势力利用宗教对我国进行渗透，又属于敌我性质的矛盾，是对抗性质矛盾。第二，宗教问题与民族问题相互交织。我国是一个多民族多宗教的统一国家，既有一个或多个民族信仰一种宗教，又有一个民族信仰多种宗教的情况，宗教问题与民族问题联系紧密。要警惕和反对任何利用宗教破坏各民族团结的行为。第三，国内宗教问题与国际宗教问题相互交织。我国宗教不可能独立于世界而存在。境外敌对势力从未停止过利用宗教进行的渗透活动，企图打着宗教旗号颠覆我国社会主义政权和制度，严重威胁国家统一、领土完整和民族团结。

对处理宗教问题大政方针的全面部署。习近平总书记指出："处理宗教问题的基本原则，就是保护合法、制止非法、遏制极端、抵御渗透、打击犯罪。"① 第一，妥善处理国际宗教问题。宗教方面的对外交往逐渐频繁，要在独立自主、平等友好、互相尊重的基础上开展对外宗教交往，同时要坚决抵御利用宗教对我国进行渗透、破坏和颠覆政权的活动。第二，妥善处理民族宗教问题。民族问题与宗教问题相互交织，要善于分析民族问题与宗教问题的区别和联系，警惕和反对任何利用宗教狂热破坏民族团结的言行。第三，妥善处理我国传统宗教存在的问题。改革开放后，佛教、道教等中国本土特色的传统宗教的管理问题频出。对此，必须依法依规管理好寺庙宫观，坚决制止乱建寺观和各种借教敛财行为，加强对宗教活动场所的监督和管理。

党对宗教问题的精准研判体现了中国特色社会主义宗教理论体系的时代性与针对性。中国特色社会主义宗教理论体系紧密贴合当前国际形势，立足我国宗教问题格局，体现了对世情、国情、党情的深刻认识，具有时代性与针对性。第一，体现了它对世情的认识。中国宗教大部分都是外来宗教，与世界宗教紧密相连。中国特色社会主义宗教理论体系包含了党对国际宗教格局变化、发展的新判断，充分吸收了世界各国政府处理宗教问题的有益经验，不断更新党对世界性宗教的认识，积极应对外来因素对中国宗教的影响，形成了一套行之有效、自成体系的宗教理论。第二，体现了它对国情的认识。中国特色社会主义宗教理论体系立足于解决中国的现实问题，具有很强的灵活性和针对性，集中体现在少数民族宗教政策、独立自主自办原则、宗教与社会主义社会相适应等方面，充分考虑到中国宗教的"五性"特征，符合中国宗教的基本国情。第三，体现了它对党情的认识。中国共产党是马克思主义政党，是中国特色社会主义宗教理论体系的开创主体。党与宗教界结

---

① 《坚持依法治疆团结稳疆长期建疆 团结各族人民建设社会主义新疆》，《人民日报》2014 年 5 月 30 日，第 1 版。

成统一战线、党领导宗教工作、党员不能信仰宗教等都充分体现了中国共产党的特殊地位和党性特征。这一点不仅不会削弱，还会不断增强。

党对宗教问题的精准研判概括出当前宗教格局的重大变化，深刻反映了宗教问题的特殊复杂性，科学分析了背后的多重原因，提出了解决问题的具体办法，是中国特色社会主义宗教理论体系对世情国情党情的积极反映，体现了中国特色社会主义宗教理论体系的时代性与针对性，具有很强的适用性和解释力，已经成为中国特色社会主义宗教理论体系的独特优势。

三

党对宗教工作的顶层设计是中国特色社会主义宗教理论体系的实践路径。它包含了党关于宗教工作本质要求、方针政策、组织保证及价值目标等主要内容，彰显了中国特色社会主义宗教理论体系的实践性和指导性。

党对宗教工作的顶层设计是中国特色社会主义宗教理论体系的实践路径。第一，宗教工作是宗教理论迈向实践的通道。习近平总书记多次指出，要结合我国宗教发展变化和宗教工作实际，不断发展中国特色社会主义宗教理论，用以更好地指导新形势下的宗教工作。① 任何理论都要经得住实践的检验。宗教工作既是中国特色社会主义宗教理论体系迈向实践的关键步骤，又是其丰富和发展的源泉。第二，宗教工作理论是宗教理论的重要组成部分。宗教工作在党和国家工作全局中具有特殊重要性，关系中国特色社会主义事业发展，关系党同人民群众的血肉联系，关系社会和谐、民族团结，关系国家安全和祖国统一。宗教工作理论涉及面广、内涵丰富，是中国特色社会主义宗教理论体系的核心部分。第三，党对宗教工作的顶层设计在实践中日臻成熟。新时期以来，中国共产党逐渐明确做好宗教工作的本质要求、方针政策、组织保证及价值目标等各个方面，在实践中不断提高对宗教工作的认识水平，探索出一系列行之有效的方法、手段和措施。

宗教工作本质上是群众工作。第一，要切实尊重信教群众的宗教信仰。在做宗教工作的过程中，要防止出现干涉信教群众信仰自由、歧视信教群众信仰生活、伤害信教群众宗教感情的言行。第二，要善于用群众工作的思路和方法做好宗教工作。信教群众与不信教群众在经济上、政治上的根本利益是一致的，信仰上的差异是次要的。信教群众也是建设中国特色社会主义的积极力量，是党执政的重要基础，“要坚持政治上团结合作、信仰上相互尊重，多接触、多谈心、多帮助，以理服人，以情感人，通过解决实际困难吸引人、团结人”②。第三，要注重对信教群众的引导。“用社会主义核心价值观来引领和教育宗教界人士和信教群众，弘扬中华民族优良传统，用团结进步、和平宽容等观念引导广大信教群众”③，这是做好信教群众工作的有效方式。

全面贯彻党的宗教工作基本方针。习近平总书记指出，“党的宗教工作基本方针是我

---

① 《发展中国特色社会主义宗教理论 全面提高新形势下宗教工作水平》，《人民日报》2016 年 4 月 24 日，第 1 版。

② 《发展中国特色社会主义宗教理论 全面提高新形势下宗教工作水平》，《人民日报》2016 年 4 月 24 日，第 1 版。

③ 《发展中国特色社会主义宗教理论 全面提高新形势下宗教工作水平》，《人民日报》2016 年 4 月 24 日，第 1 版。

们党坚持马克思主义宗教观，从我国国情和宗教具体实际出发，汲取正反两方面经验制定出来的”①。一方面，要深刻领会党的宗教工作基本方针的有机内涵。即“全面贯彻党的宗教信仰自由政策，依法管理宗教事务，坚持独立自主自办原则，积极引导宗教与社会主义社会相适应”②。这四句话是一个有机整体，其中前三句是基本政策和原则，后一句是根本方向和目的。另一方面，要把党的宗教工作基本方针融到实践中去。把党的宗教工作基本方针坚持好，“关键是要在‘导’上想得深、看得透、把得准，做到‘导’之有方、‘导’之有力、‘导’之有效，牢牢掌握宗教工作主动权”③。既要保护信教群众和宗教界人士的合法权益，又要加强党对宗教工作的领导，积极引导宗教自觉遵守国家法律。

加强和改进党对宗教工作的领导。加强和改进党对宗教工作的领导是做好新形势下宗教工作的根本保证。一方面，要全面提高党处理宗教问题的能力。各级党委要建立健全强有力的领导机制，学习党关于宗教问题的理论和方针政策，加大对宗教领域的调查研究，加强宗教政策宣传和舆论引导。党的基层组织要切实做好信教群众的工作。另一方面，要抓好党员干部不得信仰宗教的政治纪律。宗教工作依靠党，关键是要依靠党员干部。习近平总书记强调，“共产党员要做坚定的马克思主义无神论者，严守党章规定，坚定理想信念，牢记党的宗旨，绝不能在宗教中寻找自己的价值和信念”④。

构建积极健康的宗教关系。构建积极健康的宗教关系是党做好宗教工作的价值目标。第一，要深刻把握宗教关系的基本内涵。习近平总书记把宗教关系的概念阐释为：“党和政府与宗教、社会与宗教、国内不同宗教、我国宗教与外国宗教、信教群众与不信教群众的关系。”⑤ 第二，要深刻理解构建积极健康宗教关系的必要性。宗教关系不仅是宗教问题，还是涉及面极广的社会问题。构建积极健康的宗教关系，就是要实现宗教与其他各领域达到“和而不同”的境界。这样才能确保宗教与社会主义社会相适应。第三，要掌握构建积极健康宗教关系的有效方式。“必须牢牢把握坚持党的领导、巩固党的执政地位、强化党的执政基础这个根本，必须坚持政教分离，坚持宗教不得干预行政、司法、教育等国家职能实施，坚持政府依法对涉及国家利益和社会公共利益的宗教事务进行管理。”⑥

党对宗教工作的顶层设计彰显了中国特色社会主义宗教理论体系的实践性和指导性。新时期以来党的宗教工作取得的巨大成就，得益于中国特色社会主义宗教理论体系的重要引领。第一，指导了宗教领域的拨乱反正。改革开放后，党对宗教工作的恢复和发展，廓清了理论和实践上的误区，将宗教又重新拉回到正常轨道，团结了宗教界人士和信教群

---

① 《发展中国特色社会主义宗教理论 全面提高新形势下宗教工作水平》，《人民日报》2016 年 4 月 24 日，第 1 版。

② 《发展中国特色社会主义宗教理论 全面提高新形势下宗教工作水平》，《人民日报》2016 年 4 月 24 日，第 1 版。

③ 《发展中国特色社会主义宗教理论 全面提高新形势下宗教工作水平》，《人民日报》2016 年 4 月 24 日，第 1 版。

④ 《发展中国特色社会主义宗教理论 全面提高新形势下宗教工作水平》，《人民日报》2016 年 4 月 24 日，第 1 版。

⑤ 《发展中国特色社会主义宗教理论 全面提高新形势下宗教工作水平》，《人民日报》2016 年 4 月 24 日，第 1 版。

⑥ 《发展中国特色社会主义宗教理论 全面提高新形势下宗教工作水平》，《人民日报》2016 年 4 月 24 日，第 1 版。

众。这是中国特色社会主义宗教理论在实践层面上的第一次胜利，初步验证了它的实践性。第二，推动了中国特色社会主义宗教政策体系的形成。中国特色社会主义宗教理论体系实现了马克思主义宗教观同中国宗教实践的无缝衔接，形成了基本宗教政策、中国特色的宗教政策、具有党性特点的宗教政策三位一体的政策体系。第三，全面提高了党的宗教工作水平。中国特色社会主义宗教理论体系全面指导了新时期党的宗教工作，形成并贯彻了党的宗教工作基本方针，推进了宗教工作法治化进程，妥善解决了宗教领域突出问题，保证了中国宗教的健康秩序。第四，引导宗教发挥了积极作用。新时期以来，中国特色社会主义宗教理论体系把发挥宗教积极作用作为出发点和落脚点，充分发挥中国宗教在促进经济发展、社会和谐、文化繁荣、民族团结、祖国统一中的积极作用。

党对宗教工作本质要求、方针政策、组织保证及价值目标的顶层设计，构成了中国特色社会主义宗教理论体系的实践路径，极大地丰富了中国特色社会主义宗教理论体系的内涵，反映出中国特色社会主义宗教理论体系的实践特性和指导价值。

四

党对历史经验的科学总结是中国特色社会主义宗教理论体系的思想精髓。它包含了党认识宗教属性、处理宗教问题、做好宗教工作的基本经验等方面的内容，反映了中国特色社会主义宗教理论体系的开放性和凝练性。

党对历史经验的科学总结是中国特色社会主义宗教理论体系的思想精髓。第一，总结历史经验是党的优秀传统。中国共产党是一个善于吸取经验教训的马克思主义政党，及时总结认识宗教属性、处理宗教问题、做好宗教工作的基本经验，有利于把握宗教工作规律，达到事半功倍的效果。第二，科学经验能够确保宗教理论的正确方向。中国特色社会主义宗教理论体系的科学依据是马克思主义宗教观。习近平总书记指出，“要坚持用马克思主义立场、观点、方法认识和对待宗教”①。不断地总结经验，有利于强化中国特色社会主义宗教理论体系的科学性，保持其发展的正确方向。第三，党对历史经验的总结是中国特色社会主义宗教理论体系的系统补充。习近平总书记在总结宗教工作经验时指出：“积极引导宗教与社会主义社会相适应，必须坚持中国化方向，必须提高宗教工作法治化水平，必须辩证看待宗教的社会作用。”② 这不仅是中国特色社会主义宗教理论体系的有机构成，还是它的思想精髓。

必须坚持以马克思主义宗教观为指导。马克思主义宗教观是科学的宗教理论。马克思、恩格斯运用辩证唯物主义和历史唯物主义原理及方法揭示了宗教的本质、根源、作用以及产生、发展和消亡的普遍规律，提供了无产阶级政党正确认识和处理宗教问题的科学世界观和方法论，是中国共产党认识和处理宗教问题的行动指南。实践证明，只有正确理解和全面把握马克思主义宗教观基本原理，结合中国宗教具体实际和时代特征，紧紧围绕党的中心工作，才能妥善处理好宗教问题，才能不断推进马克思主义宗教观中国化进程，

---

① 《发展中国特色社会主义宗教理论 全面提高新形势下宗教工作水平》，《人民日报》2016 年 4 月 24 日，第 1 版。

② 《巩固发展最广泛的爱国统一战线 为实现中国梦提供广泛力量支持》，《人民日报》2015 年 5 月 21 日，第 1 版。

不断丰富和发展中国特色社会主义宗教理论体系。

必须支持中国宗教的中国化方向。习近平总书记强调："积极引导宗教与社会主义社会相适应，一个重要的任务就是支持我国宗教坚持中国化方向。要用社会主义核心价值观来引领和教育宗教界人士和信教群众，弘扬中华民族优良传统，用团结进步、和平宽容等观念引导广大信教群众，支持各宗教在保持基本信仰、核心教义、礼仪制度的同时，深入挖掘教义教规中有利于社会和谐、时代进步、健康文明的内容，对教规教义作出符合当代中国发展进步要求、符合中华优秀传统文化的阐释。"① 历史反复证明无论本土宗教还是外来宗教，都要不断适应我国社会发展和时代进步，充实时代内涵，提高宗教与社会主义社会相适应的广度和深度。

必须坚持在法治化轨道上推进党的宗教工作。习近平总书记指出，必须提高宗教工作法治化水平。2016 年 4 月，他在全国宗教工作会议上强调，要"用法律规范政府管理宗教事务的行为，用法律调节涉及宗教的各种社会关系"②。宗教事务是社会事务的组成部分，宗教活动是在社会中进行的，必然会涉及社会公共利益和国家利益，必须依法予以管理。依法管理宗教事务，是当今世界大多数国家的通行做法，是我们党全面推进依法治国方略的必然要求，也是积极引导宗教与社会主义社会相适应的必由之路。因此，处理宗教问题、做好宗教工作的根本之道在于依法正确处理宗教领域各种矛盾和问题，使宗教活动在我国宪法和法律法规范围内开展，不允许有法外之地、法外之人、法外之教。

必须重视发挥宗教团体和宗教界人士的作用。宗教团体和宗教界人士是党和政府联系信教群众的桥梁和纽带，是做好宗教工作的重要依托。一方面，"要为他们开展工作提供必要的支持和帮助，尊重和发挥他们在宗教内部事务中的作用，努力建设政治上可信、作风上民主、工作上高效的高素质领导班子。要坚持政治上靠得住、宗教上有造诣、品德上能服众、关键时起作用的标准，支持宗教界搞好人才队伍建设"③。另一方面，要重视宗教界人士的培养工作，尤其是对中青年爱国宗教界人士的培养。"采取有力措施提高宗教界人士素质，确保宗教组织领导权牢牢掌握在爱国爱教人士手中。"④

党对历史经验的科学总结反映了中国特色社会主义宗教理论体系的开放性和凝练性。中国特色社会主义宗教理论体系是开放的、高度凝练且不断自我完善的理论体系。第一，系统地丰富和发展了马克思主义宗教观。党认识宗教属性、处理宗教问题、做好宗教工作的基本经验，来源于马克思主义宗教观，并系统地把马克思主义宗教观与中国宗教实际相结合，又丰富和发展了马克思主义宗教观。第二，超越了中国传统宗教理论的认知水平。较之我国传统的宗教理论，中国特色社会主义宗教理论体系继承了党在社会主义初级阶段的宗教基本观点，更加突出了时代特色，具有鲜明的实践性、创新性特点。第三，总结并

---

① 《巩固发展最广泛的爱国统一战线 为实现中国梦提供广泛力量支持》，《人民日报》2015 年 5 月 21 日，第 1 版。

② 《发展中国特色社会主义宗教理论 全面提高新形势下宗教工作水平》，《人民日报》2016 年 4 月 24 日，第 1 版。

③ 《发展中国特色社会主义宗教理论 全面提高新形势下宗教工作水平》，《人民日报》2016 年 4 月 24 日，第 1 版。

④ 《坚持依法治疆团结稳疆长期建疆 团结各族人民建设社会主义新疆》，《人民日报》2014 年 5 月 30 日，第 1 版。

借鉴了国内外处理宗教的有益经验。中国共产党具有全球视野，吸收了国外宗教治理中的成功经验。在开展宗教对外交往过程中，党形成自身处理宗教问题的原则，例如抵御境外势力利用宗教进行渗透、实现外来宗教在中国落地生根等。

党对认识宗教属性、处理宗教问题、做好宗教工作基本经验的科学总结，构成了中国特色社会主义宗教理论体系的思想精髓。这些内容不仅极大地推动了马克思主义宗教观的中国化进程，还开拓了马克思主义宗教观的新境界，成为中国特色社会主义宗教理论体系开放性和凝练性的全新体现。

中国特色社会主义宗教理论体系不是一蹴而就的，而是我们党在长期革命、建设和改革实践中逐渐总结得出的科学理论体系。它是马克思主义中国化的最新成果，是中国共产党人集体智慧的结晶，是中国特色社会主义理论体系的宗教篇和重要组成部分。实践已经证明，中国特色社会主义宗教理论体系具有科学性。党的十八大以来，以习近平同志为核心的党中央，不断提出一系列新思想新理念新战略，形成了融党对宗教属性的系统阐释、对宗教问题的精准研判、对宗教工作的顶层设计、对历史经验的科学总结四个层次为一体的理论格局，极大地丰富了中国特色社会主义理论体系的核心内涵，明确了中国特色社会主义理论体系的功能定位，成为我们全面认识宗教、处理宗教问题、做好新形势下宗教工作的根本遵循。

（原文发表于《世界宗教文化》2017 年第 3 期）

近百年的中国佛教地理研究

景天星*

摘　要：近百年来，奠基于宗教学、历史学和地理学的中国佛教地理研究，取得一定成绩。其研究内容，聚焦于宗教地理学、历史地理学和区域地理学等学科，或融涵于宗教地理之理论，或收摄于断代史佛教地理，或归属于区域佛教地理，从不同角度对特定历史与地区的佛教传播、寺院分布、高僧籍贯或驻锡地等进行了研究，但在中国佛教地理理论方面仍显薄弱；其研究方法，以历史地理学之研究方法为主，兼及宗教学、生态学等方法，同时引入行为地理学、新文化地理学等新方法，但仍需继续探索。

关键词：中国佛教地理　宗教地理学　历史地理学　区域地理学

一　研究史回顾

"中国佛教地理"进入学术视野，约为20世纪20年代初叶。[①] 1920年，梁启超（1873—1929）从欧洲归国后，相继撰写了18篇论文[②]，其中《佛教之初传入》《佛教与西域》《又佛教与西域》《中国印度之交通》等皆论及佛教之地理传播。1922年，日本的常盘大定将其对中国的佛教史迹考察整理出版[③]，其中对我国的佛教地理多有记载。1924年，大盐毒山还出版了《支那佛教史地图》。[④] 1928—1929年，井上以智为还在日本的《历史与地理》杂志发表了《唐代时期五台山之佛教》。[⑤] 1931年，井氏还发表有《六朝时代佛教之分布》[⑥]，研究了六朝时期中国佛教之地理分布。

20世纪30—40年代，对"佛教地理"之研究一直在延续。1938年，汤用彤在其名

---

* 景天星，陕西省社会科学院宗教研究所助理研究员，西北大学历史学院2014级博士研究生。

① 张伟然：《中国佛教地理研究史籍述评》，《地理学报》1996年第4期，第369页。

② 此18篇文章于1936年由中华书局出版，并被收入《饮冰室专集》第14册、第15册。参见梁启超《佛学研究十八篇》，上海古籍出版社2009年版。

③ 参见［日］常盘大定《常盘博士支那佛教史迹踏查报告会展览拓本目录》，东京：东京帝国大学启明会，1922年。十多年后，常盘大定又出版《支那佛教史迹踏查记》，参见常盘大定《支那佛教史迹踏查记》，东京：龙吟社，1938年。

④ ［日］大盐毒山著，常盘大定、山崎直方、境野黄洋校阅：《支那佛教史地图》，东京：大雄阁，1924年。

⑤ ［日］井上以智为：《唐代时期五台山之佛教（一）》，《历史与地理》第21卷第5号，1928年5月，第1—19页；［日］井上以智为：《唐代时期五台山之佛教（二）》，《历史与地理》第22卷第6号，1928年12月，第14—27页；［日］井上以智为：《唐代时期五台山之佛教（三）》，《历史与地理》第24卷第2号，1929年8月，第58—75页；［日］井上以智为：《唐代时期五台山之佛教（四）》，《历史与地理》第24卷第3号，1929年9月，第33—39页。

⑥ ［日］井上以智为：《六朝时代佛教之分布》，《历史与地理》第27卷第1号，1931年1月，第10—23页。

著《汉魏两晋南北朝佛教史》中单列一节“汉代佛法地理上之分布”①，研究汉代佛教地理。1940年，陈垣的《明季滇黔佛教考》初版②，研究了明末清初云、贵两省佛教之发展，揭橥了汉传佛教在西南地区的历史发展与地理传播。1943年，刘汝霖又出版《中国佛教地理》，该书分为《名都》《名山》《地方》三卷，简要记述了一些重要的都市以及名山的发展③，虽非纯粹意义之佛教地理学著作，但首次以“佛教地理”命名，具有一定意义。1947年，山崎宏的《支那中世佛教之展开》考察了后汉到隋唐的佛教分布。④

20世纪50年代初，我国文物工作者在从事区域文物勘察的过程中也会涉及佛教地理方面的内容，如1950年7月21日成立的雁北文物勘查团，是“中华人民共和国成立以来第一次组织的规模较大的关于历史文化遗产实地调查研究的工作团体”。⑤ 其勘察内容于1951年出版，名为《雁北文物勘查团报告》⑥，其中对山西、河北等地的佛教地理均有所涉及。该成果亦引起国外学者的关注，如日本的日比野丈夫于1952年发表了书评⑦。此后一直到70年代，随着众多学科研究之消停，我国的佛教地理研究亦基本处于停滞状态。而其他一些国家或地区继续开展研究，如日本的水野清一、日比野丈夫在1956年出版《山西古迹志》⑧，该书是对山西尤其是晋北地区佛教寺院之考察，其中亦涉及佛教地理。1973年，日本的滋野井恬也发表《唐代佛教教线之检讨》⑨，讨论佛教之地理传播。

从20世纪80年代开始，对我国佛教地理的研究呈现出蓬勃发展之趋势。80年代初，我国台湾学者何启民的《佛教入华初期传布地理考》对佛教的传布地理进行了详细的考证。⑩ 不久，颜尚文的《后汉三国两晋时代佛教寺院之分布》⑪ 也研究了后汉三国两晋时代的佛教寺院分布。随后，印顺法师的《佛教史地考论》⑫ 也对佛教之地理传播、佛经编纂的时地、中国的地志、中国佛教的圣地等进行了考证。1988年，辛德勇的《唐高僧籍贯及驻锡地分布》⑬ 对唐代高僧的地理分布进行了研究。进入90年代，更多学者加入佛

① 汤用彤：《汉魏两晋南北朝佛教史》，北京大学出版社2011年版，第47—49页。

② 该书出版于1940年3月，为《辅仁大学丛书》第6种，当年由辅仁大学刊行。后又多次再版，参见陈垣《明季滇黔佛教考》，中华书局1962年版。

③ 该书现藏北京图书馆。转引自李映辉《唐代佛教地理研究》，湖南大学出版社2004年版，第3—4页。

④ ［日］山崎宏：《支那中世佛教之展开》，东京：清水书店，1947年。

⑤ 温玉清：《雁北文物勘察团溯往》，《建筑创作》2009年第2期。

⑥ 雁北文物勘查团编：《雁北文物勘查团报告》，中央人民政府文化部文物局1951年版。

⑦ ［日］日比野丈夫：《雁北文物勘查团报告（书评）》，《东洋史研究》第11卷第4号，1952年2月，第382—384页。

⑧ ［日］水野清一、日比野丈夫：《山西古迹志》，京都：中村印刷株式社会出版部，1956年。该书现有汉译本，参见水野清一、日比野丈夫《山西古迹志》，孙安邦、李广洁等译，山西古籍出版社1993年版。

⑨ ［日］滋野井恬：《唐代佛教教线之检讨》，载［日］滋野井恬著《唐代佛教史论》，京都：平乐寺书店，1973年，第24—70页。

⑩ 何启民：《佛教入华初期传布地理考》，载张曼涛主编《现代佛教学术丛刊·中国佛教史论集（一）》第5册，大乘文化基金会出版1980年版，第79—113页。

⑪ 颜尚文：《后汉三国两晋时代佛教寺院之分布》，《国立台湾师范大学历史学报》1985年第13期。

⑫ 释印顺：《佛教史地考论》，正闻出版社1986年版。

⑬ 辛德勇：《唐高僧籍贯及驻锡地分布》，载史念海主编《唐史论丛》第4辑，三秦出版社1988年版。

教地理研究队伍，相继出现了张伟然、李映辉、介永强[①]等一批重要领军人物。该领域之研究成果，有诸多学术专著，如2004年的《唐代佛教地理研究》[②]、2007年的《魏晋南北朝佛教地理稿》[③]、2008年的《西北佛教历史文化地理研究》[④]、2014年的《六朝江东佛教地理研究》[⑤] 和《两晋南北朝时期河陇佛教地理研究》[⑥]、2016年的《藏彝走廊北部地区藏传佛教寺院研究》[⑦] 等。此外，亦有近20篇相关硕士、博士学位论文。[⑧]

关于"中国佛教地理"的研究方法，多采用文献学、历史学、地理学之方法，以此为基，亦兼统计学、宗教学之方法等。随着研究之深化与学科之发展，亦引入行为地理学[⑨]、新文化地理学[⑩]等新方法。

总体而言，从20世纪20年代初，直至2016年3月，近百年来，与中国佛教地理相关的研究内容，主要有佛教地理理论之研究、佛教历史地理之研究、佛教区域地理之研究等，这三大研究内容分别聚焦于宗教地理学、历史地理学和区域地理学三大学科。

二 基于宗教地理学的佛教地理理论之研究

从佛教诞生之初，佛教即与地理密切相关，且在发展过程中一直离不开地理。近代以来，随着地理学与宗教学学科的发展，佛教地理逐渐被纳入宗教地理学的学科范畴，从而形成了独特的学科理论。作为人文地理学的分支学科，宗教地理学主要研究宗教的地理分布、宗教的传播、宗教与地理环境之间的相互关系等。

（一）国外学术界对宗教地理学的研究

早在19世纪中叶，就有学者开始探讨地理环境对宗教的影响。1748年，著名的地理环境决定论者孟德斯鸠（C. L. Montesquieu，1689—1755）在《论法的精神》中指出，佛教的教义源于气候，他说"印度的立法者佛顺从自己的感觉，使人类处于极端被动的状

① 张伟然为复旦大学中国历史地理研究所教授，曾师从著名历史地理学家谭其骧教授获博士学位；李映辉和介永强皆曾就读于陕西师范大学历史地理研究所（现西北历史环境与经济社会发展研究院），师从著名历史地理学家史念海教授获博士学位。三位学者皆发表并出版多篇相关论著，将于后文述评。

② 李映辉：《唐代佛教地理研究》，湖南大学出版社2004年版。该书在作者的博士论文基础上完善而成，参见李映辉《唐代佛教地理研究》，陕西师范大学1996年博士学位论文。

③ 严耕望：《魏晋南北朝佛教地理稿》，上海古籍出版社2007年版。

④ 介永强：《西北佛教历史文化地理研究》，人民出版社2008年版。该书在其博士论文基础上完善而成，参见介永强《西北佛教历史文化地理研究》，陕西师范大学2004年博士学位论文。

⑤ 蒋少华：《六朝江东佛教地理研究》，花木兰文化出版社2014年版。该书在其硕士论文基础上完善而成，参见蒋少华《六朝江东佛教地理研究》，南京大学2011年硕士学位论文。

⑥ 杨发鹏：《两晋南北朝时期河陇佛教地理研究》，巴蜀书社2014年版。该书在其博士论文基础上完善而成，参见杨发鹏《两晋南北朝时期河陇佛教地理研究》，西北师范大学2010年博士学位论文。

⑦ 李顺庆著：《藏彝走廊北部地区藏传佛教寺院研究》，巴蜀书社2016年版。

⑧ 此方面之代表，除如上李映辉、介永强、杨发鹏之成果，重要的还有朱普选、王开队、郑涛等人的博士论文，其研究内容将在后文评述。

⑨ 关于此方面之研究成果，参见武弘麟、程上《名山研究的行为地理学解释——以北雁荡山为例》，《地理研究》2006年第6期。

⑩ 参见陈宁宁、朱竑《新文化地理学视角下的国外宗教地理学研究》，《地理科学进展》2012年第2期。

态中，但是佛的教义是由气候上的懒惰产生的，却反而主张了懒惰；这就产生了无数的弊害”[①]，此结论虽值得商榷，但较早地探讨了气候与佛教之关系。1911 年，另一著名的地理环境论者爱伦·丘吉尔·辛普尔（Ellen Churchill Semple，1863—1932）出版《地理环境的影响》（*Influences of Geographic Environment*）[②]，指出，地理环境影响人类的精神气质，而这种影响可通过人类的宗教活动反映出来。

从 20 世纪 50 年代开始，宗教地理学的研究开始侧重人文与文化。1967 年，索费尔（David. Edward. Sopher）出版《宗教地理学》（*Geography of Religions*）[③]，他指出，在文化地理学的主题架构下，宗教地理学有四大内容，分别是：1. 宗教体系以及特定宗教制度发展的环境背景意义；2. 宗教体系和制度对政治及其环境的作用；3. 宗教体系和制度的空间秩序和组织化的途径；4. 宗教的地理分布和宗教体系扩展的相互作用。[④] 这奠定了宗教地理学的学科基础。1981 年，索费尔又发表《地理学与宗教》（*Geography and Religions*），回顾了过去十多年中的研究历史，并提出从生态、空间、区位的角度来充实研究内容。因而，索费尔也被认为是宗教地理学的“开创者”和“奠基人”。

进入 80 年代，国际学术界日渐重视宗教地理学之研究。1980 年，国际地理联合会（IGU）在纽约设立国际宗教地理组，由联邦德国地理学家布塔纳（M. Bttner）担任组长，主要研究宗教的地理背景、宗教信仰的转变及宗教活动的环境效应等，“这实质上也代表了国际宗教地理组对宗教地理学研究内容的基本规范”。[⑤]

（二）国内学术界对宗教地理学的研究

从 90 年代开始，我国相继出现宗教地理学相关论文，不仅介绍了宗教地理学以及宗教与地理之间的相互关系，而且回顾了中外宗教地理的研究历史，难能可贵的是，还介绍了国外宗教地理学研究的新视角，并展望了我国宗教地理学的发展。

1. 对宗教与地理关系的探讨

此方面之成果，重要的有李悦铮、赵钦和等以及王衍用和曹诗图等人的论文。1990 年，我国的宗教地理学研究“刚刚起步”，李悦铮发表《试论宗教与地理学》，指出自然地理环境是宗教形成的重要因素，影响着宗教的传播、发展与分布特征，而同时宗教对地理环境又有反作用。[⑥] 1994 年，赵钦和、潘玉君认为“宗教地理学是地理学与宗教学之间的交叉边缘学科，属于部门人文地理学，它以宗教活动与地理环境之间的相互联系所构成的地域系统的空间秩序、时间序列和动因机制为核心”，其研究内容主要有宗教的起源地、分布与传播，宗教文化景观，宗教对自然环境的影响等。[⑦] 1996 年，王衍用和曹诗图从宗教的起源、宗教的源地、宗教的习俗和教义、宗教的分布四个方面论述了其与地理背

---

① ［法］孟德斯鸠：《论法的精神》（上），张雁深译，商务印书馆 1995 年版，第 232 页。

② Ellen Churchill Semple, *Influences of Geographic Environment*: *On the Basis of Ratzel's System of Anthropo—Geography*, New York: Henry Holt and Company, 1911.

③ David. Edward. Sopher, *Geography of Religions*, Upper Saddle River: Prentice—Hall, 1967.

④ 转引自赵钦和、潘玉君《宗教地理学引论》，《齐齐哈尔师范学院学报（哲学社会科学版）》1994 年第 3 期。

⑤ 转引自赵钦和、潘玉君《宗教地理学引论》，《齐齐哈尔师范学院学报（哲学社会科学版）》1994 年第 3 期。

⑥ 李悦铮：《试论宗教与地理学》，《地理研究》1990 年第 3 期。

⑦ 赵钦和、潘玉君：《宗教地理学引论》，《齐齐哈尔师范学院学报（哲学社会科学版）》1994 年第 3 期。

景的密切关系。[①]

2. 对中外宗教地理研究的回顾

回顾中外宗教地理的研究历史的论文，主要有《20世纪以来中国宗教地理研究之概况》和《国外宗教地理研究回顾与进展》等，前文发表于2008年，从宗教地理学的基本理论研究、部门宗教地理研究、区域综合历史宗教地理研究等方面综述了20世纪以来中国宗教地理之研究。难能可贵的是，该文还指出，其研究方法“除了运用历史学和地理学的研究方法外，宗教地理的研究还要借鉴人类学、文化学、考古学、宗教学等学科的研究方法和研究成果”。[②] 后文发表于2010年，指出国外宗教地理研究成熟于20世纪60年代，出现了诸如新文化地理学、宗教生态学、宗教社会学等研究方向；其研究内容也从最初对宗教与地理环境关系的单一研究逐渐趋向多样化，宗教的分布与扩散、宗教文化区和宗教景观研究都得到了充分重视。新文化地理学由于融合了更多跨学科知识，而逐渐在宗教地理研究中占据主流。[③] 此外，2013年，江莉莉、白凯[④]也探讨了全球化视角下的宗教地理学研究变革与转向，回顾并分析了近十年的宗教地理研究成果。

3. 新方法的引入以及重视和展望

2012年，陈宁宁、朱竑在介绍国外宗教地理学研究时引入了新文化地理学，认为国外宗教地理学研究在新文化地理学思潮的影响下，促生出许多新的议题和研究方向。他们从地方、景观、现代性和尺度四个方面，对宗教的定义、宗教地理学与宗教性地理学的辩证关系、宗教地理学的研究趋势等进行了探讨和反思，以期为中国包括民间信仰在内的广义宗教地理的本土研究提供借鉴。[⑤]

另外，在部分人文地理学或文化地理学著作中，亦有与宗教地理相关的章节，足见地理学界对宗教地理的重视。如宋保平的《理论人文地理学》[⑥] 专设“宗教地理概述”一节内容；王恩涌的《文化地理学导论》[⑦] 专设“宗教地理”一章，介绍宗教文化区、宗教的扩散、宗教生态学、宗教与文化各因素的关系、宗教景观等；张文奎主编的《人文地理学概论》[⑧] 亦列有“宗教及其分布”一节内容。此外，《我国宗教地理学发展大势与前景》不仅探讨了改革开放以来的宗教地理学发展大势，而且展望了宗教地理学的发展前景。[⑨]

以上诸研究，通过对宗教地理学之探讨，为中国佛教地理之研究奠定了理论基础与学科基础，不仅探讨了中国佛教地理之研究内容、研究方法等，而且指明了中国佛教地理之

① 王衍用、曹诗图：《试论宗教的地理背景》，《人文地理》1996年S2期。

② 胡尧、雷达：《20世纪以来中国宗教地理研究之概况》，《知识经济》2008年第1期。

③ 薛熙明、朱竑：《国外宗教地理研究回顾与进展》，《人文地理》2010年第3期。

④ 他们梳理了三个方面的问题：第一，宗教活动选址、感官地理、人口构成与宗教地理分析尺度等方面的主要研究成绩和相对不足；第二，后世俗主义宗教地理研究的崛起；第三，在当前的四大全球性变化（城市化和社会不公、环境恶化、人口老龄化、人口快速流动）中，宗教应发挥的作用。参见江莉莉、白凯《全球化视角下的宗教地理学研究变革与转向》，《地理科学进展》2013年第5期。

⑤ 参见陈宁宁、朱竑《新文化地理学视角下的国外宗教地理学研究》，《地理科学进展》2012年第2期。

⑥ 宋保平编著：《理论人文地理学》，陕西师范大学出版社1992年版。

⑦ 王恩涌编著：《文化地理学导论》，高等教育出版社1989年版。

⑧ 张文奎主编：《人文地理学概论》，东北师范大学出版社1993年版。

⑨ 郑耀星、袁书琪：《我国宗教地理学发展大势与前景》，《福建地理》2002年第2期。

研究方向，因而在中国佛教地理研究史上具有重要意义。

三 基于历史地理学的佛教历史地理之研究

虽然在宗教地理学中有不少佛教地理之研究内容，但我国的佛教地理研究更多地从属于历史地理学。宗教地理学和历史地理学虽同为交叉学科，但就学科归属而言，二者门类不同，前者属于地理学，后者纳入历史学。

“历史地理”这一学科名称在1901—1904年传入中国，20世纪20、30年代在国内学术界渐有介绍。[①] 著名学者葛剑雄撰有《五十年来中国历史地理学的发展（1950—2000年）》[②]，认为不论是历史地理学的学科理论，还是历史人文地理与历史自然地理之研究，皆取得可喜之成果。惜该文对佛教地理着墨不多，但这并不代表没有对佛教的历史地理研究成果。

对佛教历史地理的研究，是伴随着历史地理学的繁荣而发展的。1996年，张伟然曾对中国佛教地理研究的史籍进行了述评。[③] 随着历史地理学发展，出现了更为精深的佛教历史地理研究的理论。2004年，介永强发表《历史宗教地理学刍议》，呼吁创建历史宗教地理学。他指出：“历史宗教地理学是研究历史时期宗教形成、传播和发展的区域特征及其分布变迁规律的一门学科，是历史文化地理学的分支学科。历史宗教地理学包括历史宗教地理学理论、部门历史宗教地理和区域综合历史宗教地理三大部分，研究的主要内容有历史时期宗教发源地的形成、宗教传播的途径、宗教景观的分布、宗教的区域特征以及历史时期地理环境与宗教发展的相互关系等。”[④] 这可说是对历史地理学与宗教地理学的学科融合，是对佛教地理研究的学科深化。

在佛教历史地理方面的研究成果，多集中于魏晋南北朝和唐代佛教地理的研究。

（一）汉代佛教历史地理之研究

关于汉代佛教历史地理的探讨，1938年，汤用彤在其名著《汉魏两晋南北朝佛教史》之第四章中单列一节“汉代佛法地理上之分布”，考证了佛教传播的线路和汉代佛教的地理分布，他指出，“佛教入华，主要者为陆路”，“佛教东渐，首由西域之大月氏、康居、安息诸国”。他采信群书，列出了佛教分布的几处地方如彭城、丹阳泾县、平原湿阴、襄乡、下邳、广陵、南阳、颍川等，而汉代译经“大概均在洛阳”，因为洛阳在东汉时期为“首都”，“西通西域”，而且“佛教不盛于南阳荆襄或大河以北，而独盛于齐楚以及江淮之间者”。[⑤]

---

① 侯甬坚：《“历史地理”学科名称由日本传入中国考——附论我国沿革地理向历史地理学的转换》，《中国科技史杂志》2000年第4期。

② 葛剑雄、华林甫：《五十年来中国历史地理学的发展（1950—2000年）》，《汉学研究通讯》2002年第4期（总84期）。

③ 张伟然：《中国佛教地理研究史籍述评》，《地理学报》1996年第4期。

④ 介永强：《历史宗教地理学刍议》，《陕西师范大学学报（哲学社会科学版）》2004年第3期。

⑤ 汤用彤：《汉魏两晋南北朝佛教史》（增订本），北京大学出版社2011年版，第47—49页。

（二）魏晋南北朝佛教历史地理之研究

关于魏晋南北朝佛教历史地理的研究，成果颇丰，张伟然 1991 年和 1992 年相继发表《南北朝佛教地理的初步研究》上篇①与下篇②，探讨了南北朝时期僧人的出生地与佛教石刻的地理分布，分析了文献所载的各地僧尼寺院数量以及高僧活动和寺院的地理分布，并统计了入藏经典撰译地点的分布，认为南北朝时期佛教的地理分布已经相当的广泛，“北方佛教要素的分布比较均衡，而南方佛教的分布更为集中”。③ 宋金绪的《北朝佛教学派的地理分布》④ 主要研究北朝涅槃、成实、毗昙、地论四大学派的传译过程、地理分布等。刘锦华的《南朝佛教学派的地理分布》从地理的角度研究南朝学派的人物、著作的分布和僧人活动地点的转移等，分析了各学派成员在长江以南地区活动地点的分布等。⑤张兆阳的《北朝佛教地理》探讨了北朝时期的佛教高僧籍贯和驻锡地分布、佛寺与石窟分布、佛教流派分布以及佛教中心区域的形成与变迁等。⑥

本领域最重要的研究成果，是《魏晋南北朝佛教地理稿》，1999 年，严耕望即已写就初稿，但是一直到 2007 年才由他的弟子李启文整理出版。而严书“似受汤锡予先生《汉魏两晋南北朝佛教史》影响，而别从地理角度撰述”。⑦ 该书共分 9 章，主要研究了“佛教东传及其早期流布地域”“三国两晋佛教流布地理区”“东晋时代佛学大师之宏佛地域”“东晋南北朝高僧之地理分布”“东晋南北朝佛教城市与山林”“佛教教风之地理分布”“五台山佛教之盛”“佛教石刻之地理分布”等，其中还绘制有几幅图，如“汉末佛教流布分区图”“东晋时代高僧驻锡分布图”“东晋时代高僧游锡图”“南北朝时代高僧分布图”、“南北朝时代高僧游锡图”以及“晋末南北朝佛教地理中心与名山合图”等。该书主要研究了魏晋南北朝时期佛教、教风、高僧、石刻等的地理分布，是一部非常难得的佛教地理著作。

（三）隋唐佛教历史地理之研究

关于隋唐佛教历史地理之研究，成果不少。王群的《隋代山西佛寺地理分布》指出，隋代山西佛寺呈现出分布广泛、分布均匀、各有特点且内部差异明显的特征。⑧ 1988 年，辛德勇的《唐高僧籍贯及驻锡地分布》⑨ 探讨了唐代高僧的籍贯和驻锡地的分布和变迁。十年后，李映辉一直活跃在本领域，从 1997 年到 2004 年，他相继撰写有《唐代高僧籍贯的地

① 张伟然：《南北朝佛教地理的初步研究》（上篇），《中国历史地理论丛》1991 年第 4 期。

② 张伟然：《南北朝佛教地理的初步研究》（下篇），《中国历史地理论丛》1992 年第 1 期。

③ 张伟然：《南北朝佛教地理的初步研究》（下篇），《中国历史地理论丛》1992 年第 1 期。

④ 宋金绪：《北朝佛教学派的地理分布》，复旦大学 2005 年硕士学位论文。

⑤ 刘锦华：《南朝佛教学派的地理分布》，复旦大学 2007 年硕士学位论文。

⑥ 张兆阳：《北朝佛教地理》，山西大学 2012 年硕士学位论文。

⑦ 李启文：《〈魏晋南北朝佛教地理稿〉整理说明》，载严耕望《魏晋南北朝佛教地理稿》，上海古籍出版社 2007 年版，第 i 页。

⑧ 王群：《隋代山西佛寺地理分布》，《五台山研究》2016 年第 1 期。

⑨ 辛德勇：《唐高僧籍贯及驻锡地分布》，载史念海主编《唐史论丛》第 4 辑，三秦出版社 1988 年版。

理分布》[①]、《唐代佛教义学风尚及其地理分布》[②]、《唐代佛教寺院的地理分布》[③]、《唐代高僧驻锡地的地理分布》[④]、《经济、人口、历史传承与佛教地理分布——以唐代为例》[⑤]、《唐代佛教石刻的区域分布》[⑥]、《论唐代高僧游徙的空间分异》[⑦]、《试论自然、区位条件与佛教地理分布——以唐代为例》[⑧] 等，并在2004年出版《唐代佛教地理研究》。[⑨] 在此基础上，郑炳林等还对唐代佛教寺院地理分布进行了缉补。[⑩]

《唐代佛教地理研究》共7章内容，分别研究了唐代高僧的籍贯分布、驻锡地分布、寺院的地理分布、佛教石刻的区域分布、佛教学术的时空差异，并在此基础上综论了唐代佛教地区分布及其变迁，分析了影响佛教地理分布的因素。作为"历史佛教地理的第一本专著"[⑪]，作者运用诸多史料，以其扎实的历史地理学功底对唐代佛教地理进行了细密的统计和严格的划分，是一部关于佛教历史地理研究的典范著作。

（四）宋代以来的佛教历史地理之研究

关于自宋以降各朝代的佛教历史地理研究成果不是很多，其成果涉及宋代、金代、明代、清代等，但又几乎全以区域为主。因而，关于宋以后各朝代系统全面的佛教历史地理论著几为空白，并未出现像《魏晋南北朝佛教地理稿》《唐代佛教地理研究》那样的专著。之所以出现这样的局面，可能和宋以后佛教之发展有关。宋代以后，佛教急剧走向民俗化，和民众民间的生活结合得更为紧密，其传播与分布范围亦更广泛，循此，若对其佛教地理进行研究，需有广博之跨学科背景，这对研究者本身即是一大挑战，这或是成果不多的原因之一。鉴于此期的成果同时又和区域佛教地理相关，其内容将在下一部分探讨。

四 基于区域地理学的区域佛教地理之研究

作为地理学的分支学科，区域地理学主要研究特定地区的地理环境及其区域分异和区际联系。在古代，已出现区域地理学的相关著作，如战国时代的《尚书·禹贡》、唐代的《元和郡县图志》以及13世纪马可·波罗的《马可·波罗游记》等。在不少名山志、寺志以及地方志中，亦有诸多中国区域佛教地理之内容。现代学术研究中，区域佛教地理主要研究的是某一特定区域的佛教与地理环境之相互关系、佛教地理景观以及佛教地理调查与规划等。

---

① 李映辉：《唐代高僧籍贯的地理分布》，《中国历史地理论丛》1997年第3期。

② 李映辉：《唐代佛教义学风尚及其地理分布》，《益阳师专学报》1998年第3期。

③ 李映辉：《唐代佛教寺院的地理分布》，《湘潭师范学院学报（社会科学版）》1998年第4期。

④ 李映辉：《唐代高僧驻锡地的地理分布》，《中国历史地理论丛》1999年第2期。

⑤ 李映辉：《经济、人口、历史传承与佛教地理分布——以唐代为例》，《求索》2003年第6期。

⑥ 李映辉：《唐代佛教石刻的区域分布》，《湖南城市学院学报》2004年第1期。

⑦ 李映辉：《论唐代高僧游徙的空间分异》，《中国历史地理论丛》2004年第2辑。

⑧ 李映辉：《试论自然、区位条件与佛教地理分布——以唐代为例》，《甘肃社会科学》2004年第3期。

⑨ 李映辉：《唐代佛教地理研究》，湖南大学出版社2004年版。该书在作者的博士论文基础上完善而成，参见李映辉《唐代佛教地理研究》，陕西师范大学1996年博士学位论文。

⑩ 郑炳林、李强：《唐代佛教寺院地理分布的缉补——兼评〈唐代佛教地理研究〉》，《世界宗教研究》2006年第3期。

⑪ 黄菊：《读〈唐代佛教地理研究〉》，《中国历史地理论丛》2005年第4期。

从20世纪80年代开始，我国兴起地方文化研究之热潮，不少省份或地区大都致力于挖掘、打造具有自身特色的地方文化，因为就区域文化而言，其地理环境及其特征是基础，这直接推动了区域佛教地理之研究，其中既有分区佛教地理研究，亦有省域佛教地理研究，还有佛教道场地理研究。其研究方法并不局限于区域地理学的研究方法，还综合有历史文献学、人文地理学以及文化地理学等方法。

（一）分区佛教地理研究

分区佛教地理研究指的是对特定分区的佛教地理所展开的研究。21世纪以来，学者已经对西北地区、康区、河陇地区、江东地区、藏彝走廊以及平城等区域进行了研究。从2004年开始，介永强相继发表《中古时期西北佛教译经文化区域考论》①、《我国西北地区佛教文化重心的历史变迁》②、《论我国西北佛教文化格局的历史变迁》③ 等论文。其专著《西北佛教历史文化地理研究》④ 共5章内容，研究了从魏晋南北朝到明清时期西北地区佛教寺院的地理分布、西北佛教石窟的地域特色、佛教学术文化在西北地区的弘扬、佛教主要流派在西北地区的传播以及西北佛教文化区域及其中心的历史变迁等。景亚鹏等认为，该书不仅有"思维缜密的学术构架"，而且运用了"多种学科的研究方法"，是"弥补空白"之作。⑤ 王开队研究了从公元8世纪到1949年康区藏传佛教的传播与寺院的时空分布，涵盖康区高僧的地理分布、石刻的地理分布，其地理环境、生态文明与藏传佛教的关系等。⑥ 杨发鹏主要研究了两晋南北朝时期河陇的自然和人文地理环境与佛教传播之间的关系，涉及河陇高僧的地理分布、典籍翻译以及佛教戒律、禅法和义学，并考察了该地区的寺院分布、石窟分布以及地理分区等。⑦ 蒋少华不仅勾勒出六朝僧侣和寺院的地理分布，而且揭示出六朝江东的佛教地理的三大中心，即丹阳郡、吴会地区和庐山地区，还考订、厘正了六朝建康的寺院等。⑧ 李顺庆以藏彝走廊北部地区藏传佛教寺院为切入点，从佛教地理的视角，对历史上藏传佛教在藏彝走廊北部地区的传播发展、寺院地理分布及佛教文化区的格局与变迁等进行了较为详细的探讨。⑨ 祁燕苹主要分析了北魏时期平城的寺院分布、石窟开凿、高僧事迹等，并分析了平城发展成为北方佛教中心地的地理因素。⑩

---

① 介永强：《中古时期西北佛教译经文化区域考论》，《中国历史地理论丛》2004年第4期。

② 介永强：《我国西北地区佛教文化重心的历史变迁》，《陕西师范大学学报（哲学社会科学版）》2005年第5期。

③ 介永强：《论我国西北佛教文化格局的历史变迁》，《中国边疆史地研究》2007年第4期。

④ 介永强：《西北佛教历史文化地理研究》，人民出版社2008年版。该书在其博士论文基础上完善而成，参见介永强《西北佛教历史文化地理研究》，陕西师范大学2004年博士学位论文。

⑤ 景亚鹂、张维慎：《探研历史宗教地理学的一部力作——评〈西北佛教历史文化地理研究〉》，《唐都学刊》2009年第2期。

⑥ 王开队：《康区藏传佛教历史地理研究（公元8世纪—1949年）》，暨南大学2009年博士学位论文。

⑦ 杨发鹏：《两晋南北朝时期河陇佛教地理研究》，巴蜀书社2014年版。该书在其博士论文基础上完善而成，参见杨发鹏《两晋南北朝时期河陇佛教地理研究》，西北师范大学2010年博士学位论文。

⑧ 蒋少华：《六朝江东佛教地理研究》，花木兰文化出版社2014年版。该书在其硕士论文基础上完善而成，参见蒋少华《六朝江东佛教地理研究》，南京大学2011年硕士学位论文。

⑨ 李顺庆：《藏彝走廊北部地区藏传佛教寺院研究》，巴蜀书社2016年版。

⑩ 祁燕苹：《北魏平城地区的佛教地理》，内蒙古大学2013年硕士学位论文。

（二）省域佛教地理研究

省域佛教地理研究指的是对各省佛教地理所展开的研究。虽说每一省域的佛教地理各有其特点，但并非每一个省都有佛教地理方面的研究成果。在这方面，湖南、青海、浙江、山东、山西、广东、四川等省份的相关研究成果比较集中。

在湖南研究方面，张伟然探讨了湖南隋唐时期佛教的地理分布，对隋唐时期的佛教僧人在湖南地区的分布做了考述，指出这一时期在湖南活动的高僧达数十人，他们分属于天台、律、净土、禅四宗；活动地域比较集中在泗水下游及湘水中游的衡、潭、岳、朗、澧五州①；而蒋欢宜也探讨了明末清初湘西古刹的地理分布。② 在青海研究方面，朱普选从历史文化地理的视角，对青海藏传佛教文化进行了较为系统的研究，得出了青海藏传佛教寺院空间分布具有不平衡性、各教派寺院具有相对集中的地域分布，并形成了青海藏传佛教文化的三个文化区等结论。③ 方旭峰探讨了明清之际浙江禅宗寺院的地理分布。④

在山东研究方面，鲁统彦研究了山东唐朝时期佛教的地理分布，认为山东唐朝时期不但寺院林立，而且本地高僧和外来驻锡的高僧也很多。随着唐朝佛教宗派的兴盛，各主要宗派在山东地区也广为流传。⑤ 在山西研究方面，李娇娇研究了明初至成化年间山西佛教寺院的地理分布，认为从行政区划看，当时山西佛教寺院主要分布在太原府、平阳府；从流域看，主要分布于汾河中下游地区、涞水流域；从地形上看，集中于河谷地带和部分山地（五台山）等。⑥ 王海霞探讨了晋北古村镇佛教信仰与民众生活研究。⑦ 刘锦增探讨了金代的山西佛寺地理分布。⑧

在广东研究方面，岳辉等分析了广东佛教文化景观及其地域分异⑨；黄妍玲探讨了清初广东佛寺的地理分布，研究了清初广东佛教发展的基本情况、佛寺的地理分布等。⑩ 在四川研究方面，郑涛探讨了唐宋时期的四川佛教地理，研究了其寺院分布、石刻分布、高僧籍贯和驻锡地分布、佛教艺文分布，并分析了其空间变迁等。⑪

（三）佛教道场地理研究

佛教道场地理研究指的是对佛寺、佛教名山等佛教道场展开的佛教地理研究。2008年，美国威斯康星大学克里斯·林伯格（Chris Limburg）的《佛教场所的营造》从地理学的观点考察佛教场所之营造，借此探索佛教修持中蕴涵的精微思想。⑫ 刘震在《何谓道

---

① 张伟然：《湖南隋唐时期佛教的地理分布》，《佛学研究》1995年刊（总第4期）。
② 蒋欢宜：《明末清初湘西古刹地理分布初探》，《铜仁职业技术学院学术论坛》2015年第1期。
③ 朱普选：《青海藏传佛教历史文化地理研究——以寺院为中心》，陕西师范大学2006年博士学位论文。
④ 方旭峰：《明清之际浙江禅宗寺院地理分布研究》，浙江大学2008年硕士学位论文。
⑤ 鲁统彦：《山东唐朝时期佛教的地理分布》，《山东师范大学学报（人文社会科学版）》2010年第1期。
⑥ 李娇娇：《明初至成化年间山西佛教寺院的地理分布初探》，东北师范大学2012年硕士学位论文。
⑦ 王海霞：《晋北古村镇佛教信仰与民众生活研究》，山西大学2012年硕士学位论文。
⑧ 刘锦增：《金代山西佛寺地理分布研究》，《五台山研究》2015年第4期。
⑨ 岳辉、李凡、王彬：《广东佛教文化景观及其地域分异初探》，《人文地理》2011年第6期。
⑩ 黄妍玲：《清初广东佛教寺院地理分布研究》，广西师范大学2015年硕士学位论文。
⑪ 郑涛：《唐宋四川佛教地理研究》，西南大学2013年博士学位论文。
⑫ [美] 克里斯·林伯格（ChrisLimburg）：《佛教场所的营造》，心毓译，《普门学报》2008年总第45期。

场》中分析了“道场”语意的历史演变。[①] 丁福保在《佛学大辞典》中列举道场之六含义，即佛成圣道之处、得道之行法、供养佛之处、学道之处、寺院之名、法座之异名。[②] 王大伟认为：“丁福保所释的‘道场’虽有多重含义，但实际还是以神圣性为主要内涵的某处区域的统称。”[③] 因而，佛教道场作为佛教徒修行的重要场所，是具有一定神圣性的。因此对道场的神圣性之研究亦有一些成果，如 2004 年，段玉明以开封的佛教道场相国寺为个案，研究了中国寺院与其挪用空间的相属关系，并探究了寺院如何将凡俗空间转变成为神圣空间[④]，另外还有《神圣空间：中古宗教中的空间因素》[⑤]、《神圣空间的建构与复制——以中古时期“文殊—五台山”信仰在东亚的传播为中心》[⑥] 等，在此基础上，还有人提出了“神圣地理学”。[⑦]

1. 关于佛寺的地理学研究

1997 年，著名唐史专家张弓的《汉唐佛寺文化史》[⑧] 出版后，即引起了历史地理学学者之关注，张伟然从历史文化地理学的角度指出了该书在史实史料、研究过程、研究方法、研究态度以及具体结论中存在的明显不足。[⑨] 2003 年，许桂灵、司徒尚纪的《文化禅林》主要研究了贵州弘福寺的佛教地理。该书运用文化人类学和文化地理学理论方法，阐释弘福寺建立和发展的自然、人文、社会环境，寺院建筑和文化生态景观等。[⑩] 2010 年，吴疆博士在中国人民大学发表了以“当代大陆佛寺的地理学分析”为主题的学术演讲。[⑪] 张希茜也从历史地理学的角度分析了西安广仁寺。[⑫]

---

① 刘震：《何谓道场》，《复旦学报（社会科学版）》2015 年第 6 期。

② 丁福保编《佛学大辞典》，文物出版社 1984 年版，第 1186 页第 4 栏。

③ 王大伟：《论寺庙与民俗的形成——以四川遂宁广德寺与本地观音信仰为例》，《宗教学研究》2015 年第 2 期。

④ 段玉明：《从空间到寺院——以开封相国寺的兴建为例》，《世界宗教研究》2004 年第 3 期。

⑤ 陈金华、孙英刚主编《神圣空间：中古宗教中的空间因素》，复旦大学出版社 2014 年版。

⑥ 张书彬：《神圣空间的建构与复制——以中古时期“文殊—五台山”信仰在东亚的传播为中心》，《美术学报》2015 年第 6 期。

⑦ 2015 年 7 月 29 日在五台山信仰国际学术研讨会上，陈金华教授做了题为“神圣地理学：五台山研究的新视野”的发言，认为佛教神圣场所广泛深远的意义吸引了来自众多领域学者的关注，但发言中对神圣地理学之阐释不多，笔者曾就“神圣地理学”一词咨询陈教授，他陈述主要是受西方学者之影响。其实，与神圣地理学联系比较紧密的仍是“神圣空间”，这本是西方宗教文化背景中的一个概念，但是近年被引入中国佛教研究之领域，对“神圣空间”的研究涉及历史学、宗教学、社会学、地理学、生态学、景观学、建筑学、美学、人类学等不同学科。罗马尼亚的伊利亚德（Mircea Eliade，1907—1986）是对“神圣空间”的理论体系研究得最为透彻的学者之一，他在《神圣与世俗》中的第一章就讨论了“神圣空间与世界的神秘化”，并指出，“通过对诸神的模仿，人们使自己依然存在于神圣之中，因此也就生活在实在之中；通过不断再现神圣的模式，也将世界神圣化了。人们的宗教行为有助于维持这个世界的神圣性。”参见［罗马尼亚］伊利亚德《神圣与世俗》，王建光译，华夏出版社 2002 年版，第 52 页。

⑧ 张弓：《汉唐佛寺文化史》，中国社会科学出版社 1997 年版。

⑨ 张伟然：《评〈汉唐佛寺文化史〉——从历史文化地理学的角度观察》，《学术界》2000 年第 2 期。

⑩ 许桂灵、司徒尚纪：《文化禅林》，民族出版社 2005 年版。

⑪ 2010 年 5 月 31 日，美国亚利桑那大学（图森）东亚研究系副教授，哈佛大学宗教研究专业吴疆博士在中国人民大学发表了以“当代大陆佛寺的地理学分析”为主题的学术演讲。在报告中，吴疆说，他们采取抽样的方式，运用探索性空间数据分析、线性回归分析、历史分析以及定量与定性分析等方法，建立了一系列数据模型，对中国大陆各省寺庙分布进行了统计分析。该报告的核心观点后发表于《宗教与世界》，参见吴疆《当代大陆佛寺的地理学分析》，《宗教与世界》2010 年第 6 期。

⑫ 张希茜：《试从历史地理学角度分析广仁寺》，《旅游纵览·行业版）》2015 年第 4 期。

2. 关于佛教圣山的地理学研究

佛教传入中国以后，和中国古有的山岳信仰结合起来，形成了具有中国特色的佛教圣山信仰，自明清以来，又形成四大佛教圣山信仰，作为一种受佛教文化影响颇大的自然崇拜，圣山信仰在宗教信仰中颇具研究价值。2011 年，圣凯法师曾于《宗教学研究》发文，概括了名山信仰的六大要素，其中第二大要素即是“地理”。[①] 圣山其实是一种圣地，2015 年，张庆松发表《佛教圣地学初论》，建构了佛教圣地学的基本理论框架，并讨论其研究对象、范围、性质、主要概念、基本主题以及对于地域佛教史研究的意义。[②] 再进一步，就五台山佛教地理而言，韩云伟、王尚义分析了明清时期五台山佛教发展对自然环境的影响。[③] 拙文《五台山佛教文化的地理学透视》通过对地理要素与佛教要素的相互关系分析，深度探讨佛教文化的传入和发展与五台山自然地理和环境之间的关系。[④] 在九华山佛教地理研究方面，张昌翔研究了清代九华山的佛教寺院地理分布、高僧籍贯分布、其与区域文化和环境变迁之间的关系以及区域特质等。[⑤] 王开队也研究了历史宗教地理学视阈下九华山佛教文化体系的建构。[⑥]

关于名山佛教地理的研究方法有多种，早在十年前，就有人引入了行为地理学的研究方法，但是一直未能引起重视。2006 年，武弘麟、程上以北雁荡山为例，运用行为地理学中环境感知和环境认知的思想和方法，以人山之间的相互关系为基本研究对象，探求名山的形成规律。[⑦] 作为人文地理学的分支学科，行为地理学主要研究人类在地理环境中由环境感知而产生的行为过程、行为空间、区位选择及其发展规律等，在对佛教道场之“朝圣行为”进行研究时，此方法为一大利器，惜采用之学者不多。

五 结语

纵览近百年来的中国佛教地理研究，虽谈不上波澜壮阔，气势恢宏，硕果累累，但发展至今，已现雏形，并粗具规模，尤其在 21 世纪的十余年中，更是取得了突破性进展。鉴于此，应对其学科归属、研究方法、研究内容等进行反思，以期获得更大推展。

就学科归属而言，中国佛教地理研究既可归属于历史学，亦可归属于地理学，因而其所涉及的相关二级或三级学科不仅有历史地理学，还包括人文地理学、文化地理学、宗教地理学、行为地理学、区域地理学、环境地理学、景观地理学以及遥感、GIS、地图学等。而在实际研究中，可以发现，其与生态学、宗教学、人类学、民族学、文化学、考古学等学科亦有极密切之关系。因此，尽管在形式上为了学科管理之方便而将其归属于某一特定

① 圣凯：《明清佛教“四大名山”信仰的形成》，《宗教学研究》2011 年第 3 期。

② 张庆松：《佛教圣地学初论》，《中国佛学》2016 年第 1 期。

③ 韩云伟、王尚义：《明清时期五台山佛教发展对自然环境的影响》，《太原师范学院学报（自然科学版）》2007 年第 3 期。

④ 参见景天星《五台山佛教文化的地理学透视》，《西华师范大学学报（哲学社会科学版）》2015 年第 4 期。

⑤ 张昌翔：《清代九华山佛教地理研究》，安徽大学 2015 年硕士学位论文。

⑥ 王开队：《历史宗教地理学视阈下九华山佛教文化体系的建构——以寺院为中心》，《世界宗教研究》2016 年第 5 期。

⑦ 关于这方面之研究成果，参见武弘麟、程上《名山研究的行为地理学解释——以北雁荡山为例》，《地理研究》2006 年第 6 期。

学科，但实际上这具有一定的学科融合性，是交叉学科的重要研究内容。循此，创造新的学科理论以适应研究之需要，实是当务之急。可喜的是，介永强已提出了“历史宗教地理学”的新学科理论[①]，这对中国佛教地理的学科发展极具重要意义。

学科直接影响到研究方法。至今，具有历史地理学研究背景的研究群体依然是中国佛教地理研究的主力，因此，从研究成果来看，其采用的研究方法多以历史地理学为主，而对行为地理学、新文化地理学等新的研究方法运用得比较少，并且采用的宗教学、人类学、地理学、景观学、生态学等方法不是很多。因而，中国佛教地理的研究，需要更多的具有宗教学、地理学、生态学等学科背景的学者加入研究队伍。可喜的是，已经看到了此方面之相关研究，如深耕于宗教学领域的吕建福，基于佛教的世界观，探讨了其对中国古代地理思想的影响，认为佛教的世界观与中国的昆仑中心说相结合，深刻影响了中国人的地理知识及其地理学发展[②]；又如，具有自然地理学背景的韩云伟、王尚义探讨了五台山佛教对自然环境的影响。[③]

在研究内容方面，之前的研究或融涵于宗教地理之理论，或收摄于断代史佛教地理，或归属于区域佛教地理，从不同角度对特定历史与地区的佛教传播、寺院分布、高僧籍贯和驻锡地等进行了研究，但在中国佛教地理理论方面的研究仍显薄弱。中国佛教地理理论的研究，既要考虑国外相关理论的进展，也要从中国的实际出发。只有进行宏观的指导与规划，才能指导具体的研究实践。在具体的研究内容上，还需要加强对地理与佛教诸要素互动之研究，对地形、地貌、气象、气候等地理要素与佛教教义之间的关系进行研究；深入以“人”为中心的行为地理学和人文地理学之研究；研究佛教建筑与地理环境的关系、佛经中的地理思想；等等。可喜的是，在此方面，亦有零星之成果，如王雅克的《原始佛教地理思想及思维模式探析》[④] 分析了原始佛教的地理文献、地理思想等，认为佛教地理思想中的一些概念比如“世界”“三界”等皆已融入中国文化之中。

总之，中国佛教地理研究需要走的路还很长，相信随着时间之推展和研究之深入，不久，将会出现关于中国佛教地理研究的更为系统、全面而深入的研究成果。

（原文发表于《宗教学研究》2017 年第 3 期）

① 介永强：《历史宗教地理学刍议》，《陕西师范大学学报（哲学社会科学版）》2004 年第 3 期。

② 吕建福：《佛教世界观对中国古代地理中心观念的影响》，《陕西师范大学学报（哲学社会科版）》2005 年第 4 期。

③ 韩云伟、王尚义：《明清时期五台山佛教发展对自然环境的影响》，《太原师范学院学报（自然科学版）》2007 年第 3 期。

④ 王雅克：《原始佛教地理思想及思维模式探析》，《云南社会科学》2014 年第 5 期。

人类学视域中的白族本主崇拜*

白志红**

摘　要： 本主崇拜不仅仅是某种宗教信仰意义上的实践经验，更是一种表达信奉者思想、感情和身份认同的日常实践活动。从身份认同的角度探讨本主崇拜既是重新认识民间信仰丰富内涵的有效视角，也是尝试超越宗教学研究局限并探究其宗教学意义的新路径，有益于反思西南边疆少数民族民间宗教信仰在维系社会秩序和重构文化意义方面的作用和效果。

关键词： 本主崇拜　白族　段宗牓　土主崇拜

一　问题的提出

本主是白族的保护神，是大理地区各种地方神灵崇拜的总称，也被称为本村鬼主①、本境土主、本境恩主、本境福主②。本主崇拜吸收了万物有灵信仰、祖先崇拜、儒道元素③，以及“简化了的佛教”④ 内容⑤，是大理地区最普遍的日常宗教信仰，并引起了学界的广泛关注。⑥ 早在20世纪40年代，徐嘉瑞就详细描述了不同本主及其辅神的故事，以及大小神灵各自的好恶和秉性。⑦ 国内学者大多从宗教学的角度将本主纳入不同的神灵

---

* 本文是教育部基地重大项目“西南边疆民族政策实施结果的人类学研究”（项目编号：14JJD850008）成果之一，云南大学民族学一流学科建设资助项目前期成果。本文中民族志资料来源 Bai Zhihong：*Making A Difference*：*Bai Identity Construction in Dali*，社会科学文献出版社2010年版，第130—160页，田萌翻译，白志红校译。除注明出处之处外，所有引言均出自笔者田野调查笔记；所有地名均为化名。

** 白志红，云南大学西南边疆少数民族研究中心教授，博士生导师。

① 徐嘉瑞：《大理古代文化史稿》，生活·读书·新知三联书店1979年版，第277页。

② 杨政业：《白族本主文化》，云南人民出版社1994年版，第2页；施立卓：《白族丛谈》，云南民族出版社1998年版，第129页。

③ 关于南诏王国对道教的详细阐述以及白族的宗教习俗，参见郭武《道教与云南文化——道教在云南的传播、演变及影响》，云南大学出版社2000年版，第77—115、246—252页。

④ Henry Rodolph Davies，*Yun - nan*：*The Link Between India And The Yangtze*，Taipei：Ch’eng Wen，1970，p. 129.

⑤ 本主崇拜常被认为是白族的阿吒力教，详见李东红《白族佛教密宗阿吒力教派研究》，云南民族出版社2000年版。

⑥ 徐嘉瑞：《大理古代文化史稿》，生活·读书·新知三联书店1979年版；田怀清：《大理洲本主信仰调查之二》，载云南省编辑委员会编《白族社会历史调查》，云南人民出版社1983年版，第177—218页；詹承绪：《试议将白族的本主崇拜定为宗教》，《云南社会科学》1990年第3期；詹承绪：《白族的原始宗教与精神文明建设》，《云南省社会科学》1994年第1期。

⑦ 徐嘉瑞：《大理古代文化史稿》，生活·读书·新知三联书店1979年版，第195—213页。

信仰类别中加以分析。①

尽管本主崇拜与中国其他地方的民间信仰习俗大同小异②，但是，改革开放后本主崇拜不再是以往宗教学意义上的民间信仰，而成为“界定文化差异的边界”③ 的新标识。白族学者李缵绪明确指出，除了“少数与白族居住在一起的彝族和汉族人”外，彝族、傈僳族或纳西族几乎从不信仰本主。④ 本文关注的是，本主崇拜是如何被用来区分白族与其他民族的民间信仰，又是如何被用于重新想象、表达白族人的民族身份认同的。

早在20世纪70年代，汉斯·莫尔（Hans Mol）就将宗教与身份认同关联在一起，说明人们如何通过宗教信仰将自己的身份神圣化。⑤ 这位身兼牧师的社会学家从神学的角度分析宗教与身份认同的关系，却没有揭示宗教信仰是如何成为人们建构身份认同的文化工具的。早期研究中国人宗教行为的西方学者大都关注宗教在社会生活和社会结构中的作用。例如，Shryock（1931）⑥、许烺光（Fmncis Hsu）⑦、杨庆堃（C. K. Yang）⑧、王思赋（Feuchtwang）⑨ 以及华森（James Watson）⑩ 等通过功能解释和结构分析充分再现了中国南部、东南部地区国家与民间宗教信仰的关系，却无暇进一步揭示社会文化变迁、社会成员能动性和宗教实践者主位观点，亦无暇顾及民间信仰在建构身份认同方面的重大作用。

在大理地区先后持续5年的人类学田野调查的基础上，笔者关注本主崇拜的人类学意义，尤其是本主崇拜与白族身份认同之间的联系，探讨本主崇拜如何成为白族人身份认同的主要依据，以及人们如何通过本主崇拜来表达其白族身份认同。本文认为，民间信仰不仅仅是某种宗教信仰意义上的实践经验，更是一种表达信奉者思想、感情和身份认同的日常实践活动；从身份认同的角度探讨本主崇拜既是重新认识民间信仰丰富内涵的有效视角，也是尝试超越宗教学研究局限的新路径。探究本主崇拜在白族身份认同建构中的作用是探究其宗教学意义的新路径；这既是回应学界提出的应关注新时代民间信仰领域的热点问题⑪的需要，也是反思西南边疆少数民族民间宗教信仰在维系社会秩序和重构文化意义方面的作用和效果。

---

① 徐嘉瑞：《大理古代文化史稿》，生活·读书·新知三联书店1979年版，第79—278页；李缵绪：《白族文化》，吉林教育出版社1991年版，第26—48页。

② 20世纪50年代到70年代，本主崇拜和大理白族的宗教习俗研究受极“左”思潮的影响，研究主要强调的是民族差异将会消失。

③ Fredrik Barth, *Ethnic Groups and Boundaries: The Social Organization of Cultural Difference*, Bergen - Oslo: Universitets Forlaget, 1970, p. 38.

④ 李缵绪：《白族文化》，吉林教育出版社1991年版，第31页。

⑤ 甘雪慧：《莫尔的宗教身份理论》，《宗教学研究》2011年第3期；黑颖：《西方宗教认同的理论研究和实证研究初探》，《宗教社会学》2014年第1期。

⑥ John Shryock, *The Temples of Anking and Their Cults*, Paris: Librairie Orientaliste Paul Geuthner, 1931.

⑦ Francis L. K Hsu, *Religion, Science and Human Crisis: A Study of China in Transition and its Implications for the West*, London: Routledge and Kegan Paul Ltd, 1952.

⑧ G. K. Yang, *Religion in Chinese Society*, Berkeley and Los Angeles: University of California Press, 1961.

⑨ Stephan Feuchtwang, "City Temples in Taipei Under Three Regimes", in *The Chinese City Between Two Worlds*, edited by Mark Elvin & G. Williams Skinner, Stanford, California: Stanford University Press, 1974, pp. 263 - 301.

⑩ James L Watson, "Standardizing the Gods: The Promotion of T' ien hou ('Empress of Heaven') Along the South China Coast", in *Popular Culture in hate Imperial China*, edited by David Johnson, Adrew J. Nathan, Evelyn, Rawski, Berkley, Los Angeles, London: University of California Press, 1985, pp. 292 - 324.

⑪ 王建新：《民族宗教研究的理论创新及拓展》，《宗教与民族》2009年第6辑，第136—152页。

二 本主崇拜的文化内涵与现实意义

本主崇拜没有明确成文的教条或经文，但却有一套日常生活实践（主要通过定时不定时的供奉，虔诚、恭敬之心得以体现）。由于没有统一的教义和典籍，本主崇拜纷繁复杂，神灵众多，各个庙堂的日常仪式也大相径庭。[①] 本主崇拜所涵盖的儒道释和万物有灵信仰的内容，可以从本主塑像中窥见一斑。本主的造像包括当地神话传说中的英雄人物、历史上当地有名的文官武官、佛教和道教人物、祖先和其他神灵，本主庙里还有很多辅神和猪牛羊马官。本主庙的修建也通常与纪念某人对当地的贡献如兴修水利、防匪或抵御外敌入侵、镇压叛军、消灾解难等有关。人们去本主庙主要是祈福、求功德、拜祖先、求财、拜灵物（有的本主就是一块木头或石头）。根据所在地和领地的情况来看，有些本主崇拜是自上而下兴起的，但要想清楚区分本主崇拜属“官祀”还是“民祀”[②] 也是不可能的。有时同一个本主的超自然属性和灵验程度在不同时期、针对不同的人是不一样的，因此很难用正统的宗教定义对其进行准确界定；武雅士（Arthur Wolf）[③] 提出的神、鬼和祖先三位一体概念也难以囊括纷繁复杂的本主信仰。

尽管供奉者们对本主的理解和认识的方式与层次不同，但本主在白族人的宇宙观中占最重要位置。大部分去祠庙的人一般不记得或了解本主们的名字，但是他们都知道本主的尊号。村民们坚信这些尊号要么是朝廷要么是观音菩萨册封的，人们相信这些本主各自在灵界和人间都是正统的，具有毋庸置疑的合法性。

对于笔者的访谈对象而言，本主崇拜活动包括在特定的日子里去本主庙为祖先或神明焚香、点蜡烛、烧纸钱；不时参加庙会活动；平日里为本主庙的日常维护出钱出力，并参加本主节的相关活动。播种前和收获后村民们都要到本主庙里敬香。喜得贵子、喜结连理、亲人驾鹤西去、重疾在身、动土盖房或乔迁新居、家庭成员参加考试或职场晋升前后，村民都要到本主庙里去请示、祭拜本主，向本主“报告一声”。村里的老人会讲很多关于本主是如何影响农业生产、个人健康和百姓福祉的故事。村里老年妇女自发组织的斋奶会、莲池会（通常统称老妈妈会）负责组织并积极参与诵经、拜神等各种修持活动。这些妇女及其家人都认为，参与老妈妈会是在为自己、为家人、为村寨做善事，也是老妈妈们的修行，一种修炼自我、超越自我的方式。除了老妈妈会雇用的管理人员外，本主庙里没有专职人员。[④] 大部分情况下这些老妈妈们轮流照看本主庙里的香火。白族新年前夕，祭拜本主并邀请本主与全家人共进晚餐是户主的重要职责。

---

① 不同的祠庙都有自己的庙会日程安排。关于西镇宗教仪式活动详单，详见 Francis L. K Hsu, *Under the Ancestors' Shadow: Kinship, Personality, and Social Mobility in China*, Stanford California: Stanford University Press, 1971, pp. 21 – 22.

② ［美］杨庆堃：《中国社会中的宗教》，范丽珠等译，上海人民出版社 2007 年版，第 144 页。

③ Arthur Wolf, "Gods, Ghosts, and Ancestors", in *Religion and Ritual in Chinese Society*, edited by Wolf Arthur, Stanford, California: Stanford University Press, 1974, pp. 131 – 182.

④ 历史学家认为，有些向本主祈祷的“朵西波”，他们住在家里并供养家人。祠庙管理者可以是男人也可以是女人，他们无权做决策，或者念经。在我实地考察的十余个本主庙中，只有一位祠庙管理者掌管着祠庙收入，并决定建造什么神龛，掌管宗教服务。更多关于中国祠庙管理者的记载详见 C. K. Yang, *Religion in Chinese Society*, Berkeley and Los Angeles: University of California Press, 1961。关于白族聚居区老妈妈会的具体记述，详见段斌《白族莲池会查访录》，《南诏大理历史文化国际学术讨论会论文集》，2002 年。

关注本主崇拜与民族认同的关系后很快就会发现，大理地区的本主崇拜在白族被识别为少数民族前早已有之。早在20世纪50年代国家进行民族识别以前，大理地区的老百姓对民族差异已有自己的认知和识别方式。结果，本主的民族归属众多，包括一些民族识别后被界定为白族、汉族、彝族、回族和蒙古族的先民。也就是说，本主崇拜是超越当前的法定民族边界的。老百姓很清楚，文庙中的文昌、魁星和武庙中的关公都是源于汉族文化。但白族人并没有因此把这些神作为外来神，相反，他们将其作为他们当中的一员来供奉。从这个角度来看，我们就不难理解为什么白族本主崇拜与其他地方祭祀活动的神像、祭品看上去一样，所念经文听起来一样，袅袅的焚香和供奉的熟食闻起来也一样。在笔者参与过的四个白族村落里的三次本主巡游活动中，我发现大理的本主巡游与中国其他地区的地方神祇巡游活动没有太大的区别。费质子（C. P. Fitzgerald）当年的描述在今天看来依然有说服力。

> 民家人吸收了大量汉文化，举办宗教仪式祭天，可以称他们为佛教徒、道教徒、儒士或祖先崇拜者。但是如果因此就认为民家人或汉人只有三种宗教信仰那就大错特错了。受过良好教养的精英对三大宗教体系非常了解，但却不信；而没有受过教育的人都遵守三大宗教体系的仪式，却不知这些宗教活动有什么不同。①

和中国其他地方的老百姓一样，人们从实用和灵验的角度祭拜地方性保护神②，如果某个本主不灵就会被替换或完全销毁。笔者在田野调查中发现，只要本主庙是历史上流传下来的，只要人们认为该本主灵验，人们都会继续供奉，并随实际情况的需要增加或减少神灵的数量，甚至调整神灵的供奉位置。③ 村民们对他们的本主相当了解，他们很清楚本主的性格、脾气、饮食爱好、禁忌④、口味和身体情况⑤，甚至本主的桃色事件。根据场地的大小，每一座本主庙都供奉一到两位主神和一些辅神。主神的配偶、侍从和随从可能会成为辅神。本主崇拜并不影响他们供奉其他神祇，他们认为只要将本主供奉在正堂，就不会冒犯本主。由此可见，本主庙里充分体现了兼收并蓄的文化特征。

（一）与万物有灵者划清民族界限

对白族而言，本主庙“不仅仅是供奉神灵的地方，也是取悦神灵的场所”。万物有灵崇拜在白族村寨里与本主崇拜同处一堂的现象很普遍⑥，在西南少数民族中也很

---

① C. P. Fitzgerald, *The Tower of Five Glories*: *A Study of The Min Chia of Ta Li*, *Yunnan*, London: The Cresset Press, 1941, p. 93.

② Stephan Feuchtwang, *The Imperial Metaphor*: *Popular Religion in China*, London and New York: Routledge, 1992, pp. 21 -24, 81 -84.

③ 例如，九主庙在20世纪30年代非常受欢迎，并在本主故事的书籍中有详细记录，但是2006年在该庙旧址建的居民房附近，只剩一尊本主造像在空空的场地上。

④ 村民说：“我们马村的本主不喜欢红色，所以本主节我们不穿红颜色的衣服。”

⑤ 老妈妈们说：“我们的本主打仗时受伤，所以我们不供给他海鲜（指洱海里的水产品），怕引发他的伤口。”

⑥ 寺登村的太子会也很典型。参见杜新燕《仪式展演与文化整合——寺登白族太子会仪式的人类学解读》，《西南民族大学学报（人文社会科学版）》2014年第5期；李正清《大理喜洲文化史考》，云南民族出版社1998年版，第214页；杨政业主编《白族本主传说故事》，云南民族出版社1999年版。

常见[①]。改革开放以来，白族人在宗教信仰实践中通过“自己的具体在场和具体行为”[②]恢复了白族人的集体意识。不同的村民常在不同场合反复强调“我们拜的都是给我们带来好处的［本主］，和我们白族历史上的名人”。这种常见的表述和具有不同民族族属的本主表明，民族识别后本主崇拜不再仅仅是地方性宗教信仰习俗，而是获得了民族属性社会实践；参与、解释本主崇拜不仅仅述说了本主是谁，还叙述了“我们是谁”这个本质问题。

此外，要将本主崇拜赋予民族身份认同的意义还必须区分本主崇拜中哪些是属于“白族的”，哪些是不属于白族的文化内涵。万物有灵崇拜成为一些白族精英力图划清民族界限的标尺。笔者的一些受访者坚信祖先崇拜和本主崇拜是比万物有灵“更高级、更先进”的信仰，他们认为本主崇拜是表达忠孝的行为，而万物有灵崇拜“只是算卦占卜”而已。在这部分受访者的宗教信仰分类思想意识中，“万物有灵不是我们白族的信仰”，土主（非本主）崇拜才是万物有灵信仰；万物有灵崇拜是其他的少数民族的信仰，“是迷信”“是原始的”宗教信仰。为证明这些说法，他们常常举的例子是，在周围其他少数民族中，很少见汉族神灵，在白族村落中却很普遍，如孔子、文昌、关公、魁星，还有汉传佛教中的佛祖以及观音等。[③] 这些神灵会被供奉在同一本主庙里，但不与本主共享一座祭坛。

然而，费质子和许烺光 20 世纪 40 年代出版的民族志中都没有出现“本主”一词。费质子在大理古城周围对祖先崇拜[④]、万物有灵崇拜[⑤]、神话和巫术[⑥]的研究中，提到的 Ber Dser[⑦] 崇拜及其在社会生活和农业生产中的重要作用，与我们所讨论的本主崇拜很相似。由于完全忽视了那些我们今天称之为白族的先民们的存在，许烺光将西镇村民的宗教信仰视为祖先崇拜[⑧]，尽管许烺光所描述的公祭与今天被称为本主崇拜的某些特征[⑨]相似。

---

① 张泽洪：《文化传播视野下的西南少数民族宗教——以道教文化的影响为中心》，《广西民族大学学报（哲学社会科学版）》2009 年第 2 期。

② Marshall Sahlins, *Apologies to Thucydides: Understanding History as Culture and Vice Versa*, Chicago and London: The University of Chicago Press, 2004, p. 159.

③ 观音有很多变身。根据受访者讲述，观音可以变成任何普通人的样子。不同的村子庙里的观音形象不同，男女老少形象都有，老百姓常常称之为观音老母。传说，观音是大理坝子的开拓者。连瑞枝认为，观音崇拜盛于公元 10 世纪到 15 世纪，并被看作是统治阶级权威和正统的重要源头。（连瑞枝：《王权、观音与妙香古国：10 至 15 世纪云南洱海地区的传说与历史》，台湾清华大学历史学系博士学位论文，2003 年）自明代以来，一些名门望族称观音是他们的祖先。

④ C. P. Fitzgerald, The *Tower of Five Glories: A Study of The Min Chia of Ta Li, Yunnan*, London: The Cresset Press, 1941, pp. 93–112.

⑤ C. P. Fitzgerald, The *Tower of Five Glories: A Study of The Min Chia of Ta Li, Yunnan*, London: The Cresset Press, 1941, pp. 112–132.

⑥ C. P. Fitzgerald, The *Tower of Five Glories: A Study of The Min Chia of Ta Li, Yunnan*, London: The Cresset Press, 1941, pp. 132–148.

⑦ C. P. Fitzgerald, The *Tower of Five Glories: A Study of The Min Chia of Ta Li, Yunnan*, London: The Cresset Press, 1941, pp. 12, 86, 87, 89, 148.

⑧ Francis L. K Hsu, *Under the Ancestors' Shadow: Kinship, Personality, and Social Mobility in China*, Stanford, California: Stanford University Press, 1971, pp. 28–53, 131–92.

⑨ Francis L. K Hsu, *Under the Ancestors' Shadow: Kinship, Personality, and Social Mobility in China*, Stanford, California: Stanford University Press, 1971, pp. 193–199.

由此可见，本主崇拜与白族的关联是最近60年的事，这种关联不仅与民族识别有关，而且还与白族的民族意识和民族认同有关；而本主崇拜与万物有灵之间的界限也是白族精英表达其民族认同的结果。除了万物有灵外，土主崇拜是另一个区分白族与非白族的宗教信仰行为。

（二）区分本主与土主

用于指称“本主”的名词有两个：一个是土主，另一个是本主。横山广子发现，这两个词都曾出现在碑刻中。早在20世纪50年代民族识别以前，白族文化精英们就开始使用“本主”一词而摒弃“土主”一词。① 今天人们再一次将“本主”和“土主”区别开来，并对“土主”和“本主”做出了新的解释。

白族文字中并无“本主”一词，不同村寨的村民们会用不同的称呼来指称同一个本主，如用白语称“老谷”（爷爷），用汉语方言称佛爷爷或佛老爷。一般说来，大理地区每个白族村子都有自己的本主或与相邻村寨共同供奉一个本主。无论“土主”还是“本主”都是汉语名词，是从主流文化的视角来区分“文”（有文化的）“自我”和“土”（野蛮的）“他者”的名词。这种区分由来已久。清晚期，受过良好教育的白族先民们将“土主”改称为“本主”，旨在祛除汉字中的“土”所表达的贬损意味和“夷蛮”含义，“本主”才得以出现并逐渐取代了“土主”一词。② 据1916年的《大理县志》记载，当时大理地区的地方保护神就是供奉在土主庙里，这说明“土主”一词的确出现在“本主”之前；无论是“本主”还是“土主”在当时并没有与任何特定的民族关联，只有文野之别。

白族精英施立卓根据羽村本主庙里的一块祠庙碑文得出结论说，从“土主”到“本主”的变化首次出现在1409年，但土主庙在昆明、大理、腾冲以及四川的有些地方随处可见，白族人聚居区只有本主庙。③ 还有一些学者运用进化论的框架来分析从“土主”到“本主”的演变。然而，笔者的田野调查与大多数地方精英力图说明的“本主是白族人的信仰，土主是彝族人的信仰”④ 显然有些天南地北。在彩村实地调查时，村民们指着小学校址告诉我：“解放前这里是土主庙；这座土主庙20世纪80年代还在，当时被用作村小学校。村里新盖的那两座庙才是本主庙。”

其实，“土主”和“本主”这两个名称在许多不同民族的地方保护神崇拜中很常见，人们的信仰也发生过从“土主”到“本主”的转变。但改革开放后，“本主”被越来越多地用来指称白族人的宗教信仰，日益约定俗成并成为白族的特色。现在使用“本主”一词不再像20世纪初期一样是为了祛除“土”气，而是用作白族人的标识，是白族文化

---

① Hiroko Yokoyama, “Separation from the ‘ tu ’ category: A Study on the Generic Names of Bai Guardian Gods,” in *Home Bound: Studies in East Asian Society*, edited by Nakane, Chie and Chiao, Chien, Tokyo: The Centre for East Asian Cultural Studies, 1992, pp. 169 – 199.

② Hiroko Yokoyama, “Separation from the ‘ tu ’ category: A Study on the Generic Names of Bai Guardian Gods,” in *Home Bound: Studies in East Asian Society*, edited by Nakane, Chie and Chiao, Chien, Tokyo: The Centre for East Asian Cultural Studies, 1992, pp. 169 – 199.

③ 施立卓：《白族丛谈》，云南民族出版社1998年版，第127—130页。

④ 林超民教授认为，“鬼主”一词在此之前也指彝族的宗教习俗，与彝族的万物有灵崇拜相关。“鬼主”一词自唐代以后才出现在中国文献中。

传统的一部分，也是将白族人的宗教信仰与彝族以及中国其他地区民族区分开来的有效界限。这种转变不仅仅是视角的转变，还蕴含着民族性的构建及民族内涵的变化。

民族性和民族身份认同在本主庙又是另一番景象。

（三）中央祠里的神像与老妈妈们

本主崇拜是一套等级体系，所有本主隶属于中央本主。西镇的中央祠是所有本主庙的中心。中央祠的本主是大理国第一位君主段思平（893—944）的祖父段宗牓。在历史学家的记载和白族人眼里，段宗牓就是白族人。

笔者走访过供奉段宗牓的三个庙宇：西镇的中央祠、溪村和马村的本主庙。中央祠的段宗牓的故事与主流记录基本相同，但溪村和马村则有很多与段宗牓相关的奇闻轶事，尤其是其风流韵事常常被津津乐道。但这些本主故事都有一个主题：段宗牓是所有本主中至高无上的神，是王中之王。

一天，周城老妈妈会的成员邀请笔者去西镇“办会”。第二天上午10:30前后笔者到达西镇中央祠时，发现老妈妈们早就到了。只见她们井然有序，各司其职：一些中老年妇女在大厅里的本主像前念经[①]，一些中年妇女在忙着做饭[②]，并不时给十几位70岁以上的老奶奶倒茶水。这些年迈老妈妈们已无法念经，但还是以亲自到场的方式参与办会。根据当时庙里公布的年度仪式日程安排，中央祠当年一共举行三场正式盛会：段宗牓诞辰日、忽必烈汗诞辰日和财神爷诞辰日。这次聚会只是周城老妈妈们自发的祭祀活动。

中央祠正殿中央赫然站立着一位身着戎装、威风凛凛的巨大塑像，这座神像比大理所有本主庙里的任何本主塑像都大得多，旁边有一个身着乡绅服饰的小塑像显得有些不知所措，其尺寸只有大塑像的15%左右。但很多上岁数的老太太并不清楚这个巨大的造像是谁。有人说是中央本主段宗牓，“段宗牓还披着战袍呢，他刚刚从狮子国打仗回来”。[③] 这种说法也与许多关于段宗牓的记载相似。[④] 但是，在场的老妈妈中还有人说神坛中央巨大的塑像是忽必烈，而不是段宗牓。这着实让笔者和其他几位妇女吃了一惊。“忽必烈怎么可能是我们的中央本主呢？”一位妇女立刻质疑道。之前也没有任何受访者或文献中提到中央祠里还供奉着忽必烈。[⑤]

讨论后，老妈妈们告诉笔者：正中央的大塑像是忽必烈，旁边的小塑像才是中央祠的主人段宗牓，但“段宗牓才是主人，我们给段宗牓和忽必烈供的祭品是一样的”。当笔者

---

① 在中央祠外的草地上，一些妇女一边晒着太阳一边做扎染；其他人则利用这个机会去西镇购买日常必需品，或在摆满商品的狭小的街道上逛。她们举止平和、悠闲。如许烺光观察到的那样，人们可以在祠庙中做很多世俗的事情，打麻将，甚至赌博。（Francis L. K Hsu, *Under the Ancestors' Shadow: Kinship, Personality, and Social Mobility in China*, Stanford, California: Stanford University Press, 1971, p. 191）如今，本主庙向来打麻将的人收取一定的场地费。

② 通常，她们轮流为大家做饭，每一位年长妇女每年都会做一回东道主。

③ 关于这场战争，在中国历史书籍和官方资料中均有记载。（参见包玉清《论忽必烈平定大理及其历史意义》，《内蒙古民族大学学报（社会科学版）》2004年第1期）

④ 徐嘉瑞：《大理古代文化史稿》，生活·读书·新知三联书店1979年版，第210页。

⑤ 文献里的确有一则关于中央祠的记录。根据这项记载，在中央祠正中央最大的塑像是段宗牓，老百姓将之称为“大南老公”，而小塑像是一位杀死了一只吃人老虎的英雄，人们称小塑像为“小南老公”（见杨宪典、杜乙简、张锡禄《大理白族节日盛会调查》，载中国少数民族社会历史调查资料丛刊《白族社会历史调查第2辑》，1982年，该书只字未提忽必烈的造像）。

进一步询问中央本主到底是段宗牓还是忽必烈时，老妈妈们又一次激烈争论。

一开始，她们对哪座塑像是本主众说纷纭，最后一致认为小塑像段宗牓“是我们的小本主”[①]；段宗牓是原来的本主，当蒙古族铁骑来到大理后[②]，本主热情好客并把自己的位子让给来自于北方草原的客人忽必烈，后者坐下以后就没有起来。[③] 一位老太太一边向我解释一边演示本主如何笑迎宾客并让座给忽必烈。“主人一般都会把自己的座椅让给客人坐，不是（吗）?”另外一个妇女补充道：“我们的小本主最好客了，人品又好。”

老妈妈们还明确表示，她们来这里最主要的目的就是拜小塑像，“只有这个小塑像才是原来的本主，大塑像只是客（人）”。显然，因为笔者提出的问题才让在场的老妈妈们不得不思考塑像到底是谁的问题。但她们的讨论充分表达了各自的“立场政治”[④]，在出现分歧和困惑时，她们对蒙古将军和本主毫不迟疑的反应表明了她们的明确立场。忽必烈的塑像非常引人注目，但却没有赢得这些日常维护中央祠的老妈妈们的认同。她们坚信段宗牓是中央本主，中央祠就是本主庙，忽必烈的在场及其硕大塑像并没有改变他是客人的地位。

出于对段宗牓本主的认同，平日里她们不用操心哪座塑像是段宗牓，而是理所当然地进行日常供奉，包括供奉本主招待的客人。身处其中，笔者深深感受到她们对本主所怀有的那份真诚、朴素的敬仰之情。她们是用最普通的日常生活实践来展示并维系神与人之间的亲密和尊重，老妈妈们用她们的默默坚持和宽容，表达着她们对白族本主的信念和依存。在西镇，段宗牓是“我们”的祖先接受祭拜。[⑤] 马村的本主庙也被称为段公祠，村民们也将之称为“我们的段本主庙”，马村段宗牓造像的衣服上胸前绣有一条龙，象征着他在本主中的至高地位。

在马村和溪村，关于段宗牓的故事主要围绕段宗牓有求必应以及会带来奇迹的故事。各种印刷品中却没有关于忽必烈的记录，笔者采访过程中也没听到老百姓讲过忽必烈的故事，村民们只是简单地重复：“忽必烈只是客人，我们（对他）也不了解。”与忽必烈硕大的造像相比，段宗牓的造像小得有些不可思议，但是段宗牓在白族村民们心中的位置是高大的。一位妇女是这样说的：

> 我小的时候，别人告诉我说我们地方的本主（指段宗牓）是最大的，大理的其

---

① 这与1958—1959年以及1964年的实地考察报告一样，在忽必烈可汗到来前，段宗牓是附近七个村子的本主（详见《白族调查汇总资料》第1辑，第9页）。

② 尽管1252年蒙古铁骑在忽必烈的统率下征服了大理王国，忽必烈是否真正来过大理在史学界尚无定论。

③ 类似的案例也出现在别的白族村落（详见龚民《大理高兴村宗教文化调查研究》，云南大学硕士学位论文，2011年）。

④ Stuart Hall，“Identity：Community，Culture，Difference”，in *Cultural Identity and Diaspora*，edited by Jonathan Rutherford，London：Lawrence & Wishart，1990，p. 226.

⑤ 李正清认为这些数据是基于20世纪50年代实地考察得出的，但是他并没有说明何时何人把段宗牓奉为祖先。（李正清：《大理喜洲文化史考》，云南民族出版社1998年版，第259页）20世纪40年代在西镇做调查的许烺光也没有在祖先祭祀日和公祭的讨论中提到段宗牓。这有可能是因为许烺光的实地考察受民国时期国民政府打击所谓的迷信活动的影响（Hsu Francis L. K，*Under the Ancestors' Shadow*：*Kinship*，*Personality*，*and Social Mobility in China*，Stanford California：Stanford University Press，1971，p. 124）；另一个原因可能是当时西镇没有段姓家族，所以没有人去祭拜段宗牓。

他所有的本主都归他管。你不要看他的塑像小，他是最大的。狮子国打仗的时候①，段宗牓就帮皇帝去打战。忽必烈是新来的，他（忽必烈）在这座庙里主要是因为段宗牓客气，他以客人为重，说明段宗牓人品好、大方、心胸宽。②

也许老妈妈们清晰地划分出忽必烈和段宗牓之间的界限在特定的历史时期并不符合统治阶级的利益和价值观③，但却明确表达了地方性身份认同。而段宗牓的众多故事（例如与马村少妇偷情的故事④、呼风唤雨的故事⑤和错过皇帝计划册封给他的“爱民皇帝”的称号和神都的故事）表达的一个中心内容是：段宗牓是我们中的一员。但没有一个故事提及段宗牓的民族族属。老百姓仅仅从“本主”一词的使用以及官方所认定的白族这个标签就毫不迟疑地断定“段宗牓就是白族人”。中央祠里忽必烈塑像与“真正的本地本主”段宗牓的塑像明白无误地表达着不同的民族族属，忽必烈的造像恰恰彰显了民族差异。

值得一提的是，老妈妈会成员在本主崇拜中所承担的主要角色使她们成为白族的象征之一。老妈妈们去本主庙烧香、讲述本主故事、念经和参与本主巡游的过程不仅是一种修行，也是渲染白族的存在及其民族性的日常生活实践。

三　从民间信仰到白族文化特色

本文试图解释白族精英和本主崇拜实践者如何通过本主崇拜实践活动构建白族身份认同的。用“本主”代替“土主”在当下的目的是表达民族身份认同。这样看来，“说国家单方面地主宰统治民间，中央单方面地控制掌握地方，是忽略了人民的主动性与决策能力”。⑥

本主崇拜也是白族人应对社会文化变迁的结果。与华森⑦和杨庆堃⑧的案例不同，本主崇拜没有将来自不同背景的人聚在一起皈依官方认可的神灵，而是利用白族这个法定族称将当地古已有之的本主崇拜定格在白族的集体意识中，将白族与其他民族区分开来。主流社会关于保护和发展民族文化的话语也为本主崇拜提供了“政治保护伞”⑨，个别白族

---

① 这个解释与庙里碑文中的记述很吻合：“中央祠最早建于南诏后期（公元9世纪），是为了纪念大臣段宗牓。当卑谬（现在的斯里兰卡，于公元2世纪和3世纪建立的一个国家）处于被侵略时前往南诏求救。段宗牓死后，被赐予一谥号：‘五百神王’。三代之后，他的继承者段思平在公元937年成为大理王朝的建立者。”

② 类似的说法在一些书籍里也有记载，如杨政业《白族本主文化》，云南人民出版社1994年版，第36页。

③ Ahern Emily Martin, *Chinese Ritual and Politics*, Cambridge: Cambridge University Press, 1981, pp. 78, 94.

④ 李缵绪：《白族文化》，吉林教育出版社1991年版，第39页。

⑤ 段宗牓经常帮助马村缓解旱情（参见杨斌《段宗牓的故事》，载杨政业主编《白族本主传说故事》，云南民族出版社1999年版）。

⑥ 范丽珠：《官方的态度与宗教在民间发展的关系》，《宗教人类学》2013年第4辑。

⑦ James L Watson, “Standardizing the Gods: The Promotion of T ’ ien hou (‘ Empress of Heaven’) Along the South China Coast”, in *Popular Culture in hate Imperial China*, edited by David Johnson, Adrew J. Nathan, Evelyn, Rawski, Berkley, Los Angeles, London: University of California Press, 1985, pp. 292 – 324.

⑧ G. K. Yang, *Religion in Chinese Society*, Berkeley and Los Angeles: University of California Press, 1961.

⑨ Helen F. Siu, *Agents and Victims in South China: Accomplices in Rural Revolution*, New Haven and London: Yale University Press, 1989, p. 298.

精英开始将本主崇拜称为“本主教”。[①] 由此可见，白族人在积极构建他们的民族身份，而不是仅仅“依靠官方解释来证明某一民族文化存在的合法性”。[②] 白族人的主体性和能动性表现在将本主崇拜打造成为别具白族风格的信仰，并将本主上升为白族人的文化特征之一。

当笔者分不清为数众多的本主时，笔者的受访者自信满满地声称：“我们分得清他们（这些本主）谁是谁，彝族有他们的‘土主’；汉族人拜他们的祖先；回族有他们的安拉；本主崇拜就是我们白族的习俗。”这样说来，本主崇拜是白族的一种“反思性行为”[③]，在官方的民族划分以及白族族群划定完成后，白族人充分利用这个分类并用他们喜欢的名称“本主”指称他们的宗教信仰，从而将自己与其他少数民族区分开来，这在没有白族这个法定族称的20世纪50年代以前是做不到的。

白族宗教的建构和白族人的主观能动性在本主故事的传播中也可见一斑。[④] 大量本主的故事，包括他们的起源、家族史、成就、亲属关系和婚外恋都被广为口传甚至印刷成册。有时候，不同本主的故事是相似的，有时候某个特定的本主故事又有不同的版本。重要的是所有的本主故事都被冠以白族的标签，且都经过了当下的诠释，编织成用来构建白族认同的“意义之网”。例如，根据徐家瑞的记述，段宗牓的家族来自甘肃省；根据口传，段宗牓的祖上来自云南东北部的彝良地区。[⑤] 在充分利用白族这个法定族属过程中，段宗牓祖籍的相关争议被选择性“遗忘”。确定段思平出生在彩村和耀村也就确定了段氏与这个地方、与白族的不可磨灭的联系，并意味着“段宗牓不仅仅是这两个村子的本主，也是所有白族人的本主”。[⑥]

本主崇拜不断将民族认同植入当地的社会意识中，发挥着机制性作用。那些把本主崇拜当作一种修行的老妈妈们娴熟自如地运用这一机制，她们从一座庙串到另一座庙，从一个宗教聚会到另一个宗教聚会。这些“下属群体中最卑微的”[⑦] 老年妇女最了解本主，她们用自己的修行践行着本主崇拜，并在新的政治经济背景中塑造着白族的形象。

在本主庙中，白族人身份认同并不是通过神灵造像来表达，而是通过朝拜者和庙堂管理者所建构的“意义之网”来表达，通常，“我们所理解的意义是属于‘我们的’”。[⑧] 从这个角度来看，本主崇拜也是个“赋予意义”的过程。通过赋予的意义，国家法定的民族族属融入本主崇拜实践中，并成为白族身份认同的重要依据之一。

---

① 詹承绪：《试议将白族的本主崇拜定为宗教》，《云南社会科学》1990年第3期。

② David Yen - ho Wu, “Chinese Minority Policy and the Meaning of Minority Culture: The Example of Bai in Yunnan, China”, in *Human Organization*, Vol. 49. issue 1, 1990, p. 11.

③ Anthony Giddens, Modernity and self - identity: Self and Society in the Late Modern Age, Cambridge: Polity, 1991, p. 52.

④ 大量出版物也是关于白族研究者重现本主故事的书籍，如李兴华所著的《白族民间故事传说集》，李一夫所著的《白族的本主及其生活传说》《大理白族自治州历史文物资料》，杨政业主编的《白族本主传说故事》。

⑤ 杨政业主编：《白族本主传说故事》，云南民族出版社1999年版，第69页。

⑥ 杨斌：《段宗牓的故事》，载杨政业主编《白族本主传说故事》，云南民族出版社1999年版，第75页。

⑦ Susan Blum, “Margins and centers: A decade of publishing on China's ethnic minorities”, in *Journal of Asian Studies*, Vol. 61, issue 4, 2002.

⑧ Anthony P Cohen, *The Symbolic Construction of Community*, London & New York: Ellis Horwood Limited and Tavistock Publications Limited, 1985, p. 17.

四 结语

总之，本主崇拜不仅仅是某种宗教信仰意义上的实践经验，更是一种表达信奉者的思想、感情和身份认同的日常实践活动。作为一种应对社会文化变迁的“文化对抗”[①] 方式，本主崇拜维系着社会秩序并重构着地方文化意义。无论对于那些把本主崇拜当作工具的当地精英，还是把本主崇拜当成一种修行的老妈妈们，本主崇拜都为他们提供了一个文化场景和载体，影响着他们如何审视自己、界定自己。本主崇拜并非仅仅被用来表达“我们与你们不同”，而是表示：我们和你们相似，但我们依然有自己的独特性，因为我们是这个地方敬拜本主的民族。[②]

从身份认同的角度探讨本主崇拜既是重新认识民间信仰丰富内涵的有效视角，也是尝试超越宗教学研究局限并探究其宗教学意义的新路径。

（原文发表于《宗教学研究》2017 年第 4 期）

① Robert P Weller, “Asian Visions of Authority: Religion and the Modern States of East and Southeast Asia”, in *Capitalism, Community, and the Rise of Amoral Cults in Taiwan*, edited by Keyes, Laurel Kendall, Helen Hardacre, Hawaii: University of Hawaii Press, 1994.

② Donald R Deglopper, “Religion and Ritual in Chinese Society”, in *Religion and Ritual in Lukang*, edited by Wolf, Arthur, Stanford California: Stanford University Press, 1974.

中国宗教管理法治化建设：理念、依据、条件[*]

闵　丽[**]

摘　要：中国宗教管理法治化建设过程中，存在若干重大理论与实践问题，主要包括三个方面：其一，宗教管理“法治化”与“法制化”的本质区别；其二，政府宗教管理法治化建设的历史与现实依据；其三，宗教管理法治化建设的环境条件。只有从本质维度深入研究这些问题，才能真正领悟政府宗教管理法治化的思想意蕴，深透理解和诠释现阶段宗教管理法治化建设的必然性和必要性，把握阻碍宗教管理法治化进程的瓶颈及有效破解方法。

关键词：政府宗教管理法治化建设　理念　内在依据　环境条件

为贯彻全国宗教工作会议精神，推进我国宗教工作法治化进程，2017 年 8 月，国务院第 686 号令颁布了新修订的《宗教事务条例》（简称新《条例》）。针对近年来我国宗教信仰领域中的新情况和新问题，新《条例》在原有立法原则、立法宗旨和主要内容的基础上，对相关法规作了较大幅度的修订和扩展。①新《条例》的颁布，将我国政府宗教工作法治化进程推上了一个新台阶。而继续提升了我国宗教管理法治化水平，尚需深入探讨若干重大理论与实践问题。例如，宗教管理法治化范畴的内在规定性及思想意蕴、政府宗教管理法治化建设的必然性和必要性，以及建设过程中关键要素的发育程度和水平等。这些问题涉及该项建设的理念、内在依据、环境条件等重要内容。对此，如果不能从本质维度予以系统诠释，便难以提供宗教管理法治化建设所需的理论观照。因而深入研究这些问题，有其极大的理论价值和实践意义。

一　政府宗教管理法治化的内在规定性及其思想意蕴

中华人民共和国成立以来，持无神论思想和马克思主义宗教理论的执政党和政府，从未间断对宗教管理方式优化路径的探索。1957 年宗教政策受到“左”倾思想和反右扩大

* 本文系教育部人文社科重点研究基地 2009 年度重大项目“宗教政治学”（2009JJD730004）结题成果的“热点问题”之一；系四川大学 2016 年度中央高校基本科研业务费研究专项项目“我国政府宗教管理法治化水平评估与提升路径研究”（SKZX2016—sb114）的阶段性成果。

** 闵丽，哲学博士，四川大学道教与宗教文化研究所教授，博士生导师。

① 国务院于 2004 年颁布的《宗教事务条例》共 7 章 48 条，2017 年颁布的修订《条例》新增加 2 章和 29 条法规，共 9 章 77 条。

化国内政策形势的影响，出现了偏差。[①] 执政党和政府在对待宗教问题上更多地强调宗教的愚昧落后特征、精神麻醉功能，以及外国敌对势力的文化侵略功能，并据此制定了一套旨在限制、压缩和逐渐取缔宗教的管理办法。特别是“文革”十年间，宗教更是被视为“四旧”之一而遭到严重破坏。改革开放以来，执政党和政府在宗教工作领域开展了拨乱反正工作，颁布了《关于我国社会主义时期宗教问题的基本观点和基本政策》这一重要文件。该文件阐述了宗教在我国存在的长期性和发展规律，否定了用行政命令、强制手段消灭宗教的错误做法，并明确规定：“为了保证宗教活动的进一步正常化，国家今后还将按照法律程序经过同宗教界代表人士充分协商，制订切实可行的宗教法规。”[②] 至此，制定宗教法规设想的正式提出，开启了依法管理宗教事务的探索历程。伴随中国现代化建设步伐，政府宗教工作经历了从政策性管理（1978—1990 年）到法制化管理（1990—2012 年），再到法治化治理（2013 年至今）的发展过程[③]，从一个侧面反映了我国现代化的路径和水平。其中，政府宗教管理从法制化到法治化的转型过程不可小觑。这是因为，宗教管理法治化有其内在规定性和思想意蕴。所谓规定性，是指事物具有明确的特性和本质，以此区别于其他事物。从法理学视角看，法治不等于法制，法治国家亦区别于法制国家。但凡以法律制度作为治理重要工具的国家，都可将之称为“法制国家”。但只有具备以下要素或特征的国家，才是真正意义上的“法治国家”：其一，法治国家是人民民主、人民主权的国家，法治的主体是人民。那种认为法治主体是国家机关，人民群众只是法治的客体，依法治国就是依法治民的传统观念，与“法治国家”及其宪法精神相背离。其二，法治政府权力的取得与行使，必须受到宪法和法律的严格约束。法治国家是内含自由、平等、公民人格尊严等价值理念的现代国家形态。[④] 相反，依法治民的法制国家，其法律制度的制定和修改，以统治者的利益诉求为圭臬，而不必征求民众的同意。从这一意义上来说，法制国家的治理方式，本质上仍然属于人治。法治国家与法制国家的区别，体现在政府宗教事务管理方面，必然表现出截然不同的管理目的、管理目标和管理方法。具体而言，是否能够充分尊重和保障信众宗教信仰自由权利，构建充分尊重和保障信众精神文化需求的法律制度，及其与之相适应的管理方式，是辨别其是否为法治国家的重要标准。其真实意蕴在于，基于国家性质和宪法精神，承认并保障人民在国家中的主体地位，限制和约束长官意志或人为因素对政府宗教工作的影响。可以说，政府宗教管理法治化即是对人民主权及其信仰自由权利的承认与保护。

关于政府宗教管理法治化的本质及其思想意蕴问题，国内学界和政界尚存在一定的认识偏差。具体而言，在我国宗教工作的阶段划分上，流行着一种观点，即主张将改革开放以来政府宗教管理过程划分为依据政策阶段（改革开放初期至 1990 年）、依法和依规并举的法制化阶段（1990 年代初至 2004 年底）、依据法规管理的法治化阶段（2005 年初至

---

① 徐以骅、刘骞：《安全与统战：新中国宗教政策的双重解读》，载《中国宗教研究年鉴 2011—2012》，中国社会科学出版社 2013 年版。

② 中共中央文献研究室综合研究组等编：《新时期宗教工作文献选编》，宗教文化出版社 1995 年版，第 58 页。

③ 笔者认为，我国政府宗教工作经历政策性管理（1978—1990 年）、法制化管理（1990—2012 年）和法治化治理（2013 年至今）三个发展阶段。其中，法制化管理阶段与法治化治理阶段的划分，以中共十八届三中全会、四中全会关于推进国家治理体系和治理能力现代化、全面推进依法治国方略的提出为政策依据。

④ 黄金辉：《社会主义政治文明特征探微》，《社会科学研究》2003 年第 3 期。

现在）。[①] 这种阶段划分方法主要以宗教法规的有与无、单项与综合及文本形式为依据，未能反映政府宗教管理方式从“法制化”向“法治化”转变的客观过程与现代化水平。其认识论原因在于缺乏对“法制化”与“法治化”两者本质性差异的深入认识和理解，因而难以准确理解政府宗教管理法治化的真实意蕴与意义。

二　政府宗教管理法治化建设的必然性和必要性

政府宗教管理方式转型的依据，不仅源于社会治理主体的利益诉求及其变迁，更是对社会发展和宗教演进真实状况的回应。所谓宗教管理方式转型，是指社会治理主体根据国家性质以及社会和宗教发展的实际状况，确立或优化宗教管理方式，使之更好地落实其统治意图、满足其利益诉求。所谓社会发展，是指以个人为基础所构成的社会关系，发生从个体到群体的整体性变化，包括个人物质和精神层面及其延伸至人际关系层面的变化，进而引致社会经济、政治、文化的总体性变化。所谓宗教演进，是指宗教信仰在教义教理、组织结构、礼仪规范、传播方式等方面的进化演变。运用制度变迁理论分析社会发展、宗教演进和政府宗教管理方式转型三者之间的关系，可以得出以下结论：其一，社会发展状况从根本上决定宗教信仰的具体内容、表现方式及其衍变趋向。因为，各种灾难与死亡对人类生存构成严重威胁。在早期社会及人类认识能力低下、物质技术手段缺失的情况下，威胁人类生存的客观因素往往成为人们神化和膜拜的对象。我们可以在各种神灵信仰（如山神信仰、海神信仰等）中，找到产生恐惧和渴求保护的现实依据。同时，社会变迁不断给宗教信仰赋予新的内涵，使之呈现出阶梯式的进化路径。例如，罗马帝国治下苦难的犹太人，为寻求精神慰藉而创立基督教。其神学思想之所以呈现为从教父神学到中世纪经院神学的连续演进序列，与罗马帝国对基督教从最初的镇压到《米兰敕令》中合法地位的承认这一态度的根本转变以及世俗社会变迁是密不可分的。[②] 可以说，社会环境变迁是引致宗教信仰演变的根本原因。其二，宗教信仰的形成与演进，反过来也影响社会发展进程和政府治理方式。因为，特定时空条件下形成的宗教样态，有其独特的价值观、真理观、道德观和生活理想等思想观念体系，及与之相适应的组织形式和仪轨戒律等行为规范体系，并对信徒的精神生活与行为方式产生重大影响。而且，这种影响还能随着宗教衍化而发生改变，成为推动或阻碍社会发展进程和政府宗教管理方式转型的重要力量。例如，作为基督教中国化早期形态的太平天国天父信仰，其信条在“彼岸”与“此岸”的评价和选择中，直接表达了现实政治诉求。同时，太平天国作为宗教性的政治化组织，在教化信众过程中显示了强大的社会动员与整合功能，并最终转变为沉重打击清王朝统治的社会力量。[③] 相应地讲，清政府也重新调整其宗教管理重点和管理方式，相关宗教政策因此发

---

① 刘金光认为，我国宗教事务管理法治化历程大致经历三个阶段：酝酿阶段（1978—1990 年）、起步阶段（1991—2003 年）、形成阶段（2004 年至今）。在“形成阶段”，有关宗教事务的法律框架已初步构建，依法管理宗教的局面基本形成，宗教事务由此步入法治轨道。（见刘金光、梁恒豪《宗教事务管理法治化：成就、挑战与展望》，《世界宗教文化》2013 年第 1 期）持相同观点的文章有国家宗教局政法司的《实践创新：宗教事务管理模式的三个阶段》（《中国宗教》2008 年第 12 期）；李五星和李颖的《改革开放以来我国宗教法制建设的发展历程及其特点》（《沧州师范专科学校学报》2011 年第 1 期）等文。

② ［英］爱德华·吉本：《罗马帝国衰亡史》上册，黄宜思、黄雨石译，商务印书馆 1997 年版，第 233—516 页。

③ 闵丽：《道教——太平天国宗教信仰的内核》，《四川大学学报（哲学社会科学版）》2001 年第 5 期。

生变化。[①] 由此可见，宗教演进过程实质上是以其特殊方式，或隐或显地影响社会运动状态的过程，政府也因此明确其管理对象和管理办法。其三，社会发展程度与水平对政府宗教管理方式具有决定性作用。马克思的社会发展理论提供了一种宏观把握各种社会关系及其互动规律的研究范式，即非常强调生产关系对政治关系及公共权力获得方式的决定性作用。这一分析范式为理解社会经济与政治之间的内在关系提供了一把钥匙。历史发展表明，在农耕文明时期，由于生产力发展水平低下，缺乏便捷的交通工具与通信技术手段，社会成员被自然地理环境分隔在不同地域，彼此之间的联系与相互影响非常有限。这种封闭、散居和固定的生活方式，使社会整合能力与自组织能力甚微。作为传统农业社会核心资源的水源、土地，其稀缺性与产权的模糊性，决定了权威性分配的集权（或王权）政治成为避免剧烈资源争夺、保障社会有序运行的有效方式。由此可见，农耕文明与王权政治之间具有内生性关系。在中外历史发展的早期阶段，基于丛林原则或嫡亲继承制的王权政治是普遍的政治形式。在这一历史条件下，由于政治权力缺乏广泛的民意基础，宗教特有的"天意""天命"等信条，自然被视为王权政治及其权力获取方式的合法性依据，因而被王权所利用。相应地说，旨在利用和保护宗教的一系列具体措施便会产生。这是中外历史上政治与宗教高度依存的根本原因。相反，近代以来的工业化大生产、市场经济以及日新月异的交通和通信技术，催生了开放性社会，以及社会成员的自主意识和平等意识。在这种历史条件下，以法律为基础的定期、合法的竞争性选举，成为政党和个人获得公共权力的合法通道。由此，选民票决制度逐渐取代了具有王权合法性证明功能的宗教，成为获得现代国家政权合法性的主要依据。由此，宗教逐渐丧失其原有的意识形态主流地位，对社会政治生活的影响力大幅下降。[②] 但是，宗教信仰作为信教民众精神生活的重要部分，是公民思想自由权利的一种表现形式，符合现代国家的宪法精神，因而得到宪法与法律的承认与保护。同时，鉴于宗教的非理性特征与宗教组织的社会属性，它也有可能对民众与社会秩序产生负面影响。因此，其行为也要受到相关法律的规制与约束。现实也是如此，既保护又规制是现代国家普遍采用的宗教政策。鉴于传统农耕文明和现代工业文明在生产方式、政治关系及其政权获得方式等方面的巨大差异，在两种文明形态交替、传统集权政治向现代民主政治转型过程中，执政者看待和处理宗教信仰的方式也必然发生重大改变。

关于政府宗教管理方式转型与社会发展、宗教演进三者之间联动关系的理论解读，有助于我们深刻理解中国宗教管理法治化建设的必然性和必要性。

首先，政府宗教管理法治化建设是中国现代化发展趋势及其国家治理理念和治理方式

---

① 例证一：1857 年，时值太平天国运动高潮之际，"各处水陆兵勇云集，纷纷谣言，以天主堂即系长发所奉之教，既无外国人在内，形迹可疑，故被当时拆毁"，"将堂内及两铺面所有材料，尽送龙王庙僧人收用"（台湾"中央"研究院近代史研究所编：《教务教案档》第一辑，第 910、907 页。转引自赵树好《晚清教案交涉研究》，人民出版社 2013 年版，第 5 页）。例证二："谕曰；近日邪教流传，蔓延各省，始不过烧香敛钱，煽惑愚民，渐至聚众滋事，总因地方官平日化导无方……朕思性理诸书，均为导民正轨，著各直省督抚会同各该学政，转敕地方官及各学教官，于书院家塾教授生徒，均令以御纂《性理精义》、《圣谕广训》为课读讲习之要，使之家喻户晓……各该督抚等务当实力奉行，毋得视之迂阔。"（参见戴逸、李文海主编《清通鉴（14）——宣宗道光二十二年起文宗咸丰四年止》，山西人民出版社，出版时间不详，第 6139 页）

② 政教分离原则作为国家与社会现代化的初始条件，在近代西方国家颁布的若干文献中得以确立。例如，《美国宪法第一修正案》规定：国会不得制定关于确立国教或禁止信教自由的法律。

转型的内在要求和本质规定，因而具有历史必然性。中国现代化进程是在外敌入侵、几千年帝制难以为继、中华民族面临亡国灭种危机的背景下开启的。一百七十余年来，为了反抗外敌侵略，争取民族独立，国人进行了不懈努力，不仅使政治制度实现了从帝制向共和的转变，同时，通过清季洋务运动、民国经济建设运动，以及新中国成立后的“农业、工业、国防和科学技术现代化”建设等一系列经济社会现代化改造，正在完成从农业国向工业国转型的过程。这些政治与经济的革新运动，旨在建立和发展中国民族经济体系，以根治积贫积弱的社会问题。由于以经济建设为中心，保障国民尊严、自由和幸福的政治法律制度建设则相对滞后。这就意味着，现阶段的重要任务是不断推进民主法治建设，加快实现国家与社会的现代转型。相应地讲，作为国家治理有机构成部分的政府宗教管理工作，自然也面临现代转型的艰巨任务。事实上，改革开放以来，我国政府宗教工作经历的政策性管理、法制化管理和法治化治理三个发展阶段，正是国家与社会现代转型在宗教管理领域的体现。用法治思维和法治手段管理宗教事务，已逐步成为执政党和政府对待与处理宗教问题的基本立场和主要方法。[①] 进一步加快推进宗教管理法治化进程，以顺应中国社会发展规律和现代化走势，是我们尚须着力完成的重要历史使命。

其次，宗教治理环境的巨大变化以及宗教信仰特殊的精神活动方式，为我国政府宗教管理法治化建设提供了现实依据。我国原有的管控型宗教管理制度形成于相对封闭的社会环境。在社会开放度日益增强的今天，该制度在预防和抵制非法宗教的产生问题上，效果有不尽如人意之处。从管理规程视角看，所谓非法宗教，即指未经政府相关部门注册登记的宗教团体及其传教活动。根据这一界定来观察我国宗教信仰领域现状，不难发现，未经登记注册的宗教组织及其活动的确存在：其一，从宗教样式看，在互联网和现代通信技术支持下，巴哈伊教、瑜伽学会、摩门教等境外新兴宗教流入我国。此外，亦出现观音法门等诸多本土生长形成的民间宗教。这样，除合法的五大宗教外，尚有各种外来宗教、新兴宗教、民间宗教，其影响力在我国有增长趋势。其二，从传播方式看，外来宗教或本土新兴宗教及其组织主要利用互联网、微信、QQ 等现代通信工具，采用视频、音频、电子文档等方式传教，使宗教传播的途径日趋现代化、多样化，其辐射面与影响力远远大于口耳相传和纸质书写的传统方式。其三，从数量上看，未经政府注册登记的宗教团体与活动场所的数量，在个别地方甚至多于合法宗教团体及其场所的数量。例如，据《中国宗教蓝皮书：中国宗教报告 2010》统计，除三自教会有信徒 2300 余万人次外[②]，国内还存在大量未予登记的家庭教会和团契。其成员多、影响大，并显现出比某些三自教会更强的竞争力和更广泛的发展空间。上述现状表明，互联网及其现代通信技术支持下形成的开放型社会，给“未经政府登记注册”的宗教组织及其活动提供了生存空间，使之能够游离于政府管理制度之外。这表明，政府管理“盲区”日益显现，国务院于 2004 年颁布的《宗教事务条例》中，部分法规面临失效的风险。此外，导致我国管控型管理办法有效性不足的另一个重要原因，即制度规则难以约束深藏于信徒内心的精神活动、宗教思想与情感。在日益开放的现代社会，鉴于个人思想与精神活动的不可控性和现代网络通信技术特强的信息传递能力，管控思想与精神活动的方法及其由此形成的管

① 习近平总书记在 2016 年 4 月召开的全国宗教工作会议上的讲话。参见《发展中国特色社会主义宗教理论 全面提高新形势下宗教工作水平》，《人民日报》2016 年 4 月 24 日。

② 金泽、邱永辉主编：《中国宗教蓝皮书：中国宗教报告 2010》，社会科学文献出版社 2010 年版，第 191—193 页。

理制度，其约束力和社会规范功能很难达到预期效果。鉴于此，我国政府宗教管理部门应该顺应社会全面转型的发展趋势和信众精神生活需要，完善我国政府宗教管理的理念和方法。而在利益主体及其价值认同多元化的社会背景下，法治理念因其具有尊重和保障人权的价值诉求、追求公正的价值表达、限制公权力等基本精神，最能体现当下社会所需的道德诉求、行为规范原则和民意，因而应该作为执政党和政府的宗教工作理念注入管理制度各要素之中，实现宗教管理法治化。由此可见，我国政府宗教管理法治化建设具有现实依据和必要性。

中共十八届三中全会、四中全会先后提出推进国家治理体系和治理能力现代化、全面推进依法治国的方略，为我国政府宗教管理法治化建设提供了政策依据。国务院近期修订和颁布的《宗教事务条例》，不仅增加了“提高宗教工作法治化水平”原则①，而且其若干具体规制也折射出目前我国社会发展与宗教信仰现状，以及政府宗教管理法治化的路径与方法。围绕宗教管理法治化建设中的诸多问题，学界和政界展开了深入讨论。其主要议题大致涉及以下方面：宗教管理法治化建设的正当性基础②、观念前提③和制度保障④；宗教法规与宗教政策的关系⑤，以及国法与教规的关系⑥；宗教工作法治化建设的成就、不足及对策⑦；宗教法规实施成效的实证研究等⑧。但是，从理论和实践层面深入研究政府宗教管理方式现代化、中国社会发展现状以及宗教信仰现状三者之间联动关系的成果尚不多见，因而难以深刻理解和诠释现阶段我国宗教管理法治化建设的必然性和必要性。

三　宗教管理法治化建设的环境条件

宗教管理法治化建设的场域在当代中国。这一时空范围内特有的社会环境、法律制度与法律意识、价值观念和行为方式等关键要素及其发育程度，作为初始条件或生发环境，制约着宗教管理法治化建设的难易程度、速度、路径、方法和成效。所谓社会环境，是指法治建设所具备的物质手段、制度设计和文化传统等特殊条件。所谓法律

---

① 见《宗教事务条例》（2017 年修订版）“总则”第一条。

② 姜裕富：《宗教工作法治化的正当性基础》，《云南民族大学学报（哲学社会科学版）》2017 年第 2 期。

③ 王作安：《做好宗教工作要树立法治思维》，《中国宗教》2016 年第 3 期。

④ 参见李向平《“社团”与“法人”的双重建构——当代中国宗教政策与管理制度改革路线图》，《上海大学学报（社会科学版）》2015 年第 2 期；李峰《实现“宗教关系”的法治化》，《西北民族大学学报（哲学社会科学版）》2016 年第 4 期；陈林林《宗教法治的三个基本问题》，《浙江社会科学》2014 年第 8 期；等文。

⑤ 参见卓新平《从六个方面把握国法与教规的关系》，《中国宗教》2015 年第 9 期；刘金光、梁恒豪《宗教事务管理法治化：成就、挑战与展望》，《世界宗教文化》2013 年第 1 期；等文。

⑥ 沈祖荣、李华廷：《试论国法与教规的关系》，《江苏省社会主义学院学报》2016 年第 1 期。

⑦ 参见刘金光、梁恒豪《宗教事务管理法治化：成就、挑战与展望》，《世界宗教文化》2013 年第 1 期；段德智《新中国宗教工作的曲折历程、主要成就和基本经验》，《武汉科技大学学报（社会科学版）》2013 年第 3 期；陈宗荣《加快宗教工作的法治化进程》，《中国宗教》2014 年第 11 期；闵丽《我国宗教事务管理制度调整优化刍议》，《宗教学研究》2015 年第 1 期；曹振鹏、刘颖晰《提高宗教工作法治化水平的创新思路》，《辽宁省社会主义学院学报》2016 年第 3 期；冯永昌《全面依法治国视阈下宗教事务管理法治化研究》，《中央社会主义学院学报》2016 年第 2 期；等文。

⑧ 冯玉军：《中国宗教事务管理调查及其法律评价》，《社会科学研究》2014 年第 6 期。

制度与法律意识，是指宗教法规及规范性文本内容的法治化程度，以及立法、执法和守法的观念强弱程度。所谓价值观念，是指国民对宗教治理法治化的评价高下与认同程度。所谓行为方式，是指法治意识及其价值观念影响下形成的行为准则与人际交往习惯。就目前我国宗教管理法治化建设的环境条件而言，既存在有利因素，也存在不利条件。具体而言，其有利条件大致如下：其一，宗教治理方式现代化是国家治理现代化的一部分，符合我国大政方针和时代要求。其二，《宗教事务条例》及一系列地方性宗教法规的制定与实施，为宗教管理法治化建设提供了大量案例和有益经验。其三，在宗教管理法治化建设的意义与价值问题上，学界、政界和教界已初步形成共识。其不利因素大致如下：其一，两千余年帝制残存下来的人治遗风。其二，宗教管理法治化建设势必改变党政相关部门之间现有的工作关系，因而客观存在着来自管理队伍的阻力。其三，对宗教的性质、功能及定位等问题的认识尚存在较大分歧。综合而言，上述有利条件与不利因素分别从社会发展程度、法制化水平、法治意识及其价值认同、利益分配、宗教理论认识等角度，折射出宗教管理法治化建设中关键要素发育程度总体偏低的现状。

深入研究我国宗教管理法治化建设中关键要素的发育程度及其水平，具有重要的现实意义。就如何推动宗教工作法治化进程这一问题而言，国内学界和政界近期提出了许多有益的对策建议。例如，有人认为须寻找新思路、新方式[①]；另一些人认为须提高管理主体和对象的法治素养、完善相关法律制度和宗教工作的监督体系[②]。此外，尚有主张转变宗教工作的管控理念为法治理念，强化法治手段及司法机关的参与机制，优化宗教事务管理机构及其职能[③]等对策建议。对于优化宗教工作方式而言，这些对策建议具有较强的针对性。但在已有研究中，影响宗教管理法治化建设成效的关键要素及其实际发育程度和水平问题，没有得到应有重视，造成在实践中难以准确把握阻碍宗教工作法治化进程的瓶颈因素及其有效破解方法，难以提供有助于推动宗教管理法治化建设进程的理论观照。

结　语

习近平总书记在2016年4月召开的全国宗教工作会议上提出："要提高宗教工作法治化水平，用法律规范政府管理宗教事务的行为，用法律调节涉及宗教的各种社会关系。"这一重要讲话为我国政府宗教工作树立了全新的价值标准和管理目标。运用法治思维和法治手段管理宗教事务，已成为各级党政相关部门的重大任务。鉴于此，深入研究我国宗教管理法治化进程中存在的一系列重大理论与实践问题，具有极大的理论价值和实践意义。囿于我国宗教管理法治化实践的发育程度偏低等诸多原因，这些重

---

① 陈宗荣：《加快宗教工作的法治化进程》，《中国宗教》2014年第11期。

② 参见王作安《做好宗教工作要树立法治思维》，《中国宗教》2016年第3期；陈宗荣《加快宗教工作的法治化进程》，《中国宗教》2014年第11期；冯永昌《全面依法治国视阈下宗教事务管理法治化研究》，《中央社会主义学院学报》2016年第2期；曹振鹏《关于提高宗教工作法治化水平的探讨》，《中央社会主义学院学报》2015年第5期。

③ 闵丽：《我国宗教事务管理制度调整优化刍议》，《宗教学研究》2015年第1期。

大理论与实践问题在研究过程中尚未能得到应有重视和系统诠释，因而难以更好地提供宗教管理法治化实践所需的理论观照。从推进宗教管理法治化进程的要求来看，对这些问题的研究任重道远。

（原文发表于《宗教学研究》2017 年第 4 期）

第五篇

年度著作

2017年度宗教学研究类十大著作

陈粟裕 编

1.《“宗教中国化”义理研究》

作者：张志刚，宗教文化出版社2017年版

内容简介：习近平总书记曾在不同场合多次强调我国宗教中国化的问题。张志刚教授多年来一直在思考研究有关中国宗教中国化的问题，在这一领域张教授有非常深刻独到的见解。该书就是张志刚教授在深刻学习习近平总书记讲话精神后结合近两年的沉思，倾心撰述的非常具有指导性价值的教科书型著作。该书的主题是中国宗教研究的理论与方法重建，探讨了中国宗教研究的难题、困境与出路，特别是“宗教中国化”。

2.《中国佛教信仰与生活史》

作者：圣凯，江苏人民出版社2017年版

内容简介：该书从制度史、社会史、文化史的视角，以忏法、素食、慈善、讲经、放生、菩萨信仰、名山信仰等为中心，探讨中国佛教徒的信仰表达方式及其与社会的互动关系，揭示佛教信仰与中国文化的互动影响，彰显印度文明与中华文明的交流互鉴、美美与共的过程，梳理与呈现佛教信仰中国化的历程。

3.《佛典汉译、理论与诠释研究——以善巧方便一系概念思想为中心》

作者：程恭让，中国社会科学出版社2017年版

内容简介：初期大乘佛教经典结集中，确实出现了以善巧方便一系概念思想作为中心的思潮和运动，这一点通过作者对《善巧方便波罗蜜多经》《法华经》《维摩经》等初期大乘经典的解读，已经完全可以获得确证；通过对早期般若系经典不偏不倚的客观解读，也可以获得重要的学术支持。因此，初期大乘经典实际上建构了般若与方便“不即不离、不一不二、平衡开发、辩证彰显”的菩萨智慧学。但是，善巧方便是佛陀、菩萨、圣者转依所得的一种殊胜品德，它与般若静观实相的趋向不同，是由慈悲心所激发佛法的实践智慧，是圣者的特殊能力，它由佛陀的证法菩提所规定，时时刻刻参考众生的根性，并以将其引归佛菩提作为目标。所以这一概念牵涉对佛陀既具超越性又不离人间性圣德秘密的理解，牵涉对佛教教法思想内在智慧依据的理解，牵涉对佛教圣贤救度众生实践运作机制的理解，也牵涉在不同时代、不同地域、不同文化环境下佛教思想理解与诠释的合法性、权威性等诸多重大理论与实践问题。如果不能对大乘经典的善巧方便一系思想形成良好的理解，基本上也不可能真正理解大乘佛教思想的内在本质，纷纭复杂的诸多大乘经典、大乘教化的内在统一性问题，以及佛教现代化转型的种种问题。

4.《析经求真：陆修静与灵宝经关系新探》

作者：王皓月，中华书局2017年版

内容简介：该书以《真文赤书》《人鸟五符》《玉京山步虚经》《诸天自然内音玉字》等多部经典为中心，考察东晋、南朝时期相关道教经典的内容和关系，通过经典思想的演进推测经典编纂的顺序和时期，进而分析陆修静改编《灵宝经》的动机和方式，对六朝时期道教的形成及道教的道派进行重新认识。该书提出了以下新的观点：第一，陆修静直接参与了《灵宝经目》所记载的《灵宝经》的编纂；第二，陆修静编纂《灵宝经》时使用的是“敷演”的手法；第三，陆修静敷演《灵宝经》的目的之一，是将天师道的教法和仪礼与《灵宝经》相融合，同时借助《灵宝经》赋予天师道传统的教法和仪礼以神圣性。总之，该书对《灵宝经》研究中关于陆修静是否直接参与改编《灵宝经》这样一个悬而未决的重大问题，以及重要的《灵宝经》经典的文本结构、内容关联和教义演进等，提出了令人耳目一新的见解，具有靠前水准。

5.《奋进的历程：中国基督教的本色化》

作者：段琦，商务印书馆2017年版

内容简介：近代基督教传入中国，在与中国社会及文化的碰撞及融合中走过曲折的道路，最终找到了基督教本色化的正确途径，即跟随时代，调整自己，以适应中国社会与文化的客观现实。该书在汇集整理大量第一手可贵资料的基础上，客观、公允地分析了百年来中国基督教本色化的进程，总结其经验教训，并进行了不少有益的理论思考，它是国内第一部有关该主题的专著。

6.《欧洲穆斯林问题研究》

作者：汪波，时事出版社2017年版

内容简介：二战结束后，欧洲国家为开展战后重建，吸收了大批来自伊斯兰世界的穆斯林移民。为解决移民与欧洲社会的融合问题，欧盟以及欧洲主要大国都按照所谓平等原则制定了一系列移民融合政策，穆斯林移民对欧洲国家的社会和政治生活努力参与。但由于社会经济地位的差异，再加上宗教文化层面的矛盾，穆斯林移民与欧洲主流社会的融合并不顺利，而且近年来还出现了伊斯兰极端主义在欧洲的蔓延。当前的穆斯林难民危机，则使得欧洲的穆斯林问题变得更为复杂。

7.《救劫：当代济度宗教的田野研究》

作者：陈进国，社会科学文献出版社2017年版

内容简介：近现代中国及周边地区，掀起了一场影响深远的教派宗教（道门、教门）运动，并被刻印上“封建”“秘密”“迷信”等神话化的记忆。具有典型“家族相似性”的教派宗教之持续存在的动力结构究竟是什么？什么是教派宗教在历史中不断生成的文明基因？教派宗教为什么有持续的合法性危机和传播的限度？作为一种本土的济度（救劫）宗教运动，“道（教）门”基本上未脱离一个共通的创世神话类型及其“应世救劫”母题所引动的“漩涡效应”，一直主动谋求“近代化”的信仰转型，并最终形成了具有连续性文明特色的新宗教谱系。济度何在，谁之宗教？以济度宗教为方法，是重建一个关于“中国宗教谱系”的历史论述的渠道。而作为态度的济度宗教，同样是构建“批评的宗教学”的媒介。重思济度宗教，也是重思历史中国，重思中国文明。

8.《迁就与限制：美国政教关系研究》

作者：董江阳，生活·读书·新知三联书店2017年版

内容简介：政教关系问题，通常被称为“西方历史上最重要的主题”，在美国

尤甚，有人甚至认为整个美国史就是一部政教关系问题的探索与试验史。该书首次依据大量历史事实和法院判例，深入系统地研究了美国政教关系：（1）在历史中的探索与发展，（2）在司法中的应用与实践，（3）在理智中的解释与反思。该书注重原著原典，追溯历史起源，探察宗教缘由，立足具体诉讼案例，解析司法原则与动向，结合历史、宗教与法律，对美国政教关系问题作出了全方位跨学科性的系统研究。

9.《中国近世道教送瘟仪式研究》

作者：姜守诚，人民出版社2017年版

内容简介：中国古代瘟病频发、疫情肆虐，人们在采用医疗措施予以应对的同时，也催生出各种驱瘟逐疫的宗教仪式。北宋以降，中国部分地区尤其是濒江临海的水域沿线地带，逐渐兴起以送瘟为主旨的礼俗活动，其外在表现形式就是打造船只（纸、竹、木等材质）遣送瘟君离境。这种遣船送瘟的做法在明清时期达到鼎盛，并延续至今，遂成为族群集体性对抗瘟疫的古老记忆。该书立足于传世文献资料与田野调查材料，运用多种方法进行跨学科、立体式的综合研究，深入发掘文本的丰富内涵，系统勾勒出北宋以来道教送瘟信仰及其仪式的发展和演变。上篇主要讨论宋元时期“送瘟”习俗的缘起及流传地域，旨在从宏观角度考察道教瘟疫醮的各种细节，着重分析宋元神霄派的两种送瘟仪式——遣瘟送船仪和遣瘟治病诀法。中篇主要谈论明清时期闽台地区“送王船”习俗的历史渊源及影响，介绍南方沿海地区盛传的两种禳灾祭海活动——“祠沙”和“放彩船”，分析《武陵竞渡略》所描述的武陵地区端午泛舟的场景流程及禁忌风俗，指出明清以来闽台地区“送王船”信仰中尚且保留了上述习俗之遗存，梳理了明清闽台方志中涉及“出海”“王醮”的记载并对两地的差异及特点进行比较。下篇主要讨论现代台湾的王船信仰及曾文溪沿岸的王醮仪式，详细分析南台湾灵宝道派演行王醮仪式的三项核心内容——关祝五雷神灯仪、禳灾和瘟三献仪、打船醮的节次流程及宗教内涵，通过文献比对指出当今台湾道士的道法传承大抵源自大陆，与古老的中国文化及道教传统有着密切的关联。

10.《回鹘摩尼教研究》

作者：杨富学，中国社会科学出版社2017年版

内容简介：摩尼教形成于3世纪的波斯，繁荣昌盛于8—11世纪的回鹘。借由回鹘的力量，摩尼教在唐朝境内得到了快速的发展。9世纪中叶以后，随着漠北回鹘汗国的崩溃和部众的西迁，回鹘摩尼教一度繁荣于天山南北和河西走廊地区，于12世纪末以后销声匿迹；向南一支潜入福建、浙江，发展成为具有华化特点的霞浦摩尼教，至今一脉不绝。该书作者从事回鹘摩尼教研究30年不辍，特别关注地下出土的考古新资料和胡汉语古文献，克服极大的语言障碍，从东西方各国文字的出版物中广泛收集材料，对纷繁复杂的回鹘摩尼教史做了系统的论述，为国内外所未有，具有创新意义；内容涉及中外关系史、宗教史、西北民族史、敦煌吐鲁番学等许多学科领域，对许多问题加以讨论，是是非非，都提出了自己的观点；作者语史兼通，具有阅读多种文字著作的优势，该书提供了一批回鹘文摩尼教文献的汉译，有些属于首次翻译，具有较高学术价值。

第六篇

年度新闻

2017年度十大宗教新闻

司　聃 编

1. 进一步明确坚持伊斯兰教中国化方向

2017年4月6—7日，中国伊斯兰教协会在西安召开清真寺建筑风格研讨会。会议认为，伊斯兰教传入我国后，清真寺建筑形式与我国传统建筑形式相结合，发展出独具中国特色的清真寺建筑风格，为我国建筑形式的民族化、多样化提供了成功范例，内化了中国穆斯林对中华文化的高度认同。会议强调，清真寺建筑应该同我国国情相融合，体现中国风格，融入中华文化，不能把国外的建筑风格奉为圭臬；在清真寺建设中，自觉融入中国元素和现代元素，把清真寺建成凝聚各民族穆斯林爱国心、中华情的家园。

2017年7月11—12日，坚持伊斯兰教中国化方向研讨会在江苏句容召开。中国伊斯兰教协会会长杨发明指出，坚持伊斯兰教中国化方向，既是我国伊斯兰教自身传承发展的基本需求，又是伊斯兰教界服务国家大局、发挥积极作用的关键。坚持伊斯兰教中国化方向是一项动态性的长期任务，要主动适应所处的社会制度和人文环境，积极履行社会责任，深入推动伊斯兰教与社会主义社会相适应。要以社会主义核心价值观为引领，构建中国伊斯兰教经学思想体系；要正确认识和处理国法与教规的关系，努力提高穆斯林群众的法治观念；要弘扬伊斯兰教优良传统，坚决抵御极端思想；要高度重视人才队伍建设，培养高素质的爱国爱教人才。

《中国宗教》刊载“去极端化”系列文章。

2. 宗教界持续执行脱贫攻坚任务

脱贫攻坚是实现全面建成小康社会目标面临的最艰巨的任务。当前，我国脱贫攻坚事业已进入啃硬骨头、攻坚拔寨的冲刺期，到了决战决胜的关键时刻。全党全国全社会都在为打赢脱贫攻坚战而付诸努力，我国宗教界也积极行动起来，为贫困地区发展、贫困群众脱贫贡献着自己的力量。

坚持公益慈善活动与宗教活动相分离的原则，是目前国际社会普遍认同和遵循的行为准则，也是促进宗教慈善正常开展、提升宗教慈善社会形象的重要保障。宗教界要有这样的胸怀和气度，坚持和遵循这一原则，不在参与扶贫开发活动中传播宗教，不能把扶贫济困作为传教的手段，不能将信教与否作为接受捐助的条件，也不能将扶贫对象局限于本宗教信众，确保公益慈善的纯洁性。

《中国宗教》推出“扶贫攻坚：宗教界在行动”系列报道。

3. 7月17日，中国道教协会纪念成立60周年

2017年7月17日（农历丁酉年六月二十四），中国道教协会成立60周年纪念会在北京人民大会堂举行。中共中央统战部常务副部长张裔炯，国家宗教事务局局长王作安、副局长蒋坚永出席。中国道教协会会长李光富作了题为“行道立德，正己化人——中国道教协会60年历程的回顾与展望”的报告。王作安代表中央统战部、国家宗教事务局讲话。

60年来，中国道教协会在党和政府的领导下，带领全国道教徒和广大信众高举爱国爱教、团结进步的旗帜，坚定走与社会主义社会相适应的道路，充分发挥桥梁纽带作用，发扬道教优良传统，在自身建设、培养人才、弘扬文化、公益慈善、对外交流等方面取得了显著成绩，为经济发展、社会和谐、文化繁荣、祖国统一、民族团结、世界和平作出了积极贡献。

4. 7月19日，中国天主教爱国会成立60周年纪念会在京举行

2017年7月19日，中国天主教爱国会成立60周年纪念会在人民大会堂隆重举行。中共中央统战部常务副部长张裔炯，国家宗教事务局局长王作安、副局长陈宗荣出席。王作安局长代表中央统战部、国家宗教事务局讲话。中国天主教爱国会主席、中国天主教主教团副主席房兴耀主教作了题为“弦歌不辍一甲子，不忘初心再出发”的报告。

60年来，中国天主教爱国会高举爱国爱教旗帜，始终坚持走与社会主义社会相适应的道路，始终坚持独立自主自办原则，始终致力于中国天主教事业健康发展。60年的实践证明，中国天主教爱国会是中国天主教坚持正确方向的一面旗帜，是中国天主教坚持独立自主自办原则的组织保障，是推进中国天主教事业健康发展的重要力量。

5. 9月7日，新修订的《宗教事务条例》公布

2005年施行的《宗教事务条例》在保障公民宗教信仰自由权利，构建积极健康的宗教关系，维护宗教和睦与社会和谐等方面发挥了重要作用。近年来，随着国际国内形势的深刻变化，宗教领域出现了一些新情况新问题，需要对《宗教事务条例》加以修订，使相关制度更加完善。

新修订的《宗教事务条例》进一步保障了公民宗教信仰自由，规定各级人民政府应当为宗教团体、宗教院校和宗教活动场所提供公共服务；宗教界可以依法兴办公益慈善事业；宗教教职人员享有参加社会保障权利；宗教院校、宗教活动场所可以依法申请法人登记；宗教团体、宗教院校、宗教活动场所依法享有相关财产权利。

新修订的《宗教事务条例》提出要进一步促进宗教和睦与社会和谐，规定县级以上人民政府宗教事务部门依法对涉及国家利益和社会公共利益的宗教事务进行管理；信教公民和不信教公民、信仰不同宗教的公民应当相互尊重、和睦相处；各宗教坚持独立自主自办的原则；任何组织或者个人不得在不同宗教之间、同一宗教内部以及信教公民与不信教公民之间制造矛盾与冲突。

新修订的《宗教事务条例》进一步规范了宗教事务管理，提出“保护合法、制止非法、遏制极端、抵御渗透、打击犯罪”的原则，加强对宗教财产的监督管理、规范互联网宗教信息服务等。新修订的《宗教事务条例》还明确了相关法律责任。

6. 多地举办活动，纪念赵朴初居士110周年诞辰

2017年9月6—7日，“宗教中国化视野下人间佛教的未来发展——纪念赵朴初110周年诞辰学术研讨会”在北京举行，与会学者真挚缅怀了赵朴初居士，追忆了赵朴初居士对现当代中国佛教的发展所作出的杰出贡献。

2017年11月3—5日，由中国社会科学院东方文化研究中心、安徽省赵朴初研究会、湖南省佛教协会船山佛教文化研究中心联合主办的赵朴初 110 周年诞辰纪念活动在湖南长沙市及赵朴初居士的故乡安徽太湖县举行。

2017 年 11 月 15 日，中国佛教协会在江苏无锡灵山举办“纪念赵朴初居士 110 周年诞辰暨中国佛教文化研究所成立 30 周年学术研讨会”，与会者深切缅怀赵朴初居士，继承发扬他爱国爱教、慈悲济世的精神。

7. 中国佛教讲经交流十年总结经验交流活动

为在全国佛教界倡导学习经典、讲经说法、弘扬正信的良好风尚，发现和培养青年弘法僧才，进一步加强佛教自身建设，中国佛教协会自 2008 年以来，已连续十年举办全国性讲经交流活动，9 月 17—20 日，中国佛教讲经交流十年总结经验交流暨 2017 中国佛教讲经交流会在浙江杭州召开。

讲经弘法是佛教教务活动中一项重要内容。这已经是中国佛教协会第十次举办全国性讲经交流活动，旨在总结十年经验，谋划佛教发展蓝图，并倡议全国佛教界继续大力深入开展讲经交流。此次活动由中国佛教协会主办，浙江省佛教协会协办，杭州市佛教协会和中国佛教讲经交流基地承办。

在中国佛教协会的倡导下，讲经交流活动成为发现人才、培养人才的重要平台，促进了佛教不同宗派、不同区域间的友好交流、学习互鉴。讲经交流活动是引导佛教与社会主义社会相适应的重要途径，加强佛教团体自身建设的重要抓手，弘扬中华优秀传统文化的重要渠道，倡导良好道风的重要方式，促进交流合作的重要平台。

8.《中华人民共和国民法总则》施行，宗教活动场所法人地位确立

2017 年 10 月 1 日《中华人民共和国民法总则》正式施行，其第三章第三节九十二条规定：“具备法人条件，为公益目的以捐助财产设立的基金会、社会服务机构等，经依法登记成立，取得捐助法人资格。依法设立的宗教活动场所，具备法人条件的，可以申请法人登记，取得捐助法人资格。法律、行政法规对宗教活动场所有规定的，依照其规定。”明确了宗教活动场所的法人地位。

设立宗教活动场所法人制度，有效地保护了宗教活动场所的财产。宗教活动场所取得法人资格，结束了宗教活动场所管理者不能作为法人的尴尬局面，从而促进了管理者管理宗教活动场所的积极性，进而提高了管理者的管理水平。宗教活动场所拥有法人资格，可以杜绝一些社会组织和个人通过宗教活动场所非法谋取宗教利益。

宗教活动场所法人地位的确立，一方面维护了宗教的合法权益，另一方面便利了政府和社会对宗教活动场所的管理和监督，进而提高了宗教界对宗教活动场所的管理水平。

9. 五大宗教团体负责人共议中华文化与宗教中国化

为贯彻 2016 年全国宗教工作会议精神，2017 年 9 月 6 日，由中华文化学院（中央社会主义学院）、中华宗教文化交流协会联合主办的“中华文化与宗教中国化”论坛在北京举行。

在此次论坛上，我国五大宗教团体负责人、宗教领域的专家学者表达了一个共同的认识：真正认同并融入中华文化共同体与中华民族共同体是宗教中国化的方向，也是宗教与中国特色社会主义社会相适应的基本要求。参加论坛的专家学者认为，只有坚持中华文化共识底线，才能不断塑造各自宗教的时代精神，树立中国宗教的文化自信。宗教中国化需要各大外来宗教与中国文化的深度融合，用中国人的思维、信仰体验、文化资源和生活习俗建立中国特色的宗教理论，在实践中增强中国意识、中国精神和中国话语。宗教中国化的理论构建，对于当前和未来中国宗教和世界宗教都具有重要的理论意义和实践价值。

10. 部署宗教界学习宣传贯彻党的十九大精神

2017 年 11 月 1 日，国家宗教事务局召开宗教界学习党的十九大精神座谈会，深入学习领会党的十九大精神，并就宗教界学习宣传贯彻工作进行部署。

与会宗教团体负责人一致表示，坚决拥护并将认真学习贯彻党的十九大精神，在习近平新时代中国特色社会主义思想的指引下，坚定不移地拥护党对一切工作的领导，坚决维护习近平总书记的核心地位，紧密团结在以习近平同志为核心的党中央周围，团结带领信教群众认真贯彻党的宗教工作方针政策，切实维护宗教领域和谐稳定，为决胜全面建成小康社会、全面建设中国特色社会主义现代化强国、实现中华民族伟大复兴作出新贡献。

第七篇

年度会议

2017年度宗教学研究十大会议

王剑利　马文婧 编

1. 第四届国际道教论坛

5月10—12日，第四届国际道教论坛在道教圣地武当山举行。此次会议由中国道教协会与中华宗教文化交流协会共同举办。论坛设有1场主论坛（“道通天地、德贯古今”主论坛），5场分论坛（“道法自然与生态伦理”“仙道贵生与身心健康”“上善若水与社会公益”“洞天福地与生态环保”“有容乃大与文明互鉴”），两场电视论坛（“儒道两行”“太极神韵”），两场新媒体论坛（“大道无疆——互联网时代的道教文化传播”“上德若谷——道教为人处世的价值理念”）。论坛举办期间，主办方还通过举办千人祈福法会、万人太极表演、道教文化出版成果展、道教书画展、道教摄影展、道教文物展、武当庙会、道医义诊等，向世界全面展现武当道学深厚的文化底蕴以及人文内涵。

2. 马克思主义宗教观研讨会（2017）

5月20—22日，由中国社会科学院世界宗教研究所主办、河南省宗教事务局协办的以“坚持宗教中国化方向”为主题的马克思主义宗教观研讨会（2017）在郑州召开。此次会议围绕“坚持宗教中国化方向”主题，分别就习近平总书记关于宗教治理方面的重要论述、中国特色社会主义宗教理论的新发展、马克思主义宗教批判理论及其对当代无神论教育的启示、宗教中国化的法治视角、提高宗教治理法治化水平、宗教中国化的政治认同与文化认同、政教关系视域中的宗教中国化、佛教中国化的历史路径和经验教训、天主教和基督教的中国化进程、伊斯兰教中国化的历史和现状等问题展开研讨。

3. 2017年中国宗教学会年会暨“草原丝路与宗教交流”学术会议

8月5—6日，2017年中国宗教学会年会暨“草原丝路与宗教交流”学术会议在呼和浩特举行，此次会议由中国宗教学会、内蒙古自治区宗教事务局、内蒙古师范大学、内蒙古国际文化交流中心、中国社会科学院世界宗教研究所联合举办，百余名专家学者、宗教事务工作者和宗教界人士围绕“草原丝路与宗教传播”“草原丝路与文明对话”“‘一带一路’与人类共同命运中的宗教”“草原丝路与蒙古宗教”等主题进行研讨。与会人士认为，北方草原丝绸之路是一幅波澜壮阔的历史画卷，留下了文化交流的悠长史诗，流传着不同宗教碰撞与沟通的回声，如佛教、袄教、摩尼教、基督宗教、伊斯兰教、道教等的来往交替。评估其宗教因素及其留存的作用，将有利于“以文明交流超越文明隔阂、文明互鉴超越文明冲突、文明共存超越文明优越，推动各国相互理解、相互尊重、相互信任”，发挥宗教服务“一带一路”建设的积极作用。

4. 中国社会科学论坛（2017）暨宗教革新与社会发展国际学术会议

9月5—6日，“中国社会科学论坛(2017)”暨“宗教革新与社会发展国际学术会议”在北京内蒙古大厦隆重举行，此次会议由中国社会科学院学部主席团主办，中国社会科学院世界宗教研究所、北京市基督教两会、中国宗教学会联合承办。来自海内外的百余位专家学者围绕“宗教革新与社会发展”的主题分别从佛教、基督教与伊斯兰教三大宗教的角度，各抒己见、探讨相关问题。全国人大常委、中国社会科学院学部委员、中国宗教学会会长、中国社会科学院世界宗教研究所所长卓新平研究员对整个学术会议期间的研讨做了总结，他评价此次大会“会议规模大、与会学者规格高、会场论辩精彩，会议成果丰硕”。他在发言中强调：“宗教革新的研究应凸显时代性、注重变革之中人的因素、同时其成果也应促进宗教自身的进一步发展。”

5. “中华文化与宗教中国化”论坛

9月6日，“中华文化与宗教中国化”论坛在北京举行，此次论坛由中华文化学院（中央社会主义学院）、中华宗教文化交流协会联合主办。论坛邀请了我国五大全国宗教性团体负责人和国内宗教研究权威学者共话宗教中国化之路。与会嘉宾围绕着“中华文化与宗教中国化”“宗教中国化的历史、现实与未来”“面对全球化、现代性等诸多现实挑战，宗教如何应对”等话题进行了交流，形成诸多共识。

6. 宗教中国化视野下人间佛教的未来发展——纪念赵朴初110周年诞辰学术研讨会

9月6—7日，“宗教中国化视野下人间佛教的未来发展——纪念赵朴初110周年诞辰学术研讨会”在北京召开。此次会议由中国社会科学院世界宗教研究所、中国宗教学会、中国社会科学院佛教研究中心、北京市佛教协会主办，北京延庆泽润寺承办，相关统战、宗教部门的负责人、专家学者，以及法师居士近百人出席了研讨会。会议围绕“宗教中国化方向”与“人间佛教”主题进行了深入探讨。

7. 丝绸之路黄金段民族文化建设暨第六届东南亚宗教研究高端论坛

2017年10月28日，丝绸之路黄金段民族文化建设暨第六届“东南亚宗教研究高端论坛”在甘肃省临夏回族自治州举行。论坛由中国社会科学院世界宗教研究所、西北民族大学、中国宗教学会、中国统一战线理论研究会民族宗教理论甘肃研究基地、甘肃省丝绸之路研究会共同主办。来自中央统战部、国家宗教事务局、甘肃省委统战部、甘肃省临夏回族自治州、中国社会科学院世界宗教研究所、中国社会科学院马克思主义研究院、清华大学、中国政法大学、中央民族大学、中山大学、厦门大学、华侨大学、兰州大学、上海外国语大学、上海宗教文化研究中心、西安外国语大学、天津社会科学院、云南大学等部门和研究机构的近百位专家学者参会并进行了热烈的讨论。

8. 2017年度基督宗教研究论坛

11月18—20日，2017年度基督宗教研究论坛在中央社会主义学院举行。此次论坛由中国社会科学院基督教研究中心和北京大学宗教文化研究院、清华大学道德与宗教研究院、南开大学哲学院、河南大学圣经文化研究所、安阳师范学院宗教文化研究所共同主办，包括景教国际论坛、圣经研究论坛、东正教研究论坛、基督新教研究论坛和天主教研究论坛5个专题论坛。论坛围绕“景教徒在华生活与信仰实践”“天主教信仰与中国文化”“东正教传统与现代”“宗教改革与基督教中国化”“中国语境中的圣经研究”等主题，以学习党的十九大精神为主线，深入探讨如何推进基督宗教中国化。

9. 第三届“全国伊斯兰教学术研讨会”

2017 年 11 月 19—21 日，第三届“全国伊斯兰教学术研讨会”在北京召开，此次会议的主题是“伊斯兰教与中国文化”。会议由中国社会科学院世界宗教研究所伊斯兰教研究室、中国宗教学会主办，来自全国一百多位专家学者出席会议。与会者结合伊斯兰教与中国文化的关系，从以下七个议题深入探讨了伊斯兰教中国化问题：一、伊斯兰教与中国传统文化，二、经堂教育的传统与衍新，三、伊斯兰教与中国社会，四、回儒会通与汉文译著，五、中国穆斯林与近代新文化运动，六、宗教本土化的理论与实践，七、宗教本土化的国际视野。

10. 第五届天主教中国化神学论坛

11 月 21—22 日，由中国天主教“一会一团”主办，宁夏天主教“一区两会”承办的第五届天主教中国化神学论坛在宁夏回族自治区银川市举行。来自中央统战部、国家宗教事务局和宁夏回族自治区、银川市相关领导，中国天主教“一会一团”及各地天主教界代表，伊斯兰教、基督教界代表和有关专家学者共一百余人参加论坛。此次论坛共有五场对话，围绕“坚持宗教中国化方向与社会主义核心价值观”“宗教中国化的展开”“天主教中国化的理论与实践”“天主教中国化与社会主义核心价值观”“天主教中国化与教会自身建设”等议题，与会的政、教、学三界人士共同探讨天主教中国化的未来发展和路径。

第八篇

年度研究数据

2017年度宗教研究专业学刊目录

2017年度《世界宗教研究》目录

第一期目录

专稿

科学宣传无神论保护宗教信仰自由/卓新平

专题研究

整合理性与信仰的易学模式（下）/卢国龙

长生、济世及一统：郑观应与近代道教/马平安

宋代马远《三教图》儒佛道始祖像评说/安国楼、刘娜

唐蕃会盟与吐蕃佛教/霍巍

五台山文殊信仰与华严初祖崇拜/王颂

僧伽生平和僧伽信仰考/孙应杰

宋代彭蠡小龙信仰与其地域扩展/孙廷林、王元林

文昌信仰与孝道传播及其社会疗治/詹石窗、李冀

鬼之仙途：道教视阀中的观念演进/程乐松

从“长生不死”到“成真合道”——道教宗旨演变的历史考察/沈文华

另一个维度的启蒙：天主教启蒙运动的思想与历史/王涛

马丁·路德与人文主义/张仕颖

宗教与现代性的自反性建构：一项对墨西哥天主教历史变迁的人类学研究/张青仁

从“坑”到“地府”：穿越思维与文化疆界的宗教观念/蒋淼

塔夫塔扎尼及其《教典诠释》对经堂教育的深刻影响/哈宝玉

佛教学者王颂

第二期目录

专稿

当代宗教极端主义简论/吴云贵

专题研究

中国文化中的宗教宽容精神的四个结构性因素：道、心、圣人与圣经/陈立胜

论宗教与中国现代性社会建构的兼容性/闵丽

《诗经》信仰中的周代共同体掠影/魏明慧

酆都山真形图新探/吕鹏志

明代唯识学、华严宗大师高原明昱行历及其贡献考述/杨维中

《春秋》纪事与中古佛诞诸说/刘林魁
东晋政教关系论战的起因、性质和影响——以沙门致敬王者问题为中心/夏德美
《金莲正宗仙源图讃》碑文与明清全真道宗派“字谱”/郭武
论灵济道派与明代社会的互动关系/王福梅
河西宝卷方俗口语词的文化蕴涵——以民间宗教类宝卷为例/敏春芳、程瑶
西教与中土接榫：施约瑟与晚清圣经汉译研究/吴青
白日昇、徐若翰汉语《圣经》研究/王硕丰
宁夏西吉县硝河伊赫瓦尼哈乙寺寺院经济整理与研究/马强、樊静

书评

《中国佛教仪式研究——以斋供仪式为中心》序/方广锠
无神论的宗教及其自由——读《没有上帝的宗教》/陈斯彬
东亚文化视域下日本与韩国道教的新研究——读孙亦平教授新著《道教在日本》、《道教在韩国》/肖驰
早期道教研究的新突破——评姜守诚著《出土文献与早期道教》/董涛
理解犹太教信仰的一把钥匙：读《犹太神秘主义概论》/黄丁

综述

自由、平等、秩序与宗教宽容——约翰·洛克《宗教宽容书简》述评/袁朝晖
中斯佛教交流研究评析/司聃
宗教因素对维吾尔族流动人口之影响的研究综述/张淼
京郊南口基督教会的历史与现状概述/王潇楠
首届“嵩山道教文化论坛”学术研讨会综述/申琛
“图像学与风格史：亚洲宗教美术研究方法论”学术讨论会会议综述/陈粟裕

第三期目录

马克思主义宗教观研究

马克思主义无神论的形成轨迹和基本思想/陈村富

专稿

从新疆吐鲁番出土壁画看景教女性信徒的虔诚/葛承雍

专题研究

宗教信仰影响生育意愿吗？基于 CGSS2010 年数据的分析/李峰
霍尔的个体宗教心理发展理论探究/陈永胜、余如英
墨家鬼神观新论/盖立涛
菩萨范式及其转换/学愚
明清丛林僧职制度研究/王荣湟
论赵朴初人间佛教思想的“中国化”向度/李晓龙
道教建筑意境与道教体道行法关系范式考论——以龙虎山天师府为中心/吴保春、盖建民
论“养德”为明清民间信仰之核心——以关帝、观音、文昌信仰为例的考察/宁俊伟
七真仙传与全真历史：以台湾大学图书馆藏《七真仙传》为中心的考察/秦国帅
“章门弟子”缪篆对《老子》之“道”的诠释/姚彬彬

东正教会对伏尔泰圣经批判的驳斥——以帕里奥斯的《解药》为例/陈莹雪
夫至大牧函及其中国命运/刘贤
信任视域下的宗教：兼论基督教中国化——基于长三角宗教信仰调查数据的分析/黄海波
14—17 世纪英国《圣经》翻译的世俗化/苏艳
西道堂：以本国文化发扬清真教学理/丁宏
书评
探索道之奥秘——读安伦《老子指真》/卓新平
综述
诺斯替主义之研究传统和现状评述——兼论γνῶσις汉译问题/林旭鑫
“僧伽大师与佛教中国化”学术研讨会综述/杨健

第四期目录

马克思主义宗教观研究
马克思主义宗教批评理论及其对当代无神论教育的启示/唐晓峰
专稿
谁的“边地情节”？/方广锠
专题研究
舍勒与宋明儒者论一体感——一项现象学的与比较宗教学的探究/张任之
波斯“摩尼画死狗”故事的文图源流探析/陈明
僧贤与地论学派——以《大齐故沙门大统僧贤墓铭》等考古资料为中心/圣凯
论小乘佛教说一切有部在龟兹的流行/李瑞哲
中古时期寺院金融的发展及其启示/张越、周建波
河北新见罗教“砖碑”考论/梁景之
民间信仰：文化记忆的基石/高长江
民国道教内丹学之三教合一论/丁常春
明清奥古斯丁中文传记/周伟驰
早期大公会议中的教皇特使及其历史作用/龚伟英、林中泽
偷盗与友爱——托马斯·阿奎那的财产观念/惠慧
晚期奥斯曼帝国世俗政治与宗教政治的博弈及其历史影响/李艳枝
书评
当代济度宗教的田野研究及其宗教学理论意义/梁恒豪
综述
河北省定州市《创修净众院记》碑文整理/贾敏峰
尉迟酣（Holmes Welch）与中国现代佛教史研究——第二届中国现代佛教论坛综述/刘懿凤
全国首届印度哲学与比较哲学研讨会综述/单虹泽
宗教研究与翻译研究的交叉与融合——第四届宗教经典翻译理论与实践研讨会综述/任东升、高玉霞

第五期目录

专稿

丁光训“基督教中国化”思想研究——处境意识、神学思考与道路抉择/张志刚

马克思主义宗教观研究

马克思论印度教社会与“东方学家”的印度观批判/邱永辉

专题研究

中国周边国家宗教发展新态势与经略周边之策/马丽蓉

轴心期前后：“神”的原貌及其分化/吾淳

湖南江永勾蓝瑶水龙祠壁画的梅山猖兵考释/刘灿姣、杨会娟

明初佛乐与相关佛教政策以及信仰倾向的关系——以《献佛乐章》等佛乐为例/周齐

论天台宗“十乘观法”的两种运用逻辑/郝金广

冲突与调和——藏传佛教人骨法器在内地的流传及其影响/周明娣、陈南

盛唐士人的道德自觉与禅传播的关系/季爱民

历代武当山志所见玄帝灵验故事考/张全晓

论中古五岳祭祀时间之演变/牛敬飞

民国学者的扶乩研究/侯亚伟

南岳衡山是中华香祖文化发源地——香祖师炎帝神农氏与南岳衡山的历史文化渊源解读/黄俊军

辩护与疏离：汤若望与《主教缘起》研究/肖清和

逆行与继承：新西兰华工与广东家乡的传教互动/赵晓阳

家族·科举·诗社——明末莆田奉教士大夫黄鸣乔研究/吴巍巍、林金水

书评

《妈祖图像研究》书评/王英暎

综述

当代学者关于犹太教与基督教关系研究的新进展/李晔梦

坚持伊斯兰教中国化方向研讨会综述/丁钰梅、敏俊卿

“儒佛不二”的中国化佛教——“儒佛关系与佛教中国化”国际学术研讨会述评/陈坚

2017 中国宗教学会年会暨“草原丝路与宗教交流”学术会议综述/张径真、咏梅

首届“天台佛教”学术研讨会综述/张凯、白玉凯

第六期目录

专稿

伊斯兰教中国化：以汉文伊斯兰著述为例/金宜久

专题研究

迷途还是正路？反思经济主义走向宗教学研究/徐天基

死亡观念与城市空间——以 18 世纪末至 20 世纪初北京为例/鞠熙

朱子思想中的“鬼神与祭祀”/赵金刚

吉藏的二谛思想及其对三论教学的创新发展/成建华

论大乘戒及密教菩提心戒在中国的形成/彭瑞花

华严典籍的早期传译/王富宜
论中国古代对庵摩勒果的运用/王大伟、高永翔
道教禹步与周易论析/张泽洪
金元大道教史新考/赵建勇
民间信仰的“正名传播”及其路径考察/阎化川
湖南江永勾蓝瑶寨水龙祠壁画再释读/吴灿
仪式中的宗教艺术象征与仪式功能探析——以梅州香花仪式中的纸扎为例/张小燕
19 世纪中叶巴黎外方传教会内部关于成立西藏传教会的分歧与结局/刘瑞云、陈建明
意大利籍耶稣会士熊三拔及其中文著作考述/叶农、陈益歆
历史真相的揭示维度——伪满基督教史料之案例解读/徐炳三
伊斯兰教传统学术关于真主存在的理性论证/贾建萍
书评
东方学的中国书写——评洪修平主编的《东方哲学与东方宗教》/傅新毅
古灵宝经研究的新创见——评王皓月著《析经求真：陆修静与灵宝经关系新探》/姜守诚
综述
“首届佛教史论坛：佛教史料与史学”工作坊综述/张旭
传承中华优秀传统文化 构建中国特色宗教研究理论新探索——第二届中国宗教学高峰论坛综述/朱展炎、盖建民

2017 年度《世界宗教文化》目录

第一期目录
特稿 “一带一路”战略与宗教研究
“一带一路”战略构想中的宗教文化因素/吴云贵
世界范围穆斯林激进主义发展态势/方金英
伊斯兰捍卫者阵线：以“伊斯兰”为名义的印尼极端暴力组织/辉明
理论前沿 叙利亚宗教研究
阿萨德统治时期叙利亚阿拉维派的认同困境/王霏、张丹
巴沙尔时期叙利亚什叶派的增长及对教派关系的影响/张超
从不对称性制衡视角看“伊斯兰国”崛起的原因、特征与影响/谢立忱
专家论坛 天主教史研究
罗马教廷的教会法地位、历史演变及当今变革/刘国鹏
“奥秘”的彰显——浅析托马斯·阿奎那圣事学说的人学意蕴/白虹
中国教会教区历史沿革与现状研究的最新进展/刘志庆
土话传教与词典编著：近代巴黎外方传教士对贵州布依语与黑苗语的实践与研究/曾志辉
国际视野
国际宗教对话组织和运动的现状研究/张仕颖
作为俗世主义工具的宗教治理：法国反极端教派运动的个案/曹南来

当前缅甸不同宗教群体之间的社会距离及其影响因素/孔建勋、张晓倩

苏联时代中亚的非官方伊斯兰教概貌——依据档案材料/［乌兹别克斯坦］利纳特·希加布季诺夫著、侯艾君译

中世纪北印度纺织工群体的伊斯兰化/张忞煜

现状研究

国际奎师那知觉协会中国发展传播探析/李政阳

论大数据对我国宗教的影响及应对策略/王利涛

乡民艺术的历史记忆与宗教呈现——基于甘肃临潭太平社火的田野调查/王彦龙

学术专题　东南亚宗教研究

新加坡泉籍火居道教与道教总会关系考察/刘守政

马来西亚华文学校对儒家思想的传承/张浩

西班牙殖民时代菲律宾华人天主教徒的信仰生活刍议/吕俊昌

移民与文化的海外播迁：以东南亚德教为中心的考察/徐燕琳

深度解读

许扬美与基督教中国化——全球地域化的视角/范正义

南宗道教仪式的礼俗之变——以首届海峡两岸奉祭三清道祖大典为例/古屿鑫

学海扬帆

海棠山普安寺摩崖造像文化艺术研究/斯日古楞

第二期目录

特稿

明中后期多种民间教派的兴起及明王朝的较宽容的政策/马西沙

致富无原罪，生财有正道——从《犹太人致富金律》谈犹太商业智慧/傅有德

理论前沿　"一带一路"战略与宗教研究

"一带一路"视野下的中蒙宗教文化交流/乌云格日勒

"一带一路"战略实施中的蒙古国宗教风险研究/王皓月

"一带一路"战略实施中的哈萨克斯坦宗教风险研究/杨莉

专家论坛　俄罗斯宗教研究

普京执政以来的俄罗斯政教关系/李渤

苏联勃列日涅夫时期的宗教及其思考/雷丽平

当代俄罗斯东正教会最高管理机构/张百春

俄罗斯人的家庭圣像/王新

当代俄罗斯宗教学研究的路径与特色/张熙

国际视野

韩国近代佛教礼仪改革小考——以龙城禅师的佛教礼仪观为中心/胡静

印度嘎迪亚尼耶教派的主要观点浅析/买通

现状研究

西部多民族聚居区青少年宗教信仰与人际和谐交往的调查与分析——以青海省乐都区的调查为例/王永智、王牡丹、冯新蕾、陈春山

中俄布里亚特人的萨满教复兴现象比较研究/塔米尔

学术专题　佛教研究
悲智双运与内外互动：赵朴初有关中国佛教国际交流的智慧内涵/圣凯
敦煌本《秀禅师劝善文》考释/杨富学、张田芳
1657 年隐元禅师付即非源流手迹考释/马旭明
千臂千钵文殊图像探析/惟善
关于山东北朝佛教摩崖刻经书法的图像学研究——以“大空王佛”为例/胡吉连
论石濂大汕自画像及其画学渊源——以《行迹图》为中心的研讨/谷卿
深度解读
北斗与猪神崇拜起源考/冉景中
宗教影响因素与多民族国家政治安全探析/赵建波
学海扬帆
依纳爵《神操》及耶稣会灵修研究综述/沈满琳

第三期目录

特稿　中国特色社会主义宗教理论研究
在中国特色社会主义宗教理论研讨会上的讲话/王作安
论中国特色社会主义宗教理论体系的层次、内涵及特点/何虎生、张杰
理论前沿
全球性的人口迁移与身份认同：从宗教社会学角度看文明冲突论/范丽珠、陈纳
新疆“去极端化”机制建设及其成效分析/马蓓、孟楠
专家论坛　“一带一路”倡议与非洲宗教研究
“一带一路”倡议实施中的宗教风险探析——非洲基督教的视角/郭佳
当代非洲宗教生态/李维建
关于非洲传统宗教的若干问题研究/周海金
尼日利亚伊斯兰教什叶派初探/李文刚
国际视野
日本神道文化及其力量/周永生
宗教世俗化和德国统一前后的宗教生活/杜卫华
解放神学眼中的雅典与耶路撒冷/叶健辉
现状研究
中俄边境城市宗教问题发展态势——以黑河市为个案/刘晓春
当代大学生宗教认同的现状调查/王康、诸英、陈剑
基督教在儒家乡土的传播：空间与限度/李先明
学术专题　道教研究
龙虎山张天师与道教雷法/李志鸿
试论嵩山中岳庙与宋以后国家祭祀礼制的关系/林巧薇
深度解读
中国佛教童行制度的特色与异化反思——以唐宋时期为重点/乔佳
文昌信仰与传统孝道关系研究/张丽霞
算法的异同：易学简易运算与现代西方复杂运算比较/谭德贵

近代围绕《印度之佛教》的争论及其学术史意义/周晓露、胡永辉
人神之间：论印度教中黑天形象的起源和嬗变/王靖
论云南少数民族宗教文化的现代传承/杨金东
清末庙产纷争中的官、绅、僧、民——1905 年广州长寿寺毁学事件透视/许效正
学海扬帆
清教文化与马萨诸塞殖民地早期的总督选举/王生团

第四期目录
理论前沿
现代性与多元化：史蒂夫·布鲁斯世俗化范式简析/郭宏珍
专家论坛　“一带一路”与宗教研究
“一带一路”背景下土耳其的宗教风险研究/刘义
“一带一路”与中印佛教文化的交融互鉴/吕昂
鸠摩罗什所传“念佛三昧”之丝路源流/赵文
石濂大汕赴越南弘法探析——基于《海外纪事》的考察/孙少飞
古代西域道教宫观/衡宗亮
国际视野
法土拉·葛兰伊斯兰思想在东南亚的传播/马景
日本阴阳道研究辨：形成与属性/王静
中国学者眼里的俄国宗教哲学/黎学军
现状研究
中国东正教的现状与反思——兼论东正教中国化问题/王帅
策略信任视角下的宗教与一般信任——基于 2012 中国综合社会调查的实证研究/韩彦超
比较视野下的大学生宗教信仰现状及其政治参与研究/陈思
学术专题　佛教研究
四部怛特罗考源/周广荣
哲布尊丹巴转世考疑/金雷
苏轼交往金山寺圆通长老、宝觉禅师考/吴海萍
汉译佛典中罗睺罗诞生故事研究/薛芸秀
《因轮抉择论》探微/许春梅
深度解读
知行合一与社会主义核心价值观/张宏斌
试论巴尔萨姆枝的拜火教文化意涵——从新疆吉尔赞喀勒墓群的出土文物谈起/巫新华
一个景颇族村寨驱火仪式的宗教人类学考察/徐俊六
在国家祀典与个人仙路之间：秦皇汉武封禅考论/薛小林
十二宫值十一曜论命：宋元时代的星命术/韦兵
学海扬帆
“叛教者”的政治构想——朱里亚努斯对罗马诸王的评述/王遥

第五期目录

理论前沿　中国特色社会主义宗教理论研究
中国人对佛教文化的贡献/魏道儒
漫议马复初对伊斯兰教中国化的贡献/金宜久
从道教与古代“科幻”看道教文化的当代价值/李刚
坚持佛教中国化方向的历史根源与时代意义/纪华传
专家论坛　“一带一路”与宗教研究
“一带一路”视阈下印尼华裔族群意识与家国观念实证调研/蔡明宏
东南亚华人基督宗教：圈层扩展、社团构建及功能定位/张鹏
发挥新疆在“一带一路”建设中的区位支点作用/郑松
国际视野
叶利钦、普京与俄罗斯东正教的关系及影响评析/翁泽仁
法国汉学与人类学的交叉——以华南跨境少数民族宗教的研究为例/胡锐
宗教行为抑或伦理表达——东南亚华人族群祖先崇拜之考察/赖萱萱、郑长青
现状研究　民间信仰与区域研究
1979—1989 年闽南地区民间信仰的复兴论略/徐文彬
台湾少数民族的农耕祭祀仪式及其文化意涵/张伟豪
游神在宗教信仰中的价值——以广西大新揽圩游神为例/裴龙
学术专题　宗教艺术研究
关于禅意书画的几点思考/何劲松
伊斯兰教艺术二题/刘一虹
骨法用笔与萨满透视/聂清
回道对话：基于甘肃临夏大拱北门宦建筑中砖雕图案的象征分析/周传斌、马文奎
深度解读
方东美对华严宗哲学的现代诠释及当代价值/孙红
佛学语境中“照”义涵的解析/鹿博
《楞伽经》的“心”义辨析/谢飞
道教成立战国论——论方仙道即道教/李远国
墨家、黄老道家的流变及其与道教的联系/张干、马士远
先验神学存在历史转向吗？——论拉纳先验方法的神学运作/李锦程
佛教互联网舆情观点演化机制的行动者中心模型研究/向宁
学海扬帆
概念·路径·突破——中西比较视野下的区域民间宗教史研究/张超

第六期目录

理论前沿　中国特色社会主义宗教理论研究
返本开新　文明互鉴——坚持我国宗教中国化的方向/黄杰
专家论坛　“一带一路”与宗教研究
“一带一路”倡议实施中的乌克兰宗教风险研究/严天钦
“一带一路”倡议实施中的波兰宗教风险研究/涂东

"一带一路"倡议实施中的意大利宗教风险研究/陈昕彤
"一带一路"倡议实施中的荷兰宗教风险研究/潘文
"一带一路"倡议实施中的法国宗教风险研究/肖习
国际视野
"长改革"：英格兰宗教改革史观的再"修正"/张晓梅
梵二会议后天主教对于圣约及犹太人回归的不同态度/袁嘉惠
一行禅师与越南佛教的国际化/杨健
学术专题 摩尼教研究
印度—伊朗"莲花崇拜"文化源流探析/穆宏燕
霞浦摩尼教夷数崇拜考/杨富学、薛文静
景教中舟船譬喻及其与摩尼教佛教之关联/盖佳择
现状研究
"度人"与"度己"：关于当代道教发展的一点思考/郭武
"一带一路"视野下蒙古地区佛教的区位优势/嘉木扬·凯朝
深度解读
中国五旬节运动的起源与组织源流探究/赵建玲、[英国]狄德满
中国天主教"神职津贴"研究/康志杰、刘勃俊
北朝至初唐的九品往生图像研究/陈粟裕
《天方性理》的灵魂理论/戚强飞
指号视域下的宗教哲学——皮尔士的宗教哲学及其发展/薛立杰
智顗对病的诠释：因中实病与果上权病/杨祖荣
学海扬帆
中古时期丝路高僧的文殊信仰/景天星
两河流域古代文化中的数字"七"及其研究/马赛

2017 年度《宗教学研究》目录

第一期目录
卿希泰先生纪念专栏
"深切怀念道教学泰斗卿希泰先生"座谈会纪要/杨雯
单位唁电
个人唁电
挽联
人生在世 常怀感恩——深切缅怀先师卿希泰先生/詹石窗
功德留人间 学统传后世——追念卿希泰先生/牟钟鉴
缅怀道教学泰斗卿希泰老先生/袁志鸿
泰山其颓，吾将安仰——怀念恩师卿希泰先生/张松辉
纪念吾师卿希泰先生——《中国道教思想史纲》述评/唐大潮
大家风范 永留人间/刘固盛

道教研究

道教与嵩山中岳庙的国家祭祀/张广保
道教内丹学论“先天一气”/戈国龙
全真道乐“澄·清·韵”之风韵研究/胡军
出土汉画所见太上老君在汉代的真形与雅号/刘克
从七言诗的体式及用韵看六朝道经的写作年代/夏先忠
唐前期（618—755）道教法位制度厘证/白照杰
高丽王朝的道教机构/黄勇
全真教与金末儒学重估思潮/刘成群
元代道士画家方从义考略/申喜萍
法国经院汉学鼻祖雷慕沙的道教研究/张粲
《太上感应篇》文本来源及其成书时间考析/李冀
略论道教入山禁忌及其环境美学指向/李裴

佛教研究

季潭宗泐——西行求法的殿军/麻天祥
《小品般若经》远离说与郭象朝隐论之比较研究/贾晋华
唐译文殊经典中的护国思想/孟东丽
中国佛教罗汉信仰早期形态研究/王鹤琴
北宗禅法在唐长安比丘尼教团中的流布——以法云尼寺为中心的考察/周玉茹
明代寺院土地占有研究/周上群
康梁谭三家论静坐/赵建华
太虚法师僧教育中的政治潜蕴与律法边界/赖岳山
当代人间佛教实践的“星云模式”/赵翠翠

民族宗教与西部边疆研究

试论萨满教的价值及萨满学研究/郭淑云
壮族天地善院“葬墓”仪式调查/莫幼政
彝族苏尼的萨满特征及若干理论问题探讨/唐钱华
黔西北彝族“祭花神”仪式的宗教内涵与象征意义/高翔
北盘江布依族宗教丧祭仪式调研报告/彭娜娜

基督教研究

斐洛思想研究述评/谢伊霖
波爱修斯对基督论的理性解读/王琦
托马斯·阿奎那的良心观/曾静明
论施莱尔马赫两版《基督教信仰》的实质差别/闻骏
杨廷筠的基督论/曾麒玥
近代广东潮汕地区基督徒人口特征研究/薛熙明、李海林

宗教学理论与其他宗教研究

京房易学飞伏说及其文化渊源/刘春雷
西王母故事系统中“三青鸟”形象辨释/王琨
殷商原始宗教炆祭对儒家之德影响研究/常磊

书评和信息

纪千九百载正一法脉 评六十三代天师世家——《中国历代张天师评传》评介/彭必生、唐大潮

补正：《安多藏区二郎神信仰源流考》注释

探赜索隐 经世致用——张桥贵教授新著《云南多元宗教和谐关系研究》评介/颜文强

《宗教学研究》2016 年总目录/何江涛

第二期目录

道教研究

清末民国高道葛月潭的维新思想与实践/汪桂平

古灵宝经中济世思想的转变/郝光明

《太上洞渊神咒经》异文考校十一则/牛尚鹏

佛教初入中国时的佛道关系/马伯乐、胡锐

理雅各的道教研究及其转变/潘琳

宋代民间驱邪活动中的道教驱邪者/张悦

元代全真道被遗漏的掌教关德昌——《井公道行碑》读后记/刘晓

九宫山道士张道清及其贡献/肖海燕

元代及明初武当山五龙宫全真道的传承/王闯

道教《修真图》版本系统及流传情况/郑洪

刘名瑞内丹易学特色述要/高新文、张韶宇

《淮南子》山水观及其审美意义探析/周婷

佛教研究

杭州辩利院天台宗传承考述——明清时期天台宗“桐溪法系”考述之三/杨维中

佛教和道教的“厨经”研究/穆瑞明、曾维加

近百年的中国佛教地理研究/景天星

关于禅宗“误读”般若思想之辨析——与吴学国、金鑫先生商榷/龚晓康

北宋云门宗禅师人数再考/葛洲子

杨岐方会禅法试析/田常红、徐仪明

苏轼佛教思想研究——从苏轼三教作品看宋代士大夫的思想特色/陆雪卉

明末清初临济宗车溪派源流考/刘因灿

《维摩诘经讲经文》中的文殊信仰——以贞松堂藏本及国图藏《文殊问疾》为考察中心/计晓云

民族宗教与西部边疆研究

中国西南少数民族地方政权与宗教论析/张泽洪

过关与护花——广西昭平县仙回瑶族乡“作花楼”仪式考察/朱展炎

历史上滇藏川毗连地区藏传佛教寺院的空间分布及其形成机制/王丽萍、周智生

佛堂、嘛呢康、寺院：藏区宗教活动空间的同心圆理论阐释/王晓云

近代安多藏区社会生活与藏传佛教论析/王亮、杨红伟

德格地区苯教寺院历史与现状研究/施义

民族迁徙历史图景与宗教信仰的文化解读——以羌族神话史诗《羌戈大战》为例/邓

宏烈、吴音萃
基督教研究
宗教与外交：近代美国驻华公使柔克义的个案研究/朱峰
斐洛哲学与《约翰福音》序言中的“道”/黄路苹
《圣经》“南京官话译本”考论/刘立壹、刘振前
论《创世记》第2章7节的基督教人观/项秉光
回应林贝克和普劳德福特对施莱尔马赫的神学所做的经典批判/张云涛
传教士顾福安康藏研究综述/朱娅玲、周蜀蓉
爱国基督徒刘子如社会服务思想评析/唐代虎
宗教学理论与其他宗教研究
宋元时期白莲教传教与禁教论析/马西沙
中国古代神话中黄帝的形象和图腾演变/苟波
荷兰阿姆斯特丹国立博物院藏清代《天后圣迹图》研究/肖海明
宋代“箕仙”诗考论/何蕾
南宋时期四川的民间信仰与地域社会——以《夷坚志》为中心/杨宗红
书评和信息
《北方民间宝卷研究》述评/何江涛
区域道教研究的又一新作——读《山东道教史》/李玉用
2016“崂山论道”国际学术研讨会综述/邢学敏
探讨宗教在自然灾难中的作用——“自然灾难·宗教·人文关怀国际学术会议”综述/秦起秀、赵雅培

第三期目录

马克思主义宗教学理论研究
坚持我国宗教中国化方向重在深化文化认同/曾传辉
试析马克思恩格斯对宗教有神论信仰认知的辩证发展历程/江峰
“我国宗教坚持中国化方向”：马克思主义宗教观中国化的新发展/李海林
道教研究
李筌和袁淑真《阴符经》注疏关系考辨/王宗昱
论朝鲜儒者朴世堂的《新注道德经》/金兑勇
台南灵宝道派的打城科仪/姜守诚
论河南汉墓出土升仙图像类型、起源及演变/刘乐乐
《搜神记》“赵公明参佐”故事中的早期道教/孙国江
从《夷坚志》看南宋宗教多元竞争中的道士形象/武清旸
元代庐山道士黄石翁生平考述/王亚伟
清代武当山志著录疏误补正/张全晓
论魏鲁男《抱朴子内篇》英译的宗教阐释与文化观/何立芳、李丝贝
佛教研究
陀罗尼句门及其影响/吕建福
聚云吹万禅系研究/段玉明

日僧源信求决知礼相关史实考释/张凯
几个佛教基本词汇的巴利语探源及相关思考/杨荔薇
汉传佛教“方便智”研究：其内涵、分类、修证方法与功能/释慧正
迦陵性音考——兼论雍正帝与藩邸汉僧之关系/杨奇霖
蜀僧大休与《大休上人遗著》探析/董粉和
多罗那他大师判教思想论略/何杰峰

民族宗教与西部边疆研究

火炉坪苗族村寨宗教祭坛空间分布论析/陆群
“登麦”苗族的“鼓藏”祭仪与文化象征/张池
释比与长老：羌族祭山仪式的区域差异研究/喇明英
论麦彭嘉措对萨迦派、格鲁派因明思想的承袭与发展/郑宏颖、阿旺嘉措
帕木竹巴·多杰嘉波与息解派渊源初探/曾汉辰
神判之遗：藏族“吃咒”的文化解读及其当代价值——以甘南藏族自治州为例/杨雅妮
凉山彝族毕摩卡巴调查研究/曲比阿果

基督教研究

约翰·纽曼对约瑟夫·巴特勒神学论证路径的重演/唐科
论西哥特王国膏立国王的活动/朱君杙
巴黎外方传教会在中国西南地区传教史文献述评/陈建明
巴黎耶稣会档案馆藏上海圣墓堂墓碑拓片考释/王皓
清代禁教时期天主教传播方式的本土化/张振国
曾国藩家族的基督徒成员考述/张乐
成圣路径内化的中西差异——以马丁·路德的因信称义与王阳明的致良知为例/刘光顺

其他宗教和民间信仰研究

论宗教与政治/金泽
国家—社会—民间：云南民间宗教的三元分析框架/杨金东
山西介休三弦书的宗教内涵与社会功能论析/郭明军
论明清时期滇西北的关帝信仰/何正金

书评和信息

佛学与西方心理学的完美整合——评陈兵先生《佛教心理学》/苏相君
弥勒：作为慈氏菩萨的人间情怀——评王雪梅《弥勒信仰研究》/王大伟

第四期目录

道教研究

论华南全真道教的宗派关系/李大华
魏晋南朝正一道神学思想剖析——以《正一法文天师教戒科经》《三天内解经》为例/李刚
女子修仙道统之女丹道阐幽/沈文华
九易浮沉——九年易形说考辨/张涛、张钦

"逍遥"与"无待"：从道家到道教的审美时空/李裴
陈景元自然审美思想的生态智慧管窥/罗崇蓉
20 世纪海外道教学术观的演变——以马伯乐道教学术遗稿的版本分析为中心/胡锐
从"礼三师"到"五等礼师"：唐宋道教斋醮中的礼师/孙瑞雪
清朝宗室与道教/尹志华
道法、仪式中的日月星辰及其天学意义初探/孙伟杰
道教符箓书写形式探析/邢飞

佛教研究

由《阿含经》诸深义经引发的思考/哈磊
业力因果如何可能——《中阿含·分别大业经》解读/刘朝霞
魏晋南北朝佛教忏法考述/王飞朋
傅奕《高识传》考论/刘林魁
理念转换与机制革新：近代以来北京佛教变革中的社团建设/吴华、宋泉桦
蒙山德异对《老子》的佛学解读/韩焕忠

民族宗教与西部边疆研究

人类学视域中的白族本主崇拜/白志红
论西南少数民族傩文化中的"玉皇"/廖玲、周永健
凉山彝族毕摩文献《毕布·毕茨》宗教内涵解读/蔡富莲
滇中彝族纳苏人"耐姆"仪式研究/阳媛
脱域与调适——西双版纳景洪勐宋哈尼族丧葬仪式考察/王亚军、杨云
18 世纪西藏贵族与藏传佛教——以噶锡家族为中心/黄全毅
民国西康藏族土司与宗教论析/王永康、于国庆

基督教研究

帕特里克·李的自然法理论/林庆华
中世纪犹太释经：以拉什和伊本·以斯拉为例/田海华
约翰·班扬《圣战》的最早汉译本初探/姚达兑
中世纪"和平的保卫者"——马西略的"教俗"权力斗争思想/陈天一
碑刻中的传教士——天主教地方史研究的新资料/丁锐中、张影舒
晚清基督徒知识分子之信仰抉择与爱国救国思想/陈才俊
晚清传教士的台湾原住民观及其影响/郭荣刚

宗教学理论与其他宗教研究

中国宗教管理法治化建设：理念、依据、条件/闵丽
论祝女在琉球社会中的角色和作用/林希、谢必震
民间信仰与农村稳定——基于赣州市寻乌县 H 村调研/张芳山
共享的世界：萨满与艺术家治疗师/林恩·伍德、邢海燕
犹太传统中的"先知"/王强伟
福建摩尼教遗存踏查之主要收获/杨富学、李晓燕、彭晓静

书评和信息

韩日道教研究的新进展——评孙亦平教授新著《道教在韩国》《道教在日本》/王晚霞

早期道经整理的硕果——中华书局标点本《无上秘要》述评/章红梅

外来宗教与本土信仰间的互动——《众神喧哗中的十字架：基督教与福建民间信仰共处关系研究》述评/黄建兴

第三届希伯来圣经研讨会综述/吴华

学术交流简讯

2017年度宗教学及宗教类新版图书简目

陈粟裕 编

宗教理论与概况

《大学生马克思主义宗教观教育研究》/赵子林著，社会科学文献出版社 2017 年/296 页

《宗教与哲学（第六辑）》/金泽、赵广明著，社会科学文献出版社 2017 年/340 页

《宗教哲学》/李天纲主编，上海社会科学院出版社 2017 年/402 页

《膜拜危害的心理学预警思考》/陈青萍、周济全著，中国社会科学出版社 2017 年/293 页

《生活宗教：唐·康比特的宗教哲学》/朱彩红著，中国社会科学出版社 2017 年/267 页

《宗教与文艺：伦理的视域》/林季杉著，人民出版社 2017 年/286 页

《宗教与美国社会（第 15 辑）》/徐以骅编，时事出版社 2017 年/333 页

《“宗教中国化”义理研究》/张志刚著，宗教文化出版社 2017 年/277 页

《宗教理论前沿》/晏可佳主编，上海社会科学院出版社 2017 年/320 页

《神圣与疯狂——宗教精神病学经验、理性与建构》/高长江著，中国社会科学出版社 2017 年/479 页

《中国宗教法治研究报告·2016》/冯玉军著，中国人民大学出版社 2017 年/226 页

《希望与绝对——康德宗教哲学研究的思想史意义》/尚文华著，江苏人民出版社 2017 年/236 页

《后冷战时代的宗教文明与国家安全》/刘骞著，中国社会科学出版社 2017 年/259 页

《中国宗教报告（2016）》，邱永辉主编，社会科学文献出版社 2017 年/276 页

《马克思主义经典作家关于宗教的基本观点研究》/卓新平著，人民出版社 2017 年/400 页

佛教

《首届南传佛教高峰论坛文集》/郑筱筠、康南山著，中国社会科学出版社 2017 年/579 页

《禅宗语录词语研究》/何小宛著，中国文史出版社 2017 年/280 页

《空谷妙音：佛教与文学、乐舞、戏曲》/邹蕴著，中州古籍出版社 2017 年/131 页

《中国佛教信仰与生活史》/圣凯著，江苏人民出版社 2017 年/331 页

《从天竺到华夏：中印佛教美术的历程》/阮荣春、张同标著，商务印书馆 2017 年/635 页

《浙江禅宗寺院环境研究》/王海霞编，浙江工商大学出版社 2017 年/272 页

《云门匡真禅师广录研究》/曹瑞锋著，上海古籍出版社 2017 年/222 页

《四川散见唐宋佛道龛窟内容总录：达州卷》/唐飞、李冰雪编著，文物出版社 2017 年/396 页

《藏传佛教在西域和中原的传播：〈大乘要道密集〉研究初编》/沈卫荣著，北京师范大学出版社 2017 年/347 页

《嘉绒地区圣地和寺院》/阿坝州藏族历史文化古籍研究协会编，四川民族出版社 2017 年/316 页

《西藏宗教》/尕藏加著，五洲传播出版社 2017 年/159 页

《藏传佛教教义阐释研究文集》/郑堆主编，中国藏学出版社 2017 年/338 页

《北周石窟造像研究》/吴荭著，甘肃教育出版社 2017 年/486 页

《哈佛燕京学社藏纳西东巴经书（第 5 卷）》/中国社会科学院民族学与人类学研究所编，中国社会科学出版社 2017 年/414 页

《心经・七译本事观解理观解合订：心经与心经艺术集萃》/熊杰著，上海社会科学院出版社 2017 年/208 页

《慈悲与般若：中国首届西普陀观音文化论坛论文集》/释藏青编，宗教文化出版社 2017 年/500 页

《历代宗教管理法令初探》/潘明权著，宗教文化出版社 2017 年/333 页

《后秦佛教研究——以译经为中心》/姜涛著，中国社会科学出版社 2017 年/245 页

《占察善恶业报经详解》/黄雁著，宗教文化出版社 2017 年/283 页

《成寻〈参天台五台山记〉研究》/王丽萍著，上海人民出版社 2017 年/370 页

《佛教艺术模式与样式》/罗宏才著，上海大学出版社 2017 年/344 页

《慧思大师研究》/南岳佛教协会编，中国社会科学出版社 2017 年/562 页

《五当召珍藏：佛像 法器 其他》/包头市五当召管理处编，文物出版社 2017 年/292 页

《〈慈悲道场忏法〉西夏译文的复原与研究》/杨志高著，中国社会科学出版社 2017 年/621 页

《吐蕃统治时期敦煌密教研究》/赵晓星著，甘肃教育出版社 2017 年/749 页

《敦煌阴氏与莫高窟研究》/张景峰著，甘肃教育出版社 2017 年/680 页

《麦积山石窟初期洞窟调查与研究》/魏文斌著，甘肃教育出版社 2017 年/771 页

《白密何在：云南汉传佛教经典文献研究》/侯冲著，广西师范大学出版社 2017 年/420 页

《成都佛教史》/成都市佛教协会编，宗教文化出版社 2017 年/414 页

《无尽的现象圆融——法界缘起思想研究》/稂荻著，中国社会科学出版社 2017 年/219 页

《佛教文献论稿》/王招国（定源）著，广西师范大学出版社 2017 年/400 页

《慈悲清净：佛教与中古社会生活》/刘淑芬著，商务印书馆 2017 年/150 页

《江西佛教研究》/欧阳镇著，江西人民出版社 2017 年/420 页

《贤者喜宴》/（明）巴卧・祖拉陈瓦著，黄颢、周润年译注，青海人民出版社 2017 年/603 页

《佛教文化与艺术》/李熙灿著，学苑出版社 2017 年/178 页

《云冈石窟的营造工程》/彭明浩著，文物出版社 2017 年/295 页

《印度佛教城市与建筑》/汪永平、徐燕、王锡惠著，东南大学出版社 2017 年/193 页

《天台学与净土思想》/赵俊勇、释月净、朱封鳌著，宗教文化出版社 2017 年/316 页

《中国佛教版画全集补编佛教画藏》（全 26 册）/翁连溪、李洪波主编，中国书店出版社 2017 年

《中国佛教艺术史》/赖永海著，南京大学出版社 2017 年/276 页

《庐山山南二古寺志：庐山归宗寺志 · 庐山秀峰寺志》/滑红彬、熊超整理，江西人民出版社 2017 年/422 页

《京西民间佛事音乐及其保护研究——以张广泉乐社为个案》/姚慧著，商务印书馆 2017 年/455 页

《佛教义学研究（辑）》/周贵华著，宗教文化出版社 2017 年/276 页

《重庆华岩寺佛教仪式音乐与传承》/陈芳著，巴蜀书社 2017 年/211 页

《海清转道禅师》/张文学著，中国社会科学出版社 2017 年/264 页

《十方普觉寺》/樊志斌著，中国社会科学出版社 2017 年/372 页

《融合之迹——佛教与中国传统》/贾晋华著，上海人民出版社 2017 年/308 页

《六经图碑本研究：佛教对中国社会生活方式的影响》/吴长庚著，江西人民出版社 2017 年

《汉译佛经中的本生故事》/王慧慧编著，甘肃教育出版社 2017 年/542 页

《中国因明学史》/郑堆著，中国藏学出版社 2017 年/629 页

《唐宋佛学》/魏道儒著，中国社会科学出版社 2017 年/298 页

《佛教传统的价值重估与重建：太虚与印顺判教思想研究》/邓莉雅著，巴蜀书社 2017 年/244 页

《中国佛教石经（山东省，第三卷）》/王永波、蔡穗玲编，中国美术学院出版社 2017 年/512 页

《明末清初临济宗圆悟、法藏纷争始末考论》/吕真观著，巴蜀书社 2017 年/181 页

《汉唐佛教造像艺术史》/费泳著，湖北美术出版社 2017 年/412 页

《大邦之间——妙香国的观世音图像志》/朴城君著，暨南大学出版社 2017 年/222 页

《印度密教》/薛克翘著，中国大百科全书出版社 2017 年/257 页

《晋唐佛教文学史》/李小荣著，人民出版社 2017 年/587 页

《清初士林逃禅现象及其文学影响研究》/刘敬著，人民出版社 2017 年/330 页

《白雀庵史话》/苏有郎著，社会科学文献出版社 2017 年/138 页

《英国收藏新疆出土古藏文文献叙录》/胡静、杨铭著，社会科学文献出版社 2017 年/562 页

《唐与回鹘时期龟兹石窟壁画研究》/刘韬著，文物出版社 2017 年/317 页

《敦煌石窟艺术研究》/段文杰著，甘肃人民出版社 2017 年/424 页

《敦煌隋代石窟壁画样式与题材研究》/杨郁如著，甘肃教育出版社 2017 年/423 页

《北朝——隋时期敦煌法华图像研究》/张元林著，甘肃教育出版社 2017 年/378 页

《敦煌佛教与石窟营建》/王惠民著，甘肃教育出版社 2017 年/470 页

《佛像的故乡：犍陀罗佛教艺术》/湖北省博物馆编著，文物出版社 2017 年/103 页

《鸡足山上的薪火——云南鸡足山的佛教圣地学研究》/张庆松著，中国社会科学出版社 2017 年/275 页

《华严学研究（第二辑》）/慧云著，宗教文化出版社 2017 年/510 页

《白云山海会寺志》/余世磊著，宗教文化出版社 2017 年/335 页

《三论宗研究（第一辑）》/隆相、董群著，宗教文化出版社 2017 年/488 页

《天台山高明讲寺志》/朱封鳌、曹志天、韦彦铎、释宗真著，上海书店出版社 2017 年/301 页

《梵净山佛教文化史料与研究》/黄尚文著，贵州大学出版社 2017 年/372 页

《大善寺志》/田彦编，宗教文化出版社 2017 年/263 页

《佛学与儒学》/赖永海著，中国人民大学出版社 2017 年/231 页

《梵汉对勘究竟一乘宝性论》/黄宝生译注，中国社会科学出版社 2017 年/310 页

《梵汉对勘唯识论三种》/黄宝生著，中国社会科学出版社 2017 年/288 页

《哲蚌教法史》/格西·根登洛珠、嘎·达哇才仁、次仁央宗著，中国藏学出版社 2017 年/334 页

《法眼宗在龙岩的中兴》/杨曾文著，中国社会科学出版社 2017 年

《枣庄地区佛寺考》/牛飞雁著，宗教文化出版社 2017 年/398 页

《汉传佛教文化研究》/学愚著，宗教文化出版社 2017 年/343 页

《汉传佛教义理研究》/学愚著，宗教文化出版社 2017 年/374 页

《佛家名相通释》/熊十力著，大象出版社 2017 年/237 页

《方东美论华严哲学》/孙红著，中国社会科学出版社 2017 年/166 页

《一带一路——天台山与中外文化交流史》/周琦著，宗教文化出版社 2017 年/1120 页

《觉囊派教法史》/阿旺洛追扎巴、索南才让著，青海人民出版社 2017 年/245 页

《道在日用：无准师范研究》/刘宁著，广西师范大学出版社 2017 年/414 页

《经藏游意——佛教义学综论》/冯焕珍著，上海古籍出版社 2017 年/455 页

《阿赖耶大疏之注释》/土登尼玛著，四川民族出版社 2017 年/333 页

《源因略记：晚清高僧西行巡礼弘法记》/清福和尚、普正和尚著，四川美术出版社 2017 年/378 页

《佛典汉译、理论与诠释研究——以善巧方便一系概念思想为中心》/程恭让著，中国社会科学出版社 2017 年/878 页

《汉晋佛像综合研究》/何志国著，上海人民出版社 2017 年/420 页

《华严宗史略》/李春尧著，上海社会科学院出版社 2017 年/180 页

《闽台佛教慈善组织运作模式比较研究》/郭玉辉著，厦门大学出版社 2017 年/198 页

《新疆佛教石窟中的古代民族服饰研究》/乌云著，中国建筑工业出版社 2017 年/120 页

道教

《析经求真——陆修静与灵宝经关系新探》/王皓月著，中华书局 2017 年/526 页

《抱朴归真——道教的修炼》/赵益、王楚著，江苏人民出版社 2017 年/246 页

《香港全真教研究》/李大华著，人民出版社 2017 年/382 页

《中国近世道教送瘟仪式研究》/姜守诚著，人民出版社 2017 年/414 页
《贾谊道论研究》/闫利春著，中国社会科学出版社 2017 年/254 页
《无锡道教科仪音乐研究》/钱铁民、马珍媛著，文化艺术出版社 2017 年/843 页
《道教仪式音乐及其心理影响机制探析》/刘欢著，宗教文化出版社 2017 年/193 页
《三界津梁：道教科仪文献的文学研究》/成娟阳著，中南大学出版社 2017 年/282 页
《中韩道教文化比较研究》/金勋著，宗教文化出版社 2017 年/244 页
《汉末至五代道教书法美学研究》/沈路著，巴蜀书社 2017 年/273 页
《边缘与归属：道教认同的文化史考察》/郭硕知著，巴蜀书社 2017 年/254 页
《汉晋道教仪式与古灵宝经研究》/王承文编，中国社会科学出版社 2017 年/709 页
《戈壁玄风，西域道教》/衡宗亮编，中州古籍出版社 2017 年/123 页
《六朝上清经用韵研究》/夏先忠著，成都西南交大出版社 2017 年/316 页
《湖北道教史》/刘固盛等著，华中师范大学出版社 2017 年/536 页
《全真道研究第五辑》/赵卫东著，齐鲁书社 2017 年/265 页
《汉晋道教仪式与古灵宝经研究》/王承文著，中国社会科学出版社 2017 年/709 页
《道教舞蹈研究》/程群著，宗教文化出版社 2017 年/578 页
《大道真言：黄老内丹学修研笔记》/于德润著，中医古籍出版社 2017 年/280 页
《逻辑解析道德经》/陈广逵著，清华大学出版社 2017 年/392 页
《闵一得研究》/陈云著，巴蜀书社 2017 年/205 页
《中国道教史研究入门》/刘屹著，复旦大学出版社 2017 年/170 页
《道统思想与中国哲学》/蔡方鹿著，人民出版社 2017 年/842 页
《〈道藏〉图像研究》/张鲁君著，齐鲁书社 2017 年/170 页
《岭南道教论稿》/王丽英著，社会科学文献出版社 2017 年/360 页
《第三届全真道与老庄学国际学术研讨会论文集》/熊铁基、黄健荣编，华中师范大学出版社 2017 年/1552 页
《道教仪式音乐及其心理影响机制探析》/刘欢著，宗教文化出版社 2017 年/193 页
《颜子山混元道教文化洞稿》/费杰成编，中国社会科学出版社 2017 年/306 页
《道家文化研究第 31 辑》/陈鼓应主编，中华书局 2017 年/546 页
《道教史发微》/潘雨廷著，张文江整理，上海古籍出版社 2017 年/282 页
《道教史丛论》/潘雨廷著，张文江整理，上海古籍出版社 2017 年/444 页
《甘肃道教史话》/无聊子著，宗教文化出版社 2017 年/162 页
《唐宋道教的转型》/孙亦平著，中华书局 2017 年/391 页
《道家哲学引论》/陈霞著，中国社会科学出版社 2017 年/218 页
《吴中道教》/许松涛著，宗教文化出版社 2017 年/259 页
《岭南道教论稿》/王丽英著，社会科学文献出版社 2017 年/360 页

基督教

《圣灵降临的叙事》/刘小枫著，华夏出版社 2017 年/255 页
《杭州基督教史》/陈伟著，当代中国出版社 2017 年/211 页
《"在荒野里看见耶稣"：美国黑奴宗教叙事研究》/高春常著，科学出版社 2017 年/219 页

《西风落叶——海上教会机构寻踪》/薛理勇编，同济大学出版社 2017 年/304 页

《帖撒罗尼迦前书注释》/冯荫坤著，上海三联书店 2017 年/411 页

《明清之际天主教“书籍传教”研究（1552—1773）》/伍玉西著，人民出版社 2017 年/282 页

《追寻文明交融的起点：成都平原天主教的家庭支持研究》/廖翔慧著，民族出版社 2017 年/352 页

《基督教学术：第十六辑》/张庆熊、徐以骅主编，上海三联书店 2017 年/522 页

《天主教研究论辑（第十三辑）》/北京天主教与文化研究所、赵建敏编，宗教文化出版社 2017 年/262 页

《基督教哲学中的灵肉问题研究》/徐弢著，中国社会科学出版社 2017 年/258 页

《盎格鲁——撒克逊人基督教化研究》/徐晨超编，浙江大学出版社 2017 年/284 页

《尝新集：康雍乾三帝与天主教在中国》/冯尔康著，天津古籍出版社 2017 年/307 页

《早期汉语〈圣经〉对勘研究》/王硕丰著，社会科学文献出版社 2017 年/291 页

《“意图”与“责任”，基督教文化学刊》/中国人民大学基督教文化研究所著，宗教文化出版社 2017 年/240 页

《贵州基督教史》/谭厚锋、林建曾、伍娟著，中央民族大学出版社 2017 年/295 页

《以赛亚之歌》/冯象著，生活．读书．新知三联书店 2017 年/352 页

《华北地区的圣公会》/左芙蓉著，宗教文化出版社 2017 年/308 页

《T. S. 艾略特基督教思想研究》/林季杉著，人民出版社 2017 年/264 页

《1807—1949 基督教传行中国纪年》/黄光域编，广西师范大学出版社 2017 年/1196 页

《腓利门书注释》/黄浩仪著，上海三联书店 2017 年/118 页

《奋进的历程：中国基督教的本色化》/段琦著，商务印书馆 2017 年/590 页

《当代世界中的基督宗教》/卓新平、竺易安、刘国鹏著，社会科学文献出版社 2017 年/298 页

《失落的摩西之书》/佟欣、宋晓梅编，中国政法出版社 2017 年/445 页

《中国天主教教区沿革史》/刘志庆著，中国社会科学出版社 2017 年/448 页

《生存·生态·生活：基督教中国化论文集》/潘兴旺编，宗教文化出版社 2017 年/256 页

《道德·上帝与人：陀思妥耶夫斯基的问题》/何怀宏著，北京大学出版社 2017 年/532 页

《贝德士：中国基督教史著述选择》/贝德士著，章开沅、马敏编，上海社会科学院出版社 2017 年/321 页

《中和论道（第一辑）》/姜宗强、贾克防、朱海斌编，中国社会科学出版社 2017 年/238 页

《葡萄牙耶稣会士何大化在中国》/董少新著，社会科学文献出版社 2017 年/268 页

《主教任命制的历史嬗变及其对国际关系的影响》/刘金光、张志刚、卓新平著，宗教文化出版社 2017 年/302 页

《宗教与历史（第九辑）》/陶飞亚主编，社会科学文献出版社 2017 年/208 页

《云南边疆民族地区基督教地域适应研究：以西双版纳地区为例》/李守雷著，中国

社会科学出版社 2017 年/291 页

《德语惯用语之〈圣经〉溯源》/王微著，武汉大学出版社 2017 年/120 页

《中国化视野下的山西天主教史研究（1620—1949）》/刘安荣著，宗教文化出版社 2017 年/279 页

《英国宗教史》/邵政达著，中国社会科学出版社 2017 年/290 页

伊斯兰教

《圣战与文明》/张锡模著，生活．读书．新知三联书店 2017 年/255 页

《阿拉伯的智慧·信仰与务实的交融》/高惠珠著，华文出版社 2017 年/221 页

《大中东行纪》/张信刚著，广西师范大学出版社 2017 年/428 页

《中国伊斯兰教概论》/冯今源著，宁夏人民出版社 2017 年/207 页

《新编卧尔兹演讲集（第六辑）》/中国伊斯兰教教务指导委员会编，宗教文化出版社 2017 年/126 页

《伊斯兰教中道思想研讨会文集》/王作安、陈广元编，宗教文化出版社 2017 年/231 页

《欧洲穆斯林问题研究》/汪波著，时事出版社 2017 年/318 页

《传统、调适与现代——中国伊斯兰家庭文化研究》/马少卿著，人民出版社 2017 年

《西北穆斯林妇女社会参与研究——基于甘肃省回族、东乡族妇女的个案研究》/马桂芬著，人民出版社 2017 年/266 页

《走出中东：全球民主浪潮的见证与省思》/周轶君著，中信出版社 2017 年/431 页

《中国穆斯林生态自然观研究》/丁文广著，兰州大学出版社 2017 年/423 页

《视觉：中国清真寺》/马玮著，商务印书馆 2017 年/530 页

其他

《儒家哲学的三个大时代》/刘述先著，中华书局 2017 年/244 页

《清代儒学大师：惠栋与戴震华》/江华著，中州古籍出版社 2017 年/134 页

《苯教远古祭祀仪文汇编》（藏文）/龙康·平措多吉、拉巴扎西著，藏文古籍出版社 2017 年

《云南对外开放中的宗教文化建设》/纳文汇著，中国社会科学出版社 2017 年/207 页

《图像与仪式：中国古代宗教史与艺术史的融合》/复旦文史研究院编，中华书局 2017 年/403 页

《后冷战时代的宗教文明与国家安全》/刘骞编，中国社会科学出版社 2017 年

《古代宗教与伦理——儒家思想的根源（增订本）》/陈来著，北京大学出版社 2017 年/432 页

《救劫：当代济度宗教的田野研究》/陈进国著，社会科学文献出版社 2017 年/460 页

《地域民间信仰与乡民艺术》/袁瑾著，中国社会科学出版社 2017 年/241 页

《民间演剧与戏神信仰研究》/陈志勇著，中山大学出版社 2017 年/298 页

《清代广西地区民间信仰、族群与区域社会研究》/滕兰花、胡小安编著，民族出版社 2017 年/365 页

《中国原始宗教研究及资料丛编：羌族卷》/钱安靖编著，巴蜀书社 2017 年/579 页

《中国民间宗教史》/马西沙、韩秉方著，中国社会科学出版社 2017 年/1076 页

《东正教研究（第 1 辑）》/石衡潭、李栋材主编，民族出版社 2017 年/317 页

《回鹘摩尼教研究》/杨富学著，中国社会科学出版社 2017 年/379 页

《云南宗教文化与民族团结的关系研究》/孙浩然著，社会科学文献出版社 2017 年/252 页

《儒道研究（第四辑）》/卢国龙著，社会科学文献出版社 2017 年/272 页

《北京宗教研究（第二辑）》/王潇楠、陈进国著，中国社会科学出版社 2017 年/279 页

《八卦城谈易》/龚鹏程著，社会科学文献出版社 2017 年/252 页

《中国宗教财产制度研究》/侯水平著，宗教文化出版社 2017 年/357 页

《当代中国民族宗教问题研究》/中国统一战线理论研究会民族宗教理论甘肃研究基地著，中国社会科学出版社 2017 年/222 页

《宗教非政府组织在中国》/秦倩著，上海人民出版社 2017 年/257 页

《群族交往与宗教共处》/马戎著，社会科学文献出版社 2017 年/416 页

《徐梵澄著译选集：薄伽梵歌》/徐梵澄著，崇文书局 2017 年

《宁化县的普庵教与地方宗教仪式》/钟晋兰著，社会科学文献出版社 2017 年/468 页

《江西宗教文化研究丛编》/陈荣庆、杨永俊编，江西人民出版社 2017 年/498 页

《精神重生之路：俄罗斯东正教长老制研究》/刁科梅著，上海三联书店 2017 年/315 页

《晚清民国时期中国名胜古迹图集》/张明杰著，中国画报出版社 2017 年/3584 页

《古代徽州和皖南民间信仰研究》/丁希勤著，安徽师范大学出版社 2017 年/450 页

《中国民间信仰学：研究与评述》/杨清虎著，中国书籍出版社 2017 年/282 页

《宗教人类学（第七辑）》/陈进国主编，社会科学文献出版社 2017 年/380 页

《遗址与图像》/巫鸿、郭伟其编著，中国民族摄影艺术出版社 2017 年/283 页

《滇缅边地摆夷的宗教仪式》/田汝康著，于翠艳、马硕译校，复旦大学出版社 2017 年/172 页

《元代畏兀儿宗教文化研究》/王红梅、杨富学、黎春林著，科学出版社 2017 年/186 页

《日本瘟神祭祀仪礼研究：以素盏鸣尊神话由来的瘟神祭礼为中心》/姚琼著，四川大学出版社 2017 年/255 页

《金泽》/李天纲著，生活·读书·新知三联书店 2017 年/559 页

《非洲宗教的传统形态与现代变迁研究》/周海金著，中国社会科学出版社 2017 年/280 页

《清代民间宗教治理研究》/周向阳著，中国社会科学出版社 2017 年/207 页

《商周秦汉神祇的农业神性》/原昊著，社会科学文献出版社 2017 年/240 页

2017年度宗教学研究会议简介

王剑利　马文婧 编

一月

1月9日，2017年全国宗教局长会议在北京召开。会议深入贯彻落实中央关于新形势下宗教工作的决策部署，总结交流2016年工作，研究部署2017年工作。

二月

2月17日，国家社科基金重大项目"'一带一路'战略实施中的宗教风险研究"开题报告会在中国社会科学院世界宗教研究所召开。

2月26日，为庆祝香港回归祖国20周年，"慈悲与智慧的现代观——佛教汉传、南传、藏传三大语系交流论坛"在香港葵涌观音讲堂举行。论坛由香港中华佛教文化院、香港佛教"此岸——彼岸"弘法会、云南旅港同乡会联合主办，大公文汇传媒集团、香港镜报、中缅文化交流基金会协办。

三月

3月1日，首届南宗道教与当代文化艺术研讨会在定安文笔峰开幕，来自辽宁、北京、江苏、浙江、海南等地20余名文化艺术领域专家齐聚一堂，共同研究探讨中华优秀传统文化传承发展问题。

3月17日，"人间佛教之定位·中国佛学之重建"太虚大师思想高峰论坛在玉佛禅寺举行。

3月23日，首届"庐山论坛——佛教与中国文化峰会"预备会议在中国文化院召开。

3月25日，由佛光山文教基金会与河北博物院主办的"佛·缘——河北曲阳白石佛教造像艺术展暨学术研讨会"在佛陀纪念馆举行。

3月26日，由国家宗教事务局主办，海南省民族宗教事务委员会、海南省佛教协会承办的"澜湄六国佛教领袖对话"在博鳌亚洲会议中心成功举办。此次分论坛以"法乳同源　和合共生——汇聚佛教智慧与愿力的黄金纽带"为主题，旨在坚固澜湄流域国家命运共同体，积极维护澜湄流域稳定和推进人类文明进步。

3月25—27日，由安徽省道教协会、中国人民大学宗教高等研究院、中国人民大学道教研究中心联合主办，涡阳天静宫承办的2017年道祖圣诞拜祖大典暨老子与道教文化国际学术研讨会论坛在安徽省亳州市涡阳县举办。

3月27日，胡耀贞研究会在北京大福堂中医理疗康复馆举行了内丹学内家拳的研讨会，来自中国和日本的学者进行了友好的交流与讨论。

3月28—29日，由天主教江西教区、河北信德文化学会、复旦大学全球化与宗教研究所、复旦大学哲学学院利徐学社和南昌赣江宾馆联合举办“利玛窦与南昌：教会中国化暨本地化”研讨会。来自中国大陆、港澳台以及意大利、美国18所大学、5个研究机构的学者、天主教和基督教的神长教友学者以及新闻界人士一百多人与会。

3月29日，国家宗教事务局召开2017年在京特聘专家座谈会。

3月31日，由西北大学佛教研究所、香港中文大学人间佛教研究中心、合阳印光讲寺、合阳印祖寺、西安香积寺、秦皇岛水岩寺、苏州报国寺、合阳阳光爱心助学联盟、苏州弘化社、北京慈生堂、净土文化工作坊联合发起，在印光大师故里——陕西省合阳县召开了“普烛群品——印光大师思想研讨会”。

3月31日，由华侨大学与中国孔子基金会合作共建的华侨大学国际儒学研究院在厦门校区揭牌成立，揭牌仪式后举办了“孔孟论坛”。

四月

4月1日，以“空间、网络与宗教”为主题的第十一届两岸宗教学术论坛在华侨大学厦门校区举行。来自台湾辅仁大学、中国人民大学、华侨大学、厦门大学、中华妈祖文化交流协会、福建省基督教三自爱国会、福建省神学院、泉州府文庙管理处的近50位专家学者与会。

4月8日，中国社会科学院世界宗教研究所巴哈伊研究中心与香港大学社会学系合办的“巴哈伊文化里的人性观”座谈会在中国社科院世界宗教研究所召开，围绕全球繁荣研究所的文告“论人性”展开公共话语构建活动。

4月8日，2017“中华文化与人类命运共同体建构”国际论坛在海南省定安县的玉蟾宫举行。由海南玉蟾宫、腾讯儒学、道学频道、中国教育网络电视台国学台主办；海南省道教协会、北京白云观、浙江天台山桐柏宫、陕西紫阳真人宫、海南中野旅游产业发展有限公司、海南文笔峰盘古文化旅游区承办；中国社会科学院世界宗教研究所、四川大学老子研究院协办。

4月9日，由云南省佛教协会和云南省宗教学会主办，德宏州佛教协会承办的第二届南传佛教高峰论坛在云南省德宏州芒市召开。论坛主题是“和平同愿，慈悲共行”，旨在弘扬佛教和平精神，增进中国与南亚、东南亚国家之间南传佛教界的交流，增进中国与南亚、东南亚国家的友谊和理解，为深化澜湄合作、孟中印缅经济走廊区域交流合作搭建平台，在“一带一路”建设中发挥南传佛教的积极作用。

4月12日，“禅宗与佛教中国化”学术研讨会在河北邯郸二祖寺召开。

4月15—16日，“僧伽大师与佛教中国化”学术研讨会在江苏省南通市召开，此次研讨会由中国社会科学院世界宗教研究所、中国宗教学会和南通市民族宗教事务局主办，由中国社会科学院《世界宗教研究》编辑部、中国社会科学院东方文化研究中心、南通狼山度假区管理办公室、南通市佛教协会、南通市僧伽文化研究会、南通佛教文化展览馆（西寺）承办。

4月18日，中国伊斯兰教协会在西安召开清真寺建筑风格研讨会。

4月22日，“《中国道教史》教材编写大纲研讨会”在陕西省紫阳县召开，与会者共同研讨《中国道教史》教材的编写大纲问题。

4月22—23日，“宗教与心理健康：理论和实践”学术研讨会在长沙榔梨陶公庙召开。

4月22日，由中国文化院、北京三智文化书院、江西九江市佛教协会共同主办的

"庐山论坛·佛教与中国文化峰会"在九江举行。

五月

5 月 2 日，由中国社会科学院世界宗教研究所、中国宗教学会主办、马克思主义宗教观研究室承办的"马克思主义与中华优秀传统文化"主题座谈会在世界宗教研究所大会议室举行。

5 月 4 日，"一带一路"背景下的佛教使命高峰论坛在澳门渔人码头会议中心隆重开幕，与会者共同探寻佛教在"一带一路"上的价值和使命。

5 月 6 日，由东南学术杂志社与华东师范大学宗教与社会研究中心联合举办的"新型城镇化与民间信仰方式变迁"研讨会在华东师范大学召开，来自全国各地的 20 余位专家学者参加了会议。

5 月 9 日，由华东师范大学涵静书院、中菁（上海）金融信息服务有限公司和安徽华塔文化产业股份有限公司共同举办了"首届'一华塔'中华文化高峰论坛"。论坛以"传统与现代：宗教文化与文明的对话和交流"为主题，子议题包括"域外地藏文化研究""儒、释、道关系研究""经典的翻译与诠释""地藏信仰与徽文化"等。

5 月 10 日，第四届国际道教论坛在道教圣地武当山举行，此次会议由中国道教协会与中华宗教文化交流协会共同举办。

5 月 12 日，由中国宗教学会、中国社会科学院世界宗教研究所、南京大学社会人类学研究所、华东师范大学人类学研究所共同主办的修行与精神性生活暨第三届宗教人类学工作坊，在浙江宁波金峨寺召开。

5 月 13—14 日，南传佛教贝叶经典籍的历史与当代价值学术研讨会在云南大学呈贡校区举行。

5 月 13 日，"佛教对话与人类福祉"学术论坛在台湾南华大学举办，此次论坛由南华大学宗教学研究所、中华维鬘学会主办，华东师范大学宗教文化研究中心、西藏民族大学民族学院、云南大学民族学院、青海陀乐佛学研究院、香港"此岸——彼岸"弘法学会、中缅文化交流基金会、云南旅港同乡会协办。会议旨在相互理解、尊重与借鉴的基础上，探讨重要命题。

5 月 16—17 日，"中国特色社会主义宗教理论"研讨会在郑州召开，此次会议由国家宗教事务局主办，河南省宗教事务局承办。

5 月 18 日，西北大学佛教研究所主办的"空海与唐代中日佛教文化交流"座谈会在西北大学历史学院举行。

5 月 19—21 日，"三燕高僧研究"学术研讨会在辽宁省朝阳市举行，会议研讨主要内容分为两大部分：以昙无竭为主的三燕高僧研究，朝阳与北方草原丝绸之路研究。

5 月 20 日，由江苏省佛教协会主办、常熟市佛教协会承办、江苏佛学院法界学院协办的"宗仰法师与近现代佛教"研讨会在常熟召开。

5 月 20—22 日，由中国社会科学院世界宗教研究所主办、河南省宗教事务局协办的以"坚持宗教中国化方向"为主题的马克思主义宗教观研讨会（2017）在郑州召开。此次会议围绕"坚持宗教中国化方向"主题，分别就习近平总书记关于宗教工作的一系列重要论述、中国特色社会主义宗教理论的新发展、马克思主义宗教批判理论及其对当代无神论教育的启示、宗教中国化的法治视角、提高宗教治理法治化水平、宗教中国化的政治认同与文化认同、政教关系视域中的宗教中国化、佛教中国化的历史路径和经验教训、天主教和基督教的中国化进程、伊斯兰教中国化的历史和现状等专题展开研讨。

5 月 25 日，“伊斯兰教与欧美社会”学术研讨会在北京召开。此次研讨会由中国宗教学会、中国社会科学院世界宗教研究所主办，中国社会科学院世界宗教研究所伊斯兰教研究室发起并承办，属于伊斯兰教室举办的“伊斯兰学术 · 高峰论坛”系列之一。会议围绕伊斯兰教与欧美文化、伊斯兰教与欧美社会、伊斯兰教与欧美移民、伊斯兰教与欧美政治四个专题展开研讨。

5 月 30 日，由保定兜率寺主办，净土文化工作坊协办的“大慈弥勒 · 人间净土——保定兜率寺开山四周年纪念暨首届弥勒论坛”在河北保定市举行。

六月

6 月 1—3 日，第四届宗教经典翻译理论与实践研讨会在中国海洋大学召开，此次会议由中国英汉语比较研究会和中国宗教学会联合主办，中国海洋大学承办，《上海翻译》编辑部和《翻译界》编辑部协办。

6 月 2—4 日，由四川大学道教与宗教文化研究所、山东大学犹太教与跨宗教研究中心、山东大学饶宗颐宗教与中国文化研究所联合举办的第三届希伯来圣经研讨会于四川大学科华苑宾馆召开。此次研讨会承袭首届（2014 年山东大学）和第二届（2015 年上海大学）的会议宗旨，围绕着圣经诠释、圣经批评方法、希伯来圣经与中国经典的跨文本阅读等专题进行了深入细致的探讨。

6 月 6 日，“神学教育与基督教中国化”研讨会在金陵协和神学院举行。与会者围绕“人才培养与基督教中国化”“神学教育与教会建设”等专题展开研讨。

6 月 15—17 日，中央民族大学宗教研究院、美国富勒心理研究所、中国科学院心理研究所联合主办的“第十一届中美文化与宗教心理学研讨会”在中央民族大学举行。

6 月 16—18 日，由中国老子文化研究院、陕西省宝鸡市老子文化研究会主办，宝鸡大散关文化博览馆承办的“中国宝鸡大散关与老子文化学术研讨会”，在宝鸡恒源酒店召开。

6 月 16—18 日，第二届中国现代佛教论坛在中国人民大学逸夫会议中心举行。此次论坛主题是“尉迟酣（Holmes Welch）与中国现代佛教史研究”。论坛由中国人民大学佛教与宗教学理论研究所和哲学院主办，中国社会科学院《世界宗教研究》编辑部、中国社会科学院世界宗教研究所佛教研究室、广东东华禅寺协办。

6 月 17 日，“2017 首届中加美三国佛教论坛”在加拿大多伦多大学医学院举行。

6 月 22 日，“华夏道家术数学与葛洪文化”学术研讨会在浙江宁波东海半边山举行。

6 月 26 日，首届西北道教论坛筹备联席会议在西安召开。来自陕西、甘肃、宁夏、青海等地的道教界代表参加了会议。

6 月 29 日，“‘一带一路’上南北传佛教研讨会”在香港宝莲寺开幕。来自美、英、泰及中国海峡两岸等二十多个国家和地区的 160 余位获得博士学位的法师，以及国内外知名佛教学者出席，共同研讨“丝绸之路”对于人类文明交流互鉴的历史贡献、现实意义，以及在服务国家“一带一路”倡议背景下各国、各语系传统佛教的交流、融合与发展等议题。

七月

7 月 1—2 日，国际儒学联合会与中国无神论学会在北京联合举办“无神论与共产党人理想信念”专题研讨会。与会学者围绕“马克思主义与无神论”“儒学与无神论”“中国传统文化中的人本主义精神”“宣传无神论与尊重宗教信仰自由的关系”等内容进行了交流讨论。

7 月 7 日，方立天先生逝世三周年纪念座谈会暨方立天学术思想研讨会在中国人民大学举行。

7 月 8 日，第三届藏传佛教教义新阐释研讨会在西藏佛学院举行。此次研讨会议题包括“勤学佛法、争做新时代僧尼”“人生暇满难得、珍爱生命”等。

7 月 9 日，首届中国曹洞宗禅学国际研讨会在“曹洞宗祖庭”、江西抚州市宜黄县曹山宝积寺举行。本届研讨会由江西省宗教文化交流协会、江西省佛教协会主办，以“全球格局中的曹洞禅法：历史、现实与未来”为主题，主要研讨内容有禅学思想研究，曹洞禅法在中日间的传播、交流与发展，曹洞宗人才培养与国际推广研究等。

7 月 10 日，由中国社会科学院东方文化研究中心主办的“东方哲学学科史回顾与展望”座谈会在中国社会科学院哲学研究所举行。

7 月 11—12 日，由中国伊斯兰教协会主办，江苏省伊协承办的“坚持伊斯兰教中国化方向研讨会”在句容市召开。会议以全国宗教工作会议精神和习近平总书记重要讲话精神为指导，以坚持伊斯兰教中国化方向为主题进行了研讨。

7 月 12—15 日，由山西省佛教协会、五台山佛教国际研究院主办的第三届五台山信仰国际研讨会在五台山大圣竹林寺举行。此次会议的主题为“文殊信仰、《大方广佛华严经》研究”，来自海内外的 30 多名佛学专家、80 余名中青年学者共同探讨了这一主题的宗教实质、当代价值与现实意义。

7 月 13 日，第五届世界佛教论坛主题论证会在莆田召开。

7 月 16 日，“儒佛关系与佛教中国化（国际）学术研讨会”在广福讲寺岩势讲堂召开。此次研讨会由山东大学佛教研究中心主办，台湾南华大学、马来西亚南方大学共同协办，山东省佛教协会指导，青州广福讲寺、山东师范大学历山学院承办。

7 月 21—22 日，由中国人民大学哲学院、中国人民大学国际佛学研究中心、美国哥伦比亚大学、黑龙江大庆富裕正洁寺等单位联合主办的“心与心所研究”——第 7 届国际佛学论坛，在黑龙江省大庆市杜尔伯特蒙古族自治县举行。

7 月 25—26 日，福建省基督教两会在福建神学院举办“福建省基督教中国化与建设新福建”研讨会。研讨会以基督教中国化为主题，围绕神学、社会、文化多方面展开探讨，以期坚定并发展基督教中国化道路，为建设新福建作出积极贡献。

八月

8 月 5—6 日，中国宗教学会、内蒙古自治区宗教事务局、内蒙古师范大学、内蒙古国际文化交流中心、中国社会科学院世界宗教研究所在呼和浩特联合举办 2017 年中国宗教学会年会暨“草原丝路与宗教交流”学术会议，百余名专家学者、宗教事务工作者和宗教界人士围绕“草原丝路与宗教传播”“草原丝路与文明对话”“‘一带一路’与人类共同命运中的宗教”“草原丝路与蒙古宗教”等议题进行研讨。

8 月 15 日，第五届世界佛教论坛分议题等论证会在北京白塔寺办公区举行。

8 月 19 日，2017 年中国・亳州老庄思想与协调发展学术论坛在亳州市开幕，此次论坛由光明日报社、中国社会科学院哲学研究所、中共安徽省委宣传部主办，安徽省社会科学院、安徽省社会科学界联合会、亳州市委宣传部承办。来自全国高校、研究机构和媒体等单位近百位专家学者参加了论坛。研讨会以“老庄思想与协调发展”为主题，旨在传承老庄思想、弘扬优秀传统文化、助力协调发展。

8月20—22日，“2017海峡两岸道教文化与台商精神家园研讨会”在苏州市昆山金鹰尚美酒店召开，会议由中国道教协会指导，江苏省道教协会、台湾玄天上帝研究会主办，苏州市道教协会承办。来自两岸各高校的专家学者和名山宫观的高道大德以及在江苏工作的台商200余人应邀参加了此次会议。

8月21日，“中国乡村宗教研究”专题研讨会在中国社会科学院世界宗教研究所召开，会议由中国社会科学院《世界宗教研究》编辑部、中南大学中国村落文化研究中心联合举办。

8月25日，由中国社会科学院世界宗教研究所、兰州大学、西北民族大学、中国宗教学会、中国统一战线理论研究会民族宗教理论甘肃研究基地、甘肃省丝绸之路研究会等单位联合举办的“‘一带一路’建设与文化遗产研究论坛”在甘肃省临夏回族自治州举行。

8月26—27日，由香港中文大学人间佛教研究中心、佛光山人间佛教研究院主办的“人间佛教的经济与管理文化”论坛在香港中文大学举办。

九月

9月5—6日，由中国社会科学院学部主席团主办，中国社会科学院世界宗教研究所、北京市基督教两会、中国宗教学会联合承办的“中国社会科学论坛（2017）暨宗教革新与社会发展国际学术会议”在北京内蒙古大厦隆重举行。来自海内外的百余位专家学者围绕“宗教革新与社会发展”的主题分别从佛教、基督教与伊斯兰教三大宗教的角度，各抒己见、探讨相关问题。

9月6日，纪念中华文化学院（中央社会主义学院）成立20周年暨“中华文化与宗教中国化”论坛在北京举行。论坛邀请了我国五大全国宗教性团体负责人和国内宗教研究权威学者共话宗教中国化之路。

9月6—7日，由中国社会科学院世界宗教研究所、中国宗教学会、中国社会科学院佛教研究中心、北京市佛教协会主办，北京延庆泽润寺承办的“宗教中国化视野下人间佛教的未来发展——纪念赵朴初110周年诞辰学术研讨会”在北京举行。

9月8日，第四届横山论坛——道教与养生研讨会在江苏常州举行。此次论坛立足养生，挖掘优秀道教文化资源，共谋当代道教健康发展。

9月9日，由中国社会科学院世界宗教研究所、中国宗教学会、浙江省建筑设计院联合主办、中国建筑工业出版社协办的《浙江省宗教建筑规范》研讨会暨“中国宗教学会宗教建筑文化专业委员会成立大会”在浙江省杭州市举行。

9月11日，贯彻落实中央关于宗教工作重大决策部署经验交流会在京召开。中共中央政治局常委、全国政协主席俞正声出席会议并讲话。

9月14日，中国人民大学国家发展与战略研究院、法学院、法律与宗教研究中心举行《民法总则》和新修订的《宗教事务条例》颁布实施的意义和前景专家研讨会。

9月16日，由中国孔子基金会、四川大学联合主办的“《儒藏精华》出版首发式暨纪念孔子诞辰2568周年座谈会”在国家会议中心举行。

9月19日，中国社会科学院世界宗教研究所马克思主义宗教观研究室举办了主题为“中国特色社会主义宗教理论与宗教事务”的座谈会。

9月20日，第八届世界儒学大会在曲阜举行，来自34个国家和地区的600多位专家学者及嘉宾，围绕“儒家思想与人类命运共同体”主题，交流世界各国儒学研究最新成果。

9月23日，中国·大理2017崇圣论坛开幕。来自东南亚、南亚、欧美27个国家和中国海峡两岸的高僧大德、佛教界代表人士、学界翘楚齐聚千年佛都大理崇圣寺，共同为佛教的传承和发展畅叙法谊，交流互鉴。

9月23日，由山东大学犹太教与跨宗教研究中心、山东大学哲学与社会发展学院主办的第三届东亚文献与文学中的佛教世界国际学术会议在山东济南举行。与会学者从哲学、文献学、历史学、文学等角度对涉及佛教文化的相关文本进行分析、讨论，从中探究佛教义理与思想的流变，以及佛教文化在东亚地区产生的影响等。

9月24—26日，由中国伊斯兰教协会指导，江苏省伊斯兰教协会主办，上海、浙江、安徽、山东、福建、江西等省（市）伊斯兰教协会协办，无锡市伊斯兰教协会承办的“东部地区伊斯兰教中国化‘解经’工作研讨会”在无锡举行。会议以全国宗教工作会议精神和习近平总书记重要讲话精神为指导，以伊斯兰教中国化——同心同路同梦为主题进行了研讨。

9月25—26日，由香港卫视佛教文化传播中心主办的以“人间佛教与现代传播”为主题的研讨会在广州举行。

9月28日，中国宗教学会、中国社会科学院世界宗教研究所、国家社科基金重点课题“一带一路”课题组，在北京共同主办了“非洲宗教研讨会”。来自中国社会科学院世界宗教研究所、西亚非洲研究所，北京大学非洲研究中心，浙江师范大学非洲研究院，苏州大学，贵州大学等单位的学者，与来自美国西北大学、波士顿大学、非洲肯尼亚、马拉维、印度等国际学者，进行了广泛而深入地交流。

十月

10月7日，“宗教研究与数据库建设国家重大项目联合学术研讨会”在上海大学举行。

10月14—17日，“第十二届当代新儒学国际学术会议”在贵阳孔学堂举行。会议由贵阳孔学堂文化传播中心、武汉大学国学院与哲学学院、贵州大学哲学与社会发展学院、贵州师范大学贵州阳明文化研究院、台湾东方人文学术研究基金会·鹅湖月刊社、台湾“中央大学”儒学研究中心等单位联合主办，会议主题为“当代新儒家与心学传统”。

10月15日，由天宁佛教文化基金会主办的“2017楚石禅师文化论坛”在浙江海盐大剧院举办。

10月25日，由中国社会科学院世界宗教研究所和河北信德文化学会联合主办的“抗战初期‘正定教堂惨案’八十周年”学术座谈会在北京举行。

10月27—28日，基督教全国两会在上海举办“纪念宗教改革500周年暨基督教中国化研讨会”，学习贯彻党的十九大精神，探索基督教中国化路径。

10月28—29日，由中国人民大学佛教与宗教学理论研究所主办、福山合卢寺承办的第七届中日佛学会议在山东省烟台市举行。

10月28日，第二届"'一带一路'背景下的宗教与中国周边外交"学术研讨会在上海复旦大学召开，专家学者围绕"宗教与中国周边安全的新态势""发挥宗教在周边人文交流中的积极作用""宗教、认同与国家治理"等议题进行了深入探讨。

10月28日，由上海大学文学院和台湾佛光山人间佛教研究院联合主办的"第五届星云大师人间佛教理论实践学术研讨会"在上海举行。

10月28日，由中国社会科学院世界宗教研究所、西北民族大学、中国宗教学会、中国统一战线理论研究会民族宗教理论甘肃研究基地、甘肃省丝绸之路研究会主办的丝绸之路黄金段民族文化建设暨第六届"东南亚宗教研究高端论坛"在甘肃省临夏回族自治州开幕。

10月28日，中国人类学民族学研究会宗教人类学专业委员会2017年会、"宗教生活与人类学视角"学术研讨会暨电影节在江苏常州举行。

10月30日，由国际儒学联合会、伊朗阿拉梅·塔巴塔巴伊大学和北京外国语大学共同主办的"国际儒学论坛——中国文明与伊朗文明对话"在伊朗首都德黑兰举行。来自中国、伊朗、日本、法国等国家的100多名专家学者，围绕儒家思想与伊朗古代伦理学的比较研究、古代丝绸之路与中伊文明交流的历史及启示、今日"一带一路"倡议的背景和意义、波斯语与伊朗文学在中国的现状、今昔中伊文化科技交往机制探析等多项议题开展学术交流。

10月30日，由北京市伊斯兰教协会与中国社科院世界宗教研究所伊斯兰教研究室联合举办的福德论坛——京津冀"坚持伊斯兰教中国化方向"学术研讨会在北京开幕。

10月30日，广西梧州佛教文化研讨会在梧州举行，此次研讨会的主题是"学习十九大精神　践行'一带一路'倡议"。

10月31日，国际易学联合会智库委员会、同一个地球文化艺术传播（北京）中心邀请专家学者，在中央民族大学召开新疆和田地区筹建中国宗教文化展览馆前期创意研讨会。

十一月

11月2—5日，"共建人类命运共同体——从修身齐家到天下一家"国际学术研讨会在澳门联国学校成功举办。

11月3日，"赵朴初与当代中国佛教文化"学术研讨会在湖南长沙开幕。

11月6日，"伊斯兰教中国化的历程与展望"座谈会在北京召开。

11月6日，第七届藏传佛教教义阐释研讨会在中国藏语系高级佛学院开幕。

11月6—8日，第二届"全球史视阈中的宗教文化研究国际学术研讨会"在北京召开。会议旨在"一带一路"倡议下，为促进中华民族伟大复兴和东方文艺复兴，以及实现"民心相通"和构建人类"命运共同体"提供资料准备和学术帮助。

11月9日，鄂台佛教文化交流与两岸融合发展研讨会在武汉召开。来自海峡两岸的100多位佛教界高僧大德与佛学专家学者会聚一堂，共话推动鄂台佛教文化交流，共议促进两岸融合发展。

11月10日，第三届世界华严学大会暨第二届浙江（国际）华严文化节学术研讨会在北京大学举行。

11月10日，"第二届中国宗教学高峰论坛"在四川大学举行。此次会议由中国社会科学院世界宗教研究所、中国宗教学会与四川大学道教与宗教文化研究所主办，中国社会科学院《世界宗教研究》编辑部、四川大学道教与宗教文化研究所、青城山道教协会、中国社会科学院世界宗教研究所马克思主义宗教观研究室承办。

11 月 11—12 日，蕅益大师与灵峰派研讨会于安吉灵峰召开。

11 月 13 日，“药师信仰与当代社会”论坛在河北大佛光寺举行。

11 月 13—14 日，由中国名山名寺名观文化研究委员会参与筹备、天台县文广新局协助天台山文化交流中心主办的《中华天台学丛书》首发式暨天台学研讨会在天台召开。

11 月 15 日，中国佛教协会在无锡灵山举办“纪念赵朴初居士诞辰 110 周年暨中国佛教文化研究所成立 30 周年学术研讨会”。此次研讨会以“弘扬人间佛教思想 · 建设当代佛教文化”为主题，设有“赵朴初居士与佛教文化”“佛教与中国传统文化”“当代佛教文化的发展特点与趋势”三个分议题。

11 月 17 日，由普陀山佛教协会主办的“信任　信心　信仰”普陀山观音论坛在宝陀讲寺普门讲堂举行。

11 月 17—19 日，由中国国际文化书院与中国社会科学院世界历史研究所联合举办的“宗教改革 500 年”学术研讨会在北京举行。来自中国社会科学院、清华大学、北京大学、复旦大学、北京师范大学、四川大学、浙江师范大学、北京联合大学等科研院校以及中国社会科学出版社、社会科学文献出版社的数十位专家学者参加了此次研讨会。

11 月 18 日，由中国人民大学法律与宗教研究中心、河北经贸大学法学院、河北经贸大学地方法治研究中心主办的“2017 年宗教法治高端论坛”在河北石家庄举行。来自学界、政界的 100 余位专家学者和宗教界人士围绕“宗教法治中国化的理论与实践”“《宗教事务条例》修改与宗教法人制度”等议题进行了深入探讨。

11 月 18—19 日，“从文学到理论——星云大师人间佛教思想学术研讨会”在武汉大学珞珈山庄举行。

11 月 18—20 日，2017 年度基督宗教研究论坛在中央社会主义学院举行。此次论坛由中国社会科学院基督教研究中心和北京大学宗教文化研究院、清华大学道德与宗教研究院、南开大学哲学院、河南大学圣经文化研究所、安阳师范学院宗教文化研究所共同主办，包括景教国际论坛、圣经研究论坛、东正教研究论坛、基督新教研究论坛和天主教研究论坛 5 个专题论坛。

11 月 19—21 日，第三届“全国伊斯兰教学术研讨会”在北京召开，此次会议的主题是“伊斯兰教与中国文化”。会议由中国社会科学院世界宗教研究所伊斯兰教研究室、中国宗教学会主办，来自全国一百多位专家学者出席会议。

11 月 21—22 日，由中国天主教“一会一团”主办，宁夏天主教“一区两会”承办的第五届天主教中国化神学论坛在宁夏回族自治区银川市举行。此次论坛共有 5 场对话，围绕“坚持宗教中国化方向与社会主义核心价值观”“宗教中国化的展开”“天主教中国化的理论与实践”“天主教中国化与社会主义核心价值观”“天主教中国化与教会自身建设”等议题，与会的政、教、学三界人士共同探讨天主教中国化的未来发展和路径。

11 月 21 日，由中国社会科学院世界宗教研究所马克思主义宗教观研究室、佛教研究室、当代宗教研究室共同主办的“佛教、民间信仰与我国宗教中国化方向”主题座谈会在京召开。

11 月 25 日，由中国佛学院主办的“佛教教育的传承与发展学术研讨会”在北京举行。

11 月 25—26 日，由曲阜师范大学孔子文化研究院倡议发起并主办的东亚儒学研讨暨“一带一路”儒家文明创新联盟成立大会在曲阜隆重召开。来自德国、日本、韩国、马来西亚、新加坡、缅甸、印度尼西亚、越南等国家和中国海峡两岸的 170 余位专家、学者参加大会。

11 月 25—26 日，由中国社会科学院世界宗教研究所儒教研究中心主办的首届尼山礼乐文明论坛在尼山圣源书院举行。

11 月 26 日，“第四届中韩儒学交流大会”，在山东省济南市舜耕山庄召开，中韩两国八十多位儒学研究专家学者出席会议。

十二月

12 月 2 日，海南省道教协会、中国南宗道教宗坛——海南玉蟾宫将联合举办以“道以导心、德以得体”为主题的首届海峡两岸中国南宗道教养生体验交流大会。

12 月 2 日，吴越佛教学术会议在杭州佛学院举行，此次会议由东方唯识学研究会成立揭牌仪式、纪念演培法师诞辰 100 周年研讨会、中斯佛教论坛三部分共同组成。

12 月 2—3 日，“宗教与经济伦理”学术研讨会在北京中国人民大学举行，与会人士围绕经济、伦理和宗教三者关系进行了深入研讨。

12 月 2 日，两岸新媒体与佛教文化论坛在厦门举行。

12 月 2 日，由中国无神论学会、中国社会科学院科学与无神论研究中心、中国科学院大学马克思主义学院联合主办的中国无神论学会 2017 年学术年会在北京召开。

12 月 2—3 日，“印光大师与佛教中国化”学术研讨会于苏州举行。

12 月 6 日，东莞市宝山芙蓉寺召开了“宗教文化”与“公共外交”研讨会。

12 月 9—10 日，由中华维鬘学会、南华大学宗教学研究所共同主办，台湾大学佛学研究中心、中华佛教居士会、中缅文化交流基金会、云南旅港同乡会、陀乐佛学研究院支持合作的“佛教对话与现代弘化”学术论坛在台北市剑潭青年活动中心隆重召开。

12 月 9 日，陶弘景养生思想学术交流会在浙江温州举行。道教领域专家学者、道教界人士、中医界代表聚焦陶弘景养生思想，探讨道教养生文化当代发展的新途径。

12 月 10—11 日，上海玉佛禅寺举办“都市佛教的弘化模式”国际研讨会。来自海内外知名高校的专家学者齐聚一堂，共同为都市丛林未来发展提供建言。

12 月 10 日，首届西北道教论坛在西安举行，此次论坛由陕西省道教协会主办，西安市万寿八仙宫承办，甘肃省道教协会、宁夏回族自治区道教协会、青海省道教协会、陕西省社会科学院道学研究中心协办。论坛闭幕式上，青海省道教协会会长喇宗静道长宣读了西北道教《长安宣言》。

12 月 10 日，传统文化与生态文明论坛在北京举行。与会学者、法师围绕党的十九大报告中有关生态文明建设的新论断、新目标、新要求，结合中华传统文化中的生态理念，儒、释、道三教思想中的生态伦理观，就如何挖掘中华传统文化中蕴含的丰厚生态文明理念，为社会主义生态文明观的树立提供传统智慧支撑，进行了研讨和交流。

12 月 16 日，宗教文化与社会主义核心价值观学术研讨会在北京举行。会议由江苏南京明因禅寺、湖南省社会科学院宗教文化研究中心联合主办，专家学者、宗教界人士围绕习近平新时代中国特色社会主义思想，深入探讨宗教如何与中国特色社会主义新时代相适应，宗教文化如何接受、遵循、融摄社会主义核心价值观。

12 月 16 日，由潮州开元镇国禅寺、梅州千佛塔寺和丰顺惠仁圣寺共同主办的 2017 年惠仁圣寺首届中观高峰论坛于广东省梅州市丰顺县举行。

12 月 16 日，“法华信仰与佛教中国化”学术研讨会于浙江省湖州法华寺举行。

12 月 19 日，由中国社会科学院世界宗教研究所马克思主义宗教观研究室与道教与民间宗教研究室在北京共同主办了以“坚持道教中国化方向”为主题的座谈会。

12 月 20 日，由中国伊斯兰教协会主办的《中国穆斯林》创刊 60 周年座谈会在北京人民大会堂举行。

12 月 23 日，“2017 佛教思想建设研讨会”在北京广化寺什刹海书院举行。

12 月 23 日，中国社会科学院世界宗教研究所道教与民间宗教研究室与中岳庙联合举办的“道教文化与社会主义核心价值观研讨会”在登封召开。

12 月 26 日，《富育光文集》《张璇如文集》首发式暨萨满文化和口传文学学术研讨会在吉林长春召开。

12 月 27 日，2017 年“互联网 + 宗教事务”福州论坛在连江举行。论坛由福建省民族与宗教事务厅作为指导单位，福建省宗教事务服务中心、福州市民族与宗教事务局、福建师范大学社会历史学院主办。

第九篇

论文索引

2017 年度马克思主义宗教观研究论文索引

谢　添 编

加强意识形态工作的庄严号召——列宁《论战斗唯物主义的意义》研究/加润国/科学与无神论/2017－01

当代大学生宗教观实证研究——基于大连地区八所高校的调查分析/韩铁、戴艳军、张远航、侯达森/华东理工大学学报（社会科学版）/2017－01

挑战与应对：新时期大学生宗教信仰——基于福州高校学生宗教信仰情况调查/涂莹/海峡科学/2017－01

大学生宗教观形成的影响因素分析/朱前婷、姚琳/煤炭高等教育/2017－01

中国特色社会主义宗教理论的历史发展/刘福军/传承/2017－01

共产党员不能信教是政治纪律/王福生、马进/理论导报/2017－01

宗教的网络渗透对青年意识形态的影响/陈国成/当代青年研究/2017－01

大学生宗教信仰对高校思想政治教育的影响及应对策略研究/马铭嘉/教育现代化/2017－01

少数民族大学生信仰教育对策研究/黎万和、许欢/贵州民族研究/2017－01

浅析蒙古族大学生的马克思主义宗教观教育/韩鹏、赛音德力根/中国培训/2017－02

试论宗教信仰对信教大学生思想政治教育的影响及应对策略/李玉强、邓纯余/兰州教育学院学报/2017－02

异化与解放：马克思主义宗教观建构的理论基点/冒婉莹/中共郑州市委党校学报/2017－02

少数民族大学生接受无神论教育的问题与对策/陈萌、郑晓齐/贵州民族研究/2017－02

浅析加强大学生马克思主义宗教观教育的重要性及途径/赵晶媛/吉林工程技术师范学院学报/2017－02

大学生宗教信仰状况调查分析及教育对策——基于河南省地方高校大学生的调查/岳宗德/学校党建与思想教育/2017－03

浅析青年马克思宗教观的形成与演变/常仁珂、崔佳/戏剧之家/2017－03

中国特色社会主义宗教理论的新成果——十八大以来习近平关于宗教问题系列讲话精神解读/刘晓玉/黄河科技大学学报/2017－03

宗教信仰在少数民族地区社会治理中的功能与机制/巴力恒·木拉提/理论观察/2017－04

习近平总书记关于宗教文明特质的判定与宗教中国化/刘晓玉/上海市社会主义学院学报/2017－05

网络时代高校马克思主义宗教观教育的话语权建构/樊新华、孙雪玲/西部素质教育/2017-05

从大学生宗教观现状论马克思主义宗教观教育/葛畅/社会工作与管理/2017-05

马克思主义宗教观教育融入高校思政课教学内容探析/刘福军/科学与无神论/2017-05

近年来马克思主义宗教观教育研究述评/邢国忠、刘玉萍/科学与无神论/2017-05

深入系统开展中国特色社会主义宗教理论学术研究/曾传辉/中国宗教/2017-06

论中国特色社会主义宗教理论体系的层次、内涵及特点/何虎生、张杰/世界宗教文化/2017-03

论恩格斯科学无神论思想及其当代启示/王祥/河海大学学报（哲学社会科学版）/2017-06

当代社会青年人宗教信仰现状及其价值观建设——以首都少数民族大学生宗教信仰为个案的调查研究/王文东/当代中国价值观研究/2017-03

中国特色社会主义宗教理论关于宗教规律的理论创新/蒲长春/中国宗教/2017-07

让大学生认清宗教本质 强力抵御宗教向南疆高校渗透/阿巴拜克热·买买提、多力昆江·吐送尼牙孜/法制与社会/2017-07

论大学生宗教信仰归因及辅导员引导工作策略——基于防止宗教渗透工作研究的思考/诸小妮、杜燕婷/湖北第二师范学院学报/2017-07

马克思主义政党的宗教政策——列宁《论工人政党对宗教的态度》研究/加润国/科学与无神论/2017-07

当代大学生宗教信仰现状分析——以内蒙古师范大学为例/赵图雅、赵雅斯、斯钦/佳木斯职业学院学报/2017-08

马克思主义宗教批判理论及其对当代无神论教育的启示/唐晓峰/世界宗教研究/2017-08

毛泽东与马克思主义宗教观的中国化/刘晓玉/湖南省社会主义学院学报/2017-08

论掌握宗教工作的主动权/杨兰/思想理论教育导刊/2017-08

论正确的宗教观及其在青年中的树立/单文鹏/北京教育（德育）/2017-08

坚持我国宗教中国化方向重在深化文化认同/曾传辉/宗教学研究/2017-09

"我国宗教坚持中国化方向"：马克思主义宗教观中国化的新发展/李海林/宗教学研究/2017-09

试析马克思恩格斯对宗教有神论信仰认知的辩证发展历程/江峰/宗教学研究/2017-09

高校课堂马克思主义宗教观教育存在的问题及对策探析/赵子林/黔南民族师范学院学报/2017-09

马克思主义宗教观中国化的当代价值/李天琪/现代交际/2017-09

大学生宗教信仰的认知问题及对策探究/陈文文、黄塬、郭欣欣、王秋雨/新西部/2017-09

解放神学、现代性批判与马克思主义——米歇尔·洛维论拉美宗教与政治的选择性亲和/孙海洋/国外理论动态/2017-10

浅谈新形势下如何加强高校马克思主义宗教观教育——基于校园文化建设的思考/方宁/湖北函授大学学报/2017-10

以中国特色社会主义宗教理论教育引导大学生/邹秀春、鹿文彬/北京教育（德育）/

2017 - 10

在中国特色社会主义宗教理论教学中宣传普及马克思主义无神论/张戈/北京教育（德育）/2017 - 10

积极推进党的民族宗教理论和政策进课堂/刘旸/北京教育（德育）/2017 - 10

论赵朴初对佛教教义的现代性诠释/李兴中/池州学院学报/2017 - 10

以马克思主义理论应对高校学生信仰的宗教渗透/秦义/湖北省社会主义学院学报/2017 - 10

大学生宗教认知及其影响因素/邱丹文、郭建群/中国冶金教育/2017 - 10

深入学习“7・26”重要讲话 深刻理解“导”的科学内涵/加润国/科学与无神论/2017 - 11

马克思对“宗教”的批判理路及其时代价值/傅红冬/淮阴师范学院学报（哲学社会科学版）/2017 - 11

马克思主义宗教观在建设社会主义核心价值体系中的重要作用/曹钰/世纪桥/2017 - 11

论科学视域中大学生马克思主义宗教观教育的途径/曹钰/改革与开放/2017 - 11

新形势下高校马克思主义宗教观教育途径新探/张爱辉/临沂大学学报/2017 - 12

返本开新 文明互鉴——坚持我国宗教中国化的方向/黄杰/世界宗教文化/2017 - 12

苏联无神论宣传教育的历史经验与教训/黄艳红/马克思主义研究/2017 - 12

2017年度佛教研究论文索引

孙颖新 编

中国人对佛教文化的贡献/魏道儒/世界宗教文化/2017－10

缅甸佛教民族主义的产生、发展及其实质——兼论对当代缅甸政治转型的影响/宋少军/南亚研究/2017－04

近百年的中国佛教地理研究/景天星/宗教学研究/2017－06

晋唐汉佛教医学研究述评/付爽/河南中医/2017－01

中缅边境地区南传佛教信仰流动探析/梁晓芬/云南社会科学/2017－11

缅甸佛教极端主义的历史根源及其当代展演：入世传统、民族主义与政治修辞/钟小鑫/东南亚研究/2017－10

菩萨范式及其转换/学愚/世界宗教研究/2017－06

近三十年汉传佛教女性研究综述/王富宜/江西师范大学学报（哲学社会科学版）/2017－11

全球化背景下的藏传佛教与藏传佛教研究/沈卫荣/文化纵横/2017－02

佛教生态思想研究历程及趋势/陈红兵、HouJian、ChiZhen/孔学堂/2017－06

中古时期寺院经济兴衰的经济学分析/周建波、张博、周建涛/经济学（季刊）/2017－04

汉晋道教定期斋戒与佛教布萨制度关系论考/王承文/中山大学学报（社会科学版）/2017－01

《佛学丛报》与民国佛教复兴/李翚/安徽大学学报（哲学社会科学版）/2017－09

宗教复兴视阈下的台湾佛教发展/杨磊、刘佳雁/台湾研究/2017－06

丝绸之路上的宗教思想与文化认同——以契丹、党项、回鹘佛教为中心/袁志伟/求索/2017－05

试论民国时期汉藏佛教界的“显密融会”观/肖高华/华中师范大学学报（人文社会科学版）/2017－07

从云南南传佛教到中国南传佛教——关于当代云南南传佛教身份变化的思考/黄夏年/云南社会科学/2017－11

佛教“空有之争”的嬗变及哲学义涵/丁建华、洪修平/哲学研究/2017－01

南诏大理国的汉传佛教及其政治功能探析/雷信来、葛荃/湖北民族学院学报（哲学社会科学版）/2017－01

晚近基督教对中国佛教现代性形塑的影响——兼论“满足时代要求”是宗教的生命线/李晓龙/云南社会科学/2017－07

当代佛教神圣性建构的“社会机制”——南北传佛教社会学的比较视角/赵翠翠、李向平/云南社会科学/2017－03

略论居士佛教对中国佛教文化的贡献/洪修平/五台山研究/2017－09

东亚儒佛论争与会通的思想史考察/黄俊杰/开放时代/2017－03

佛教在中国的变革及影响/张昊雷/玉林师范学院学报/2017－08

历史上滇藏川毗连地区藏传佛教寺院的空间分布及其形成机制/王丽萍、周智生/宗教学研究/2017－06

坚持佛教中国化方向的历史根源与时代意义/纪华传/世界宗教文化/2017－10

西安佛教文化传播方式的嬗变/杜超凡、李红岩/新闻知识/2017－09

佛教与中国文化/宋立道/佛学研究/2017－07

佛教文化及其当代价值研究/林于良、梅良勇/潍坊工程职业学院学报/2017－11

民国时期“中国佛教史”书写研究——以“连续性”问题为中心/易中亚/宁夏社会科学/2017－11

近二十余年梵净山佛教文化研究的回顾与展望/李锦伟/铜仁学院学报/2017－01

佛教在印度消亡的原因及其启示/陈星桥/法音/2017－08

城市化视域下的中国佛教文化景观研究/徐文廷/华南理工大学学报（社会科学版）/2017－01

论中古时期佛教类书的编纂/刘全波/敦煌学辑刊/2017－06

试论藏传佛教的历史演变与文化内涵/井凯笛/青藏高原论坛/2017－04

唐朝佛教行记文学的时代趋向/阳清/云南师范大学学报（哲学社会科学版）/2017－07

论小乘佛教说一切有部在龟兹的流行/李瑞哲/世界宗教研究/2017－08

进化与变迁：中国佛教慈善的现代化转变/周缘园/海南大学学报（人文社会科学版）/2017－05

清代佛教史学批评述论/曹刚华/史学集刊/2017－07

明代青弋江流域佛教系统初探——以寺院的时空分布为中心/王开队、周邦兴/安徽史学/2017－05

佛教中国化与文明交流互鉴/纪华传/船山学刊/2017－11

从敦煌本佛教灵验记看佛教的传播技巧/王晶波、朱国立/敦煌学辑刊/2017－06

佛教慈善的义理根源及其社会功能的历史变迁/马俊/武陵学刊/2017－07

梵我—佛我—我佛——婆罗门教、佛教、禅教核心观念的演化/刘永佶/社会科学论坛/2017－08

公元八世纪的苯佛关系及苯教新派的形成/才让太/中央民族大学学报（哲学社会科学版）/2017－03

“一带一路”与中印佛教文化的交融互鉴/吕昂/世界宗教文化/2017－08

唐代沿“丝绸之路”入华粟特人的文化认同与佛教信仰/冯敏/法音/2017－02

近代围绕《印度之佛教》的争论及其学术史意义/周晓露、胡永辉/世界宗教文化/2017－06

佛乐传播与国家在场——以瑜伽焰口仪轨音乐为例/胡晓东/民族艺术/2017－02

媒介嵌入与佛教的现代转型——以新佛教运动中的《海潮音》为例/杜恺健/新闻界/2017－10

藏传佛教与安多藏区的社会控制/杨红伟/中国边疆史地研究/2017－06

魏晋南北朝佛教的播迁与东西丝路的连通/王蕊/东岳论丛/2017－07

多元文化与犍陀罗艺术：再论贵霜时代佛教和佛教艺术的发展/庞霄骁/四川大学学报（哲学社会科学版）/2017－11

西行与东来之间：敦煌佛教哲学转换机制初探/蔺海鲲/甘肃社会科学/2017－07

基于文化视角的佛教词汇英语翻译方法研究/王婷/文化创新比较研究/2017－05

佛教伦理在唐五代契约文书中的作用及其影响——以敦煌放良书为例/褚宁/暨南学报（哲学社会科学版）/2017－04

佛教音乐与礼乐中国/贾茹/青海社会科学/2017－03

试论佛教传入与百济传统舞乐之间的冲击和同化/杨璐、全莹/大连大学学报/2017－10

昌都地区藏传佛教建筑地域性特色研究/王雨枫、高洪波、王颂、季翔、梁鑫斌、郭娜娜/信阳师范学院学报（自然科学版）/2017－10

管窥印顺之人间佛教思想/马丽娜/西北民族大学学报（哲学社会科学版）/2017－11

民国佛教徒的抗日救国思想研究/明成满/青海民族研究/2017－01

藏彝走廊多元文化视阈下的藏传佛教与民族社区互动研究——基于丽江市永宁乡的研究/孟皓、王碧陶/云南民族大学学报（哲学社会科学版）/2017－05

徘徊于信教与限教之间：唐代名相姚崇对佛教的复杂心态/王永平/陕西师范大学学报（哲学社会科学版）/2017－03

汤用彤著佛教史在国际学术界的地位和影响/赵建永/法音/2017－04

近代安多藏区社会生活与藏传佛教论析/王亮、杨红伟/宗教学研究/2017－06

略论唐代佛教文化与终南佛教建筑艺术关系/左明刚/湖北第二师范学院学报/2017－12

缅甸南传佛教形态及其嵌入社会方式——对四个缅甸寺庙的人类学考察/钟小鑫/学术探索/2017－02

玄奘、义净法师译经——龟兹佛教义学的宝典/霍旭初/石河子大学学报（哲学社会科学版）/2017－04

浅析佛教在武则天掌权时期勃兴的原因/崔佳/辽宁师专学报（社会科学版）/2017－08

近世闽台僧伽佛教身份认同初探/马海燕/闽台文化研究/2017－03

藏传佛教在蒙古地区传播发展的地理因素研究/张晋峰/集宁师范学院学报/2017－07

佛教的传入、兴盛与佛教艺术之演变/卓娜/戏剧之家/2017－11

佛教诗学研究刍议/侯传文、董德英/北方工业大学学报/2017－12

滇藏川毗连地区藏传佛教寺院分布的教派地域分异研究/王丽萍、周智生/地域研究与开发/2017－06

试论元代佛教寺院的地域分布——基于元、明《一统志》和地方志的考察/尹雁/中国历史地理论丛/2017－10

佛教缘起论的生态存在论意义/陈红兵、秦克寅/中国社会科学院研究生院学报/2017－09

论司空图的佛教爱好及背景——从“储善之佑”说谈起/李珺平/青海社会科学/2017－01

韩国佛教中的带妻僧问题与佛教净化运动/王元周/杭州师范大学学报（社会科学版）/2017－09

五四时期佛教界对“美育代宗教”说的回应——以《新佛教》和《佛化新青年》为中心/冯国林/华中师范大学研究生学报/2017-03

魏晋南北朝佛教忏法考述/王飞朋/宗教学研究/2017-12

格义之学的兴衰及其佛学背景的演变/哈磊/四川大学学报（哲学社会科学版）/2017-01

跨族裔善财：当代仁波切与汉裔居士檀越——囊谦某新建宗教地景启示/王媛/西北民族研究/2017-08

《现代僧伽》与民国佛教革新运动/李翚/南京理工大学学报（社会科学版）/2017-10

夷夏之辨与汉魏晋南北朝佛道论争——“老子化胡说”的缘起、演变及影响/李亚飞/当代中国价值观研究/2017-06

印顺法师“人间佛教”思想的内涵与特点/魏道儒/法音/2017-07

“建康模式”的形成及佛像样式特征/费泳/南京艺术学院学报（美术与设计版）/2017-02

佛教初入期之“图志”“史志”的美学化捩转/赵建军/民族艺术/2017-05

汉传佛教文化遗产数字化建设的困境及应对策略/杨姗姗、秦晓珠、张兴旺/桂林师范高等专科学校学报/2017-11

从中心到边缘：翁牛特藏蒙佛教历史与现状——一个蒙古旗佛教的兴衰与当代重建/切排、特日文巴雅尔/西南民族大学学报（人文社会科学版）/2017-11

佛教“三世”观对中国传统价值观的影响简析/姚力硕、熊丹丹/郑州师范教育/2017-05

河南佛教文化品牌培育研究/韩坤/商丘师范学院学报/2017-04

近代北京佛教的组织结构研究/张蕾蕾/佛学研究/2017-12

论藏传佛教中的非物质文化遗产及其法律调整/杨长海/榆林学院学报/2017-09

藏传佛教中的女性观/杜潇颖/现代商贸工业/2017-11

拟境、净化与救度——当代佛教动画传播的悖论/张启忠/当代电影/2017-06

当代佛教神圣性建构的“社会机制”——南北传佛教社会学的比较视角/赵翠翠、李向平/社会科学文摘/2017-06

近三十年来敦煌佛教疑伪经研究综述/宁晴/甘肃广播电视大学学报/2017-04

试论佛教美术与国家文化认同的关系/肖旭艺/大众文艺/2017-02

佛教传入后中土冥界观演变研究/韩红/敦煌学辑刊/2017-12

新闻救国视角下抗战时期佛教报刊的战争动员探析/曾友和/重庆科技学院学报（社会科学版）/2017-09

宗教伦理与环保伦理——佛教与基督教的对话/崔雪茹/云南社会科学/2017-01

佛教命运共同体与中道圆融思维/黄夏年/佛学研究/2017-07

《中国佛教仪式研究——以斋供仪式为中心》序/方广锠/世界宗教研究/2017-04

文化自信与中国佛教/智文/中国宗教/2017-02

论北京法海寺壁画所表现印度佛教植物图案的艺术特征/黄新然/文化遗产/2017-05

近十五年来五台山佛教音乐综述/邢洁/艺术科技/2017-11

中斯佛教交流研究评析/司聃/世界宗教研究/2017-04

关于北齐佛教政治性的探讨/张冠凯/五台山研究/2017-12

从传统向现代的转型——民国北京佛教界慈善教育初探/任超/史志学刊/2017－04

西域佛教衰落原因新探/郭益海/实事求是/2017－03

汉传佛教与藏传佛教寺院壁画艺术特色之比较——以瞿昙寺壁画为例/王青/美与时代（上）/2017－05

南传佛教伦理与傣族社会公德研究/朱春花/红河学院学报/2017－02

汉传佛教的新探索——汉传佛教传教师制度的建立与实践/魏德东/法音/2017－07

巴渝地区瑜伽焰口仪轨音乐的类型与结构——以重庆罗汉寺为例/胡晓东/中国音乐/2017－01

佛教初入中国时的佛道关系/马伯乐、胡锐/宗教学研究/2017－06

隋唐时期佛教与科技发展关系论/徐颖、缪方明/成都大学学报（社会科学版）/2017－10

伏藏传统学术源流考/诺布旺丹/西藏研究/2017－10

宋代桂林佛教发展探析/廖国一、毛明霞/桂林师范高等专科学校学报/2017－11

18世纪西藏贵族与藏传佛教——以噶锡家族为中心/黄全毅/宗教学研究/2017－12

河西走廊佛教旅游资源研究/代道军、杨艳萍/新西部/2017－05

从经到禅："慧能革命"之于佛教中国化的方法论意义/谭苑芳、林玮/学术研究/2017－07

唐蕃会盟与吐蕃佛教/霍巍/世界宗教研究/2017－02

试论蒙元时期藏传佛教的传播/尹雁/西部蒙古论坛/2017－05

保山佛教建筑特征及文化属性/太丽琼、张伟/保山学院学报/2017－12

宋明海南佛寺与佛教世俗化研究/刘正刚/古代文明/2017－07

韩国近代佛教礼仪改革小考——以龙城禅师的佛教礼仪观为中心/胡静/世界宗教文化/2017－04

文化自信与佛教中国化/李勤合/九江学院学报（社会科学版）/2017－09

云南汉传与南传佛教寺院景观文化比较/季熊、郑绍江/法音/2017－08

早期巴蜀佛教与丝绸之路/宗性/中华文化论坛/2017－05

迦腻色迦的遗产——中国中古时期的历史记忆及影响/孙英刚/佛学研究/2017－12

佛教宗教性量表的编制/邱雯雯/武夷学院学报/2017－11

论袁黄与佛教/何孝荣/史学集刊/2017－07

云冈石窟北魏前期佛教雕塑中的印度佛教艺术样式及其设计/范军/设计/2017－08

青海古代藏传佛教石雕造像艺术考略/宋卫哲/青海社会科学/2017－01

中国佛教戒律的转向及其现代意义/许潇/北方民族大学学报（哲学社会科学版）/2017－03

从装饰性角度探析终南山佛教建筑艺术的审美特征/左明刚/美与时代（城市版）/2017－12

开拓佛教中国化研究的新境界——圣凯《中国佛教信仰与生活史》评析/孙国柱/佛学研究/2017－07

冲突与调和——藏传佛教人骨法器在内地的流传及其影响/吴明娣、陈南/世界宗教研究/2017－10

华人社群与僧团联盟的佛教传播模式——以荷兰为例/吕云芳/八桂侨刊/2017－09

论吐蕃佛教戒律/德吉卓玛/西藏大学学报（社会科学版）/2017－12
近代甘青藏传佛教状况探析/喜饶尼玛、文厚泓/青海社会科学/2017－07
清末民初佛教在新疆的发展演变/丁亚文/兰台世界/2017－09
从石窟寺到摩崖寺——巴蜀摩崖佛殿的空间演变及地域性表达/刘天琪、王旭/西部人居环境学刊/2017－02
关于汉传佛教密宗复兴的思考/宽旭/法音/2017－04
论李煜诗词中的佛教意识/姚子奇/合肥师范学院学报/2017－09
宋代佛教雕塑的审美特性/毛世福/汉江师范学院学报/2017－04
元代“藏—汉”佛教体制的形成——大都释迦舍利塔与五台山释迦大塔的修建及其象征意义/能仁/佛学研究/2017－12
略论佛教的生命观/陈星桥/法音/2017－11
佛教中国化以汉传佛教寺院建筑风格的演变为例/李莹/中国宗教/2017－06
地平线、子午线与白夜：近现代语境中的佛学研究/吴可为/浙江学刊/2017－07
净土信仰与中国文化探略/王思杰/理论观察/2017－06
北朝阳城地区民众的佛教信仰研究——以南涅水北朝造像塔及许愿文碑为中心/杨宝、马苗/长治学院学报/2017－12
原始佛教涅槃思想初探/苏思铭/五台山研究/2017－02
慈航的影像之道——当代中国佛教电影摭评/吴迎君/西部学刊/2017－05
梵净山地区佛教和道教的发展特点探析/陈伟华/铜仁学院学报/2017－09
佛教中国化和禅宗/杨曾文/佛学研究/2017－07
佛教接受与宗白华美学思想的形成/陈少卉/云梦学刊/2017－07
从富楼沙到长安：隋唐建都思想中的一个佛教因素/孙英刚/社会科学战线/2017－12
文化共生视域下藏传佛教音乐风格简析/聂一波/音乐创作/2017－10
“一带一路”视野下蒙古地区佛教的区位优势/嘉木扬·凯朝/世界宗教文化/2017－12
敦煌写本残卷《慧超往五天竺国传》中的五言诗——兼论中世佛教行记的情感抒写及其诗笔/阳清/清华大学学报（哲学社会科学版）/2017－07
五台山佛教音乐现状分析/袁云霞/北方音乐/2017－10
华语佛教电影与佛化电影/何晗/电影新作/2017－06
统合效应——藏传佛教传播于内蒙古草原原因/季静/赤峰学院学报（汉文哲学社会科学版）/2017－04
“江苏佛教＋大数据”系列之一：探索新时代中国特色的佛教之路 江苏佛教信息化大数据中心建设的价值和意义/能超/中国宗教/2017－12
姚广孝对程朱排佛论的回应/许潇/福建师范大学学报（哲学社会科学版）/2017－09
试析九华山佛教装饰艺术的现代价值/陈虹、徐豪/宿州学院学报/2017－04
东晋政教关系论战的起因、性质和影响——以沙门致敬王者问题为中心/夏德美/世界宗教研究/2017－04
从牟子到慧远：早期佛教中国化的轨迹/李勤合/宜春学院学报/2017－02
传教士视阈下的佛教与基督教相似因素述论/马慈祥/宜春学院学报/2017－07
从泰国佛教艺术看明清景德镇官窑粉彩瓷的设计审美/徐杰妤、赖艺璇/山东陶瓷/2017－12

从孔雀舞浅析佛教对傣族舞蹈的影响/邓斌/大众文艺/2017-10

合川佛教文化的中国化特色/黄夏年/重庆文理学院学报（社会科学版）/2017-05

佛教生态思想下的江南佛教园林景观设计研究/林鸿、王悠悠/艺术科技/2017-03

古代日本、新罗最初的女性王权与宗教/张燕燕/齐齐哈尔大学学报（哲学社会科学版）/2017-04

《春秋》纪事与中古佛诞诸说/刘林魁/世界宗教研究/2017-04

近百年新疆古代佛教雕塑研究成果评述/李云、杨传宇/和田师范专科学校学报/2017-06

论藏传佛教与中国梦的适应性研究——以格鲁派为例/王奇珅/四川民族学院学报/2017-04

关于龟兹佛教壁画中的乐舞与产业化研究/蔡江宁/教育教学论坛/2017-03

北京大慧寺明代佛教造像艺术/王敏庆/世界宗教文化/2017-04

蒙古族藏传佛教建筑整体性保护的意义探究/白丽燕、张鹏举、额尔德木图/建筑与文化/2017-01

论明清实学对佛教出世主义的批判/杨华祥、张加明/船山学刊/2017-11

佛教促进北方民族与汉地文化交流与融合的历史贡献/孙昌武/兰州学刊/2017-06

鸠摩罗什译经与汉语言文字传播/洪波/红河学院学报/2017-02

《大日经疏》体现的佛教音声观/杨秋悦/中央音乐学院学报/2017-02

程颢、程颐理学思想与佛教关系阐微/耿静波/山西师范大学学报（社会科学版）/2017-03

美国的因明研究概况/娜塔莉亚·卡奈娃著，沈海燕、巫胜禹译/青藏高原论坛/2017-10

坚守与融合：佛教的早期传播特点——以《那先比丘经》为例/刘小兵/陇东学院学报/2017-03

论中国佛教的心性观/霍俊国/五台山研究/2017-12

从佛教东传看日本的中国文化情结/万芳、蒋米娜/长春教育学院学报/2017-05

刍议魏晋南北朝佛教美术汉化研究中的问题/叶原/美术观察/2017-07

和而不同：蒙古佛教藏语诵经音乐比较研究——以《无上瑜伽部大威德金刚十三尊成就仪轨》为例/楚高娃/中国音乐/2017-01

无象之相——佛教祭礼乐象的视觉人类学观想/邓启耀/中国音乐学/2017-04

唐代佛教的兴衰以及启示/悟才/中国宗教/2017-09

发挥佛教文化软实力作用刍议/悟实/中国宗教/2017-10

近代云南藏传佛教发展初探/邵逸舒、周润年、文厚泓/西藏研究/2017-12

九华山佛教档案管理体制研究/汪孔德/池州学院学报/2017-12

佛教饮食文化管窥/王玉鹏/法音/2017-04

丰子恺佛教绘画的深入阐释——《丰子恺佛教题材绘画作品的平民化意识与警世价值研究》简评/洪然/美育学刊/2017-01

南岳衡山佛教音乐的传承与发展研究/夏红红/艺术评鉴/2017-02

泰国佛教环保运动社会学研究文献综述/赵乔乔/法制与社会/2017-06

民国时期佛教徒的抗日救国实践研究/明成满/求索/2017-04

明代佛教织绣与汉藏艺术交流/吴明娣、高燕宏/中国藏学/2017－11

成都博物馆藏东汉胡人持莲石座初探/张倩影、王煜/中国国家博物馆馆刊/2017－09

明代宁夏佛教考述/仇王军/宁夏社会科学/2017－01

青海藏族民歌中的藏传佛教及其功能/张敬/青海民族研究/2017－01

中古文学与佛教/陈引驰/佛学研究/2017－12

菩萨艺术造型的性别变化及其审美/许畅、李翎/吉林艺术学院学报/2017－12

庐山东林寺图书馆馆藏佛教音乐资料分析研究/龙朝明/艺术评鉴/2017－05

佛教对中国传统思维模式的影响/赖永海/佛学研究/2017－07

论方孝孺的辟佛思想及其动因/金紫微/浙江社会科学/2017－04

北魏灵太后"转轮王"与"佛"形象的建构/周胤/南都学坛/2017－11－10

佛教对魏晋南北朝时期雕塑审美观的影响/郑桢/艺术科技/2017－12

儒释融合视角的理学与佛教关系探析——以北宋五子为例/耿静波/青海师范大学学报（哲学社会科学版）/2017－09

藏传佛教建筑艺术/赵敏/世界宗教文化/2017－10

论佛教中国化对净瓶造型与功能演变的影响/陈榕/景德镇陶瓷/2017－04

发挥佛教积极作用 弘扬社会主义核心价值观/智文/中国宗教/2017－08

大同佛教文化的个性/释圣贤/法音/2017－02

文学思想接触进化论——胡适的文学接触佛教经典进化论之一/严慧、庄森/关东学刊/2017－11

中国近代知识精英在佛教中的角色特征/刘春华/河南师范大学学报（哲学社会科学版）/2017－09

观音学与中国文化之建构/李利安/平顶山学院学报/2017－02

国家级佛教类非物质文化遗产的现状及保护/袁瑾/中国宗教/2017－06

千姿百态的中国佛教艺术形象——佛像的姿态与手势/程文谦/美与时代（下）/2017－05

佛寺传播中的傣泐土司政治认同建构研究/李昌、南长森/云南社会科学/2017－09

佛教文学中的生态视野初探/迟旭/四川文理学院学报/2017－01

万玛才旦电影中的佛教景观/郁丹、刘冬梅/中国藏学/2017－02

重审耶佛对话的两种模式/朱东华/清华大学学报（哲学社会科学版）/2017－01

佛门狮吼抗日护国——中国佛教界对九一八事变的反应（1—3）/曾友和/沈阳大学学报（社会科学版）/2017－08

贵州地区现代佛教寺庙创作思路探析/赵曼丽、麻勇斌/山西建筑/2017－09

禅宗的"呵佛骂祖"与中观派的"空如来"/姚卫群/船山学刊/2017－05

佛像的渊源与当代佛像的塑造/冷山/雕塑/2017－06

浅析中印佛教造像的流传异同点与本土化趋势/刘金河、刘曦雨/美术大观/2017－05

《世说新语》与《幽明录》中的佛教对读/张文昌/四川职业技术学院学报/2017－12

辽宁地区藏传佛教寺院声景研究/张东旭、相月、陶绪一/建筑科学/2017－08

试论汉译梵词在《西游记》英译本中的体现和翻译/王镇/中国翻译/2017－03

丝绸古道上的柔然佛教研究/才吾加甫/青海民族大学学报（社会科学版）/2017－01

佛教性别形相辨析/张玉皎/大理大学学报/2017－01

中华文化与宗教中国化学者四谈/卓新平、楼宇烈、李天纲、吴云贵/中央社会主义学院学报/2017－10

佛教密宗在西藏和云南的发展比较研究/杜鲜/职大学报/2017－02

佛教研究的独特视角——评《佛教对中国物质文化的影响》/高晏卿/中国宗教/2017－03

晚清黄梅佛教的社会融合度/许效正/法音/2017－01

赤峰地区元代藏传佛教寺庙建造风格探析——以喀喇沁龙泉寺为例/周迪/赤峰学院学报（汉文哲学社会科学版）/2017－11

藏区宗教认同的形成及其历史表现特征/靳艳娥、谢热/青海社会科学/2017－11

民国时期宗喀巴在汉地的影响/朱丽霞/佛学研究/2017－12

"敦煌菩萨"竺法护遗迹觅踪——兼论莫高窟创建的历史渊源/马德/佛学研究/2017－07

论旅游业发展背景下藏传佛教文化资源的保护与开发——以甘南藏族自治州为例/刘凡/青藏高原论坛/2017－07

浅谈中国化佛教哲学内涵/刘娟/山西农经/2017－02

一行禅师与越南佛教的国际化/杨健/世界宗教文化/2017－12

长尾雅人及其学术贡献/王丽/西藏民族大学学报（哲学社会科学版）/2017－09

与社会主义社会相适应是藏传佛教发展的正道/豆格才让/中央社会主义学院学报/2017－08

论能海上师之佛教女性意识/王水根、傅琴芳/宜春学院学报/2017－01

偈颂与赞歌——中印佛教歌诗初探/侯传文/东方论坛/2017－03

越南佛教文化——在多样中统一/释寿乐/法音/2017－01

多元共生的德宏佛教文化发展——以孟中印缅经济走廊为视域/郑筱筠/中国宗教/2017－08

北魏平城佛教与草原丝绸之路略论/黄昆威/法音/2017－03

论陈若曦佛教小说的人道主义底蕴/申明秀/华文文学/2017－08

宋代天台佛教寺院研究/何勇强/浙江学刊/2017－01

中土佛经"杂藏"分类刍议/管仲乐、黄云鹤/五台山研究/2017－12

佛教传入对西域认知的影响/赵徽弘/新疆大学学报（哲学·人文社会科学版）/2017－11

《禅门规式》与佛教的中国化/韩焕忠/法音/2017－09

丝路佛教石窟系列（二）——印度后期佛教石窟/王云/中国美术/2017－09

探秘西方视野下的西藏宗教——读图齐的《西藏宗教之旅》/曾吉卓玛/青海师范大学民族师范学院学报/2017－11

梁启超佛学思想概说/代力阳/商丘师范学院学报/2017－02

从《鬼妻的丈夫》看泰国佛教与民间信仰的关系/晨妮莎·帕拉普莫/安徽文学（下半月）/2017－04

基于壁画信息的西藏藏传佛教寺院建筑演变研究/邓传力、黄凌江、贾彬、蒙乃庆/西藏研究/2017－02

从太虚大师的佛耶之谊看其佛教革新和佛耶对话/王鹰/黑龙江民族丛刊/2017－12

佛教寺院文化的现代转型及其价值——以昌吉西圣观音寺为例/栾睿、刘江平/昌吉学院学报/2017 -10

唐敕使王玄策崇佛史迹及其对大唐佛教的影响/刘丽娜/西安文理学院学报（社会科学版）/2017 -12

中国古代佛教史家对梁武帝“崇佛亡国”说的驳斥与再解释/郭琳/五台山研究/2017 -06

试述辽代朝阳佛教发展的政治社会根源/刘桂馨/辽宁省社会主义学院学报/2017 -03

从众生平等和孝亲观谈佛教伦理与中国社会/魏加宽/齐齐哈尔工程学院学报/2017 -03

北京智化寺汉藏佛教艺术融合的特点/金彩霞/艺海/2017 -06

佛教与科学会通问题之初探/王国亮/合肥学院学报（综合版）/2017 -06

藏传佛教对藏区生态文明建设的作用/文厚泓/边疆经济与文化/2017 -08

佛传与僧传——中印佛教传记文学比较研究/侯传文/东方论坛/2017 -12

探究庐山东林寺佛教音乐的源流/张红英/大众文艺/2017 -09

驳松元文三郎的弥勒信仰起源论/曹晓虎/兰州大学学报（社会科学版）/2017 -09

近代危机与知识分子的以佛救世意识——以章太炎为中心的考察/王晓洁/山西大学学报（哲学社会科学版）/2017 -09

当代非洲宗教生态/李维建/世界宗教文化/2017 -06

中国古代佛教小说圣愚形象探究/徐笑一/东北师范大学学报（哲学社会科学版）/2017 -03

本生因缘故事里的佛教命运观/秦丙坤/博览群书/2017 -02

发挥藏传佛教在“一带一路”建设中的作用/仁钦扎木木苏/中国宗教/2017 -05

音乐与认同——南传佛教巴利语课诵音声模式研究/董宸/中央音乐学院学报/2017 -05

“金刚舞”的诞生与佛教歌舞观的演变/张径真、龙梅/内蒙古师范大学学报（哲学社会科学版）/2017 -11

佛教家僧渊源考述/左金众/河南工业大学学报（社会科学版）/2017 -07

关于佛教感通图像研究的新成果——《敦煌佛教感通画研究》读后感言/李静杰/敦煌研究/2017 -10

唐宋以降汉地佛教“锁骨”信仰的展开及与道教仙骨信仰的交涉/白照杰/哲学分析/2017 -12

浅谈佛教思想在《四部医典》中的体现/其美才宗/中国民族医药杂志/2017 -01

音乐为舟，神州和乐——浅析汉传佛教音乐发展/公建勇/黄河之声/2017 -11

唐代长安寺院发展与民众化倾向/张莹/文化学刊/2017 -10

高校图书馆佛教类图书采访现状及对策分析/李生亚/科技视界/2017 -10

“五四”前后陈独秀佛教观的激进化/何卓恩、李涛/安庆师范大学学报（社会科学版）/2017 -12

从《朝五晚九》看日本独特的佛教文化/孙巧慧/濮阳职业技术学院学报/2017 -01

苏南佛教建筑的历史与当代发展——以常州天宁寺和天宁宝塔为例/须博、过伟敏/中国宗教/2017 -02

佛教生态环保思想及其实践探究/赵乔乔/农村经济与科技/2017 -07

蒙古时代的畏兀儿农民与佛教教团——U5330（USp77）文书的再研究/松井太、曹金

成/西域研究/2017－07

明代吐鲁番佛教的衰亡/姚胜/国际汉学/2017－06

藏传佛教与安多区域史研究/张科/江汉论坛/2017－03

“啭歌”“喉啭”：佛教咏经梵呗与汉唐歌演新声/陈文革/中央音乐学院学报/2017－05

憨山德清对老子之“道”的佛学化阐释/郎宁/江淮论坛/2017－02

南传佛教对傣族舞蹈的影响/李云勇/戏剧之家/2017－07

以唐僧师徒性格解读《西游记》中的佛教思想/康志玲/戏剧之家/2017－11

文化交融与互鉴——宋代理学与佛教思想关系探讨/耿静波/云梦学刊/2017－11

从平城到洛阳：北魏丝绸贸易与佛教兴盛关系略论/张爽/四川师范大学学报（社会科学版）/2017－05

净土梵音——关于庐山东林寺佛教音乐的考察与研究/张红英/中国民族博览/2017－08

重返净土——从丁云鹏《白马驮经图》看晚明佛教世俗化/高山/荣宝斋/2017－08

吴梅村佚作与明清文学研究中佛教文献的利用/李瑄/文献/2017－11

唐代长安地区佛教造像的考古学研究/冉万里/佛学研究/2017－12

心道与民国时期凉州佛教的复兴/武海龙/敦煌学辑刊/2017－12

论明代佛教善书的民间刊刻和传抄/黄豪/西华师范大学学报（哲学社会科学版）/2017－07

沈阳藏传佛教寺院空间与环境研究——以“四塔四寺”为例/刘霄、张一平、张东旭/华中建筑/2017－02

风景名胜区佛教寺庙景观实例调查分析/陈茜/美与时代（城市版）/2017－01

阴山地区藏传佛教寺庙研究现状综述/杨咪/阴山学刊/2017－08

佛教视觉符号演变对国际品牌形象汉化的启示/陈方颖/艺术与设计（理论版）/2017－09

新时期的佛教建筑装饰设计初探——传统文化与现代建筑技术、规范的结合/魏江/建材与装饰/2017－09

佛教艺术与民族自觉——以和辻哲郎的东方回归为中心/朱坤容/日本问题研究/2017－10

“峨眉”语源考/汤洪/复旦学报（社会科学版）/2017－11

十六国、北朝时期石刻佛教艺术的本土化途径——以圣树与人像组合模式为例/刘芊、陶思炎/艺术百家/2017－03

“须弥山”空间模式图形化及其对佛寺空间格局的影响/赵晓峰、毛立新/建筑学报/2017－10

佛教艺术对唐代女官造型的影响/张婷、李杰/新西部（理论版）/2017－01

略论佛教造像及壁画中头光与背光上的放射线状装饰/冉万里/博物院/2017－06

佛教对中国古代恩仇观的影响/付开镜/法音/2017－06

藏传佛教法器市场化现状及其影响分析——基于成都市武侯祠市场的调查/张秋梅、陈睿/中国藏学/2017－08

从佛寺佛塔看临沧佛教的传入/杨逸平/云南开放大学学报/2017－05

印顺禅史研究法解析/米进忠/福建师范大学学报（哲学社会科学版）/2017－09

传承与创新——昆明三和寺寺院教育实践初探/刘少武/法音/2017－08

藏传佛教《舞、线、描、乐、鼓、钹、铙诸窍诀在书》之古籍文献考释之一/更堆培杰/西藏艺术研究/2017－04

从天竺到华夏：中印佛教美术历程/阮荣春、张同标/佛学研究/2017－12

云南当代民族宗教音乐研究综述/朱鼎裕/黄河之声/2017－06

论唐代《金刚经》信仰之仪式化倾向——以敦煌文献为中心的考察/董大学/华东师范大学学报（哲学社会科学版）/2017－01

隋唐时期佛教对科技发展的作用之探讨/徐颖、缪方明/科学与无神论/2017－01

佛教艺术中莲花元素的象征意义探析/浦黎杰/艺术科技/2017－10

云南罗汉信仰与造像艺术略论——以昆明筇竹寺罗汉堂为例/孙丹凤/广西教育学院学报/2017－06

汉语佛教文献电子化的现状与展望/通然/佛学研究/2017－07

中国国家博物馆里的藏传佛教金铜造像/李海阔/东方收藏/2017－02

兖州金口坝佛教残石研究/王大中/中国书法/2017－07

论芥川龙之介文学中的佛教“无常”思想/潘贵民/文学教育（下）/2017－09

“一带一路”视野下的中蒙宗教文化交流/乌云格日勒/世界宗教文化/2017－04

三国故地六朝故都邺城佛教考古新发现/何利群/大众考古/2017－12

人类学视野中的现代数字媒介与寺院生活变迁——以湖北省T寺为例/冯济海/新闻界/2017－07

日常生活史视野下隋唐时期的佛道融合——以僧人与道士为中心的考察/于志刚/宁夏大学学报（人文社会科学版）/2017－09

“一带一路”战略视域下的五台山佛教文化/王国棉/五台山研究/2017－03

佛教和道教的“厨经”研究/穆瑞明、曾维加/宗教学研究/2017－06

论建礼门院右京大夫的佛教思想/李沛/日语学习与研究/2017－02

儒学和佛教在阿坝藏区的传播及其对马克思主义传播的启发/毛英、吴天德/文学教育（下）/2017－04

六朝佛教行记文献十种叙录/阳清、刘静/大学图书馆学报/2017－01

北魏平城佛教造像“场所精神”之衣饰文化演变与启示/钱晓农、王鹏华/中国民族博览/2017－12

大足石刻是佛教援儒入佛的集中体现/李朝元/重庆行政（公共论坛）/2017－06

略述古印度孔雀王朝时期佛教造像艺术的形成及其特点/罗桑开珠/青藏高原论坛/2017－01

吐蕃时期的敦煌观音修行院之考/德吉卓玛/西藏研究/2017－08

近代印度学体系中的牛津大学佛教研究/王冀青/敦煌学辑刊/2017－06

佛教信仰私人化和私密化的根源及治理——以朝阳“仁波切”现象为中心/李华伟/探索与争鸣/2017－06

藏传佛教后宏早期绘画的一种形式构成与过渡特征/廖旸/故宫博物院院刊/2017－11

东汉佛典中的原始佛教音乐/汤仕普/四川戏剧/2017－06

论黄宗羲《破邪论》及其与利玛窦思想之比较——以魂魄、轮回、祭祀为中心/连凡/华侨大学学报（哲学社会科学版）/2017－12

中晚唐宦官与佛教——以功德使为线索/张红刚/兰台世界/2017－05

佛教心灵哲学的“发现”与探索：基于《楞严经》的解读/高新民、张钰/华中师范大学学报（人文社会科学版）/2017－05

中国古代慈善公益事业与佛教制度文化——以宋代寺院传承的制度化保障与优势为例/张雪松/佛学研究/2017－07

北朝山西乡村佛教石刻造像考——以《山右石刻丛编》为中心/荣国庆/文物世界/2017－09

佛教美术的传入对中国画色彩的影响/陈乙源/大众文艺/2017－08

性别信仰权力——北魏女主政治与佛教/佛学研究/2017－07

从历史上三次文化交流看中国传统文化的现代转型/胡克森/北京行政学院学报/2017－03

唐代僧人修行境界的儒家维度/戎川/法音/2017－08

甘肃省西和县法镜寺石窟调查与研究/王百岁/敦煌学辑刊/2017－09

中国文化中的儒、释、道/楼宇烈/佛学研究/2017－07

艾娜克佛教浮雕中的观念和政治/孙英刚/读书/2017－08

印度尼西亚华人家庭宗教信仰现状分析——基于对雅加达500余名华裔青少年的调查/沈玲/华侨大学学报（哲学社会科学版）/2017－10

西夏华严禅思想与党项民族的文化个性——西夏文献《解行照心图》及《洪州宗师教仪》解读/袁志伟/青海民族研究/2017－01

丝绸之路上的疑似吐蕃佛塔基址——青海都兰考肖图遗址性质刍议/仝涛/中山大学学报（社会科学版）/2017－03

藏传佛教寺院经济结构的当代转型/杨虎得、索南多杰、陈通/中国宗教/2017－02

《长阿含经》中的佛教音乐美学思想/史一良/人民音乐/2017－03

从敦煌佛教文献、壁画论佛经绘图形式与功能之发展/郑阿财/敦煌学辑刊/2017－03

《经律异相》编纂考/刘全波/敦煌学辑刊/2017－09

佛教平等思想的价值与展望/赵海涛/太原学院学报（社会科学版）/2017－08

宁玛派密咒师的起源与发展/完麻加、周拉/西藏研究/2017－12

佛教对儒家道统思想的影响——以李翱《复性书》为例/尹邦志/四川师范大学学报（社会科学版）/2017－07

“佛教汉传、南传、藏传三大语系交流论坛”在香港举行/杨喆/法音/2017－03

房山石经所藏“疑伪经”略论/管仲乐、黄云鹤/古籍整理研究学刊/2017－11

南禅在“武宗灭佛”中屹立不倒的原因探析/余利苹/哈尔滨学院学报/2017－09

佛教文化中国化的探讨——以佛塔的中国化为视角/田冲/法音/2017－08

藏传佛教唐卡中的礼器研究/东主卓玛/青藏高原论坛/2017－01

藏传佛教的生态内涵——以郭雪波的生态小说为例/丁燕/贵州民族研究/2017－02

莫高窟前史新探——宕泉河流域汉晋遗迹的历史意义/马德/敦煌研究/2017－04

互联网与佛教对外交流“无锡开原寺·互联网＋时代的宗教生活”系列之十一/能超/中国宗教/2017－08

《敦煌佛教文学》之学与思/吴旭东/文学教育（上）/2017－09

《坛经》译介对越南陈朝禅学思想的影响——以陈太宗为例/阮友贤/人文杂志/2017－01

苏轼佛教思想研究——从苏轼三教作品看宋代士大夫的思想特色/陆雪卉/宗教学研究/2017－06
居士佛教慈善的当代发展——以西安地区为例/吴菲霞/新西部/2017－08
吐蕃“顿渐之诤”述评/孙茜/兰州教育学院学报/2017－04
手印、表情及坐立姿势的关系对佛像修复的意义/刘振刚、王玉芳/兰州大学学报（社会科学版）/2017－01
福建古代瓷器的佛教文化因素/兰惠英/南方文物/2017－09
佛教文化对丝绸之路体育的影响/邓李娜、王兴茂/东方收藏/2017－12
社会平等观念对中国佛教平等观念的影响/杨胜利/吉林广播电视大学学报/2017－04
儒佛二教的交集与分歧——以朱熹对“作用见性”的理解为中心/李承贵/学术研究/2017－03
15—16世纪初明朝宫廷中通俗佛教故事的图像：绘画、文本和表演的交织/白若思、韩艺丹/史林/2017－08
明初佛乐与相关佛教政策以及信仰倾向的关系——以《献佛乐章》等佛乐为例/周齐/世界宗教研究/2017－10
当代佛教建筑室内设计综述——传承与创新兼备/于奕文/建材与装饰/2017－06
唤起后殖民时代的文化自觉——探讨汉传佛教全球化趋势/邓子美/佛学研究/2017－12
早期佛教中“爱”思想研究——以《杂阿含经》为例/禹春晖/文化学刊/2017－12
周敦颐与佛教/万里/湖南科技学院学报/2017－04
佛教道教对唐代文学的影响/张欲晓/中国宗教/2017－11
五台山镇海寺佛教音乐调查报告/邢洁/艺术科技/2017－10
神圣信仰与经典权力——论佛教经典信仰的形成及其功能/杨剑霄/江海学刊/2017－01
藏传佛教与藏民社会身份探析——以藏族成员社会身份构建为例/许克难/四川警察学院学报/2017－10
汉传佛教“方便智”研究：其内涵、分类、修证方法与功能/释慧正/宗教学研究/2017－09
从紫砂“思维菩萨雕塑”窥见佛教智慧/周刚/江苏陶瓷/2017－12
佛曲《频伽音》（［叫街声］）研究/袁静芳/星海音乐学院学报/2017－07
六朝灵验类小说名义界定及其理论阐释/谷文彬/中南大学学报（社会科学版）/2017－11
儒佛“内圣外王”思想辨析/丁小平/广州大学学报（社会科学版）/2017－10
简论宗喀巴大师的精神世界/方国根/文化学刊/2017－08
虚拟与真实：唐宋辽金时期佛教影响下的地理表述/宋坤/河北学刊/2017－03
云冈石窟发展与当今雕塑中国化探索的启示/曹松钊/美与时代（城市版）/2017－04
张商英三教融合下的孝道观/刘延超/中国哲学史/2017－11
试谈佛教茶文化/肖正广、张松松/贵州茶叶/2017－06
试论陕西文化对佛教“中国化”的孕育及其历史意义/黄昆威/新西部/2017－03
重铸法身：由辽塔藏文物遗存管窥辽代佛教的舍利信仰/于博/美术学报/2017－11
云冈石窟的佛教造像艺术研究/武秉政/美与时代（中）/2017－04
华严宗之因陀罗网境界的现代意蕴/仇明春/河北旅游职业学院学报/2017－09

佛化植物及其咏物诗词的文本解读/李小荣、陈致远/福建师范大学学报（哲学社会科学版）/2017-03

苯教后弘期发展及雍仲苯教的形成/杨黎浩/西藏民族大学学报（哲学社会科学版）/2017-09

论藏族煨桑文的分类与文体特征/卓泽加/中央民族大学学报（哲学社会科学版）/2017-09

甘孜州佛教协会第十八次会长扩大会议暨培训会在康定举行/桑吉扎西/法音/2017-05

浅谈傣族舞蹈中的佛教印记/王红梅/大众文艺/2017-03

云冈石窟早期佛教造像的多元化因缘/武大明/山西档案/2017-05

再论《庄子》中的佛教文化因子/李其霞/学术交流/2017-01

浅谈中韩佛教仪式舞蹈的异同/殷芳园/北方音乐/2017-01

北齐时期山西的佛教/赵改萍/五台山研究/2017-06

隋唐时期巴中佛教石窟背光图案艺术研究/杨晓/南京艺术学院学报（美术与设计版）/2017-03

生意人，或圣徒？——宋以前儒家对医生的看法及佛教影响下的转变/潘大为/中山大学学报（社会科学版）/2017-07

试论佛教的无神论倾向/徐献军/科学与无神论/2017-11

宁玛派密咒师研究综述/完麻加/青藏高原论坛/2017-01

论林语堂小说中的佛教文化观照/张惠莉/绥化学院学报/2017-09

宗教信仰的代际传递：基于台湾地区的数据分析/刘子曦/社会学研究/2017-01

佛教早期语言策略与早期汉译佛经的来源/杨德春/四川职业技术学院学报/2017-12

历史机遇：开发明建文帝佛教遗址文化公园/成建三/贵阳文史/2017-01

中日净土思想之比较/姚长寿/佛学研究/2017-07

浅谈海螺在藏文化中的历史演变/次仁央宗/西藏艺术研究/2017-06

佛陀跋陀罗译经与晋宋佛教的转向/韩焕忠/五台山研究/2017-09

慧远与中国佛教僧制建设/彭瑞花/五台山研究/2017-12

论《金瓶梅词话》中的佛教、道教文化/方保营/河南理工大学学报（社会科学版）/2017-05

“僧伽大师与佛教中国化”学术研讨会在南通召开/世界宗教研究/2017-04

藏传佛教在美国传播的社会心理因素探究/韩青玉/前沿/2017-04

从现存古塔窥见印度佛教建筑艺术对福建的影响/兰惠英/福建文博/2017-06

苏曼殊与佛教/郭战涛/温州大学学报（社会科学版）/2017-07

广府佛教音乐探析/赵旭超/韶关学院学报/2017-10

观音信仰方式与当代中国文化建设/李向平/平顶山学院学报/2017-06

苏轼的佛禅因缘与般若智慧/周裕锴/中华文化论坛/2017-03

新疆额敏县藏传佛教寺庙的历史人类学考察/丁杰、张红艳/伊犁师范学院学报（社会科学版）/2017-06

藏传佛教在华锐地区的传播及影响/罗桑宗周/法音/2017-02

浅谈佛教造像的舞蹈呈现与创作探索——从创作《镇魔金刚》展开的思考/张海龙/艺术科技/2017-10

铜仁楞严寺遗址及其研究价值探析/李锦伟/铜仁学院学报/2017－10

佛教自他观及其超越特质/叶青春/法音/2017－05

新媒体时代下禅宗音乐文化的艺术特征初探/蒋帆/艺术科技/2017－11

长安佛教祖庭影响下宗教思想的现实意义/麻元彬、于若溪/大众文艺/2017－06

以佛学比附科学之思想误区分析/姚彬彬/科学与无神论/2017－03

南方早期佛教造像创制模式的汉化/马继东/美与时代（中）/2017－06

佛教文化影响下的寺庙景观规划设计解析——以南昌佑民寺为例/刘文韬、代玉、肖学健/中国园艺文摘/2017－01

中国古代佛教绣品中的文字研究/刘安定、叶洪光、方晓菁/丝绸/2017－10

中国佛教影像集成·晚清民国：北京卷/王颂、马歌阳、朱己祥/装饰/2017－09

充分发挥佛教在社会治理中的重要作用/张博文、毛锦茹/价值工程/2017－03

西夏功德司考述/魏淑霞/宁夏社会科学/2017－07

佛教人生观探究/高文金/辽宁师专学报（社会科学版）/2017－12

写本学视阈下的敦煌文学生产与传播——以佛教歌辞《十二时普劝四众依教修行》为例/郑骥、瞿萍/云南师范大学学报（哲学社会科学版）/2017－09

论古代宗教对新疆体育的影响/胡金明、于强强、刘一心/体育研究与教育/2017－04

试论佛教本土化对法律移植的借鉴意义/闫涛/法制博览/2017－04

中国汉传佛教忏法及其音乐初探——以《千手千眼大悲忏法》为例/郭娜/南京艺术学院学报（音乐与表演版）/2017－11

麦积山石窟泥塑造像源流——从犍陀罗谈起/段一鸣/雕塑/2017－08

中国佛教伦理原则对化解国人信仰危机的作用探析/彭勃、尹浚汀/攀登/2017－06

釉彩纷披下的庄严宝相 古陶瓷中佛教造像的题材与种类（上）/龙霄飞/收藏家/2017－06

西夏擦擦与藏传佛教关系研究/徐佳佳/文物鉴定与鉴赏/2017－07

相由心生意随天成——中国当代佛教造像艺术创新发展初探/蒋志强/雕塑/2017－06

佛教香花《开光》中的音乐形态分析/李春沐/文化遗产/2017－01

论孔子与佛教的生死观/刘田田/现代商贸工业/2017－01

论《源氏物语》的梦及其宗教元素/王辉、梁艳萍/湖北大学学报（哲学社会科学版）/2017－03

浅析佛教文化对中国民间美术艺术形态的影响/李艳惠/现代交际/2017－10

浅议佛教对艾丽丝·默多克“善”的理念与小说创作的影响/殷玮/外国语文研究/2017－08

论张载对佛教思想的批评/韩艳秋/渭南师范学院学报/2017－08

宗教文化与青藏地区的民族关系——以藏传佛教对历史上汉藏蒙民族关系的影响为例/马燕/青藏高原论坛/2017－07

佛教的外衣·文学的面孔·文化的血脉——评《〈日本灵异记〉对中国文学的接受研究——东亚文化交流的视角》/林岩/渤海大学学报（哲学社会科学版）/2017－09

藏传佛教道场圣迹文化的类型和特征/白佩君/青海民族大学学报（社会科学版）/2017－01

唐宋时期西北僧众到五台山的朝拜活动——兼论圣地搬迁的渐趋推进/王涛/石河子大

学学报（哲学社会科学版）/2017-06

“少林寺与北朝佛教”学术研讨会在河南登封召开/佛学研究/2017-12

试析隋代弥勒信众起事的时代背景/胡鹏/海南热带海洋学院学报/2017-04

中古时期寺院金融的发展及其启示/张越、周建波/世界宗教研究/2017-08

龟兹弥陀净土信仰流播初探/苏思铭/西部学刊/2017-05

画禅似识西来意书法如参空外音佛教与书法/胡箢/中国宗教/2017-07

论德化窑瓷塑底座的形态及其审美/张丽芬/美术大观/2017-01

泰国东北部佛寺壁画艺术研究/王艳琦、赵琛/昆明冶金高等专科学校学报/2017-07

论佛教造像衣纹造型特征/丁杰/收藏家/2017-11

几个佛教基本词汇的巴利语探源及相关思考/杨荔薇/宗教学研究/2017-09

《维摩诘经》与唐代士大夫的精神世界/杨金茹/安庆师范大学学报（社会科学版）/2017-10

汉晋南北朝时期荆门地区佛、道教的传播及对节俗的影响/陈如毅/荆楚学刊/2017-12

蒙古国宗教文化现状调查研究/张海云/青藏高原论坛/2017-07

敦煌本《佛法东流传》的学术价值/刘林魁/中南大学学报（社会科学版）/2017-07

从魏晋五兵佩到隋唐璎珞：中古时代印度颈饰文化的东渐/张晓妍/服饰导刊/2017-01

敦煌因缘与佛教戏剧关系述考/喻忠杰/敦煌学辑刊/2017-03

定向性与认同感——从库伦三大寺看内蒙古藏传佛教建筑中的场所精神/高伟毅、韩瑛/建筑与文化/2017-08

“山中”的六朝史/魏斌/文史哲/2017-07

论佛教与妈祖信仰研究交互的可能性及方法/张凯/妈祖文化研究/2017-09

西夏写本《阿毗达磨顺正理论》考释/王龙/宁夏社会科学/2017-03

浅谈藏传佛教文化中的生态自然保护意识/李晓霞/攀登/2017-08

由《阿含经》诸深义经引发的思考/哈磊/宗教学研究/2017-12

佛教经学视域中的“性寂”与“性觉”之争——以吕澄与熊十力“佛学根本问题”之辩为中心/王川/江汉论坛/2017-10

佛教早期语言策略与早期汉译佛经的来源/杨德春/殷都学刊/2017-12

古代成都与丝绸之路/何一民/中华文化论坛/2017-04

西安汉传佛教城市佛寺园林植物设计研究/鲍璇、李慧敏/建筑与文化/2017-09

佛教楹联以文字事入般若门/杨旸/中国宗教/2017-09

十三世纪蒙古族引进藏传佛教之哲学根源研究/王福革、赵彦臻/吉林师范大学学报（人文社会科学版）/2017-11

中国佛教文化对《梁尘秘抄》创作的影响研究/万芳/长春教育学院学报/2017-10

观音信仰与中国佛教的慈善精神/徐仪明/平顶山学院学报/2017-06

两宋时期麦积山与南方佛教交流——从第43窟宋代题记谈起/张铭/敦煌学辑刊/2017-03

佛教与高科技结合的前景：“无锡开原寺·互联网+时代的宗教生活”系列之十二/能超/中国宗教/2017-09

从“解脱”嗅《〈红楼梦〉评论》中的“佛味”/韩玲玲/名作欣赏/2017-08

南朝文化回流影响下佛涅槃图像的本土演变/刘翔/中华文化论坛/2017-10

魏晋时期汉语吸收佛教词汇的特点/赵平平/汉字文化/2017－11
佛教逻辑的渊源、发展和传入中国的三个时期/沈剑英/粤海风/2017－04
从碑刻铭文探析唐宋朝与南诏大理国文化的关系/朱香/广西社会科学/2017－04
“梵天净土”的理论阐释与当代意义/黄柏权/铜仁学院学报/2017－01
宗教学视野下的金刚手研究/党措/西藏大学学报（社会科学版）/2017－12
隋仁寿年间大兴城的寺院与僧团/聂靖/佛学研究/2017－12
从《菩提道次第广论》看宗喀巴大师的佛教教育思想/何杰峰/青藏高原论坛/2017－01
“格义”翻译方法的双向性比较/侯健/解放军外国语学院学报/2017－02
敦煌写经题记中的唐长安佛教影像/聂顺新/社会科学战线/2017－12
试论藏传佛教文化中的心理健康思想及其启示/倪晓昉、曹莹、沐炜/文山学院学报/2017－09
朔望烧香祭祖礼仪考源/龙圣/民俗研究/2017－03
黄茂林《坛经》英译的历史语境与传播/胡志国/山西大同大学学报（社会科学版）/2017－10
（白马）藏族女性服饰中的符号文化再解读——试论藏传佛教在白马藏区的传播及其局限性/杨峰/甘肃高师学报/2017－10
试论汉传佛教壁画色彩的本土化演变/金蕾/艺术教育/2017－08
近代藏密东传：汉藏文化交流的高潮/文厚泓/西北民族大学学报（哲学社会科学版）/2017－05
北朝菩萨僧考：北周、隋改朝之际一个特异的佛门体制/陈金华/佛学研究/2017－12
观音信仰在新马华人社会网络构建中的作用/张云江/平顶山学院学报/2017－02
尼采是一个无神论者吗——尼采宗教肖像的消解与重构/金寿铁/学术研究/2017－10
丝路佛教石窟系列（一）——印度早期佛教石窟/王云/中国美术/2017－07
师承渊薮与佛教手印——梅兰芳戏曲手势的两大源流/俞丽伟/上海戏剧/2017－12
藏传佛教寺院仪式音乐鲁诵经调音乐形态分析/才让措/青海师范大学学报（哲学社会科学版）/2017－09
文心雕筑佛性空间，汉传龙纹草原风格——通过《文心雕龙》的佛学性品析包头汉传佛教建筑/辛思颖、白胤/中外建筑/2017－11
新疆克孜尔壁画中佛陀涅槃图探讨与分析/刘芳、鲍丙峰、屈钰丽/塔里木大学学报/2017－09
“琢骨为衣”——青海清代藏传佛教骨雕服饰艺术与文化探略/宋卫哲/青藏高原论坛/2017－04
中国佛教代表团访问日本/刘会敬/法音/2017－11
敦煌写本《隋净影寺沙门惠远和尚因缘记》研究/郑阿财/敦煌研究/2017－02
青海佛教寺院志源流考/张子开/青海师范大学学报（哲学社会科学版）/2017－11
“无常观”对日本美学思想及文学创作的影响/牛立忠/社会科学战线/2017－08
从汉藏文化融合看明清时期景德镇官窑藏瓷的定制——以西藏博物馆明清瓷器精品展展品为例/徐杰好、吕子青/中国陶瓷/2017－06
谭云山佛教思想初探/黄蓉/湖南科技学院学报/2017－07
明洪武朝瑜伽教僧规范化历程及其原因探究/李明阳/五台山研究/2017－06

建筑装饰中佛教图案的运用探讨/杨剑民/居业/2017－07

佛教壁画对视觉艺术思维的影响/颜艳华/美与时代（中）/2017－05

扎根理论在建筑遗产价值评估领域的应用研究/王金凤、韩瑛/建筑与文化/2017－12

定瓷走进佛教文化/王靖/陶瓷科学与艺术/2017－04

儒道佛哲学视域下的《文心雕龙》研究述论/朱文民/语文学刊/2017－08

辽宁地区传统佛教建筑的分布及技艺特点/何颖娴/沈阳建筑大学学报（社会科学版）/2017－08

出世与入世：北宋契嵩“佛儒会通”的孝道思想/韩绿、左金众/绥化学院学报/2017－12

上天入地与时空穿梭：《西游记》宇宙体系的解构与探究/赵凤翔/明清小说研究/2017－01

六朝都城佛寺建筑美学探究/林静静/美与时代（上）/2017－02

都市中的藏传佛教寺院——以兰州嘛呢寺为例/潘丽嵩/戏剧之家/2017－04

桂州窑遗址出土陶塑佛教造像初步研究/陈曦、洪德善/敦煌研究/2017－12

论“早期佛学问题”在佛学思想转变中的作用——以“十论”为中心/田湖/科学经济社会/2017－09

从萨迦班智达《致蕃人书》到忽必烈《优礼僧人诏书》/李德成/中国藏学/2017－11

论大乘戒及密教菩提心戒在中国的形成/彭瑞花/世界宗教研究/2017－12

论藏传佛教在西方的想象/韩青玉/内蒙古民族大学学报（社会科学版）/2017－07

佛教对婚恋心理的分析与反思/张海滨/法音/2017－04

藏传佛教石刻大藏经考述——以青海果洛石经墙为例/尕藏加/青海民族研究/2017－07

藏传佛教元素在视觉导视系统中的应用——以喇荣佛学院为例/姜祥祥/大众文艺/2017－08

佛教传说中的转轮圣王阿育王对隋文帝的影响/李建欣/宝鸡文理学院学报（社会科学版）/2017－10

袁宏道诗文辑佚及佛教文献的利用/李瑄/浙江学刊/2017－03

建筑装饰中佛教图案的运用探讨/杨剑民/科学大众（科学教育）/2017－09

关于山东北朝佛教摩崖刻经书法的图像学研究——以“大空王佛”为例/胡吉连/世界宗教文化/2017－04

反本质主义：欧陆哲学对批判佛教的映射——从罗森茨维格的视角说开/涂笑非、刘勇/常熟理工学院学报/2017－11

寺庙权力中心的转移与佛教方志的文本建构——以清代《黄梅老寺中山志》为中心/李晓溪/中国地方志/2017－09

“一带一路”文化融合的绘画表达——以敦煌 323 窟壁画为例/霍弘彦/中国宗教/2017－05

基于吉祥理念的象征物在藏传佛教寺院建筑选址中的应用/周晶、李天/建筑与文化/2017－05

试论佛教僧侣遗产的继承/曹爱静、葛先园/青海民族大学学报（社会科学版）/2017－07

青海省青南地区藏传佛教寺院青少年入寺问题研究/陈玮、谢热、靳艳娥、罡拉卓玛/

青海社会科学/2017－09

佛教造像之神圣性建构与崇拜研究的新拓展——评蒋家华《中国佛教瑞像崇拜研究——古代造像艺术的宗教性阐释》/王丹/敦煌研究/2017－12

吐鲁番出土双头鸟纹样与佛教“共命鸟”无涉/刘政/新疆大学学报（哲学·人文社会科学版）/2017－07

凉州瑞像示现之“正光说”献疑/张善庆/敦煌学辑刊/2017－09

佛教文化在康区的发展研究/李艺宏、马雁/中国民族博览/2017－04

巴中隋唐摩崖石刻造像风格源流/赵奎林/艺术科技/2017－10

信仰生活的秩序与理性——评《隋唐长安佛教社会史》/刘泳斯/中国宗教/2017－09

中国佛教童行制度的特色与异化反思——以唐宋时期为重点/乔佳/世界宗教文化/2017－03

论唐代宗崇佛/刘海波/许昌学院学报/2017－01

俄藏西夏文藏传密续《胜住仪轨》题记译考——兼论藏传佛教传播西夏的时间/孙昌盛/北方民族大学学报（哲学社会科学版）/2017－03

从《吾国与吾民》看林语堂的佛教观/孟潇/纳税/2017－06

民国四大高僧艺术活动的教理阐释问题/林清觉/文教资料/2017－05

图们江流域小型石佛造像的发现与研究/解峰/社会科学战线/2017－03

明末清初蒙古诸部试图建立“政教二道”中心的实践/吕文利/黑龙江社会科学/2017－05

试析舍身饲虎本生与睒子本生图像的对应组合关系——兼论麦积山第127窟功德主/高海燕/敦煌研究/2017－10

佛教、中国功夫与美国种族问题——评约翰逊在《中国》里对东方文化的创造性使用/陈后亮/中国比较文学/2017－07

藏族高僧传记文学的价值探析——以土观·洛桑却吉尼玛所著三部高僧传为例/徐长菊/西藏大学学报（社会科学版）/2017－06

复眼中观：佛教哲学与赖声川戏剧思维的生成/林婷/戏剧艺术/2017－08

现代斯里兰卡禅修/惟善/佛学研究/2017－12

生态文化思想下的山林佛教寺院环境保护研究——以浙江禅宗寺院为例/王海霞/产业与科技论坛/2017－04

君主素质、宗教约束与中国历代王朝农民起义/黄冠佳、温思美/华南农业大学学报（社会科学版）/2017－07

张恨水小说创作中的佛教影响/董胜/南京师范大学文学院学报/2017－06

以“佛陀的名义”激发佛教正能量法音/2017－04

佛家生命智慧与中土生死观念/刘春明、王树海、王永丹/文艺争鸣/2017－12

晁说之与佛教僧人交游考/吕继北/咸阳师范学院学报/2017－09

唐代佛教乐器螺贝源流考/段文/北方音乐/2017－02

新常态下藏传佛教活佛转世管理的困境与出路——以当今活佛转世乱象为例/张再生、仁增尖措、索端智/北方民族大学学报（哲学社会科学版）/2017－09

海棠山普安寺摩崖造像文化艺术研究/斯日古楞/世界宗教文化/2017－02

藏传佛教造像量度理论体系探讨/张敏/雕塑/2017－06

国图藏利玛窦《中国天主教教义》辨析/张西平/文献/2017－11

佛曲《四季莲华乐》研究/袁静芳/中央音乐学院学报/2017－02

析闽刻本产生及其兴盛的宗教因素/李永忠、李一尔/沈阳农业大学学报（社会科学版）/2017－07

试论禅宗的生态文化精神/陈红兵、迟丕贤/内蒙古社会科学（汉文版）/2017－05

北宋亲佛士大夫家庭研究/徐爽/地方文化研究/2017－08

从祭祖仪式和祖先传说看章朗布朗族祖先崇拜/赵丽云/四川民族学院学报/2017－06

五台山文化及其核心研究/郝茹茜/戏剧之家/2017－02

全球宗教变迁与中国两个社区的民众——江苏和台湾的比较研究/魏乐博、李生柱/民俗研究/2017－09

浙江龙王信仰的“佛教化”研究/陈政禹/台州学院学报/2017－02

佛学院景观小品的设计研究/马新、田怀良/现代商贸工业/2017－09

“一带一路”倡议与法律全球化之谱系分析及路径选择/何佳馨/法学/2017－06

高昌衣物疏的演变及衰落原因/黄景春/宝鸡文理学院学报（社会科学版）/2017－06

造型优美工艺精湛——故宫藏明早期的汉传佛教金铜造像/陈露萌/东方收藏/2017－02

牟宗三“一心开二门”思想下的佛教知识论探析/宁志强/文化学刊/2017－11

浅析魏晋南北朝时期的佛教与美学/袁媛/名作欣赏/2017－07

佛教圣树的辨析/莫容/中国园艺文摘/2017－08

莲花物语洪州窑青瓷与江西佛教文化意韵/沈芯屿/收藏/2017－08

论影响藏传佛教雕塑风格的尼泊尔造像/陈健/美术观察/2017－03

信仰、符号与疾病治疗——丝路文化视野中的藏族护身符/看本加、林开强/西南民族大学学报（人文社会科学版）/2017－11

简论北魏平城时代的佛教传播及其译经活动/秦敏、张忠堂/山西大同大学学报（社会科学版）/2017－08

“恶妇变怪”型民间故事探究/王俊桥/天水师范学院学报/2017－07

佛教哲学化与《参同契》的方法论风格/朱正国/船山学刊/2017－05

苏轼与佛禅研究百年述评/吴光正/社会科学研究/2017－07

六朝都城佛寺兴盛的历史文化探究/林静静/中外建筑/2017－04

论青海乐都瞿昙寺壁画的艺术导向和影响/王青/湖南科技学院学报/2017－07

故宫神秘的藏传佛教/张雪/中国报道/2017－02

从“辅教之书”到文化档案——五台山佛教历史文化典籍述略/朱丽、叶玮琪/长治学院学报/2017－12

花卉在寺院中的文化意蕴/程佳琳/中国宗教/2017－01

陈洪绶晚期作品中的观音图像研究/爱新伯骧/中华文化论坛/2017－05

辽代佛学教育的社会影响述论/高福顺/辽宁工程技术大学学报（社会科学版）/2017－01

《儒林外史》中“出家人”与明清佛徒的纷异/王日根/吉林师范大学学报（人文社会科学版）/2017－05

《三论玄义》与佛道论衡/陈佩佩/哈尔滨学院学报/2017－06

山东北齐佛教造像艺术风格探析/王斐/美与时代（上）/2017－03

十九世纪一位藏传佛教活佛笔下的“世界图景”与“他者”——以《世界广说》为

中心的讨论/看本加/青海社会科学/2017－05

元代江南寺院侵占儒学田产现象探析——以胡文昭公墓据碑为中心/沈伏琼/史学集刊/2017－01

唐宋禅宗语录体的文体特征和多元包容性/刘振英/贵州工程应用技术学院学报/2017－10

禅宗伦理思想与儒、道思想的融合/刘晓春/开封教育学院学报/2017－05

从西天到中土："佛"的新生与启悟/程景楠/中国艺术/2017－08

试论龟兹乐舞研究系克孜尔石窟价值所在/李静/艺术科技/2017－11

自我超越生命意义量表的结构与信效度研究——基于道家哲学和佛教哲学的分析与思考/王鑫强、井贤严/心理技术与应用/2017－02

中观学与中国佛教——以吉藏与智的二谛论为中心/李勇/中国科技大学学报（社会科学版）/2017－01

昆明官渡金刚宝座佛塔之文化解析/龙珠多杰/西藏大学学报（社会科学版）/2017－06

历史书写中的中心与边缘建构——读藏文版《嘉绒藏族历史明镜》/才让扎西/西北民族研究/2017－05

大同云冈：中国佛教律宗的发源地/释圣贤/山西大同大学学报（社会科学版）/2017－10

浅析佛塔对佛教文化传播的作用——以干明寺塔为例/倘红/文物鉴定与鉴赏/2017－04

自然政治观：泰国佛使尊者与老子的比较研究/王玲/政治思想史/2017－12

论佛教课诵音乐的宗教功能——以遂宁广德寺为例/陈文安/当代音乐/2017－07

汉译佛经的源语言、语言性质与汉语分期/杨德春/商丘职业技术学院学报/2017－12

莲心禅韵唐宋禅诗中的莲文化/刘芳/中国宗教/2017－08

终南山佛教与北周灭法后的佛教复兴/曹振明/华夏文化/2017－06

在中国的加内塞和毗那夜迦/严耀中/文物/2017－02

中国佛学与文化自信/赖永海、Matt B－Orsborn/孔学堂/2017－12

和而不同：南岳佛教的文化品格/王科瑛/大众文艺/2017－06

巴蜀早期佛教石窟艺术的背光设计探析/邓新航、龙红/贵州大学学报（艺术版）/2017－02

东晋南朝道教史留给我们的反思/李刚/商丘师范学院学报/2017－04

佛教音乐的教化作用对现代音乐教育的启示/赵言、苗启田/北方音乐/2017－01

浅谈紫砂"如意弥勒壶"和佛教的关系/盛英杰/江苏陶瓷/2017－08

密宗祖庭大兴善寺的历史地位与密法传承/李永斌、李心苑/法音/2017－04

北传佛教景观流变——以塔的发展演变为例/何斌/河北建筑工程学院学报/2017－12

北凉高僧昙无谶研究/杨荣春/五台山研究/2017－03

生成认知：具身进路与佛学认知观的交融/王金颖/自然辩证法通讯/2017－05

温和清丽优雅隽秀——南朝时期的金铜群佛造像/刘进/东方收藏/2017－02

长征期间红军藏传佛教政策的形成与影响/任家乐/西南民族大学学报（人文社会科学版）/2017－02

汉译佛经源语言、语言性质与汉语分期问题研究/杨德春/连云港职业技术学院学报/2017－09

本土宗教、宗族网络与公共财政/郭云南、王春飞/经济学（季刊）/2017－01

巴米扬大佛是如何建造的？/邵学成/大众考古/2017－01

汉译佛经语言性质及相关问题研究/杨德春/关东学刊/2017－06

竺法护的佛经翻译与汉地女性佛教信仰的发展/周玉茹/唐都学刊/2017－05

试谈宗喀巴大师对佛教空性理论及其实践的贡献/蒲文成/青海民族研究/2017－07

浅论“西湖传说”中的佛教文化/刘超/中国民族博览/2017－02

《蒙古佛教史》的作者探蠡/罗藏才让/内蒙古民族大学学报（社会科学版）/2017－05

石头希迁与禅宗解缚公案之探究/黄凯/中山大学研究生学刊（人文社会科学版）/2017－09

禅宗文献中杨亿形象的变迁/李曈/学术研究/2017－04

毗沙门天王信仰在中国古代社会的流播与影响/夏广兴/上海师范大学学报（哲学社会科学版）/2017－11

敦煌莫高窟第323窟《康僧会金陵布教图》壁画赏读/周安庆/东方收藏/2017－08

藏传佛教宁玛派密修殿的存在形式探析/完麻加、周拉/法音/2017－08

晚清督抚对日僧来华布教的认识与抵制/谢琳君/宜宾学院学报/2017－09

山西博物院藏鎏金铜莲花烛台考论/张杨/山西档案/2017－05

吃斋与吃素是两回事/陈抗美/文史博览/2017－11

五台山龙王信仰初探/许宏伟/五台山研究/2017－09

圣人之道为体喇嘛之道为用——清朝边疆政治与族群政治架构议/吴启讷/中央民族大学学报（哲学社会科学版）/2017－01

朝市与佛境：钟鼓之声佛教意蕴的生成及发展/吴冠文/东南学术/2017－05

浅析荥阳北周村东魏造像碑/李广新/中原文物/2017－08

全州湘山寺文化及其当代价值/毛文园、彭石军、王家宏/桂林师范高等专科学校学报/2017－05

佛教与明代宁远卫地方社会——以觉华岛《重修大悲阁记》为中心/尤李/北方论丛/2017－07

茶与佛教：以茶悟佛亦茶亦佛/朱锦武/中国宗教/2017－03

论加德满都博达（Bodhnath）圣地的讲述及实践/才贝/中国藏学/2017－08

《敦煌莫高窟——中国丝绸之路上的佛教艺术》获美国出版商学会的学术卓越奖——霍金斯图书奖/王平先/敦煌研究/2017－04

佛教互联网舆情观点演化机制的行动者中心模型研究/向宁/世界宗教文化/2017－10

方寸之间：佛教与篆刻艺术/朱伟/中国宗教/2017－06

试论藏传佛教格鲁派寺院中的辩经制度及其教学特色——以拉卜楞寺的实践为样本/王秋花/贵州师范大学学报（社会科学版）/2017－12

佛陀：从神格人到人格神——基于犍陀罗佛传雕刻的图像学研究/蔡枫/南京艺术学院学报（美术与设计版）/2017－02

论“象外之谈”及其美学意义/陈玲、刘运好/苏州大学学报（哲学社会科学版）/2017－04

龙门石窟与佛教造像艺术的民族化和世俗化/贺辉/美与时代（上）/2017－02

袁枚诗歌的佛学好尚/黄文翰/运城学院学报/2017－03

藏地金铜造像璃玛li. ma专名形成路径考/谢继胜/美术研究/2017－12

熊十力与内学院的《新唯识论》之争评议/黄敏/现代哲学/2017－07

试论宋代峨眉山佛教与宋以降的民间传说/魏云锋/湖北函授大学学报/2017－05

“宗儒排佛”——罗钦顺佛教观考论/任仕阳、许至、渠彦超/江南大学学报（人文社会科学版）/2017－11

转折与建构：书目中的道教史——以明代以前官私书目为中心的考察/谢一峰/文史/2017－05

“儒佛一致”——契嵩禅师对儒佛思想的调和与会通/吴小丽/贵阳学院学报（社会科学版）/2017－06

民国时期滇藏川毗连地区藏传佛教寺院的嬗变及对地方社会的影响/周智生、李灿松/中央民族大学学报（哲学社会科学版）/2017－01

从敦煌本《度人经》及南齐严东注本看道教天界观的形成/路旻、刘永明/敦煌学辑刊/2017－03

晚明山西佛教视野中的妙峰禅师/景天星/法音/2017－09

由石刻文献看古代陇南佛教、伊斯兰教的发展/赵逵夫/兰州文理学院学报（社会科学版）/2017－07

根敦群培的域外行游与异域书写——以《智游佛国漫记》为中心/增宝当周/西藏研究/2017－12

漫谈“中国禅”在唐代的确立/青定子/文史杂志/2017－11

论明代茶书与佛教的关系/蔡定益/农业考古/2017－10

药师佛信仰的生命观及其价值/白光、冯天娇/宜春学院学报/2017－04

于成龙与佛教/冯巧英/山西社会主义学院学报/2017－03

勃律与西藏苯教、藏传佛教关系考略/刘洁/中央民族大学学报（哲学社会科学版）/2017－03

南宋末代皇帝赵显在西藏活动的历史及其影响/车明怀/中国藏学/2017－11

麦积山石窟弥勒像教思想探析——兼谈丝绸之路弥勒信仰造像/项一峰/法音/2017－06

五台山佛教与武当山道教建筑群总体布局比较研究/王新宇、刘亚楠/住宅与房地产/2017－09

藏族音乐在城市跨族群传播研究——基于成都的田野考察/陈波/内蒙古大学艺术学院学报/2017－06

高昌北凉写经对后世的影响——以鸠摩罗什译经为中心/吕丽军/太原师范学院学报（社会科学版）/2017－01

从“形神之辩”到“性气之归”——中国哲学的特征及其内在张力/丁为祥/陕西师范大学学报（哲学社会科学版）/2017－11

《普庵家宝》笺注释义及其禅学思想探析/杨永俊/宜春学院学报/2017－08

比较视域中的荀子与如来藏之人生修养论/米进忠/内蒙古社会科学（汉文版）/2017－11

汉译佛经的源语言、语言性质与汉语分期/杨德春/长沙民政职业技术学院学报/2017－09

新郑小乔乡刘氏家族造像与北齐民间佛教信仰/熊丽萍、刘战/中原文物/2017－06

唐代禁杀思想传播的两种渠道及其影响/赵青山/敦煌学辑刊/2017－09

早期天台禅师之禅法与长寿养生/张利文/云梦学刊/2017－07

维摩诘居士：实有其人？（上）/孙昌武/古典文学知识/2017－09

禅宗对宋明新儒学的影响研究/李曼/开封教育学院学报/2017－12

唐君毅与牟宗三佛学思想的比较/张云江/西南民族大学学报（人文社会科学版）/2017-02

隋唐敦煌地区佛舍利崇拜/杨效俊/社会科学战线/2017-12

湖州铁佛寺宋铸观音像与观音信仰的中国化/谢志斌/湖州师范学院学报/2017-01

印度早期佛教石窟/王云/中国艺术/2017-04

从檄魔文看佛教的世俗化倾向/刘巧梦/文教资料/2017-12

万物有两极，善恶本对立——浅谈电影《唐人街探案》中的宗教元素/罗欢/纳税/2017-02

曼陀罗体系：古代东南亚的地区秩序研究/吕振纲/太平洋学报/2017-08

与世界佛教论坛结缘——无锡市重大活动档案工作的探索与实践/魏菊仙、张知常、耿晨亢/档案与建设/2017-01

从佛典语境看苏轼的佛教居士形象/萧丽华/长江学术/2017-07

论佛教同愿会章程与民间规约的关系/梁晓丽/法制博览/2017-03

明清黔中文士之佛教因缘及涉佛诗文内涵探赜/杨锋兵/中华文化论坛/2017-03

弥勒信仰：北朝造像中的佛信表达/王静芬、王倩/美成在久/2017-01

浅析早期印刷物对宗教题材的选择/吕湘阳、马丽娟/传播与版权/2017-07

修行忍辱证空性　还须护教维权益/法音/2017-06

天台宗的实相论与道家的“道”——圆教之圆在佛教义理结构中国化中的体现/卢涵、何善蒙/台州学院学报/2017-04

内律与俗法——从《续高僧传·智藏》再探南朝政教关系/陈志远/中华文史论丛/2017-12

论辽代汉人与《契丹藏》的雕印/蒋金玲/贵州社会科学/2017-09

中古早期中国南方地区普通僧人的生计/鲁西奇/首都师范大学学报（社会科学版）/2017-10

汉传佛教中的鬼子母形象衍变考述/夏广兴、鲍静怡/兰州大学学报（社会科学版）/2017-09

论日本净土真宗与战争责任/陈毅立/社会科学论坛/2017-01

浅析苏轼之“顺物自然”诗禅艺术/张杰/兰州文理学院学报（社会科学版）/2017-01

论明清贵州僧诗的特色/杨锋兵/中南民族大学学报（人文社会科学版）/2017-05

清宫旧藏“水月观音”论考/张雅静/故宫博物院院刊/2017-09

僧伽生平和僧伽信仰考/孙应杰/世界宗教研究/2017-02

目连戏佛教中国化的艺术表达/姜子闻/中国宗教/2017-12

中国佛教经塔写本流变考/陈亚建/南京艺术学院学报（美术与设计版）/2017-03

茶韵满袈裟佛教与茶文化/苏琦/中国宗教/2017-10

袁焕仙及其维摩精舍简评/段玉明/中华文化论坛/2017-12

唐宋时期成都东郊“瑞应禅院”源流考述/刘倩文/成都大学学报（社会科学版）/2017-10

甘肃省徽县佛爷崖石龛研究/王百岁/甘肃高师学报/2017-08

地藏诞日习俗的诗歌书写——佛教节日习俗文学书写之一例/尹富/社会科学战线/2017-07

山西佛教寺院建筑的价值特色/刘耀辉/文物世界/2017－01

风起大漠倾天下 一世美范万古崇：蒙古造像的历史与风格初探/黄春和/收藏家/2017－01

乾隆时期的藏传织绣佛像/高燕宏/荣宝斋/2017－11

从《心经》看佛教的“空”观念/王博医/中国校外教育/2017－05

汉藏走廊西缘丧俗信仰与儒、苯、佛关系探析——以川滇藏交界区水葬个案为中心/叶远飘/文化遗产/2017－11

土家族“神仙娘娘”与巫道佛文化相关性及其存在意义——以竹花村为例/陈可/怀化学院学报/2017－10

《长江中游佛教造像记》释文校读札记/吴继刚/西华师范大学学报（哲学社会科学版）/2017－11

河南漯河观音阁佛教音乐文化浅析/彭琳媛/艺术科技/2017－11

“须弥世界”空间模式对藏传佛寺空间格局的影响/赵晓峰、毛立新/现代园艺/2017－06

论晚明“四书”诠释中的佛学路向——以焦竑、袁宗道、智旭为中心/康宇/华侨大学学报（哲学社会科学版）/2017－08

长子佛教丧葬仪式音乐初探/李佳宸/戏剧之家/2017－07

佛教禅宗精神对中国园林形式的创新/邱紫华/美与时代（上）/2017－03

唐代长安寺院藏书探赜/王丽娜/佛学研究/2017－07

五台山佛光寺明代罗汉图的造像分析/李秉婧/五台山研究/2017－12

苏轼黄州时期的佛禅精神与思想变迁/陆雪卉/乐山师范学院学报/2017－03

中唐审美风尚变迁与佛教心性论之关联/汤凌云/云梦学刊/2017－07

早期幽州佛教研究札记四则/尤李/佛学研究/2017－12

从浙江民间观音文学看观音信仰的世俗化/郭美星、吕昂/汉字文化/2017－06

汉文佛典数据库建设刍议/辛睿龙/编辑之友/2017－08

佛教“鼻观”与两宋以来的咏物诗词/李小荣、李苇杭/东南学术/2017－05

南北朝墓葬所见铜礼佛用具/范佳楠/故宫博物院院刊/2017－01

谭嗣同、梁启超“应用佛学”之异同析论/蔡双全/河北学刊/2017－09

卢舍那佛像研究——以7世纪以前的中原地区发展为中心/潘亮文/敦煌研究/2017－06

北朝浴佛图像研究/马继东/贵州大学学报（艺术版）/2017－08

论历时句法研究中后汉和魏晋南北朝前期佛经译本的不可靠性/贝罗贝/常熟理工学院学报/2017－01

张岱对“四书”的佛学解读——以《四书遇》为中心的考察/韩焕忠、ZhuYihua/孔学堂/2017－09

魏晋南北朝佛像雕塑线条的审美特征探析/肖长生/美与时代（上）/2017－10

明初冀中南佛寺的衰败——以碑刻史料为中心的考察/张建、常建华/天津师范大学学报（社会科学版）/2017－09

传统佛寺园林与当代佛寺园林的差异性及影响因素浅析/张婉婷、鲍戈平/华中建筑/2017－12

中唐洛阳儒、佛二家的复性观念/季爱民/佛学研究/2017－12

佛教与政治之间：土尔扈特汗“精进修行”汉字官印考/巴·巴图巴雅尔/清史研究/2017－05

青州北齐佛像分期探析/王斐/西北美术/2017－04

摩羯鱼石刻与武则天的转轮王政教思想关系研究/商春芳、裴学杰/洛阳理工学院学报（社会科学版）/2017－08

从奥德修斯和孙悟空的冥府之旅看古希腊与儒道佛的生死观差异/汤琼/浙江大学学报（人文社会科学版）/2017－01

简论梁武帝的佛学造诣/龚斌/铜仁学院学报/2017－05

佛经的翻译与传抄对汉字发展的影响/郑贤章/智慧中国/2017－09

中国佛教罗汉信仰早期形态研究/王鹤琴/宗教学研究/2017－03

陶瓷质佛教舍利容器分类研究/张婧文/南方文物/2017－06

贤觉帝师传经考/聂鸿音/中华文史论丛/2017－06

从“万历本”到“崇祯本”：《金瓶梅》佛眼叙事初探/李沙/安徽文学（下半月）/2017－04

道安所创檀溪寺在中国佛教史上的地位和影响/谭洁/山东师范大学学报（人文社会科学版）/2017－07

2017年度基督教研究论文索引

梁建华 编

从先知末世论到启示末世论——《圣经》末世论神学思想的嬗变研究/杨建/华中学术/2017－04

试析黄色元素在中世纪艺术中的运用——以东拜占庭帝国艺术体系为例/吴尧天/南昌教育学院学报/2017－06

《赞美诗（新编）》基督教中国化的阐释/杨毅、孙亚峰/中国宗教/2017－12

网络时代宗教知识权威的建构与消解——基于中国基督教会的研究/钱婕/现代传播（中国传媒大学学报）/2017－12

碑刻中的传教士——天主教地方史研究的新资料/丁锐中、张影舒/宗教学研究/2017－04

基督教中国化与中华民族命运共同体建设/卓新平/中国宗教/2017－01

宗教与人类命运共同体的可持续发展/卓新平/中国民族报/2017－02－28

帕特里克·李的自然法理论/林庆华/宗教学研究/2017－04

中世纪犹太释经：以拉什和伊本·以斯拉为例/田海华/宗教学研究/2017－04

中世纪“和平的保卫者”——马西略的“教俗”权力斗争思想/陈天一/宗教学研究/2017－04

深化基督宗教研究，发展具有中国特色的宗教学理论——中国社会科学院基督教研究中心20年工作总结与未来发展/唐晓峰/基督宗教研究/2017－02

论中国基督教教育研究的现状/胡竞方/基督宗教研究/2017－02

重温丁光训“基督教中国化”思想/张志刚/中国民族报/2017－12－14

晚清西学东渐中的传教士译撰/周伟驰/基督宗教研究/2017－02

明清奥古斯丁中文传记/周伟驰/世界宗教研究/2017－04

奥古斯丁复形说的东传及其问题/周伟驰/哲学研究/2017－08

外来宗教与本土信仰间的互动——《众神喧哗中的十字架：基督教与福建民间信仰共处关系研究》述评/黄建兴/宗教学研究/2017－04

晚清基督徒知识分子之信仰抉择与爱国救国思想/陈才俊/宗教学研究/2017－04

晚清传教士的台湾原住民观及其影响/郭荣刚/宗教学研究/2017－04

丁光训“基督教中国化”思想研究——处境意识、神学思考与道路抉择/张志刚/世界宗教研究/2017－05

东南亚华人基督宗教：圈层扩展、社团构建及功能定位/张鹏/世界宗教文化/2017－05

从太虚大师的佛耶之谊看其佛教革新和佛耶对话/王鹰/黑龙江民族丛刊/2017－06

“一带一路”倡议实施中的荷兰宗教风险研究/潘文/世界宗教文化/2017－06

在新起点上推动中国天主教事业健康发展/王作安/中国宗教/2017－01

景教中舟船譬喻及其与摩尼教佛教之关联/盖佳择/世界宗教文化/2017－06

中国天主教“神职津贴”研究/康志杰、刘勃俊/世界宗教文化/2017－06

迷途还是正路？反思经济主义走向宗教学研究/徐天基/世界宗教研究/2017－06

恩格斯晚年基督教研究探析/韩琪/马克思主义研究/2017－12

“一带一路”战略实施中的蒙古国宗教风险研究/王皓月/世界宗教文化/2017－02

教会学校兴起的背景及对宜宾教育近代化的影响/李玉芳/社科纵横/2017－12

60 年来基督教与近代中国医疗卫生事业研究评述/赵晓阳/兰州学刊/2017－12

新时期中国基督教神学教育的展望/徐以骅/人民政协报/2017－06

特朗普当选与美国政教关系的走向/徐以骅/中国民族报/2017－02

历史回眸与时代使命——在纪念宗教改革 500 周年暨基督教中国化研讨会上的主旨发言/徐以骅/天风/2017－12

《大秦景教三威蒙度赞》释义/徐晓鸿/天风/2017－12

基督教与中国文化（续六）/ 陈永涛/天风/2017－12

拉康对康德伦理学的批判与超越——一种基督教进路的解读/卢毅/现代哲学/2017－06

信任视域下的宗教：兼论基督教中国化——基于长三角宗教信仰调查数据的分析/黄海波/世界宗教研究/2017－03

融合之美：中国化的基督教赞美诗/刘筱/中国宗教/2017－11

《吾主圣传图》天主教艺术的中国风/丁丁/中国宗教/2017－11

丁光训主教对基督教中国化的贡献/郑松/中国宗教/2017－11

美国战争话语的分类、范式变化及话语规范/王磊/外语研究/2017－05

论《纲要》教学中对近代在华基督教本质的阐释/张彤磊/科学与无神论/2017－06

论早期拜占庭帝国基督教会聂斯脱利争端中的政治因素/董晓佳/西北大学学报（哲学社会科学版）/2017－06

汉口原租界教堂建筑历史及装饰特征概略/任康丽、汤佳/湖北美术学院学报/2017－04

俄罗斯的基督教人道主义与文学/王丽欣/文学与文化/2017－04

论西方近代思想对田中正造“真文明”思想的影响/张晋/哈尔滨师范大学社会科学学报/2017－06

基督教灵肉观念的人性论意涵及其解释之争/徐弢、李思凡/武汉大学学报（人文科学版）/2017－06

儒家与基督教伦理文化比较的逻辑体系——中西文化对勘视阈下的伦理之思/靳浩辉/社会科学家/2017－11

中华民族命运共同体视角下的基督教中国化/沈学彬/天风/2017－11

东正教顿河圣母像的宗教内涵/张晓玲/西伯利亚研究/2017－05

类社会工作——基于某基督教组织社会服务的“扎根理论”研究/陈彬、任溶/宜宾学院学报/2017－10

尼采是一个无神论者吗——尼采宗教肖像的消解与重构/金寿铁/学术研究/2017－10

逆行与承继：新西兰华工与广东家乡的传教互动/赵晓阳/世界宗教研究/2017－05

中国周边国家宗教发展新态势与经略周边之策/马丽蓉/世界宗教研究/2017－05

当代学者关于犹太教与基督教关系研究的新进展/李晔梦/世界宗教研究/2017－05
京郊南口基督教会的历史与现状概述/王潇楠/世界宗教研究/2017－02
当代俄罗斯宗教学研究的路径与特色/张熙/世界宗教文化/2017－02
新发现的十字莲花景教铜镜图像考/牛汝极/西域研究/2017－02
教会在当今社会中的调适（上）——以上海浦东新区的教会为例/段琦/天风/2017－03
教会在当今社会中的调适（下）——以上海浦东新区的教会为例/段琦/天风/2017－04
世俗时代的灵性状况：查尔斯·泰勒“世俗性”概念辨析/王寅丽/复旦学报（社会科学版）/2017－05
初探俄罗斯东正教教堂的建筑艺术之美/于俏/美与时代（城市版）/2017－09
家庭教会的田野观察与思考——以深圳市为例/刘昭瑞/北京社会科学/2017－09
圣西门的新宗教：实业社会的道德守护者/倪玉珍/学海/2017－05
基督教青年团契中的牧师角色/王玥琳、张虎彪/当代青年研究/2017－05
温州市大学生信仰基督教现状及对策/许雪莲/当代青年研究/2017－05
大学生基督教信仰热调查/闫红果/当代青年研究/2017－05
怒江傈僳族同基督教的交融与认同/郭硕知/大理大学学报/2017－09
文化转型与“非遗”困境：基督教对中缅跨境民族民间信仰乐舞发展的影响/徐祖祥/福州大学学报（哲学社会科学版）/2017－05
美国媒体话语中的当代中国国家形象变迁审视——以《基督教科学箴言报》为例/高楠楠、吴学琴/安徽大学学报（哲学社会科学版）/2017－05
祈祷与基督徒的主体形成——以三段祷词为例的尝试性探讨/黄剑波、胡梦茵/宗教人类学/2017－01
滇西藏区地方社会中的天主教——作为分类体系的宗教与村落生活“秩序”的践行/胡梦茵、黄剑波/华东师范大学学报（哲学社会科学版）/2017－02
美国宗教发展态势及宗教事务管理探析/彭朝花/江苏省社会主义学院学报/2017－04
“漂泊”与“禁忌”：屠格涅夫小说的基督教命题/王志耕/外国文学研究/2017－04
传统建筑文化之美——中式基督教堂空间装饰艺术/苑宏刚、齐伟民/中国宗教/2017－08
民族、婚姻、伙有共耕与上帝：基督教嵌入藏区傈僳族社会之阐释——以滇西北德钦县霞若乡为例/叶远飘/广西民族研究/2017－04
网络民族志的研究——以山东乡村的基督教传播实践为例/秦朝森/新闻大学/2017－04
基督教中国化面临的问题及对策/汪振仁/中央社会主义学院学报/2017－04
伊甸园神话的构建与陨落——论基督教与美国文学的关系/钱中丽/海南师范大学学报（社会科学版）/2017－04
论坚持基督教中国化方向的途径和方法/王伟、多海、张广亮/黑龙江民族丛刊/2017－04
马克思主义宗教批判理论及其对当代无神论教育的启示/唐晓峰/世界宗教研究/2017－04
中国东正教的现状与反思——兼论东正教中国化问题/王帅/世界宗教文化/2017－04
奥古斯丁对古希腊自由观的终结及其效应——兼谈近代西方政治哲学的奠基之路/张荣/福建论坛（人文社会科学版）/2017－08
基督教史学传统下的希罗多德解读模式/吴晓群/北京师范大学学报（社会科学版）/2017－04
论基督教本土化研究的阶序视角/蒲涛、曹秀利/文化学刊/2017－07

因病信教农民的宗教心理及其演变——试论把握“信念”概念对理解中国农村宗教实践的启示/周浪、孙秋云/社会/2017 -04

晚近基督教对中国佛教现代性形塑的影响——兼论“满足时代要求”是宗教的生命线/李晓龙/云南社会科学/2017 -04

中国天主教界对“一战”的思考——以《圣教杂志》为视角/张士伟/重庆三峡学院学报/2017 -04

清初来华天主教士与西乐东渐——西文有关徐日昇、德里格研究回顾/宫宏宇/中国音乐学/2017 -03

韩国基督教海外传教风波频发的背后/邢丽菊、于婉莹/世界知识/2017 -07

生态伦理的神性维度——基于基督教文化语境/刘青汉、赵丹、米艳丽、爱美/南京林业大学学报（人文社会科学版）/2017 -02

论《创世记》第2章7节的基督教人观/项秉光/宗教学研究/2017 -02

“一带一路”倡议实施中的宗教风险探析——非洲基督教的视角/郭佳/世界宗教文化/2017 -03

当代非洲宗教生态/李维建/世界宗教文化/2017 -03

明清时期传教士与中国文化在欧洲的传播/张豫红/中州学刊/2017 -06

智利天主教救助机构的工作与社会的转变——从和平协作委员会到团结公会/张琨/拉丁美洲研究/2017 -03

1920年代非基督教运动与许地山的回应/周伟薇/学习与探索/2017 -06

中世纪后期的基督教“封圣”——以托马斯·阿奎那的“封圣”案为例/蔡翼伦/基督教学术/2017 -01

20世纪上半叶上海基督教属灵派述评/张化/基督教学术/2017 -01

克尔凯郭尔孤独个体的生存与信仰/李新/安徽师范大学学报（人文社会科学版）/2017 -03

重新理解尼采对资产阶级道德的批判——《启蒙辩证法》中的尼采形象纠偏/刘森林/南京大学学报（哲学·人文科学·社会科学）/2017 -03

近代重庆教会学校初探/吴洪成、刘梦熙/南阳师范学院学报/2017 -05

西方政治思想史上的“牧羊人隐喻”——福柯生命政治学视角/陈殿青/华南师范大学学报（社会科学版）/2017 -03

怒江傈僳族基督教信仰下传统文化变迁——以云南省福贡县娃底村为例/卢成仁/民族研究/2017 -03

从家庭秩序看狄更斯与基督教文化/周启华/湖北理工学院学报（人文社会科学版）/2017 -03

德国宗教改革与马丁·路德的贡献/朱孝远/湖北理工学院学报（人文社会科学版）/2017 -03

试述《回教哲学》《回教基督教与学术文化》翻译的历史背景和反映的时代思潮/魏寒梅/西北民族大学学报（哲学社会科学版）/2017 -03

借鉴历史经验　推动基督宗教中国化/蓝希峰/中国民族报/2017 -04 -04

天主教对中国祭祖态度的历史演变/王美秀/中国民族报/2017 -04 -04

中西文化对勘视域下的“群己”之辨——儒家的群体主义与基督教的个体主义之比

较/靳浩辉/北方论丛/2017－03

试论阿塔那修在埃及教会史上的地位/田明/内蒙古民族大学学报（社会科学版）/2017－03

从民族心理与文化调适看民国时期基督教在新疆的发展/张云、张付新/中北大学学报（社会科学版）/2017－02

寓教于乐：天主教圣经戏剧《古圣若瑟白话演义》研究/黎子鹏/圣经文学研究/2017－01

丁光训主教与基督教中国化/沈学彬/中国宗教/2017－04

六十年研究检视：基督宗教与中国近代教育事业/赵晓阳/西部学刊/2017－04

16 世纪欧洲基督教徒的奥斯曼观念探析/宋保军/世界历史/2017－02

俄罗斯人的家庭圣像/王新/世界宗教文化/2017－02

滇藏交界地带藏族天主教徒的信仰实践与身份认同研究/丁莉霞/西藏研究/2017－02

《罪与罚》与东正教——从第四部第四章说起/徐凤林/俄罗斯文艺/2017－02

天主教激进神学的探讨——伊格尔顿神学转向的背景研究/刘静/社科纵横/2017－04

近代青岛教会学校发展述论/李勇/青岛职业技术学院学报/2017－01

神圣事物的阴影：玛丽莲·罗宾逊小说中的基督教预表修辞/于倩/大学英语（学术版）/2017－01

近代基督教对西南民族地区体育发展的影响研究——以贵州石门坎地区为例/李杨/体育文化导刊/2017－03

基督教文化对英美文学的影响/王颖/海外英语/2017－02

法治中国视域下宗教关系的协调与平衡/赵翠翠、李向平/华东政法大学学报/2017－02

族群文化融合：澳门花地玛圣母巡游仪式考察/张敏/文化遗产/2017－02

16—19 世纪天主教在越南的传播及其影响/尚锋/东南亚南亚研究/2017－01

南越吴庭艳政权中的天主教因素/李春霞/东南亚南亚研究/2017－01

促进基督教中国化的抓手——编写使用中国特色的经课/林曼红/中国宗教/2017－03

女性主义神学对中国基督教发展的借鉴意义/张秋梅/中国宗教/2017－03

略论许地山与基督教/王连英、唐章蔚、卞秋华/科教文汇（中旬刊）/2017－03

从郎尼根的“归依”理论看神学研究之态度/任忠华/中国天主教/2017－06

天主教为“一带一路”文明交流做贡献/周太良/中国天主教/2017－06

天主教宜昌教区教堂艺术数字化创新与保护/刘兰英/中国天主教/2017－06

小人物的大历史：清初四川天主教徒徐若翰个案研究的启示/宋刚/国际汉学/2017－01

理雅各中国典籍翻译：基督教情结与中西宗教比较研究/李玉良/国际汉学/2017－01

意大利文艺复兴时期的宗教信仰与财富转移/刘新利/深圳大学学报（人文社会科学版）/2017－02

晚清潮汕中美文化融通中的基督徒丧葬礼/李期耀/深圳大学学报（人文社会科学版）/2017－02

河北近代天主教堂建筑研究/李晓丹、杨明、王皓宇/华中建筑/2017－03

否定之维：“灵魂转向的技巧”——基督教对于西方文化的一个贡献/潘知常/江苏行政学院学报/2017－02

美国南方宗教文化对福克纳创作的影响/付景川、刘桃冶/东北师大学报（哲学社会科学版）/2017－02

基督教在西方现代转型中的解构和重构/崔凌/西安文理学院学报（社会科学版）/2017-01

宗教视角下罗斯与拜占庭关系研究/蒋继全/西伯利亚研究/2017-01

中西合璧——基督教堂的独特韵味/杨光/中国宗教/2017-02

天主教改革与“利玛窦规矩”的兴衰/任婷婷/世界历史/2017-01

当前缅甸不同宗教群体之间的社会距离及其影响因素/孔建勋、张晓倩/世界宗教文化/2017-01

马丁·路德与人文主义/张仕颖/世界宗教研究/2017-01

宗教与现代性的自反性建构：一项对墨西哥天主教历史变迁的人类学研究/张青仁/世界宗教研究/2017-01

冷战的宗教起源与宗教批评——由教宗庇护十二世到修士默顿的天主教思想传统/彭小瑜/南京政治学院学报/2017-01

诸神之争的再阐释：一个社会学的结构视角/迟帅/社会/2017-01

以无锡教堂为例谈教堂建筑的意义与应用/谢居宸、吴尧/山西建筑/2017-03

防止基督教渗透校园的若干问题研究/许国成、王雄杰/思想理论教育导刊/2017-01

农村留守青少年信仰基督教的现状及对策/刘佳/当代青年研究/2017-01

社会学视野下大学生基督教团契的运行现状/张若琳、常晶/当代青年研究/2017-01

宗教信仰的代际传递：基于台湾地区的数据分析/刘子曦/社会学研究/2017-01

晚清传教士在近代中西文化交流中的作用/赵静/攀枝花学院学报/2017-01

基督教内地会对近代甘宁青穆斯林的传教运动述论/刘继华/青海民族研究/2017-01

信仰方式的私人性与公共性——以民间信仰与基督教为例/赵翠翠/江苏行政学院学报/2017-01

影响、回应与再创造——1992 年以来的“基督教与中国现当代文学”研究/荣光启/武汉大学学报（人文科学版）/2017-01

新加坡基督教京华青年会的发展及本土化探析/叶舒、徐华炳/八桂侨刊/2017-04

去留之际：美国新教在华传教士对国共内战的因应/陈铃/中共党史研究/2017-12

藏区天主教音乐的历史沿革与变迁——以香格里拉茨中教堂为例/张富兰/交响（西安音乐学院学报）/2017-04

教会大学与中国高等教育的几个问题/李天纲/上海文化/2017-12

意大利籍耶稣会士熊三拔及其中文著作考述/叶农、陈益歆/世界宗教研究/2017-06

历史真相的揭示维度——伪满基督教史料之案例解读/徐炳三/世界宗教研究/2017-06

自由、平等、博爱——孙中山与基督教的不同展现/陈尧/井冈山大学学报（社会科学版）/2017-06

国图藏利玛窦《中国天主教教义》辨析/张西平/文献/2017-06

神圣的死亡——奥古斯丁《上帝之城》中的死亡观/程子妍/江苏第二师范学院学报/2017-10

基督教对欧洲近代自然科学的作用/安文斌、张焕金/黑龙江省社会主义学院学报/2017-03

中世纪基督教哲学“上帝存在”证明行为探析/李银兵、罗金吉/长江师范学院学报/2017-04

儒家君子人格与基督教义人位格之比照/杜君璞/山西大同大学学报（社会科学版）/2017－04

天主教能否中国化/谭燕全/中国天主教/2017－04

四川省天主教“两会”是如何开展中国化神学思想建设工作的/王怀茂/中国天主教/2017－04

简论基督教文化在中国的传播与发展/孙尚扬/中央社会主义学院学报/2017－04

泰北阿卡基督教传播对我国哈尼族的影响/俄多/红河学院学报/2017－04

丁光训主教与基督教中国化/沈学彬/天风/2017－08

马丁·路德带给中国教会的思考：爱、圣洁与本土化/岳清华/天风/2017－08

传教士视阈下的佛教与基督教相似因素述论/马慈祥/宜春学院学报/2017－07

天主教绘画艺术中国化——以陈缘督的圣像画为例/徐伟/中国宗教/2017－07

植根中国文化——明清天主教版画/费卓群/中国宗教/2017－07

增进友谊信任　构建沟通平台　改革开放以来香港与内地基督教交流/苏成溢/中国宗教/2017－07

坚持基督教中国化方向　探索和拓展服务社会新途径/高明、王伟/中国宗教/2017－07

浅议城镇化对我国基督教的影响/张秋梅、袁晓文、张可佳、陈东/中国宗教/2017－07

简论中世纪西欧封建社会的教俗之争/赵林/求是学刊/2017－04

元代泉州基督教石碑赏析/吴一强/东方收藏/2017－07

张謇与涩泽荣一的基督教观比较/朱江/档案与建设/2017－07

浅析现当代中国教会书刊出版历史/周晓薇/传播与版权/2017－07

当代基督教堂叙事设计的时间维度浅析/李柏林/艺术科技/2017－03

刍议基督教文化对西方音乐的美学价值/盛辉/文化创新比较研究/2017－01

回到源头去——浅析路德“唯独圣经”及其对基督教中国化的意义/姜晓文/天风/2017－07

古代埃及基督教会的历史变迁/田明/外国问题研究/2017－02

近代来苏天主教修女群体的特征及其活动/万东升/中国天主教/2017－03

非洲天主教及其神学发展简论/王玉鹏/中国天主教/2017－03

丁光训主教开启的一个对外窗口——爱德基金会/张化/上海市社会主义学院学报/2017－03

论基督教视域下的林语堂小说/孙梦佳/河南科技大学学报（社会科学版）/2017－04

评析奥古斯丁的自由意志论/林召霞/知与行/2017－06

雷慕沙论利玛窦与汤若望/雷慕沙、刘婷/国际汉学/2017－02

坚持基督教中国化方向　加强宗教文化建设/高明、王伟/中国宗教/2017－06

阶梯与限度：宗教中国化背景下基督教的公共参与/韩恒/探索与争鸣/2017－06

法国大革命时期的宗教政策研究/张清玮、黄丽瓶/哈尔滨学院学报/2017－06

德意志新教与扬森主义/王涛/中央社会主义学院学报/2017－03

传教士顾福安康藏研究综述/朱娅玲、周蜀蓉/宗教学研究/2017－02

基督教在儒家乡土的传播：空间与限度/李先明/世界宗教文化/2017－03

在参与反邪教的斗争中，基督教要发挥独特作用/单渭祥/天风/2017－06

基督教与中国文化/陈永涛/天风/2017－06

从孔门弟子到耶稣门徒——曾国藩家族的基督徒成员及其宗教观考述/张乐/北京社会科学/2017－06

从基督文明中心到中国文明中心：德国儒学研究的范式转换/董前程、王雪/社会科学论坛/2017－06

青年黑格尔从康德主义到柏拉图主义的转向/陈士聪/学术交流/2017－06

融合与碰撞——“一带一路”视野中的闽南基督新教影响研究/李凌、赵莹/大众文艺/2017－10

汉语语境中的“福音”概念——基于17—19世纪的《圣经》文本分析/闵心蕙/南京大学学报（哲学·人文科学·社会科学版）/2017－03

明清时期的基督教来华传教士笔下的中国形象/彭炫棋/赤峰学院学报（汉文哲学社会科学版）/2017－05

跨界的拯救——评《中国当代基督教文学与新世纪文化建设》/刘智跃/常熟理工学院学报/2017－03

从比较研究的立场看孟子与保罗人性论的特质及意义/赵杰/周易研究/2017－03

坚持基督教中国化方向　推进神学思想建设/高明、王伟/中国宗教/2017－05

构建中国化的基督教神学　参加中央社会主义学院学习感想/赵卫红/中国宗教/2017－05

近代来苏天主教修女群体发展研究/万东升/开封教育学院学报/2017－05

聂斯托里派在萨珊波斯的发展及其原因/林友堂/西部学刊/2017－05

救赎：社会历史中人的解放——解放神学的“解放观”分析/刘春晓/东南大学学报（哲学社会科学版）/2017－03

早期基督教在陕西办学情况及其教育理念和影响——以西安市三中前身“尊德学堂”为例/王硕丰/西部学刊/2017－05

施比受更为有福——浙江省基督教两会社会服务事工纪实/贾红亭、张大鹏/天风/2017－05

从处境化角度谈基督教神学中国化/王雷/天风/2017－05

西方原教旨主义话语的兴起及其本质/阿卜杜·瓦哈卜·苏里、洪韬/阿拉伯世界研究/2017－03

俄罗斯东正教与国家治理的三重关联/杨昌宇/黑龙江省政法管理干部学院学报/2017－03

从《诗经》的三个译本看理雅各翻译思想的转向/张萍/齐齐哈尔大学学报（哲学社会科学版）/2017－05

民国前基督教音乐“华化”路径初探/许苑/艺术研究/2017－02

后发展地区基督教家庭教会现状成因及对策研究——以陕北Y市W州商人聚会点的研究为例/马举魁、赵慧/榆林学院学报/2017－03

从清代热河天主教的传播看十八世纪欧洲对承德的认识/孙亚君、汤斌、柳晓玲/河北民族师范学院学报/2017－02

澳门圣保禄学院传教士对早期葡汉翻译的贡献研究/宋灏岩/中国翻译/2017－03

中西文化对勘视阈中的礼法之辨——儒家的礼治传统与基督教的法治传统之比较/靳浩辉/理论月刊/2017－05

当理性遭遇信仰——评《现代性危机与基督教文化精神——科拉科夫斯基宗教理论

研究》/郑淇/学术交流/2017－05

对西方宗教音乐文化中基督教音乐精神的探究——以三个版本《圣母颂》为例/李晶晶/北方音乐/2017－08

天主教在华传教之合儒路线——以《圣经直解》、《儒教实义》、《古新圣经》为例/王硕丰/中国天主教/2017－02

河北天主教教区历史沿革考（续）/ 刘志庆/中国天主教/2017－02

牛津运动对宗教改革的反思及其现代意义/王玉鹏/中国天主教/2017－02

基督教新教卡尔文教派天职观研究/程远蝶、张超鹿/昭通学院学报/2017－02

现代性与宗教文化变迁的传播学思考与评析/王阳、袁爱中/新闻论坛/2017－02

深入调研　精准帮扶　基督教全国两会对接三都县扶贫项目的调研与思考/刘以晔/中国宗教/2017－04

中国基督教的孝道观/岳清华/中国宗教/2017－04

中国天主教的孝道理论与实践/刘泳斯/中国宗教/2017－04

17—18世纪法国天主教与易洛魁人萨满教的碰撞研究/乔国存/世界民族/2017－02

基督教对日本社会的影响——以明治时代为中心/李欣晨/开封教育学院学报/2017－04

天主教中的民乐队田野考察——以山西省新绛总堂为例/武倩妮/北方音乐/2017－07

宗教传播中的图像误读——以《程氏墨苑》中的圣像画为例/李方红/中国国家博物馆馆刊/2017－04

福音东来回溯的再思：20世纪下半叶香港的中文《圣经》翻译史研究（下）/ 邹振环/东方翻译/2017－02

“亚伯拉罕献祭以撒”的叙事话语分析/刘红霞/辽东学院学报（社会科学版）/2017－02

“基督教中国化”在路上——中国基督教两会神学思想建设宣讲团培训会略记/房赢/天风/2017－04

对中国优秀传统道德与基督教精神异同的研究——基于中国优秀传统道德的特征/高洁/淮北职业技术学院学报/2017－02

中国道教和西方基督教的文化对比/叶亚楠/戏剧之家/2017－07

宗教世俗化研究/孙浚铭/河北青年管理干部学院学报/2017－02

高校“理性”基督徒的“驳”与“疏”/连东、聂思琪/山西高等学校社会科学学报/2017－03

格里高利圣咏的音乐创作与表现特性浅析/阮海云/交响（西安音乐学院学报）/2017－01

《德伯家的苔丝》人物形象浅析——从基督教伦理视角出发/王文婧/赤峰学院学报（汉文哲学社会科学版）/2017－03

基督教在“中国史境”中的冲突转换探析/陈丽/江苏第二师范学院学报/2017－03

克莱门特宗教信念合理性思想论析/陈丽/扬州大学学报（人文社会科学版）/2017－02

百年翻译运动中关于神位格的探讨——公元9世纪穆斯林与基督徒的神学辩论/朱剑虹/西北民族大学学报（哲学社会科学版）/2017－02

简论圣母院乐派兴起之历史条件/赵明玮/北方音乐/2017－05

克尔凯戈尔论信仰的跳跃/王平/徐州工程学院学报（社会科学版）/2017－02

斐洛思想研究述评/谢伊霖/宗教学研究/2017－01

论施莱尔马赫两版《基督教信仰》的实质差别/闻骏/宗教学研究/2017－01

杨廷筠的基督论/曾麒玥/宗教学研究/2017－01
近代广东潮汕地区基督徒人口特征研究/薛熙明、李海林/宗教学研究/2017－01
《凯尔经的秘密》宗教图像符号的装饰性与象征性解读/黄柏青、刘湘宁/内蒙古大学艺术学院学报/2017－01
"刀刻圣手"与"彩画瓷匠"——康熙外销瓷中的基督教版画图式研究/黄忠杰/美术观察/2017－03
抗美援朝与湖南省基督教"三自"运动/张尔葭/南通大学学报（社会科学版）/2017－02
靳浩辉－构建中国特色社会主义伦理文化的三重向度——以马克思主义、儒家与基督教为视角/张尔葭/理论导刊/2017－03
中国的基督教群体何以形成？——一项整合机制的研究/陈彬、胡海芸/大庆师范学院学报/2017－02
简述加尔文宗教改革的特点及其影响/张志磊/学理论/2017－03
近代献县天主教传行考论（1856—1900年）/刘洁/河北师范大学学报（哲学社会科学版）/2017－02
救赎的语法——电影《血战钢锯岭》中的基督教伦理/霍源江/世界文化/2017－03
《苔丝》中基督教文化与古希腊文化的冲突和融合/谢灿琛/湖北函授大学学报/2017－04
当代大学生基督教信仰现状探究——以皖北某高校为个案/王申红、张蕊/新西部（理论版）/2017－04
刍论宗教中国化提出的学术背景及其相关概念辨析/孔陈焱/江苏省社会主义学院学报/2017－01
天主教礼仪中国化　以新春弥撒为例/裴冬/中国宗教/2017－02
基督教信仰对社会和家庭关系的影响——以豫西渑池县为例/韩婷/汕头大学学报（人文社会科学版）/2017－02
许扬美与基督教中国化——全球地域化的视角/范正义/世界宗教文化/2017－01
西班牙殖民时代菲律宾华人天主教徒的信仰生活刍议/吕俊昌/世界宗教文化/2017－01
另一个维度的启蒙：天主教启蒙运动的思想与历史/王涛/世界宗教研究/2017－01
从贵阳六冲关修院看天主教建筑遗迹的保护、利用与研究/曾志辉、娄雨/贵州文史丛刊/2017－01
民国中期传教士布道河南回族述评——基于英文季刊 Friends of Moslems（1927—1944）/宛磊/华北水利水电大学学报（社会科学版）/2017－01
教会法对美国宪政的影响/赵晨晨/黑龙江大学硕士学位论文/2017
基于建筑现象学的基督教堂氛围营造研究/李岱崧/湖南大学硕士学位论文/2017
乡土生活中的基督信仰/武志伟/山东大学博士学位论文/2017
麻村：一个乡村教会的日常生活与价值伦理/涂翔/厦门大学硕士学位论文/2017
基督教精神"恐龙"的奇幻重生/刘艳艳/深圳大学硕士学位论文/2017
苗族基督教信仰对法实施影响问题田野调查与研究/郭艳/贵州民族大学硕士学位论文/2017
基督教归正宗在南非的传播与影响（1652—1991）/颜子卿/江苏师范大学硕士学位论文/2017
赵紫宸《耶稣传》的宗教与传统文化思想研究/范时佳/浙江大学硕士学位论文/2017

论奥古斯丁自由意志论的困境/马齐旖旎/浙江大学硕士学位论文/2017

云南富民小水井唱诗班的社会角色研究/黄思源/云南大学硕士学位论文/2017

保罗·利科的圣经诠释思想研究/张诏阳/浙江大学博士学位论文/2017

解放神学视野下的中国基督教社会主义研究/王珊/中共中央党校博士学位论文/2017

上海近代教会学校音乐教育对当代音乐教学的启示/孙萌露/上海师范大学硕士学位论文/2017

山西原平乡村基督教传播状况研究/高子涵/太原理工大学硕士学位论文/2017

动画中基督教与佛教文化比较研究/周宇琛/山东艺术学院硕士学位论文/2017

大学生宗教信仰现状调查分析及其引导教育研究/陈雪贤/广西大学硕士学位论文/2017

基督教与文化——艾略特诗学中的圣公会保守信仰研究/赵艳艳/重庆大学硕士学位论文/2017

南昌市基督教音乐文化现状研究/周珊/江西师范大学硕士学位论文/2017

抗战时期“燕大基督教团契”事工研究/郭正航/河南大学硕士学位论文/2017

中外创世神话之伦理意涵对比初探/杨洁/江西师范大学硕士学位论文/2017

不同宗教信仰者的人际关系差异性研究/徐恒/湖南师范大学硕士学位论文/2017

奥古斯丁责任伦理思想研究/钱小雪/苏州科技大学硕士学位论文/2017

中缅边境地区跨境民族宗教事务管理研究/段彤/云南师范大学硕士学位论文/2017

从语言文化学角度分析俄语圣经成语/魏婧超/山东大学硕士学位论文/2017

中世纪西欧教会婚姻法律制度研究/鲁丽娜/湘潭大学硕士学位论文/2017

托马斯·阿奎那对德性本质的追问及其当代价值/陈琳/东南大学硕士学位论文/2017

19 世纪美国传教士建构“中国形象”的文化心态研究/李凤/福建师范大学硕士学位论文/2017

克尔凯郭尔宗教思想中理性与信仰的关系探究/陈思宇/西南交通大学硕士学位论文/2017

大众媒介与天主教信仰实践研究/马骁/云南师范大学硕士学位论文 2017

论加尔文的“因信称义”思想/邹汝强/湘潭大学硕士学位论文/2017

儒家和基督教教育思想比较研究/韩帅/湘潭大学硕士学位论文/2017

基督教在 MY 村的传播现状及社会影响研究/吴婷婷/吉首大学硕士学位论文/2017

多中心理论视角下的基层宗教事务管理网络构建/邵艳青/南昌大学硕士学位论文/2017

基督教爱观分析/林祺昀/中国青年政治学院硕士学位论文/2017

马丁·路德的婚姻神学思想研究/索迦南/中央民族大学硕士学位论文/2017

灵魂的寓所——但丁《神曲》的宇宙观/刘会凤/北京外国语大学博士学位论文/2017

基督教非政府组织参与社会公益事业研究/徐志健/湘潭大学硕士学位论文/2017

黑龙江地区东正教与天主教传播方式比较研究/郭春莹/黑龙江大学硕士学位论文/2017

基层基督教活动场所管理对策研究/朱婷婷/东南大学硕士学位论文/2017

湖南逐家布道团研究/刘蕾/湖南大学硕士学位论文/2017

宗教慈善公益事业研究/鞠昕彤/西南大学博士学位论文/2017

宗教慈善组织参与社会服务的政策研究/王双双/山东大学硕士学位论文/2017

基于指数评价法的基督新教教堂综合音质评价研究/孙佳奇/华侨大学硕士学位论文/2017

多克托罗《上帝之城》中圣经母题的阐释/杨柳/黑龙江大学硕士学位论文/2017

基督教慈善组织的政策研究/石晓洁/山东大学硕士学位论文/2017

大连近代基督教教堂建筑研究/常雷/大连理工大学硕士学位论文/2017

圣经原型视角下《愤怒的葡萄》研究/赵星辰/西北师范大学硕士学位论文/2017

约翰·希克的宗教多元论思想研究/隋文清/西北师范大学硕士学位论文/2017

霍布斯：世俗主权渊源之无神论者？“利维坦”的再解读/郭宇/西北师范大学硕士学位论文/2017

托马斯·阿奎那恶概念辨析/帅宇华/华中科技大学硕士学位论文/2017

托马斯·阿奎那《德性之辩》中的德性论思想研究/赵楠楠/华中科技大学硕士学位论文/2017

云南多民族改信天主教、基督教原因探析/胡佳玉/云南大学硕士学位论文/2017

神圣追求与世俗权利/蔡栋/华东师范大学博士学位论文/2017

狄更斯与圣经文化/周启华/华中科技大学博士学位论文/2017

在理性与信仰之间/程寿庆/华中科技大学博士学位论文/2017

怀远县晚清教会建筑遗存空间样式与装饰风格研究/周琪/淮北师范大学硕士学位论文/2017

《亚东杂志》晚清教育文本汉译实践报告/钱红业/上海师范大学硕士学位论文/2017

皖西南农村宗教现状研究/陈文飞/上海社会科学院硕士学位论文/2017

耶稣爱的教育思想研究/熊杨燕/上海师范大学硕士学位论文/2017

17 世纪英国基督教与科学的关系探究/赵易/东北师范大学硕士学位论文/2017

无锡地区近代以来基督教教堂建筑研究/谢居宸/江南大学硕士学位论文/2017

忘却的罪与记忆的罚/马赫/东北师范大学硕士学位论文/2017

城市中的孤儿：近代传教士汉译小说的社会学研究/赵东旭/上海师范大学硕士学位论文/2017

基督教对美国废奴运动的影响/张文杰/上海外国语大学硕士学位论文/2017

新中国成立初期天主教革新运动研究/杨晓洁/河南师范大学硕士学位论文/2017

奥古斯丁自由意志理论内在张力的新相容论解决/毛怡人/东北师范大学硕士学位论文/2017

托马斯·阿奎那论“爱德”/屈佳/宁夏大学硕士学位论文/2017

尼采虚无主义诠释学思想研究/樊竞/安徽师范大学硕士学位论文/2017

农村基督教对基层政权的影响/吴文龙/南昌大学硕士学位论文/2017

抗战时期中国主流媒体中的基督教形象/李素珍/华中师范大学硕士学位论文/2017

本色与合作：1922 年上海全国基督教大会研究/沈玉琦/华中师范大学硕士学位论文/2017

贝林格“历史性妥协”思想研究/周海莲/华中师范大学硕士学位论文/2017

阿赫玛托娃创作中的东正教神学思想/宋红梅/辽宁大学硕士学位论文/2017

东正教文化影响下的俄罗斯人名学/王月楠/辽宁大学硕士学位论文/2017

希帕提娅之死与亚历山大城的基督教与世俗权力冲突（公元 4—5 世纪）/汪纯阳/辽宁大学硕士学位论文/2017

晚清温州基督教本土化问题研究/石杨柳/温州大学硕士学位论文/2017

乡村道士的历史继承与当下境遇/魏洪磊/温州大学硕士学位论文/2017

冷战后俄罗斯外交政策的东正教因素研究/李香苹/辽宁大学硕士学位论文/2017

12 世纪文艺复兴与罗马天主教会之嬗变/尤涛/辽宁师范大学硕士学位论文/2017

英国道德与习俗改良运动研究（17 世纪末—18 世纪中期）/崔明远/兰州大学硕士学位论文/2017

西方传教士郭实猎对近代中国的三次沿海航行及其影响/石浩/江西师范大学硕士学位论文/2017

冲突与融合：中原地区城市仪式展演与基督教婚葬仪式传播研究/赵楠/兰州大学硕士学位论文/2017

20 世纪 20 年代美国和平主义运动研究/何粉珍/兰州大学硕士学位论文/2017

1937—1947 年陕甘宁边区政府的宗教政策研究/郭凯丽/陕西师范大学硕士学位论文/2017

中世纪城市与哥特式教堂的关系研究/陈绘绘/辽宁师范大学硕士学位论文/2017

中世纪中后期西多派修道院经济研究/弓晋/哈尔滨师范大学硕士学位论文/2017

美国锡安主义运动早期历史研究（1897—1921）/贺梦娴/陕西师范大学硕士学位论文/2017

晚清时期潮汕地区慈善救济事业研究/刘桂仙/湖南师范大学硕士学位论文/2017

民国北京政府时期潮汕地区慈善救济事业研究/王浩/湖南师范大学硕士学位论文/2017

西方音乐中的基督教精神/孟影/陕西师范大学硕士学位论文/2017

19 世纪 30 至 60 年代传教士中文报刊研究/刘璐/陕西师范大学硕士学位论文/2017

城市农民工基督徒调查研究/张听/陕西师范大学硕士学位论文/2017

利玛窦“耶华之辩”的三教观研究/李艳/陕西师范大学硕士学位论文/2017

天神之火与贤者之石：保罗·柯艾略成长小说中的神与爱/李宜萱/武汉大学硕士学位论文/2017

天津宗教养老模式研究/卢珊/天津大学硕士学位论文/2017

“闽南圣诗”的音乐与语言符号意义研究/杨含丹/厦门大学硕士学位论文/2017

美国印第安人宗教政策研究（1978—1994）/刘贤明/东北师范大学博士学位论文/2017

天主教西安教区弥撒礼仪音乐特征/贾琦/西安音乐学院硕士学位论文/2017

近代安徽基督教的传播、冲突与社会变迁（1840—1912）/徐玉英/安徽大学硕士学位论文/2017

朝鲜族基督教信仰的人类学研究/崔琳/吉林大学硕士学位论文/2017

从“南京教案”到《辟邪集》/郑利锋/武汉大学硕士学位论文/2017

基督教在近现代开原朝鲜族中的传播与影响/宋晓航/西北民族大学硕士学位论文/2017

基督教在云南的传播及其法律治理研究/杜京倍/云南财经大学硕士学位论文/2017

当前农村基督教教会组织建设研究/包玉峰/西北农林科技大学硕士学位论文/2017

奥古斯丁罪责伦理思想研究/周何琪/西南大学硕士学位论文/2017

晚清时期传教士中国佛教观/杨哲兴/上海大学硕士学位论文/2017

广东省宗教组织公益慈善活动政府引导策略研究/黄雯婷/华南理工大学硕士学位论文/2017

澳门天主教堂建筑特色与开放空间使用研究/梁文杰/华侨大学硕士学位论文/2017

论托马斯·阿奎那至善思想/王敏红/西南大学硕士学位论文/2017

神话·信仰·理解——布尔特曼去神话化思想研究/刘明伟/华东师范大学硕士学位论

文/2017

朝鲜族聚居区韩国基督教本土化问题研究/申振锡/中国人民公安大学硕士学位论文/2017

从宗教市场论的视角看天主教中国化的实践与表达/林兴辰/黑龙江大学硕士学位论文/2017

《圣经》视野下的中国现代文学三家论/王鹏飞/长沙理工大学硕士学位论文/2017

传教士报刊认知的多面相分析/王强/厦门大学硕士学位论文/2017

多元信仰文化与族际互动/王默/兰州大学博士学位论文/2017

安徽省近代教会医院建筑研究（1876—1949）/李卉/合肥工业大学硕士学位论文/2017

安徽近代天主教堂形式研究（1860—1936）/杨潇然/合肥工业大学硕士学位论文/2017

许地山与巴尔扎克作品中基督教情怀比较阐释/崔丹丹/青海师范大学硕士学位论文/2017

托马斯信仰论研究/陈介闻/辽宁大学硕士学位论文/2017

近代教会中学的本土化/李森/广西师范大学硕士学位论文/2017

民间信仰与基督教的对立/刘艳军/辽宁大学硕士学位论文/2017

传教士在晚清的法律活动与贡献/杨丽霞/苏州大学硕士学位论文/2017

欧洲中世纪基督教艺术中的手势图像研究/徐西溪/重庆大学硕士学位论文/2017

利玛窦汉语习得研究/杨聪颖/四川外国语大学硕士学位论文/2017

当代农村宗教生态状况的个案研究/王青霞/江苏大学硕士学位论文/2017

苏慧廉温州方言圣经译本的语料性质研究/胡婷婷/华东师范大学硕士学位论文/2017

宗教改革对德国文化影响研究/赵倩/黑龙江大学硕士学位论文/2017

托马斯·阿奎那的上帝观/张卿/湖北大学博士学位论文/2017

中国基督教两会功能发挥问题研究/明涛/山东大学硕士学位论文/2017

宗教场所慈善公益行为的影响因素分析/朱家成/浙江大学硕士学位论文/2017

总体国家安全观视域下的苏州市基督教管理问题研究/刘新宇/苏州大学硕士学位论文/2017

文艺复兴时期欧洲教育世俗化转向/庞励/天津师范大学硕士学位论文/2017

布宁创作中的多元宗教哲学思想研究/杨海涛/黑龙江大学博士学位论文/2017

俄语东正教词汇语义和修辞研究/薛茜文/黑龙江大学硕士学位论文/2017

从画面中的基督形象看乔托的绘画与贡献/韩玉/上海师范大学硕士学位论文/2017

司徒雷登的一流大学教育思想研究/吴萌丽/上海师范大学硕士学位论文/2017

宽恕与救赎/赵艳辰/中国音乐学院硕士学位论文/2017

女性视角下16—18世纪英国两性关系的变革/牛文馨/西华师范大学硕士学位论文/2017

巴基斯坦基督徒研究/李东洋/西华师范大学硕士学位论文/2017

民国时期陕西基督新教自立教会组织研究/杨玉/西北大学硕士学位论文/2017

中国安息日会运行模式初探/章莉莉/上海师范大学硕士学位论文/2017

基于评价理论的英国女王圣诞演讲辞的话语分析/贾宜倩/黑龙江大学硕士学位论文/2017

蒂利希宗教观研究/冯信兴/中国政法大学博士学位论文/2017

16 世纪欧洲再洗礼运动研究/刘甜甜/山东大学博士学位论文/2017

社会主义核心价值观与“普世价值”相异性研究/甄学涛/四川师范大学硕士学位论文/2017

城乡结合区域的宗教信仰/张楠/安徽大学硕士学位论文/2017

基于微信公众号的基督教传播效果研究/施晓亮/上海交通大学硕士学位论文/2017

农村宗教组织在社会稳定中的作用机制研究/翟希瑞/浙江财经大学硕士学位论文/2017

不同宗教生态结构对社会治理环境的影响及应策研究/裘力骏/浙江财经大学硕士学位论文/2017

罪与自我救赎/李勤丽/湖北大学硕士学位论文/2017

从文化反思到自我表述：清末“回耶对话”再考察/马佳/西北民族研究/2017 -01

晚清基督教传教士眼中的“性善论”——以《教务杂志》为中心/苟林/大众文艺/2017 -02

解构与重构之间的宗教改革史研究——兼论晚近三种代表性著作/付亮/史学理论研究/2017 -01

貌离神合之二种人性论：孟子性善论与基督教“原罪”说/王嘉威/宜宾学院学报/2017 -01

宗教伦理与环保伦理——佛教与基督教的对话/崔雪茹/云南社会科学/2017 -01

从理论到现实：从洛克之“宗教宽容”局限论起/黄丁/云南社会科学/2017 -01

历史身份的标记与村落社区的边界——当代闽江下游船民后裔天主教社区调查/甘满堂、李红飞/湖北民族学院学报（哲学社会科学版）/2017 -01

施莱尔马赫哲学神学的两项成果及其意义——以其同康德哲学的关系为视阈/李毓章/云南大学学报（社会科学版）/2017 -01

中世纪与现代之间的马丁·路德/彼得·诺伊内尔、宗晓兰/陕西师范大学学报（哲学社会科学版）/2017 -01

试论清末贵州教案对地方政局的影响——以贵阳教案与遵义教案为中心的分析/林国妮/浙江师范大学学报（社会科学版）/2017 -01

抗战期间中华基督教会与南洋华人教会关系初探/谌畅/乐山师范学院学报/2017 -01

福克纳的基督教思想探源/曹媛媛/湖北经济学院学报（人文社会科学版）/2017 -01

维多利亚初期英国社会的恢宏篇章——基督教视角下的《谢莉》/张静波/长春理工大学学报（社会科学版）/2017 -01

北伐时期的长沙基督教述论/张乐/长沙大学学报/2017 -01

天主教在近代青海少数民族地区的传播/马明忠/青藏高原论坛/2017 -01

论哥伦布日在美国的发展历程及其现实意义/吴晗/大庆师范学院学报/2017 -01

论基拉尔文化理论的“抵抗”和“坚守”——兼论与詹尼·瓦蒂莫的区别和关联/陶艳柯/宁波大学学报（人文科学版）/2017 -01

基督教文化在西方音乐美学中的价值/胡茵/文学教育（上）/2017 -01

抗战时期华西坝五大学的团契研究/石峰波/河北师范大学学报（哲学社会科学版）/2017 -01

灵桥——中世纪基督教建筑中的光形态与神学/马宁/中国美术/2017 -01

社会学新制度主义视角下的宗教权威研究——基于城市基督教教会的田野调查/石丽/宗教社会学/2017 -01

会社教堂——中国基督教会发展的“新”路径/陈锐钢/宗教社会学/2017 -01

欧美基督教在张家口：差会、传教士和档案文献/夏康梓宜/元史及民族与边疆研究集刊/2017 -02

恩格斯晚年对宗教的态度没有发生转向/韩琪/中国社会科学报/2017 -11

化而不消：以史为鉴 反思基督教的中国化问题/孙尚扬/中国社会科学报/2017 -11 -14

尼泊尔新刑法禁止改宗为哪般？/周少青/中国民族报/2017 -11 -14

新修订《宗教事务条例》将引领中国基督教健康发展/李云根/中国民族报/2017 -11 -14

基督教文化中的种相播殖理论——罗吉尔·培根自然哲学基本原则述要/晋世翔/自然辩证法通讯/2017 -06

特朗普与美国福音派基督教会的未来/周少青/中国民族报/2017 -11 -07

马丁·路德论爱及其对中国教会的启示/肖安平/天风/2017 -11

与中华优秀传统文化和社会主义先进文化相融合是推进基督教中国化的应有之义/傅先伟/天风/2017 -11

近代基督教在印第安人社会传播问题探析——以北美易洛魁人哈德萨姆·雷克信仰为例/梁立佳/宗教与美国社会/2017 -01

《农夫皮尔斯》对基督教教义的阐释/沈弘/外国文学研究/2017 -05

以茶悟道　基督教中国化的新探索/苏志明/中国宗教/2017 -10

马丁·路德的天职观及其在基督教中国化过程中的现实意义/文革/天风/2017 -10

宗教现象学的研究方法及其实践意义——以鲁道夫·奥托对“神圣”的研究为例/张洋/宁夏大学学报（人文社会科学版）/2017 -05

基督教长老会与台湾原住民运动/李欣蕊、周典恩/三峡论坛（三峡文学·理论版）/2017 -05

“宗教中国化在山东”系列之六：坚持基督教中国化方向　加强宗教人才培养/高明、王伟/中国宗教/2017 -09

近年来国内君士坦丁基督教政策研究述评/徐航波/开封教育学院学报/2017 -09

19—20 世纪美国来华传教士的鸦片贸易观/段旭颖/江苏社会科学/2017 -05

英国宗教“软治理”探析——以政府与主要宗教团体的对话和征询意见为例/潘文/北方民族大学学报（哲学社会科学版）/2017 -05

基督教在云南盈江县山区景颇族地区发展叙事/杨林/滇西科技师范学院学报/2017 -03

天主教中国化的努力与未来展望/马英林/中国民族报/2017 -09 -12

基督教中国化的应有之义：与优秀传统文化和社会主义先进文化相融合/傅先伟/中国民族报/2017 -09 -12

内蒙宁夏地区天主教的教区历史沿革述略/刘志庆/中国天主教/2017 -04

国民政府的基督教政策及在上海的实施/张化/上海文化/2017 -08

宗教改革与基督教世界的世俗化/林纯洁/经济社会史评论/2017 -03

宗教改革与明清之际基督教在中国/韩思艺/中国社会科学报/2017 -08 -15

回溯基督教德性伦理的理论源头/刘锦玲/中国社会科学报/2017 -08

践行统战实践　做好宗教工作/卓新平/中国民族报/2017－08－15
周口教会在基督教中国化方面的尝试/马鑫/中国民族报/2017－08－04
广西民族地区基督宗教的中国化/雨山/中国民族报/2017－08－04
奥古斯丁论合一的团契生活/陈广辉/中国社会科学报/2017－08－02
西欧中世纪基督教教育的再认识/王美君/齐鲁师范学院学报/2017－04
中国宗教的人文性质与儒化特色简析——以佛教、基督教中国化为例展开/李明/中国文化论衡/2017－01
天主教国家马耳他的快速世俗化之路/周少青/中国民族报/2017－07－25
爱尔兰“天主教社会”的最后一道防线即将突破/周少青/中国民族报/2017－07－11
中国天主教“自立革新”对普世教会的贡献/周太良/中国民族报/2017－07－25
悔悟与感动——论《忏悔的抹大拉》中的人文情怀/贾浩天/美与时代（中）/2017－07
东正教塑造俄罗斯精神/周来顺/中国社会科学报/2017－07－04
基督教中国化实践路径的几点思考/卢锦平/中国民族报/2017－07－04
天主教的中国化道路一定会越走越宽广/房兴耀/中国民族报/2017－06－20
推进“基督教中国化”之我见/陈驯/中国民族报/ 2017－01－24
西班牙基督教的传入和发展/尚德君/中国社会科学报/2017－06－06
宗教中国化及当前学术界的基督教中国化研究/雷丽华/基督教学术/2017－01
宿命与救赎——从《接骨师之女》死亡意象看谭恩美的宗教思想/钟珍萍/安徽理工大学学报（社会科学版）/2017－03
基督教文化与中国当代文学关系研究现状与思考/杨剑龙/圣经文学研究/2017－01
中国化是天主教在中国稳固发展的中肯指向/王怀茂/中国民族报/2017－04－18
罗马帝国长期限制基督教发展/尚德君/中国社会科学报/2017－03
本地化建设：中国天主教的历史与现实/周太良/中国民族报/2017－03－21
当代天主教与伊斯兰教的对话——以卡尔·拉纳与约翰·保罗二世为例/王新生/宗教与哲学/2017－01

2017年度儒教研究论文索引

王　伟编

陈焕章论儒教社会主义/唐文明/中国儒学/2017－12

从哲学与社会学的视角看儒学/儒教的复兴/谢遐龄、郭晓东、陈纳、范丽珠/原道/2017－12

对儒、道、佛中国语境之考量——读韦伯的《儒教与道教》/王玉/阿坝师范学院学报/2017－12

林语堂与儒家文化研究综述/李瑾/绵阳师范学院学报/2017－12

比丘林的中国文化研究/李伟丽/中国社会科学报/2017－12－11

"亲亲互隐"的论争——从儒家近代历史命运与儒教重新确立的角度看/张传海/国际儒学发展报告（2014—2015）/2017－12

儒学与孔教在东南亚地区的发展（2013—2014）/牛嗣修/国际儒学发展报告（2014—2015）/2017－12

《儒教中国及其现代命运》与《天下体系》中的现代与传统/王慧/文学教育（下）/2017－11

杨庆堃宗教社会学思想与梁启超"中国无宗教论"——兼与黄进兴先生商榷/李华伟/学术界/2017－11

近代日本女子修身教科书中的女性形象探析——以高等女学校修身教科书为例/李月明/重庆科技学院学报（社会科学版）/2017－11

中原经调的艺术风格及其价值依附/李芳/音乐创作/2017－11

政治文化视域下儒学的本质析论/孙阳阳、葛荃/学习与探索/2017－11

试论《西游记》的反宗教倾向/杜媛/农家参谋/2017－11

三层并进：儒家未来发展的新构想/赵卫东/文史哲/2017－11

儒教的衰亡——重读《儒教中国及其现代命运》/朱渊博/文化学刊/2017－10

对日本哲学与中国儒学交融的新探究——《日本重要哲学家著作编译和研究》评介/申圣超/管子学刊/2017－10

儒家人文主义与道家自然主义/郭齐勇/船山学刊/2017－09

十三世纪至十九世纪宋儒哲学对越南儒士思想的影响/阮氏翠幸/江南大学学报（人文社会科学版）/2017－09

宋代花钱显影三教合流人物形象/朱福民/江苏钱币/2017－09

日本"伦理学"概念构建中的儒学传统——从早期"伦理学"教科书看日本国民道德之建构/段世磊/思想与文化/2017－08

生活儒学：当代儒学发展的一种哲学向度/程志华/当代儒学/2017 - 08

咸锡宪之老庄观/金炯锡/诸子学刊/2017 - 08

高管的儒教虔诚影响企业创新绩效吗？/倪昌红/经济与管理研究/2017 - 08

佛教在中国的变革及影响/张昊雷/玉林师范学院学报/2017 - 08

曾国藩家族与近代中国的儒耶对话/张乐/船山学刊/2017 - 07

儒教的家族观与后现代意义/张闰洙/湖南大学学报（社会科学版）/2017 - 07

新文学家的儒教乌托邦理想——论废名《莫须有先生坐飞机以后》的主题/张一帆/文艺争鸣/2017 - 07

从民间葬礼出发重新认识儒教/石顺林/大理大学学报/2017 - 07

儒教文明的危机意识与保守主题的展开/唐文明/清华大学学报（哲学社会科学版）/2017 - 07

山本宪的中国观——以《燕山楚水纪游》为中心/胡天舒/外国问题研究/2017 - 06

儒教的家族观与后现代意义/张闰洙/国际儒学论丛/2017 - 06

从《吴宓日记》看吴宓的道德意志与儒教精神/曹瑞冬/国际儒学论丛/2017 - 06

儒学的现代化历程——读《儒教中国及其现代命运》/赵梓桐/华夏文化/2017 - 06

从《吾国与吾民》看林语堂的儒学观/孟潇/纳税/2017 - 06

“废黜百家”与“儒教国教化”——日本学术界关于“儒教国教化”的争论/邓红/衡水学院学报/2017 - 06

儒家自由主义对“新儒教”的批判/黄玉顺/东岳论丛/2017 - 06

神体儒用：儒学与民间信仰的融会/杨清虎/宁夏社会科学/2017 - 05

论胡适的宗教观/张睿明/上海师范大学/2017 - 05

天主教在华传教之合儒路线——以《圣经直解》、《儒教实义》、《古新圣经》为例/王硕丰/中国天主教/2017 - 04

2017年度道教研究论文索引

马　杰编

从玉教到儒教和道教——从大传统的信仰神话看华夏思想的原型/叶舒宪/社会科学家/2017-01

道教文化养生及其现代价值/龙华云/戏剧之家/2017-01

中华优秀传统文化传承的认同性研究——基于早期道教与民间信仰的考察/卜祥伟/人文天下/2017-01

长安终南山金可记磨崖碑及其在道教史上的涵意/金晟焕、樊光春/人文杂志/2017-01

浅谈道教文化对李白诗歌创作的影响/邵恺芯/中国民族博览/2017-01

丧葬礼俗中的民间道教音乐探究/龙华云/北方音乐/2017-01

新颖的研究视角，宏阔的研究视野——段永升新著《唐代诗人接受道家道教思想史论》评介/王长顺/文教资料/2017-01

论唐代道教哲学中“有无之道”的理论价值——以杜光庭思想为例/孙亦平/商丘师范学院学报/2017-01

汉晋道教定期斋戒与佛教布萨制度关系论考/王承文/中山大学学报（社会科学版）/2017-01

浙江民间信仰的历史形态与历代政府控制/张祝平/云南民族大学学报（哲学社会科学版）/2017-01

三教合一在金代的新发展/王德朋/辽宁大学学报（哲学社会科学版）/2017-01

内外丹之异同研究/陈梅芳/佳木斯职业学院学报/2017-01

看见道场：再论仪式环境中的道教音乐——觉悟于陕北佳县白云观的实地观察/刘红/中国音乐/2017-01

“致太平”思想的当代阐释对社会主义核心价值体系建设的启示/秦晓慧/北方论丛/2017-01

笔记、方志中的罗浮山与岭南道教/罗立群/韶关学院学报/2017-01

韶关道教历史与现状述论/杨华山/韶关学院学报/2017-01

中国西南少数民族民俗与道教论析/张泽洪/青海民族研究/2017-01

桂东南闾山教刀山科科仪本的解读/蔺淋娟/韶关学院学报/2017-01

道教哲学思想对后世武术发展的影响/曹健/现代交际/2017-01

论真武礼忏文化的伦理道德意蕴/吕锡琛/苏州科技大学学报（社会科学版）/2017-01

道教养生理念对武夷山地方特色餐饮旅游的启示/黄丽娟、朱平安/武夷学院学报/2017-01

清代临安府瑶族宗教仪式中的汉地道教元素——以 S3451 号文本之“关告科”与“开解科”为例/郭武/四川大学学报（哲学社会科学版）/2017－01

道教圣地炼真宫/协商论坛/2017－01

道家养生智慧阐论/叶明花、蒋力生/中国宗教/2017－01

论皖北地区道教建筑彩绘的修复与保护/梅金莉/哈尔滨学院学报/2017－01

宗教信仰的代际传递：基于台湾地区的数据分析/刘子曦/社会学研究/2017－01

陶渊明道教信仰及其相关诗文思想内涵考论/詹石窗、程敏华/湖北大学学报（哲学社会科学版）/2017－01

“三入岳阳人不识，朗吟飞过洞庭湖”——吕洞宾传说、信仰与岳阳楼文化/梅莉/湖北大学学报（哲学社会科学版）/2017－01

故事·知识·观念：百回本《西游记》的文本层次/朱刚/复旦学报（社会科学版）/2017－01

《度人经》名物新词考释/龚灵、张慧芳/文化学刊/2017－01

《老子节解》与《道德经义疏》的“守一”问题/强昱/湖南大学学报（社会科学版）/2017－01

道教文化中的古琴艺术研究/宋博媛/北方音乐/2017－01

水陆画中的道教图像探析/呼延胜/河南教育学院学报（哲学社会科学版）/2017－01

宋诗中的花椒与道教修炼/牛彩云/名作欣赏/2017－02

自杀求仙：道教尸解与六朝社会/韩吉绍/文史/2017－02

从馆藏文物中刘海蟾形象变化看道教的世俗化倾向/刘复兴/文物鉴定与鉴赏/2017－02

刘一明《道书十二种》农学思想考述/谭清华/社科纵横/2017－02

禁咒术在江南地区的演变——以浙江“婺州医学”为例/朱杭溢、胡滨、傅晓骏/中医药文化/2017－02

论中原道教建筑艺术在景区设计中的传承与发展/牛玖荣/现代商贸工业/2017－02

唐宋道经中的农学思想略考/谭清华/佳木斯大学社会科学学报/2017－02

东汉镇墓瓶的考古学研究/贾立宝/考古与文物/2017－02

南宗道教仪式的礼俗之变——以首届海峡两岸奉祭三清道祖大典为例/古屿鑫/世界宗教文化/2017－02

鬼之仙途：道教视阈中的观念演进/程乐松/世界宗教研究/2017－02

新加坡泉籍火居道教与道教总会关系考察/刘守政/世界宗教文化/2017－02

长生、济世及一统：郑观应与近代道教/马平安/世界宗教研究/2017－02

从“长生不死”到“成真合道”——道教宗旨演变的历史考察/沈文华/世界宗教研究/2017－02

中国传统文化元素在现代包装设计中的体现/严燕/现代装饰（理论）/2017－02

浅析武当山玉虚宫的艺术美/宋晶/汉江师范学院学报/2017－02

武当山祭祀活动的源起与发展述略/王盛苗/汉江师范学院学报/2017－02

壮族“麽㗊宿”仪式中的史诗演述及其文化辨析/李斯颖/西北民族研究/2017－02

《崆峒山志》所录宋佚诗/吕冠南/中国道教/2017－02

陈撄宁倡立“仙学”对当代道教创新的启示/张超中/中国道教/2017－02

许真君精神的现代意义/廖进球、陈雅岚/中国道教/2017－02

《太平经》对“道”的宗教化阐释/黄新华/中国道教/2017－02

道眼观世界——王重阳诗词的审美思维/吴光正/学术研究/2017－02

论汉晋道教“静室”的性质和来源/王承文/学术研究/2017－02

从死亡的归回：解读段成式《酉阳杂俎》故事中的话语——由顾非熊形象看由阴返阳故事的叙事传统与艺术创造/赖春桃/理论界/2017－02

从《桂林风土记》看唐代桂林民众对佛道二教的接受/殷祝胜/广西民族研究/2017－02

丘处机：从栖霞走出的“神仙”/夏靖尧/走向世界/2017－02

龙虎山天师道音乐传承体系研究/吴树燕/戏剧之家/2017－02

峨眉道教养生文化初探/姜约/内江师范学院学报/2017－02

白居易诗歌中道教思想对《源氏物语》的影响——以《长恨歌》为例/梁桂熟、杨乔君/牡丹江大学学报/2017－02

接受美学视角下的唐诗研究——段永升《唐代诗人接受道家道教思想史论》新论/孟凡珍/赤峰学院学报（汉文哲学社会科学版）/2017－02

道教的图像与形式：对中国美术史研究方法的思考/于奇赫/吉林艺术学院学报/2017－02

杜诗中的道教法术与杜甫的宗教观/张思齐/大连大学学报/2017－02

道教舞蹈的虚拟性特征初探——以斋醮仪式舞蹈为中心的研究/程群/中华文化论坛/2017－02

《赤松子章历》中“辅国救民”的道教功能研究/苏宁/中华文化论坛/2017－02

郭璞儒道事迹及其净明监度师地位的确立/陈金凤/中华文化论坛/2017－02

萍乡傩舞艺术特征分析/张维、柯黎/北京舞蹈学院学报/2017－02

苗族民间异术简史：生成与演变/麻勇斌/贵州民族大学学报（哲学社会科学版）/2017－02

从黄巾拜郑玄看汉末隐逸与地方秩序的重建/冯渝杰/文史哲/2017－03

民间信仰的“三教合一”特征——以《重刻辟邪归正消灾延寿立愿宝卷》为中心的考察/韩焕忠/湖南行政学院学报/2017－03

唐宋步虚韵的词学观照/陶然、周密/浙江大学学报（人文社会科学版）/2017－03

中国寿文化与道教思想略论/韩霞/人文天下/2017－03

徐摛的道教信仰与宫体诗/何碧云/北方文学/2017－03

浅析山林派之琴之宗旨与道教虚静之思想的关联/王萱/北方音乐/2017－03

基于历史核心素养，培养中学生尊重宗教文化——以人教版七年级上册《昌盛的秦汉文化》一课为例/汤怡枫/中学历史教学/2017－03

养怡之福，可得永年：从古代辞赋考察中华文化的养生思想/朱勇/济南大学学报（社会科学版）/2017－03

道教与魏晋六朝鬼故事/金官布/成都理工大学学报（社会科学版）/2017－03

谭峭《化书》及其农学思想探微/谭清华/社科纵横/2017－03

西南地区发现的石敢当遗存及相关问题研究/赵川、王丽君、张科/民俗研究/2017－03

朔望烧香祭祖礼仪考源/龙圣/民俗研究/2017－03

山西道教建筑的价值特色/刘耀辉/文物世界/2017－03

高平市良户玉虚观的建筑特色/李德文/文物世界/2017－03

从敦煌本《度人经》及南齐严东注本看道教天界观的形成/路旻、刘永明/敦煌学辑刊/2017－03

玉笥山道教文化旅游资源开发利用及对策/叶丹、罗智英/井冈山大学学报（社会科学版）/2017－03

元代道士画家方从义考略/申喜萍/宗教学研究/2017－03

略论道教入山禁忌及其环境美学指向/李裴/宗教学研究/2017－03

道教与嵩山中岳庙的国家祭祀/张广保/宗教学研究/2017－03

道教内丹学论“先天一气”/戈国龙/宗教学研究/2017－03

全真道乐“澄·清·韵”之风韵研究/胡军/宗教学研究/2017－03

唐前期（618—755）道教法位制度厘证/白照杰/宗教学研究/2017－03

高丽王朝的道教机构/黄勇/宗教学研究/2017－03

法国经院汉学鼻祖雷慕沙的道教研究/张粲/宗教学研究/2017－03

《太上感应篇》文本来源及其成书时间考析/李冀/宗教学研究/2017－03

纪千九百载正一法脉 评六十三代天师世家——《中国历代张天师评传》评介/彭必生、唐大潮/宗教学研究/2017－03

花、药与酒：买地券所记宋代信众的曼妙死亡方式/陈瑞青、池素辉/宁夏社会科学/2017－03

山西永乐宫三清殿《朝元图》壁画八位主尊新考/耿纪朋/艺术探索/2017－03

唐代女冠法服之演变轨迹/王丽娜/历史教学（下半月刊）/2017－03

王屋山道教文化旅游资源开发问题研究/段亚利/新乡学院学报/2017－03

王屋山道教文化阐微及旅游板块设计/段亚利/阜阳职业技术学院学报/2017－03

“道”的文化阐释/黄卫星、张玉能/美育学刊/2017－03

明代道教散文的崇儒倾向及其生成/蒋振华/学术研究/2017－03

论宋前道教小说中的仙境叙事与图像的互文关系/万晴川、万思蔚/重庆三峡学院学报/2017－03

论《源氏物语》的梦及其宗教元素/王辉、梁艳萍/湖北大学学报（哲学社会科学版）/2017－03

中国道教全真派发祥地/张海庭、刘钧坤、王遥驰/走向世界/2017－03

浅析武当山旅游产业可持续发展的障碍及原因/陈丽华/黑河学院学报/2017－03

《老子变化经》中“老子”的神学形象与长生救赎/刘娟/现代哲学/2017－03

瑶族盘王祭祀与巫傩文化渊源探析/蒋满娟/文化学刊/2017－03

金元时期新道教的农学思想考论/谭清华/安徽农业大学学报（社会科学版）/2017－03

皇甫隆与汉魏之际的神仙道教及相关问题/刘永明/兰州大学学报（社会科学版）/2017－03

四川丹道医家张觉人思想特色与风范/王丽/成都中医药大学学报/2017－03

试论道家道教生态思想文化/陈红兵/南京林业大学学报（人文社会科学版）/2017－03

论青词与唐诗/丁放、韩文涛/江淮论坛/2017－03

中国道教和西方基督教的文化对比/叶亚楠/戏剧之家/2017－04

齐云山道教音乐旅游价值探析/周善美、姚小烈/皖西学院学报/2017－04

《金莲正宗仙源图讚》碑文与明清全真道宗派“字谱”/郭武/世界宗教研究/2017－04

早期道教研究的新突破——评姜守诚著《出土文献与早期道教》/董涛/世界宗教研究/2017－04

酆都山真形图新探/吕鹏志/世界宗教研究/2017－04

东亚文化视域下日本与韩国道教的新研究——读孙亦平教授新著《道教在日本》、《道教在韩国》/肖驰/世界宗教研究/2017－04

析经求真：陆修静与灵宝经关系新探/王皓月/世界宗教研究/2017－04

武当山民间口头文学中的张三丰/刘守华、李征康/汉江师范学院学报/2017－04

国家在场——佛教音声文化研究的重要维度/孙云/中国音乐学/2017－04

元代武当山志考略/张全晓/汉江师范学院学报/2017－04

论王阳明对道术的批判/朱晓鹏/浙江社会科学/2017－04

由《化书·俭化》看作者的接受美学思想/吴道帅/辽宁工业大学学报（社会科学版）/2017－04

神祇赵公明演变史与《封神演义》关系/陈宏/明清小说研究/2017－04

隋朝写经对中国古代写经制度的津梁作用——以 S. 2295 “老子变化经” 等几件题记为中心/吕丽军/书法赏评/2017－04

“鄜县样式” 造像的再检讨——关于陕西北朝佛道 “平行多线纹” 造像/斋藤龙一、着于春/文博/2017－04

南朝帝陵画像砖中的道教元素/孙易君、孟庆雷/中国道教/2017－04

蓬溪高峰山道教建筑初探/秦苗/艺术科技/2017－04

唐宋时期道门农书及其农学思想稽考/谭清华/佳木斯大学社会科学学报/2017－04

东晋南朝道教史留给我们的反思/李刚/商丘师范学院学报/2017－04

从陆游词看他的道教思想/袁海宝/四川职业技术学院学报/2017－04

八卦五雷钱：雷法传承的民间传播/王琛发/地方文化研究/2017－04

孝道与仙道 道教的伦理与信仰/刘康乐/中国宗教/2017－04

后赵 “建武四年” 铭鎏金铜佛坐像禅定印考辨/王趁意/大众考古/2017－04

谈张宇初的书画创作与审美/陈建国/美与时代（下）/2017－04

东汉后期巴蜀汉中 “五斗米道” 的几个问题/孙启祥/成都大学学报（社会科学版）/2017－04

元至清时期海南岛的泰华仙妃崇拜/张子俊/福建工程学院学报/2017－04

葛玄浙东行迹考述/陈刚俊/农业考古/2017－04

南岳全真道教课诵科仪音乐研究/李刚、李敏/北方音乐/2017－04

仙道文化的革新与升华——论金元诗词的内丹心性学说/郭中华、张震英/中华文化论坛/2017－04

刘勰的 “道家三品” 说/苏荟敏/职大学报/2017－04

洞头丧葬礼俗中的民间道教音乐研究/许天鸣/艺术评鉴/2017－04

中国古代铜镜中道教因素的流变——以纹饰为例/孙磊/文物鉴定与鉴赏/2017－05

转折与建构：书目中的道教史——以明代以前官私书目为中心的考察/谢一峰/文史/2017－05

论《金瓶梅》的道教情结及创作追求/杨天奇/东岳论丛/2017－05

论《金瓶梅词话》中的佛教、道教文化/方保营/河南理工大学学报（社会科学版）/

2017 - 05

试论金元全真高道辞世颂的史学价值和文学价值/吴光正/武汉大学学报（人文科学版）/2017 - 05

南岳正一道教神戏音乐研究——以神戏《大盘洞》为例/李刚、罗雨薇/戏剧之家/2017 - 05

儒、道、释在《备急千金要方》中的体现/陶乐维/河南中医/2017 - 05

从中国古典神话中探析“道教玉皇”成因/赵晓波/中国民族博览/2017 - 05

《养性延命录》中摄生思想浅谈/梁润英、谷丰姣/光明中医/2017 - 05

从“游遁大儒”到“谪降仙人”——成公兴在寇谦之神化叙事中的形象塑造/姜守诚/中国矿业大学学报（社会科学版）/2017 - 05

试论蒙元时期藏传佛教传播/尹雁/北方论丛/2017 - 05

道文化与明代文学家宋懋澄的精神世界/寇凤凯/周口师范学院学报/2017 - 05

苏轼的神仙信仰及其《水调歌头》中秋词的长生贵命思想/易思平/乐山师范学院学报/2017 - 05

衰落与复兴：黄大仙信仰历程——以金华黄大仙信仰演变为例/陈华文/民俗研究/2017 - 05

从《老子想尔注》看早期道教构建理想社会的初步尝试/陈辉/井冈山大学学报（社会科学版）/2017 - 05

从道家、道教到道学 儒释道互动中的道文化研究/赵建永/中国宗教/2017 - 05

百余年来的《周易参同契》研究及其方法论检讨/屈燕飞/周易研究/2017 - 05

陶弘景与谶纬/吕宗力/南京晓庄学院学报/2017 - 05

论道教的向善思想——基于元代道教史籍的考察/刘永海、武善忠/唐山师范学院学报/2017 - 05

洞经音乐产生的渊源考释/程晓/黑河学院学报/2017 - 05

试论宋代峨眉山佛教与宋以降的民间传说/魏云锋/湖北函授大学学报/2017 - 05

从山林到朝堂：论魏晋六朝道教的环境选择及其美学意义/李裴/中华文化论坛/2017 - 05

谢灵运与《辨宗论》/梁满仓/许昌学院学报/2017 - 05

川渝石窟的历史与价值/孙雪静、孙华/遗产与保护研究/2017 - 05

“五斗米道”得名辩证/胡文辉/中国文化/2017 - 05

湖南南岳全真道教与正一道教科仪音乐的对比研究/李刚、管雪颖/黄河之声/2017 - 06

温州市白象塔 24 号彩塑造像神祇考识/胡科科、黄文博/四川文物/2017 - 06

南岳正一道教“发曹神王平安香火法会”调查报告/严欣、李刚/黄河之声/2017 - 06

出土新发现视野下的阁皂宗历史考论/孔令宏/地方文化研究/2017 - 06

佛教初入中国时的佛道关系/马伯乐、胡锐/宗教学研究/2017 - 06

理雅各的道教研究及其转变/潘琳/宗教学研究/2017 - 06

宋代民间驱邪活动中的道教驱邪者/张悦/宗教学研究/2017 - 06

元代全真道被遗漏的掌教关德昌——《井公道行碑》读后记/刘晓/宗教学研究/2017 - 06

九宫山道士张道清及其贡献/肖海燕/宗教学研究/2017 - 06

清末民国高道葛月潭的维新思想与实践/汪桂平/宗教学研究/2017－06

古灵宝经中济世思想的转变/郝光明/宗教学研究/2017－06

元代及明初武当山五龙宫全真道的传承/王闯/宗教学研究/2017－06

道教《修真图》版本系统及流传情况/郑洪/宗教学研究/2017－06

佛教和道教的“厨经”研究/穆瑞明、曾维加/宗教学研究/2017－06

区域道教研究的又一新作——读《山东道教史》/李玉用/宗教学研究/2017－06

“崂山论道”国际学术研讨会综述/邢学敏/宗教学研究/2017－06

探讨宗教在自然灾难中的作用——“自然灾难·宗教·人文关怀国际学术会议”综述/秦起秀、赵雅培/宗教学研究/2017－06

文昌信仰与传统孝道关系研究/张丽霞/世界宗教文化/2017－06

龙虎山张天师与道教雷法/李志鸿/世界宗教文化/2017－06

道教建筑意境与道教体道行法关系范式考论——以龙虎山天师府为中心/吴保春、盖建民/世界宗教研究/2017－06

七真仙传与全真历史：以台湾大学图书馆藏《七真仙传》为中心的考察/秦国帅/世界宗教研究/2017－06

魏晋南北朝时期高道的农学思想探微/谭清华/佳木斯大学社会科学学报/2017－06

论李贺诗歌中的鬼神书写/贾丹/广西科技师范学院学报/2017－06

道教舞蹈中仙踪神迹之钩沉/程群/内蒙古大学艺术学院学报/2017－02

论《路史》女娲历史化的建构历程/陈嘉琪/石河子大学学报（哲学社会科学版）/2017－06

《太平经》的道德谱系刍论/韩伟/华侨大学学报（哲学社会科学版）/2017－06

日本阴阳道研究现状与反思/王静、韦立新/华侨大学学报（哲学社会科学版）/2017－06

《三论玄义》与佛道论衡/陈佩佩/哈尔滨学院学报/2017－06

《太平经》与“和生”思想/钱耕森/衡水学院学报/2017－06

洞头道教音乐现状调查/许天鸣/当代音乐/2017－06

千山无量观太极石摩崖石刻考/梁骥、袁睿/鞍山师范学院学报/2017－06

河南济源奉仙观三清殿用材的寓意分析/董璐/旅游纵览（下半月）/2017－06

传统武术文化的道家渊源与精神/王纳新、于秀/山东体育学院学报/2017－06

墨家、道家的流变及其与道教的联系/张干、刘志圣/昭通学院学报/2017－06

中古志怪小说“人妖恋”故事道教内蕴发微/吕华亮/淮北师范大学学报（哲学社会科学版）/2017－06

从《吾国与吾民》看林语堂的道教观/孟潇/纳税/2017－06

近三十年道乐研究的前沿进展/蒲亨强/交响（西安音乐学院学报）/2017－06

夷夏之辨与汉魏晋南北朝佛道论争——“老子化胡说”的缘起、演变及影响/李亚飞/当代中国价值观研究/2017－06

道教丧葬习俗之社会文化功能论/程群/闽南师范大学学报（哲学社会科学版）/2017－06

宿命与超越：葛洪的道教神仙信仰/王艺群、宁俊伟/中北大学学报（社会科学版）/2017－06

蒲亨强道乐研究初识/陈文安/民族音乐/2017－06

梓潼洞泾和大理、巍山的道乐在技法上的相似性和美学观念上的差异性探究/秦北涛/艺术评鉴/2017－06

从宗教实践看道教的女性观/张秋梅/中华文化论坛/2017－06

天书云篆：道教文字的视觉神秘化及信仰观念/张同标、梁艳/创意与设计/2017－06

论道教对中医药学理论形成及临床实践的贡献/李葆青、张元忠、吴鋆、邱模炎/中华中医药杂志/2017－07

与武则天有关的嵩山道教文物/张得水、黄林纳/文物天地/2017－07

也谈蚂蚁山明墓之佛道共存/王文彬/文物天地/2017－07

释道共存 妙韵同鸣——谈千山寺庙音乐/关冰阳/音乐生活/2017－07

道教典籍语言隐喻认知特征解析与翻译/何立芳、李丝贝/外语学刊/2017－07

《真灵位业图》及王母娘娘与玉皇大帝/宋道旺/文史杂志/2017－07

上元夫人：道教女仙还是文学形象？（下）/孙昌武/古典文学知识/2017－07

月亮与道教文化有何关联/王吴军/文史博览/2017－07

魏晋志怪小说中的“人神恋”故事解读——以《搜神记》《搜神后记》中人神恋故事为分析对象/丁睿/现代语文（学术综合版）/2017－07

“山中”的六朝史/魏斌/文史哲/2017－07

竹林人物札记/顾农/书屋/2017－07

中国园林中道教文化的应用与影响/欧阳谊霖、唐红/现代园艺/2017－07

社会文化背景是科技发展的重要影响因素——评《道教与唐代科技》/张铁柱/管子学刊/2017－07

汉晋隐士的三种类型/张荣明/管子学刊/2017－07

析闽刻本产生及其兴盛的宗教因素/李永忠、李一尔/沈阳农业大学学报（社会科学版）/2017－07

论宋代老学的思想价值/刘固盛/长安大学学报（社会科学版）/2017－07

文化误读的幻象——对韦伯中国观批判的反思/钟海燕/云南师范大学学报（哲学社会科学版）/2017－07

道教环境思想对我国美丽乡村建设的启示/刘维兰、赵博/山东农业工程学院学报/2017－07

论隋唐五代民间信仰仪式的整合/李浩/民俗研究/2017－07

清初回儒学者马注对道教的认知/姚文永/北方民族大学学报（哲学社会科学版）/2017－07

对道家与道教关系的再认识/王剑/周口师范学院学报/2017－07

唐传奇仙境营造的道教情怀/卢柯青/陇东学院学报/2017－07

塑造与讹误：从对《甄正论》作者的质疑而展开/张鹏/中国典籍与文化/2017－07

神仙起源考论/熊铁基/学术界/2017－07

熊伯龙宗教批判思想缕析/钟艳艳/科学与无神论/2017－07

道教养生 对辟谷的解说/康德衡/中国宗教/2017－07

论道教在日本的传播与影响——以日本道教遗迹为线索/梁桂熟、杨乔君/江南大学学报（人文社会科学版）/2017－07

中国传统道教建筑艺术浅析/王春晖、冯卫平/居业/2017－07

论昆明龙泉观神圣空间的构建及其社会功能/张继驰/楚雄师范学院学报/2017－07

徽宗的密码——《五色鹦鹉图》再探/杨冰华/创意设计源/2017－07

浅析《云笈七签》与中医养生/常久、蒋力生/世界中医药/2017－07

曲靖道教源流与现状分析/吕师/曲靖师范学院学报/2017－07

什么是道教——小林正美“新范式道教史”述评/刘玲娣/华中师范大学学报（人文社会科学版）/2017－07

江苏南部道教音乐考察与分析/臧一璇、彭熙媛/北方音乐/2017－07

以岱庙为例论道观园林中的自然观与泛神论/屠辰飞/中华文化论坛/2017－07

元代的道教斋仪音乐/曾桢、蒲亨强/黄钟（武汉音乐学院学报）/2017－07

西吉火石寨云台山石窟寺历史沿革再考辨/吴俊兰、苏正喜/文物鉴定与鉴赏/2017－08

“救劫”：重思当代中国的济度宗教运动/陈进国/文化纵横/2017－08

丘逢甲南洋诗歌“南道院”考/宋燕鹏/韩山师范学院学报/2017－08

唯以老庄说老庄——从《集古今佛道论衡》看唐初高僧对老庄的理解/韩焕忠/商丘师范学院学报/2017－08

当代道教的突破与振兴/尹信慧/中央社会主义学院学报/2017－08

崂山道乐的历史渊源/张俊侠/山东档案/2017－08

民国道教内丹学之三教合一论/丁常春/世界宗教研究/2017－08

日本阴阳道研究辨：形成与属性/王静/世界宗教文化/2017－08

古代西域道教宫观/衡宗亮/世界宗教文化/2017－08

《西游记》与传统道教中神仙形象的异同研究/张晓茹/梧州学院学报/2017－08

青岛市宗教文化遗产保护研究/郑喜月、林希玲/青岛职业技术学院学报/2017－08

移民与信仰——南朝道教墓券的历史背景研究/刘屹/中国史研究/2017－08

评《出土文献与早期道教》/杨继承/中国史研究动态/2017－08

浅析荥阳北周村东魏造像碑/李广新/中原文物/2017－08

元代永乐宫壁画语义与赏析/芦宇航、张琲/工业设计/2017－08

分析永乐宫壁画的艺术特色/陈琳/旅游纵览（下半月）/2017－08

马致远及其神仙道化剧创作/石钊如/戏剧之家/2017－08

贵州仡佬族传统宗教文化及其现代价值/张新/遵义师范学院学报/2017－08

道教舞蹈及其动作套路命名的哲学隐喻/程群/吉林艺术学院学报/2017－08

浅析中国道教建筑的美学思想/刘明/现代交际/2017－08

《神仙传》神仙形象的人化特色/谭敏/中华文化论坛/2017－08

新加坡华族宗教信仰变化研究/毛汉霖/东南亚纵横/2017－08

梵净山地区佛教和道教的发展特点探析/陈伟华/铜仁学院学报/2017－09

论巴蜀的道教文献/李远国/西南民族大学学报（人文社科版）/2017－09

从“致太平”到“求成仙”——《神仙传》的神仙道教主题/谭敏/西南民族大学学报（人文社会科学版）/2017－09

沈约诗歌“用事不使人觉”辨/陈伟娜/名作欣赏/2017－09

论道教的重生思想——基于元代道教史籍的考察/刘永海/河南师范大学学报（哲学社会科学版）/2017－09

从畅玄到畅神：道教对魏晋审美精神自觉的推动作用/刘敏/四川师范大学学报（社会科学版）/2017－09

论老子文学形象的演变/万晴川/嘉兴学院学报/2017－09

张角的“卡里斯玛”气质与太平道/董琳/哈尔滨师范大学社会科学学报/2017－09

从《老子指归》到《老子想尔注》修持观的变化探微/王鲁辛/井冈山大学学报（社会科学版）/2017－09

出处：道教还是佛教——浅析《南柯太守传》与《南柯记》结局之异同/杭蕾、丁海华/文教资料/2017－09

散议巫鸿笔下的道教美术——早期道教的仪式场域与宗教符像/李浥、范绿涵/艺海/2017－09

山西永乐宫三清殿壁画的秩序感与图式/谷正月/艺海/2017－09

论李白的道教情结/马瑞梅/绵阳师范学院学报/2017－09

黏合与催化：道教信仰在思播地区的社会整合作用/赖全/绵阳师范学院学报/2017－09

论魏鲁男《抱朴子内篇》英译的宗教阐释与文化观/何立芳、李丝贝/宗教学研究/2017－09

《搜神记》“赵公明参佐”故事中的早期道教/孙国江/宗教学研究/2017－09

元代庐山道士黄石翁生平考述/王亚伟/宗教学研究/2017－09

南宋武当道教在太平山的传播/钟佳艺/九江学院学报（社会科学版）/2017－09

仙亦或俗？——“曹谱”的身份认同/顾雨晴/内蒙古大学艺术学院学报/2017－09

浅析武当山玉虚宫明代道教壁画的用色风格/张向荣/文物世界/2017－09

从视觉文化角度探讨永乐宫/肖晓/文物世界/2017－09

元代道士张雨研究述论——兼谈对元代道教研究的一些启示/王亚伟/徐州工程学院学报（社会科学版）/2017－09

苏仙故事的流变与苏仙信仰的发展/袁霞/安徽史学/2017－09

巴蜀汉代石阙的历史成因研究/陈绪春、席培/美术大观/2017－09

荆州开元观古道路的价值及命名浅析/陈程/长江大学学报（社会科学版）/2017－09

当代西方心理学的哲学转向及其对道家思想的借鉴与融合/陈明/湖湘论坛/2017－09

《清静经》道教哲学思想论析/张仲广/哈尔滨学院学报/2017－09

重塑中国宗教谱系：济度宗教的发生、调适与迁流——评《救劫：当代济度宗教的田野研究》/郑泽颖/湖北民族学院学报（哲学社会科学版）/2017－09

《太平广记》及明清神魔小说中的葫芦与道教文化/张蓓/濮阳职业技术学院学报/2017－09

唐传奇《张老》的艺术与文化内涵/宋莹莹/濮阳职业技术学院学报/2017－09

永恒与现代之间：20 世纪道教（2012）/秋叶/国际汉学/2017－09

论道教饮食养生智慧/张泽洪、施义/楚雄师范学院学报/2017－09

《真诰》对唐诗发生影响之时间再议/李静/中华文史论丛/2017－09

唐代西州道经的流布/赵洋/中华文史论丛/2017－09

谁道游仙不画师——浅析清初画家梅清山水画中的道教思想/陈期凡/天津美术学院学报/2017－09

五台山佛教与武当山道教建筑群总体布局比较研究/王新宇、刘亚楠/住宅与房地产/

2017－09

人间万事难称意，且与神仙做知音——《唐代诗人接受道家道教思想史论》评介/曹祎黎/咸阳师范学院学报/2017－09

试论道家思想在张萱绘画中的体现——以《虢国夫人游春图》卷为例/燕胜楠/美术教育研究/2017－09

从道教文化看软实力与中外友好的内在联系/王琛发/文化软实力/2017－09

论水陆画中的道教神灵/李黎鹤/中华文化论坛/2017－09

道教因素对大理白族生活的影响/桑平/大众文艺/2017－09

日常生活史视野下隋唐时期的佛道融合——以僧人与道士为中心的考察/于志刚/宁夏大学学报（人文社会科学版）/2017－09

隆阳道乐的类别及身份归属/葛岩/黄河之声/2017－10

历代武当山志所见玄帝灵验故事考/张全晓/世界宗教研究/2017－10

四川道教音乐文献的文献计量学分析/张丽蓉、吕婧/图书馆界/2017－10

宋代道教仪式音乐研究/蒲亨强、肖珺/音乐探索/2017－10

青海道教与多元宗教文化互动研究/鄂崇荣/青藏高原论坛/2017－10

论李商隐女冠诗的用典及其文化内涵/赵秀楠/商丘师范学院学报/2017－10

宗教文化旅游对游客的影响研究——以武当山道教文化旅游为例/程绍文、李艳、张晓梅、李照红/地理科学/2017－10

隋唐五代敦煌《发病书》所见疾病探析——以羽015、P. 2978、S. 6346为中心/王安萍/西部中医药/2017－10

道教徒诗人李白论剑及其剑术/冯渝杰/绵阳师范学院学报/2017－10

越南母道教“上童”仪式的音乐、性别与认同/凌晨/中国音乐/2017－10

从道教与古代“科幻”看道教文化的当代价值/李刚/世界宗教文化/2017－10

顾太清诗词中的“白色”意象/花宏艳、刘甜甜/韶关学院学报/2017－10

墨家、黄老道家的流变及其与道教的联系/张干、马士远/世界宗教文化/2017－10

法国汉学与人类学的交叉——以华南跨境少数民族宗教的研究为例/胡锐/世界宗教文化/2017－10

道教成立战国论——论方仙道即道教/李远国/世界宗教文化/2017－10

道教仪式音乐研究“新”视域——《安龙谢土》评述/戈园园/中国道教/2017－10

嘉庆至清末京外全真丛林传戒考/尹志华/中国道教/2017－10

两汉时期西王母形象的仙化/王秀妍/湖北工程学院学报/2017－10

论道教，佛教文化在金上京地区的传播/王法/文化创新比较研究/2017－10

东北地区道教建筑布局的特点探析/王春晖、刘东甫/艺术科技/2017－10

《道德经》文辞歧变发覆——基于出土东汉道门题材汉画的考察/刘克/广西社会科学/2017－10

宋人记录中的神灵故事论析——以《睽车志》为例/虞尧、徐红/江苏第二师范学院学报/2017－10

道教舞蹈文化与闽南茶文化的关联/蒋代力/福建茶叶/2017－10

道教在初唐政治体系中的政治功能/何芸/牡丹江大学学报/2017－10

析王重阳《重阳立教十五论》/陈萌/文化学刊/2017－10

明代彩绘本草图像艺术特征研究/陈领/黑河学院学报/2017－10

南宋、金、元道教阴符学考论/张永宏/哲学动态/2017－10

土家族“神仙娘娘”与巫道佛文化相关性及其存在意义——以竹花村为例/陈可/怀化学院学报/2017－10

金元时期大同地区道教发展概述/何琨、刘美云/山西大同大学学报（社会科学版）/2017－10

论中国传统文化中“道”的思想和中医的关系/肖妤/中华文化论坛/2017－10

火神宋无忌形象演化考论/解陆陆/中华文化论坛/2017－10

南方丝绸之路与道教在东南亚的传播/邹一清/中华文化论坛/2017－10

丹丘寻茶：从道教发展历史看茶和台州的关系/卢俊/农业考古/2017－10

试析四川道教建筑艺术的地域审美特征/李星丽、李欣遥/四川戏剧/2017－10

浅谈《醒世恒言》与道教文化/万鹏/农家参谋/2017－11

“天文”与“人文”的交合——道教“天书—真文”观念的神学内涵及其文学意义/赵益/学术交流/2017－11

魏晋南北朝时期皇权与天师道的流变/张紫云/兰台世界/2017－11

道教的天堂主张/乐君平/文史杂志/2017－11

道教养生理念的体育视觉剖析/任慧琴/宝鸡文理学院学报（自然科学版）/2017－11

道教宫观建筑装饰艺术/王春晖、刘璐/四川建材/2017－11

叶法善与李唐王朝前期的政治/赵治中/丽水学院学报/2017－11

明世宗与齐云山道教设施建设/卞利/寻根/2017－11

儒道融合视域中的心学建构研究及其方法论——以阳明学为中心的考察/朱晓鹏/中共宁波市委党校学报/2017－11

元代道士诗人张雨研究综述/白艳波/齐齐哈尔大学学报（哲学社会科学版）/2017－11

隆德县三通古碑考释/仇王军/西夏研究/2017－11

论唐人小说中的“剑”/王雅凤/河北民族师范学院学报/2017－11

从嵩岳到华岳——北朝时期北方道教中心之转移/姜望来/魏晋南北朝隋唐史资料/2017－11

僖宗入蜀与唐王朝的符命宣传——《西川青羊宫碑铭》考释/吴晓丰/魏晋南北朝隋唐史资料/2017－11

瓦屋山是中国蜀山和道教源点/李后强/当代县域经济/2017－11

四川唐代道教造像的三个特征/肖晓/艺术与设计（理论）/2017－11

海派视阈下上海宋元墓葬俗文化特征研究/张童心、姚庆/浙江师范大学学报（社会科学版）/2017－11

明清以来道情在江苏的传播/王定勇/江苏社会科学/2017－11

关于“祆”与“袄”之辨——兼论“祆道”非“袄道”辨/王永平/唐都学刊/2017－11

浅论道教科仪的宗教与社会功能——以香港黄大仙祠科仪为个案研究/于大海/荆楚学刊/2017－11

《奇经八脉考》道医思想探微/李贵海/时珍国医国药/2017－11

等待“正名”的“西方之‘道’”——以美国为例/蔡觉敏/阜阳师范学院学报（社

会科学版）/2017－11

形神兼修：论吴筠的道教心性思想/梁辉成/陕西理工大学学报（社会科学版）/2017－11

媒介生态环境视阈下的汉藏原生宗教传播史研究——以苯教和道教为例/颜亮/西北民族大学学报（哲学社会科学版）/2017－11

八卦鼓舞：胶东屋脊上的道教艺术瑰宝/曲建鹏、赵贵琳/走向世界/2017－11

苏轼与“离铅坎汞”说/胡金旺/江西师范大学学报（哲学社会科学版）/2017－11

贵州地区道教史研究综述与研究空间探析/逄礼文/黔南民族师范学院学报/2017－11

江西道教文化传播的视觉性非语言符号/魏军、赵阳/宜春学院学报/2017－11

玄武一体文化思想对武当道教武术形成的影响/甘毅臻、周勃/武术研究/2017－11

论周敦颐对道家道教思想的吸收——以《通书》为例/吕锡琛/船山学刊/2017－11

成都道教文化资源创意研究/游弋、苏宁、邢飞/中华文化论坛/2017－11

兼容并蓄之南音/陈燕婷/音乐生活/2017－12

王阳明诗歌儒释道思想阐微/郝苏彤、倪超/西安航空学院学报/2017－12

永乐宫壁画线条运用的艺术美/陈剑锋/经济师/2017－12

柳贯诗文中的道教思想影响初探/孙伟/文教资料/2017－12

《西游记》中的宗教文化和宗教思想探析/张舒杰/戏剧之家/2017－12

明崇祯十二年马贵良买地券石碑释读/曹建强/古今农业/2017－12

论《源氏物语》中的道家文化源流/张楠/南京理工大学学报（社会科学版）/2017－12

道教哲学思想在徽州古民居设计中的应用/曹烨君、余洋/天津中德应用技术大学学报/2017－12

“化俗”之超克——鲁迅《起死》的叙事渊源与主旨辨析/祝宇红/中国现代文学研究丛刊/2017－12

捐廉与捐输：思播地区道教宫祠的修建/兰秋林/绵阳师范学院学报/2017－12

武当山文化旅游资源及在法国的推介策略刍议/杨芬、吴丹婷/湖北科技学院学报/2017－12

北镇市宗教文化遗产保护格局建构/李超、刘馨/沈阳建筑大学学报（社会科学版）/2017－12

道教生态思想下的人居环境构建/张晓瑞/中国道教/2017－12

“逍遥”与“无待”：从道家到道教的审美时空/李裴/宗教学研究/2017－12

论华南全真道教的宗派关系/李大华/宗教学研究/2017－12

魏晋南朝正一道神学思想剖析——以《正一法文天师教戒科经》《三天内解经》为例/李刚/宗教学研究/2017－12

从“礼三师”到“五等礼师”：唐宋道教斋醮中的礼师/孙瑞雪/宗教学研究/2017－12

清朝宗室与道教/尹志华/宗教学研究/2017－12

道法、仪式中的日月星辰及其天学意义初探/孙伟杰/宗教学研究/2017－12

道教符箓书写形式探析/邢飞/宗教学研究/2017－12

韩日道教研究的新进展——评孙亦平教授新著《道教在韩国》《道教在日本》/王晚霞/宗教学研究/2017－12

20世纪海外道教学术观的演变——以马伯乐道教学术遗稿的版本分析为中心/胡锐/

宗教学研究/2017－12

论西南少数民族傩文化中的“玉皇”/廖玲、周永健/宗教学研究/2017－12

东方主义视域下汤亭亭《女勇士》中的道文化探析/殷丽莎/广西科技师范学院学报/2017－12

道教禹步与周易论析/张泽洪/世界宗教研究/2017－12

金元大道教史新考/赵建勇/世界宗教研究/2017－12

“度人”与“度己”：关于当代道教发展的一点思考/郭武/世界宗教文化/2017－12

对儒、道、佛中国语境之考量——读韦伯的《儒教与道教》/王玉/阿坝师范学院学报/2017－12

灵宝在中国历史上的重要地位和贡献/李久昌/三门峡职业技术学院学报/2017－12

唐宋以降汉地佛教“锁骨”信仰的展开及与道教仙骨信仰的交涉/白照杰/哲学分析/2017－12

川东真佛山德化寺楹联中的“三教同宗”文化及特征/陈怀松/华夏文化/2017－12

《文昌帝君阴骘文》伦理思想浅谈/陈怀松、周建强/华夏文化/2017－12

汉晋南北朝时期荆门地区佛、道教的传播及对节俗的影响/陈如毅/荆楚学刊/2017－12

元杂剧中的女道姑：迷失在道庵中的爱情和肉欲/赵晓寰、王倩/贵州大学学报（艺术版）/2017－12

唐道教文化在朝鲜半岛的传播研究/王兰兰/西安电子科技大学学报（社会科学版）/2017－12

《梦天》与《梦游天姥吟留别》的道教特色/王子铭/文教资料/2017－12

“九老仙都君印”钤印织物考释/李威/东南文化/2017－12

湖北剧场五代杨吴墓出土木俑研究/赵川/东南文化/2017－12

唐代道教诗人吴筠生年及其生平若干问题考辨/孙子颖/忻州师范学院学报/2017－12

《阅微草堂笔记》所载“五雷”等道教法术蕴意/张伟丽/蒲松龄研究/2017－12

魏晋南北朝西王母信仰的三个系统/储晓军/淮海工学院学报（人文社会科学版）/2017－12

2017年度伊斯兰教研究论文索引

王　伟编

城市空间结构下民族文化传统及其现代化发展——以甘肃兰州回族为例/刘晓飞、廉武辉/现代城市/2017－12

哈密阿勒屯村空间形态特征探析/张婷玉、韦宝畏/西安建筑科技大学学报（社会科学版）/2017－12

论塞尔柱王朝政治制度的特征/黄民兴、丁雨婷/西部学刊/2017－12

印度尼西亚自由伊斯兰评析/朱陆民、廖梦琦/东南亚南亚研究/2017－12

济南传统清真寺的建筑特色研究/丁昶、李雨晴、王栋/合肥工业大学学报（社会科学版）/2017－12

阿拉伯·伊斯兰文化视域下动物观研究/钟德志/华中师范大学研究生学报/2017－12

泉州出土元代伊斯兰石棺纹饰研究/黄忠杰/装饰/2017－12

伊斯兰传统学术关于真主存在的理性论证/贾建萍/世界宗教研究/2017－12

“一带一路”倡议实施中的荷兰宗教风险研究/潘文/世界宗教文化/2017－12

“一带一路”倡议实施中的法国宗教风险研究/肖习/世界宗教文化/2017－12

伊斯兰教中国化：以汉文伊斯兰著述为例/金宜久/世界宗教研究/2017－12

中世纪阿拉伯散文对中国的影响探析/任婧/吕梁学院学报/2017－12

坚持伊斯兰教中国化方向践行社会主义核心价值观/陈晓敏/民族大家庭/2017－12

宁夏经堂教育现状及发展对策/马燕、马金宝、刘伟/中国穆斯林/2017－11

当前伊斯兰教研究需要注意的几个问题/哈宝玉/中国穆斯林/2017－11

全球视野里的中国伊斯兰教研究——金宜久研究员访谈/敏俊卿、帕林达/中国穆斯林/2017－11

弘扬中正之道阐发时代精神——兼评金宏伟阿訇编译的《主麻演讲精选》/丁俊/中国穆斯林/2017－11

湖北省坚持伊斯兰教中国化方向研讨会综述/马秉仁/中国穆斯林/2017－11

中国穆斯林媒体公约/中国穆斯林/2017－06

《菲格亥·艾克伯尔》及其中道思想/杨志中/中国穆斯林/2017－11

艾什尔里派与马图里迪派教义学说的对比研究/艾哈迈德/中国穆斯林/2017－11

阿拉伯帝国哈里发继承制度研究/冀开运、郭隽骜高/内蒙古民族大学学报（社会科学版）/2017－11

种族化视角下法国穆斯林问题的成因及影响/殷佳章/区域与全球发展/2017－11

“海上丝绸之路”视域下的宋元泉州与宗教共生/王思杰/宁夏社会科学/2017－11

"回族""回教"之争与近代回族的身份认同/陈红梅/北方民族大学学报（哲学社会科学版）/2017 - 11

试论极料理与逸蛮阿訇对中国伊斯兰教的影响/马超/北方民族大学学报（哲学社会科学版）/2017 - 11

浅析伊斯兰建筑艺术/魏家雯、冯赫阳/艺术科技/2017 - 11

明代西洋回回与中国海上交往/汪汉利/回族研究/2017 - 11

侵华战争时期日本推行"回教工作"的宣传策略与方式——以三个机构为中心/马茜/回族研究/2017 - 11

清代及民国时期河南回族经堂教育特点研究/潘世杰/回族研究/2017 - 11

从刘介廉到马启西——伊斯兰教中国化道路上的两座丰碑/敏贤麟/回族研究/2017 - 11

试述《米尔撒德》在中国的流传与翻译/魏寒梅/回族研究/2017 - 11

顾颉刚谈民国回族社会/丁明俊/回族研究/2017 - 11

论清朝统一新疆前乾隆朝对准噶尔的宗教政策/马亚辉、王巧娟/昆明学院学报/2017 - 10

印尼核心价值观中的中国元素/沈茳、Vita Hesi Manggaribet/贵州民族大学学报（哲学社会科学版）/2017 - 10

元代内蒙古地区的伊斯兰教遗迹与代表性人物/马宁/内蒙古统战理论研究/2017 - 10

穆斯林社会中对于少数群体的保护问题探析——以犹太民族为例/王永宝/世界民族/2017 - 10

新疆宗教文化生态价值研究/秀梅/宿州教育学院学报/2017 - 10

中国伊斯兰教的茶文化/张雪松/中国宗教/2017 - 10

新时代赋予我国伊斯兰教事业新使命/杨发明/中国宗教/2017 - 10

传承和发展中国特色伊斯兰文化/马利强/中国宗教/2017 - 10

应对新挑战开创新局面　党的十八大以来伊斯兰教工作回顾/中国宗教/2017 - 10

印尼华人家庭宗教信仰现状分析——基于对雅加达500余名华裔青少年的调查/沈玲/华侨大学学报（哲学社会科学版）/2017 - 10

战前与战时日本对伊斯兰教地区的经营/祝曙光/世界知识/2017 - 10

陕西勉县回民及其伊斯兰教的历史与现状考察/黄红兵、刘自强、张莹/青海民族大学学报（社会科学版）/2017 - 10

中国周边国家宗教发展新态势与经略周边之策/马丽蓉/世界宗教研究/2017 - 10

坚持伊斯兰教中国化方向研讨会综述/丁钰梅、敏俊卿/世界宗教研究/2017 - 10

西北伊斯兰教慈善组织的发展演进——基于慈善组织产生背景的探析/庾荣/青海民族大学学报（社会科学版）/2017 - 10

印度教嬗变中的一神论发展探析/谢勇/历史教学问题/2017 - 10

中华文化的特性及其当代价值/沈桂萍/河北省社会主义学院学报/2017 - 10

文明的交融——伊斯兰世界现代化的机遇/方金英/中央社会主义学院学报/2017 - 10

伊斯兰教艺术二题/刘一虹/世界宗教文化/2017 - 10

回道对话：基于甘肃临夏大拱北门宦建筑中砖雕图案的象征分析/周传斌、马文奎/世界宗教文化/2017 - 10

发挥新疆在"一带一路"建设中的区位支点作用/郑松/世界宗教文化/2017 - 10

漫议马复初对伊斯兰教中国化的贡献/金宜久/世界宗教文化/2017-10

欧洲穆斯林移民的认同焦虑与宗教依赖——基于奥利维耶·罗伊的“新原教旨主义”视角/黄平/国际政治研究/2017-10

“神权民主”与“新国家主义”——当代国际政治中的“民粹宗教”/李向平/国际政治研究/2017-10

伊斯兰无息银行发展历程及其融资模式/Azka Amin、林伟航/公共财政研究/2017-10

加强对中国清真寺文化遗产保护的意义/陈晓敏/民族大家庭/2017-10

当代伊斯兰电影的东方美学复兴/游飞、白云瑞/当代电影/2017-10

伊斯兰教与维吾尔族医学/买托合提·居来提/中国穆斯林/2017-09

伊斯兰教中国化的重要成果——汉文伊斯兰教著述概览/金宜久/中国穆斯林/2017-09

穆斯林应怎样面对网络舆情?/从恩霖/中国穆斯林/2017-09

穆罕默德·阿里及其英文版《古兰经译解》/齐传洁、王根明/中国穆斯林/2017-09

伊斯兰教前定的内涵与信仰前定/李江民/中国穆斯林/2017-09

苏菲主义的“四分法”——以鲁米为例/好麦特/中国穆斯林/2017-09

贵州伊斯兰教坚持中国化方向的经验/桂希江/中国穆斯林/2017-09

民国时期南京回族社会活动中的对话尝试/洪伟/中国穆斯林/2017-09

中国化语境下的伊斯兰教研究(下)——周燮藩研究员访谈/马景/中国穆斯林/2017-09

伊协组织积极践行社会主义核心价值观的思考/穆可发/中国穆斯林/2017-09

基础与发展:青海伊斯兰教经堂教育的规范化考量/马文慧/青海社会科学/2017-09

伊朗宗教文化在其儿童电影中的体现探析/余春燕/大众文艺/2017-09

政治安全和欧盟的政治伊斯兰政策/易小明/外国问题研究/2017-09

“泛清真化”的内涵、危害及防治研究/段阳伟/新疆社会科学/2017-09

伊斯兰极端主义与伊斯兰教关系辨析/张丽娟、马品彦/新疆社会科学/2017-09

印穆冲突的早期形态及主要特征/陈泽华/南亚研究季刊/2017-09

外来挑战、身份认同与印度教民族主义的产生/付彦林/南亚研究季刊/2017-09

宗教情感的文本化表达——新时期回族小说叙事强度研究/林瑞艳/通化师范学院学报/2017-09

论阿凡提故事中的伊斯兰文化/陈强/西北民族大学学报(哲学社会科学版)/2017-09

伊斯兰教在南亚次大陆的传播与伊斯兰文化圈的形成/马翔、宗蔚、任明哲/东南亚南亚研究/2017-09

“一带一路”倡议下的中土合作前景——从世俗化、欧亚主义与“土耳其梦”谈起/徐胜、章海伦/西北民族大学学报(哲学社会科学版)/2017-09

“去极端化”系列之十四:伊斯兰教中国化刍议/阿不都热克甫·吐木尼牙孜/中国宗教/2017-09

清真寺匾联文化中的中国元素/穆卫宾/中国宗教/2017-09

宗教事务管理法治化轨道的“路基”/杨发明/中国宗教/2017-09

简析小亚细亚的突厥化和伊斯兰化/陈前/开封教育学院学报/2017-09

萨拉菲主义“进化”的历史及当代表现/宁彧、王涛/科学与无神论/2017-09

密切关注伊斯兰极端主义三种形态/吴云贵/科学与无神论/2017-09

“托茂人”研究考述/周毓华、周紫东、刘君军/西藏民族大学学报（哲学社会科学版）/2017－09

制度主义视角下比利时的宗教教育治理——宗教与世俗力量的区域差异/涂东/北方民族大学学报（哲学社会科学版）/2017－09

人类学知识的伊斯兰化/莫艳婷、马强/北方民族大学学报（哲学社会科学版）/2017－09

清末民初佛教在新疆的发展演变/丁亚文/兰台世界/2017－09

中东国家和地区治理困境的根源/王建/阿拉伯世界研究/2017－09

维吾尔族国家认同的内在要求和自身困境/张先革、李朝虹、唐菊花/云南民族大学学报（哲学社会科学版）/2017－09

新疆宗教极端主义之辨析——兼论宗教极端主义与民族分裂主义的关系/司律/云南民族大学学报（哲学社会科学版）/2017－09

新疆少数民族社会主义核心价值观培育的困境与路径/张泰琦、潘临灵/北方民族大学学报（哲学社会科学版）/2017－09

维吾尔族传统文化与新疆当代汉语文学——以阿拉提·阿斯木作品为例/张蕾/民族文学研究/2017－09

论阿巴斯王朝时期阿拉伯伊斯兰文化与波斯文化的交融特征/母仕洪、冀开运/遵义师范学院学报/2017－08

族内界限与社会整合：塔城柯尔克孜人的民族认同研究/路哲明/民族论坛/2017－08

中国化：伊斯兰教发展的正确方向“坚持伊斯兰教中国化方向研讨会”综述/丁钰梅、敏俊卿/中国宗教/2017－08

“族教分离”：社会主义核心价值观引领下的“族—教”关系/司律/广西民族研究/2017－08

黎巴嫩真主党政治纲领的调整及其实践/孙寅兵/吕梁学院学报/2017－08

南宁市清真餐饮业品牌意识的现状及提升研究/黄海珠、姚蔓斐、郭迎辉/文化与传播/2017－08

纳瓦依作品《精益宝库》在19世纪新疆地区抄写的几本手稿研究/库尔班江·卡得、李明哲/中国民族博览/2017－08

东南亚地缘格局时空演变研究/秦奇、成升魁/太平洋学报/2017－08

论王岱舆对伊斯兰教汉语话语体系的构建及贡献/季芳桐/西北民族研究/2017－08

法土拉·葛兰伊斯兰思想在东南亚的传播/马景/世界宗教文化/2017－08

策略信任视角下的宗教与一般信任——基于2012中国综合社会调查的实证研究/韩彦超/世界宗教文化/2017－08

“一带一路”背景下土耳其的宗教风险研究/刘义/世界宗教文化/2017－08

晚期奥斯曼帝国世俗政治与宗教政治的博弈及其历史影响/李艳枝/世界宗教研究/2017－08

比较视野下的大学生宗教信仰现状及其政治参与研究/陈思/世界宗教文化/2017－08

伊斯兰会计特色成因及启示——基于利息禁令和天课制度的分析视角/黄世忠/新会计/2017－08

纳吉布执政时期马来西亚的中东外交政策评析/朱陆民、阳海飞/印度洋经济体研究/

2017－08

《汉语外来词词典》中的阿拉伯语和波斯语词/丁桃源/甘肃高师学报/2017－08

西道堂的创立与近代临潭社会/苏晓红/甘肃高师学报/2017－08

泛太湖流域中国传统样式清真寺平面形制研究/帕如克·阿力木、蔡军/华中建筑/2017－08

发掘《古兰经》人本思想弘扬信众爱国主义/张曼/中共伊犁州委党校学报/2017－08

回族思想发展史研究刍议/余振贵/回族研究/2017－08

福德图书馆系列学术演讲及其对当代伊斯兰教中国化的启示/冯峰/回族研究/2017－08

日本的中国伊斯兰研究学术史——以问题意识和研究对象的界定为中心/阿里木·托和提/回族研究/2017－08

云南伊斯兰经学的谱系与传承/马志宏/回族研究/2017－08

民国回族学者对中国伊斯兰教发展的理性认知——以民国回族报刊为中心的考察/丁劼、钟银梅/回族研究/2017－08

新常态下回族社区的服务管理与创新发展——以广州为例/吴泽荣、张菽晖、付晓华/回族研究/2017－08

用社会主义核心价值观引领伊斯兰教中国化方向/董塞漠/中国穆斯林/2017－07

中国化方向是我国伊斯兰教生生不息的必由之路/杨发明/中国穆斯林/2017－07

我国伊斯兰教要体现中国品格/马劲/中国穆斯林/2017－07

中国传统文化与宗教——兼谈中国伊斯兰文化的特质与定位/楼宇烈/中国穆斯林/2017－07

艾什尔里教义学派与中国伊斯兰教/从恩霖/中国穆斯林/2017－07

经学与经学思想建设刍议/马贵平/中国穆斯林/2017－07

"以儒诠经"的历史启示/丁继光/中国穆斯林/2017－07

善行斋月：穆斯林分享之月/敏俊卿、韩积善/中国穆斯林/2017－07

明清伊斯兰学者对"礼拜"诠释的初探/冯峰/中国穆斯林/2017－07

中国伊斯兰教界的国际交往及其现实意义/丁俊/中国穆斯林/2017－07

中国化语境下的伊斯兰教研究（上）——周燮藩研究员访谈/马景/中国穆斯林/2017－07

新浪微博穆斯林博主的类型与社会价值/张晓宇/中国穆斯林/2017－07

美国及世界各地的穆斯林和伊斯兰/迈克尔·利普卡、王卓宇/国际研究参考/2017－07

从文化角度浅析回族服饰艺术/李晓鲁、白洋/大众文艺/2017－07

新疆喀什地区麻扎建筑特征研究初探/孙婧妍、周琦/遗产与保护研究/2017－07

8至14世纪海上丝绸之路的跨文化传播考察/毛章清、郑学檬/厦门大学学报（哲学社会科学版）/2017－07

历史时期喀什多民族文化的交流与整合——兼论维吾尔文化形成的基础/赵炳清/地域文化研究/2017－07

正确看待伊斯兰教/宗文/中国宗教/2017－07

浅论我国穆斯林习惯法——以"口唤"制度为中心的考察/马敬/西北民族大学学报（哲学社会科学版）/2017－07

对遏制伊斯兰极端主义的思考/王奇昌/科学与无神论/2017－07

浅谈宗教对甘肃特有少数民族传统图案艺术的影响/郑刚/中国包装/2017－07
秉承教义精神传承中华文化——从中国清真寺的建筑风格浅谈伊斯兰教坚持中国化方向的几点体会/王文杰/广东省社会主义学院学报/2017－07
再谈乾隆苏四十三反清斗争爆发的原因/武沐、马嘉晖/青藏高原论坛/2017－07
当代中国宗教代际传承的性别影响因素研究/赵锦山/成都理工大学学报（社会科学版）/2017－07
教法礼俗化：伊斯兰教中国化的一个重要侧面/马宗保/宁夏社会科学/2017－07
从回族的发展看伊斯兰教的中国化方向/王若溪/宁夏社会科学/2017－07
丝路遗珠：前近代中亚地区伊斯兰教建筑/丁万录/北方民族大学学报（哲学社会科学版）/2017－07
清初回儒学者马注对道教的认知/姚文永/北方民族大学学报（哲学社会科学版）/2017－07
民族文化的互融共生与跨域传承——丝路文明视角下的砖雕文化变迁史/牛乐/社科纵横/2017－07
多元文化环境中穆斯林寺坊研究——以青海同仁县为例/马晓翠/宁夏社会科学/2017－07
让大学生认清宗教本质强力抵御宗教向南疆高校渗透/阿巴拜克热·买买提、多力昆江·吐送尼牙孜/法制与社会/2017－07
多元族群与国家建构：清代回疆治理的问题与省思/白京兰、张建江/西域研究/2017－07
近代回族社团与回族文化的整合/马艾/哈尔滨师范大学社会科学学报/2017－07
由石刻文献看古代陇南佛教、伊斯兰教的发展/赵逵夫/兰州文理学院学报（社会科学版）/2017－07
浅析后苏哈托时期印尼伊斯兰教的变化及其原因/朱陆民、廖梦琦/大庆师范学院学报/2017－07
布莱恩·特纳的伊斯兰社会哲学及其方法论引介/冯璐璐/大庆师范学院学报/2017－07
君主素质、宗教约束与中国历代王朝农民起义/黄冠佳、温思美/华南农业大学学报（社会科学版）/2017－07
边疆地区反恐中面临的问题及其解决/苏永生/武汉科技大学学报（社会科学版）/2017－07
新兴宗教在东南亚的发展状况/郑志明、程兰涛、魏峰/南洋资料译丛/2017－06
马来西亚中东外交政策评析/朱陆民、阳海飞/南洋问题研究/2017－06
西北民族地区构建清真食品产业体系的必要性和研究思路/李含琳/农业科技与信息/2017－06
浅析伊斯兰因素在中国与印度尼西亚关系中的积极作用/韦红、李次园/东南亚纵横/2017－06
沙特阿拉伯现代经济的建构及其特点/石越、马琴/国际研究参考/2017－06
回族伊斯兰习惯法的地方性及其规范功能的调适与引导/闫莉/民族论坛/2017－06
白寿彝的民族思想及当代启示/杜敦科/天中学刊/2017－06
西北少数民族地区回族民办幼儿园课程现状的浅谈/苏泽林/才智/2017－06

"一带一路"倡议与法律全球化之谱系分析及路径选择/何佳馨/法学/2017－06

亚洲民族国家建构的历史反思/张践/国际汉学/2017－06

明代吐鲁番佛教的衰亡/姚胜/国际汉学/2017－06

索马里青年党的意识形态与身份塑造/宁彧、王涛/世界民族/2017－06

伊斯兰纹样在摩洛哥风格家纺设计中的体现与应用/柴柯、周琼/工业设计/2017－06

地域文化理念下的乌鲁木齐公交站设计/孙学伟/工业设计/2017－06

中国的阿拉伯文书法艺术/马芳/中国宗教/2017－06

关于新疆伊斯兰教中国化的若干思考/张丽娟/中国宗教/2017－06

撒拉族清真寺建筑的历史与发展/韩积善/中国宗教/2017－06

宁夏促进伊斯兰教与社会主义社会相适应/杨生瑞/中国宗教/2017－06

喀喇汗王朝时期维吾尔族传统设计思想的演进/周云/新疆艺术学院学报/2017－06

新疆地区宗教极端主义防控对策研究/韩旭、王奇、王艺潼/河北公安警察职业学院学报/2017－06

浅析新疆维吾尔族婚俗的历史变迁/叶小芳、孙传国/塔里木大学学报/2017－06

当代非洲宗教生态/李维建/世界宗教文化/2017－06

关于非洲传统宗教的若干问题研究/周海金/世界宗教文化/2017－06

尼日利亚伊斯兰教什叶派初探/李文刚/世界宗教文化/2017－06

西道堂：以本国文化发扬清真教学理/丁宏/世界宗教研究/2017－06

回族婚姻习惯法/李倩、吉蕊蕊、黄胜/法制与社会/2017－06

苏哈托政府对印尼政治的"去伊斯兰化"/吴雨潇潇/改革与开放/2017－06

阿斯哈·法哈蒂电影的现实主义美学/高美/现代视听/2017－06

《古兰经》及穆斯林社会生活中的政治经济学思想——学习习近平总书记在2016年全国宗教工作会议上的讲话精神/杨志银/云南社会主义学院学报/2017－06

从《古兰经》探析伊斯兰教的多元包容性/陈璐佳/云南社会主义学院学报/2017－06

伊斯兰教拱北的彩绘砖雕艺术/牛乐/中国民族美术/2017－06

清代的"族—民"政治与"回—儒"文化/马海云/文化纵横/2017－06

穆斯林"辱教案"的历史回顾与当代反思/张中复/文化纵横/2017－06

伊斯兰在东南亚的不同命运——以印尼和缅甸的政教关系为例/李隆/文化纵横/2017－06

论新秩序后期印尼政府与宗教伊斯兰教的和谐关系/吴雨潇潇/文学教育（上）/2017－06

浅析前伊斯兰教时期的波斯宫殿艺术特点/刘锦文/中外建筑/2017－06

国富民强：穆斯林积极追求的梦想/马光月/中国穆斯林/2017－05

明清内地伊斯兰教经堂教育话语体系的历史意义——从《经学系传谱》谈起/金贵/中国穆斯林/2017－05

伊斯兰教坚持中国化方向的思考/赵艳玲/中国穆斯林/2017－05

一部厚实朴素的阿訇传记——简评《达浦生评传》/牧建婷/中国穆斯林/2017－05

王作安：新疆班学生要争做爱国爱教的优秀接班人/敏俊卿/中国穆斯林/2017－05

伊斯兰研究与各宗教历史（下）/雅克·瓦尔登伯格、马丹/中国穆斯林/2017－05

心性会通是回儒之间的根本会通——季芳桐教授访谈/薛莉/中国穆斯林/2017－05

清真寺建筑要体现宗教性、地域性和时代性的结合/敏俊卿/中国穆斯林/2017 - 05

全国两赛：自觉做社会主义核心价值观的拥护者和践行者/吴淑梅、敏俊卿/中国穆斯林/2017 - 05

马注《清真指南》中的儒学思想/黑金福/中国穆斯林/2017 - 05

哈德成阿訇生平述略（上）/郭成美/中国穆斯林/2017 - 05

关于伊斯兰教中国化的思考/卓新平/中国穆斯林/2017 - 05

试析苏菲派传入中国本土化的体现——以哲合忍耶教派为例/王钰航/宁夏大学学报（人文社会科学版）/2017 - 05

“一带一路”建设中的宗教风险——以巴基斯坦为例/黄平/上海交通大学学报（哲学社会科学版）/2017 - 05

西亚北非缘何成为世界民族宗教冲突的重灾区/曹兴、李沫燃/新疆社会科学/2017 - 05

和谐共生，互助互美——伊斯兰建筑与中国传统建筑的融合发展/朱宏斌/广西城镇建设/2017 - 05

试述《回教哲学》《回教基督教与学术文化》翻译的历史背景和反映的时代思潮/魏寒梅/西北民族大学学报（哲学社会科学版）/2017 - 05

对当代中国族际通婚问题的思考/王奇昌/中南民族大学学报（人文社会科学版）/2017 - 05

对“吉哈德”的误读和“圣战”极端思想的发展与危害/马劲/中国宗教/2017 - 05

从“有经人”观念看伊斯兰教与宗教宽容/王宇洁/中国宗教/2017 - 05

中道是伊斯兰文化精神的重要体现/吴云贵/中国宗教/2017 - 05

“一带一路”宗教工作应该做什么/刘金光/中国宗教/2017 - 05

西安回族学前教育思想探析/张悦/新西部/2017 - 05

简析伊斯兰教音乐与回族宗教音乐/刘音琦/北方音乐/2017 - 05

回族文学批评的审视与反思——以石舒清《清水里的刀子》文学批评为例/许峰/宁夏社会科学/2017 - 05

伊斯兰教中国化的推动者：马德新的教化思想及其当代价值/马佳/宁夏社会科学/2017 - 05

哈瓦利吉派及其极端思想探析/马铁才、丁俊/阿拉伯世界研究/2017 - 05

西方原教旨主义话语的兴起及其本质/阿卜杜·瓦哈卜·苏里、洪韬/阿拉伯世界研究/2017 - 05

逊尼派学者围绕真主属性问题的分歧/马占明、马生坚/阿拉伯世界研究/2017 - 05

美国—伊斯兰世界冲突的价值观因素研究/张雪鹏、施雁红/云南行政学院学报/2017 - 05

大都之变：阿难答与成武之际的政局/安敏/西部蒙古论坛/2017 - 05

美国回族华人文学的宗教文化色彩/杨建军/北方民族大学学报（哲学社会科学版）/2017 - 05

法国伊斯兰教的治理现状探析/严天钦/北方民族大学学报（哲学社会科学版）/2017 - 05

丝绸之路与回族伊斯兰文化自觉/马惠兰/北方民族大学学报（哲学社会科学版）/2017 - 05

伊斯兰教与儒家文化和谐与共的历史经验及当代价值/杨桂萍/西北民族研究/2017-05

制度、观念与网络：苏联对中亚社会影响诸面相考察/李如东/西北民族研究/2017-05

西南丝路乐舞中的“印度化”底痕与传播轨迹——兼论云南与周边南传佛教音乐文化圈的传播历史与文化脉络/杨民康/民族艺术研究/2017-05

蒙古回回“托茂人”族群互动中的语言关系/雷雨/内蒙古社会科学（汉文版）/2017-05

中道观、中庸思想及其现代价值/郭永萍/中共伊犁州委党校学报/2017-05

互文性与国家形象构建——以马来西亚总理70届联大演讲为例/邵颖/外语学刊/2017-05

三只手的舞蹈（三）——印度调查与农村发展的龙象之争/周立/银行家/2017-05

全面依法治疆视角下正确认识和把握宗教问题的特殊性/阿迪力·买买提、艾克拜尔·朱马洪/法制与社会/2017-05

清代中后期济南回族节妇及其捐地现象探析/刘芝茜/回族研究/2017-05

民国沪上回族知名人士哈少夫/郭成美/回族研究/2017-05

对一种民间认识的理论分析——基于M村的经验与观察/杨俊峰/回族研究/2017-05

甘陕鄂川四省“伊斯兰教中国化”调研掠影/回族研究/2017-05

有容乃大：从回族清真寺建筑看伊斯兰教的中国化/孙嫱/回族研究/2017-05

从“回族武术”看中华属性和民族特色的有机统一/范景鹏、马锦丹/回族研究/2017-05

从社会变化看民国伊斯兰教报刊宗旨的转变——以《月华》为例/马景/回族研究/2017-05

创新宗教教职人员教育培养新路径的思考——以宁夏回族自治区为例/陈凤林/湖北省社会主义学院学报/2017-04

《福乐智慧》中的古希腊文化影响/李福来/新西部/2017-04

对民族宗教信仰的理性分析/秦裕华/民族论坛/2017-04

饮食人类学视角下的回族饮食/向建华/文化学刊/2017-04

共同世系与族群性表述——以甘肃省临夏回族自治州东乡族自治县唐汪川唐姓宗族为例/姚智赟/美与时代（城市版）/2017-04

阿富汗政治伊斯兰运动的变迁及其当代影响/闫伟/南亚研究/2017-04

中东与伊斯兰复兴运动研究综述/马蔚雨、金忠杰/文化创新比较研究/2017-04

中国穆斯林的忠孝理念与儒家伦理/丁钰梅/中国宗教/2017-04

穆斯林应当正确应对外界的误读与偏见/钟一鸣/中国宗教/2017-04

爱国爱教是我国伊斯兰教进步和发展的主流/高占福/中国宗教/2017-04

中正和平：伊斯兰文明的成功之道/丁俊/中国宗教/2017-04

中国的清真寺建筑要有中国特色/杨发明/中国宗教/2017-04

宁夏回族自治区石嘴山市民族团结进步创建工作中存在的问题及思考/邱玮栋、祝娟娟/延边党校学报/2017-04

伊斯兰中间主义理念及其对融洽族群关系的意义/周丽娅/世界民族/2017-04

论述郑州北大街清真寺的艺术美/李雅儒/中国民族博览/2017-04

伊斯兰教中国化：历史与现实/沈桂萍/中央社会主义学院学报/2017-04

简论艾布·努瓦斯的矛盾性——以其咏酒诗为例/尹小凤/才智/2017-04

论新中国成立前维吾尔社会慈善公地“瓦克夫地”的产生原因/买买提·喀尤甫、吐尔地·卡尤木/改革与开放/2017-04

欧盟治理种族歧视或仇恨言论立法之现状、动因及不足探析/白贵、邸敬存/新闻大学/2017-04

当代宗教极端主义简论/吴云贵/世界宗教研究/2017-04

印度嘎迪亚尼耶教派的主要观点浅析/买通/世界宗教文化/2017-04

“一带一路”战略实施中的哈萨克斯坦宗教风险研究/杨莉/世界宗教文化/2017-04

新疆伊斯兰建筑砖饰艺术的起源与发展/昌晶晶/艺术科技/2017-04

“一带一路”：维系和发展中华文明的新纽带——马来西亚文化研究综述/陈宏/齐鲁艺苑/2017-04

基于历史制度的比较分析（HCIA）——近代西北羊毛贸易中的回族商人/牛海桢、李晓英/青海民族研究/2017-04

政治寓言中的“他者”形象和西方的危机——评乌勒贝克的《屈从》/赵佳/当代外国文学/2017-04

论古代宗教对新疆体育的影响/胡金明、于强强、刘一心/体育研究与教育/2017-04

回族传统图饰纹样在环艺设计中的应用/徐晓宇/山东工业技术/2017-04

从苏菲主义角度看维吾尔古典文学名著/王文华、姑丽娜尔·吾甫力/河北北方学院学报（社会科学版）/2017-03

阿拉伯书法艺术的中国化实践/陈进惠、张广林/中国穆斯林/2017-03

伊斯兰教的中和思想及其时代价值/杨发明/中国穆斯林/2017-03

做爱国守法、中道包容、两世吉庆的穆斯林/阿地里江·阿吉克力木/中国穆斯林/2017-03

回族穆斯林姓名特点与中国化内涵/从恩霖/中国穆斯林/2017-03

伊斯兰教经学院学生社会主义核心价值观培育初探/王桂芝/中国穆斯林/2017-03

我国伊斯兰教经堂教育的重要物证——《仁轩马阿訇出学幛序》/海俊亮/中国穆斯林/2017-03

伊斯兰研究与各宗教历史（上）/雅克·瓦尔登伯格、马丹/中国穆斯林/2017-03

俄罗斯伊斯兰教与东正教的关系/唐薇/中国穆斯林/2017-03

推动清真寺管理规范的几点思考/韩积善/中国穆斯林/2017-03

浅谈西北回族的音乐特点及传承/翟悦/北方音乐/2017-03

喀什传统民居建筑装饰艺术文化归因探究/易善炳、杨昊/喀什大学学报/2017-03

民族文化产业 SWOT 分析研究——以平凉市为例/白嘉菀/中国集体经济/2017-03

“一带一路”背景下哈萨克斯坦的身份认同/黄志涛/江南社会学院学报/2017-03

基于对称群思想的新疆伊斯兰几何纹饰分析/刘超/湖北民族学院学报（哲学社会科学版）/2017-03

百年翻译运动中关于神位格的探讨——公元 9 世纪穆斯林与基督徒的神学辩论/朱剑虹/西北民族大学学报（哲学社会科学版）/2017-03

命定与自由之间发现人的价值——从《清真指南》看马注的史学观/姚文永/西北民族大学学报（哲学社会科学版）/2017-03

再谈国法与教法教规/吴云贵/科学与无神论/2017－03

异种移植的神学及社会心理学的伦理问题/邱艳、李霄、窦科峰/器官移植/2017－03

伊斯兰教法与现代国家：改革主义的两种视角/王宇洁/阿拉伯世界研究/2017－03

撒哈拉以南非洲的伊斯兰主义/李文刚/阿拉伯世界研究/2017－03

基于国内维吾尔族传统建筑的特色与发展趋势/阿不都西库尔·扎依提、穆哈西·合德尔别克、阿布都热依木江·库尔班/建筑与文化/2017－03

尔曼里仪式中的圣餐——“果碟”象征意义与功能的宗教人类学阐释/马晓梅/云南民族大学学报（哲学社会科学版）/2017－03

兰州市清真寺空间格局演变及其影响因素/魏娟、张志斌、贾琳琳、李晓璐/西北民族大学学报（自然科学版）/2017－03

继承与挣脱——两类宗教建筑穹顶反映的设计文化/成藻/艺术与设计（理论版）/2017－03

2016年国内宗教美学研究综述/赵鹏程/绵阳师范学院学报/2017－03

回族知识分子眼中的国际伊斯兰世界——以民国回族报刊为中心的考察/钟银梅/宁夏社会科学/2017－03

“果碟”象征意义的宗教人类学阐释/马晓梅/宁夏社会科学/2017－03

国家与宗教的博弈——现代阿富汗政教关系嬗变及反思/闫伟/西北大学学报（哲学社会科学版）/2017－03

30年来国内对伊斯兰教三大思潮的研究述评/魏寒梅/北方民族大学学报（哲学社会科学版）/2017－03

南疆地区麻扎建筑形制与装饰艺术研究/丁燕、孙婧妍、周琦/古建园林技术/2017－03

西域佛教衰落原因新探/郭益海/实事求是/2017－03

教法与自由：当代欧洲的伊斯兰教挑战/崇明/开放时代/2017－03

三只手的舞蹈之印度农村调查（上）/周立/银行家/2017－03

教育与宗教，网友怎么看——甘肃临夏幼儿园女孩背经事件舆情分析/刘舒丹、王泰/中国民族教育/2017－03

20世纪50年代回汉通婚问题研究/翟一帜/中北大学学报（社会科学版）/2017－02

乌兹别克斯坦基层组织马哈拉/王明昌/国际研究参考/2017－02

伊斯兰法的复兴研究/李晟/普洱学院学报/2017－02

一叶障目，不见泰山——维吾尔木卡姆研究能否代替维吾尔族传统音乐研究/王建朝/浙江艺术职业学院学报/2017－02

从“深描”看格尔茨《仪式的变化与社会变迁：一个爪哇的实例》/曹苏苏/昭通学院学报/2017－02

西方民粹主义与身份认同政治/杨俊峰/科学社会主义/2017－02

阐释当代伊斯兰思想变迁评《近当代伊斯兰宗教思想家评传》/黄麟/中国宗教/2017－02

国家宗教局领导班子走访慰问在京全国性宗教团体/张剑/中国宗教/2017－02

比较与思考宗教中国化的路径（上）/刘金光/中国宗教/2017－02

宗教极端主义的由来：“去极端化”系列之十一/马玉飞/中国宗教/2017－02

“圣战者”是如何炼成的？——《天堂之风》中伊斯兰极端分子的身份认同/黄婷婷/

外国文学动态研究/2017－02

反恐背景下的群体偏见及其对策/刘猛、蒋东龙/中国人民公安大学学报（社会科学版）/2017－02

苏联时代中亚的非官方伊斯兰教概貌——依据档案材料/利纳特·希加布季诺夫、侯艾君/世界宗教文化/2017－02

中世纪北印度纺织工群体的伊斯兰化/张忞煜/世界宗教文化/2017－02

“一带一路”战略构想中的宗教文化因素/吴云贵/世界宗教文化/2017－02

国家治理现代化视阈下的伊斯兰教中国化新实践——以宁夏吴忠市民族宗教工作经验为例/李伟、王若溪、潘忠宇/世界宗教研究/2017－02

塔夫塔扎尼及其《教典诠释》对经堂教育的深刻影响/哈宝玉/世界宗教研究/2017－02

伊斯兰捍卫者阵线：以“伊斯兰”为名义的印尼极端暴力组织/辉明/世界宗教文化/2017－02

散居地区穆斯林群体消费观念及其消费行为的调查与研究——以云南大理为例/肖烈坤、白瑜汝、杨宏杰、刘屹军、丁佳/经贸实践/2017－02

从文化反思到自我表述：清末“回耶对话”再考察/马佳/西北民族研究/2017－02

社会主义核心价值观在少数民族中的培育要素分析——以山西长治西街回民聚居区为例/常静/长治学院学报/2017－02

泉州回民宗族与伊斯兰文化——一个历史与人类学的案例/范可/西北民族研究/2017－02

列宁时期的中亚伊斯兰教政策及其影响/张文德、王胜/贵州师范大学学报（社会科学版）/2017－02

谈《穆斯林的葬礼》中爱情与民族融合/朱韵杰/文教资料/2017－02

俄罗斯人口和移民政策/杜娟/学术交流/2017－02

华北伊斯兰教传统启蒙教育考察/冯峰/回族研究/2017－02

20世纪80年代以来的刘智研究/王伏平、李海东/回族研究/2017－02

在地化：黄河流域伊斯兰文明论纲/马英杰/回族研究/2017－02

民国时期回族知识分子革新伊斯兰教的思路探索/钟银梅/回族研究/2017－02

调适与聚合：明代回族文化认同与民族共同体的形成/展龙/回族研究/2017－02

“反钟万学运动”：观察印尼政治生态的风向标？/张洁/世界知识/2017－02

“一带一路”建设需要中国穆斯林和伊斯兰教界的智慧/李兴华/中国穆斯林/2017－01

李安宅与回族、伊斯兰教研究/苏杰/中国穆斯林/2017－01

穆斯林如何理解和履行天命？/从恩霖/中国穆斯林/2017－01

追梦东莞的新疆穆斯林/敏俊卿、马利强/中国穆斯林/2017－01

穆罕默德·阿萨德：伊斯兰文化在当代欧洲的传播者/张米玮、马建福/中国穆斯林/2017－01

荷兰的伊斯兰研究（下）/雅克·瓦尔登伯格、王向珣/中国穆斯林/2017－01

文明对话和谐共存——埃及基督教与伊斯兰教知名人士代表团访华纪实/马义辉/中国穆斯林/2017－01

瓦哈比主义与沙特王权/倪真/国际研究参考/2017－01

宗教在养老机构中的介入和作用研究——以北京市牛街民族敬老院为例/纳菡、郑晓

瑛/人口与发展/2017 - 01

宗教伦理对企业文化的影响/丁孝智/经济研究导刊/2017 - 01

浅谈伊斯兰教法中的彩礼/马丽艳/天津职业院校联合学报/2017 - 01

当前我国“伊吉拉特”活动的特点及对策分析/陈曾福/云南警官学院学报/2017 - 01

社区清真寺防控犯罪探析——以宁夏为例/计莹/云南警官学院学报/2017 - 01

2017年度民间信仰研究论文索引

王　伟编

广府神庙建筑的形制研究/顾雪萍/南方建筑/2017－12

民间小戏的女神信仰与乡村女性社会——以定州秧歌为例/江棘/戏剧（中央戏剧学院学报）/2017－12

论中国古代白色动物崇拜的文化内涵/刘一辰/淮海工学院学报（人文社会科学版）/2017－12

民间信仰在乡村治理中的内在价值及其路径选择/令昕陇/农村经济与科技/2017－12

中国民间信仰的海外传播——以关帝信仰为例/苗旭慧/山西青年职业学院学报/2017－12

洪洞县城隍信仰初探/原野/焦作师范高等专科学校学报/2017－12

《宋代长江中游的环境与社会研究：以水利、民间信仰、族群为中心》评介/王战扬/地理学报/2017－12

民间年画中的门神画探析/李宁/美与时代（下）/2017－12

象征人类学视阈下的开光仪式探析——以宁德蕉城区齐天大圣像开光仪式为例/袁泽锐/宁德师范学院学报（哲学社会科学版）/2017－12

"标准化"还是"集体记忆现实化"——基于福建东山关帝庙剪瓷雕的分析/李振强/闽台文化研究/2017－12

保生大帝信仰研究综述/赖江坤/闽台文化研究/2017－12

黄道周信仰的文化内涵与发展历程探析/郑晨寅/闽台文化研究/2017－12

本体与他者：当代中国社会民间信仰"非遗化"反思/张祝平/中国农业大学学报（社会科学版）/2017－12

象征视域下的蒙古族萨满艺术/呼和/中国宗教/2017－12

坚持"三个纳入"抓好"四项管理"推进民间信仰事务管理工作规范化/张旭/中国宗教/2017－12

明清以来英雄人物信仰研究——以徽州地区为例/王玉华/黄山学院学报/2017－12

太行山《孙王真经》臆测/戴建兵/邯郸学院学报/2017－12

提高文化品位深化闽台文化交流——评汪毅夫《中国文化与闽台社会》/洪霆/东南传播/2017－12

多民族语境下纳木依民间信仰及其社会功能/吴薇/西昌学院学报（社会科学版）/2017－12

中国厕神研究中的几个首要问题/刘勤/绵阳师范学院学报/2017－12

西南乡村民间信仰的结构分析/赖智娟/湖北科技学院学报/2017－12

民间信仰与农村稳定——基于赣州市寻乌县H村调研/张芳山/宗教学研究/2017－12

外来宗教与本土信仰间的互动——《众神喧哗中的十字架：基督教与福建民间信仰共处关系研究》述评/黄建兴/宗教学研究/2017－12

论农村社会的泛神特性和当今国学回潮/张连文/浙江工商职业技术学院学报/2017－12

人类学视域中的白族本主崇拜/白志红/宗教学研究/2017－12

佤族民间信仰中的“村寨意识”探究/李国明、普苹/吉林广播电视大学学报/2017－12

东亚大禹信仰文化圈现状的考察/王敏/东北亚外语研究/2017－12

民间信仰的“正名传播”及其路径考察/阎化川/世界宗教研究/2017－12

闽侯关源里龙文王及郑公仙师信仰/李会/福建史志/2017－12

民间司法公正视野下的民俗特征及其意义研究——大巴山民俗“请‘火’姑娘”中的法文化解读/杨棵瑞、向程/四川民族学院学报/2017－12

作为态度和方法的济度宗教——评《救劫：当代济度宗教的田野研究》/孙艳艳/中国社会经济史研究/2017－12

我国西南民族地区宗教事务治理法治化路径探析/周世中/南海法学/2017－12

祠神、先贤、名宦：射洪神信仰的嬗变与衰落/陈晔/兰州学刊/2017－12

曼腊傣族的洁净仪式和社会秩序重建/杨丽玉、张振伟/红河学院学报/2017－12

甘肃民间宗教生发的文化生态因素探析/答小群/攀登/2017－12

民间信仰与文化内生：公共文化视阈下的陆川客家祖神创制/宋永忠、覃延佳、梁嘉敏/玉林师范学院学报/2017－12

嫁接传统：当前广州南沙的妈祖文化/马炳涛/妈祖文化研究/2017－12

江淮地区的民间信仰及文化遗产研究/令昕陇/湖北函授大学学报/2017－11

神灵、祭祀仪式与民间叙事传统——兼评《壮族麽经布洛陀遗本影印译注》的多元价值/杨杰宏/百色学院学报/2017－11

乔泽神信仰探究/杨芳/文化学刊/2017－11

魔幻传奇：论新时期小说“民间信仰”书写的审美趋向/肖向明/学术研究/2017－11

仙话研究的生命温度与民俗维度——读《中国仙话与仙人信仰研究》/贾利涛/民间文化论坛/2017－11

朝向日常生活的妙峰山研究：二十年来妙峰山庙会研究的回顾与反思/李华伟/民间文化论坛/2017－11

通榆年画作品民间信仰元素释义/陈京/白城师范学院学报/2017－11

长白山人参故事中的民俗类型及特点/王学胜、沈晶/通化师范学院学报/2017－11

妙峰山庙会的社会建构与文化表征/高丙中/文化遗产/2017－11

闽南民间信仰研究的回顾与思考/钟建华/西北民族研究/2017－11

《荆楚岁时记》所载民间美术及其成因/刘悦、王玲娟/湖北美术学院学报/2017－11

庙会与花会两种文化空间的转换——妙峰山进香花会的当代存续研究/萧萍/音乐研究/2017－11

民间信仰与乡村和谐社会的构建——以广西左江流域为例/黄新宇/黑龙江社会科学/2017－11

泰山、岱庙、东岳庙祭祀用乐研究综论/逯凤华/南京艺术学院学报（音乐与表演版）/

2017 - 11

关于泰山石敢当研究的几个问题/叶涛/民俗研究/2017 - 11

论民间信仰的城镇化空间——一个异地城镇化村落传统信仰重建的考察/张祝平/民俗研究/2017 - 11

非物质文化遗产社区的能动性与非均质性——以街亭村民间信仰重建过程中村民互动为例/安德明/云南师范大学学报（哲学社会科学版）/2017 - 11

庙会的非遗化、学界书写及中国民俗学：龙牌会研究三十年/岳永逸、蔡加琪/民族文学研究/2017 - 11

明清时期徽州地方宗族对九相公崇拜的塑造/黄忠鑫/安徽大学学报（哲学社会科学版）/2017 - 11

西安鄠邑区家中过会民俗探究/王昊/新西部/2017 - 11

明代海上丝绸之路与妈祖信仰的海外传播/刘婷玉/中国高校社会科学/2017 - 11

政治文化视域下儒学的本质析论/孙阳阳、葛荃/学习与探索/2017 - 11

广东吴川木偶戏发起表演的民俗缘由及其组织形式/李文杰、梁晓/教育教学论坛/2017 - 11

民间信仰中的信息沟通与传播——基于对福建莆田民间信仰田野调查的思考/吴重庆/东南学术/2017 - 11

论民间舞的民族性/潘丽/北京舞蹈学院学报/2017 - 10

以中华优秀传统文化推动我国宗教发展的中国化/刘柳/山东省社会主义学院学报/2017 - 10

传统与现代碰撞之下布朗族的生态文化走向——以云南西双版纳勐海县章朗村为例/杜香玉/昆明学院学报/2017 - 10

官方信仰与民间信仰的互动——以明代泽州商汤与二仙信仰为例/田玙琛、贾发义/中北大学学报（社会科学版）/2017 - 10

海南省宗教旅游资源开发现状分析及对策/宋可玉/新东方/2017 - 10

大理白族财神信仰/张鹏朝/今日民族/2017 - 10

宋人记录中的神灵故事论析——以《睽车志》为例/虞尧、徐红/江苏第二师范学院学报/2017 - 10

广西瑶族盘瓠神话田野调查引发的思考/王宪昭/广西民族师范学院学报/2017 - 10

唐宋时期成都东郊“瑞应禅院”源流考述/刘倩文/成都大学学报（社会科学版）/2017 - 10

社会资本视角下的闽台民间信仰交流与机制创新/唐桦/现代台湾研究/2017 - 10

祖先神话与巫道传统：试论闽东畲族民间信仰作为文化适应策略的运用/赵婧旸、罗震宇/广西民族研究/2017 - 10

南岭民族走廊流域神灵体系与区域社会整合/张超/青海民族研究/2017 - 10

裂变中的传统：再论土族民间宗教信仰的变迁——基于对青海互助东山乡联大村与吉家岭村的田野调查/徐长菊/青海民族研究/2017 - 10

公共空间拓展：民间传统信仰仪式开展的意外后果——以浮岗村“游神活动”实践为分析对象/郭明、杨妍/青海民族研究/2017 - 10

依托于宗教信仰的民间集会——以瞿昙寺花儿会为例/徐世霞/青藏高原论坛/2017 - 10

宋代“以鳗祈雨”习俗成因分析——以江浙地区为例/钱钰、白莉/地方文化研究/2017－10

赣南赖公信仰及其科仪初探/陈冬根、曾敏/地方文化研究/2017－10

宁南精怪故事的文化叙事研究/张存霞/宁夏师范学院学报/2017－10

新农村视角下农村宗教信仰现状及对策/袁慧芳/改革与开放/2017－10

越南母道教“上童”仪式的音乐、性别与认同/凌晨/中国音乐/2017－10

造神者：地方神祇正统化进程中的乡绅作为——以麻城民间帝主神信仰为例/凌礼潮/黄冈师范学院学报/2017－10

旅游视角下漳州民间信仰文化的保护与开发研究/王泽巍/广东石油化工学院学报/2017－10

概念·路径·突破——中西比较视野下的区域民间宗教史研究/张超/世界宗教文化/2017－10

台湾少数民族的农耕祭祀仪式及其文化意涵/张伟豪/世界宗教文化/2017－10

1979—1989年闽南地区民间信仰的复兴论略/徐文彬/世界宗教文化/2017－10

潮汕民间善堂组织的传统功能及现代变迁/杨正军/汕头大学学报（人文社会科学版）/2017－10

二郎神崇拜与祆教“七圣刀”遗存比较研究——对福建宁化夏坊村“七圣祖师”源流的再思考/朱靖江/西南民族大学学报（人文社会科学版）/2017－10

法治中国与宗教工作法治化的十大问题/赵翠翠、李向平/福建论坛（人文社会科学版）/2017－10

民间信仰下的祭祀空间研究——以雷州市榜山村为例/陈琳、程建军、刘丹枫/新建筑/2017－10

五台山龙王信仰初探/许宏伟/五台山研究/2017－09

广东顺德民间信仰现状调查及管理对策思考/罗倩妮、李芝行、赖贵斌、利康/佛山科学技术学院学报（社会科学版）/2017－09

当代丽江市纳西族东巴教信仰调查和建议/李四玉/原生态民族文化学刊/2017－09

集体祭祀与文化展演——以田林县壮族村落祭瑶娘仪式为个案/张秋伟/百色学院学报/2017－09

越南灶神与土公之关系考/张丽山/浙江理工大学学报（社会科学版）/2017－09

戴凤仪与《郭山庙志》——兼论理学对民间信仰的态度与改造/苏经强、黄建兴/福建师范大学学报（哲学社会科学版）/2017－09

漳州哪吒鼓乐仪式表演的田野调查——以芗城区正顺祖庙、文衡殿为例/杨秋萍、郑玉玲/闽台文化研究/2017－09

从“茶王公”信俗看安溪感德茶业转型/蔡少辉、叶国盛/闽台文化研究/2017－09

西南乡村民间信仰的特点分析/赖智娟/湖北职业技术学院学报/2017－09

天津地区民间舞蹈传承发展研究/王鸿昀、韦舒馨/天津音乐学院学报/2017－09

论清代的碧霞元君信仰/田海林、王芳/山东师范大学学报（人文社会科学版）/2017－09

徽学研究丛书出版的新星——评《徽州民间信仰》/史一丰/中国出版/2017－09

以龙求雨：从传说、巫术到习俗/徐金龙、王梓薇、刘中兴/文化遗产/2017－09

民间信仰、宗族与华侨史——有关松华兴信局碑刻的文本解读/舒习龙/石家庄学院学报/2017－09

再论纳西族东巴教的性质问题/杨杰宏/楚雄师范学院学报/2017－09

锡伯族民间舞蹈素材的整理与研究/金春昌/内蒙古艺术/2017－09

诸葛亮信仰与社会控制：从宋代龙州修建武侯祠谈起/曾穷石/云南师范大学学报（哲学社会科学版）/2017－09

文化政策视野下上海三官信仰习俗的当代变迁/雷伟平/浙江师范大学学报（社会科学版）/2017－09

山西介休三弦书的宗教内涵与社会功能论析/郭明军/宗教学研究/2017－09

论明清时期滇西北的关帝信仰/何正金/宗教学研究/2017－09

清代禁教时期天主教传播方式的本土化/张振国/宗教学研究/2017－09

国家—社会—民间：云南民间宗教的三元分析框架/杨金东/宗教学研究/2017－09

论《醒梦骈言》中的神灵信仰/雷丹/九江学院学报（社会科学版）/2017－09

文化互融视野下临洮民间彩塑艺术调查研究/牛乐、张洁/内蒙古大学艺术学院学报/2017－09

“蜕世”与“飞升”：汉画像石中的民间宗教信仰研究/杨赫、杨孝军/文物世界/2017－09

集体记忆视角下鲁中安仙村安期生信仰复兴研究/程鹏/徐州工程学院学报（社会科学版）/2017－09

文化转型与“非遗”困境：基督教对中缅跨境民族民间信仰乐舞发展的影响/徐祖祥/福州大学学报（哲学社会科学版）/2017－09

非遗语境下当代民间信仰的生存策略与变迁/袁瑾/福州大学学报（哲学社会科学版）/2017－09

被凸显的“文学”与“艺术”：民间信仰非遗化的路径——以绍兴宣卷为例/王姝/福州大学学报（哲学社会科学版）/2017－09

小杨庄木版神像画的审美特征研究/张昆/美术大观/2017－09

当代中国民间宗教研究要“接地气”——波士顿大学魏乐博教授访谈录/魏乐博、张士闪、李生柱/民俗研究/2017－09

全球宗教变迁与中国两个社区的民众——江苏和台湾的比较研究/魏乐博、李生柱/民俗研究/2017－09

因“托付”信“缘”才走得更远/陈勇生/政协天地/2017－09

当代乡村社会民间信仰的养老参与/张祝平/武汉大学学报（人文科学版）/2017－09

左江流域土地祭祀风俗与乡村和谐社会的构建/黄新宇/绥化学院学报/2017－09

重勘“民间—历史”现场——论新时期小说的“民间信仰”叙事/肖向明/中国文化研究/2017－09

妈祖文化的形塑及其当代性意识/王巨川/妈祖文化研究/2017－09

香港地区天后宫及其信仰的观察与思考/李栋材/妈祖文化研究/2017－09

海南黎族传统民间信仰论析/刘冬梅/社会科学战线/2017－09

论壮族蜂鼓说唱的音乐文化变迁/龙伟培/民族音乐/2017－08

明清时期张掖关公信仰研究——以地方志为中心的考察/路其首/河西学院学报/

2017-08

妈祖信仰与陈靖姑信仰的大众传播策略比较/林小彬/莆田学院学报/2017-08

核心价值观引领下贵州民俗信仰嵌入高校教育模式探索/杨丽彦、向德俊/兴义民族师范学院学报/2017-08

黔东南侗族武术文化生态研究/张江龙、陈超、徐万均、张彦、何华/体育文化导刊/2017-08

壮族民间信仰起源、发展与复兴——壮族民间信仰研究系列论文之一/覃丽丹/广西民族研究/2017-08

传统聚落中民间信仰建筑的流布、组织及仪式空间——以闽南慈济宫为例/苏彬彬、朱永春/城市建筑/2017-08

中国民间观音信仰的特点/杜道琛/中国民族博览/2017-08

清代四川民间信仰与地方经济发展的关系研究/林移刚/重庆工商大学学报（社会科学版）/2017-08

多角神兽与民间信仰——从长沙马王堆漆棺谈起/展梦夏/艺术品/2017-08

民间信仰：文化记忆的基石/高长江/世界宗教研究/2017-08

策略信任视角下的宗教与一般信任——基于2012中国综合社会调查的实证研究/韩彦超/世界宗教文化/2017-08

信仰·仪式·表演——基于陇中社火的田野调查/张红霞/戏剧之家/2017-08

民俗研究的谱系观念与研究实践——以东海海岛信仰为例/田兆元/社会科学文摘/2017-07

广府北帝信仰文化的流变及价值/曾应枫/探求/2017-07

庙会民间艺术的文化价值/郭莲纯/中外企业家/2017-07

对泰山神的国封、道封与文封/黄景春/泰山学院学报/2017-07

百年木艺与信仰的相遇——台湾神轿/国际木业/2017-07

宗教艺术的文化增殖及内在逻辑/包艳、汪小洋/甘肃社会科学/2017-07

白帝天王：传说与信仰/田泥、粟世来/吉首大学学报（社会科学版）/2017-07

当代社会中的考神崇拜现象初探/洪展/开封教育学院学报/2017-07

明清时期直隶运河区域水神信仰述略/胡梦飞/石家庄学院学报/2017-07

田兆元、林美容对话：文化圈与信仰谱系——海峡两岸民间信仰的比较研究/田兆元、林美容、游红霞/民间文化论坛/2017-07

晋东南二仙形象的多元化与功能叠加/段建宏、张慧仙、樊慧慧/中国地方志/2017-07

明清时期珠三角民间信仰在礼仪改革中的调适考察/宋旭民/云南社会科学/2017-07

"神圣"研究三十年——李向平教授访谈/李向平、张洪彬/学术月刊/2017-07

"信仰私享"与"平等社会"——当代中国的宗教信仰方式及其价值观/李向平/学术月刊/2017-07

甘肃武山县民间信仰及其文化价值/闫韶华/新西部/2017-07

胡同里的"雷海青"——谈"雷海青民俗信仰"的保护问题/高斯琦/中国艺术时空/2017-07

"狂欢"中的"异声"：民国知识分子对民间祈雨信仰的态度与认知/胡勇军/兰州学刊/2017-07

雁门重镇阳明堡的“羊舌信仰”文化探源/王秀伟、杨晶/文物世界/2017－07

闽南民间信仰文化旅游资源整合开发探讨/王泽巍/湖北经济学院学报（人文社会科学版）/2017－07

先秦民间信仰与民神易位的反向衍进——以兵学考察为中心/王震/民俗研究/2017－07

论隋唐五代民间信仰仪式的整合/李浩/民俗研究/2017－07

社会组织和民间信仰：梅花拳不仅仅是一种拳/唐韶军、王美娟/民俗研究/2017－07

羌族村寨守护神的价值与社区治理/李正元/青海师范大学学报（哲学社会科学版）/2017－07

从民间葬礼出发重新认识儒教/石顺林/大理大学学报/2017－07

民间信仰与国家治理关系研究——以妈祖信仰为例/柯力/长沙大学学报/2017－07

郑州城隍信仰对城市发展的影响研究/周远方/天中学刊/2017－07

清代四川民间信仰的区域差异/林移刚/四川师范大学学报（社会科学版）/2017－07

民间信仰志视阈内灾祸风险应对与族群互动的灵异叙事——以北江流域曹主信仰神话体系为例/黄韧/西南民族大学学报（人文社会科学版）/2017－07

阶层竞争与农村民间宗教的兴盛/袁松、阮体妹/广西大学学报（哲学社会科学版）/2017－07

九尾狐从祥瑞到妖异转变的思想内涵——以汉唐为中心的考察/张程/湖北社会科学/2017－07

看目光流盼多妩媚，入红尘俗世尽风流——从中国古典小说中狐狸形象的变化看华夏民族的信仰变迁/马筠/现代语文（学术综合版）/2017－07

妙峰山庙会与香会活动的当代意义/张青仁/北京社会科学/2017－06

伴随“海丝”陶瓷贸易而来的妈祖信仰移植/王永健/莆田学院学报/2017－06

惠东巽寮天后宫复兴机制考察/胡玉福/莆田学院学报/2017－06

闽南妈祖信仰复兴之历程与逻辑/陈琼/莆田学院学报/2017－06

观音信仰方式与当代中国文化建设/李向平/平顶山学院学报/2017－06

新郑小乔乡刘氏家族造像与北齐民间佛教信仰/熊丽萍、刘战/中原文物/2017－06

公共精神：从“亲爱”到“博爱”——对中西“神—人”关系的思考/甘满堂/探索与争鸣/2017－06

公私利益纠结中的华夏信仰方式——对炎帝故里三种祭祀模式的考察/赵翠翠/探索与争鸣/2017－06

张巡信仰及其流变——邵武大埠岗的“阳公”信仰探究/兰宗荣/福建江夏学院学报/2017－06

谈莆仙妈祖音乐在发展传播中的历史困境/杨旻蔚/福建师大福清分校学报/2017－06

《北方民间宝卷研究》述评/何江涛/宗教学研究/2017－06

南宋时期四川的民间信仰与地域社会——以《夷坚志》为中心/杨宗红/宗教学研究/2017－06

论“养德”为明清民间信仰之核心——以关帝、观音、文昌信仰为例的考察/宁俊伟/世界宗教研究/2017－06

宗教信仰影响生育意愿吗？基于CGSS2010年数据的分析/李峰/世界宗教研究/2017－06

海上丝绸之路与印尼民丹岛华人民间信仰的传播/施雪琴、许婷婷/海交史研究/

2017－06

海神妈祖信仰传播与造像艺术探略/唐宏杰/中国港口/2017－06

官民互动的典范：明清时期河神黄大王信仰的历史考察/胡梦飞/郑州航空工业管理学院学报（社会科学版）/2017－06

甘肃民间民俗文化问题研究/顾晓雪/社科纵横/2017－06

填还阴债与预寄珍财——古代“受生”“寄库”观念考辨/宋坤/敦煌研究/2017－06

生态文明视域下壮族民间信仰与文化战略研究/金乾伟/重庆科技学院学报（社会科学版）/2017－06

镇水、平浪与祈雨：清代小圣信仰的历史考察/胡梦飞/临沂大学学报/2017－06

从浙江民间观音文学看观音信仰的世俗化/郭美星、吕昂/汉字文化/2017－06

妈祖信仰与东西方海神崇拜异同/黄浙苏/妈祖文化研究/2017－06

中琉交往中的妈祖影踪/吴浩宇、孙家珅/妈祖文化研究/2017－06

江西省妈祖信仰的分布、传播、演变及影响/林明太、连金焰/妈祖文化研究/2017－06

妈祖信仰在舟山群岛传播的时间、路径和特点/倪浓水/妈祖文化研究/2017－06

从清代郑成功造像看闽台神像造型的美学意涵/陈晓岚/文物鉴定与鉴赏/2017－06

论京族民间信仰的原始性/裴龙/大众文艺/2017－05

青海乡村社会民间信仰与社会控制/鄂崇荣、任广斌/青海社会科学/2017－05

从港澳朱大仙信俗来源看非物质文化遗产的探源与传播问题/郑炜明、罗慧、孙沁/重庆文理学院学报（社会科学版）/2017－05

微观视野下的广西隆盛镇民间信仰/何杰峰、黄上真/文山学院学报/2017－05

福建民间女神信仰热现象的思考/傅玉真、潘娜/文学教育（下）/2017－05

华北古村落与民间信仰研究——以张家口蔚县为例/王晶/法制与社会/2017－05

建构与嬗变：历史变迁视野中的盘瓠信仰/李方/民族研究/2017－05

温州民间信仰活动场所发展现状及规范化管理对策/陈秋、庄丽芬/温州职业技术学院学报/2017－05

青苗会传承与发展的文化背景研究/杨勇/西北民族大学学报（哲学社会科学版）/2017－05

《三生三世十里桃花》的民间信仰/米广弘/中国宗教/2017－05

民间信仰与区域社会：以明清时期东昌府为中心的考察/胡梦飞/江南大学学报（人文社会科学版）/2017－05

民间信仰的社会扩张机制探析——以三山国王信仰为例/欧俊勇、吴孟显/五邑大学学报（社会科学版）/2017－05

民俗主义与学术反哺——以福建外碧村的民俗生活实践为例/宋颖/民间文化论坛/2017－05

福建屏南摩尼光佛信仰习俗考探/张帆/文化遗产/2017－05

清代京城满人信仰的多角度考察/刘小萌/吉林师范大学学报（人文社会科学版）/2017－05

从清末庙产兴学看宗教的社会管理/李皎乐、李志英/科学与无神论/2017－05

乡风民俗：传统闽西北乡村的非制度化教育/黄晓珍/中共福建省委党校学报/2017－05

民俗研究的谱系观念与研究实践——以东海海岛信仰为例/田兆元/华东师范大学学报

（哲学社会科学版）/2017－05

上海当代三官神话的地方话语及其变迁研究——以上海青浦区A村为例/雷伟平/华东师范大学学报（哲学社会科学版）/2017－05

神体儒用：儒学与民间信仰的融会/杨清虎/宁夏社会科学/2017－05

女性民俗与农村妇女的村庄政治参与——以温州L村为个案/陈秋/云南民族大学学报（哲学社会科学版）/2017－05

河北旅游文化产业背景下的民间木版画产业重构/李迪（李砥）、石军良/产业与科技论坛/2017－05

信仰食物：祭品的神性“营养”/吴秋林/民族学刊/2017－05

衰落与复兴：黄大仙信仰历程——以金华黄大仙信仰演变为例/陈华文/民俗研究/2017－05

吴语太湖片区的金总管信仰考/黄新华/苏州科技大学学报（社会科学版）/2017－05

昆山卜将军信仰的初步考察/归潇峰/苏州科技大学学报（社会科学版）/2017－05

老庄的民俗表达与民俗思想/林竞、林晓平/西北民族研究/2017－05

浑源“耍故事”习俗/王有国/寻根/2017－05

景颇族民间宗教信仰中的自然观与神鬼观/徐俊六/理论月刊/2017－05

全民健身视角下少数民族村落群体活动的体育组织发展研究——以桂西北少数民族聚居区的古村落为例/王世景、孙庆彬、孔令强/体育科技/2017－05

民间信仰视角下的跨宗族族群整合——以福州螺洲古镇为例/杨一帆、林志森、陈文超/中外建筑/2017－05

荥阳穆沟祭祀古乐文化研究/耿琼珂/洛阳理工学院学报（社会科学版）/2017－04

陈靖姑造像“三身”现象探析/何慧、龚晓田/集美大学学报（哲学社会科学版）/2017－04

社区营造与民族地区乡村文化建设/彭永庆/华南农业大学学报（社会科学版）/2017－04

神山与山神——飞山神信仰探微/魏建中/民族论坛/2017－04

从《鬼妻的丈夫》看泰国佛教与民间信仰的关系/晨妮莎·帕拉普莫/安徽文学（下半月）/2017－04

福州民间大圣信俗的作用与传承保护对策/陈超、林哲/福建教育学院学报/2017－04

古越族原始信仰与徽州民间巫术/张小明/贵州民族研究/2017－04

浅谈维护两岸关系和平发展的社会路径——以闽台宗教文化交流为视角/廖凯、吴巍巍/现代台湾研究/2017－04

在妈祖的庇佑下：女性家族史与民间信仰——以陈玉慧的《海神家族》为中心/杨君宁/华文文学/2017－04

个体、世家、社群——民间载体的觉域派教法信仰与实践/德吉卓玛/西部学刊/2017－04

江苏常熟宣卷活动的新变及其意义/丘慧莹/石河子大学学报（哲学社会科学版）/2017－04

“为女神置办喜事”——甘肃岷县锁龙乡青苗会的人类学思考/余吉玲/青藏高原论坛/2017－04

无象之相——佛教祭礼乐象的视觉人类学观想/邓启耀/中国音乐学/2017－04

茂名冼太庙多神共祀探析/李润、张春丽/广东石油化工学院学报/2017－04

国家正祀与民间信仰——以商汤信仰为例/白仁杰/绵阳师范学院学报/2017－04

“一带一路”：维系和发展中华文明的新纽带——马来西亚文化研究综述/陈宏/齐鲁艺苑/2017－04

左江流域土地神信仰与乡村和谐社会的构建/黄新宇/青海民族大学学报（社会科学版）/2017－04

浙江义乌地区土地庙存废演变述略/吴晶、胡悦晗/地方文化研究/2017－04

金元时期的水神形象建构与民众抉择——以山西新绛鼓堆泉为例/裴孟华/地方文化研究/2017－04

1937—1948年间上海城市民间信仰传播和分异研究/陈云霞/中国历史地理论丛/2017－04

福建乡土小说《闽都别记》研究述评/陈丽媛/闽南师范大学学报（哲学社会科学版）/2017－03

《麽经布洛陀》民间抄本、仪式与信仰文化保护发展研究/金乾伟/遗产与保护研究/2017－03

从祭神到娱人——历史变迁中的招子鼓/齐易、王永利/原生态民族文化学刊/2017－03

清代曲靖地区的社会变迁：以水利碑刻为中心的考察/杨天虎/曲靖师范学院学报/2017－03

福安白龙女祭母文学渊源考察/崔淑晓/宁德师范学院学报（哲学社会科学版）/2017－03

呼兰小庙群狐黄与土地民间信仰生存状态田野调查/解洪兴、张家境、周朋/黑河学院学报/2017－03

山西离石天贞观的文化传承/梁淑荣/吕梁教育学院学报/2017－03

广西富川刘仙娘信仰文化研究综述/苏娟/文化学刊/2017－03

泰山民间信仰对个体心理健康的影响/韩仁生、李积鹏/泰山学院学报/2017－03

论现代化视域下民间信仰的变迁——以黔南地区为例/张龙、许宪隆/黔南民族师范学院学报/2017－03

广西靖西县大邦屯壮族民间信仰现状及其当代价值/陈锦均/黔南民族师范学院学报/2017－03

壮族民间信仰文化在旅游开发中的表达——以来宾鳌山庙为例/王佳果、曹宏丽/黔南民族师范学院学报/2017－03

探寻我国城隍信仰的历史嬗变/梁润萍/黔南民族师范学院学报/2017－03

中越边境跨界京族民间信仰与旅游开发——以广西东兴市江平镇万尾村为例/白爱萍/贺州学院学报/2017－03

赣闽粤边区的儒学传播及其对客家民间信仰的影响/邹春生/赣南师范大学学报/2017－03

民间信仰与客家社会变迁——以于都水府庙会和安远水泡庙会为考察对象/周小龙/赣南师范大学学报/2017－03

伏虎文化的塑造与当代价值/邱立汉/龙岩学院学报/2017－03

法治中国视域下宗教关系的协调与平衡/赵翠翠、李向平/华东政法大学学报/2017－03

南通童子戏剧本中的精神民俗探究/陈云/开封教育学院学报/2017-03

生活在传统中——论节日遗产在当代的传承与保护/林慧/文化遗产/2017-03

中国东南民间信仰的土著性与北方宗教的传统性之比较/邱冬梅/西北民族大学学报（哲学社会科学版）/2017-03

闽台神庙金身巡游和进香的文化探析——以清水祖师为例/张小琴/湖北民族学院学报（哲学社会科学版）/2017-03

浚县民间会社组织的历史脉络及其社会文化功能/陈娜/濮阳职业技术学院学报/2017-03

从民间信仰到象征艺术——陇东“抓髻娃娃”艺术形象文化内涵研究/郭俊宁/中国包装/2017-03

人类学家吴秋林：走向文化深处的基因研究/王金元/广西民族大学学报（哲学社会科学版）/2017-03

“定亲”型故事中“月老”形象传承的文化根基/张举文、桑俊/民俗研究/2017-03

汉族跳傩行为中的礼物馈赠与计算/曾澜/民俗研究/2017-03

民间信仰多样性对村落社会的整合功能及价值意义——以大理庆洞神都本主庙信仰神灵体系为例/张云霞/大理大学学报/2017-03

在禁忌中创新：以台湾地区民间信仰文创产品为鉴/黄臻/装饰/2017-03

非常态下的信仰展现：一个豫东北村落的节日禁忌/张秋伟/湖北函授大学学报/2017-03

洞庭湖区水神信仰民俗音乐研究/曾娜妮/艺海/2017-03

通榆年画的文化价值探析/刘春玲、房爱华/北华大学学报（社会科学版）/2017-03

探寻上党民间信仰的真实图景/侯杰/寻根/2017-03

民间信仰的“三教合一”特征——以《重刻辟邪归正消灾延寿立愿宝卷》为中心的考察/韩焕忠/湖南行政学院学报/2017-03

山西垣曲地区清朝宗教寺庙文化/李成、陈谙哲/山西师范大学学报（社会科学版）/2017-03

天后信仰在越南湄公河流域的传播及其特点/阮玉诗/妈祖文化研究/2017-03

乡土文化退隐对乡村学校德育的影响及其应对/安宝珍、张洁/教学与管理/2017-03

论信仰在民间交际习俗产生中的作用/成晓丽、高平、韩栋/科技风/2017-02

送子观音信仰民俗的源流与形态/谢志斌/平顶山学院学报/2017-02

香港地区天后宫及其信仰的观察与思考/李栋材、钟娉雯/莆田学院学报/2017-02

文明社群视角下的民间庙宇研究——基于湖南省三个庙宇的个案调查/陈彬、胡海芸/宜宾学院学报/2017-02

消失在社会变迁中的场神——以杨店村为例/杨晓/文化学刊/2017-02

“熟苗”话语下的信仰、文化与认同——以黔东南锦屏县平鳌苗寨为例/左振廷/河西学院学报/2017-02

库官信仰：劁猪村的专营权保护——基于苍南县横河村的考察/林亦修/温州职业技术学院学报/2017-02

民间信仰中的大众心理与官民博弈——以民国时期东北地区求仙讨药活动为例/王辉、李书源/华侨大学学报（哲学社会科学版）/2017-02

论福建优秀传统文化的当代价值/陈赵阳/福建师大福清分校学报/2017－02

开平泮村灯会特色探讨/宋旭民/五邑大学学报（社会科学版）/2017－02

日本学界的台湾妈祖信仰研究/赖雅琼、吴光辉/台湾研究集刊/2017－02

浙江龙王信仰的“佛教化”研究/陈政禹/台州学院学报/2017－02

壮族《妈勒访天边》智慧叙事与布洛陀信仰意义阐释/金乾伟/佳木斯大学社会科学学报/2017－02

论努尔哈赤传说的形成基础/刘先福/河北民族师范学院学报/2017－02

南宗道教仪式的礼俗之变——以首届海峡两岸奉祭三清道祖大典为例/古屿鑫/世界宗教文化/2017－02

试析壮族机智人物故事的民俗文化内涵——以特堆故事为对象/韦杨波、林丽/河池学院学报/2017－02

社会变动下的民间信仰：晚清民国时期的水神崇拜/袁博/华北水利水电大学学报（社会科学版）/2017－02

宗教信仰在藏族民间舞中的体现/彭柳/大众文艺/2017－02

财神信仰的当代复兴/文化纵横/2017－02

宗教治理如何走出困境？——以济度宗教为例/陈进国/文化纵横/2017－02

中国传播学与乡村研究的再思考/林莉君/浙江传媒学院学报/2017－02

民间信仰影响下沈从文、迟子建对“神性”生命世界的构筑/易瑛/中国文学研究/2017－01

论清代四川民间信仰的特征/林移刚/重庆文理学院学报（社会科学版）/2017－01

山东菏泽开发区何庄村“吃会”习俗考察/张统夏/三峡论坛（三峡文学·理论版）/2017－01

宗教信仰对集体行动参与的影响及其机制——基于 CGSS2010 数据的实证分析/易承志/复旦学报（社会科学版）/2017－01

人文信仰与生活方式的当代融合——陕西凤翔县湫池庙会调查报告/赵德利/咸阳师范学院学报/2017－01

引导民间信仰服务社会治理的路径研究/骆键夫/民营科技/2017－01

2016 年民间文学研究报告——以神话、传说与故事为主/祝鹏程/民间文化论坛/2017－01

福建福清城隍庙：见证海峡两岸民间信仰文化交流/陈仁杰、郑松波/台声/2017－01

宗教信仰的代际传递：基于台湾地区的数据分析/刘子曦/社会学研究/2017－01

习近平信仰观的三个维度与建构群众信仰体系新格局/李阎/唐山师范学院学报/2017－01

抗战前期国内学者对云南民俗的调查研究/刘薇/楚雄师范学院学报/2017－01

浅析彝族招魂仪式的社会功能——基于普洱市思茅区云仙乡的个案研究/杨双江、叶宏/楚雄师范学院学报/2017－01

民间信仰、社会整合与地方秩序的生成——以关中风池村庙会为考察中心/孙敏/北京社会科学/2017－01

民间文化中女娲形象的变异——以西华女娲“经歌”为基点/董艳艳/河南师范大学学报（哲学社会科学版）/2017－01

论布洛陀信仰的价值提升/黄基凤/传承/2017－01

公众参与社区自然资源管理的路径选择——以云南大理洱海为个案的研究/陈爱国/民俗研究/2017－01

师公对维护瑶族内部稳定的作用探析——以广西田林县盘古瑶师公为例/韦光化、高崧耀/云南民族大学学报（哲学社会科学版）/2017－01

浙江民间信仰的历史形态与历代政府控制/张祝平/云南民族大学学报（哲学社会科学版）/2017－01

仪式中的国家：从祈雨看民国江南地方政权与民间信仰活动之关系/胡勇军/江苏社会科学/2017－01

淇澳岛的渔业状况调查/何国强/青海民族大学学报（社会科学版）/2017－01

论贵州贵定县宗教文化格局及其特征——以祠宇寺观为中心的考察/周永健/青海民族大学学报（社会科学版）/2017－01

韶关道教历史与现状述论/杨华山/韶关学院学报/2017－01

传承与变迁：台湾客家民间信仰研究/刘大可/福州大学学报（哲学社会科学版）/2017－01

客家文化原初生境与当代生态保护建设/廖开顺/黄河科技大学学报/2017－01

宋元以降潮州地区双忠信仰的地理分布/李国平/中国历史地理论丛/2017－01

信仰方式的私人性与公共性——以民间信仰与基督教为例/赵翠翠/江苏行政学院学报/2017－01

中华优秀传统文化传承的认同性研究——基于早期道教与民间信仰的考察/卜祥伟/人文天下/2017－01

清代敦煌民间神庙戏场文献研究——基于清代卫所及移民视角的分析/王萍/民族艺术研究/2017－01

中国闽台缘博物馆馆藏闽台民间“同祀诸神像”赏析/肖月萍/文物鉴定与鉴赏/2017－01

第十篇

年度信息

2017年度宗教研究发展大事记

王皓月　徐浩诚 编

1月

1月9日，2017年全国宗教局长会议在北京召开。会议深入贯彻落实中央关于新形势下宗教工作的决策部署，总结交流2016年工作，研究部署2017年工作。国家宗教局局长王作安在会上作工作报告。

1月，从江西省文物考古研究院获悉，经过2年多考古发掘，“道教祖庭”龙虎山大上清宫遗址已发掘4500平方米。专家证实，遗址为大上清宫明代遗存，是我国南方地区迄今发现的等级最高、规模最大、保存最完整的皇家等级宫观建筑遗址。

1月9—10日，2017年全国宗教局长会议在北京举行。国家宗教事务局局长王作安在会上表示，新修订的《宗教事务条例》将于近期正式公布。据了解，此次《宗教事务条例》修订的重点围绕解决涉及国家安全、社会舆论关注、宗教界要求强烈等方面问题，以适应新形势下宗教工作的迫切需要。

2月

2月3日，《国家宗教事务局2017年工作要点》公布。2017年宗教工作的总体要求是：全面贯彻党的十八大和十八届三中、四中、五中、六中全会精神，按照“五位一体”总体布局和“四个全面”战略布局要求，坚持稳中求进工作总基调，以学习贯彻全国宗教工作会议精神为主线，切实贯彻落实新修订《宗教事务条例》，着力提高宗教工作法治化管理水平，着力引导我国宗教坚持中国化方向，着力解决宗教领域突出问题，着力加强宗教界自身建设，促进我国宗教领域团结稳定，把宗教界人士和信教群众团结在以习近平同志为核心的党中央周围，以优异的成绩迎接党的十九大胜利召开。

2月7日，为深入贯彻全国宗教工作会议精神和习近平总书记重要讲话精神，深化对中国特色社会主义宗教理论的学习研究，江西省民族宗教事务局近日在全省民宗系统组织开展“中国特色社会主义宗教理论”征文活动。

2月14日，湖北省委常委、省委组织部部长于绍良率队到国家宗教事务局，汇报承办第四届国际道教论坛筹备工作。国家宗教事务局局长王作安、副局长蒋坚永等会见于绍良一行并座谈。第四届国际道教论坛举办期间，将成立世界道教联合会。这将是迄今为止，我国成立的唯一国际性宗教组织。

2月17日，国家社科基金重大项目“‘一带一路’战略实施中的宗教风险研究”开题报告会在中国社会科学院世界宗教研究所顺利召开。国家社科基金重大项目“‘一带一路’战略实施中的宗教风险研究”是中国社会科学院世界宗教研究所副所长郑筱筠研究员及其研究团队在2015年度开始启动，2016年申请并正式立项，由郑筱筠研究员主持。

2月26日，为庆祝香港回归祖国20周年，由香港中华佛教文化院、香港佛教“此岸——彼岸”弘法会、云南旅港同乡会联合主办，大公文汇传媒集团、香港镜报、中缅文化交流基金会协办的“慈悲与智慧的现代观——佛教汉传、南传、藏传三大语系交流论坛”在香港葵涌观音讲堂举行。

3月

3月，在中国藏学出版社成立30周年发布会上，由近百位藏学专家学者经14年呕心沥血完成的《西藏通史》作为重点推出。全书共850余万字，分为早期、吐蕃、宋代、元代、明代、清代、民国、当代8卷13册，是目前国内，也是国际藏学界首部完整、全面、系统介绍和展现西藏地方历史的通史著作。

3月1日，首届南宗道教与当代文化艺术研讨会在定安文笔峰开幕，来自辽宁、北京、江苏、浙江、海南等地20余名文化艺术领域专家齐聚一堂，共同研究探讨中华优秀传统文化传承发展问题。

3月3日，全国政协十二届五次会议在北京人民大会堂开幕，全国政协主席俞正声作政协全国委员会常务委员会工作报告。关于民族宗教工作，俞正声主席在报告中这样说道：贯彻党的民族政策和宗教政策，促进民族团结、宗教和睦。

3月7日，国家社科基金重大项目“‘一带一路’战略实施中的宗教风险研究”系列讲座的第三讲在中国社会科学院世界宗教研究所举行。中国社会科学院世界宗教研究所副所长郑筱筠研究员主讲，题目为“‘一带一路’战略与宗教风险研究——基于可能性与必要性的视角”。此次讲座由中国社会科学院世界宗教研究所、中国宗教学会主办，《世界宗教文化》编辑部承办。讲座由中央社会主义学院副院长袁莎主持。来自中央统战部、中央社会主义学院、国家宗教事务局、云南省政协、中国社会科学院世界宗教研究所等科研机构、高校的领导与专家以及社会各界人士80多人参加了此次学术活动。讲座现场学术氛围浓厚，参加讲座的专家学者围绕主题展开了深入的学术交流。

3月4—8日，应台湾“中华华夏文化交流协会”的邀请，中国社会科学院世界宗教研究所赵文洪书记率“世界宗教研究所台湾宗教文化交流访问团”赴台湾作为期5天的交流访问。

3月14日，政协四川省常委、四川省民族宗教事务委员会副主任、四川省政协民族工作委员会副主任杨伯明同志在中国社会科学院世界宗教研究所作了题为“经济体制改革后农村的宗教、宗教问题及宗教工作”的学术报告。此次会议由中国社会科学院世界宗教研究所主办，马克思主义宗教观研究室、当代宗教研究室承办。世界宗教研究所党委书记赵文洪研究员主持了报告会，副所长郑筱筠研究员做了点评。

3月16日，由中国社会科学院世界宗教研究所李建欣研究员主持的国家社科基金重大项目“中国宗教研究数据库建设（1850—1949）”举行了开题报告会。来自中国社会科学院、南京大学、上海大学、中国人民大学、东南大学、中国社会科学出版社、社科文献出版社等单位的30多位专家学者以及项目组成员出席了此次开题报告会。

3月21日，第四届国际道教论坛新闻发布会在北京举行。发布会宣布由中国道教协会和中华宗教文化交流协会主办、“国际道教论坛湖北组委会”承办，以“道通天地 德贯古今”为主题的第四届国际道教论坛将于2017年5月10—12日在湖北省十堰市武当山举办。中华宗教文化交流协会副会长兼秘书长蒋坚永，中国道教协会副会长兼秘书长张凤林，第四届国际道教论坛湖北联络处主任、湖北省人民政府副秘书长刘仲初发布了论坛的相关信息。中华宗教文化交流协会副秘书长肖虹主持新闻发布会。

3月19日，为纪念一代高僧太虚大师圆寂70周年，南普陀寺、闽南佛学院和北京大学佛教研究中心共同举行了《太虚大师全集》（暂拟名）编修研讨会暨项目启动仪式。来自厦门市委统战部、市宗教局有关领导，北京大学、中国人民大学、中央民族大学、中山大学、上海师范大学、华南师范大学等高校的专家学者，以及南普陀寺和闽南佛学院法师等共同参加了活动。

3月23日，首届“庐山论坛——佛教与中国文化峰会”预备会议在中国文化院召开。中国文化院院长许嘉璐、国家宗教事务局副局长蒋坚永、北京大学教授楼宇烈、中国佛教协会副秘书长卢浔以及来自国内各地的专家学者、江西省宗教界有关领导30余人出席会议。会议由中国文化院秘书长张武主持。

3月24日，来自中国社会科学院世界宗教研究所、中国藏学研究中心、西藏大学、拉萨大昭寺、青海博物馆、台北故宫博物院、香港中文大学、日本高野山大学、尼泊尔梵语大学等机构的40余位国内外专家学者，齐聚上海梵典宫，现场研讨抢救、整理千余册梵、藏文等佛教经典。

3月24日，上海举办“致敬经典，佛教典籍现场研讨会”，同日成立“梵典宫”暨上海梵典古籍文献研究中心。国内外学者专家对上海收藏家顾清所藏的历代文献进行了鉴赏与评估，经研究确认，顾清所藏典经年代久远、材质考究、文种繁多、版式多样、传承有序，是新近发现的珍贵佛教典籍文献。其中70多函册贝叶经，其数量之多在全球都属罕见，而且这批资料在贝叶经研究领域还从未刊布介绍，其历史文化价值无法估量。

3月25日，由佛光山文教基金会与河北博物院主办的“佛·缘——河北曲阳白石佛教造像艺术展暨学术研讨会”，在佛陀纪念馆礼敬大厅二楼隆重开幕。与会贵宾有河北博物院院长罗向军、佛光山开山寮特助慈惠法师、佛光山文教基金会执行长如常法师、台北艺术大学名誉教授林保尧、台南艺术大学艺术史学系副教授潘亮文等，和来自中国大陆和台湾地区、日本的多位学者和艺术家热情参与，研讨会在佛光山文教基金会历年主办活动剪影展后揭开序幕。

3月25—27日，2017年道祖圣诞拜祖大典暨老子与道教文化学术研讨会在安徽省亳州市涡阳县举办。据悉，这次活动由安徽省道教协会、中国人民大学宗教高等研究院、中国人民大学道教研究中心联合主办，涡阳天静宫承办。

3月26日，由国家宗教事务局主办，海南省民族宗教事务委员会、海南省佛教协会承办的“澜湄六国佛教领袖对话”在博鳌亚洲会议中心成功举办。

3月，陕西省文物保护工作者近日在地处秦岭山脉的镇安县茅坪镇五星村一处山腰上，发现一座元代密宗寺院——毗卢寺遗址，专家推断遗址约绵延数公里，寺院内发掘的一座四边形石塔为陕西首次发现。

3月27日，胡耀贞研究会在北京大福堂中医理疗康复馆举行了内丹学内家拳的研讨会，来自中国和日本的学者进行了友好的交流与讨论。来自中国社会科学院世界宗教研究所的曾传辉研究员作了主题为“胡耀贞年谱的整理研究”的报告。

3月28—29日，“利玛窦与南昌：教会中国化暨本地化”研讨会在南昌赣江宾馆举办。此次研讨会由天主教江西教区、河北信德文化学会、复旦大学全球化与宗教研究所和复旦大学哲学学院利徐学社联合举办。来自国家宗教事务局、江西省委统战部、江西省民宗局、河北省民宗厅的领导出席会议。来自中国大陆和港澳台地区以及意大利、美国 18 所大学、5 个研究机构的学者、天主教和基督教的神长教友学者以及新闻界人士一百多人与会。

3 月 29 日，国家宗教事务局召开 2017 年在京特聘专家座谈会。王作安局长出席会议并讲话，陈宗荣副局长主持会议。中央党校、国家行政学院、中国社会科学院、北京大学、清华大学、中国人民大学、中央民族大学、中国政法大学、中国传媒大学等高校和学术研究机构的 22 位在京特聘专家参加了会议。

3 月，陕西省文物局赴淳化金川湾石窟现场检查指导中德“陕西省石刻佛经合作研究”项目。这也是中方文物保护机构与德国科研机构共同合作，开展文物保护工作的重点项目。

3 月 31 日，由华侨大学与中国孔子基金会合作共建的华侨大学国际儒学研究院在厦门校区揭牌成立。据介绍，华侨大学国际儒学研究院是以研究和弘扬儒学、实现中华优秀传统文化的创造性转化和创新性发展为宗旨，集儒学教育、儒学研究于一体的学术文化机构。

4 月

4 月 1 日，以“空间、网络与宗教”为主题的第十一届两岸宗教学术论坛在华侨大学厦门校区举行。来自台湾辅仁大学、中国人民大学、华侨大学、厦门大学、中华妈祖文化交流协会、福建省基督教三自爱国会、福建省神学院、泉州府文庙管理处的近 50 位专家学者与会，与会者围绕“佛教”“佛教、儒教、民间宗教”“道教”“基督教与民间信仰”“民间信仰”等分议题展开为期两天的研讨。

4 月 8 日，中国社会科学院世界宗教研究所巴哈伊研究中心与香港大学社会学系合办的“巴哈伊文化里的人性观”座谈会在中国社会科学院世界宗教研究所召开，围绕全球繁荣研究所的文告“论人性”展开公共话语构建活动。来自北京各大高校和科研机构的教育专家、社会学家、人类学家、生物学家、医学家、宗教学研究者等 20 余人参会。中国社会科学院世界宗教研究所巴哈伊研究中心陈进国教授和香港大学宗树人教授共同主持了这次座谈会。

4 月 8—10 日，为期 3 天的 2017“中华文化与人类命运共同体建构”国际论坛以及“玉蟾杯”道学全球有奖征文比赛颁奖典礼等活动，在位于海南省定安县的玉蟾宫举行。

4 月 9 日，由云南省佛教协会和云南省宗教学会主办，德宏州佛教协会承办的第二届南传佛教高峰论坛在云南省德宏州芒市召开。

4 月 13 日，北京市伊斯兰教协会举行网站开通仪式。北京市宗教局副局长范宝出席仪式，北京市伊协副会长兼秘书长沙丽主持仪式。

4 月 15—16 日，“僧伽大师与佛教中国化”学术研讨会在江苏省南通市召开，此次研讨会由中国社会科学院世界宗教研究所、中国宗教学会和南通市民族宗教事务局主办，由中国社会科学院《世界宗教研究》编辑部、中国社会科学院东方文化研究中心、南通狼山度假区管理办公室、南通市佛教协会、南通市僧伽文化研究会、南通佛教文化展览馆（西寺）承办。

4 月 18 日，中国伊斯兰教协会在西安召开清真寺建筑风格研讨会。会议以全国宗教工作会议精神和习近平总书记重要讲话精神为指导，围绕当前一些地方清真寺建设中出现的照搬外国模式等倾向问题进行研讨，分析原因、交流举措、提高认识、达成共识。

4 月 18 日，中国社会科学院世界宗教研究所道教与中国民间宗教研究室举办第 12 期“道教学术研究沙龙”活动。该活动属于世界宗教研究所创新工程项目“新时期的道教与中国民间宗教研究”子课题之一。“道教学术研究沙龙”是北京的道教学界同仁共同提议，由中国社会科学院世界宗教研究所道教与中国民间宗教研究室筹建的一个主要面向中青年研究者的开放型的学术交流团体，广大同仁希望能借此相互砥砺，共同切磋，以推进道教与民间宗教研究的深入发展。

4 月 19—20 日，中国社会科学院世界宗教研究所所长卓新平研究员，佛教研究中心主任魏道儒研究员，世界宗教研究所特聘研究员赵敏一行赴四川省泸州市江阳区调研。

4 月 21 日，北京大学宗教文化研究院联合河北禅学研究所等机构，在北大百年讲堂举行《宗教与人文价值：北大虚云讲座五周年讲演集》首发仪式，与会专家学者高度评价文集的出版。

4 月 21 日，在中国社会科学院世界宗教研究所大会议室，由北京大学哲学系、北京大学《儒藏》编纂与研究中心助理教授杨浩博士作了题为“中文文本数据库设计优缺点分析及未来展望”的学术报告。

4 月 22 日，华东师范大学大型古籍文献整理工程《子藏》第三批成果发布，其中包括道家 2 种、法家 1 种、名家 5 种、杂家 2 种，共 10 种诸子系列，收入先秦至民国时期有关子学著作 618 种，共 215 册。这是继 2011 年第一批、2014 年第二批成果推出之后，《子藏》工程取得的又一重大成果。

4 月 22 日，“《中国道教史》教材编写大纲研讨会”在陕西省紫阳县召开。来自各地的 30 余位权威学者、高道大德齐聚在南宗祖庭悟真观，共同研讨《中国道教史》教材的编写大纲问题。陕西省宗教事务局副局长李晓健，陕西省社科院副院长白宽梨全程参与研讨。

4 月 22—23 日，由中国社会科学院世界宗教研究所、中国宗教学会主办，湖南第一师范学院马克思主义学院、中南大学宗教文化研究中心协办的“宗教与心理健康：理论和实践”学术研讨会在长沙榔梨陶公庙召开。研讨会开幕式由中国社会科学院世界宗教研究所党委书记赵文洪研究员，中南大学公共管理学院院长、博士生导师左高山教授，中国道教协会副会长、湖南省道教协会副会长黄至安道长和榔梨陶公庙周至仁道长分别致辞，由中国社会科学院世界宗教研究所梁恒豪副研究员主持。

5 月

5 月 4 日，澳门佛教史上规模最大的学术高峰论坛——“一带一路”背景下的佛教使命，在澳门渔人码头会议中心隆重开幕，海内外高僧大德、佛教信众二千余人云集澳门，共同探寻佛教在“一带一路”上的价值和使命。论坛隆重发布了《共同宣言》，与会大众共同呼吁“佛子应有历史担当”，期盼“丝路重光，正法久住，同圆国梦，天下归仁”。

5 月 5 日，中央民族大学宗教研究院成立仪式在北京举行。中央民族大学校长黄泰岩，中国社会科学院学部委员、世界宗教研究所所长、中国宗教学会会长卓新平，国家宗教事务局副局长陈宗荣，中央统战部二局局长马利怀，国家民族宗教事务委员会民族理论政策研究室副主任李红杰、中央民族大学哲学与宗教学学院资深教授牟钟鉴，北京市佛教协会会长胡雪峰，福建省基督教三自爱国运动委员会主席岳清华，中央民族大学哲学与宗教学学院院长刘成有，中央民族大学宗教研究院院长游斌以及来自北京大学、北京师范大学、中国人民大学、中国社会科学院、中央民族大学等研究机构和高校的专家学者出席了成立仪式，成立仪式由中央民族大学哲学与宗教学学院院长刘成有教授主持。

5月6日，由东南学术杂志社与华东师范大学宗教与社会研究中心联合举办的“新型城镇化与民间信仰方式变迁”研讨会在华东师范大学召开，来自全国各地的20余位专家学者参加了会议。

5月9日，为推动中华传统文化的深度研究，挖掘区域人文资源的深层底蕴，并促进二者的互动，由华东师范大学涵静书院、中菁（上海）金融信息服务有限公司和安徽华塔文化产业股份有限公司共同举办了“首届‘一华塔’中华文化高峰论坛”。

5月10日，第四届国际道教论坛在道教圣地武当山举行。名山之水汇武当，千年道教昭吉祥。这是继2007年在西安和香港、2011年在湖南南岳、2014年在江西鹰潭市龙虎山三次举办国际性的道教论坛之后，中国道教协会与中华宗教文化交流协会再度携手，在武当山举办国际道教盛会。

5月，记者从河北临漳县文物部门获悉，考古专家经过对邺城遗址核桃园建筑基址群发掘和研究，确认建筑基址群属于北齐皇家佛寺大庄严寺遗址。

5月16—17日，“中国特色社会主义宗教理论”研讨会在郑州召开。此次会议由国家宗教事务局主办，河南省宗教事务局承办。王作安局长出席会议并讲话，河南省委常委、统战部部长陶明伦出席会议并致辞。来自中宣部、中央统战部等中央和国家机关有关部门的代表，各省（区、市）政府宗教工作部门有关负责人，各全国性宗教团体有关负责人，中国社会科学院、中国人民大学等科研院校专家学者，以及国家宗教事务局有关部门负责人100多人参会。

5月18日，甘肃省反邪教理论研究基地成立大会在甘肃省社会科学院举行。甘肃省政府防范办、中共甘肃省委党校、甘肃省文化厅、甘肃省宗教局、甘肃省教育厅、甘肃团省委、甘肃省科协等15个部门单位的相关负责人出席会议，甘肃省社会科学院、甘肃省行政学院、兰州大学、西北师大等8个省内主要科研院所相关专家共30余人参加成立大会。甘肃省科协党组书记、第一副主席，甘肃省反邪教协会理事长陈炳东同志，甘肃省社会科学院党委副书记、院长王福生同志分别代表甘肃省科协和甘肃省社会科学院签订了合作协议，并为基地揭牌。会议由甘肃省社会科学院副院长、甘肃省反邪教协会副理事长安文华同志主持。

5月19—21日，“三燕高僧研究”学术研讨会在辽宁省朝阳市举行。60多位来自中国人民大学、上海社会科学院、中国佛教协会等单位的专家学者、相关领导、教界代表参加了研讨会。19位专家学者发表了论文。会议研讨主要内容分为两大部分：以昙无竭为主的三燕高僧研究，朝阳与北方草原丝绸之路研究。

5月20日，由江苏省佛教协会主办、常熟市佛教协会承办、江苏佛学院法界学院协办的“宗仰法师与近现代佛教”研讨会在宗仰法师故里、江南文化名城常熟隆重召开。

5月20—22日，由中国社会科学院世界宗教研究所主办、河南省宗教事务局协办的以“坚持宗教中国化方向”为主题的马克思主义宗教观研讨会（2017）在郑州召开。

5月23日，《世界宗教研究》年度主题讲座在中国社会科学院世界宗教研究所举行，世界宗教研究所董江阳研究员作了题为“美国政教关系模式反思”的学术报告会由《世界宗教研究》编辑部主任李建欣主持，世界宗教研究所基督教研究室主任唐晓峰研究员、周伟驰研究员，《世界宗教研究》编辑部人员以及对这一课题感兴趣的约30位学者参加了这次报告会。

5月25日，“伊斯兰教与欧美社会”学术研讨会在北京召开。此次研讨会由中国宗教学会、中国社会科学院世界宗教研究所主办，中国社会科学院世界宗教研究所伊斯兰教研究室发起并承办，属于伊斯兰教室举办的“伊斯兰学术·高峰论坛”系列之一。

5月30日（农历五月初五），“大慈弥勒·人间净土——保定兜率寺开山四周年纪念暨首届弥勒论坛”开幕，论坛由保定兜率寺主办，净土文化工作坊协办，出席论坛的嘉宾有以中国人民大学博士生导师温金玉教授为首的专家学者团、以联想集团高级副总裁王晓岩女士为代表的商界精英、雪窦山资圣禅寺监院持定法师以及多年来护持兜率寺的全国各地信众和义工1000余人。

5月31日，基督教全国两会向各省、自治区、直辖市及乌鲁木齐市基督教两会和各神学院校，发布关于将于2017年10月下旬举办“纪念宗教改革500周年暨基督教中国化研讨会”的征文通知。

6月

6月1—3日，由中国英汉语比较研究会和中国宗教学会联合主办、中国海洋大学承办、《上海翻译》编辑部和《翻译界》编辑部协办的第四届宗教经典翻译理论与实践研讨会在中国海洋大学召开。十二届全国人大常委、中国宗教学会会长、世界宗教研究所所长、《世界宗教研究》主编卓新平，中国英汉语比较研究会会长、广东外语外贸大学云山领军学者、墨尔本大学亚洲学者讲座教授、清华大学翻译与跨学科研究中心主任罗选民，中国海洋大学外国语学院院长杨连瑞出席会议并致辞。

6月2—4日，由四川大学道教与宗教文化研究所、山东大学犹太教与跨宗教研究中心、山东大学饶宗颐宗教与中国文化研究所联合举办的第三届希伯来圣经研讨会于四川大学科华苑宾馆召开。研讨会得到了河南大学圣经文学研究所《圣经文学研究》编辑部的大力支持。来自中国社会科学院、山东大学、南京大学、中山大学、华东师大、河南大学、上海大学、汕头大学、深圳大学与四川大学等学术机构的30位专家学者与会。此次研讨会承袭首届（2014年山东大学）和第二届（2015年上海大学）的会议宗旨，围绕着圣经诠释、圣经批评方法、希伯来圣经与中国经典的跨文本阅读等主题进行了深入细致的探讨。

6月4日，成都文物考古研究所公布，历经数月发掘，在市中心实业街发现福感寺遗址，此前仅见于文献资料的这座益州（成都）名寺终于重现于世。规模宏大的寺庙、栩栩如生的石刻造像、饰有金粉的石刻经版弥足珍贵。

6月，记者从西藏自治区古籍保护中心获悉，近期在拉萨发现了早期摩崖石刻群，据考证推断为公元11—13世纪的摩崖造像。

6月6日，湖南省民宗委在长沙举行“湖南省民族宗教研究所”揭牌仪式。揭牌仪式由省民宗委主任徐克勤主持，省民宗委副主任何其雄宣读省编办《关于同意湖南省民族研究所更名的函》，国家民委研究室主任石玉钢、国家宗教局宗教研究中心主任张训谋共同为“湖南省民族宗教研究所”揭牌。省民宗委副主任赵仁秀、机关全体干部职工、部分民族研究基地代表参加了揭牌仪式。

6月6日，在金陵协和神学院新落成的大教堂副堂特别举行了“神学教育与基督教中国化”研讨会，这是65周年院庆暨教堂落成感恩庆典的重要环节之一。

6月15—17日，中央民族大学宗教研究院、美国富勒心理研究所、中国科学院心理研究所联合主办的“第十一届中美文化与宗教心理学研讨会”在中央民族大学举行。

6月16—18日，第二届中国现代佛教论坛在中国人民大学逸夫会议中心举行。此次论坛主题是“尉迟酣（Holmes Welch）与中国现代佛教史研究”。论坛由中国人民大学佛教与宗教学理论研究所和哲学院主办，中国社会科学院《世界宗教研究》编辑部、中国社会科学院世界宗教研究所佛教研究室、广东东华禅寺协办。

6月16—18日，由中国老子文化研究院、陕西省宝鸡市老子文化研究会主办，宝鸡大散关文化博览馆承办的“中国宝鸡大散关与老子文化学术研讨会”，在宝鸡恒源酒店召开。中共中央宣传部原理论局副局长董京泉、中国老子文化研究院院长邱锋、世界老子学会执行会长董延喜、中国老子文化研究院陕西分院院长韩树林、武汉国学研究院教授张可心，以及北京、上海、山西、四川、甘肃、河南、安徽、广东、浙江、西安、宝鸡、鹿邑、临洮等省市老子文化研究机构负责人，市级老领导陈同钢、许道化，市社科联副主席霍海利、宝鸡炎帝与周秦文化研究会会长霍彦儒、宝鸡市养生协会会长曹西剑等共36人参加研讨会。会议由宝鸡市老子文化研究会会长易渲承主持，有21位专家学者在会上发言。

6月17日，由中国佛教协会、加拿大佛教会、美国佛教联合会共同主办，多伦多湛山精舍承办、多伦多大学协办的2017年首届中加美三国佛教论坛，在加拿大多伦多大学隆重开幕。论坛主题为“圆融中道，持久和平”，来自中、加、美三国的佛教界高僧大德、著名佛教学者及加拿大联邦、安大略省、多伦多市有关政要、有关社团、各界嘉宾和多伦多大学部分师生、佛教护法居士数百人出席开幕式。

6月20日，美国拉斐特学院（Lafayette College）曼森圣经讲座教授（Helen H. P. Manson Professor of the English Bible）埃瑞克·齐奥科斯基（Eric Ziolkowski）在世界宗教研究所大会议室作了“当二者相遇：1893年芝加哥世界宗教大会”（When the Twain Did Meet：Chicago’s 1893 World’s Parliament of Religions）的学术报告。

6月23日，应中国道教协会副会长、北京东岳庙住持袁志鸿道长之邀，中国社会科学院荣誉学部委员、世界宗教研究所研究员马西沙先生前往北京东岳庙主讲“妈祖信仰与道教文化”。讲座由袁志鸿道长主持，马西沙先生夫人杨秋燕医师，以及马建勋、李景怡、景瑞金、张立明、姜宏宇、郑秋锁、李志鸿诸位先生参与讲座，并与马西沙先生进行了学术探讨。

6月24日，第13期“道教学术研究沙龙”在中国道教协会大会议室举办，中国社会科学院世界宗教研究所副研究员李志鸿主持了这次沙龙。此次道教学术研究沙龙围绕“道教字派谱与全真道”展开，主讲人为中国人民大学哲学院副教授张雪松、陕西省社会科学院宗教研究所副研究员张方、重走邱祖西行路的彭涟道长。

6月26日，敦煌研究院“佛学研究中心”在敦煌莫高窟举行揭牌仪式。敦煌研究院院长王旭东致辞时表示，世界遗产地莫高窟前后相继传承营建十多个世纪，不能仅仅满足于欣赏精美的壁画彩塑，还要让这些艺术背后的人文精神呈现出来。佛学研究中心不仅是一个平台，更是一个网络，把学术成果和佛学研究以及其他的文化研究结合起来。

6月26日，首届西北道教论坛筹备联席会议在西安召开。来自陕西、甘肃、宁夏、青海等地的道教界代表参加了会议。

6月28日，国家社科基金重大项目"'一带一路'战略实施中的宗教风险研究"系列讲座之四在北京中国社会科学院世界宗教研究所举行。

6月29日，"'一带一路'上南北传佛教研讨会"在香港宝莲寺开幕。来自美、英、泰及中国海峡两岸等二十多个国家和地区的160余位获得博士学位的法师，以及国内外知名佛教学者出席，共同研讨"丝绸之路"对于人类文明交流互鉴的历史贡献、现实意义，以及在服务国家"一带一路"倡议背景下各国、各语系传统佛教的交流、融合与发展等主题。

7月

7月1—2日，国际儒学联合会与中国无神论学会在北京举办"无神论与共产党人理想信念"专题研讨会。全国政协民族宗教委员会主任朱维群出席会议并作了主题发言；国际儒学联合会顾问、原国家新闻出版总署副署长桂晓风，无神论学会理事长、中国藏学研究中心原党组书记朱晓明分别代表国际儒学联合会、中国无神论学会致辞；国际儒学联合会、中国无神论学会有关部门负责人及来自北京大学、中国人民大学、北京师范大学、中国社会科学院等国内部分高校和研究机构的30余名学者围绕"马克思主义与无神论""儒学与无神论""中国传统文化中的人本主义精神""宣传无神论与尊重宗教信仰自由的关系"等内容进行了交流讨论。

7月8日，第三届藏传佛教教义新阐释研讨会在西藏佛学院举行。此次研讨会议题包括"勤学佛法、争做新时代僧尼""人生暇满难得、珍爱生命"等，来自西藏自治区区内外的藏学专家学者，以及西藏佛学院全体教职学员共计500余人参会。

7月9日，首届中国曹洞宗禅学国际研讨会在"曹洞宗祖庭"、江西抚州市宜黄县曹山宝积寺举行。来自日本、韩国、斯里兰卡以及中国内地和香港地区的近200位高僧大德、专家学者参加会议。

7月10日，正值中国社会科学院荣誉学部委员、东方哲学学科创建者、中国社会科学院东方文化研究中心名誉主任、著名的印度学家、佛学家黄心川先生90华诞，中国社会科学院哲学研究所东方哲学研究室建室32周年之际，由中国社会科学院东方文化研究中心主办的"东方哲学学科史回顾与展望"座谈会在中国社会科学院哲学研究所举行。

7月11日，应中国社会科学院世界宗教研究所邀请，澳大利亚国立大学的朱煜杰博士在中国社会科学院世界宗教研究所大会议室作了"复兴与转型：中国宗教场所遗产化的思辨研究"的学术报告。朱煜杰是德国海德堡大学人类学博士，澳大利亚国立大学遗产与博物馆研究中心助理教授，国际人类学与民族学联合会（IUAES）旅游人类学委员会副主席，批判遗产研究学会（ACHS）执行委员。

7月11—12日，由中国伊斯兰教协会主办，江苏省伊协承办的"坚持伊斯兰教中国化方向研讨会"在句容市召开。会议以全国宗教工作会议精神和习近平总书记重要讲话精神为指导，以坚持伊斯兰教中国化方向为主题进行了研讨。中国伊协会长杨发明、国家宗教局三司司长马劲、江苏省宗教局局长李国华、江苏省伊协会长达庆利出席并致辞，中国伊协副会长金汝彬主持开幕会。

7月12—15日，由山西省佛教协会、五台山佛教国际研究院主办的第三届五台山信仰国际研讨会在五台山大圣竹林寺举行。此次会议的主题为"文殊信仰、《大方广佛华严经》研究"，来自海内外的30多名佛学专家、80余名中青年学者共同探讨了这一主题的宗教实质、当代价值与现实意义。

7月13日，第五届世界佛教论坛主题论证会在福建莆田隆重召开。国家宗教事务局副局长、中华宗教文化交流协会副会长兼秘书长蒋坚永主持论证会并作总结讲话。福建省民族宗教厅厅长黄进发，莆田市委书记林宝金出席主题论证会并致辞。国家宗教局办公室主任陈红星、一司司长王健、外事司司长肖虹，中国佛教协会副会长明生法师、心澄法师、宗性法师、明海法师、秘书长刘威和副秘书长卢浔、普正法师，省民族宗教厅副厅长宋哩，莆田市委副书记程强，副市长胡国防，省佛教协会常务副会长本性法师等出席论证会。省委常委、统战部部长雷春美陪同考察组一行参观考察了湄州岛“世界妈祖文化论坛”永久会址。与会人员还考察了莆田南山广化寺和部分论坛硬件设施场地。莆田市委副书记、市长李建辉，副市长郑瑞锦参加有关活动。

7月16日，恰逢青州广福讲寺复建十周年，为贯彻落实全国宗教工作会议精神，探究儒佛关系，树立正知正见，更好地适应社会发展，弘扬优秀传统文化的要求，“儒佛关系与佛教中国化（国际）学术研讨会”在广福讲寺岩势讲堂召开，山东师范大学历山学院数百名学生以及社会各界人士欢聚一堂，聆听佛教最新的声音。

7月，在第一次全国可移动文物普查过程中，太原市文物考古研究所普查队员在整理旧藏书目、拓片时，发现12册早期版本经书。经专家鉴定，为国内现存不多的《崇宁藏》零本（指缺失了某些册而变得不够完整的丛书）。

7月19日，由中国社会科学院考古研究所主办的“中国社会科学院考古研究所印度考古系列学术讲座”第四讲在考古研究所八楼多媒体厅举行。主办方邀请来自美国新泽西学院历史系的刘欣如教授，带来题为“印度早期佛教遗址考古发掘与研究”的学术讲座。中国社会科学院世界历史研究所刘健研究员主持并点评。来自中国社会科学院考古研究所、中国社会科学院研究生院、中国社会科学院世界史研究所、中国人民大学、首都师范大学等单位的专家及师生聆听了此次讲座。

7月21日，记者从陕西省社会科学院古籍整理研究所获悉，陕西省社会科学院古籍整理研究所和陕西省古籍整理办公室于陕西省现藏古籍普查和《陕西现藏古籍总目》编纂期间，在榆林市星元图书馆发现了一部清朝初期刊刻未见著录的佛教汉文《大藏经》。近日，陕西省社会科学院古籍整理研究所暨陕西省古籍整理办公室组织相关专家对该馆所藏这部《大藏经》进行了实地考察和初步鉴定。由于这批经卷原藏榆林定慧寺，现藏榆林星元图书馆，因此暂定名为《榆林藏》。

7月21—22日，由中国人民大学哲学院、中国人民大学国际佛学研究中心、美国哥伦比亚大学、黑龙江大庆富裕正洁寺等单位联合主办的“心与心所研究”——第7届国际佛学论坛，在黑龙江省大庆市杜尔伯特蒙古族自治县举行。

7月25—26日，福建省基督教两会在福建神学院举办“福建省基督教中国化与建设新福建”研讨会。研讨会以基督教中国化为主题，围绕神学、社会、文化多方面展开探讨，以期坚定并发展基督教中国化道路，为建设新福建作出积极贡献。

7月26日，记者从河北磁县县委获悉，该县在白土镇北羊城村发现四尊北朝时期佛造像，这为研究南北朝时期佛像雕刻技艺提供了实物资料。

8月

8月1—2日，中国故宫博物院藏传佛教文物研究所所长、研究员罗文华所带领的团队，在四川甘孜州石渠县真达乡嘛达村嘛达寺内一座长期封闭的护法殿内，发现了保存相当完整的明代壁画和泥塑雕像，这是迄今为止当地发现的最为重要的藏传佛教遗存之一。

8月，朱维群接受中国网记者专访，指出要重视宗教文物保护，坚持宗教中国化道路。“保护文物功在当代，利在千秋。”宗教活动场所文物是我国历史文化遗产中的重要组成部分，做好宗教活动场所文物保护和管理工作，对于加强社会主义精神文明建设，发挥宗教界在传承和弘扬中华优秀传统文化、促进社会和谐中的积极作用，具有重要意义。

8月5—6日，在庆祝内蒙古自治区成立70周年之际，中国宗教学会、内蒙古自治区宗教事务局、内蒙古师范大学、内蒙古国际文化交流中心、中国社会科学院世界宗教研究所在呼和浩特联合举办2017年中国宗教学会年会暨“草原丝路与宗教交流”学术会议，百余名专家学者、宗教事务工作者和宗教界人士围绕“草原丝路与宗教传播”“草原丝路与文明对话”“‘一带一路’与人类共同命运中的宗教”“草原丝路与蒙古宗教”等主题进行研讨。

8月12日，在北京什刹海书院，中国画报出版社举行了《晚清民国时期中国名胜古迹图集》新书发布暨专家研讨会。各界嘉宾济济一堂，踊跃发言，对该书的出版发行给予了高度的评价。

8月15日，第五届世界佛教论坛分议题等论证会在中国佛教协会北京白塔寺办公区举行。会议由国家宗教事务局外事司肖虹司长主持，中国佛教协会宗性副会长出席并发表讲话，来自福建省、莆田市有关部门领导与工作人员，以及中国社科院学部委员兼佛教研究中心主任魏道儒教授、北京师范大学哲学与社会学学院徐文明教授、北京大学宗教学系程乐松副教授等专家学者代表参加。

8月19日，中国社会科学院世界宗教研究所杨岐宗教学研究基地协议签订仪式在世界宗教研究所举行。全国人大常委、中国宗教学会会长、中国社会科学院学部委员、中国社会科学院世界宗教研究所所长卓新平研究员，中国社会科学院世界宗教研究所党委书记赵文洪研究员，中国社会科学院世界宗教研究所副所长贾俐，中国社会科学院世界宗教研究所原副所长金泽研究员，中国社会科学院世界宗教研究所宗教学理论研究室主任赵广明研究员，《世界宗教研究》编辑部主任李建欣研究员和周齐研究员出席签约仪式并先后致辞。

8月19日，2017年中国·亳州老庄思想与协调发展学术论坛在亳州市开幕，此次论坛由光明日报社、中国社会科学院哲学研究所、中共安徽省委宣传部主办，安徽省社会科学院、安徽省社会科学界联合会、亳州市委宣传部承办。来自全国高校、研究机构和媒体等单位近百位专家学者参加了论坛。研讨会以“老庄思想与协调发展”为主题，旨在传承老庄思想、弘扬优秀传统文化、助力协调发展。

8月20—22日，由中国道教协会指导，江苏省道教协会、台湾玄天上帝研究会主办，苏州市道教协会承办，昆山市道教协会、天德宫协办的“2017海峡两岸道教文化与台商精神家园研讨会”在苏州市昆山金鹰尚美酒店召开。

8月21日，“中国乡村宗教研究”专题研讨会在中国社会科学院世界宗教研究所会议室隆重召开，会议由中国社会科学院《世界宗教研究》编辑部、中南大学中国村落文化研究中心联合举办，参加会议的专家学者有：全国人大常委、中国社会科学院世界宗教研究所所长卓新平研究员，世界宗教研究所党委书记赵文洪研究员，贾俐副所长，原副所长金泽研究员，中南大学科研部副部长、博士生导师彭忠益教授，中南大学中国村落文化研究中心主任胡彬彬教授，北京师范大学文学院岳永逸教授，山东大学佛教研究中心主任陈坚教授，世界宗教研究所当代宗教研究室主任陈进国副研究员，世界宗教研究所儒教研究室主任赵法生副研究员，《世界宗教研究》编辑部主任李建欣编审，世界宗教研究所道教与民间宗教研究室副主任李志鸿副研究员，宗教理论研究室李华伟副研究员，中南大学中国村落文化研究中心刘灿姣教授，中国社会科学院世界宗教研究所科研处白文飞处长，《世界宗教研究》编辑于静、袁朝晖，中南大学中国村落文化研究中心研究人员吴灿、博士研究生邓昶等。

8 月 25—27 日，由中国社会科学院世界宗教研究所、兰州大学、西北民族大学、中国宗教学会、中国统一战线理论研究会民族宗教理论甘肃研究基地、甘肃省丝绸之路研究会等单位联合举办的“‘一带一路’建设与文化遗产研究论坛”在甘肃省临夏回族自治州隆重举行。

8 月 26 日，李克强签署第 686 号国务院令，公布修订后的《宗教事务条例》。《宗教事务条例》已经 2017 年 6 月 14 日国务院第 176 次常务会议修订通过，修订后的《宗教事务条例》自 2018 年 2 月 1 日起施行。

8 月 26—27 日，由香港中文大学人间佛教研究中心、佛光山人间佛教研究院主办的“人间佛教的经济与管理文化”论坛在香港中文大学举办。香港中文大学文学院院长梁元生教授，中国工程院院士、原香港大学副校长、美国西来大学校长李焯芬教授，佛光山人间佛教研究院院长觉培法师，香港理工大学院士邝美云先生，西方寺方丈宽运法师，香港镜报副社长徐世和博士等出席论坛并致辞。

8 月，《新疆通志 · 宗教志》历经十几载，数易其稿，终于正式出版。这部志书有利于宗教工作者全面掌握新疆各宗教的状况和特点，为研究工作者提供资料和信息，为广大读者提供了解新疆、认识新疆的一个窗口。

9 月

9 月 5—6 日，由中国社会科学院学部主席团主办，中国社会科学院世界宗教研究所、北京市基督教两会、中国宗教学会联合承办的“中国社会科学论坛（2017）暨宗教革新与社会发展国际学术会议”在北京内蒙古大厦举行。

9 月 6 日，纪念中华文化学院（中央社会主义学院）成立 20 周年暨“中华文化与宗教中国化”论坛在北京举行。论坛邀请了我国五大全国宗教性团体负责人和国内宗教研究权威学者共话宗教中国化之路。与会嘉宾观点精彩纷呈，教界、学界互动交流，是一场思想的盛宴，是一次共识的凝聚。

9 月 6—7 日，由中国社会科学院世界宗教研究所、中国宗教学会、中国社会科学院佛教研究中心、北京市佛教协会主办，北京延庆泽润寺承办的“宗教中国化视野下人间佛教的未来发展——纪念赵朴初 110 周年诞辰学术研讨会”在北京举行，相关统战、宗教部门的负责人、专家学者，以及法师居士近百人出席了研讨会。

9 月 9 日，由中国社会科学院世界宗教研究所、中国宗教学会、浙江省建筑设计院联合主办、中国建筑工业出版社协办的《浙江省宗教建筑规范》研讨会暨“中国宗教学会宗教建筑文化专业委员会成立大会”在浙江省杭州市举行。

9 月 14 日，中国人民大学国家发展与战略研究院、法学院、法律与宗教研究中心举行《民法总则》和新修订的《宗教事务条例》颁布实施的意义和前景专家研讨会。来自中国社会科学院、中央民族大学等机构的法学界、宗教学界专家学者，中央统战部、国家宗教事务局等单位的宗教事务工作者，就《民法总则》和新修订的《宗教事务条例》将对我国宗教工作法治化、宗教健康发展产生的深远影响进行了热烈讨论。

9月16日，“《儒藏精华》出版首发式暨纪念孔子诞辰2568周年座谈会”在国家会议中心举行。全国人民代表大会常务委员会原副委员长许嘉璐，中国社会科学院学部委员、原历史研究所所长陈祖武，四川大学党委书记王建国，副校长晏世经等70余人参加此次座谈会。会议由中国孔子基金会、四川大学联合主办。

9月19日，儒家文明协同创新中心理事会2017年度会议暨主任联席会会议在山东曲阜举行，同时举行曾子研究会揭牌仪式。山东省委常委、宣传部部长孙守刚，儒家文明协同创新中心理事长、山东大学校长樊丽明出席会议并讲话。山东大学副校长胡金焱主持相关活动。

9月20—21日，第八届世界儒学大会在曲阜举行。来自34个国家和地区600多位专家学者及嘉宾，围绕“儒家思想与人类命运共同体”主题，交流世界各国儒学研究最新成果。全国人大常委会副委员长王胜俊，山东省委书记、省人大常委会主任刘家义出席开幕式并致辞。山东省委常委、宣传部部长孙守刚主持开幕式，中国艺术研究院院长连辑、山东大学校长樊丽明、北京大学人文高等研究院院长杜维明、孔子第79代嫡长孙孔垂长先后致辞。学者围绕“儒家思想与人类命运共同体”这一主题展开演讲和讨论，“大道之行也，天下为公”，儒家思想是中华民族精神内核的基石，更是联结世界人民命运的文化纽带。人类命运终将成为一个整体，而儒家思想将为社会整合、人类命运共同体建设提供思想文化的支撑。

9月21日，学习贯彻新修订《宗教事务条例》电视电话会议在北京召开，中共中央政治局委员、国务院副总理刘延东出席并讲话。她强调，要深入学习贯彻习近平总书记关于宗教工作的重要论述精神，全面落实全国宗教工作会议部署，准确把握宗教工作新形势新任务，切实抓好新条例的贯彻实施，不断提高宗教工作法治化水平，开创宗教工作新局面。

9月21日，世界宗教研究所道教与民间宗教研究室举办了“道教研究前沿”讲座，主讲人为著名道教学者李远国先生。参加讲座的有来自北京大学、国家文物局、中国道教学院、四川传媒学院、中国社会科学院哲学研究所、历史研究所、宗教研究所等单位的研究人员，20余人。讲座由世界宗教研究所道教研究室副主任李志鸿主持。

9月23日，中国·大理2017崇圣论坛开幕。来自东南亚、南亚、欧美27个国家和中国大陆及港澳台地区的高僧大德、佛教界代表人士、学界翘楚齐聚千年佛都大理崇圣寺，共同为佛教的传承和发展畅叙法谊，交流互鉴。

9月24—26日，由中国伊斯兰教协会指导，江苏省伊斯兰教协会主办，上海、浙江、安徽、山东、福建、江西等省（市）伊斯兰教协会协办，无锡市伊斯兰教协会承办的“东部地区伊斯兰教中国化‘解经’工作研讨会”在无锡举行。会议以全国宗教工作会议精神和习近平总书记重要讲话精神为指导，以伊斯兰教中国化——同心同路同梦为主题进行了研讨。中国伊斯兰教协会会长杨发明为研讨会论文集题写序言。国家宗教局三司副司长丁克家，中国伊协副会长金汝彬，江苏省宗教局副巡视员郭志清，无锡市委常委、统战部部长陈德荣出席开幕式并致辞，中国伊斯兰教协会顾问、江苏省伊斯兰教协会会长达庆利主持开幕式。

9 月 25—26 日，由香港卫视佛教文化传播中心主办的以“人间佛教与现代传播”为主题的研讨会在广州举行。中国佛教协会副秘书长桑吉扎西，香港卫视国际传媒集团总裁柏万峰，中国宗教学会副秘书长、佛教在线总干事安虎生，大公宗教文化事业部执行总裁史立伟，中国民族报宗教周刊主编蓝希峰，中国佛教图书文物馆曙祥法师以及来自全国各地的高僧大德，传媒界人士出席研讨会并先后发言。

9 月 26 日，国家社科基金重大项目“‘一带一路’战略实施中的宗教风险研究”系列讲座第五讲在中国社会科学院世界宗教研究所举行。美国西北大学罗伯特·洛奈教授主讲，题目为“西部非洲激进伊斯兰主义的出现：尼日利亚与马里”。此次讲座由中国社会科学院世界宗教研究所、中国宗教学会、中国社会科学院邪教问题研究中心主办，《世界宗教文化》编辑部承办。中国社会科学院世界宗教研究所李维建副研究员主持，中国社会科学院荣誉学部委员、中国社会科学院世界宗教研究所研究员金宜久、中国社会科学院世界宗教研究所伊斯兰教研究室主任李林副研究员做了点评。来自学术机构和新闻媒体的 30 余人参加了讲座。

9 月 28—29 日，中国宗教学会、中国社会科学院世界宗教研究所、国家社科基金重点课题“一带一路”课题组，在北京共同主办了“非洲宗教研讨会”。来自中国社会科学院世界宗教研究所、西亚非洲研究所、北京大学非洲研究中心、浙江师范大学非洲研究院、苏州大学、贵州大学等高校及科研院所的学者，与来自美国西北大学、波士顿大学、非洲肯尼亚、马拉维、印度等国际学者，进行了广泛而深入地交流。

10 月

10 月 7 日，“宗教研究与数据库建设国家重大项目联合学术研讨会”在上海大学举行。该研讨会是由中国社会科学院世界宗教研究所“中国宗教研究数据库建设（1850—1949）”课题组与上海大学历史系“汉语基督教文献书目的整理与研究”课题组联合举办的。参加会议的有中国社会科学院世界宗教研究所、上海大学、中国人民大学、上海图书馆、中国社会科学出版社、社会科学文献出版社、广西师范大学出版社等高校及科研院所的人员，大家齐聚一堂，就宗教研究与数据库建设等话题展开了深入的讨论和学术交流。

10 月 14—17 日，“当代新儒家与心学传统”暨第十二届当代新儒学国际学术会议在贵阳孔学堂隆重召开，贵阳孔学堂阳明馆揭牌仪式也随即隆重举行。

10 月 17 日，受中国社会科学院世界宗教研究所伊斯兰教研究室的邀请，南非共和国开普敦大学非洲研究中心主任龙格教授（Lungisile Ntsebeza），在世界宗教研究所作了题为“南非的宗教：历史与现实”的学术讲座。龙格教授同时兼任南非与非洲多所大学的教授，他还任“金砖五国”的文化大使，同时也是中国外国专家局的特聘外国专家。他的讲座吸引了部分在京的非洲研究者的关注。

10 月 18 日，按照中国社会科学院党组要求，世界宗教研究所分头组织本所职工观看中国共产党第十九次全国代表大会开幕式现场直播。

10 月 28 日，由中国社会科学院世界宗教研究所、西北民族大学、中国宗教学会、中国统一战线理论研究会民族宗教理论甘肃研究基地、甘肃省丝绸之路研究会主办的丝绸之路黄金段民族文化建设暨第六届“东南亚宗教研究高端论坛”在甘肃省临夏回族自治州开幕。来自中央统战部、国家宗教事务局、甘肃省委统战部、甘肃省临夏回族自治州、中国社会科学院世界宗教研究所、中国社会科学院马克思主义研究院、西北民族大学、清华大学、中国政法大学、中央民族大学、北京第二外国语学院、国际关系学院、中国音乐学院、中山大学、厦门大学、华侨大学、兰州大学、上海外国语大学、上海宗教文化研究中心、西安外国语大学、天津社会科学院、云南大学、云南省社会科学院、云南民族大学、昆明学院、甘肃政法学院、甘肃省文联、中共临夏州委党校、临夏现代职业学院等部门和研究机构的近百位专家学者参会并进行了热烈的讨论。

10月28日，第二届“‘一带一路’背景下的宗教与中国周边外交”学术研讨会在上海复旦大学召开，专家学者围绕“宗教与中国周边安全的新态势”“发挥宗教在周边人文交流中的积极作用”“宗教、认同与国家治理”等议题进行了深入探讨。

10月28日，中国基督教两会“纪念宗教改革500周年暨基督教中国化研讨会”于上海顺利闭幕。此次研讨会就“宗教改革家神学思想的启示”“宗教改革与基督教中国化”“基督教中国化的努力途径”三大核心主题进行研讨。整个宗教改革纪念活动包括开幕礼拜、开幕式、主旨发言、研讨会和闭幕式。

10月28—29日，中国人类学民族学研究会宗教人类学专业委员会2017年会、“宗教生活与人类学视角”学术研讨会暨电影节在江苏常州举行。

10月28—29日，由中国人民大学佛教与宗教学理论研究所主办、福山合卢寺承办的第七届中日佛学会议在山东省烟台市举行。来自日本和中国海峡两岸的专家学者、大德法师共80余人参加研讨会。

10月28—29日，由上海大学文学院和台湾佛光山人间佛教研究院联合主办的“第五届星云大师人间佛教理论实践学术研讨会”在上海举行。来自两岸三地多所著名大学的近40位学者参加了研讨会。

10月30日，广西梧州佛教文化研讨会在梧州国龙大酒店隆重举办，此次研讨会的主题是“学习十九大精神 践行‘一带一路’倡议”，包括国家宗教事务局和广西壮族自治区民宗委领导、全国知名专家学者、梧州市有关领导及梧州学院领导等300余人出席会议。

10月30日，由北京市伊斯兰教协会与中国社会科学院世界宗教研究所伊斯兰教研究室联合举办的福德论坛——京津冀“坚持伊斯兰教中国化方向”学术研讨会在北京开幕。

10月30日，由国际儒学联合会、伊朗阿拉梅·塔巴塔巴伊大学和北京外国语大学共同主办的“国际儒学论坛——中国文明与伊朗文明对话”在伊朗首都德黑兰举行。

10月31日，中国社会科学院世界宗教研究所组织全所人员学习中国共产党第十九次全国代表大会精神。会议由贾俐副所长主持，卓新平所长作了学习十九大精神的动员报告，十九大代表、郑筱筠副所长向全所成员传达了十九大报告的主要内容及精神。

10月31日，国际易学联合会智库委员会、同一个地球文化艺术传播（北京）中心邀请专家学者，在中央民族大学召开新疆和田地区筹建中国宗教文化展览馆前期创意研讨会。

11月

11月2—5日，“共建人类命运共同体——从修身齐家到天下一家”国际学术研讨会在澳门联国学校成功举办。此次会议由中国社会科学院世界宗教研究所巴哈伊研究中心、巴哈伊教澳门总会、澳门城市大学“一带一路”研究中心、全球文明研究中心共同主办，在2016年“共建人类命运共同体——宗教与科学的角色”学术会议的基础上，对“共建人类命运共同体”这一主题进行更加深入的探讨。来自中国社会科学院、国务院发展研究中心民族发展研究所、国家宗教事务局宗教研究中心、全球文明研究中心、澳门大学、澳门城市大学、北京大学、中国科学院、中央民族大学、山东大学、上海社会科学院、复旦大学、四川大学、四川社会科学院、南京大学、华东师范大学、华南师范大学、西南政法大学、西南财经大学、河北社会科学院、长沙理工大学、香港大学、浙江财经大学、重庆交通大学、湖北大学、宁夏大学、广州大学、广州暨南大学等科研院所及高校的近80位专家学者出席了会议。

11月3日，“赵朴初与当代中国佛教文化”学术研讨会在湖南长沙开幕。研讨会由中国社会科学院东方文化研究中心、安徽省赵朴初研究会、湖南省佛教协会船山佛教文化研究中心共同举办。

11月6日，第七届藏传佛教教义阐释研讨会在中国藏语系高级佛学院开幕。中国佛教协会副会长、中国藏语系高级佛学院院长嘉木样·洛桑久美·图丹却吉尼玛致辞，中国佛教协会副会长班禅额尔德尼·确吉杰布、中国佛教协会驻会副会长宗性出席并作主旨发言，中央统战部、中国佛教协会、中国藏学研究中心相关领导出席会议并讲话。中国藏语系高级佛学院常务副院长王长鱼主持开幕会。

11月6—8日，第二届“全球史视阈中的宗教文化研究国际学术研讨会”在北京召开。会议旨在“一带一路”倡议下，为促进中华民族伟大复兴和东方文艺复兴，以及实现“民心相通”和构建“人类命运共同体”提供资料准备和学术帮助。

11月7日，由澳门特别行政区政府文化局、上海古籍出版社出版的《利玛窦明清中文文献资料汇释》新书首发式在上海举行。澳门特别行政区政府文化局副局长陈炳辉、上海古籍出版社社长高克勤、上海古籍出版社总编辑吕健、上海图书馆副馆长周德明出席首发揭幕仪式。新书作者、澳门大学历史系教授汤开建，上海社会科学院宗教所所长晏可佳，复旦大学历史地理研究所教授周振鹤，上海师范大学人文历史学院院长陈恒，同济大学人文学院副院长徐卫翔，上海大学文学院历史系教授陶飞亚，南京大学学衡跨学科研究院讲座教授宋黎明等专家学者与会。

11月9日，鄂台佛教文化交流与两岸融合发展研讨会在武汉开幕，来自海峡两岸的100多位佛教界高僧大德与佛学专家学者会聚一堂，共话推动鄂台佛教文化交流，共议促进两岸融合发展。

11月10日，群贤毕至，少长咸集。第三届世界华严学大会暨第二届浙江（国际）华严文化节学术研讨会在北京大学正式拉开帷幕。来自海内外的众多学者、高僧大德共襄盛举，一起见证这一历史性时刻。

11月10日，由中国社会科学院世界宗教研究所、中国宗教学会与四川大学道教与宗教文化研究所主办，中国社会科学院《世界宗教研究》编辑部、四川大学道教与宗教文化研究所、青城山道教协会、中国社会科学院世界宗教研究所马克思主义宗教观研究室承办的“第二届中国宗教学高峰论坛”在四川大学举行。

11月11日，人文宗教讲堂邀请老子道学研究会副会长、西南大学宗教研究所所长、博士生导师杨玉辉教授，在北京师范大学图书馆三楼报告厅举办“道教养生的理论与方法及其当代传承”专题学术讲座。

11月11—12日，藕益大师与灵峰派研讨会于安吉灵峰召开。群贤毕至，共话灵峰，缅怀藕益大师。此次研讨会共收到论文50篇。40余位来自海内外的专家学者与法师，就

“蕅益大师研究”“灵峰派研究”“其他相关研究”三个版块展开讨论。

11 月 13 日，“药师信仰与当代社会”论坛在河北大佛光寺圆满闭幕。此次论坛共分四场进行，专家学者围绕“药师佛与当代社会”的主题发表论文演讲。

11 月 13—14 日，由中国名山名寺名观文化研究委员会参与筹备、天台县文广新局协助天台山文化交流中心主办的《中华天台学丛书》首发式暨天台学研讨会在天台召开。来自北京中国名山名寺名观文化研究委员会领导、全国各地天台学专家以及本地文化界学者就天台学的重要意义和弘扬方式展开热烈讨论。台州市政协原副主席娄依兴，天台县领导陈政明、曹蕉红出席首发式。

11 月 14 日，世界宗教研究所在京举办第 14 期“道教学术沙龙”。这期沙龙，邀请刘迅（Xun Liu）教授主讲“从三皇庙到医圣祠：全真道、医林会馆与南阳地方医圣爷崇拜，1545—1945”。讲座由中国社会科学院世界宗教研究所道教与民间宗教研究室主任汪桂平研究员主持。刘迅教授是美国新泽西州公立罗格斯大学（Rutgers University）历史系副教授，现为美国新泽西州公立罗格斯大学中国研究中心（RCCS）主任，并任中国华中师范大学特聘教授、法国国家科学研究中心（CRNS）宗教—社会—世俗化研究所（GSRL）海外研究员、《海外道教学译丛》编辑委员等。研究领域为明清及现代中国社会史、道教的社会史和文化史、地方史以及医疗史。

11 月 15 日，中国佛教协会在无锡灵山举办“纪念赵朴初居士诞辰 110 周年暨中国佛教文化研究所成立 30 周年学术研讨会”，深切缅怀卓越爱国宗教领袖、“人间佛教”杰出实践者、原中国佛教协会会长赵朴初居士，继承发扬赵老爱国爱教、慈悲济世精神，传承践行“人间佛教”理念，发展繁荣佛教文化事业，不断开创新时代中国佛教事业新境界。

11 月 17 日，由普陀山佛教协会主办的第十五届普陀山南海观音文化节暨南海观音开光二十周年庆典系列活动之一的“信任　信心　信仰”普陀山观音论坛在宝陀讲寺普门讲堂隆重举行。来自国内外宗教、文化、教育界的高僧大德、专家学者相聚一堂，交流互动，共话观音文化。此次文化节的领导嘉宾、中国佛学院普陀山学院学僧和随喜护法居士近 300 人聆听法音。

11 月 17—19 日，由中国国际文化书院与中国社会科学院世界历史研究所联合举办的“宗教改革 500 年”学术研讨会在北京举行。来自中国社会科学院、清华大学、北京大学、复旦大学、北京师范大学、四川大学、浙江师范大学、北京联合大学等科研院校以及中国社会科学出版社、社会科学文献出版社等单位的数十位专家学者参加了此次研讨会。

11 月 18 日，由中国人民大学法律与宗教研究中心、河北经贸大学法学院、河北经贸大学地方法治研究中心主办的“2017 年宗教法治高端论坛”在河北石家庄举行。来自学界、政界的 100 余位专家学者和宗教界人士围绕“宗教法治中国化的理论与实践”“《宗教事务条例》修改与宗教法人制度”等议题进行了深入探讨。

11 月 18—19 日，“从文学到理论——星云大师人间佛教思想学术研讨会”在武汉大学珞珈山庄举行。

11 月 18—20 日，2017 年度基督宗教研究论坛在中央社会主义学院举行。此次论坛由中国社会科学院基督教研究中心和北京大学宗教文化研究院、清华大学道德与宗教研究院、南开大学哲学院、河南大学圣经文化研究所、安阳师范学院宗教文化研究所共同主办，包括景教国际论坛、圣经研究论坛、东正教研究论坛、基督新教研究论坛和天主教研究论坛 5 个专题论坛。

11月20日，南山律宗开山祖师道宣大师圆寂纪念日，海内外首家“道宣律祖研究院”在浙江长兴揭牌成立。

11月19—21日，第三届“全国伊斯兰教学术研讨会”在北京召开，此次会议的主题是“伊斯兰教与中国文化”。会议由中国社会科学院世界宗教研究所伊斯兰教研究室、中国宗教学会主办，来自全国的一百多位专家学者出席会议。

11月21—22日，由中国天主教“一会一团”主办，宁夏天主教“一区两会”承办的第五届天主教中国化神学论坛在宁夏回族自治区银川市举行。国家宗教事务局副局长陈宗荣、宁夏回族自治区政府副主席马力、中国天主教爱国会主席房兴耀、中国天主教主教团主席马英林，以及中央统战部、国家宗教事务局和宁夏回族自治区、银川市相关领导，中国天主教“一会一团”及各地天主教界代表，伊斯兰教、基督教界代表和有关专家学者共100余人参加论坛。

11月25日，由中国佛学院主办的“佛教教育的传承与发展学术研讨会”在北京开幕。出席此次研讨会开幕式的领导和嘉宾有：研究员国家宗教事务局四司匡盛副司长，中国佛教协会副会长、中国佛学院常务副院长宗性法师，中国佛教协会秘书长刘威，中国佛学院副院长向学法师，中国社会科学院荣誉学部委员、世界宗教研究所杨曾文研究员，北京大学哲学系楼宇烈教授，中国社会科学院魏道儒研究员、黄夏年研究员、纪华传研究员，江南大学邓子美教授，中国人民大学温金玉教授、何建明教授、宣方副教授、张雪松副教授，浙江大学何欢欢教授及中国佛学院副教授理净法师。

11月25—26日，在习近平总书记曲阜讲话四周年之际，由曲阜师范大学孔子文化研究院倡议发起并主办的东亚儒学研讨暨“一带一路”儒家文明创新联盟成立大会在曲阜隆重召开。来自德国、日本、韩国、马来西亚、新加坡、缅甸、印度尼西亚、越南等国家和港澳台地区的170余位专家、学者参加大会。

11月25—26日，首届尼山礼乐文明论坛在尼山圣源书院举行。此次论坛由中国社会科学院世界宗教研究所儒教研究中心主办，研讨会就礼乐文明的历史、理论、实践与未来发展等一系列问题，尤其是面对长期破坏传统文化所导致的礼崩乐坏，如何在现代条件下促进礼乐文明复兴进行了深入探讨。清华大学、中国人民大学、中国社会科学院、中央民族大学、武汉大学、上海师范大学、安徽大学、山东师范大学、曲阜师范大学等单位的儒释道耶专家及民间礼仪实践者共50余人参加了此次论坛。

11月26日，由山东社会科学院、韩国国立安东大学共同主办，中国孔子基金会、中国孔子研究院、韩国成均馆大学、韩国岭南大学协办，山东省人民政府外事办公室、韩国驻青岛总领事馆支援，山东社会科学院国际儒学研究与交流中心和韩国国立安东大学孔子学院承办的“第四届中韩儒学交流大会”，在山东省济南市舜耕山庄隆重召开。

12月

12月，《东方道藏·民间道书合集》第一辑出版。

12月2日，由中国无神论学会、中国社会科学院科学与无神论研究中心、中国科学院大学马克思主义学院联合主办的中国无神论学会2017年学术年会在北京召开。中国科学院大学马克思主义学院院长、中纪委驻中科院原组长、中科院原党组成员、研究员王庭大，中国社会科学院马克思主义研究院副院长、研究员樊建新，中国无神论学会理事长、中国藏学研究中心原党组书记、研究员朱晓明出席开幕式并讲话。会议由中国社会科学院科学与无神论研究中心主任、中国无神论学会副理事长兼秘书长、研究员习五一主持。

12月2日，一年一度的吴越佛教学术会议如期开幕，海内外专家学者、佛教法师齐聚杭州佛学院，参加第十五届吴越佛教学术研讨会暨东方唯识学研究会成立大会，杭州佛学院院长、灵隐寺方丈光泉大和尚出席活动并致欢迎辞。此次论坛由东方唯识学研究会成立揭牌仪式、纪念演培法师诞辰100周年研讨会、中斯佛教论坛三部分组成。

12月2—3日，由江苏省佛教协会、苏州市佛教协会主办，苏州市灵岩山寺、中国佛学院灵岩山分院、苏州弘化社慈悲基金会、中国人民大学净土文化研究中心承办的“印光大师与佛教中国化”学术研讨会在苏州举行。研讨会的宗旨是为缅怀印光大师的法乳深恩，继承和弘扬大师弘法利生的伟大精神，推进佛教中国化的进程。

12月2—3日，“宗教与经济伦理”学术研讨会在中国人民大学举行，与会人士围绕经济、伦理和宗教三者关系进行了深入研讨。

12月6日，在东莞市宝山芙蓉寺成功召开了“宗教文化”与“公共外交”研讨会，这是东莞市公共外交协会组织举办的一次学习交流活动。东莞市公共外交协会会长李小梅带领市工商联合会主席莫浩棠、东莞市委宣传部副部长李翠青、东莞市民宗局调研员胡茌光三个副会长及常务理事、理事30多人参加会议，东莞市民族宗教局局长简任昌、副局长何兆法，东莞市佛教协会会长了空法师，东莞市贸促会会长曾民盛等参加会议。

12月9日，国家社科基金重大项目“藏传佛教思想史资料选编暨藏传佛教思想史论”中期研讨会在中央民族大学哲学与宗教学学院举行。会议的议题是以藏传佛教为个案，探讨“诠释学与佛教中国化”。该项目主持人、中央民族大学哲学与宗教学学院教授班班多杰介绍了课题目前的进展情况，并表示后续工作还有很大的充实、扩展空间，将力争在3年至5年内完成。

12月9—10日，由中华维鬘学会、南华大学宗教学研究所共同主办，台湾大学佛学研究中心、中华佛教居士会、中缅文化交流基金会、云南旅港同乡会、陀乐佛学研究院支持合作的“佛教对话与现代弘化”学术论坛在台北市剑潭青年活动中心隆重召开。

12月10—11日，上海玉佛禅寺举办“都市佛教的弘化模式”国际研讨会。研讨会于12月10日上午9时正式开幕，来自海内外知名高校的专家学者齐聚一堂，共同为都市丛林未来发展建言献策。

12月10日，传统文化与生态文明论坛在北京举行。来自中国人民大学、中央民族大学、中国社会科学院、黄河科技学院、中科院庐山植物园、中国佛教协会等单位以及中国人民大学第十二期爱国宗教界人士研修班的教界、学界代表共40余人参加了论坛。与会学者、法师围绕党的十九大报告中有关生态文明建设的新论断、新目标、新要求，结合中华传统文化中的生态理念，儒、释、道三教思想中的生态伦理观，就如何挖掘中华传统文化中蕴含的丰厚生态文明理念，为社会主义生态文明观的树立提供传统智慧支撑，进行了研讨和交流。

12月12日，中国社会科学院世界宗教研究所“修行研究”系列讲座正式开讲。中国著名古琴大家、被誉称“丝桐琴界的齐白石”的汪铎教授应邀主讲了“丝桐琴道与道家文化”。讲座由《宗教人类学》主编陈进国博士主持，世界宗教研究所党委书记赵文洪研究员发表了致辞。

12月14日，中国社会科学院世界宗教研究所当代宗教研究室主任陈进国博士，应台湾政治大学宗教学研究所邀请，作了“救劫母题：近现代济度宗教运动何以可能"的学术讲座。讲座由政大华人宗教研究中心林政源博士主持，与谈人有李丰楙、蔡维林、谢世维、林敬智等政大教授，政大宗教学研究所的硕博研究生及“台湾中央研究院”的其他学者也出席了学术讲座。

12月16日，来自海内外的领导嘉宾、大德法师、专家学者逾百人齐聚广东梅州市丰顺县惠仁圣寺，由潮州开元镇国禅寺、梅州千佛塔寺和丰顺惠仁圣寺共同主办的2017年惠仁圣寺首届中观高峰论坛隆重开幕。

12月16日，由江苏南京明因禅寺、湖南省社会科学院宗教文化研究中心联合主办的宗教文化与社会主义核心价值观学术研讨会在北京举行。专家学者、宗教界人士围绕习近平新时代中国特色社会主义思想，深入探讨宗教如何与中国特色社会主义新时代相适应，宗教文化如何接受、遵循、融摄社会主义核心价值观。

12月17日，浙江湖州法华寺承办的“法华信仰与佛教中国化”学术研讨会圆满闭幕。来自全国各地的30余位专家学者及法师围绕“法华信仰的中国化研究”“道迹总持比丘尼研究”“民间佛教的白雀信仰”“观音法门与真身崇拜”等议题进行深入探讨，为湖州佛教界及法华寺未来发展贡献经验与智慧。湖州市民宗局副局长郑峻在闭幕式上致辞，中国社会科学院世界宗教研究所黄夏年教授作学术总结，东南大学教授董群代表与会学者致辞。全国人大代表、原湖州市政协副主席沈琪芳出席闭幕式。

12月19日，由中国社会科学院世界宗教研究所马克思主义宗教观研究室和道教与民间宗教研究室在北京共同主办了以“坚持道教中国化方向”为主题的座谈会。特邀白云深处人家——中华传统道学文化数字图书馆网站站主、江苏省常州市金坛区道教协会研究人员蒋门马，上海宗教文化研究中心助理研究员祝逸雯博士作主旨发言，世界宗教研究所所长卓新平研究员、党委书记赵文洪研究员及部分科研骨干出席会议，马克思主义宗教观研究室主任曾传辉研究员主持会议，道教与民间宗教研究室主任汪桂平进行了评议。

12月20日，由中国伊斯兰教协会主办的《中国穆斯林》创刊60周年座谈会在北京人民大会堂举行。

12月23日，“2017佛教思想建设研讨会”在北京广化寺什刹海书院举行。此次研讨会以“人工智能时代的人间佛教与未来社会”为主题，重点探讨“人间佛教”如何在人工智能时代焕发智慧光芒，回应人工智能所引发的技术革新、挑战与机遇，以及利用智能技术，提升“人间佛教”的弘法与慈善事业水平，为建设“人间净土”贡献智慧与经验。

12月23日，中国社会科学院世界宗教研究所道教与民间宗教研究室与中岳庙联手举办的“道教文化与社会主义核心价值观研讨会”拉开帷幕。来自中国社会科学院、中国人民大学、中国道教协会、四川大学、湖北汽车工业学院等多地的学者、高道大德齐聚一堂，共同探讨这一话题。

12月25日，在中国社会科学院世界宗教研究所大会议室举行中国社会科学院国情调研云南基地2017年度项目“云南与周边国家跨境民族经济社会文化研究”结项会。作为项目负责人，中国社会科学院世界宗教研究所郑筱筠副所长全面介绍了项目的情况及2017年的进展。

12月26日，《富育光文集》《张璇如文集》首发式暨萨满文化和口传文学学术研讨会在吉林长春召开。

12 月 27 日，2017 年“互联网 + 宗教事务”福州论坛在连江举行。论坛由福建省民族与宗教事务厅作为指导单位，福建省宗教事务服务中心、福州市民族与宗教事务局、福建师范大学社会历史学院主办。

12 月 29 日，国家图书馆、桐柏宫、中国言实出版社、古闻铭（北京）文化传承机构、浙江玄珠致文化艺术发展有限公司在国家图书馆签署协议，联手高仿制作、出版发行《正统道藏》《万历续道藏》，并携手开展相关研究和内容开发工作。

2017年度中国社会科学院世界宗教研究所大事记

王皓月　徐浩诚 编

1月

1月3日上午，党委书记赵文洪主持所创新工程工作小组会议，纪委书记、副所长郑筱筠参加会议。

1月9日，所长卓新平在北京参加2017年全国宗教局长会议。

1月10日上午，所长卓新平主持召开世界宗教研究首席研究员竞聘大会。党委书记赵文洪和纪委书记、副所长郑筱筠参加会议。

1月10日上午，党委书记赵文洪主持召开所党委意识形态工作专题会议。党委委员、所长卓新平和纪委书记、副所长郑筱筠以及党委委员魏道儒、何劲松参加会议。

1月10日中午，所长卓新平，党委书记赵文洪，纪委书记、副所长郑筱筠在所小会议室会见云南省社会科学院党委书记、院长何祖坤一行。

1月10日下午，党委书记赵文洪、所长卓新平、宗教文化艺术研究室主任何劲松等会见宗教文化艺术研究室在上海的调研合作基地学术交流团。

1月10日下午，李培林副院长会见云南省社会科学院党委书记、院长何祖坤一行。纪委书记、副所长郑筱筠参加了座谈。

1月12日上午，中央纪委驻院纪检组举行征求意见座谈会。张英伟组长主持会议，院直属机关纪委委员、纪委书记、副所长郑筱筠参加会议。

1月12日下午，党委书记赵文洪参加院首席管理签约仪式。之后参加《科学与无神论》杂志主办的关于如何抵御宗教对群众的思想渗透和精神诱惑的座谈会。

1月16日上午，党委书记赵文洪主持所领导班子民主生活会，所长卓新平，纪委书记、副所长郑筱筠参加。院督导组组长、直属机关党委副书记孙伟平参加。

1月17日上午，党委书记赵文洪、所长卓新平参加院2017年度所创新工程首席管理签约会议。

1月17日上午，党委书记赵文洪主持召开全所各处室主要负责人会议，布置2017年度意识形态工作任务。所长卓新平，纪委书记、副所长郑筱筠参加了会议。

1月17日下午，党委书记赵文洪主持召开所创新工程工作小组会议，确定管理岗位落实院创新岗位聘用有关规定的事项。

1月18日下午，所长卓新平参加院加强党的意识形态工作和马克思主义阵地建设协调会议。

1月19—20日，党委书记赵文洪，所长卓新平，纪委书记、副所长郑筱筠参加院2017年工作会议暨党风廉洁建设会议。

1 月 19 日下午，所长卓新平参加文哲学部会议。

1 月 23 日上午，所长卓新平参加中国社会科学院 2017 年新春团拜会。

1 月 24 日上午，党委书记赵文洪主持召开全所大会，落实院党组要求，传达院 2017 年工作会议暨党风廉洁建设会议重要精神。会上，所长卓新平传达了王伟光院长的会议报告；纪委书记、副所长郑筱筠传达了党风廉洁建设有关文件。

1 月 24 日上午，所长卓新平参加院马克思主义理论学科建设与理论研究工程 2017 年度工作会议。

1 月 2—6 日，所长卓新平赴广东省深圳市和汕头市等地调研潮汕地区宗教信仰及民俗文化。

1 月 9 日上午，党委书记赵文洪参加中国留学人才发展基金会中华传统文化振兴基金管理委员会中国国学文化艺术中心委托我所承担“十三五阶段”“一带一路”汉学国际传播专项研究课题签约仪式，致辞并且代表我所签约。纪委书记、副所长郑筱筠参加签约仪式。

1 月 12 日，所长卓新平赴浙江省宁波市参加太湖世界文化论坛关于奉化弥勒文化研讨会。

1 月 12 日下午，党委书记赵文洪参加《科学与无神论》杂志主办的关于如何抵御宗教对群众的思想渗透和精神诱惑的座谈会。

1 月 13 日，所长卓新平在北京参加恒源祥“文化习惯从哪里来——信仰是如何形成文化的”课题组会议。

1 月 18 日下午，纪委书记、副所长郑筱筠参加中国社会科学出版社召开的“2016 年度重大出版成果及 2016 年度好书”评审会。

1 月 23 日上午，纪委书记、副所长郑筱筠参加科研局召开的长城学者项目结项评审会议。

2 月

2 月 4 日，所长卓新平参加全国人大常委会代表资格审查委员会会议。

2 月 7 日上午，党委书记赵文洪参加院学术委员会会议，讨论 2017 年度创新工程经费分配方案。

2 月 9 日下午，纪委书记、副所长郑筱筠参加中央统战部座谈会，并签署《世界宗教知识读本》委托项目的合作协议。

2 月 20—22 日，世界宗教研究所积极落实院党组学习习近平总书记“5·17”讲话重要精神的部署，在院密云培训基地进行为期三天的全所学习培训。党委书记赵文洪、所长卓新平和纪委书记、副所长郑筱筠参加学习培训。

2 月 22—24 日，所长卓新平参加全国人大常委会会议。

2 月 24 日，党委书记赵文洪参加院 2017 年度老干部工作会议。院党组书记、院长王伟光，院党组成员、副院长蔡昉参加会议并讲话，离退休干部工作局局长刘红作工作报告。我所党委书记赵文洪、离退休支部书记韩秉芳、离退休干部工作办公室副主任海雅楠参加会议。

2 月 23 日，党委书记赵文洪、老干部工作办公室主任曹家祥及徐永亮看望世界宗教研究所离休干部、老学者乐峰研究员家属，并转达了卓新平所长、郑筱筠副所长对家属的慰问，乐峰研究员因病于2017年2月22日上午9时50分在北京逝世，享年89岁。2月24日，曹家祥主任及徐永亮、魏占强，基督教研究室唐晓峰、刘国鹏、王美秀、董江阳、石衡潭、周伟驰、段琦等参加离休干部、老学者乐峰研究员的告别仪式；杨曾文送去了挽联。曹家祥、唐晓峰陪同家属前往八宝山，送乐峰最后一程。

2月10日下午，所长卓新平参加国家民委“当代宗教研究中的几个热点及伊斯兰中国化问题”研讨会。

2月17日上午，纪委书记、副所长郑筱筠主持国家社科基金重大项目“‘一带一路’战略实施中的宗教风险研究”开题报告会。党委书记赵文洪、所长卓新平参加会议。

2月27日，所长卓新平赴山东大学参加“中国宗教学当代发展讲座”。

3月

3月1日上午，纪委书记、副所长郑筱筠参加院直属机关纪委第11次全体会议。

3月3—15日，所长卓新平在京参加全国人大常委会会议。

3月8日下午，纪委书记、副所长郑筱筠参加院人事教育局主办的岗位管理体制讨论会。

3月16日上午，为落实院职称评审委员会换届工作，按照有关要求，所长卓新平主持召开所务会议，提名所副高级职称评审委员会委员候选人人选。党委书记赵文洪，纪委书记、副所长郑筱筠参加会议。

3月16日上午，所长卓新平主持召开全所副高级以上专业人员会议，依据所务会议提名人选，按院里要求民主推荐所副高级职称评审委员会委员候选人人选。党委书记赵文洪，纪委书记、副所长郑筱筠参加会议。

3月16日上午，所长卓新平主持召开所长办公会，按照院里要求提名组建外聘评委专家库，并从中随机产生本届外聘评委候选人人选。同时，根据新一届所副高级职称评审委员会委员候选人人选，提名向院高级评委会推荐研究系列评审委员人选和出版编辑系列评审委员人选。党委书记赵文洪，纪委书记、副所长郑筱筠，所长助理唐晓峰参加会议。

3月16日下午2点，党委书记赵文洪主持召开2017年世界宗教研究所党建工作专题党委会议，研究2017年全所基层党建具体工作方向、工作方式、工作落实等情况，所长、学部委员卓新平研究员，纪委书记、副所长郑筱筠研究员，学部委员魏道儒研究员，何劲松研究员四位党委委员参加会议。

3月16日下午3点，党委书记赵文洪主持召开党委会议。研究讨论所职副高级职称评委会委员候选人人选名单。所长、学部委员卓新平研究员，纪委书记、副所长郑筱筠研究员，学部委员魏道儒研究员，何劲松研究员四位党委委员参加会议。会议通过人选名单，按院里规定公示3个工作日后上报院人事教育局，新一届委员名单：卓新平、叶涛、尕藏加、李建欣、何劲松、郑筱筠、赵广明、赵文洪、曾传辉、魏道儒、吴飞、张风雷、杨桂萍、强昱、游斌。

3月20—24日，党委书记赵文洪、所长卓新平在院党校密云校区参加马克思主义经典著作读书班。

3月28日下午，在世界宗教研究所大会议室召开全所大会，由纪委书记、副所长郑筱筠主持会议，党委书记赵文洪传达3月20—24日在院党校密云校区召开的马克思主义经典著作读书班重要精神。

4 月

4 月 4—8 日，纪委书记、副所长郑筱筠参加中宣部有关文稿写作工作。

4 月 7 日下午，党委书记赵文洪参加院学习贯彻执行领导干部报告个人有关事项两项法规专题培训暨人事教育局“才思讲坛”第十一期活动，办公室副主任李锋参加培训活动。

4 月 10 日上午，所长卓新平主持召开所长办公会，提名院百千万人才工程推荐人选。党委书记赵文洪参加。

4 月 11 日上午，所长卓新平主持召开所聘用制工作委员会会议，对世界宗教研究所 2017 年第一批人才引进招聘人员进行面试。党委书记赵文洪，纪委书记、副所长郑筱筠参加。

4 月 11 日上午，党委书记赵文洪主持召开党委会，研究 4 月 10 日所长办公会提名的院百千万人才工程推荐人选和 4 月 11 日所聘用制工作委员会对人才引进招聘人员的面试结果。所长卓新平，纪委书记、副所长郑筱筠参加。

4 月 12 日上午，党委书记赵文洪，纪委书记、副所长郑筱筠参加院赴甘肃挂职干部座谈会。办公室副主任李锋参加座谈会。

4 月 13 日上午，党委书记赵文洪，纪委书记、副所长郑筱筠参加院第 444 次党组会议、2017 年度第 11 次院务会议，参加并听取文哲学片汇报。

4 月 14 日，纪委书记、副所长郑筱筠赴甘肃省临夏回族自治州挂职锻炼一年。

4 月 17 日上午，党委书记赵文洪、所长卓新平参加中组部考察十九届中央委员、中纪委委员，传达习近平同志关于意识形态工作的讲话精神和中办关于意识形态形势的通报会议。

4 月 19 日，党委书记赵文洪参加伊斯兰教研究室、宗教文化艺术研究室联合党支部和马克思主义宗教观研究室党支部主题党日活动，前往古北口长城抗战纪念馆参观。

4 月 24—27 日，所长卓新平在京参加全国人大常委会会议。

4 月 25 日下午，党委书记赵文洪参加中组部十九届中央委员候选人意见征求谈话。

4 月 5—10 日，当代宗教研究室邱永辉研究员赴荷兰莱顿大学参加“印度与中国——从古代文明到气候变化”国际会议。

4 月 6 日上午，所长卓新平会见到访的浙江省社会主义学院院领导一行，并就有关合作事宜进行商议。

4 月 6 日，基督教研究室石衡潭副研究员在中国社会科学院基督教研究中心调研基地广州市基督教两会，为“基督教中国化”主题系列名师讲坛授课。

4 月 6—7 日，伊斯兰教研究室主任李林副研究员赴西安参加“清真寺建筑风格”研讨会。

4 月 7—8 日，所长卓新平赴浙江省宁波市参加太湖世界文化论坛——弥勒文化高层研讨会，纪华传研究员参加会议。

4 月 8 日，当代宗教研究室主任陈进国副研究员参加中国社会科学院世界宗教研究所巴哈伊研究中心、香港大学社会学系合办的“巴哈伊文化里的人性观”工作坊。

4 月 9—10 日，纪委书记、副所长郑筱筠赴云南德宏州参加云南省宗教学会主办的第二届南传佛教高峰论坛，并作主旨发言。

4 月 12 日，所长卓新平赴山东济南参加基督教研究中心山东调研基地及齐鲁神学研究中心揭牌仪式。所长助理、基督教室主任唐晓峰研究员参加揭牌仪式。

4月12日，当代宗教研究室叶涛研究员赴山东泰安主持《中华泰山文库》专家评审会。

4月13—16日，所长卓新平赴江苏省南通市参加僧伽大师与佛教中国化研讨会，佛教研究室副主任杨健研究员参加此次会议并发表“僧伽信仰兴盛的原因初探”主题演讲，夏德美助理研究员参加此次会议并提交论文《僧伽与佛教神异》。

4月14日，当代宗教研究室王潇楠助理研究员赴四川参加马克思主义宗教观研究室与当代宗教研究室联合举办学术讲座，主讲人为四川省民委副主任杨伯明。

4月15日，当代宗教研究室叶涛研究员赴山西万荣参加2017年中华后土文化学术论坛，并作题为“后土文化的历史价值与现实意义”的报告。

4月18日上午，党委书记赵文洪主持召开“藏传佛教与社会主义社会相适应问题研究”国情调研组会议，由尕藏加研究员主讲藏传佛教的历史脉络和现状。

4月18日，基督教研究室主任唐晓峰研究员在北京社会主义学院作主题为“基督教中国化必要性及途径”的专题讲座。

4月18日，伊斯兰教研究室副主任李维建副研究员参加“马克思主义与中国传统文化”座谈会。

4月19—21日，所长卓新平赴中国社会科学院佛教研究中心泸州调研基地调研，学部委员魏道儒参加调研。

4月20日，基督教研究室副主任刘国鹏副研究员在中国人民大学作题为“刚恒毅与天主教中国化”的讲座。该讲座以罗马天主教会曾任驻华宗座代表刚恒毅在中国的经历为个案，就20世纪20—30年代天主教在中国的“教会本土化”问题进行探讨，涉及天主教来华传播史、中国天主教区域性教会等多个重要领域，并展示了中国天主教史研究的新趋势。与会师生反响热烈。

4月21日，所长卓新平在泸州参加泸州市委学术报告会，作关于中国宗教工作的学术报告。

4月21—22日，基督教研究室石衡潭副研究员在广西圣经学校授课，讲授“基督教中国化”。

4月22—23日，由中国社会科学院世界宗教研究所、中国宗教学会主办，湖南第一师范学院马克思主义学院、中南大学宗教文化研究中心协办的“宗教与心理健康：理论和实践”学术研讨会在长沙榔梨陶公庙召开。党委书记赵文洪、所长卓新平、宗教学理论室主任赵广明研究员、佛教研究室副主任杨健研究员参加研讨会。

4月22—24日，学部委员魏道儒研究员赴九江参加“佛教与中国文化高峰论坛”，发表“中国人对佛教文化贡献”主旨演讲。

4月23—25日，党委书记赵文洪赴新疆参加“马克思主义与中国传统文化”座谈会，伊斯兰教研究室副主任李维建副研究员参加座谈会。

4月25日上午，党委书记赵文洪主持召开“藏传佛教与社会主义社会相适应问题研究”国情调研组会议，赵敏研究员主讲林芝历史与现实。

4月25日，基督教研究室主任唐晓峰研究员在香港中文大学崇基学院作题为“未来几年中国大陆基督教发展趋势及反思”的专题讲座。

4月25—29日，伊斯兰教研究室主任李林副研究员赴土耳其参加文化部组织的“一带一路”与中土合作论坛暨土耳其中国学会议。

5月

5月4日，办公室召开所文博馆管理工作会议，赵文洪书记参加。会上，张丽蓉主任汇报了文博馆近期管理工作情况，金延林汇报了文博库典籍整理工作情况，李锋副主任汇报了《所文物古籍管理办法》起草情况。

5月5日，行政党支部召开民主生活会，主题为“自我剖析”，党委书记赵文洪参加。会议由党支部书记李锋同志主持，支部每位党员依据本职工作进行党性原则自我剖析。

5月8日，卓新平所长主持召开所学术委员会会议，对世界宗教研究所2017年博士后拟进站人员进行面试，提名新增博士后合作指导导师人选。党委书记赵文洪参加会议。党委书记赵文洪主持召开党委会，会议研究决定，同意招收五名国资博士后，一名项目博士后；同意增选尕藏加、纪华传、李建欣、周伟驰、赵广明、唐晓峰、曾传辉、嘉木扬·凯朝为博士后合作导师。

5月9日，赵文洪书记参加院第四届道德建设论坛。

5月17日，赵文洪书记、卓新平所长参加中国社会科学院建院四十周年庆祝大会。

5月23日，卓新平所长主持召开所务会和副高以上民主推荐会，投票推荐2017年文化名家暨“四个一批”人才、国家“万人计划”哲学社会科学领军人才候选人。党委书记赵文洪主持召开所党委会，会议研究决定，推荐邱永辉研究员参加此次评选。

5月24日，赵文洪书记参加“辉煌历程——中国社会科学院四十周年”文艺演出。

5月31日，赵文洪书记、卓新平所长参加院属单位主要领导干部会议，学习习近平总书记致中国社会科学院建院40周年贺信精神和中央领导同志有关讲话精神。

5月18日，在院部召开中国社会科学院2017年度老年科研基金资助科研项目、学术出版项目发布会，世界宗教研究所王子华、邹昌林参加会议。邹昌林的《中国礼文化与儒学研究》、王子华的《中国主要宗教研究论著提要——1949年至2016年》获得2017年度老年科研基金资助学术出版项目。

5月2日，由中国社会科学院世界宗教研究所、中国宗教学会主办、马克思主义宗教观研究室承办的“马克思主义与中华优秀传统文化”主题座谈会在世界宗教研究所举行。卓新平所长、赵文洪书记及所内近30位学者出席座谈会。

5月2日、5月9日、5月23日，赵文洪书记主持召开“藏传佛教与社会主义社会相适应问题研究”国情调研组系列报告会。

5月3日，党委书记赵文洪参加世界宗教系组织的博士研究生面试（复试）。

5月3—10日，李林随中宣部组织的“新疆文化交流团”前往巴基斯坦、阿富汗。

5月5日，中央民族大学宗教研究院成立仪式在北京举行，卓新平所长参加成立大会并致辞。

5月5日，卓新平所长在中国伊斯兰教协会作题为“全球史视域下的宗教变迁”的讲座。

5月12日，卓新平所长参加中央民族干部学院民族宗教干部培训。

5月12—15日，由中国宗教学会、中国社会科学院世界宗教研究所、南京大学社会人类学研究所、华东师范大学人类学研究所主办的修行与精神性生活暨第三届宗教人类学工作坊，在浙江宁波金峨寺召开。会议开幕式由中国宗教学会副会长曹中建主持，赵文洪书记出席了开幕式并致辞。当代宗教研究室主任陈进国副研究员、王潇楠助理研究员、陈玉梅助理研究员、博士梁建华参加。

5 月 15 日，卓新平所长在北京大学参加中央统战部组织的民族宗教研讨会。

5 月 16—17 日，“中国特色社会主义宗教理论”研讨会在郑州召开。此次会议由国家宗教事务局主办，河南省宗教事务局承办。王作安局长出席会议并讲话，河南省委常委、统战部部长陶明伦出席会议并致辞。赵文洪书记、马克思主义宗教观研究室主任曾传辉研究员参加会议。

5 月 16—19 日，卓新平所长参加国家社科基金评审会。

5 月 20—22 日，由中国社会科学院世界宗教研究所主办、河南省宗教事务局协办的以“坚持宗教中国化方向”为主题的马克思主义宗教观研讨会（2017）在郑州召开。卓新平所长作主题发言，赵文洪书记作会议总结。马克思主义宗教观研究室主任曾传辉研究员、尕藏加研究员，佛教研究室副主任杨健副研究员，伊斯兰教研究室副主任李维建副研究员、黄奎副研究员、王鹰助理研究员、谢添助理研究员、博士许春梅参加。

5 月 21—22 日，卓新平所长赴福州参加福建省民族宗教局长培训班。

5 月 21—22 日，晏琼英助理研究员在北京参加由环球时报社、中华民族团结进步协会联合主办的“一带一路”民族文化经济合作发展高峰论坛及学术讨论。

5 月 23 日，学部委员魏道儒研究员为福建省民族宗教工作干部授课“佛教在当代社会的影响”。

5 月 23 日，《中国宗教研究》编辑部主办了年度主题讲座，董江阳研究员作题为“美国政教关系模式反思”的学术报告。学术报告会由《世界宗教研究》编辑部主任李建欣主持，赵文洪书记、基督教研究室主任唐晓峰研究员、周伟驰研究员及其他学者、《世界宗教研究》编辑部人员以及对这一课题感兴趣的约 30 位学者参加了这次报告会。

5 月 23 日，卓新平所长会见伊朗访问学者，交流主题为“中伊关系、文明对话、伊斯兰教研究等”。

5 月 23—24 日，卓新平所长赴衡阳师范学院参加“全球史视野下的宗教变迁”讲座。

5 月 24—25 日，卓新平所长参加山东省人大民族侨务领导干部研讨班。

5 月 25 日，在庆祝中国社会科学院建院 40 周年学术报告会上，学部委员魏道儒研究员作主题为“中国人对佛教文化的贡献”的报告。赵文洪书记参加会议。

5 月 25 日，由中国宗教学会、中国社会科学院世界宗教研究所主办，中国社会科学院世界宗教研究所伊斯兰教研究室发起并承办“伊斯兰教与欧美社会”学术研讨会。该研讨会属于伊斯兰教室举办的“伊斯兰学术 · 高峰论坛”系列之一。开幕式由中国宗教学会副会长曹中建主持，中国社会科学院世界宗教研究所党委书记赵文洪、国家宗教事务局三司副司长丁克家、中国社会科学院欧洲研究所副所长程卫东分别致辞，一致对此次学术研讨会的及时性和重要性给予充分肯定。

5 月 26 日，卓新平所长在国家宗教局培训中心参加全国基督教会负责人培训班。

5 月 27 日，佛教研究室主任纪华传研究员参加在西安召开的“人间佛教与中华文化论坛”，作主旨发言。

5 月 27—28 日，卓新平所长赴上海参加上海论坛。

5 月 31 日，卓新平所长主持世界宗教学系学位评定委员会关于建议授予学位的会议。

5 月，《世界宗教研究》编辑部袁朝晖助理研究员发表《自由、平等、秩序与宗教宽容——约翰·洛克〈宗教宽容书简〉述评》(《世界宗教研究》2017 年第 2 期)。

5 月，《世界宗教文化》编辑部王皓月助理研究员发表论文《“一带一路”战略实施中的蒙古国宗教风险研究》(《世界宗教文化》2017 年第 2 期)。

6 月

6 月 6 日上午，卓新平所长参加全国人大常委会代表资格审查会议。

6 月 6 日中午，卓新平所长召开所党委会议，学习习近平致中国社会科学院建院 40 周年的贺信。卓新平所长指出，习总书记贺信是对中国社会科学院科研工作的充分肯定，同时为科研工作者今后在哲学社会科学领域的科研工作指明了方向。党委委员魏道儒研究员、何劲松研究员表示赞同，并各自谈了学习习近平总书记贺信的心得和体会。

6 月 13 日上午，卓新平所长参加院百千万人才工程国家级人选专家评审会议。

6 月 15 日上午，卓新平所长主持召开 2017 年所专业技术职务任职资格评审会，评委会委员对申报人员的基本情况和述职答辩进行评议。评审结果于 6 月 16—22 日（含五个工作日）在世界宗教研究所进行公示，公示期内没有收到异议申诉。6 月 23 日，赵文洪书记主持召开所党委会，研究通过 2017 年所专业技术职务任职资格评审会结果，同意向院出版编辑系列评委会推荐晋升副编审资格 1 人：王皓月；同意评上副研究员资格 5 人：王潇楠、张宏斌、陈粟裕、林巧薇、夏德美。

6 月 15 日下午，院落实全面从严治党工作检查组来所检查工作并召开座谈会，检查组组长、直属机关纪委书记王晓霞和检查组成员办公厅副主任林新海、直属机关党委干部陈贤同赵文洪书记和所党委委员、支部书记、党员代表等座谈。

6 月 20 日上午，国家宗教事务局宗教研究中心雷丽华副主任一行五人到世界宗教研究所进行“事业单位改革相关问题调研”，就科研管理相关制度建设、财务管理、专业技术职称评定相关制度、研究类刊物及运行管理等进行了座谈，赵文洪书记、科研处处长白文飞、办公室主任张丽蓉、办公室副主任李锋、科研处副处长苏冠安、《世界宗教研究》编辑部主任李建欣研究员、会计李泓霏参加会议。

6 月 20 日下午，赵文洪书记主持召开室主任、党支部书记会议，检查撰写发表马克思主义文章和批判错误思潮文章情况以及支部活动情况。

6 月 20 日下午，赵文洪书记会见四川省民族宗教事务委员会副主任杨伯明一行。

6 月 22—27 日，卓新平所长参加十二届全国人大常委会第二十八次会议。

6 月 1—13 日，赵文洪书记、马克思主义宗教观研究室主任曾传辉研究员赴西藏进行主题为“藏传佛教与社会主义社会相适应问题研究”的国情调研。

6 月 1—3 日，由中国英汉语比较研究会和中国宗教学会联合主办、中国海洋大学承办、《上海翻译》编辑部和《翻译界》编辑部协办的“第四届宗教经典翻译理论与实践研讨会”在中国海洋大学召开，卓新平所长出席会议并致辞。

6 月 1—3 日，当代宗教研究室邱永辉研究员出席南开大学哲学院“印度哲学思想研讨会”，发言题目为“印度教民族主义思想溯源”。

6 月 5 日，卓新平所长在北京饭店参加青海组织的热贡艺术北京大型公益展。

6 月 9—11 日，当代宗教研究室主任陈进国副研究员应邀参加中国宗教杂志社和海南道协主办的“道教天后信仰与南海文化”学术研讨会。

6 月 10—12 日，佛教研究室魏道儒研究员在浙江师范大学参加“《中华思想通史》封建社会编第四次全编会议”。

6月14日下午，卓新平所长参加研究生院学位评委会2017年会议。

6月15—22日，由中国佛教协会、加拿大佛教会、美国佛教联合会共同主办，多伦多湛山精舍承办、多伦多大学协办的“2017首届中加美三国佛教文化论坛”，在加拿大多伦多大学隆重开幕。论坛主题为“圆融中道，持久和平”。加拿大总理特鲁多专门给中加美三国佛教论坛发来贺词，对论坛的召开表示祝贺。加拿大佛教会会长达义法师、美国佛教联合会会长品道法师、加拿大联邦参议员胡子修先生、国会议员阿里·艾萨斯先生、中国驻多伦多总领事何炜先生、中国国家宗教事务局副局长蒋坚永先生、加拿大安大略省省长代表董晗鹏先生、加拿大多伦多大学士嘉堡区校长比尔·高夫教授、中国社会科学院佛教研究中心主任魏道儒研究员先后致辞。

6月16—18日，由中国人民大学佛教与宗教学理论研究所和哲学院主办，中国社会科学院《世界宗教研究》编辑部、中国社会科学院世界宗教研究所佛教研究室、广东东华禅寺协办的“第二届中国现代佛教论坛”在中国人民大学逸夫会议中心举行。此次论坛主题是“尉迟酣（Holmes Welch）与中国现代佛教史研究”。佛教研究室主任纪华传研究员参加并发言，题目为“南京国民政府时期的庙产兴学运动”。

6月17日，卓新平所长参加清华大学“德信相济与安身立命”2017年清华学术论坛。

6月19日，卓新平所长参加奥地利使馆组织的“雷立柏教授新书《我的灵都》发布会”。

6月19日，基督教研究室副主任刘国鹏副研究员在首都师范大学主讲“基督教中国化”讲座。

6月20日上午，卓新平所长参加国家宗教事务局宗教研究中心“中国宗教白皮书征求意见座谈会”。

6月20日下午，美国拉斐特学院曼森圣经讲座教授埃瑞克·齐奥科斯基在所大会议室作了“当二者相遇：1893年芝加哥世界宗教大会”的学术报告。此次学术报告由卓新平所长主持，《世界宗教研究》编辑部主任李建欣编审、马克思主义宗教观研究室主任曾传辉研究员、佛教研究室副主任杨健副研究员以及所内外对这一主题感兴趣的有关学者20多人参加学术报告会。

6月21日上午，卓新平所长参加国家宗教事务局培训中心全国各省天主教副秘书长培训会，讲解世界宗教现状与我国宗教工作。

6月21—26日，当代宗教研究室主任陈进国副研究员、办公室副主任李锋（研究实习员）应邀参加“中华文化在日本的传承与发展”学术考察活动。

6月22日，北京伊斯兰协会在东四清真寺举办福德图书馆复馆仪式。赵文洪书记、伊斯兰宗教研究室主任李林副研究员、伊斯兰宗教研究室马景副研究员应邀参加，赵文洪书记致辞，李林副研究员代表学者讲话。

6月24日，第13期“道教学术研究沙龙”在中国道教协会举办，道教研究室副主任李志鸿副研究员主持了这次沙龙。此次道教学术研究沙龙围绕“道教字派谱与全真道”展开，主讲人为中国人民大学哲学院副教授张雪松、陕西省社会科学院宗教研究所副研究员张方、重走邱祖西行路的彭涟道长。道教研究室王卡研究员、汪桂平研究员参加此次学术研究沙龙，并进行了点评，在自由问答环节气氛热烈。

6 月 24—26 日，赵文洪书记、佛教研究中心主任魏道儒研究员、佛教研究室主任纪华传研究员、《世界宗教研究》编辑部主任李建欣编审、佛教研究室副主任杨健副研究员、办公室主任张丽蓉、科研处处长白文飞赴浙江奉化，参加中国社会科学院世界宗教研究所佛教研究基地、中国社会科学院佛教研究中心弥勒文化研究基地挂牌仪式，基地位于宁波市奉化区的浙江佛学院。

6 月 24—25 日，中国社会科学院与印度外交部合办的“第二届中印智库论坛”，当代宗教研究室邱永辉研究员出席，发言题目为“Discovery of Hinduism in China and Inspirations for Chindia”。

6 月 25 日至 7 月 2 日，国际合作局组织“中国社会科学院青年学者访日代表团”赴日调研，宗教文化艺术研究室陈粟裕助理研究员参加。

6 月 27 日，马克思主义宗教观研究室主办主题为“‘一带一路’语境下的中华文明与亚欧文化交流”的学术讲座，邀请德国学者巴拓识教授主讲。

6 月 28 日上午，国家社科基金重大项目“‘一带一路’战略实施中的宗教风险研究”系列讲座第四讲在世界宗教研究所举行。此次讲座由郑筱筠副所长主持，主讲人为复旦大学范丽珠教授，题目是“全球化时代的新挑战：理解移民、族群和宗教问题”。卓新平所长出席，世界宗教研究所、北京大学、国务院新闻办、北京第二外国语学院等单位的学者专家参加讲座。

6 月 28 日，卓新平所长参加中国社会科学院大学人文学院学术委员会会议。

6 月 29 日至 7 月 2 日，中国民族学会、宁夏统一战线理论研究会、宁夏社会主义学院联合组织的“全国民族宗教研究知名专家宁夏行”活动在银川举行，卓新平所长应邀参加。

6 月 29 日至 7 月 3 日，当代宗教研究室主任陈进国副研究员应广东深圳统战部邀请，前往深圳进行民间信仰治理工作委托课题的学术考察。

7 月

7 月 1 日，伊斯兰教研究室李林、晏琼瑛参加北京普世社会科学研究所主办的第二届“普世反恐论坛”。

7 月 4 日，基督教理论研究室李华伟在《中国社会科学报》发表《马克思从具体社会形态理解宗教》。

7 月 7—9 日，佛教研究室尕藏加在青海西宁参加了由青海民族大学举办的第三届宗喀巴大师学术研讨会，发表论文《略论宗喀巴大师密宗传承系》。

7 月 11 日，伊斯兰教研究室李林在南京参加“坚持伊斯兰教中国化方向研讨会”。

7 月 15—16 日，伊斯兰教研究室王希参加由中国回族学会和陕西师范大学中国西部边疆研究院联合主办的 2017 年中国回族学年会暨“‘一带一路’背景下回族学研究的机遇和挑战”学术研讨会。

7 月 13 日，佛教研究室魏道儒、纪华传在福建莆田市参加了由中国佛教协会和中华宗教交流协会主办的第五届世界佛教论坛主题论证会。

7 月 18 日，马克思主义宗教观研究室支部成员参加所党委开展的释纪明纪学习活动，参观恭王府和郭沫若故居。

7 月，魏道儒、纪华传、杨健、周广荣、王鹰、夏德美、孙颖新，参加《中华封建社会宗教思想通史·隋唐五代佛教卷》提纲讨论会。

7月19—25日，基督教研究室一行6人赴贵州进行了“少数民族地区基督教信仰情况”的调研。此次调研活动历时7日，共走访了毕节市（威宁县石门乡），六盘水市（水城特区、六枝特区），安顺市（西秀区），贵阳市以及遵义市的基督教与天主教活动场所十余处，访问（包括座谈）当地基督教两会干部、统战部工作人员及基督教教职人员50余人次。收集了贵州少数民族地区基督教信仰基本情况的数据，了解并记录了近几年贵州少数民族地区基督教信仰新的发展趋势，初步归纳出当地基督教两会及基督教教职员目前面临的困难与问题，这些都将作为进一步分析研究的基础。参加此次调研的人员有唐晓峰、段琦、周伟驰、梁恒豪、张丽荣、蒋淼。贵州省委统战部徐佑刚处长、葛庆禄科长全程陪同考察。

7月16日，中国社会科学院长城学者、中国道教学研究的重要学者、国际知名的道教研究权威、中国社会科学院道家与道教文化中心主任、中国社会科学院世界宗教研究所研究员、四川大学兼职教授、华中师范大学特聘教授、中国道教学院特聘教授、博士生导师王卡先生，因病于西藏林芝离世，享年61岁。王卡先生的辞世，是中国社会科学院世界宗教研究所的重大损失，是我国宗教学、道教学界的重大损失。7月17日，世界宗教研究所成立了由党委书记赵文洪，科研处副处长苏冠安，道教研究室汪桂平、李志鸿、林巧薇、赵敏、李贵海，编辑部王皓月8人组成的治丧小组赶往西藏，以处理王卡先生的丧事。7月20日上午，王卡先生的遗体告别仪式在西藏拉萨西山殡仪馆举行，世界宗教研究所党委书记赵文洪、科研处副处长苏冠安，道教研究室主任汪桂平、副主任李志鸿，以及西藏社科院、《世界宗教文化》编辑部代表和王卡老师的学生、家属等20余人参加了告别仪式。中国社会科学院、中国社会科学院世界宗教研究所、中国社会科学院哲学研究所、陕西省社科院、云南省社科院、上海社科院、北京大学、中国人民大学、中国政法大学、中央民族大学、四川大学、华中师范大学、浙江大学、华侨大学、中南大学、西南大学、辽宁大学、周口师范学院、中华书局，中国宗教学会、中国道教协会、上海宗教学会、云南省宗教学会、中国敦煌吐鲁番学会、台湾中华宗教哲学研究社、武当文化研究会、丹道与养生文化研究会、紫阳县道教协会等40余家科研院校、社会团体发来唁函。此外还有众多国内外单位和学者发来唁电。

7月31日，马克思主义宗教观研究室曾传辉主任随赵文洪书记赴西藏调研，为期20天。

8月

8月1日，世界宗教文化编辑部王皓月在《中国社会科学报》发表文章《道教研究类刊物的历史与现状》。

8月5—6日，中国宗教学会、内蒙古自治区宗教事务局、内蒙古师范大学、内蒙古国际文化交流中心、中国社会科学院世界宗教研究所在呼和浩特联合举办2017年中国宗教学会年会暨“草原丝路与宗教交流”学术会议，百余名专家学者、宗教事务工作者和宗教界人士围绕“草原丝路与宗教传播”“草原丝路与文明对话”“‘一带一路’与人类共同命运中的宗教”“草原丝路与蒙古宗教”等主题进行研讨。

8月6—13日，马克思主义宗教观研究室许春梅参加循化十世班禅因明学院的因明后备人才培训。

8月8日，道教与民间宗教室组织召开王卡先生学术讨论会暨追思会。

8月，宗教学理论研究室邱永辉主编的《中国宗教报告（2016）》由社会科学文献出版社出版。

8月10—19日，佛教研究室纪华传在南非进行学术考察，调研中国文化在南非的传播与发展。

8月15日，宗教学理论研究室梁恒豪在《世界宗教研究》2017年第4期发表论文《当代济度宗教的田野研究及其宗教学理论意义》。

8月15日，儒教研究室张宏斌在《世界宗教文化》2017年第4期发表论文《知行合一与社会主义核心价值观》。

8月17—19日，佛教研究室魏道儒参加奉化纪念太虚圆寂70周年学术会议。

8月25—27日，由中国社会科学院世界宗教研究所、兰州大学、西北民族大学、中国宗教学会、中国统一战线理论研究会民族宗教理论甘肃研究基地、甘肃省丝绸之路研究会等单位联合举办的"'一带一路'建设与文化遗产研究论坛"在甘肃省临夏回族自治州隆重举行。此次论坛以"'一带一路'建设与文化遗产研究"为主题，共同探讨"一带一路"建设与民族宗教问题，"一带一路"建设同文化遗产传承、保护与产业融合问题，"一带一路"建设与民族地区经济发展问题，"一带一路"与宗教艺术文化问题以及华夏文明传承创新与建设等重大问题。

8月25—27日，2017年宗教哲学青岛高峰论坛在青岛举行。

8月29日，韩国延世大学哲学系辛奎卓教授在世界宗教研究所举办"韩国近现代佛教：教团，教学，仪礼"讲座，佛教研究室全体成员参加。

8月29日，宗教学理论研究室梁恒豪在《中国社会科学报》发表文章《批判吸收西方宗教心理学研究成果》。

9月

9月5日，由中国社会科学院学部主席团主办，中国社会科学院世界宗教研究所、北京市基督教两会、中国宗教学会联合承办的"中国社会科学论坛（2017）暨宗教革新与社会发展国际学术会议"在北京内蒙古大厦举行。在论坛开幕式上，全国人大常委、学部委员、中国宗教学会会长、世界宗教研究所所长卓新平研究员，国家宗教事务局陈宗荣副局长，北京市宗教事务局索燕处长，中国社会科学院学部委员魏道儒研究员，中国社会科学院世界宗教研究所贾俐副所长，北京市基督教两会蔡葵主席，中国伊斯兰教协会穆可发副会长，中国佛教协会桑吉扎西副秘书长等分别致辞。

9月6—7日，佛教研究室成员参加了中国社会科学院佛教研究中心和北京市佛教协会主办，延庆泽润寺承办的"宗教中国化视野下人间佛教的未来发展——纪念赵朴初诞辰110周年学术研讨会"。

9月14—17日，佛教研究室成员集体到青岛，调研胶东宗教与历史文化遗迹及当代宗教的发展。

9月16—17日，当代宗教研究室邱永辉参加"宗教社会学论坛"，发表论文《古鲁王国、社会结构与宗教治理》。

9月19日下午，马克思主义宗教观研究室举办"中国特色社会主义宗教理论与宗教事务"座谈会，国家宗教事务局研究中心副主任加润国研究员发言，赵文洪书记作总结发言。

9月21日，道教与民间宗教研究室举办学术讲座，邀请李远国研究员作报告，题目为“道教前沿研究”。

9月23日，基督教研究室唐晓峰在浙江大学文艺学研究所作了题为“中国基督教现状及反思”的报告。

9月26日，国家社科基金重大项目“‘一带一路’战略实施中的宗教风险研究”系列讲座第五讲在中国社会科学院世界宗教研究所举行，主讲人美国西北大学罗伯特·洛奈教授，伊斯兰教研究室副主任李维建主持，伊斯兰教研究室全体成员参加，研究室主任李林作讲座点评。

9月26日下午，当代宗教研究室陈进国在深圳大学主讲深大人文论坛（第261期）：城市化进程中的传统宗教变迁——以深圳市为例。

9月27—28日，“非洲宗教学术研讨会”在北京内蒙古大厦举行，该会是国家社科基金重大项目“‘一带一路’战略实施中的宗教风险研究”系列会议之一，由伊斯兰教研究室副主任李维建负责筹备。

9月29日上午，当代宗教研究室陈进国在中共深圳市委党校学苑书屋主讲第21期党校学术沙龙，主题：流动的信仰——客家文化在当代深圳的变迁。

10月

10月6—8日，伊斯兰教研究室马景赴上海参加“宗教研究与数据库建设国家重大项目联合学术研讨会”。此次会议由中国社会科学院世界宗教研究室“中国宗教数据库建设”课题组与上海大学历史系“汉语基督教文献书目的整理与研究”合办。

10月7日，宗教艺术研究室聂清参加“宗教研究与数据库建设国家重大项目联合学术研讨会”并发表主题发言“宗教艺术研究概述”。

10月10—14日，佛教研究室孙颖新参加在银川举办的第三届西夏文献研讨班并发表论文。

10月15日，宗教学理论研究室周齐在《世界宗教研究》2017年第5期发表论文《明初佛乐与相关佛教政策以及信仰倾向的关系》。

10月12—16日，当代宗教研究室王潇楠参加四川南充广安“宗教与社会和谐经济发展”国情调研。

10月20—21日，伊斯兰教研究室晏琼英赴上海参加华东师范大学主办的“酒与哲学”学术论坛。

10月23—24日，曾传辉、黄奎、许春梅参加涞源县主题党日活动。

10月27—30日，佛教研究室杨健于赴甘肃临夏参加“丝绸之路黄金段民族文化建设暨第六届东南亚宗教研究高峰论坛”，发表论文《一行禅师与越南佛教的国际化》。

10月27—30日，佛教研究室周广荣参加在烟台举办的中日第七届佛教学术会议，发表论文《试论梵语声字在般若经典中的形态与功能》。

10月29—30日，佛教研究室尕藏加参加在台湾举办的民生思想与中华文化研讨会。

10月28日至11月2日，宗教艺术研究室聂清参加台北中华宗教哲学研究社举办的“民生思想与传统文化”学术研讨会，并提交论文《天命与民本之间的张力》。

10月12—15日，当代宗教研究室邱永辉出席在山东大学召开的中国南亚学会年会，并作全体大会主旨报告：莫迪治下的印度政治、宗教与中印关系。

10 月 27 日，汉学家施舟人访问世界宗教研究所，并和道教与民间宗教研究室同仁进行小型座谈。

10 月 27—31 日，当代宗教研究室叶涛出席在贵州民族大学召开的“中国民俗学会 2017 年年会”，并主持大会开幕式。

10 月 28 日至 11 月 2 日，当代宗教研究室陈进国参加在台北国父纪念馆召开的“民生思想与中华文化研讨会”。

10 月 28—29 日，由中国社会科学院世界宗教研究所、西北民族大学、中国宗教学会、中国统一战线理论研究会民族宗教理论甘肃研究基地、甘肃省丝绸之路研究会主办的丝绸之路黄金段民族文化建设暨第六届“东南亚宗教研究高端论坛”在甘肃省临夏回族自治州召开。

10 月 30—31 日，伊斯兰教研究室李林、马景参加“福德论坛：京津冀坚持伊斯兰教中国化方向学术研讨会”，此次会议由北京市伊斯兰教协会、北京市伊斯兰教经学院主办，中国社会科学院世界宗教研究所伊斯兰教研究室协办。

10 月，宗教学理论研究室赵广明在《齐鲁学刊》2017 年第 5 期发表论文《情感的道德意义及孟子“四端”说重释》。

11 月

11 月 2—4 日，佛教研究室王鹰参加在湖南长沙举行的“‘赵朴初’国际学术会议”，发表论文《浅谈人间佛教在圣俗关系上的革新对佛教发展的意义》。

11 月 2—4 日，佛教研究室夏德美在长沙参加社科院哲学所主办的“纪念赵朴初诞辰 110 周年学术研讨会”，并发表学术论文。

11 月 6—8 日，《世界宗教研究》编辑部承办了第二届全球史视域中的宗教文化研究国际学术研讨会。

11 月 9—11 日，佛教研究室纪华传参加了由中国社会科学院世界宗教研究所和四川大学联合举办的宗教学高峰论坛，宣读了“坚持佛教中国化方向的历史根源与时代意义”。

11 月 9—11 日，《世界宗教研究》编辑部承办了第二届宗教学高峰论坛学术研讨会。

11 月，宗教学理论研究室李华伟在《学术界》2017 年第 11 期发表论文《杨庆堃宗教社会学理论与梁启超“中国无宗教论”》。

11 月 6—18 日，宗教文化艺术研究室陈粟裕受美国敦煌基金会邀请，赴美国加州、伊利诺伊州、新泽西州和纽约等地的大学及博物馆进行学术交流。

11 月 10—12 日，佛教研究室魏道儒在北京大学参加“第三届世界华严学大会”，发表“智俨与华严哲学核心内容”主题演讲。

11 月 23—24 日，佛教研究室尕藏加在北京参加了由中国社会科学院西藏智库举办的“共享与发展：喜马拉雅区域研究国际研讨会”，发表了“‘一带一路’上的佛教文化使者——阿底峡尊者入藏传法及其对后世影响”的报告。

11 月 10 日，佛教研究室杨健、孙颖新在北京大学参加第三届华严学大会。

11 月 12—13 日，佛教研究室周广荣参加在河北保定举行的药师佛教文化论坛，并发表论文《宋元明清药师佛行法摭谈》。

11 月 14 日，道教与民间宗教研究室举行道教学术沙龙第 14 期活动，邀请美国新泽西州公立罗格斯大学历史系副教授刘讯进行“道教研究的国际视野”主题讲座。

11 月 18—20 日，由中国社会科学院基督教研究中心主办，北京大学宗教文化研究院、清华大学道德与宗教研究院、南开大学哲学院、河南大学圣经文学研究所以及安阳师范学院宗教文化研究所合办的基督宗教研究论坛（2017），在中央社会主义学院举行。该论坛由天主教研究论坛、东正教研究论坛、新教研究论坛、圣经研究论坛和景教国际研究论坛组成。

11 月 19 日，佛教研究室杨健在中央社会主义学院参加基督宗教研究（2017）会议，发表论文《从政教关系看佛教中国化的历程》。

11 月 19—21 日，第三届全国伊斯兰教学术研讨会“伊斯兰教与中国文化”在北京昌平召开，此次会议由世界宗教研究所伊斯兰教研究室和中国宗教学会主办，伊斯兰教研究室承办。该研究室李林、王希、马景参加。

11 月 24—26 日，山东泗水圣源书院、儒教研究室主办首届尼山礼乐文明论坛。

11 月 30 日，佛教研究室夏德美参加北京大学宗教学系主办的“佛教文献、历史与哲学工作坊”第 30 讲，并参与讨论。

11 月，当代宗教研究室陈进国在《江海学刊》2017 年第 6 期发表论文《内含天下的中国与外延中国的天下》。

11 月 22 日至 12 月 1 日，卓新平、白文飞、刘国鹏、李志鸿、梁恒豪应中华华夏文化交流协会邀请前往巴西考察中华文化在巴西的传承与弘扬。11 月 24 日拜访巴西宝光建德天建佛堂，全真道院，11 月 25 日拜访巴西振德佛堂，26 日拜访佛光山如来寺，29 日拜访臻善佛堂。

12 月

12 月 2—4 日，佛教研究室魏道儒、纪华传、杨健、王鹰、夏德美、孙颖新参加佛教研究中心泸州市合江县法王寺爱国爱教调研基地授牌仪式暨佛教文化建设论坛。

12 月 7 日，当代宗教研究室陈进国应邀在中央民族大学作宗教人类学讲座，讲题为“修行人类学及其研究进展”。

12 月 10 日，佛教研究室纪华传参加中国人民大学佛教与宗教学理论研究所主办的“传统文化与生态文明论坛”。

12 月 12 日，当代宗教研究室举行“修行研究”系列讲座第一讲，古琴大家汪铎教授作“琴道与道家文化”讲座。

12 月 14 日，当代宗教研究室陈进国应邀在台湾政治大学宗教研究所作“救劫母题：近现代济度宗教运动何以可能”讲座。

12 月 16—17 日，当代宗教研究室陈进国应邀参加台湾“中华道统文化的传承与创新国际研讨会”，并作大会主题演讲。

12 月 19 日，马克思主义宗教观研究室联合道教与民间宗教研究室，举办“坚持道教中国化方向”座谈会。

12 月 21—23 日，佛教研究室魏道儒参加内蒙古师范大学佛学文化研究院成立 3 周年纪念会暨佛学文化研究座谈会。

12 月 22—24 日，中国社会科学院道家与道教文化中心与河南省道教协会在河南省登封市联合主办“道教文化与社会主义核心价值观研讨会”。

12 月 26—27 日，当代宗教研究室陈进国、向宁应邀参加福州“互联网 + 宗教事务”学术会议。

12 月 27 日，佛教研究室夏德美参加北京大学哲学系佛教工作坊第 31 讲，主讲“《四十二章经》考辨”。

12 月 28 日，当代宗教研究室陈进国应邀在福建师范大学作“宗教人类学视野中的修行研究”讲座。

12 月，李华伟在《民间文化论坛》2017 年第 6 期发表论文《朝向日常生活的妙峰山研究》。张晓梅在《基督宗教研究》第 22 辑发表论文《中古前期英格兰的修院学术》。张晓梅在《世界宗教文化》2017 年第 6 期发表论文《“长改革”：英格兰宗教改革史观的“再修正”》。张小燕在《世界宗教研究》2017 年第 6 期发表论文《仪式中的宗教艺术象征与仪式功能探析——以梅州香花仪式中的纸扎为例》。陈粟裕在 2017 年 12 月 4 日《中国社会科学报》发表论文《丝绸之路与“蚕种东来”》；陈粟裕在《世界宗教文化》2017 年第 6 期发表论文《北朝至初唐的九品往生图像研究》。董江阳在《基督宗教研究》第 22 辑发表论文《托马斯·杰弗逊建立的政教“分离墙”》。周伟驰在《基督宗教研究》第 22 辑发表论文《晚清西学东渐中的传教士译撰》。唐晓峰在《基督宗教研究》第 22 辑发表论文《深化基督宗教研究，发现具有中国特色的宗教学理论——中国社会科学院基督教研究中心 20 年工作总结与未来发展》。杨华明在《基督宗教研究》第 22 辑发表论文《再洗礼派历史溯源》。石衡潭在《基督宗教研究》第 22 辑发表论文《如何成为君子——〈论语·学而〉1：1 与圣经的比较阅读》。

第十一篇

附　录

主题索引

F

G

H

J

K

L

M

N

P

Q

R

S

T

W

X

Y

人名索引

T

W

X

Y

Z